강남 만들기, 강남 따라 하기

강남 만들기, 강남 따라 하기
투기 지향 도시민과 투기성 도시개발의 탄생

ⓒ 서울대학교 SSK동아시아도시연구단, 2017

초판 1쇄 펴낸날 2017년 6월 28일
지은이 서울대학교 SSK동아시아도시연구단 기획 · 박배균 황진태 엮음
펴낸이 이건복
펴낸곳 도서출판 동녘

전무 정낙윤
주간 곽종구
책임편집 이환희
편집 구형민 최미혜 사공영 김은우
미술 조정윤
영업 김진규 조현수
관리 서숙희 장하나

교정 김진희
인쇄 · 제본 새한문화사 **라미네이팅** 북웨어 **종이** 한서지업사

등록 제311-1980-01호 1980년 3월 25일
주소 (10881) 경기도 파주시 회동길 77-26
전화 영업 031-955-3000 편집 031-955-3005 전송 031-955-3009
블로그 www.dongnyok.com **전자우편** editor@dongnyok.com

ISBN 978-89-7297-880-0 93300

• 이 책은 2014년도 정부재원(교육부)으로 한국연구재단 한국사회과학연구사업(SSK)
  의 지원을 받아 연구되었음(NRF-2014S1A3A2044551)
• 이 도서의 국립중앙도서관 출판시도서목록(CIP)은 서지정보유통지원시스템 홈페이
  지(http://seoji.nl.go.kr)와 국가자료공동목록시스템(http://www.nl.go.kr/kolisnet)에
  서 이용하실 수 있습니다.(CIP제어번호: CIP2017013960)

강남 만들기, 강남 따라 하기

투기 지향 도시민과 투기성 도시개발의 탄생

서울대학교 SSK동아시아도시연구단 기획 · 박배균 황진태 편저

동녘

일러두기

이 책에 실린 글 다수는 학술지에 실렸던 논문을 단행본 형식에 맞게 수정 및 보완한 것이다. 출처는 다음과 같다.

1장: 박배균·장진범, 〈'강남 만들기', '강남 따라 하기'와 한국의 도시 이데올로기〉, 《한국지역지리학회지》 22(2), 2016년.
2장: 이영민, 〈서울 강남의 사회적 구성과 정체성의 정치: 매스미디어를 통한 외부적 범주화를 중심으로〉, 《한국도시지리학회지》 9(1), 2006, 〈서울 강남 정체성의 관계적 재구성 과정 연구: 지역 구성원들의 내부적 범주화를 중심으로〉, 《한국도시지리학회지》 11(3), 2008.
3장: 이동헌·이향아, 〈강남의 심상 규모와 경계 짓기의 논리〉, 《서울학연구》, 42(2), 2011.
5장: 지주형, 〈강남 개발과 강남적 도시성의 형성: 반공 권위주의 발전국가의 공간선택성을 중심으로〉, 《한국지역지리학회지》 22(2), 2016.
6장: 김백영, 〈강남 개발과 올림픽 효과: 1970~80년대 잠실 올림픽타운 조성사업을 중심으로〉, 《도시연구: 역사·사회·문화》 17호, 2017.
8장: 서대승, 〈신도시개발이후 주택의 의미변화와 사회적 경계형성: '분당의 경계'와 '강남이라는 가상'의 등장을 중심으로〉, 중앙대학교 석사학위논문, 2011.
9장: 장세훈, 〈중산층 프로젝트로서 '분당 만들기': 분당 신도시 조성의 사회학적 해석〉, 《지역사회학》 18(1), 2017.
10장: 황진태, 〈발전주의 도시 매트릭스의 구축: 부산의 강남 따라 하기를 사례로〉, 《한국지역지리학회지》 22(2), 2016년.
11장: 박지혁·황진태, 〈수성구는 어떻게 '대구의 강남'이 되었나?〉, 《지역사회학》 18(1), 2017.

'강남 만들기'와 '강남 따라 하기'를 통해 본
한국의 도시화

이 책은 강남에 대한 연구서가 아니다. 강남이라는 표상을 통해 한국 도시 전체를 관통하는 도시화 메커니즘을 이해하려는 시도이다. 한국의 현대 도시를 특징짓는 핵심적 키워드는 아마 '아파트'일 것이다. 1980년대 이전까지는 단독주택이 지배적 주거 양식이었으나, 1980년대 이후 아파트와 연립주택의 건설이 급격히 증가했다. 특히 1989년부터 시작된 수도권 신도시 건설을 계기로 아파트 공급이 급격히 늘어났고, 현재는 아파트가 한국 도시의 지배적 주거 양식이 되었다. 이를 반영하여 최근 들어 아파트라는 주거 양식에 대한 다양한 종류의 사회 비평적 글들이 쏟아져 나오고 있다. 한국을 '아파트 공화국'이라 칭하기도 하고,[1] 아파트가 우리나라 중산층 문화 형성의 근거지로 묘사되기도 하며,[2] 아파트 거주가 우리나라 도시의 공동체성을 파괴한 주범으로 지적되기도 한다.[3]

신도시는 아파트와 더불어 한국의 현대 도시를 특징짓는 또 다른 중요 키워드이다. 1990년대 수도권에 분당, 일산 등의 신도시가 건설된 것을 필두로 전국에 걸쳐 다양한 신도시가 건설되었다. 이를 뒷받침한 것이 1980년 제정된 택지개발촉진법이었다. 급속한 도시화의 결과로 주택 수요가 급격히 증가하자 이 법을 통해 대규모의 신도시를 계획적으로 개발하여 신속하고 저렴하게 택지를 공급하고자 했다. 1981년 11개 지구가 최초 지정되어 개발된 이래, 2016년 12월 기준으로 전국에 총 771개의 택지개발지구가 지정되었고, 이 중 617개 지구가 준공되었다. 2016년 말 현재, 택지개발사업을 통해 공급된 전체 택지의 면적은 우리나라 도시 지역 육지부 면적의 2.5퍼센트를 차지하며, 우리나라 도시 지역 인구의 약 24.4퍼센트가 택지개발사업으로 공급된 택지에 거주한다. 요약하면, 1970년대 이후 한국의 도시화 과정은 고층의 아파트 단지와 신도시 건설이라는 2가지 특징을 지닌다고 할 수 있다.

이러한 한국 도시화의 특징은 1970년대 강남이라는 신도시의 개발 이후 강남식 주거 환경과 도시적 삶을 지향하고 욕망하면서 이를 공간적으로 복제하고자 하는 노력의 결과이다. 그런데 이와 같은 강남을 모방하는 과정을 아파트 단지, 신도시, 택지지구 등과 같은 물리적 도시 공간의 건설을 통해 강남식 도시 공간을 물리적으로 복제하는 것으로만 국한하여 이해해서는 안 된다. 도시는 고층 건물, 아파트, 직선의 도로 등으로 구성된 물리적 실체로 우리 앞에 가시화되어 나타나지만, '도시적인 것the urban'은 물리적 건조 환경built environment을 넘어 사람들의 생활양식, 사고방식, 사회적 관계의 특성 등과 관련된 훨씬 더 포괄적인 의미를 지닌다. 특히 도시의 실제 물리적 형태, 도시에 대한 가시화된 이미지, 도시의 생활환경과 삶에 대한 담론적 재현 representation, 도시에 대한 특정한 방식의 이론화된 논의와 개념 등과 같은 다양한 요소들은 사람들로 하여금 '도시적인 것'을 특정한 방식으로 이해하고 해석하게 하고, 도시적 삶에 대한 특정한 규범적 이상을 가지도록 하는 이데올로기적 효과를 지니기도 한다.

특히 '강남'은 특정한 방식의 도시적 삶과 욕망을 표시하는 기호이다. 지주형은 이 책에서 강남이라는 장소를 통해 표상되는 도시성의 주요 특성으로 고급 고층 아파트의 경관, 자산 증식 수단으로서의 아파트의 환금성, 중상 계급이 선호하는 주택 형태로서의 아파트, 정치적 보수성, 경쟁주의, 주거 지역 내의 유흥 문화의 집중 등을 들었다. 이와 더불어 사교육과 같이 사회적 출세와 성공을 위해 필요한 중요 인적·문화적·사회적 자본의 집중, 사회적·문화적 측면에서 다른 지역에 거주하는 사람들에 대해 지니는 상대적 우월감 등도 강남이라는 장소를 통해 표상되는 한국의 중요한 도시성이다.

이러한 강남 스타일의 물리적 경관과 건조 환경, 그리고 강남식 도시성은 서울의 '강남'이라는 장소에서만 나타나는 고유한 특성으로 남아 있지 않고, 한국의 도시 중산층이 꿈꾸고 지향하는 도시적 이상과 욕망이 되어 전국 곳곳의 도시에서 추종되고 복제되고 있다. 그 결과로 '대구의 강남', '부산의 강남', '진주의 강남' 등과 같이 한국의 모든 도시에는 '강남' 스타일의 물리적 경관과 도시적 삶을 지니는 것으로 여겨지는 신도시가 등장하여 중산층의 도시적 욕망을 반영하고, 동시에 자극하고 있다. 이 책에서는 강남 스타일의 물리적 공간과 건조 환경을 복제하여 건설하고, 강남 스타일로 여겨지는 삶의 방식을 바탕으로 도시를 규정하고 상상하며, 강남 스타일의 도시 공간을 욕망하고 소비하는 과정이 전국화되면서 한국의 도시화를 지배하게 되는 과정을 '강남화gangnam-ization'라 칭한다.

강남화는 특히 2가지 과정으로 구성된다. 첫째는 강남을 물리적으로 건설하고 담론적으로 재현하는 '강남 만들기'의 과정이고, 둘째는 강남 건설의 과정에서 형성된 신도시 건설의 제도적 장치와 강남에 대한 재현에 바탕을 둔 도시 이데올로기를 기반으로 강남 이외의 공간에서 강남식 도시 공간을 복제하는 '강남 따라 하기'의 과정이다. 그런데 이 두 과정은 개념적으로는 나뉘지만 실제의 도시화 과정에서는 분리되어 작동하지 않고, 서로 깊이 연결되어 상호 규정적으로 이루어진다. 강남 이외의 장소에서 이루어지는 '강남 따라 하기'의 과정은 당연히 강남이라는 장소가 만들어진 실제의 역사적 경험과 그곳에서 형성된 도시적 삶의 원형을 전제로 하지만, 그들이 실제로 참조하고 복제하는 강남은 강남 그 자체가 아니라 그들이 상상하고 욕망하는 강남의 재현물이다. 특히 강남이라는 장소가 재현되고 이해되는 과정은 강남 이외의 장소에서 강남을 따라 신도시와 아파트 단지를 건설하는 과정에서 강남이 호명interpellate되고, 상품화되고, 소비되는 방식에 의해 깊이 영향받는다. 즉, 강남이 무엇인지, 강남이 어떠한 곳인지 상상되고 이해되는 방식은 강남 사람들에 의해 실제로 수행되는 공간적 실천뿐만 아니라, 강남 이외 지역의 사람들에 의해 강남이 상상되고, 욕망되며, 재현되는 과정에 의해서도 영향을 받는다는 것이다. 따라서 '강남 만들기'와 '강남 따라 하기'의 과정은 서로를 규정하면서 강남이라는 특정한 도시적 상상과 욕망을 만들어내고, 한국의 도시화를 특정한 방향으로 끌고 가고 있다.

현재 한국 도시의 서민들의 삶은 투기 지향적 도시개발로 인한 부동산 가격의 앙등, 전월세난과 주거비 상승으로 인한 주거 위기의 심화, 도시 공간의 상품화로 인한 쫓김과 내몰림 등과 같은 문제로 인해 매우 피폐하고 불안정하다. 이 책은 이러한 도시 위기의 한 원인이 '강남화'로 특징지어지는 한국의 도시화 과정이라고 바라본다. '강남 만들기'와 '강남 따라 하기'의 복합적 과정을 통해 현대적 신도시에 위치한 대규모 단지의 아파트에 거주하고, 이를 소유함을 통해 부동산 가치 상승에 의한 투기적 이득을 얻는 것이, 그리고 그러한 신도시에서만 얻을 수 있는 사교육, 인맥 등과 같은 사회적·문화적 자본을 확보하는 것이 한국의 발전주의적 자본주의 체제하에서 중산층의 지위를 획득하고 안정적 삶을 누릴 수 있는 코리안 드림을 완성하는 지름길이라는 믿음이 한국 사회에서 공고화되었다. 결국 강남화의 과정은 한국의 도시 중산층을 부동산 가치 상승에 의존하는 투기적 주체로 구성했고, 이는 투기 지향적 도시개발이 한국의 지배적 도시 패러다임이 되도록 만드는 데 크게 기여했다. 이 책에 수록된 '강남화' 관련 글들이 이러한 한국 도시의 문제를 비판적으로 이해하고, 그에 대한 실천적 대안을 찾는 데 조금이라도 기여할 수 있기를 바란다.

2017년 6월

박 배 균

차 례

머리말 '강남 만들기'와 '강남 따라 하기'를 통해 본 한국의 도시화
      _박배균 · 5

1장 '강남 만들기', '강남 따라 하기'와 한국의 도시 이데올로기
      _박배균 · 장진범 · 13

2장 서울 강남 지역의 사회적 구성과 정체성의 정치 _이영민 · 59

3장 '강남'이라는 상상의 공동체: 강남의 심상 규모의 경계 짓기의 논리
      _이향아 · 이동헌 · 107

4장 강남 어셈블리지: 국가처럼 보기 _김동완 · 157

5장 강남 개발과 강남적 도시성의 형성: 반공 권위주의 발전국가의
      공간선택성을 중심으로 _지주형 · 179

6장 올림픽은 강남 개발에 어떤 영향을 미쳤는가?: 1970-1980년대
      잠실 올림픽타운 조성사업을 중심으로 _김백영 · 231

7장 아파트의 자서전 _박해천 · 265

8장 신도시 개발 이후 주택의 의미 변화와 사회적 경계 형성:

    분당 신도시를 중심으로 · 317

9장 중산층 프로젝트로서 '분당 만들기': 분당 신도시 조성의

    사회학적 해석 _장세훈 · 355

10장 발전주의 도시 매트릭스의 구축: 부산의 '강남 따라 하기'를

    사례로 _황진태 · 395

11장 수성구는 어떻게 '대구의 강남'이 되었나? _박지혁 · 황진태 · 437

주 · 480

참고문헌 · 541

1장 '강남 만들기', '강남 따라 하기'와 한국의 도시 이데올로기

박배균·장진범

Ⅰ. 도시란 무엇인가?

도시를 설명하고 이해하는 전통적 방식은 도시와 촌락을 이분법적으로 구분하여 바라보는 관점에 바탕을 두고 있다. 도시와 촌락이 사회적·문화적 측면에서 대비되는 특성을 가지고 있다는 주장은 20세기 초중반기 동안 페르디난트 퇴니에스Ferdinand Tönnies, 에밀 뒤르켐Emile Durkheim, 게오르크 지멜Georg Simmel, 루이스 워스Louis Wirth 등 도시 생태학적 시카고학파 연구자들을 통해 정식화되었고, 현재까지도 도시를 설명하는 주류적 관점으로 자리 잡고 있다. 하지만 최근 들어 도시와 촌락의 이념형적 구분에 기초하여 도시를 연구하는 전통적 방식에 대해 많은 비판이 이루어지고 있다. 도시화가 전 지구적인 현상이 되고 있는 상황에서 전통적인 도시 중심이나 대도시 지역뿐만 아니라 전통적으로 비도시적인 곳으로 분류되던 도시의 주변부, 준도시 지역 등도 전 세계적인 도시화 과정의 핵심적 요소가 되고 있다. 따라서 전통적 도시론의 바탕에 깔려 있던 도시-촌락 이분법적 인식론은 점차 그 근거를 잃어가고 있다.[1]

도시-촌락 이분법에 기반을 둔 도시론에 대한 이러한 비판은 프랑스의 도시이론가 앙리 르페브르Henri Lefebvre가 제안했던 '행성적 도시화planetary urbanization' 개념으로부터 영감을 받은 것이다. 도시에 대한 서구의 전통적 이론들이 도시와 촌락의 이분법적 구분에 기초하여 도시를 독특한 삶의 양식을 제공하는 명확히 구분 가능한 '사회적 객체 social object'이자 공간적 단위로 보았다면, 르페브르는 이와 달리 도시라는 형태보다는 도시화의 과정에 초점을 두어 도시를 훨씬 더 개방적인 방식으로 이해하려 했다.[2] 특히 그는 행성적 도시화라는 개념을 제시하면서, 도시적 변화의 장기적 과정에 초점을 두어 도시화를 자본주의 산업화의 공간적 확산과 관련하여 바라보았다.

르페브르는 도시화와 산업화가 서로 분리될 수 없는 하나의 과정임을 강조한다. 르페브르에 따르면, 산업화 과정은 사회 전체적으로 산업의 논리가 확장되는 것인데, 이러한 산업화는 도시화와 매우 복잡하면서도 상호 갈등적으로 얽혀 있는 하나의 과정이었다. "산업화는 도시화의 조건과 수단을 제공하지만, 동시에 도시화는 자본주의적 산업의 발달과 전 지구적 산업 생산의 확산을 가능케 한 물질적 토대였다."[3] 산업적 생산은 사회의 도시화를 야기하고, 도시가 특정한 수준의 성장을 넘어서게 되면 도시화는 산업 생산을 창조하고, 산업화를 생산하며, 산업화를 위한 비옥한 조건을 배양하고, 산업적 모순을 도시의 모순으로 변화시킨다.[4] 이러한 도시화의 과정을 통해 촌락 지역들은 점차 도시적 직조urban fabric로 재구성·식민화되며, 전통적 도시들은 근본적 변화를 겪게 된다.

르페브르는 자본주의적 산업화가 점차 진전·심화함에 따라 나타나는 행성적 도시화와 함께 특정 지역의 중심지이자 좁은 공간에 집중된 사람들을 위한 집단 거주지로 기능하면서 고정된 공간적 형태를 지녔던 전통적 도시city는 사라지고, 공간적으로 펼쳐지고 모양과 형태도 없으며 경계도 불확실한 새로운 '도시적 직조'가 등장하고 있다고 주장했다.[5] 즉, 전통적 의미의 도시가 한때는 단단하고 구체적인 실체로 존재했으나, 이러한 행성적 도시화의 진전과 함께 이제는 유동적인 것이 되면서 더 이상 물질적 객체로 존재하지 않게 되었다는 것이다. 이런 인식론 속에서 르페브르는 '전통적 도시'의 폐허 위에 '도시적 사회urban society'가 등장하고 있고, 도시는 더 이상 사회적 대상으로 기능하지 못한 채 역사적 대상으로서만 존재하며, 그렇기 때문에 사회학적 의미로 보았을 때 도시는 일종의 허위 개념이라고 주장했다.[6] 그렇다면 도시란 과연 무엇인가? 도시라는 개념은 이제 더 이상 쓸모없는, 사라져야 할 개념인가?

Ⅱ. 이데올로기로서의 도시

이론적 차원에서 도시가 과연 사회적 객체로 존재하는지, 혹은 도시 개념이 존재할 필요가 있는지 등에 대한 의문들이 제기되고 있지만, 세계도시world city, 혁신도시innovation city, 창조도시creative city 등과 같이 도시를 지칭하는 용어들은 다양한 방식으로 언론 매체, 정부의 보고서, 학교의 교과서 등에서 지속적으로 사용되고 있다. 이런 상황에서 르페브르는 도시가 더 이상 사회적 객체가 아닌 것은 맞지만, 동시에 무시할 수 없는 역사적 존재물이라고 주장한다. 나아가 그는 행성적 도시화의 과정에 따라 여러 역사적 도시들이 산업화된 도시의 논리에 의해 포섭되고 식민화되면서 사라져갔지만, 동시에 수많은 작은 도시들은 우리 주변에 계속 머무르고 있고, 전통적 서구 도시에 대한 역사적 기억에 바탕을 두어 형성된 도시적 이미지와 도시에 대한 재현은 그 자체로 지속되면서, 나름의 이데올로기와 도회적 프로젝트를 유발할 것이라고 보았다.[7] 즉, 르페브르에 따르면, 도시는 물질적 존재로서가 아니라 이미지와 이데올로기라는 사회적 객체로서 계속 존재하고 있는 것이다.

이러한 르페브르의 입장을 받아들여, 데이비드 박스무트David Wachsmuth는 도시를 이데올로기로 볼 것을 적극 제안한다.[8] 박스무트에 따르면, 도시화는 너무나 복잡한 과정이어서, 도시 공간에서 우리가 겪게 되는 경험은 필연적으로 부분적일 수밖에 없고, 도시화의 복잡한 과정을 그 자체로 인지하는 것은 불가능하다.[9] 그리고 이처럼 그 전체성totality을 즉각적으로 경험할 수 없는 복잡한 사회적 과정에 직면했을 때 우리가 경험하는 것은 필연적으로 그것의 재현일 수밖에 없다. 이렇게 봤을 때, 재현은 제대로 파악할 수 있는 범위를 벗어난 복잡한 사회적 실체를 우리가 인지할 수 있는 범위의 것으로 만들어내는 한 방법이라고 할 수 있다.[10] 이런 면에서 도시는 '실제 대상real object'이라기보다는 '사고 대상thought object'이다.[11] 이러한 관점을 바탕으로 그는 도시를 '분석의 범주category of analysis'로 바라보지 말고, '실천의 범주category of practice'로 바라보면서 접근하자고 제안한다. 도시를 분석의 범주로 본다는 것은 객관적 실체로서 도시가 존재함을 인정하고, 그 객관적 실체인 도시의 특성을 존재론적으로 설명하고 분석할 수 있다는 믿음에 기반을 두고 있는데, 행성적 도시화의 관점에서는 객관적 실체로서의 도시라는 아이디어가 거부되기 때문에 도시를 분석의 범주로 보는 것은 문제가 있다. 박스무트에 따르면, 객관적 실체로서의 존재가 의심되면서도 '도시' 개념이 계속 사용되는 이유는 도시 개념을 둘러싼 논의들이 특정의 이해관계와 권력 구조를 지속하기 위한 목적에서 이루어진 이데올로기적 실천과 관련되기 때문이다. 즉, 도시는 중립적인 재현물이라기보다는 특정 사회적 세력과 집단에 편파적으로 이득을 주는 이데올로기인 것이다.[12] 도시는 도시화 과정의 실재reality를 모두 완전히 재현하기보다는 그 경험의 일부만을 재현하고, 이러한 부분적 재현은 도시화의 실재 중 어떤 부분은 강조하고 어떤 부분은 숨겨서 특정 세력의 이익에 기여하는 이데올로기적 역할을 한다는 것이다.

도시의 이데올로기적 성격과 관련하여 박스무트는 도시 이데올로기의 몇 가지 예를 제시한다. 그중 하나가 도시를 촌락과 대비하여 바라보는 방식이 지니는 이데올로기적 성격이다. 앞선 논의에서도 살펴보았듯이, 도시-촌락 이분법은 지금까지 도시를 설명하고 이론화하는 데 중요한 기반이 되어온 전통적 개념이었다. 그런데 이 전통적 개념은 ① 인클로저 운동 과정에서 산업과 농업의 공간적 분업이 발생하고, ② 도시는 사회를, 촌락은 자연을 담는 공간적 틀이라는 가정이 생성되며, ③ 도시와 촌락이 서로 상이하고 대비되는 생활양식을 지닌다는 이미지가 생성되는 방식을 통해 구체화되었다.[13] 이러한 이분법적 사고는 시카고학파의 연구를 바탕으로 자본주의 도시를 설명하는 매우 자명한 이론이 되고, 또한 향후 자본주의 사회의 변화 방향을 지시하는 목적론적 분석의 기반이 되었다. 그런데 신마르크스주의 도시이론가들에 의해 이러한 도시-촌락 이분법적 사고에 대한 문제 제기가 이루어지고, 동시에 실제로 현실의 도시화가 복잡하고 공간적으로 광범위하게 진행되면서 도시-촌락 이분법적 사고가 극복되었다고 여겨졌다. 하지만 이러한 이분법적 사고는 여전히 지속되면서 그 영향력을 지속하고 있는데, 이는 이 이분법적 사고가 지니는 이데올로기적 기능 때문이다. 예를 들어, 미국의 대중 담론에서 소규모 도시와 교외 지역은 도시-촌락 이분법의 틀 속에서 촌락의 자리를 차지하고 있는데, 이는 교외 지역의 주택 단지 개발을 홍보하기 위해 '악의 구렁텅이인 도시로부터 탈출하자', '전통적 촌락 가치로 복귀하자' 등과 같은 담론이 유포된 것과 관련된다. 이와 더불어 젠트리피케이션을 야기하는 도심지 개발사업은 최첨단의 진보적인 도시적 삶의 양식을 누릴 수 있는 기회로 홍보된다. 이처럼 도시-촌락 이분법적 사고는 자본 축적을 위한 전략으로 여전히 활발하게 사용되고 유포되는 이데올로기이다.[14]

이상의 예에서 보듯, 도시는 특정한 방식으로 규정되어 객관적 분석과 설명의 대상이 되는 '분석의 범주'가 아니라, 특정한 이해관계와 권력 구조를 대변하여 이데올로기적 역할을 수행하는 '실천의 범주'이다. 그런데 도시의 이데올로기적 특성은 상황과 장소에 따라 매우 차별적이고 다양할 수 있다. '세계도시론', '창조도시론' 등과 같은 도시에 대한 추상적인 학술적 논의와 이론, 혹은 정책적 담론들처럼 글로벌한 차원의 인지적 공동체를 통해 형성되고 뿌리내린 글로벌한 보편성을 지닌 도시 이데올로기도 있을 수 있지만, 개별 국가나 사회, 로컬리티locality 차원에서 널리 유포되어 지배적인 도시 담론으로 자리매김한 도시 이데올로기가 있을 수도 있다. 미국 대도시 교외 지역에는 정원 있는 주택에 거주하면서 잔디밭을 가꾸고 자동차로 출퇴근하는 삶을 도시의 이상적 생활양식으로 규범화하는 이데올로기가 발달했을 수 있고, 반면에 한국에서는 새로 건설된 신도시에서 잘 관리되는 고층 아파트 단지에 거주하는 삶을 이상적 도시 생활로 바라보는 규범적 사고방식이 지배적 이데올로기로 자리 잡고 있을 수 있다.

이러한 도시 이데올로기는 다양한 주체에 의해 다양한 방식으로 구성되고 확산된다. 먼저, 국가나 지역 차원의 지배 엘리트가 기득권적 이해관계와 권력 구조를 유지하기 위한 방편으로 도시에 대한 특정 담론과 이미지[예를 들어, 도시를 특정한 방향으로 홍보하는 이미지, 도시의 과거를 특정한 방식으로 기억하는 역사적 해석, 도시의 정치적·경제적 실재에 대한 특정한 방식의 해석 등]를 만들고 유포할 수 있다. 하지만 일반 시민들이 도시에 대해 가지는 상식common sense적인 지식, 담론, 감수성과 관련되어 도시에 대한 이데올로기가 형성될 수도 있다. 전자와 후자가 합쳐지면서 특정 사회에서 상식의 지위를 획득한 도시를 규정하는 특정의 사고방식, 지식, 담론, 정서 등이 생겨나는데, 이를 '헤게모니적 도시 이데올로기'라 할 수 있을 것이다. 이러한 헤게모니적 도시 이데올로기는 특정 사회에서 도시 주민들의 선호, 욕망, 가치 등을 형성하는 데 매우 큰 영향을 미쳐, 도시 공간의 소비 방식과 도시화 과정, 그리고 도시의 성격과 공간적 형태에 영향을 주고, 궁극적으로는 해당 사회의 자본주의적 정치·경제·문화적 질서와 국가 공동체의 헤게모니를 유지하는 데 중요한 역할을 한다.

III. 강남과 한국의 도시 이데올로기

한국에서는 도시가 어떻게 이해되고 있으며, 이러한 도시 담론은 어떠한 이데올로기적 역할을 하는가? 본 연구는 한국의 도시 이데올로기를 '강남'이라는 상징적 장소와의 관련성 속에서 찾아보려 한다. 이 책의 머리말에서도 언급되었듯이, 현대 한국의 도시화 과정은 고층 아파트 단지 건설과 신도시 개발로 대표되며, 이러한 도시화 과정을 바탕으로 한국에는 서구와는 다른 독특한 도시 이데올로기가 형성되었다. 특히 고층 아파트 단지와 대규모 신도시에 거주하는 것을 선호하는 한국의 도시 중산층은 저층의 조방적으로 건설된 교외의 주택지구에 거주하는 서구의 도시 중산층과는 차별적인 도시에 대한 상과 비전, 도시적 욕망을 가지고 있다. 이런 면에서 '강남'이라는 장소의 담론적 재현을 분석하는 것은 한국의 도시 이데올로기를 이해하는 데 중요한 밑바탕이 될 수 있다. 이는 강남이 아파트 단지와 신도시 개발로 특징지어지는 한국의 현대적 도시화가 시작된 곳이기 때문이다. 또한 강남의 도시개발 과정은 부동산에 기반을 둔 자산의 축적을 가능케 하여 한국에서 최초로 도시 중산층이 등장할 수 있게 해준 중요한 물질적 바탕이 되었다. 그러다 보니 현재 강남의 엄청난 주택 가격과 고급 소비문화가 보통의 한국 중산층이 감당하기 힘든 수준인데도 여전히 강남은 도시 중산층의 공간으로 묘사되곤 한다. 이는 강남의 물리적 개발 과정과 그곳에서의 도시적 삶과 자산 축적의 경험에 대한 담론적 재현이 한국 도시 중산층의 도시적 비전과 욕망의 형성에 매우 중요한 요소가 되었음을 시사한다.

한국에서 도시 이데올로기를 직접적으로 다루는 연구는 아직 본격화되지 않았지만, 강남의 장소성과 담론적 재현에 관한 연구는 제법 존재한다. 2000년대 중반 이후 강남에 대한 다양한 글과 논문이 나왔는데, 그중 이영민, 김남일·백선기, 이동헌·이향아의 논문이 강남의 담론적 재현과 관련하여 특히 유의미하다. 먼저, 이영민[15]은 강남이라는 지역을 정체성의 형성이라는 관점에서 설명한다. 특히 지역 외부의 구성원들이 자기 집단 혹은 지역과의 차이성을 확인하고, 그것을 바탕으로 천시나 질시의 담론을 형성하는 '외부적 범주화external categorization'에 초점을 두어, 언론이라는 외부적 행위자에 의해 강남이 어떻게 재현되고 있고, 그것이 강남의 지역정체성 형성에 어떤 영향을 주는지 분석했다. 특히 그는 1974년부터 논문 작성 시점까지의 주요 일간지 기사 분석을 통해 강남 지역에 대한 언론 보도의 주요 주제를 부동산 투기, 교육 문제, 소비문화로 보고, 각 이슈별로 언론 기사의 논조가 시기에 따라 어떻게 변했는지 분석했다. 이를 통해 강남에 대한 언론의 재현이 부동산 투기, 사교육, 고급 소비문화 등을 중심으로 형성되었음을 밝혔다.

김남일·백선기[16]의 연구도 언론에 의한 강남의 재현에 초점을 두고 있지만, 그것에만 머물지 않고, 그러한 재현이 어떠한 이데올로기적 영향력을 지니는지 분석했다. 이들은 강남이 경제적 자본이 집중된 지역일 뿐만 아니라, 한국 사회의 맥락에서 특정한 의미를 부여받고 또 부여하는 도시 공간으로 자리 잡고 있다는 문제의식을 바탕으로 강남을 '텍스트'로 읽어낸다. 특히 기호학적·신화적 방법론을 통해 대중매체가 '강남권역'을 재현하는 방식을 분석한다. 그리고 이러한 강남의 재현을 바탕으로 강남에 대한 신화가 어떻게 형성되어 한국 사회에서 지배적 이데올로기로 작용하게 되는지 밝힌다. 이 연구에 따르면, '강남권역'은 성공한 지배 블록의 거주지이며, 거주민들은 정치적·경제적·사회적 권력을 소유하고 있는 것으로 묘사된다. 또한 그들은 생활 세계에서 최상의 여건을 갖추고 있으며, 그들의 일상은 언론을 통해 미학화된다. 그러나 동시에 이는 선택받은 소수만이 누릴 수 있는 특권으로 묘사되며, 결국 강남은 특권적 지역으로 재현된다. 김남일·백선기는 이러한 미디어의 재현을 통해 강남의 상대적으로 풍부한 경제 자본이 상징 자본과 문화 자본으로 전환되고 있다고 지적하면서, 언론이 만들어내는 강남에 대한 신화와 이데올로기가 결국은 한국 사회의 수직 계층화, 욕망의 과잉, 승자독식의 파행적 경쟁 풍토를 유포하는 역할을 수행한다고 주장한다. 더불어, 이러한 방식으로 언론에 의해 형성·유포된 강남에 대한 신화와 이데올로기는 분당, 목동, 평촌 등 서울과 수도권의 다른 중산층 거주 신도시 지역으로 확장되고, 이들 지역들은 또다시 언론을 통해 '버블 세븐'으로 기호화되면서 강남식 신화와 상징 의미가 확산된다고 주장한다.

이들 논문들이 강남에 대한 단수의 지배적인 담론적 재현과 이미지가 있음을 상정하는 반면, 이동헌·이향아[17]는 강남에 대한 재현이 균질적이지 않으며, 매우 이질적이고 복잡함을 강조한다. 특히 강남을 내부적으로 균일한 특징을 가진 단일체로 보려는 태도를 경계하면서, 강남 정체성의 내부적 이질성과 복잡성을 밝히는 데 초점을 둔다. 특히 그들은 강남은 지리적·사회적·문화적으로 균일하지도, 연속적이지도 않다고 강조하면서, 대표성을 갖는다고 보는 공간 경계를 설정하고 분석하여 그로부터 강남 현상의 일반성을 도출하는 대신, '심상 경계 긋기'라는 방식을 이용해 대중의 인식으로부터 직접 강남의 공간 경계를 도출하여, 강남을 바라보는 시선들의 내부적 이질성을 보여주려 했다. 이를 바탕으로 강남의 지역성이 지역 공간상에서 강남에 대한 각기 다른 '심상 지리imagined geography, 心想地理'를 가진 다양한 행위자들의 관계의 접합을 통해 형성되어 왔다고 주장한다.[18] 이처럼 강남은 외부자들이 쉽게 규정하는 것과 달리, 내부적으로는 복잡하고 이질적인 정체성들이 공존하고 있다. 동시에 이 논문은 강남 외부 거주자들이 강남을 바라보는 태도의 모순성과 이중성도 지적한다.

외부자들이 강남을 묘사하고 재현할 때, '부동산', '땅', '사치', '럭셔리' 등의 물신적 가치를 포함하는 어휘를 다수 이용하여 강남에 대한 부정적인 인식을 보여주었지만, 강남으로 이주할 의향이 있느냐는 설문조사에서는 강남 비거주 응답자 117명 중 93명이 강남으로의 이주를 희망[19]하여 강남에 대한 욕망을 드러내기도 했다는 것이다.

이들 선행 연구를 통해 알 수 있는 것처럼, 강남은 한국 사회에서 독특한 방식으로 재현되고 상징화되는 공간으로, 이러한 강남에 대한 재현은 강남 거주자들의 내부적 정체성 형성에 영향을 준다.[20] 하지만 강남의 내부적 정체성은 결코 동질적이지 않아서, 다양한 이질적 정체성이 접합하여 강남의 장소성을 형성한다.[21] 외부인들에 의한 강남의 재현 방식에는 질시와 부러움, 부정과 욕망의 이중적인 태도가 공존하고 있다. 외부인들이 강남에 대해 가지는 이러한 이중적 태도는 강남이 부정적이든 긍정적이든 특정한 방식으로 신화화되도록 만들고, 궁극적으로 그러한 신화적 재현이 한국 사회의 주류적 이데올로기가 되는 데 기여한다.[22] 결국, 한국의 지배적 도시 이데올로기도 강남의 개발과 중산층의 탄생 과정, 생활 조건 등에 대한 담론적 재현이 신화화되면서 만들어진다고 볼 수 있을 것이다. 그리고 이런 과정을 통해 신화화된 도시 이데올로기는 한국 중산층의 도시적 비전과 욕망을 형성하는 데 밑바탕이 되고, 궁극적으로 고층 아파트 단지와 신도시 개발로 특징지어지는 한국의 현대 도시화 과정을 추동한 중요한 힘이 되었을 것이다.

IV. '강남 만들기'와 '강남 따라 하기'의 이데올로기

본 연구는 지금까지의 문제 제기와 이론적 논의를 바탕으로 한국의 현대적 도시화의 특성을 도시 이데올로기와의 관련성 속에서 살펴보는 것을 목적으로 한다. 이를 위해 보다 구체적으로 '강남'이라는 한국의 지배적 도시 담론에 초점을 두고, 한국의 도시 이데올로기를 '강남에 대한 재현적 구성('강남 만들기')'과 이렇게 '재현된 강남의 공간적 복제('강남 따라 하기')'라는 측면에서 살펴보려 한다. 이를 위해 아파트 단지와 신도시 개발에 기반을 둔 강남식 도시화가 특히 두드러진 세 지역(서울 강남, 부산 해운대, 성남 분당)을 중심으로 도시 중산층에 대한 생애사 인터뷰를 실시하여, 이들이 가지고 있는 도시 이데올로기를 파악하려 했다. 앞서도 지적했듯이 도시에 대한 지배적 담론은 국가나 지방의 지배 엘리트에 의해 형성될 수도 있다. 특히 한국에서 아파트 단지의 건설과 신도시 개발은 국가의 정책적 주도에 의해 이루어진 것이어서, 1970년대 이래로 중앙정부, 각종 지방자치단체, 주택공사, 토지공사 등과 같은 다양한 국가 행위자들이 아파트와 신도시를 새로운 근대적 주거 문화와 도시적 공간으로 상징화하려고 행한 다양한 담론적 실천이 한국의 도시 이데올로기 형성에 미친 영향은 지대하다 할 수 있다. 하지만 본 연구는 이러한 국가에 의한 도시 이데올로기 형성 과정보다는 도시 공간의 소비 주체들이 상식적인 도시에 대한 지식, 담론, 감수성 등을 어떻게 형성하고 공유했는지를 밝히는 데 초점을 둔다.

생애사 인터뷰는 2015년 7월부터 2016년 1월 사이에 진행했다. 서울 강남과 부산 해운대, 성남 분당에서 장기간 거주한 도시 중산층들을 인터뷰 대상으로 삼았으며, 눈덩이 표집 방식을 통해 22명을 선정했다. 이들의 현 거주지는 강남이 6명, 부산 해운대가 7명, 성남 분당이 8명, 경기도 용인이 1명이며, 현재 수도권과 부산의 신도시에 거주하고 있는 인터뷰 응답자들 중에는 이전에 강남에 거주한 경험이 있는 사람이 4명 포함되었다([표 1-1] 참조). 인터뷰 응답자들의 성별 분포를 보면 여성이 대부분인데(여성 18명, 남성 4명), 이는 주거 이동 시 여성의 선택권이 더 크다는 현실을 반영한 것이다. 연령별로는 50대가 9명으로 가장 많은데, 이는 이들 베이비부머들이 한국 도시 중산층의 핵심적 세대라는 사실과 관련된다. 인터뷰 질문은 인터뷰 응답자들의 강남과 신도시에 대한 재현을 파악하고, 이 재현이 그들에게 일으킨 정서와 욕망을 포착하는 데 초점을 두었다.

[표 1-1] 인터뷰 응답자의 기본 특성

	현 거주지	연령대	성별	주요 거주지
1	강남구 역삼동	40대	남	서울시 은평구·서초구, 경기도 성남시 분당구 등
2	강남구 수서동	70대	남	서울시 성북구·마포구·동대문구·강남구 등
3	강남구 대치동	50대	여	서울시 동대문구·강북구·강남구·송파구·성동구 등
4	성남시 분당구	40대	남	서울시 동작구·서초구, 경기도 성남시 수지구 등
5	용인시 수지구	70대	여	서울시 동작구·강남구, 경기도 성남시 분당구 등

6	강남구 수서동	30대	여	서울시 송파구·강남구·광진구 등
7	강남구 대치동	50대	여	서울시 강남구, 경기도 남양주시 등
8	송파구 잠실동	40대	여	서울시 은평구·양천구·강남구 등
9	부산시 센텀시티	40대	여	부산시 해운대 신시가지, 경남 마산시, 경기도 부천시, 서울시 마포구·관악구 등
10	부산시 센텀시티	30대	여	서울시 강남구, 경기도 일산신도시, 부산시 해운대 신도시 등
11	부산시 해운대구	30대	여	서울시 도봉구, 부산시 구서동 등
12	부산시 마린시티	60대	여	서울시 종로구, 부산시 서구, 경남 마산시, 부산시 광안리, 부산시 센텀파크 등
13	부산시 마린시티	50대	여	경남 마산시, 부산시 광안리 등
14	부산시 마린시티	40대	여	경남 김해시, 부산시 광안리 등
15	부산시 마린시티	40대	여	대구시 수성구, 부산시 등
16	성남시 분당구	50대	여	경남 마산시, 경기도 성남시 중원구 등
17	성남시 분당구	50대	여	경기도 일산신도시, 경남 진주시 등
18	성남시 분당구	50대	여	서울시 동작구·강남구 등
19	성남시 중원구	50대	여	서울시 은평구, 경기도 성남시 중원구·분당구 등
20	성남시 분당구	50대	남	서울시 동작구 등
21	성남시 분당구	50대	여	경기도 성남시 중원구 등
22	성남시 분당구	40대	여	서울시 강동구·송파구 등

1. '강남, 이상적 (신)도시'라는 재현

1) '정돈된 공간'

강남에 거주했거나 거주하고 있는 인터뷰 응답자들 다수가 강남식 도시경관의 주요 특징 중 하나로 재현한 것은 '정돈된 공간well-ordered space'이었다. 이때 '정돈'의 예로 제시되는 것은 (휘어 있는 길과 대비되는) '곧게 뻗은 큰 길', (무계획적인 공간과 대비되는) '계획적 공간', (가시성이 낮은 골목과 대비되는) '가시성이 높은 네모반듯한 길', (뒤섞이고 부조화한 경관과 대비되는) '정리되어 있고 조화로운 경관' 등이었다. 이 같은 재현은 모종의 가치판단을 동반하면서, 강남식 도시경관에 대한 선호로 이어졌다. 2000년대 후반에 3년 정도 경기도에 거주한 것을 제외하면, 고향에서 상경한 1990년대 중반부터 현재까지 강남에서 계속 살고 있는 한 인터뷰 응답자는 심지어 강남의 정돈된 공간(반대로 강남 바깥의 '무질서한' 공간)과 그곳 거주자들의 '품행' 사이에 모종의 상관관계가 있다고까지 재현했다.

사실 이렇게 길을 나서면 중계동 쪽에서 바라보는 도로의 느낌과 대치동에서 바라보는 거리 느낌이 완전히 달라요. 어쩌다 부천 같은 데 가보면 중국에 와 있는 것 같은 느낌이 들어요. (…) 강남 같은 경우에는 도로가 질서정연하게 정리정돈이 돼 있고, 버스 승강장 같은 데도 잘 돼 있고, 가로수나 간판 같은 것도. (…) 같은 색깔로 통일해서 (…) 일목요연하게 (…) 글씨체도 거의 동일하게 (…) 또 학생들 옷 입고 노는 것도 다른 것 같아요. (…) 튀지 않고, 명품을 입어도 가벼워 보이지 않고. 그런데 어쩌다 중계동이나 부천 같은 데 가보면, 학생들이 다 얼굴은 하얗게 칠하고, 입술도 바르고, 교복도 아주 티 나게 변형시켜서 입었더라고요. 가방 메는 것도 다르고요. 가방도 위로 이렇게 딱 붙여서 메는데…… (웃음) 그런 것도 다르고, 거리의 간판 같은 것도, 부천 같은 데 가보면 진짜 여기가 중국인지 한국인지 분간이 안 갈 정도로 현란하죠. (…) 진짜 뭐, 공통점이 없어요. 시청 건물도 다 색깔 다르게 간판을 싹 도배를 해놓고. (…) 그런 것도 있고, 또 사람들이 뭐랄까, 내가 그렇게 생각해서 그런지 꾸미지 않아도 다 정리정돈이 되어 있는 것 같아요. (사례 7)

그런데 '정돈된 공간'에 대한 재현과 선호는 분당 신도시와 부산 센텀시티에 사는 인터뷰 응답자들이 현 거주지에 대한 재현과 선호를 진술할 때도 거의 동일한 방식으로 나타났다. 가령 1990년대 초반부터 '구舊시가지'인 성남시 중원구에 거주하다가 2000년대 초반에 '신시가지'인 성남시 분당구로 이주한 후 현재까지 살고 있는 한 인터뷰 응답자는 전자의 경우 "높낮이 차이도 크고", "복잡하게 밀집되어 있어", "떠 있다는 느낌"이 드는 데 반해, 후자는 "정비가 잘 되어 있"고 "생활의 모든 게 다 (…) 조직적으로 되어 있"는 "시市의 느낌"이 들며, "차분"하고 "여유 있는 마음가짐"을 불러일으킨다고 재현했다. 또 부산, 마산, 경기도 부천, 서울시 마포구·관악구 등 다양한 주거 이력을 지닌 한 인터뷰 응답자는, 현재 살고 있는 부산 센텀시티가 "전부 새로 지은" 곳이다 보니, "골목에 주차할 데도 없"는 "강 건너"와 달리, "건물이 딱딱딱딱 잘 들어가고" "통일적"이고 "깨끗"한, "우리가 일반적으로 아는 도시화된, 구획 잘 되어 있는" 공간이라고 재현했다. 이렇듯 인터뷰 응답자들 다수의 재현에서 공통적인 점은 '정돈된 공간'으로 요약되는 강남식 도시경관과 (도)시의 일반적 경관을 등치시키다는 것이다.

성남 구시가지에 살다가 분당 신시가지로 이주한 주거 이력을 공유하는 두 인터뷰 응답자는 '정돈된 공간'의 내포 중 하나로 '공간적 분화'라는 의미를 추가하고, 이를 '안전'과 연결했다. 이런 재현은 부산 마린시티와 센텀시티를 대립시킨 센텀시티 거주자에게서도 동일하게 나타났다. 아래 인용문은 이를 잘 보여준다.

> (성남의) 주거 지역은 좀 달라요. (…) 애들이 가게 왔다가 집에 가는 길 사이가 그런 거였어요, 길진 않지만. (…) 10분 정도 걸리는 길인데, 그중 5분 정도 걷는 길이 (…) 좀 깨끗하지가 않고…… 그러니까 거리가 깨끗하지 않다기보다 성인들이 놀기에 좋은, 성인들의 문화가 많이 발달한…… 애들한테는 좀 그런 술집, 영화관, 그리고 아가씨집, 뭐 이런 거 있잖아요. (…) 분당하고 비교했을 때 교육적인 면에서는 좀 안 좋은 것 같아요. 학교를 지나서 도로 하나만 건너면 모텔촌이 죽 이어져 있어요. (사례 16)

> 그런데 마린시티는 여기 센텀시티랑 콘셉트가 좀 다른 거죠. (…) 마린시티는 유흥 쪽이 좀 발달했는데, 거주지하고 같이 되어 있어서 그게 좀 안 좋죠. 여기는 이렇게 아파트 있고, 학교 있고, 그다음에 이쪽에는 사무실이 죽 늘어서 있죠. (…) 유흥가도 요식업이 대부분이고요. 지금 우리 아파트의 제일 좋은 점이 그거예요, 사실. 그런 유의 시설이 하나도 없어요. (…) 저도 처음에 그런 부분이 마음에 들어서 이쪽으로 왔거든요. 애들이 걸어서 집에서 학교까지 왔다 갔다 해도 아

주 안전하니까요. (…) 단지 안에 피시방도 하나 없어요. (사례 9)

즉, '정돈된 공간'이란 가령 '주거 지역'과 '유흥 지역' 등 용도를 달리하는 공간이 서로 뒤섞이지 않고 알맞게 '분화'되어 있는 공간이고, 이렇듯 분화된 공간은 '안전한' 공간이기도 하다. 뒤집어 말하면, 용도를 달리하는 공간들의 미분화는 '불안함', 나아가 '불결함'의 원인으로 재현된다. 특히 '사례 16' 인터뷰는 이런 의미 연쇄를 단적으로 보여준다. 인터뷰 첫 문단에 나타난 '깨끗하지 않음'에 관한 재현은 "더러움이란 제자리를 벗어난 물질"[23]이라는 인류학자 메리 더글러스Mary Douglas의 고전적 정의를 연상시킨다.

많은 인터뷰 응답자들의 재현에서 또 한 가지 눈에 띄는 점은 '정돈되지 않은 공간'과 '과밀한 공간' 사이의 등식이다. 이는 도시의 '질서'와 '인구'를 계획적으로 타산·규제·관리할 수 있는 공적·사적 권력의 불충분함을 환유하는 것으로 해석할 수 있다. 이렇게 볼 때, 강남식 도시경관, 나아가 '신도시'에 대한 재현과 선호(또한 '구도시'에 대한 재현과 기피)에서 중요한 차원은 공적·사적 권력, 그리고 그 함수인 '정돈'과 '분화', '안전' 등인 셈이다.

2) '고급 대단지 아파트'라는 '자기 충족적 세계', 그리고 '공간적 예외성'

강남에 거주했거나 거주하고 있는 인터뷰 응답자들 다수가 강남식 도시경관의 또 다른 주요 특징으로 재현한 것은 '고급 대단지 아파트'라는 '자기 충족적 세계self-sufficient world'였다. 1980년대 후반과 1990년대 중반에 각각 압구정동과 가락동의 고급 대단지 아파트에 거주했던 두 인터뷰 응답자는 당시의 거주지를 아래와 같이 재현했다.

어쨌든 접근성이죠. (…) 주택은 멀리 가서 사야 하는데, 아파트는 그 안에서 모든 게 다 해결되니까. (…) 바로 앞에 백화점이 있고. (…) 굉장히 편하죠. 그 안에서 모든 것을 해결한다는 게 저는 굉장히 좋았어요. (…) 운동도 할 수 있고, 그 안에서 거의 모든 게 다 해결되니까. (사례 18)

올림픽 훼밀리 단지가 (…) (단지 수가) 정말 어마어마하죠. (…) 상가가 굉장히 많았어요. 주변에 큰 상가들도 많지만, 사이사이에 조그만 상가들이 굉장히 많았어요. 그런데 각각의 특성이 있었어요. 이 상가는 뭐가 좋고, 저 상가는 뭐가 좋다. 예를 들면, 이 상가는 떡볶이가 맛있다, 저 상가는 주스가 맛있다. 단지 안의 상가들이 각각의 특성이 있었죠. (사례 22)

"바로 앞에 백화점이 있"을 뿐만 아니라, "각각의 특성이 있"는 상가들이 아파트 단지 "사이사이에" 입지한 공간, 따라서 "그 안에서 거의 모든 게 다 해결되"는 자기 충족적 세계. 강남에서 '발명'된 이 새로운 고급의 도시 공간은 강남 이후 신도시들의 '강남 따라 하기'에서 핵심을 이루었다. 부산 해운대 신시가지 아파트에 살다가 현재 센텀시티에 살고 있는 인터뷰 응답자, 그리고 현재 마린시티에 살고 있는 인터뷰 응답자는 다음과 같이 말했다.

센텀파크는…… 처음에는 해놓고 후회했어요. 그리고 (해운대) 신시가지도 마찬가지였어요. 거기도 그때는 황무지였고 (…) 사람들이 못 산다, 푹푹 빠지는 진흙탕이다, 이랬는데, 결국 그건 루머에 지나지 않고…… 살아보니까, 전부 다, 나중에 다 되더라고요. 환경이 조성되고 (…) 그 신시가지가 굉장히 안쪽에 들어가 있잖아요, 부산에서 보면. 그래서 거기서 여기 시내까지 나오려면 굉장히 시간이 많이 걸려요. 처음에 들어갈 때는 지하철이 없었어요. 그런데 그 안에서 다 해결할 수 있도록 다 조성되더라고요. 시장이니 애들 학원이니 뭐니 전부 다. 그러니까 애들 공부시키는데 그쪽으로 많이 들어가서, 또 센텀시티라는 도시를 하나 만들잖아요? 안목이 있는 사람들은 '여기도 또 그렇게 될 거야' 생각하는 거죠. (사례 9)

요즘은 모든 게 이렇게 다 잘되어 있지만, 그때만 해도 여기 오면 집 앞에 수영장 있고, 바로 옆에 부산 최초로 아이스링크도 짓죠. 또 유치원 좋은 데 있고, 학교도 사립보다 더 좋은 공립이 아파트 단지 안에 있으니 사립에 갈 이유가 없죠. 공기 좋고, 나가면 바닷가고, 그러니까 매일 애 데리고 유모차 끌고 바닷가 다니고…… 생활환경이 너무 좋다는 거죠. 마트 같은 것도 잘되어 있고, 편안한 거죠. (사례 13)

고급 대단지 아파트를 자기 충족적 세계로 만든 중요 메커니즘 중 하나는 대규모 아파트 단지 거주자들의 수요에 의해 만들어지는 규모의 경제였다. 이러한 '수요 측 규모의 경제demand side economies of scale'는 2000년대 초반 자녀를 영어유치원에 보내기 위해 강남구 일원동에서 도곡동으로 이주한 인터뷰 응답자의 말에서 잘 드러난다.

일원동은 떨어져 있어서…… 애가 어리지 않았으면 아마 제가 셔틀로 애를 데려다주고 데려왔을 텐데, 어리니까……. 그런데 도곡동 거기 (…) 아파트가 쫙 있잖아요. 거기 다 엄마들이 모여 있으니까. (…) 거긴 죄다 아파트잖아요. 도곡동, 개포동, 다 아파트가 포진해 있잖아요. 거긴 애들이 엄청 많고, 그래서 영어유치원 다 있거든요.

(사례 18)

즉, '저밀도 고급 단독주택 지구'도 아니고, '서민 대단지 아파트'도 아닌, 강남 신도시에서 '발명'되어 다른 신도시들에 '수출'된 '고급 대단지 아파트'가 '대규모 고급 수요'의 물리적 기반이 되었고, 이 수요가 이끄는 '규모의 경제' 때문에 자기 충족적 세계가 곳곳에서 만들어질 수 있었던 것이다.

이처럼 그 안에서 모든 것이 해결될 수 있도록 만들어진 대규모의 고급 아파트 단지가 한국의 도시 중산층에게 주는 매력은 모든 것이 그 안에서 쉽게 해결될 수 있다는 편이성만이 아니라, 그곳에 살고 있는 사람들이 아파트 단지 바깥 세계의 사람들과 굳이 얽히고 충돌하는 수고를 할 필요 없이 자신들이 꿈꾸는 도시적 삶을 살아갈 수 있도록 만들어준다는 '공간적 예외성'이다. 한국의 도시 중산층은 그들이 살고 있는 도시의 정치적·사회적·경제적·문화적 조건을 모두 바꾸려는 수고로움을 감수할 필요 없이, 대규모 고급 아파트 단지라는 자기 충족적 세계에 거주하면서 그러한 거주에 필요한 금전적 부담만 감수한다면, 그들이 이상으로 그리는 도시적 생활을 예외적으로 누릴 수 있게 되는 것이다. 도시 중산층을 위한 자기 충족적 공간으로서의 아파트 단지에 의해 제공되는 이러한 '공간적 예외성'은 한국 도시 중산층의 부동산 교환가치 의존성과 결합되어 한국 도시 중산층이 사회 전체의 공동체적 발전을 지향하기보다는 가족, 집단, 지역 등을 중심

으로 파편화되고 개별화된 이익의 극대화를 추구하는 태도를 지니게
하는 중요 조건이 되었다.

3) '신도시'에 대한 욕망과 환멸의 끝없는 교대

강남에 대한 가장 지배적인 재현 중 하나는 강남이 한국 최초의
'신도시'라는 것이다. 반듯하게 정돈된 큰 길, 고층 건물, 근대적 주거
환경을 갖춘 대규모 아파트 단지 등과 같은 새로운 근대적 도시경관
을 '발명한' 최초의 신도시가 강남이라는 재현은 강남에 대한 매혹과
욕망을 일으키는 가장 강력한 원천 중 하나다. 그런데 흥미로운 점은
'신도시 강남'이라는 재현이 강남에 대한 '환멸'을 일으키고 '신-신도
시'를 향하게 만드는, 정반대 방향의 동기로 뒤집히기도 한다는 점이
다. 1970년대 후반 강남으로 이주해 그곳에서 초·중·고교를 마친 명
실상부한 '강남 키드'였으나, 2000년 무렵 가족과 함께 분당으로 이주
하여 현재까지 살고 있는 한 인터뷰 응답자는 이 전도順倒 과정을 생
생하게 재현한다.

그때는 완전 깨끗했죠, 안에 사람도 별로 없고. (…) 그 초록색 2호
선 의자에 누워서 잠실 종합운동장역에서 강남역까지 오던 기억이 납
니다. 그런데 그게 변한 거예요. 이 도시 하면 그렇게 깨끗했던 기차,
신형, 신제품 같은 대단한 느낌이 있었는데, 그런 느낌이 싹 사라진 거
죠. 제가 아까부터 이야기했지만 지하철이 별로였다고 했잖아요. 지
하철 타고 내릴 때 느낌이 굉장히 고역이었거든. 제가 초등학교 3·4
학년 때 지하철 타면 깨끗하고, 사람도 없고, 그래서 무척 즐거웠는데,
한 20년, 25년 지나고 보니까 완전히 지옥철에다가 너무 지저분하고,

예전에 그 초록색 시트에 누워 있으면 깨끗한 냄새, 새 소파 냄새 나고 그랬는데, 나중에는 더러운 냄새 나고…… . 그게 딱 강남에 대한 제 느낌이에요. (…) 그래서 이제 분당, 일산으로 많이 간 거죠. 강남 사는 사람들은 분당으로 가고, 강북 사는 사람들은 일산 많이 갔잖아요? 그 때는 신도시에서 약간 소외됐다는 느낌도 있었어요. 그때는 강남보다는 분당이 뭔가 좀 더 깨끗하고, 더 주거 환경이 좋고, 뭔가 더 힙하고 (…) (강남은) 올드하고, 이제 강남은 강북처럼 될 것이고, 거기가 이제 새로운 강남이라는 생각? (…) 제 주변 사람들도 (분당으로) 많이 갔죠. 약간 우리도 소외됐다는 느낌? 우리도 신도시 시민이 한번 돼보자, 하는 느낌으로 간 거죠. (…) 그러니까 저도 좀 한가하고 여유로운 삶을 꿈꿨는데, 수지나 분당도 제가 꿈꿨던 곳은 아니었어요. 환상이었죠. 그러니까 나는 그런 걸 꿈꿨던 것 같아요. 그거보다는 좀 더 타운하우스에 가까운 느낌? 결국은 도시였고, 몇 년 동안 주차만 편하게 했죠. 요즘은 주차도 힘들어지고, 단속도 많이 하고. (사례 4)

모든 새로운 것은 필연적으로 낡을 수밖에 없으며, '최초의 신도시'인 강남도 여기에서 예외일 수는 없다. 만일 강남에 대한 욕망과 매혹의 원천이 '신도시'라는 재현에 있다면, "강남은 강북처럼 될 것이고" 분당이나 일산 같은 '신-신도시'가 "더 깨끗하고" "여유"로우며 더 "힙"하다는 재현이, 강남에 대한 환멸과 '신-신도시'에 대한 욕망·매혹을 일으키는 것은 어쩌면 당연한 일이다. 하지만 '신-신도시'에서 기대한 "좀 한가하고 여유로운 삶"은 위 인용문이 말하는 것처럼 "환상"에 가깝다. 하지만 환상이든 아니든, 이 재현이 '신도시'와 '신-신도시', 그리고 '신-신-신도시' 개발을 떠받치는 중대한 정서적 동력이라는 사실에는 변함이 없다. 2000년대 초 당시 부산 최대의 고급 대단지 아파트('신-신도시')에 이주했다가 최근 마린시티('신-신-신도시')로 이주한 아래 인터뷰 응답자의 이야기, 그리고 비슷한 궤적을 거친 다른 인터뷰 응답자의 이야기는 이를 확인시켜 준다.

> ○○ ○○○○○라고 (…) 제가 알기로, 우리나라에서 단독 브랜드로는 최대 단지라고 했어요. 7,800세대였어요. (…) 거기서 18년을 살다보니까 집이 많이 낡았잖아요. 그러다 보니 집도 고쳐야 하고……. 그때는 그게 제일 좋았지만, 차츰차츰 더 좋은 게 생기니까. (…) 이쪽에 있던 사람들이 거의 그렇게 이동한 거예요. 게르만 대이동, 민족 이동 하듯이 여기 있는 사람들이 그쪽으로 싹 옮긴 거죠. 그러면서 저도 자동적으로 옮기게 된 거죠. 평수도 넓히고, 더 좋은 새집으로 옮긴 거죠. (사례 13)

> 그래서 저쪽에 센텀파크가 아주 고층 아파트로 처음 부산에 생긴 거예요. 그게 오십 몇 층까지 있는 아파트였는데, 2006년에 오십 몇 층짜리면 좀 드문 아파트거든요. 그래서 이사를 갔다가 (…) 수순이 그래요, 부산 사람들은. 해운대 신시가지 살다가, 센텀파크 갔다가, 마린시티로 오는 거죠. (웃음) 그 수순이에요, 보통. 사람들이 아파트 새로운 거 새로운 거 찾다보니 저도 20○○년에 여기 마린시티 아이파크로 오게 됐어요. (사례 12)

2. '전국구 강남'이라는 재현과 강남의 '회춘'

이상에서 살펴본 대로, 인터뷰 응답자들 다수의 재현에서 강남(식

도시경관)은 도시 이데올로기의 원형적 준거점의 자리를 점한다. '강남, 이상적 (신)도시'라고 요약할 수 있을 이 재현은 '강남 따라 하기'를 추동하는 주요한 정서적 동력으로 해석될 수 있다. 다만 '신도시'라는 재현 자체는, 시간이 경과함에 따라 '최초의 신도시 강남'에 대한 욕망이 새롭게 등장하는 다른 신도시로 전이된다면, '한때 신도시였던 강남'에 대한 환멸로 귀결될 수도 있다. 즉, 강남을 떠나 새롭게 등장하는 다른 '신-신도시'로 "게르만 대이동"과 같은 인구의 이동을 초래할 수도 있는 것이다. 하지만 현실에서 그런 일은 벌어지지 않았고, 오히려 2000년대가 지나고 나면 강남으로 다시 인구와 자본이 되돌아오는 ('사례 4' 인터뷰 응답자의 표현을 빌리자면) 강남의 '회춘' 현상이 나타난다. 강남의 '회춘'은 '강남, 이상적 (신)도시'라는 재현만으로는 충분하게 설명되지 않는다. 그렇다면 어떤 재현이 강남의 '회춘'을 뒷받침했을까?

1) '강남, 경제의 중심지'라는 재현

이와 관련해서 강남에 사는 인터뷰 응답자들과 강남 이외의 신도시에 사는 인터뷰 응답자들이 각각 현 거주지의 대표적인 시설이나 경관, 이른바 '랜드마크landmark'를 재현하는 데서 나타나는 차이를 눈여겨볼 필요가 있다. 전자의 경우, '삼성역 무역센터', '교보타워', '테헤란로' 등 경제적 의미를 지닌 시설을 주로 든 데 반해, 후자는 '탄천', '공원', '백화점'이나 '마트', '요트경기장', '광안대교 옆 고층 아파트', '브랜드 커피숍' 등 녹지나 소비 관련 시설을 주로 들었다. 요컨대 강남은 다른 신도시들과 달리 주거 생활에 특화된 공간('베드타운')으로 환원되지 않는, 나름의 고유한 경제적 의미와 중요성을 지니는 공간으로 재현되는 것이다.

> 삼성역 무역센터. (…) 건물도 높지만 (…) 우리나라 경제의 근원이
> 라 할 수 있죠. (…) 무역센터가 있어서 회의는 전부 다 거기서 하잖아
> 요. 거기가 강남의, 우리나라의 중심지죠, 무역이나 경제적으로. (…)
> 앞으로 한전 백 몇 층짜리가 거기 들어오잖아요. 앞으로 더 발전할 거
> 예요. 줄어들 수가 없죠. 거기는 영원히 우리나라 경제의 초점이 되는
> 위치죠. (사례 2)

1978년에 강남으로 이주한 이래 40년 이상 강남에 살았던 위 인터
뷰 응답자는 삼성역 무역센터가 "우리나라 경제의 근원"일 뿐만 아니
라, 재벌 기업 본사 등 새로운 산업 관련 시설이 계속 들어서는 "줄어
들 수가 없"는 "중심지"인 한, 이곳을 보유하고 있는 강남 역시 그럴
것이라고 재현한다. 강남이 "앞으로 더 발전할" 것이라는 전망을 동
반하는 이 같은 재현은 '도심 재개발' 등 강남의 '회춘'을 뒷받침한 강
력한 정서적 동력 중 하나로 해석할 수 있다.

2) '전국구 강남'이라는 재현

강남과 여타 신도시의 차이, 더 정확히는 거의 따라잡을 수 없는
'격차'를 재현하는 또 다른 대표적 사례는 바로 (사)교육이다. 강남에
살 때 자녀를 영어유치원에 보내기 위해 일원동에서 도곡동으로 이주
한 적이 있고, 분당에 살면서도 중학생 자녀의 사교육을 위해 늘 강남
을 오갔던 한 인터뷰 응답자는, 분당은 "분당구"지만 강남은 "전국
구"라고 재현하면서, 이런 차이가 나는 이유를 다음과 같이 말한다.

저희 애가 이과 쪽 성향을 많이 보였는데, 과학이나 수학 같은 경우, 분당 쪽에서는 해줄 수 있는 게 별로 없었어요. 그 당시만 해도 (…) 애들이 안 모이잖아요, 분당은. 그런데 강남은 모여요. (…) 강남 대치동 쪽에 가면, 저만 애를 데리고 온 게 아니라, 강 건너 강북에서도 오고, 사방팔방에서 모이죠. 거길 갈 수밖에 없었어요. 여기는 수요가 없으니까. 애들을 봐주는 학원이 없거든요, 분당만 해도. (…) 같은 선생님이 여기 온다 해도 어쨌든 거기서 하는 것과 여기서 하는 것에는 차이가 있거든요. (…) 모이는 애들이 차이가 있어요. 거기는 아까도 말씀드렸지만 전국구잖아요. 여기는 분당구고요. 그러니까 선생님들도 주는 게 달라요. 던져 주는 게 달라요. (…) 강남 애들이기보다는 정말 잘하는 애들이 모이는 곳이 거기라는 거죠. (…) 그만큼 거기는 정말 특화되어 있는 곳이에요. (사례 18)

실제로 부산 마린시티의 두 인터뷰 응답자도 방학 때마다 강남 대치동 학원에 자녀를 보내는 경우를 보거나 들었다고 말했다. 부산 센텀시티에 사는 인터뷰 응답자도 "교육적인 문제에서" 현 거주지와 강남 사이에 "어마어마한 격차가 있"다고 재현했고, 이 때문에 강남의 "교육 특구 쪽으로 가고 싶은 생각이 있"다고 고백했다. 강남의 고급 대단지 아파트들이 만들어내는 교육 수요와 이를 가능케 하는 '규모의 경제', 이 경제만이 제공할 수 있는 다양하고 "특화"된 사교육 상품과 이를 소비하기 위해 전국에서 모여드는 인재와 자원, 이에 힘입어 더욱 커지는 규모의 경제. '강남, 사교육의 전국구'라는 이 재현을 통해 인터뷰 응답자들은 강남의 사교육 시장에서 작동하는 중심-주변 구조를 포착하고 있다.

사실 강남의 사교육 시장은 강남 전체의 축소판이라고 할 수 있다. 즉, 전자에서 작동하는 중심-주변 구조는 후자에서도 마찬가지로 작동한다. 이는 강남이라는 '전국구'가 제공하는 다양한 편익은 대체 불가능하다는 재현을 낳는다. 그리고 이 재현은 강남 바깥의 신도시에 살고 있는 다수의 인터뷰 응답자들로 하여금 강남을 계속 욕망하게 만들고, 적어도 강남과의 실재적·상징적 관계를 유지하게 만듦으로써 강남의 중심성을 뒷받침하는 데 정서적으로 기여했다고 할 수 있다. 즉, '전국구 강남'이라는 재현은 강남의 '회춘'을 뒷받침한 또 다른 주요 정서적 동력이라고 할 수 있다.

3. '대장주 강남'과 '자산으로서의 도시'라는 재현

이상에서 살펴본 재현들은 강남을 정점으로 하는 중심-주변 구조를 공고히 하고, 강남의 '회춘'을 뒷받침하는 데 정서적으로 기여했다고 해석할 수 있을 것이다. 그런데 이상의 재현들은 말하자면 '사용가치로서의 강남'에 상응한다고 할 수 있다. 강남의 재현에서 중요한 또 다른 차원은 '교환가치로서의 강남', 또는 '자산으로서의 강남'이다. 10대 시절인 1980년대 초반에 강남으로 이주한 후 대부분의 삶을 강남에서 보내다가 2000년대 초 강남에서 자가를 구매한 한 인터뷰 응답자는 '우량주로서의 강남'이라는 흥미로운 재현을 말해주었다.

제가 그때 집을 강남을 고집해서 샀거든요. (…) 그때 양가에서 다 반대했었죠. (…) 왜 여기를 사느냐, 왜 이렇게 (가격이) 제일 높은 때에, 다른 데 가면 조금 더 넓게 살 수 있는데…… 집이 24평이었거든요. 그런데 제가 그때 막 고집 부려서 샀어요. (…) 왜 그랬냐면, 그때

제가 주식을 하고 있었거든요. 제가 경험해보니, 우리나라에서 ○○전자 주식이다 하면, ○○전자가 떨어지면 주가 전체가 다 떨어지는 거잖아요. 장이 다 떨어지잖아요. 그것처럼 강남 집값이 떨어지면 다 떨어지는 거라고, 그러니까 뭐랄까 주식으로 말하면 우량주 같은 거였다는 생각이 든 거죠. (…) 제가 만약 그 집을 돈을 다 내고 사야 한다면 못 샀을 거예요. 그런데 중도금 내듯이 나눠 내게 되니까, 와이프랑 나랑 허리띠 졸라매고 해보다가 나중에 안 되면 집을 담보 잡아서 해보고, 정 못 견디겠으면 팔면 되지, 이런 식의 투자 비슷한 생각도 있었던 거죠. 물론 그렇다 해도 처음에 준비해야 하는 돈도 적은 건 아니었기 때문에 양가에서 어느 정도 도움도 받고, 우리가 모아둔 돈도 탈탈 털고……. 아휴, 나름 중도금 갚느라고 고생 많이 했어요. (…) 대출도 받았고. (사례 1)

같은 가격으로 "다른 데 가면 조금 더 넓게 살 수 있"었고, 실제로 그런 이유로 양가에서 강남 아파트 구매를 반대했다는 점에서, 인터뷰 응답자의 일차 관심사는 주거 환경이라는 '사용가치'가 아니었다. 인터뷰 응답자는 '주식(시장)'과의 유비를 통해 주택(시장)을 재현했고, "투자"라는 관점에서 사태에 접근했다. 더욱이 주택이 "모아둔 돈"을 "탈탈 털고" "양가"의 "도움"은 물론 "대출"까지 동원해야 하는 고가의 상품인 한, "우량주"의 지위를 점하는 강남 아파트를 구매하는 것은 사실 위험 부담을 최소화하는, 경제적으로 합리적인 선택이라 할 수 있다.

이른바 대장주大將株라는 거지. 강남, 분당 이런 데들은 잘 오르는

데, 상대적으로 다른 데들은 세 배씩 못 오르고 두 배만 오른다 할지, 이런 식으로 차이가 나니까. (…) (강남에) 당연히 투자는 할 수 있지. 그런 데서 매력을 느끼는 거지. 여기는 이상하게 굳건해. 아까 얘기한 회춘도 했고. 수익형 부동산을 산다면 이쪽으로 하고 싶어. 내가 예를 들어서 1,000억 자산가가 되었다, 그래서 100억짜리, 200억짜리 빌딩을 산다, 그러면 여기를 최우선으로 할 것 같아. 이율배반적인 거지. 살고 싶지는 않아. (사례 4)

'사례 1'의 인터뷰 응답자가 사용가치보다 교환가치를 우위에 두긴 했지만, 어쨌든 양자가 강남 아파트라는 하나의 상품 안에 통합되어 있었다면, '사례 4'의 인터뷰 응답자의 재현 속에서 '사는 곳'과 '사는 것', 곧 사용가치와 교환가치는 아예 분리되어 있다. 즉, '회춘한 강남'은 "살고 싶지는 않"(사용가치)은 곳이지만, "대장주"로 상징되는 '매력적이고 건실한 투자 상품'(교환가치)인, 따라서 "이율배반적"인 공간이다. 하지만 이런 갈등과 분리는 비단 강남이라는 특정 지역에서만 나타나는 것은 아니다. 과거 분당의 아파트에 살다가 현재는 분당의 단독주택에 살고 있는 '사례 17'의 인터뷰 응답자는 다음과 같이 말한다.

주택에 살다 보니, 새벽이나 밤에 아파트를 지나 집으로 갈 때면 '아, 우리가 저렇게 성냥갑 같은 집에 살았었나?' 하는 생각이 들더라고요. 우리 집 위에 사람이 또 살고 있고, 그 위에 또 사람이 살고 있고, 그 안에서 모두 다른 생활을 하고 있는데, '아, 그랬어, 그랬었구나' 하는 생각이 많이 들었어요. (…) 주택으로 들어가고 나서. (…) 그런데 지금은 할 수 있으면 그냥 아파트로 가는 게 나을 것 같아요. (…) 왜냐하면 주택은 사고팔기가 쉽지 않더라고요. 빌라도 마찬가지고. 아파트는 그래도 나가고 싶을 때 조금은 쉽게 빠져나갈 수 있는데, 여기는 문제가 있더라고요. 그런 문제 때문에 그냥 아파트를 사놓고 거기를 전세 주고 주택으로 가서 사는 것은 괜찮은데, 주택을 내 소유로 하는 것은 좀 꺼려져요. (…) 주거 환경 면에서는 저는 주택이 더 나은 것 같아요. 아파트 선호는 환금성, 그것 때문에. (사례 17)

위 인터뷰 응답자는 단독주택, 빌라와 (대단지) 아파트를 비교하면서, 전자가 사용가치적 측면에서는 오히려 더 나을 수도 있지만, 후자가 ("사고팔기가 쉽지 않"은) 전자에 비해 "환금성"이라는 교환가치적 측면에서 이점이 더 크다고 재현하면서, "지금은 할 수 있으면 그냥 아파트로 가는 게 나을 것 같"다고, 즉 사용가치보다는 교환가치를 우위에 두고 주거를 선택하겠다고 말한다.

여기서 요점은, 도시 중산층에 속한다고 할 수 있는 이 연구의 인터뷰 응답자들 대다수가 주택과 도시를 사용가치뿐만 아니라 교환가치와 자산으로 재현하며(더 정확히는 재현하지 않을 수 없으며), 후자를 전자보다, 또는 최소한 못지않게 중시한다는 점이다. 후자와 관련하여 강남이 점하고 있는 "대장주"라는 지위는 전자와 결부되어, 심지어 전자와 독립적으로, 강남에 대한 도시 중산층의 욕망과 매혹의 정서를 체계적으로 재생산한다. 이 정서적 동력에 힘입어 강남에 대한 도시 중산층의 투자가 유발되고, 만약 강남이 여의치 않다면 다른 유력한 (신)도시들에 대한 투자가 이루어지게 만든다. 이러한 과정의 결과는 강남을 정점으로 주요 신도시들의 부동산 가치 상승이다. 강남을

비롯한 여러 신도시의 아파트에 투자해 상당한 자산을 축적한 한 인
터뷰 응답자는 다음과 같이 만족감을 드러냈다.

> 요기(아들에게 마련해 준 강남 아파트)를 해주는데, 서른 몇 평인가,
> 애가 둘인데 집이 좁지. (…) 아이 하나 낳고, 하나를 더 낳으니까 (…)
> (아들이) 자기 사무실에서 대단하다고, 어떻게 하나 더 낳을 생각을 했
> 냐고. 자기 나이에 집 장만해서 결혼하기가 친구들이나 선배들이나 쉽
> 지가 않대요. (…) 그래서 내가 "집이 좁아서 어떡하냐" 이랬더니, "엄
> 마, 저 정도면 괜찮은 거예요. 친구들, 선배들, 집 없어서 결혼 못 하는
> 사람 많고, 부모들도 시골에서 뭐 보내라, 어디 아프다, 입원비 보내라,
> 어디 계 물렸다. (…) 사무실에 있어보면 알잖아요, 친구들 보면" 하더
> 라고요. 그렇게 부모 때문에 힘든 친구들, 선배들이 너무 많대요. 저
> 정도면 엄마, 아버지가 고맙고 그렇다고. 효자잖아요, 그렇게 말해주
> 는 게. "저 정도면 괜찮은 거예요" 이러는 거예요. (사례 5)

하지만 위의 인터뷰 응답자처럼 여러 개의 부동산에 투자하여 자
산을 축적한 사람과 달리, 집 한 채가 자산의 거의 전부인 사람들에게
이러한 과정의 결과는, 도시에 대한 높은 "진입장벽"에 직면한 좌절
감, 나아가 자신들이 현재 속한 도시와 지위에서 조만간 밀려나고 말
것이라는 불안감, 그런 불행을 피하더라도 결국은 마주치게 되는 상
대적 박탈감 같은 정서다.

> (강남이) 재건축 같은 거 많이 하면서 새로운 도시로 거듭났지, 지
> 금. 그걸 보면서 오히려 그때 우리가 살던 때보다 더 강한 진입장벽을

가진 지역이 된 게 아닌가 싶어. 지금 현실적으로 분당 집을 팔아서 강남에 아파트를 사서 들어오기가 힘들어, 이미. 철옹성이라고 해야 하나……. (사례 4)

주변 사람들 보면 강남에 살다가 아이들 하나둘 결혼시키고 분당 왔다가, 또 수지 갔다가, 지금은 신갈 쪽으로 갔다가, 수원 쪽으로 갔다가 점점점점 멀어져요. 장남, 차남, 딸, 결혼시키고 나면 주변에 남겨져요. 자식이 뭔지 다들 그래요. 우리만 해도 그래도 가까이 자리 잡은 거죠. 그나마 나이 있을 때. (사례 5)

집값이 이렇게 올라서 아이가 혼자서 벌어서 결혼할 수 있는 상황이 아닌 시대가 된 지 얼마 안 됐죠. (…) 제 생각에는 (우리가 예전에 그랬던 것처럼) 얘도 자기가 벌어서 결혼하겠지 생각했는데. (…) 이렇게 집값이 올라서, 집값 말고 셋값도 이렇게 올라서 남자아이가 결혼하기가 이렇게 힘들어진 세상이 아니었어요. 이렇게 오래되지 않았어요. (…) 그러니까 저도 생각을 못 했고. (…) 돈이 있는 사람들과 없는 사람들의 개념 차이예요. (…) 저는 그렇게 넉넉하게 산 사람이 아니어서 집이나 내가 물려주는 것에 대한 개념이 썩 돼 있진 않은데, 여기(분당)에 사는 사람들은 다르더라고요. (…) 어차피 자식을 결혼시킬 거면, 자식이 돈이 없어 결혼 못 하고 있는 걸 보고 있을 수만은 없잖아요. 저는 그럴 생각은 아니에요. 될 수 있으면 니가 돈 벌어서 가라. 없이 생각해라. 엄마가 없으니까. 그런데 그게 자존심이 상해요. 엄마로서 자식한테 그렇게 말해야 하는 게. 안 주는 게 맞기는 한데, 내가 능력이 없어서 못 준다는 게 자존심이 상하는 거죠. 왜냐하면 주는 사람들이 많으니까. (…) 그러니까 나도 해줘야 하나, 하는 생각이 드는 거예요. 그러다 보니 이거 큰일 났다, 그럼 집 팔고 나면 난 노후에 어떻게 하지. 그럼 진짜 난 가엾은 엄마가 되나. (…) 중산층이 아니라 서민층으로, 나락으로 내려가는 거잖아요. 하위층으로. 집 한 채도 없는, 전세밖에 없는. 다른 곳으로, 분당 이쪽으로 옮길 데도 없어요. (…) 저 집을 팔면 작은 집 어디 가서 살겠지 했는데, 그걸 아들을 준다? 그럼 중산층도 아니죠. 그리고 그 집이 있다 해도 요즘 부자가 얼마나 많은데 제가 중산층이에요? 중산층도 아니지. 그냥 최하위 계층이 아니라는 거지, 나라에서 혜택을 안 받는다는 거지, 중산층일 수가 없죠. 너무 잘사는 사람이 많아요. 그래서 제가 분당에 살 때, 부자 동네 살다 보니까 상대적 박탈감이 있었어요. 제가 저쪽(성남)에 살면 그런 생각 안하고 살 수 있겠죠. (사례 19)

아울러 강남과 분당 등 초기 신도시들이 '도시 중산층'의 공간에서 '도시 상류층'의 공간으로 바뀌면서, 그에 따라 이 공간에 속하는 주민들의 지위가 (스스로의 노력을 통해 획득할 수 있는) '업적적 지위'에서 (상속을 받을 수 있는 '금수저'만이 진입할 수 있는) '귀속적 지위'로 탈바꿈하고 있는 재현을 관찰할 수도 있었다.

분당도 그렇고 강남도 그렇고, 젊은 사람들이 사는 게 부모님이 주신 걸로 사는 거잖아요. 그런 세대가 많아졌죠. 여기 분당도 그래요, 지금 보면. (…) 자기 돈으로 살 순 없잖아요. 저희 아파트 같은 경우도 나이 드신 부모님이 사시는 경우도 있고. (…) 왜냐하면 분당 집값이 많이 올랐기 때문에. (…) 그런데 여기 사는 분들은 대부분이 부모님이 주신 돈으로 시작하는 것이기 때문에 오히려 젊은 사람들이 더 많거든요. 젊은 사람들이 눈에 띄기 시작한다? 부모님이 준 돈으로 이제 막 스타트를 시작한 젊은 세대들이 눈에 띈다? 옛날에는 여기도 원주민도 있고 그랬는데, 이제 물갈이가 됐다고 느껴지는 거죠. (…) 저희는 그때 추첨으로 당첨돼서 들어온 거거든요. 그래서 굉장히 싸게 들어올 수 있었던 거죠. (…) 저희가 그런 얘기 해요. 우리는 애들한테 이런 거 못 주는데…… 젊은 애들 사는 거 보면서 우리가 마지막이지 않을까, 그런 생각을 한다는 거죠. (…) 우리가 많은 돈 안 들이고 들어와 살 수 있었던 마지막 세대이지 않을까? 내 자식한테 내가 못 준다는 거죠, 이렇게. 어떻게 집을 사 줄 수 있겠어요. 그건 힘들잖아요. (…) 저희 그런 얘기 하거든요. 나중에 우리는 오피스텔 살아야 할 거야, 하고요. (…) 그전에는 적은 돈으로 들어올 수 있는 게 신도시의 메리트였다면, 이제는 딱 틀이 잡혔잖아요. 한 세대가 돌았잖아요. 그런 세대가 빠지고 나면, 기존에 가지지 않으면 들어올 수 없는 그런 곳이 돼버리겠죠. (사례 18)

저렇게 살아야 진짜 강남이라고, 강남에 산다고 말할 수 있지 않을까, 그런 생각이 들었어요. 일이나 돈에 제약받지도 않고, 시간에 구애받지도 않고, 주말 되거나 무슨 날 되면 꼭 호텔 가서 쉬고 하더라고요. 저런 사람들처럼 저렇게 살아야 강남 산다고 말할 수 있겠다. 나는 강남에 오래 살았지만, 강남의 꼬리를 붙잡고 안간힘을 쓰고 살았다. (…) (강남에) 지금 들어오는 사람들은 그만큼 준비된 자본금을 가지고 들어와요. 옛날처럼 그렇게 저비용으로 들어올 수 있는 게 아니라. (…) 사실 작은 아파트에 들어와도, 전세라고 해도, 4억 이상 되지 않으면 강남에 못 오잖아요. (…) 이미 사회적인 경험과 부가 축적된 상태에서 들어오는 거죠, 대부분. (…) 있는 사람들이, 갖춰진 사람들이 들어오니까. (사례 7)

도시 중산층이 욕망하는 '기원적 대상'이자 그 욕망을 동원하고 갱신함으로써 이룩된 도시에서 '주인'이었던 도시 중산층이 내몰리는 역설, 이는 '대장주 강남'과 '자산으로서의 도시'라는 재현에 따라 행동했던 도시 중산층이 도달한 막다른 골목을 극적으로 보여준다.

4. 인터뷰 요약 및 이데올로기적 함의

인터뷰를 통해 나타난 한국 도시 중산층의 도시에 대한 사고방식은 다음과 같은 3가지의 특징을 지닌 것으로 요약할 수 있다. 첫째, 그들은 강남을 '이상적 (신)도시'로 재현하고, 그러한 생활공간을 선호했다. 특히 강남을 '원형적 준거점'으로 삼아, '정돈된 공간'이나 '고급 대단지 아파트' 등 강남에서 '발명'된 도시경관을 이상적 (신)도시의 특징으로 재현했다. 또한 '고급 대단지 아파트'라는 '자기 충족적 세계'에 대한 선호가 강했는데, 이는 그 안에서 모든 것이 해결될 수 있다는 편의성뿐 아니라, 그곳에 살고 있는 사람들이 아파트 단지 바깥 세계의 사람들과 굳이 얽히고 충돌하는 수고를 할 필요 없이 자신들이 꿈꾸는 도시적 삶을 살아갈 수 있도록 만들어준다는 '공간적 예외성'에 기인한다. 더불어 강남을 원형으로 하는 신도시라는 새로이 개발된 공간에 대한 강한 선호와 욕망도 한국 도시 중산층이 지니는 도시적 상의 중요한 특징이다.

둘째, 강남은 한국 도시 간 중심-주변 구조에서 중심의 자리를 굳건히 지키고 있는 '전국구'이며, 이 전국구가 제공하는 다양한 편익은 대체 불가능하다는 재현 역시 강하게 나타났다. 그런데 도시들 간의 중심-주변적 관계에 대한 이러한 재현은 다층적·다중적 특성을 지닌다. 즉, 강남에 거주하지 않는 도시 중산층들은 도시 간 관계에 대한 중심-주변적 재현을 바탕으로 강남에 대한 상대적 열등감을 지니지만, 이와 더불어 그들이 거주하는 신도시의 중심성을 주변의 다른 도시와의 관계에 투영하면서 상대적 우월감을 표출하는 이중적 태도를 보인다. 결국, 한국의 도시 중산층은 교육 서비스와 소비 활동의 질적 차이에서 비롯된 '강남 vs. 비강남'의 구분을 중심-주변적 위계 관계로 재현하고, 이러한 위계적 서열화를 '신도시 vs. 비신도시' 사이의 관계에도 일반화하여 확대 적용하면서 자신들의 장소·계급적 정체성을 형성한다.

셋째, 한국의 도시 중산층은 주택과 도시를 '사용가치'보다는 '교환가치'의 측면에서 더 중요하게 인식한다. 그리고 이러한 교환가치의 측면에서 '대장주'의 지위를 점하는 강남을 정점으로 (신)도시들이 위계를 이루고 있다고 재현되기도 한다. 그 결과는 한편으로 강남을 정점으로 하는 (신)도시들을 향한 지속적인 욕망과 매혹, 다른 한편으로 자신들이 살았거나 살고 있는 강남 이하 (신)도시에서 밀려나거나 소외당할 것이라는 불안감으로 표출된다. 도시와 주택에 대한 이러한 재현은 특정한 물질적 이해와 권력관계를 정당화하는 이데올로기적 효과를 지닌다. 먼저, 주택과 부동산 소유자들의 이해관계와 투기적 욕망을 뒷받침하고 도시에 대한 (재)개발주의를 정당화한다. 또한 이상의 재현 및 그것이 동반하는 욕망, 기쁨, 슬픔 따위의 정서가 '자산으로서의 도시'를 추구하는 주체로 도시 중산층을 '호명'하는 경향을 갖는다.

한국 도시 중산층이 가지는 이러한 도시에 대한 사고방식은 도시화의 과정을 특정한 방식으로 유도하는 데 기여할 뿐만 아니라, 한국의 국가와 자본주의적 기존 질서가 유지·재생산되는 데도 중요한 역할을 했다. 한국의 발전주의 국가는 국내적으로 강력한 권위주의적 통치와 '조국 근대화'를 기치로 한 경제 민족주의 이데올로기를 바탕으로 자본과 노동을 집약적으로 동원하여 수출 지향 산업화를 적극적으로 추진했고, 그 결과 1960-1970년대 한국 경제는 급속한 성장을 이루었다. 하지만 내적인 모순도 심화되어 1960년대 말과 1970년대 초에는 발전주의 레짐이 정치적 위기를 맞기도 했다. 이를 극복하기 위해 1972년에는 유신 개헌을 통해 권위주의적 통치와 반대 세력에 대한 정치적 탄압을 강화했다. 하지만 권위주의적 통치의 강화만으로 정치적 위기를 극복할 수 있는 것은 아니어서, 발전주의 레짐은 권위주의적 조절 방식에 대한 사회적 불만을 무마하여 정치적 정당성을 유지하기 위한 헤게모니 프로젝트도 다양한 방식으로 추진했다. 특히 1960년대 말부터 다양한 통로를 통해 표출되던 지역 격차에 대한 불만을 달래기 위해 대도시 지역의 인구와 산업을 지방으로 분산시키는 것을 골자로 하는 지역균형정책을 1970년대 초반부터 시행했고, 이와 더불어 국토종합개발계획이 실시되었다.

강남 개발도 1970년대 초반 발전주의 레짐에 의해 추진된 헤게모니 프로젝트의 일환으로 이해될 수 있다. 경제에 대한 국가 개입의 공간선택성으로 인해 대도시(특히 수도권) 지역의 인구가 급증했고, 이는 서울과 같은 도시의 혼잡화를 가중시켜, 서울의 공간적 확대에 대한 필요성을 증가시켰다. 또한 대도시 인구의 급증은 도시 지역 노동자의 주거 문제를 발생시켜, 주거 문제 해결을 위한 주택 공급에 대한 필요성도 증가시켰다. 그 결과, 도시 지역 재정비 및 주택 공급 정책이 1970년대 들어 본격적으로 시행되었다. 우리나라 최초의 신도시인 강남의 개발도 이러한 거시적인 정치적·경제적 상황과의 관련 속에서 이해할 필요가 있다. 심화된 정치적 정당성의 위기에 직면하여, 발전주의 레짐은 서울의 주거 문제를 해결하고 근대화된 도시환경을 제공함으로써 보다 체제에 순응적인 도시 중산층 집단을 만들어내고자 강남에 대규모 신도시를 건설하여 대단위 아파트 단지를 개발·공급했던 것이다.

이렇게 만들어진 강남이라는 신도시는 발전주의 레짐에 의해 1960-1970년대에 추진된 수출 지향 산업화가 성공적으로 진행되어 이룩한 '조국 근대화'가 더 이상 추상적인 구호에 머물지 않고, 반듯하게 뻗은 직선의 대로, 최신식의 도시 인프라와 고층의 현대적 아파트 단지라는 매우 구체적인 가시성을 지니고 사람들의 눈앞에 등장하도록 한 사건이었다. 즉, 강남은 국가주의적 경제개발 프로젝트의 구체적 성공 사례로 표상되었던 것이다. 그런데 강남의 이데올로기적 효과는 이 정도 차원에서 머물지 않고 더 확산되어 한국의 도시 중산층이 상상하는 '이상적 (신)도시'라는 보다 보편화된 도시적 상징성을 부여받았다. 따라서 강남 스타일의 도시 공간에 대한 이념적 선호는 한국 자본주의와 발전주의 프로젝트에 대한 암묵적 지지로 쉽사리 연결되었다. 그런데 1980년대 후반 이후 추진된 주택 200만 호 건설과 수도권 신도시 건설사업을 통해 강남식 도시 공간은 강남을 넘어 보다 대중화된 형태로 수도권 전역으로 확산·복제되었고, 이 과정을 통해 강남화 이데올로기를 공유하는 도시 중산층 집단도 보다 대중화되어 확대되었다. 이는 강남식 도시화가 상징하는 한국 자본주의와 발전주의 프로젝트에 대한 암묵적 지지도 보다 대중화되어 확산되었음을 의미한다.

그리고 이러한 과정을 통해 한국 도시 중산층의 이념과 코리안 드림의 구체적 상도 완성되었다. 강남을 이상적 도시로 재현하는 강남화 이데올로기를 바탕으로 하는 코리안 드림에서 핵심적 요소는 부동산의 소유와 자산 가치의 상승에 대한 욕망이다. 강남에서의 아파트 단지 개발은 부동산 가격 상승을 통해 등장하는 새로운 도시 중산층을 양산했고, 이러한 강남의 경험은 수도권 신도시 개발 과정을 통해 다시 반복되면서 한국의 도시 중산층을 부동산 가치의 상승에 의존하는 금융화된 주체로 만들었다. 사회복지의 미발달로 인해 자산 가치의 상승 외에 중산층으로 성장할 수 있는 다른 통로가 존재하지 않았고, 이런 상황은 한국의 도시 중산층이 자산 가치에 더욱 집착하도록 만들었다. 이러한 부동산 가치 상승에 대한 욕망은 한국의 도시 중산층으로 하여금 자신이 소유하고 있는 자산의 가치를 지키는 데 도움이 되는 정치·경제 시스템을 지지하는 경향을 지니게 했다. 이로 인해 한국 자본주의와 국가의 토건 지향적 성향은 더욱 강화되고 있다.

V. 대안적 도시 이데올로기를 꿈꾸며

도시의 이데올로기적 성격은 반드시 국가와 자본의 이해관계와 기존 권력 질서를 지키려는 의도 속에서 구성되는 것만은 아니다. 기존의 헤게모니적 질서에 저항하는 '대항 헤게모니적 실천counter-hegemonic practices'의 한 방편으로 도시 이데올로기가 만들어질 수도 있다. 이러한 대안적 도시 이데올로기의 한 예로, 도시를 마주침의 장으로 보자는 앙리 르페브르와 앤디 메리필드Andy Merrifield의 주장에 주목할 필요가 있다. 영국의 비판 지리학자 앤디 메리필드는 도시-촌락 이분법에 기반한 도시론을 반대하는 르페브르의 문제의식을 적극 받아들여, 전통적 의미의 도시 개념 대신에 '도시적인 것'에 초점을 두어 도시를 재이론화할 것을 제안한다.[24] 메리필드는 사고의 초점을 '도시'라는 고정된 실체에서 '도시적인 것'으로 이동할 것을 제안하면서, '도시적인 것'을 고정된 공간적 구성물로 이해하지 말고, 도시 안에서, 그리고 도시를 통해 지나가고 떠다니는 상품, 자본, 화폐, 사람, 정보 등의 만남과 마주침을 통해 만들어지는, 그리고 역동적으로 변화하는 유기체와 같은 것으로 이해하자고 주장한다. 특히 그는 "도시가 보내는 표시는 모임의 신호"라는 르페브르[25]의 말을 인용하면서, 도시는 인간적 실재와 활동, 교환, 조합, 인간들 사이의 접근, 인간들의 집중과 마주침 등을 벗어나서 도시 자체만으로는 아무것도 만들지 않으며, 어떤 목적에도 봉사하지 않고, 어떠한 실재도 가지고 있지 않다고 강조했다.[26]

또한 도시는 모든 것을 끌어모아서 동시에 존재하고 만나게 하는데, 자본, 물자, 사람, 정보, 활동, 갈등, 긴장, 협력 등과 같은 것들이 모여 있는 '도시적' 상황은 이들 모인 주체들을 변화하도록 추동한다. 즉, 도시가 만남과 마주침의 장소이긴 하지만, 사람들 사이의 마주침의 결과를 단순히 받아들이기만 하는 수동적 공간은 아니라는 것이다. 사람들이 서로 가까이 근접할 수 있고, 활동, 사건, 우연적 만남이 동시적으로 발생할 수 있다는 것이 도시적인 것 그 자체에 대한 핵심적 정의이다. 그리고 사람들은 그러한 마주침을 통해 도시 공간을 생산하고, 그리고 역설적이게도 '도시인urban people'이 되는 것이다. 아울러 도시적 환경에서 주어지는 높은 밀도는 마주침의 역량을 강화하고, 마주침은 또다시 그러한 밀도의 정도를 높여준다. 그리고 그러한 마주침은 도시를 살아 있는 생명체와 같이 역동적으로 변화하게 한다.[27]

도시를 만남과 마주침의 장으로 보자는 메리필드의 주장은 교환가치의 추구를 위해 공간의 분절화와 사유화를 지향하는 현대 자본주의 도시의 현실을 고려했을 때, 다소 엉뚱한 주장으로 받아들여질 수 있다. 하지만 과잉 축적의 위기를 해결하기 위한 공간적 돌파로서의 도시화 과정, 공간의 사유화, 분절화를 바탕으로 부동산 이윤의 추구 등과 같은 자본주의 도시화의 논리로서만 도시를 규정하게 되면, (비록 현대 자본주의 도시의 문제와 위기의 핵심적 지점을 이해하는 데 도움이 될 수는 있지만) 우리는 의도치 않게 도시에서 작동하는 특정한 세력의 논리가 (비록 그 결과물이 우리가 싫어하는 모습일지라도) 도시의 존재론적 현실을 만들어내는 절대적 작동 방식이라고 믿으면서 무기력하게 받아들이는 태도를 취하게 될 수도 있다. 이런 차원에서 도시를 만남과 마주침의 장으로 보자는 메리필드의 주장은 지배적인 도시 담론을 극복하기 위한 일종의 대안적 이데올로기 실천으로 이해할 수 있다. 이는 도시를 사람과 활동들 사이의 만남과 마주침이 일어나는 장으로 봄으로써 도시 공간을 구획하고 사유화하여 도시에서 사람들의 활동을 통해 창출되는 잉여가치를 독점하려는 시도들을 만남과 마주침이라는 도시 본연의 목적을 가로막는 장애물로 보게 만든다. 즉, 메리필드와 르페브르는 도시를 만남과 마주침이 일어나는 장으로 정의함으로써 그러한 만남과 마주침을 가로막은 채 공간을 분할하고 공유재로서의 도시 공간을 사유화하려는 시도가 도시 본연의 가치와 어긋난다는 점을 강조하는 이데올로기적 실천을 하고 있는 것이다.

만남과 마주침의 장으로 도시를 보자는 메리필드의 주장은 한국에서 '강남화'라는 주류적 도시 이데올로기를 극복하고 대안적 도시의 담론을 고민하는 데 많은 시사점을 준다. 만일 한국의 기존 도시 체제가 현재 한국의 도시문제를 낳은 구조적 원인이고, 이 구조적 원인을 뒷받침하는 차원 중 하나가 이상에서 살펴본 강남화라는 도시 이데올로기라면, 한국의 도시문제를 극복하기 위한 실천적 방안 중 하나는 다른 식의 도시 체제를 뒷받침하는 대안적 도시 이데올로기를 구성하는 것이 될 것이다. '강남화', '신도시화', 최근 곳곳에서 벌어지는 '젠트리피케이션'과 (강남과 대비되는 '강북' 지역을 '강남화'하려는 기획으로 이해할 수 있는) '뉴타운' 등은 기존의 헤게모니적 도시 이데올로기를 적극 반영하는 도시 담론이다. 현재의 도시문제를 극복하고 새로운 대안적 도시를 건설하는 것은 이러한 도시적 담론과는 다른 도시(성)를 생각하고 말하고 실험하는 담론적·이데올로기적 실천을 필요로 한다. 특히 도시를 만남과 마주침의 장으로 바라보면서, 이제까지의 모습과는 다른, 그리고 보다 다양하고 역동적인 만남과 마주침이 한국의 도시에서 이루어지도록 만드는 물질적이고 담론적인 실천이 필요하다.

이러한 상황에서 최근 도시에 대한 새로운 상상을 자극하는 다양한 실천이 등장하고 있는 것은 고무적인 일이다. 성미산 마을 공동체에서 촉발된 다양한 마을 만들기 실험들은 '강남화'라는 주류적 도시 이데올로기와는 다른 방식으로 도시를 상상하고, 새로운 방식의 만남과 마주침이 가능한 대안적인 도시 만들기의 대표적 사례다. 전세난이 심화되면서 최근 각광받고 있는 주택협동조합의 실험 또한 새로운 만남과 마주침을 촉발할 수 있는 대안적 도시 실천이라 볼 수 있다. 이러한 실험들은 '강남화'라는 방식으로 이루어지던 만남과 마주침을 거부하고, 교환가치보다는 공동체적 협동과 공유를 강조하는 만남과 마주침을 촉발하려는 대안적 도시운동이라 볼 수 있다. 이보다 더 급진적인 공간적 공유를 위한 실천은 마포 민중의 집이 행하고 있는 실험이다. 마포 민중의 집은 비싼 임대료를 주고 빌린 사무실 공간을 마포 지역의 풀뿌리 단체들에게 전면 개방하여, 민중의 집이 자유롭고 해방감 넘치는 만남과 마주침의 장이 되게 만들려 노력하고 있다.[28]

물론 이러한 국지적 실험과 실천들은 그 로컬주의적 성향 때문에 많은 한계와 위험을 내재하고 있기도 하다. 하지만 필자는 이러한 실험들이 현재 상황에서 보여주는 몇 가지 한계와 문제점에도 불구하고 장기적으로 '강남화'라는 한국의 주류 도시화 담론을 대체하는 새로운 대안적 도시 이데올로기를 만드는 데 매우 중요한 실천적 기반이 될 것이라 생각한다. 아파트 단지라는 갇히고 폐쇄적인 공간 속에서 투기적 이해에 기반을 둔 도시적 욕망을 중심으로 형성된 도시에 살기를 거부하고, 보다 다양한 사람들과 조우하고 관계를 맺으면서 마을과 도시라는 공유재를 같이 만들고 그 책임과 결과를 나누자는 새로운 실험들은 '강남화'라는 헤게모니적 도시화에 대한 저항 담론과 대안적 도시화 모델을 만들 수 있는 소중한 경험과 이데올로기적 기반이 될 것이다. 특히 이러한 실험들이 도시를 사유재산의 집합물이 아니라 여러 사람이 같이 만들고 같이 이용하는 공유재로 인식할 수 있는 경험적 기반을 제공해주어, 궁극적으로는 자산에 대한 사적 소유권을 절대화하는 시각에 기대고 있는 투기적 도시화에 저항할 수 있는 이념적 기초를 형성하는 데 크게 기여할 수 있기를 희망한다.

2장 서울 강남 지역의 사회적 구성과 정체성의 정치

이영민

Ⅰ. 서울 강남을 바라보는 시선들

서울 강남 지역은 1970년대 이후 한국의 급속한 경제성장 과정에서 수도 서울의 도심 및 주거 기능을 분담하기 위해 개발되었고, 그이후 물리적 공간 구조의 (후기) 근대성과 그 안에 전개되고 있는 소비문화의 차별적 성격에 의해 '도시 속의 또 다른 도시'로 묘사될 만큼 세인들의 많은 주목을 받아왔다. 한편으로는 한국 자본주의의 천민성을 드러내는 문제의 공간으로, 다른 한편으로는 한국의 근대화와 세계화를 견인하고 있는 지시자Indicator 역할의 공간으로 묘사되면서 상호 경합적인 모습으로 세인들의 머릿속에 각인되어 있다. 한국 사회에서 독특한 사회적 경계화에 의해 구획되어 버린 서울 강남은 단지 하나의 사회 지역으로서 존재하는 것이 아니라, '강남과 강북(혹은 비강남)'이라는 이원적 범주화의 틀 속에서 시대 변화에 맞물린 한국 사회의 다양한 현상과 문제를 담아내고 있는 일종의 상징적 텍스트로 자리 잡게 되었다. 강남은 비록 서울, 아니 한국의 작은 지역에 불과하지만, '강남과 강북(혹은 비강남)'으로 상징되는 이항대립적Binary Opposition 구분을 통해 한국 자본주의 변화의 최첨단에 위치해 있었고, 관련 사안이 불거질 때마다 만인의 주목 대상이 되어왔다. 그런데 과연 강남의 그러한 지역정체성, 혹은 지역 규정 담론들은 공정한 것이며, 실재하는 지역 특성을 담보하고 있는가? 그러한 정체성 형성의 주체는 누구이며, 다양한 지역정체성 담론들에 실려 있는 여러 의미는 어떻게 경합되고 있는가? 즉, 지역 외부의 주체들은 어떤 시선과 담론들을 통해 강남 지역의 정체성을 규정하고 있으며, 이에 반하여 강남에서 생활하거나 거주하고 있는 지역 내부의 주체들은 외부적으로 산출된 사회적 구성물로서의 강남에 대해 어떻게 인식하고 반응하고 있는가?

이러한 질문에 답을 구하기 위해 크게 2가지 방향에서 내용을 전개해보고자 한다. 우선 1970년대에서 2000년대 중반까지 강남 지역의 형성 과정을 다룬 신문 기사 내용 분석을 통해 강남 지역에 대한 외부적 범주화가 어떤 관점에서 어떤 방향으로 전개되었는지를 밝혀볼 것이다.[1] 사회적으로 구성되는 과정으로서의 지역에 대한 문화지리학적 관심은 그 특성을 규정짓는 여러 지역 담론들이 어떻게 경합을 벌이고 있는가에 있으며, 이때 재현 방식으로서의 대중매체의 역할이 대단히 중요하다. 대중매체에 의한 특정 지역의 재현은 현실 세계를 객관적으로 반영하기도 하지만, 때로는 허상의 이미지로 조합되어 일종의 신화 같은 여론으로 승화되기도 한다.

강남 지역의 외부적 범주화와 대비되는 두 번째의 방향은 강남 내부자, 즉 강남에 거주하거나 생활하는 사람들의 관점에서 강남 지역이 어떻게 인식되고 있는지를 살펴보는 것이다. 이를 위해 강남 내부자들을 대상으로 구술사oral history와 생애사life history 심층 면담을 진행했고,[2] 심층 면담 대상자들이 담론적으로 구성하는 정체성과 정체성 요소들에 초점을 맞추어 그것을 그대로 드러내주는 방식으로 해석을 진행했다. 강남을 일상생활공간으로 삼고 있어 그 자체가 "당연시되는 세계taken-for-granted world"라 할 수 있는 강남 거주자나 생활자에게는 강남의 외부자들에게 담론적으로 확산되는 사회공간적 경계 짓기의 추상적 원리와 내용보다는 자신들의 신체를 통한 직접 체험과 상징적 표현, 그리고 장소적 맥락 등이 자신들의 정체성 확립에 훨씬 강력한 영향을 미치게 된다. 질적인 연구 방법에서는 '체험'과 '경험'을 엄밀하게 구별하여 사용한다. 자아가 신체를 통해 자신이 처해 있는 상황과 맥락을 접하게 되어 설득persuasion되는 것이 경험이라면, 그러한 경험을 통해 신체와 정신 자체가 변하고 적응하는 것이 체험이며, 그 결과가 체득(체현, embodiment)이다. 여기에서는 강남 내부자들의 체험적 차원의 논리와 경험들, 그리고 그에 바탕한 주체성의 형성 등을 자신들의 담화적 진술을 통해 그대로 드러내볼 것이다. 구별 짓기의 건너편에 있는 다른 주체들에게는 말하지 않는, 말할 수 없는, 숨겨져 있는 역사와 이야기를 드러냄으로써 자신들의 상호주체성intersubjectivity 형성의 요소들과 과정들을 파악해볼 것이다.[3]

이 연구는 지금으로부터 10여 년 전에 진행된 것으로, 전술했듯이 강남 개발의 시작 단계에서부터 2005년 전후 시기까지의 신문 기사에 대한 담론 분석을 진행했고, 2005년 3월부터 8월까지 모두 14명을 대상으로 진행한 심층 면담 내용을 바탕으로 생활공간에 대한 해석을 진행했다. 10년 전의 상황을 바탕으로 하고 있기에 지금 이 시점의 역동적인 특성과는 다소 차이가 있을 수 있다. 그럼에도 이 연구는 서울 강남의 지역정체성 기저에 깔린 기본적인 지역 인식의 요소와 관계 구도에는 큰 변화가 없었다는 점, 즉 지역에 대한 인식의 뿌리를 역추적해봄으로써 현재의 상황과 비교해볼 수 있다는 점에서 가치가 있다고 본다.

서울 강남의 문제를 정체성의 사회적 구성의 관점에서 살펴보는 것은 계급의 문제에 초점을 맞추어 정치경제학적으로 접근해왔던 기존의 관점들과 비교해보았을 때, 여러 가지 묻혀 있던 일상생활의 문화적 문제들을 드러나게 해줄 수 있다는 점에서 그 가치를 찾을 수 있다. 계급의 문제에 비추어 강남의 정체성을 생각해보는 것은, 다시 말해 흔히 생각하기 쉬운 경제적 조건의 차이에 의해서만 강남의 정체성을 정의하고 설명하는 것은 일상생활의 미세하고 촘촘한 부분들을 놓칠 수밖에 없다는 한계가 있다. 피에르 부르디외Pierre Bourdieu[4]의 논의처럼, 경제적이고 물질적인 측면에서의 구조적 차이뿐만 아니라 문화적이고 이데올로기적인 측면인 상징적인 차원에서도 차이를 생산하고 구별 지으려는 속성을 통해 결국 계급의 차이가 구성되기 때문이다. 더욱이 그가 설파한 사회 계급과 신체의 문제는 교묘하게 얽혀 있으므로 이에 주목하여 정체성의 형성 과정을 천착해볼 필요가 있다. 집단화된 계급은 경제적인 면에서 형성되는 측면도 있지만, 문화적 실체로서 자신들 스스로의 범주화를 통해 구성되는 측면도 지니고 있는 것이다.

Ⅱ. 지역의 사회적 경계화와 정체성의 정치

정체성은 '나(우리)는 무엇인가', '다른 존재들은 나(우리)를 어떻게 보는가'의 문제를 둘러싼 자의식이다. 자기를 알아간다는 것은 자기와 다른 것들과의 차이를 알아간다는 것이다. 그런데 그 차이는 그가 처해 있는 상황과 사회적 환경에 의해 만들어지며, 그러한 맥락은 그가 생각하고 행동하는 방식, 스스로를 보는 방식을 결정한다. 정체성은 다양한 사회적 관계들 속에서 생성되며, 따라서 타자를 전제함으로써 그 이해가 가능하다.[5] 주디 자일스Judy Giles와 팀 미들턴Tim Middleton은 정체성 개념의 원초주의적 본질성과 비원초주의적 구성성 간의 간극에 유념하여, "정체성이란 의식적·무의식적 감정들, 이성적·비이성적 동기들, 개인적 신념과 가치들을 포함하는 자아에 대한 사적 감각과, 우리로 하여금 이러한 감정과 동기(예를 들어 나이, 민족성, 성별)를 느끼도록 만드는 사회적 문맥을 구성하는 요소들 사이의 경계라고 이해하는 것이 좀 더 정확할 것이다"라고 설파하고 있다.[6]

정체성 개념은 전통적인 계몽주의적 관점에서 주체들의 내부에 통일된 질서를 갖추고 자리 잡고 있는 일종의 본원적인 특성으로 간주되어왔다. 이러한 전통적인 관점에서는 내부에 숨겨져 있는 그 본원적인 특성이 독특한 방식으로 재현되고 있고, 비교적 정확하게 파악될 수 있다고 본다. 정체성을 일종의 본질로 간주한다면, 본질을 바탕으로 드러나는 현상들은 정해진 경로를 따라 비교적 일관된 모습으로 재현되고 있으며, 따라서 그 과정과 경로를 역추적하면 본질의 파악이 가능하다고 보는 것이다. 이러한 관점에서는 정체성이 시간적·공간적 맥락의 변화와 상관없이 주체의 '내부에' 뿌리를 내려 외부의 우연적 요인들로부터 분리되어 있는 확고하고 본질적인 실체로 간주된다. 그러한 본질적인 실체를 바탕으로 인간의 정체성은 독특한 표현 방식을 가지고 있는 것으로 간주되어왔다. 개인적 자아의 바깥에서 영향을 미치는 사회적 조건들, 예를 들어 언어나 가치 등과 같은 것들은 정체성의 본질적인 실체들을 부분적으로 표현해주는 역할을 하는 것으로 간주되며, 따라서 정체성은 인간의 상호작용보다 선행하며,

고정되어 있는, 그래서 우연적이고 가변적인 특성들과는 구별되는 변하지 않는 원리로 이해되기도 한다.

그러나 정체성이 집단 간 차이의 확인을 통해 형성되고 강화되는 특징에 주목한다면, 내면에 고정되어 있는 본질적인 자아가 항상 같은 방식으로 표출되지는 않을 수도 있다는 점에 유념할 필요가 있다. 자아를 이해하기 위해서는 '타자'의 존재와 가정된 특성들에 견주어보는 작업이 필요한데, 이것이 '정체성의 관계적 생산'이다. '나(우리)'와 '너(그들)'를 구별 짓고 상호 극단적인 의미를 함축한 이항대립적 속성으로 표현되는데, 때로는 더 나아가 그 위에 '좋은 것'과 '나쁜 것'으로 가치의 의미까지 얹어놓음으로써 '나(우리)'는 더욱 분명한 존재로 자리 잡게 된다. 주체와 객체를 상대화하는 이러한 구별 짓기와 가치 구분의 이항대립적인 속성은 권력관계가 성립되어 있음을 반영하는 것이며, 경합과 갈등의 문화 과정을 보여주는 것이다.[7] 결국 타자를 '나쁘게' 묘사함으로써 '나(우리)'가 우월한 가치를 지니고 있음을 표현하고자 한다. 전형화된 이미지는 이런 과정에서 생산되며, 그러한 이미지를 통해 타자를 천시(때로는 질시)하게 되는 것이다. 구별 짓기로서의 정체화 과정과 결과는 때로는 인종주의나 여성차별주의와 같은 차별의 근거가 되는 폭력적인 모습으로 나타나기도 한다. 정체성은 결국 사회적[8]·담론적[9]으로 구성되는 것이다. 이러한 사회적 구성체로서의 정체성은 자기 완결성을 가진 단일하고 고정된 것이 아니며, 시간과 공간의 맥락 속에서 다중적으로 형성될 수 있는 것이다.

정체성의 사회적 구성을 유도하는 외부 세계, 혹은 타자의 존재는 주체 내부의 자아를 붙들어 매어주고 수정을 가하게 하는 일종의 구조라고 할 수 있으며, 내부의 자아는 발견과 인출을 기다리는 일종의 수동적 객체라고 볼 수 있다. 포스트모더니즘적 정체성 개념은 여기서 더 나아가 주체의 내부는 다공질의 텅 빈 상태로 존재하고 있으며, 따라서 정체성은 언제든지 새롭게 만들어지고 변할 수 있는, 개방적이고 유연적인 공간이라고 간주된다.[10] 이러한 관점에서 자아의 텅 빈 공간은 근본적으로 완전성을 갖추고 있지 못하기 때문에 뭔가 채워지기를 희구한다고 볼 수 있으며, 따라서 정체성이 본질적인 것이라고 생각하는 사람들essentialist에 의해 상상적으로 감지되기도 한다. 즉, 정체성은 채워지기를 열망하는 과정에서 믿음과 신화의 차원으로 경험되는 것이다. 민족을 상상의 공동체로 보는 주장[11]이나 동양이 서양의 열망에 의해 허구적으로 조작되었다는 오리엔탈리즘의 논리[12]는 이러한 관점과 맥이 닿아 있다.

정체성을 담론적인 구성물로 보는 관점에서는 정체성의 구성 과정에 권력관계가 개입되어 있음을 전제하고 있으며, 주체와 객체 간 갈등과 경합의 양상을 자연스러운 것으로 간주한다. 차이에 대한 인식으로부터 출발하는 정체성의 구성에서 상호 간 정치적 갈등 및 균형의 관계, 즉 '정체성의 정치politics of identity'에 주목할 필요가 있다. 자아의 내부를 채워 폐쇄적이고 봉합된 정체성을 희구하는 것은 자아의 주체를 타자의 객체와 구별하여 상징적 장벽을 구축하는 과정이라고 할 수 있다. 즉, 정체성의 정치는 곧 차이의 정치인 것이다. 전술했듯이, 여기에다가 여러 가지 관찰된, 혹은 상상된 차이점들을 우열의 관점에서 가지런하게 조직함으로써 허구적 담론이 조직되기도 한다.[13]

본질적인 자아가 존재하건 안 하건, 맥락화된 상황이 자아를 결정하던 안 하건 간에 자아는 다양한 언어적 표현으로 규정지어진다. 무질서하게 펼쳐진 다양한 지역 특성들을 정렬하여 의미와 일관성을 부여하는 정체화 작업에는 필연적으로 선택과 해석의 과정이 개입되며, 이는 일종의 지역정체성 서사narratives라고 할 수 있다. 지역정체성 서사는 지역의 자연경관, 건조 환경, 문화·종족성, 방언, 경제성장·쇠퇴, 주변-중심 관계, 주변부화, 사람·공동체에 대한 전형화된 이미지, 실제의·발명된 역사, 유토피아 등과 같은 다양한 요소들에 의존하게 되는데,[14] 유념해야 할 것은 그렇게 동원된 정체성 재현 요소들이 반드시 실제의 특성을 적확하게 반영하는 것은 아니라는 점이다. 재현 요소들 자체가 허구적일 수 있으며, 재현의 주체가 누구냐에 따라서도 동원된 재현 요소와 그 의미는 달라질 수 있다. 특히 권력관계가 작용할 때 그 간극은 더욱 벌어질 수 있다.

정체성의 재현, 즉 문화적 범주화는 그 주체가 누구냐에 따라 크게 2가지로 나누어볼 수 있다. 집단 혹은 지역 내부의 구성원들이 동일한 물질적 조건 속에서 활동하고 의식하는 생활문화의 공유를 통해 자체적으로 정체성을 확보해나가는 '내부적 범주화internal categorization'와, 집단 혹은 지역 외부의 구성원들이 자기 집단 혹은 지역과의 차이성을 확인하고, 그것을 바탕으로 천시 혹은 질시의 담론을 형성해가는 '외부적 범주화external categorization'가 그것이다.[15] 그런데 이런 범주화의 기제는 항상 타자의 존재를 상정하고 작동된다. 즉, 내부적 범주화의 과정은 경계 바깥에서 작동되는 권력의 힘에 대응하기 위해 진행되는 경향이 있다. 안정된 상황에서는 굳이 자기 자신을 성찰하고 범주화할 필요가 없는 것이다. 외부적 범주화의 과정도 결국은 자기 자신의 권력을 강화하고 순혈주의를 유지하기 위해 타 집단 혹은 타 지역을 배척하는 것이며, 이러한 과정을 통해 형성된 타 집단, 타 지역의 정체성은 때로는 허구적 상상력이 발휘되어 재현되기도 한다.[16]

현대사회에서 외부적 범주화가 빠른 속도로 진행될 수 있는 데는 대중매체의 역할이 매우 크다. 정보혁명을 통한 미디어 시스템의 역할은 집단과 지역의 경계나 단절을 용납하지 않으며, 끊임없이 그것을 넘나들며 다양한 재현과 담론을 유포시킨다. 끊임없이 다량으로 유포되는 집단 혹은 지역에 대한 재현물들은 비록 현실적인 상황에 기반을 둔다 할지라도 상당 부분 허상의 이미지가 얹어지게 되는데, 문제는 이렇게 형성된 현실과 허상의 이미지 조합이 그 자체로 특정 집단 혹은 특정 지역을 재현하는 정체성으로 굳어지고, 이것이 훨씬 더 현실적인 내용으로 광범위하게 유포될 수도 있다는 점이다. 현대사회에서 미디어의 재현이 그대로 실제가 되기도 하는 상황은 "모든 견고한 것들은 대기 속에 녹아버린다"라고 한 마샬 버만Marshall Berman[17]의 구절을 연상시킨다.

정체성의 구현과 정체성의 정치를 일상생활의 영역에서 구체적으로 살펴볼 때, 최근 문화지리학계의 관심을 끌고 있는 체현(체득)과 수행성performativity 개념이 시사하는 바가 크다. 인간은 자신의 신체를 통해 사회적 경험과 정체성을 수용하게 된다. 신체가 바로 자아와 타자의 경계이며, 사회적 포섭과 배제의 분기점에 존재하여 갈등과 경합을 주도적으로 경험한다.[18] 즉, 외부 환경으로서 영향을 미치는 각종 사회생활social life들이 생생한 자신의 생활로 변형되는 지점이 바로 신체인 것이다. 정체성은 사회적 구성물로서 인간들의 행태behaviors에 의해, 더 나아가 인간들의 수행performances에 의해 형성되는 경합적이고 불고정적인 것이라고 할 수 있으며, 결국 중요한 것은 '우리가 무엇인가'라기보다는 '우리가 무엇을 하는가'라는 화두이다.[19] 요컨대 신체는 곧 행위이자 스타일인 것이다.[20] 신체의 육체성physicality은 관념의 세계 너머에 존재하는 선담론적인pre-discursive 것이라고 할 수 있으며, 동시에 신체는 사회집단들 간에 시간의 흐름에 따라 다양한 변종을 만들어갈 수 있는 담론적 구성체라고 볼 수도 있다.[21]

Ⅲ. 강남 지역 관련 주요 사건 기사들의 시기별 변화

서울 강남 지역이 신문 기사에 본격적으로 등장하는 것은 1974년 무렵부터이다.[22] 1974년부터 최근에 이르기까지 강남 지역을 다루었던 신문 기사들을 분석해보면, 시기별로 그 주제와 논조가 다소 달라지는 것을 확인할 수 있다. 대체로 ① 1974년부터 1980년까지의 '개발계획 시행 및 도시 기반 시설 확충 시기', ② 1980년부터 1988년까지의 '중산층 거주지로의 변모 및 문화·교육 시설 확충 시기', ③ 1988년부터 1995년까지의 '사치·과소비, 왜곡된 소비문화 지역으로 공격받는 시기', ④ 1995년부터 최근까지의 '고급 소비문화 지역으로 인정받는 시기' 등 4개의 시기로 구분하는 것이 가능해 보인다([그림 2-1] 참조).

초창기인 '개발계획 시행 및 도시 기반 시설 확충 시기' 동안 강남 지역 관련 신문 기사에는 개발계획이 시행되어 거주지를 비롯한 각종 도시 기능이 속속 이전되면서 겪게 되는 여러 문제점이 지적되고 있다. 애당초 한강 이남에 대한 개발계획은 영동과 영등포를 핵으로 하여 설계·추진되었으며, 그 목표는 기존의 종로·광화문 일대의 도심과 아울러 삼핵도시로 발전시키고자 하는 것이었다. 그래서 1980년대에 이르러서도 많은 기사에서 강남 지역을 한강 이남의 전 지역을 포괄적으로 지칭하는 용어로 사용하기도 했다.

그 당시 영등포는 이미 도시적 토지 이용이 진행되고 있었고, 이제 새롭게 조성해야 할 도시 공간은 농촌 지역으로 남아 있던 소위 '영동永東(영등포의 동쪽)' 지역이었기에 그야말로 상전벽해의 변화 과정을 압축적으로 겪게 된다. 새롭게 조성되는 신도시의 성격을 지니고 개발이 시작된 '영동' 지역을 초창기의 신문 기사들은 불편하고 불안정한 공간으로 묘사하고 있다. 각종 장밋빛 도시개발 및 공공시설 이전 계획들이 속속 발표되고, 대형 아파트 단지와 단독주택 택지들이 분양되기 시작했는데, 아직 체제를 갖추지 못한 신도시의 생활이 불편해 보인다는 기사들이 자주 등장하고 있다. 이러한 개발계획의 나열과 거주지 및 기반 시설 확충, 그리고 그와 관련한 문제점의 지적은 대략 1980년을 분기점으로 해서 줄어든다. 그 이유는 군사정권의 등장으로 세인들의 주목이 자연스럽게 정치 문제로 돌려지면서 강남 관련 기사의 빈도가 줄어들었기 때문이기도 하지만, 또한 1980년이 되면서 신도시의 기본적인 도시 기능들이 새로운 공간상에 입지하게 되어 일차적인 강남의 도시 형태가 갖추어지면서 거주자들의 생활의 불편함이 점차 사라졌기 때문이기도 하다. 강남 개발계획이 시행되어 기반 시설이 확충되는 1980년까지의 시기는 더 큰 스케일의 한국 사회의 변화 양상과 결부시켜 생각해본다면, 한국의 경제성장 활성화 및 서울 도시 공간 확장기와 맞아떨어진다고 볼 수 있을 것이다.

군사정권이 집권하게 되는 1980년경, 강남 지역의 성격도 새로운 국면을 맞이하게 되는데, '중산층 거주지로의 변모 및 문화·교육 시설 확충 시기'가 펼쳐지면서 관련 기사들이 신문을 장식하게 된다. 이제는 기본적인 생활환경이 조성되어 중산층의 거주지로서 자리매김

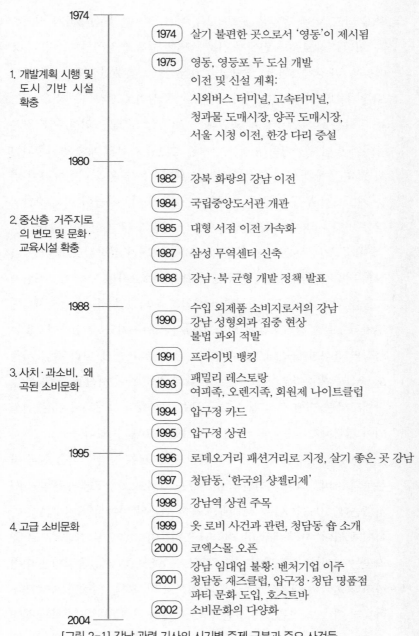

1974

1. 개발계획 시행 및 도시 기반 시설 확충

1974   살기 불편한 곳으로서 '영동'이 제시됨

1975   영동, 영등포 두 도심 개발
       이전 및 신설 계획:
       시외버스 터미널, 고속터미널,
       청과물 도매시장, 양곡 도매시장,
       서울 시청 이전, 한강 다리 증설

1980

2. 중산층 거주지로의 변모 및 문화·교육시설 확충

1982   강북 화랑의 강남 이전

1984   국립중앙도서관 개관

1985   대형 서점 이전 가속화

1987   삼성 무역센터 신축

1988   강남·북 균형 개발 정책 발표

1988

3. 사치·과소비, 왜곡된 소비문화

1990   수입 외제품 소비지로서의 강남
       강남 성형외과 집중 현상
       불법 과외 적발

1991   프라이빗 뱅킹

1993   패밀리 레스토랑
       여피족, 오렌지족, 회원제 나이트클럽

1994   압구정 카드

1995   압구정 상권

1995

4. 고급 소비문화

1996   로데오거리 패션거리로 지정, 살기 좋은 곳 강남

1997   청담동, '한국의 샹젤리제'

1998   강남역 상권 주목

1999   옷 로비 사건과 관련, 청담동 숍 소개

2000   코엑스몰 오픈

2001   강남 임대업 불황: 벤처기업 이주
       청담동 재즈클럽, 압구정·청담 명품점
       파티 문화 도입, 호스트바

2002   소비문화의 다양화

2004

[그림 2-1] 강남 관련 기사의 시기별 주제 구분과 주요 사건들

하게 되고, 이에 걸맞은 문화·교육 시설들이 이전·신설되기 시작한다. 이러한 새로운 국면에서 신문 지면을 새롭게 장식하는 은유적 용어들은 '새정치 1번지', '8학군', '위장전입', '복부인', '강남 사모님', '유흥가 1번지' 등이다. 정치의 새로운 중심지로 묘사되는 것은 그만큼 권력층들이 모여 있게 되었다는 뜻이고, '8학군', '위장전입' 같은 용어가 빈번히 등장하는 것은 안정된 중산층 이상의 계층이 집중되면서 교육 문제에 대한 관심과 투자도 배가되는 것을 의미한다. 1차 영동 개발에서 부동산 투기 훈련을 쌓은 초기 이주자들이 이제 강남의 영동 바깥 지역으로 확장되는 부동산 개발과 투기 붐에 편승하면서 '복부인', '강남 사모님'이라는 용어가 회자되기 시작했고, 중산층 이상의 거주지가 형성되면서 '유흥가 1번지'로 묘사될 만큼 자연스럽게 그들을 위한 유흥가도 형성되어 성업하게 되었던 것이다. 이 시기는 정치적으로는 군사정권에 의한 강압적인 안정기였고, 경제적으로는 성장의 효과가 공간적으로 투영되는 시기였다. 이에 따라 강남 지역도 중산층 거주지로서 탈바꿈하기 위해 각종 관련 시설들, 특히 화랑, 국립도서관, 대형 서점 같은 고급 문화 시설들이 차례차례 이전·신설되어 채워지게 되는 내적 충전의 시기였다고 볼 수 있다.

중산층 거주지로서의 내적 충전이 완료된 후, 강남 지역은 한국 자본주의 소비문화의 최첨단을 구가하는 지역으로서 크게 주목받기 시작했는데, 1988년 이후 시기에는 특히 언론의 비판적인 기사들이 쏟아지게 되어 '사치·과소비, 왜곡된 소비문화 지역으로 집중적으로 공격받는 시기'로 분류될 수 있을 듯하다. 1988년의 서울올림픽은 이전까지의 한국의 경제성장을 대내외적으로 과시하는 일종의 축제였다. 아울러 이 무렵 즈음에는 시민혁명으로 일구어낸 정치 민주화의 성공이 국민들의 가슴에 메아리치고 있었으며, 대문을 열고 외부의 지구촌을 향해 뻗어가야 한다는 세계화 담론이 서서히 자리 잡아가고 있었다. 이러한 가운데, 지속적인 경제성장은 과열 국면으로 진입했고, 노동운동의 성과도 가시화되어 두터운 중산층이 형성되게 되었다.[23] 이에 따라 한국 사회에서도 소비의 역할이란 단지 노동의 재생산에 불과하다는 생산 중심의 논리에서 벗어나 소비 그 자체가 삶의 질에 직결된다는 새로운 의식이 확산되기 시작했다. 강남 지역은 바로 그러한 한국의 전환기적 토양 속에서 배태되었던, 이전까지의 한국적 상황에서는 대단히 생소할 수밖에 없었던, 소비를 위한 소비문화의 메카로서 자리매김하게 된다. [그림 2-1]에서와 같이 이 시기에는 한국 사회에서는 생소했던 각종 폐쇄적 사치성 소비문화가 강남에 도입되어 언론의 집중포화를 맞게 된다. 강남 지역 주민들을 타깃으로 한 금융권의 프라이빗 뱅킹과 압구정 카드, 회원제 나이트클럽, 수입 외제품에 대한 과소비와 강남에 집중된 성형외과 등은 물론이고, 이 시기에 강남에 처음으로 도입된 패밀리 레스토랑조차도 왜곡된 사치와 과소비문화로 집중적인 비판의 화살을 맞게 된다. 이 시기의 이러한 비판의 대상 한가운데에는 압구정이 있었다.

강남을 사치와 과소비의 온상으로 공격했던 언론 기사들은 1995년경부터 비판의 수위가 낮아져 강남을 사치와 과소비보다는 다양한 고급 소비문화 지역으로서 바라보기 시작한다. 따라서 1995년부터 최근까지의 이 시기를 '고급 소비문화 지역으로 인정받는 시기'라고 분류할 수 있을 것 같다. 압구정 이외에 청담동, 강남역 일대, 코엑스몰 등의 새로운 소비문화 지역이 등장해 강남 내에서도 다핵의 문화 지구들이 펼쳐지게 되었다. 이 시기에도 앞선 시기처럼 사치성 과

소비문화에 대한 비판이 없어진 것은 아니었지만, 공격의 강도가 훨씬 무뎌진 것을 보면, 이제 강남에서 시작된 외래의 자본주의 소비문화가 강남 이외의 지역으로도 확산되어 한국인들에게도 더 이상 낯선 문화가 아닌 것이 되어버렸음을 의미한다고 하겠다. 이 시기에 또 하나 주목할 점은 IMF 위기로 전반적인 소비 중심의 상업경제가 큰 타격을 입게 되었는데도 강남역 일대의 상권은 오히려 활성화되어 강남 소비문화의 핵으로 새롭게 떠올랐다는 점이다. 또한 IMF 위기는 압구정 상권을 약화하는 계기가 되었으나, 상대적으로 IMF 위기로부터 자유로운 최고 소득 계층의 소비문화 공간으로서 청담동이 완전히 자리 잡게 되는 계기가 되었다. 코엑스몰이 영업을 개시하면서 10-20대의 새로운 문화 공간으로 떠오르게 된다는 점도 이 시기에 특기할만한 일이다.

Ⅳ. 강남 지역 관련 주요 주제별 신문 담론 분석

앞에서 살펴보았듯이 강남 지역을 다루는 신문 기사들은 약 30년이라는 시간의 흐름에 따라 그 주요 내용이 조금씩 변해왔다. 이 연구에서는 사실 보도를 추구하는 스트레이트 기사만을 독해의 대상으로 삼았는데, 그 문맥의 흐름에서 강남을 바라보는 긍정적인, 혹은 부정적인 시선과 논조들을 독해할 수 있었다. 흥미롭게도 그 시선과 논조의 흐름도 한국 사회의 변화상을 반영하면서 시대별로 변화의 과정을 겪고 있는 것으로 확인되었다. 기사의 시기별 내용 흐름을 살펴보았을 때, 비록 시기별로 기사의 양과 논조의 강도에 차이가 있기는 하지만, 대체로 전 시기에 걸쳐 기사화되고 있는 3가지의 키워드를 추출하는 것이 가능하다. 3가지의 키워드는 '부동산 투기', '교육 문제', 그리고 '소비문화'이며, 결국 이것들은 상류층 거주지의 다양한 현상을 포괄하는 핵심 개념이다. 이 3가지의 키워드는 강남 지역을 규정짓는 다양한 담론들의 가장 핵심적인 뼈대를 구성하고 있어 강남 지역정체성 구성의 근간을 이룬다. 지금부터는 그 각각의 키워드와 관련된 기사의 내용 흐름과 그 의미를 살펴보고자 한다.

1. 부동산 투기와 부의 집중 문제

강남 지역의 부동산 투기와 관련된 기사는 1977년부터 등장하며, 최초의 기사는 압구정 현대아파트 투기에 관한 것이다. 이듬해의 기사는 강남의 땅값이 개발 이전인 1967년 이후 불과 10년 만에 175.5배 상승했다고 기술하고 있다. 한적한 농촌 지역이 정부 주도로 대규모로 개발되기 시작되었을 때, 부동산 가격의 폭등은 어쩌면 당연한 일일 것이다. 신개발지 '영동'을 띄우기 위해 서울의 강북 지역에는 택지 개발이 전면 불허되었고, 심지어는 사설 학원, 독서실, 대중음식점 같은 생활 기초 시설까지도 허가를 금지하는 강북 억제책까지 동원되었으니 영동의 부동산 가격 폭등은 능히 짐작할 수 있을 것이다. 그러나 가격 상승의 정도는 당시의 한국 사회에서는 상상을 초월할 정도로 대단한 것이었으니, 투전판의 과열된 욕망과 이를 잠재우려는 단속의 압박이 충돌하여 초창기 강남 지역의 특성 형성에 기여하게 된다. 이를 바라보는 언론의 시선이 비판적일 수밖에 없는 것도 당연한 일이었을 것이다. '말죽거리 신화'나 '복부인'의 활약상이 언론을 통해 소개되면서 부동산을 통한 자본의 엄청난 증식 가능성을 인지·

학습하게 된 한국인들에게 일확천금의 꿈은 더 이상 신화가 아닌 현실적인 목표가 되었고, 이후 한반도 전체를 흔들게 되는 부동산 투기화의 선도 사례가 되었다고 해도 과언이 아니다.

1988년 서울올림픽은 여러 가지 면에서 한국 사회 및 강남 지역의 성격을 변화시키는 전환점이었다. 강남 지역에서는 같은 해에 강남·북 균형 개발 정책이 발표되었는데, 이는 강남의 개발 집중에 대한 완화 정책의 의미였다. 이전 시기까지 정부 주도하에 강북 지역 개발을 억제하여 그 기능 분담 지역으로서 개발되었던 강남 지역은 이제 오히려 강북을 능가하는 부와 기능의 집중 지역으로 자리 잡게 되었다. 이제는 오히려 침체된 강북 지역을 균형적으로 개발할 수 있는 정책들을 정부가 입안하기 시작했고, 강남 개발을 위해 억제되었던 강북의 개발 규제들을 완화하게 된 것이다. 또한 지나친 중·상류층 인구의 강남 집중과 강남 부동산 수요의 폭증을 완화, 분산시키고자 서울 주변의 5개 신도시 개발 기본계획이 발표되었는데, 과열된 강남 부동산 투기를 다소 진정시키는 데 도움을 주는 것으로 언론은 평가하고 있다.

그런 가운데 강남 지역에 마지막 남은 대규모 택지지구인 수서 지구가 1991년에 개발을 시작했고, 이제 강남 지역 안에는 새롭게 들어설 대규모 택지지구, 다시 말해 농업적 토지 이용 지구나 자연 나대지는 더 이상 존재하지 않게 되었다. 이에 따라 1995년부터는 기존의 강남 지역에 인접한 잠실·송파 지구의 아파트 단지가 새로운 투자처로 떠올랐고, 강남 안에서의 부동산 개발 및 투기 대상은 '재개발, 재건축'과 관련된 것으로 거듭나게 된다. 대략 1988년부터 1995년까지의 이 시기는 '강남·북 균형 개발 정책과 신도시 개발로 인한 상대적 안

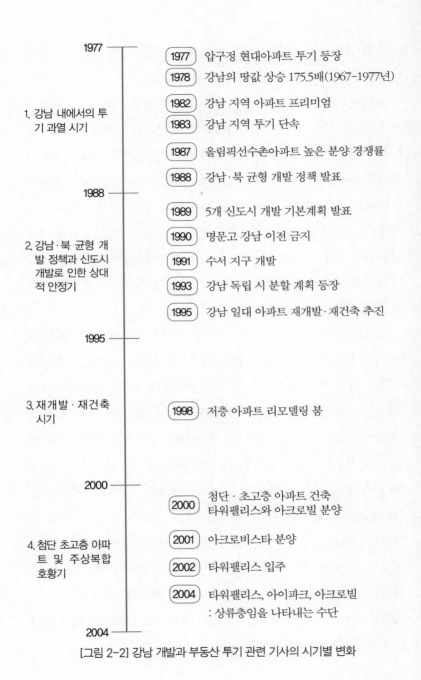

1977	**1977**	압구정 현대아파트 투기 등장
	1978	강남의 땅값 상승 175.5배(1967-1977년)
1. 강남 내에서의 투기 과열 시기	**1982**	강남 지역 아파트 프리미엄
	1983	강남 지역 투기 단속
	1987	올림픽선수촌아파트 높은 분양 경쟁률
	1988	강남·북 균형 개발 정책 발표
1988		
2. 강남·북 균형 개발 정책과 신도시 개발로 인한 상대적 안정기	**1989**	5개 신도시 개발 기본계획 발표
	1990	명문고 강남 이전 금지
	1991	수서 지구 개발
	1993	강남 독립 시 분할 계획 등장
	1995	강남 일대 아파트 재개발·재건축 추진
1995		
3. 재개발·재건축 시기	**1998**	저층 아파트 리모델링 붐
2000		
4. 첨단 초고층 아파트 및 주상복합 호황기	**2000**	첨단·초고층 아파트 건축 타워팰리스와 아크로빌 분양
	2001	아크로비스타 분양
	2002	타워팰리스 입주
	2004	타워팰리스, 아이파크, 아크로빌 : 상류층임을 나타내는 수단
2004		

[그림 2-2] 강남 개발과 부동산 투기 관련 기사의 시기별 변화

정기'로 규정될 수 있을 것이며, 세인들에게 인지되는 강남의 공간적 범위는 탄천 건너 송파 지역까지 확장되기에 이른다.

1995년부터 본격적으로 추진되는 강남 일대의 아파트 재개발·재건축사업은 이미 강남 지역의 다양한 도시 기능들이 충전 완료되었음을 의미하며, 새롭고 편리한 주거 공간에 대한 욕망과 상류층 자본의 투기적 속성은 노후 거주지와 시설에 대한 재개발·재건축사업을 유도하게 된다. 특히 지금도 끊임없이 이어지고 있는 강남 지역 아파트 재개발사업에 대한 언론의 비판적 기사는 온당치 못한 방법에 의한 상류층 자본의 자기 증식이라는 점을 집중 부각하고 있다. 부동산, 특히 주거용 아파트를 대상으로 하는 자본 투자가 새로운 형태로 바뀌어 강남 지역 내에서 지속된 것이다.[24]

2000년부터는 새로운 주거 형태가 한국에 정착하기 시작했는데, 그것은 다름 아닌 주상복합 아파트였고, 그 시발처가 바로 강남 지역이었다. 강남 개발과 부동산 투기와 관련하여 2000년부터 최근까지의 시기는 최첨단 아파트와 주상복합이 전면에 등장하는 시기로 분류할 수 있다. 도곡동 타워팰리스를 위시하여 다양한 주상복합 아파트가 분양되기 시작한 2000년부터 이에 대한 언론 기사는 역시 비판적이다. 특히 타워팰리스에서 남쪽으로 1킬로미터도 채 떨어지지 않은 그린벨트 내의 달동네 구룡마을과 대비하며 강남의 두 얼굴이라고 묘사하는 기사들은 강남 지역의 부의 집중과 차별화를 비판하는 논조의 정점을 이룬다. 상류층 거주지 강남에서도 최상류의 계층이 집적한 최첨단 주상복합 아파트는 출입이 철저하게 폐쇄적이라는 이유로, 그 폐쇄된 공간 속 다양한 편의 시설들이 그들만을 위해 사용되고 있다는 이유로 비난의 포화를 받게 된다.

2. 강남 공교육과 사교육의 과열 문제

강남 지역이 한국 사회에서 지속적으로 주목받아왔던 또 하나의 이유는 교육 문제 때문이다. 강남 개발 초창기부터 지금까지 강남의 왜곡된 교육 문제에 대한 지적은 끊임없이 반복됐는데, 학부모의 과열된 교육열과 집단 공공재로서의 학교 시설의 강남-비강남 격차, 그리고 상류층이 주도하는 자식 교육에의 과도한 투자 등이 일관되게 도마에 올라 비판받아왔다. 강남 지역의 교육 문제를 지적하는 기사들은 크게 두 시기로 구분될 수 있는데, 대략 1994년을 분기점으로 그 앞 시기가 '공교육 내실화를 통한 강남 8학군 팽창기'로, 그 뒤 시기는 본격적인 '사교육 과열기'로 요약될 수 있다.

주지하다시피 강남 도시개발은 서울 인구의 분산을 위해 정부 주도하에 체계적으로 이루어졌고, 이에 따라 강북에 있던 소위 명문 중등학교의 이전이 1980년대에 활발히 진행되었다. 이 시기는 강남이라는 새로운 도시 지역을 만들어 서울 인구를 분산하려는 목적이 강했기에 정부에서는 소위 명문 중등학교의 강남 이전을 적극 권장했다. 그러나 도시 기능의 내적 충전이 완료되어가던 1980년대 중반 이후부터는 이전 완료된 명문 중등학교와 신설 중등학교의 우수한 교육 시설을 좇아 위장전입하는 사례들이 빈발하여 사회적 이슈로 등장하게 된다. 강남은 이제 '8학군'으로 재현되는 한국 교육의 1번지가 되었고, 서울의 교육 문제는 8학군과 비8학군으로 이항대립화되어 공간적으로 명료하게 표출되었다. 그러한 가운데 '위장전입', '8학군(일류)병'과 같은 문제들이 사회적 병폐로까지 일컬어지면서 한편으로는 그러한 교육 담론이 강남을 강남으로 만들어가는 중요한 정체성 요소가 된 것이다.

이 같은 강남 지역 공교육 기관으로의 전입 증가 현상은 1994년, 정부의 8학군 정비책, 즉 학생들의 거주 기간을 적용하여 8학군에 배정하는 정책과 1996년, 대입 내신 비율의 상향 조정 정책이 시행되면서 완화되기 시작한다. 이제 8학군 학교 학생 수의 과포화 문제는 제도적으로 해결되기에 이르러, 특히 초등학교의 경우, 정원조차 채우지 못하는 일이 벌어지기도 했다. 8학군 문제로 표상되는 강남 지역 공교육의 문제점이 이제 해소된 듯 보였으나, 그것은 오히려 강남 사교육 시장의 과열과 팽창의 신호탄이었다. 이듬해인 1995년에는 특

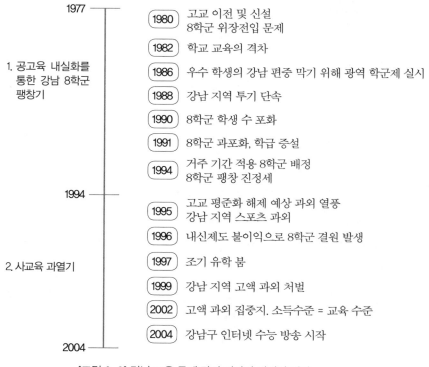

[그림 2-3] 강남 교육 문제 관련 기사의 시기별 변화

목고가 증가하면서 사실상 평준화가 해제되었고, 공교육의 평준화 자체도 해제될 것이라는 추측성 기사가 보도되면서 강남의 과외 열풍이 강하게 휘몰아친다. 강남 공교육에서의 내신제도의 불리함을 극복하기 위한 방법으로 과외가 극성을 부리기 시작하고, 그러한 국내에서의 치열한 경쟁을 피하기 위해 조기 유학이 붐을 이루기 시작하는 것도 이 시기였다. 소득수준이 높은 강남 지역에서 고액 과외가 성행했고, 강남 고등학교의 명문대 진학 숫자와 결부시켜 소득수준이 곧 교육 수준이라는 단정적 기사가 이 시기에 많이 등장한다. 결국 돈 있는 자들이 모여 사는 동네에서 많은 돈을 투자하여 자식들의 교육에 심혈을 기울이고 있는 것이 문제로 제기되었던 것이다.

사실 자식 교육에 쏟는 부모들의 정성은 강남 지역 거주자에게만 해당되는 사항이 아니며, 대단히 일반적인 한국적 상황이라고 할 수 있다.[25] 강남의 교육 문제의 현실을 삐딱하게 보는 언론 기사의 내용은 단지 강남에만 해당되는 비이성적인 일탈적 현상이라고 볼 수 없으며, 한국 사회 전체의 교육제도, 특히 대학 입학제도와 관련하여 파생되는 한국 사회 전체의 문제라고 할 수 있다. 그런 면에서 언론의 집중 조명을 받아온 강남의 교육 문제는 한국의 교육 문제를 잘 보여주는 표상이라고 할 수 있다. 다만 강남과 비강남의 차이는 누가 얼마나 더 많은 돈을 투자할 수 있느냐의 차이일 것이다. 그러한 차이는 강남 지역을 바라보는 비판적 시선의 가장 깊숙한 뿌리라고 할 수 있다.

3. 강남 소비문화 문제

강남 지역을 규정짓는 여러 담론 중 그 시기별 변화가 가장 다이내믹한 주제가 강남의 소비문화와 관련된 것들일 것이다. 강남이 개발된 이후 약 30년 동안 그곳의 소비문화를 다루었던 신문 기사들을 통해 우리는 한국 사회가 근대화 및 후기 근대화, 혹은 포스트모던 시대를 거치면서 어떻게 소비문화 양식을 조명해왔는가를 독해해낼 수 있으며, 강남 지역 내에서의 소비문화의 공간적 분화 과정도 아울러 추적해볼 수 있다. 강남 소비문화에 대한 신문 기사의 시대별 변화 모습은 크게 4개의 시기로 구분하여 살펴볼 수 있는데, ① 1980년대 '영동'을 중심으로 한 '유흥가로서의 강남'을 퇴폐적이고 향락적인 곳으로 묘사하는 시기, ② 1990년대 초중반, 압구정을 중심으로 한 '사치와 과소비의 강남 소비문화'에 집중적으로 포화를 퍼붓던 시기, ③ 1990년대 중후반, 청담동, 강남역 일대, 코엑스몰 같은 '차별화된 고급 소비문화'가 압구정 중심에서 벗어나 공간적으로 확산되고, 이러한 고급 소비문화를 암묵적이고도 수용적으로 묘사하는 시기, ④ 강남의 소비문화가 다양화되고 있음을 지적하면서 강남을 한국의 고급 소비문화의 메카로 인정하고 있는, '강남 소비문화 배후지의 전국화' 시기 등이 그것이다.

생산을 미덕으로 삼았던 근대화·산업화 시대에는 여가 활동으로서의 유흥 및 소비 활동은 가급적 피해야 할 퇴폐적 활동으로 간주되는 경향이 있었고, 1980년대의 신문 기사는 이러한 논조에서 강남의 소비문화를 퇴폐적이고 향락적인 것으로 매도하고 있다. 특히 카바레, 나이트클럽 등이 집중되었던 신사동 일대는 '향락의 땅'으로 기사화되었고, 이에 대한 정부 단속 기사가 빈도 높게 등장하고 있다.[26]

향락과 퇴폐라는 반윤리적 용어가 적용되어 비판받았던 1980년대 강남의 유흥·소비문화는 1990년대로 접어들면서 그 중심지가 압구정으로 이전된다. 이제 언론에서 압구정을 비판적으로 공격하는 데

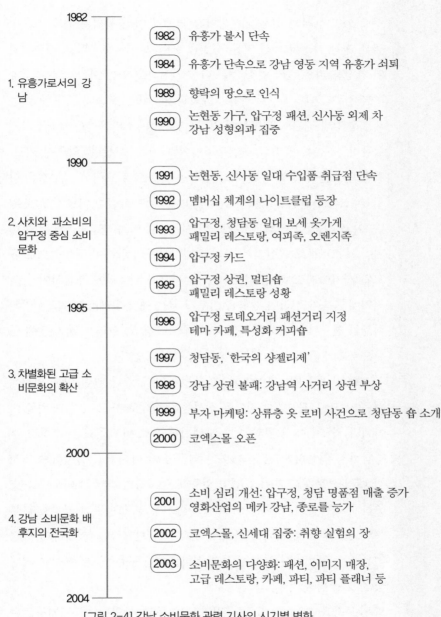

1982

1. 유흥가로서의 강
   남

1990

2. 사치와 과소비의
   압구정 중심 소비
   문화

1995

3. 차별화된 고급 소
   비문화의 확산

2000

4. 강남 소비문화 배
   후지의 전국화

2004

(1982) 유흥가 불시 단속

(1984) 유흥가 단속으로 강남 영동 지역 유흥가 쇠퇴

(1989) 향락의 땅으로 인식

(1990) 논현동 가구, 압구정 패션, 신사동 외제 차
       강남 성형외과 집중

(1991) 논현동, 신사동 일대 수입품 취급점 단속

(1992) 멤버십 체계의 나이트클럽 등장

(1993) 압구정, 청담동 일대 보세 옷가게
       패밀리 레스토랑, 여피족, 오렌지족

(1994) 압구정 카드

(1995) 압구정 상권, 멀티숍
       패밀리 레스토랑 성황

(1996) 압구정 로데오거리 패션거리 지정
       테마 카페, 특성화 커피숍

(1997) 청담동, '한국의 샹젤리제'

(1998) 강남 상권 불패: 강남역 사거리 상권 부상

(1999) 부자 마케팅: 상류층 옷 로비 사건으로 청담동 숍 소개

(2000) 코엑스몰 오픈

(2001) 소비 심리 개선: 압구정, 청담 명품점 매출 증가
       영화산업의 메카 강남, 종로를 능가

(2002) 코엑스몰, 신세대 집중: 취향 실험의 장

(2003) 소비문화의 다양화: 패션, 이미지 매장,
       고급 레스토랑, 카페, 파티, 파티 플래너 등

[그림 2-4] 강남 소비문화 관련 기사의 시기별 변화

주로 쓰이게 되는 형용어는 향락과 퇴폐가 아닌 사치와 과소비로 바뀐다. 고급 가구와 패션 의류, 수입품과 외제 차가 소비되고, 성형외과와 남성용 피부 관리 업소 등이 다수 입지하고 있는 사치스러운 동네, '오렌지족', '야타족', '여피족', '유학파 방학족', '서울대 귀족서클' 등 새로운 강남 젊은이 집단들이 일탈적인 유흥·소비문화를 불건전하게 향유하는 동네, 멤버십 나이트클럽이나 카페, 이른바 '압구정 카드' 통용 업소들이 성업 중인 폐쇄적인 동네 등으로 묘사된 압구정은 사치·과소비가 만연한 '천민자본주의'의 온상으로 집중 비난을 받게 된다. 이 시기는 압구정을 소재로 한 시, 소설, 영화, 드라마 등 각종 미디어 텍스트들도 쏟아져 한국의 천민자본주의 담론이 집중적으로 유포된 시기이기도 하다. 심지어는 이 시기에 세계화에 즈음하여 강남 지역에 속속 입점하여 성황을 이루게 되는 패밀리 레스토랑도 우리의 식생활 전통과는 전혀 딴판인 외국계의 프랜차이즈라는 점 때문에 언론으로부터 곱지 않은 시선으로 다루어지고 있다.

1980년대를 지나 1990년대로 진입하면서, 강남 관련 언론 기사에서 주로 묘사되는 대상 집단은 신사동을 무대로 한 뜨내기 '제비족'이 아니라 압구정에서 활약하는 '오렌지족'으로 바뀌었고, 이촌향도 후 강남까지 입성하게 된 '근대화의 역군들'이 아니라 강남이라는 도시적 배경을 무대로 후기 산업적 업종에 종사하며 강남 소비문화를 소중하게 생각하는 '여피족'으로 바뀌었으며, 명문대 출신 권력층과 부동산 졸부층이 혼재되어 문화적 정체성이 희미했던 '기성세대 중장년층'은 강남이라는 성장 배경과 소비문화를 공유한 '놀 줄 아는 청년층'으로 바뀌었다.

압구정을 강남 소비문화 비판의 화두로 삼았던 언론 기사들은

1996년부터 그 논조가 눈에 띄게 달라진다. 물론 강남 소비문화를 비판적으로 보는 언론의 시선이 완전히 사라진 것은 아니지만, 이전 시기에 비해서 그 강도는 훨씬 약해졌는데, 그 이유는 2가지 측면에서 설명이 가능하다. 하나는 강남의 소비문화 지구가 압구정 중심에서 벗어나 공간적으로 넓게 확산되었다는 점이고, 또 다른 하나는 당시 김영삼 정부가 의욕적으로 추진한 세계화가 일반인들의 인식에도 자리 잡게 되어 외래의 소비문화 자체에 대한 국민적 거부감이 점차 희석되었다는 점이다. 예를 들어, '한국의 샹젤리제' 청담동의 경우, 고가의 소비 상품 취급 업소가 새롭게 밀집되고 있고, 그 가격이 매우 비싸다는 점도 간혹 비판적으로 지적되고 있지만, 정작 비판적 기사들의 논조의 핵심은 그러한 업소들의 폐쇄성, 즉 '그들만의 공간화'가 엄격하게 유지되고 있다는 데 맞춰져 있었다. 강남역 상권의 부상도 이전까지의 '강남스러움'의 특성을 변화시켜 언론의 비판 수위를 낮추는 데 일조한다. 즉, 1998년 IMF 경제 위기는 강남 지역에도 불어닥쳐 소비경제를 위축시켰는데, 이때 강남역 상권은 오히려 활성화된다. 좀 더 조사를 진행해보아야 하겠지만, 강남역 일대의 상권은 IMF 경제 위기 상황에서 오히려 크게 부상하는, 전국에서 유일한 상권인 듯하다. 당시 강남역 상권의 부상은 이전까지 '강남스럽다'고 간주되었던 고급 소비문화에 의해 주도된 것이 아니라, IMF 시대에 걸맞은 저가 소비문화가 새롭게 집적함으로써 이루어지게 된다. 이러한 '강남 상권 불패' 신화가 가능했던 것은 강남역 일대 지역이 서울과 그 남부의 수도권 지역을 아우르는 중심점으로서 새롭게 자리매김했기 때문이다.

이런 가운데 2000년에는 포스트모던 소비문화의 장으로 주목받게 되는 코엑스몰이 완공되었다. 코엑스몰은 특히 한국 소비문화 경제의 핵심 세력인 신세대들이 집중하여 원스톱으로 여가와 쇼핑을 동시에 즐기는 장이 되고 있으며, 따라서 기업의 입장에서는 이들 신세대의 취향을 실험하는 장으로서 중요성이 커지고 있다. 공간적으로는 기존의 강남과 새롭게 강남으로 편입된 잠실 지구의 중간에 위치하여 강남 지역의 중심점에 자리하고 있으며, 이는 곧 서울과 수도권 신세대 문화의 중심점의 위치에 해당한다고 볼 수 있다. 이제 코엑스몰을 포함한 청담동, 압구정동, 강남역 주변 일대로 대별되는 강남 소비문화의 중심지들은 다양한 특성을 지닌 공간으로 특화되어 명실상부 전국적인 중심성을 확보하게 되었다. 이제 언론은 강남 지역을 다양한 소비문화가 꽃피우는 문화적 다양성의 장으로 묘사하고 있으며, 한국 전체로 확산될 수 있는 대중적 소비문화의 성공 여부를 가늠하는 실험의 장으로 묘사하고 있기도 하다. 강남은 이제 더 이상 강남 혹은 서울에 거주하는 사람들의 유흥·소비문화 공간으로 제한되어 있지 않으며, 전국을 배후지로 삼는 한국인 모두의 문화 중심지로 자리매김했다.

V. 상류층 거주지와 일상생활 세계, 그리고 정체성

지금부터는 강남 지역을 일상생활공간으로 삼고 있는 강남 거주자 및 생활자들을 통해 그들이 인식하고 있는 생활공간으로서의 특징을 살펴보고자 한다. 공간은 사회 정체성 형성의 핵심적 차원이다. 즉, 정체성은 구체적인 영토적·사회적 장소들과의 관련 속에서 만들어지고 재구성되는 것으로 간주된다.[27] 정체성과 공간의 관계에서 무엇보다 중요한 것은 그 정체성의 주체이자 공간의 주체인 내부 거주자 혹은 생활자들이 자신들의 공간을 어떻게 인식하느냐 하는 측면이다. 이러한 인식은 특히 외부적 범주화에 의한 공간성spatiality과 부딪치게 되면서 더욱 구체화된다. 자신들을 향하는 외부의 시선과 담론들을 경험하면서 일상적인 자신들의 생활과 환경을 성찰해보고, 더 나아가 무의식적인 일상생활 속에 박혀 있는 다양한 내부적 경험들과 생각들이 재구성되는 것이다.

강남 문화를 정치경제학적 관점에서 조망하여 '먹고사는 게 걱정 없는 사람들'의 생활이라고 규정짓는 담론은 상대적으로 '먹고살기가 빠듯한 사람들'의 존재를 상정하고 있는 이항대립적 관념이다. 이러한 관념은 먹고사는 게 걱정 없기에 욕망을 충족하면서 살아가는 집단이라는, 그래서 사치와 과소비가 자연스러운 집단이라는 다양한 과잉 담론으로 이어지기도 한다. 이에 대해 강남 사람들은 생활공간으로서의 강남, 취향이 비슷한 사람들이 모여 있는 강남을 지적하며 자신들의 위치성을 표현한다. 외부적으로 범주화된 강남 문화의 존재 여부에 대하여 강남에서 나고 자란 D씨와 I씨는 다음과 같이 진술했다.

'강남 문화'라는 말에 상당히 거부감이 들어요. 처음에 인터뷰 제의를 받고 강남이 연구 주제가 될 정도라는 것에 놀랐어요. 우리끼리는 그것은 그저 생활일 뿐, 기사화될 것은 아니라고 생각했거든요. 강남을 때리는 무책임한 기사들을 접하게 되면 가진 자를 욕하는 우리나라 사람들의 실상을 보는 듯해요. 돈이 있는 사람들이 (돈을) 쓰는 것은 당연한 일 아닌가요? (…) '강남스러운' 사람들은 있는 것 같아요.

그들의 특징은 곱게 자라 나이브naive하고 현실감각이 떨어진다는 거예요. 그러나 여기서 현실감각이 떨어진다는 것은 그들이 경제관념이 없다는 뜻은 아니에요. 그들은 재테크에는 굉장히 강한 모습을 보이죠. 취향이 같은 사람들을 우리는 알아볼 수 있어요. 그리고 강남 사람들은 브랜드에 티를 내지 않죠. 이미 브랜드가 익숙하다는 의미가 될 수도 있을 거예요. (D씨, 35세 여, 동시통역사, 2005년 4월 25일)

남 잘되는 것은 죽어도 못 보는 한국 사람들의 국민성이 반영된 것 같아요. 개인적으로 그러한 기사들을 잘 살펴보는 편인데, 기자들이 작정하고 제목부터 선정적으로 정하고, 내용은 삐딱하게 쓰는 경우가 많은 것 같아요. 편견을 너무 많이 섞어서 기사를 내보내죠. 강남 사람들을 졸부에 과소비하며 건강하지 못한 사고방식을 가진 사람들로 그려놓으니……. 엄마 고향 친구분이 오랜만에 저를 보시고는 "강남 애들은 싸가지 없다는데 너는 안 그래서 다행이구나" 하고 말씀하신 적이 있어요. 온 국민의 시각을 편향적으로 만들어 '강남특별시'를 만드는 데 큰 영향을 미친 것이 매체예요. (I씨, 26세 여, 은행원, 2005년 6월 11일)

면담 대상자들은 강남 문화는 실체가 없다고 단정하면서도 강남 사람들의 '강남스러움'은 비교적 정확하게 개념화하고 있는 모습을 보인다. 그들은 대중매체에 의한 졸부, 과소비 등과 관련된 담론들을 통한 강남 구별 짓기에 대해서는 신랄한 태도를 보였다. 강남 바깥에서 가해지는 비난에 대해서는 그 출처가 자신들과는 무관함을 냉소적으로 표현하면서, 그 담론적 근거에는 거부감을 보이고 있다. 하지만 자신들의 문화에 대해서 과소비나 욕망이라는 용어가 아닌 취향이라는 용어를 사용하면서 같은 생활공간을 공유하는 강남 사람들의 문화적 특성이 구별된다는 것을 내비치고 있다. 이는 강남의 외부적 범주화에 동의할 수 없음을 밝히는 동시에 강남 문화의 순수함을 적시함으로써 취향의 공간으로서의 강남을 방어적으로 재현하고 있는 것이다. 더 나아가 그러한 취향의 공유를 생활 세계적 관점에서 조망함으로써 강남 사람들의 '강남스러움'을 정당화하고 있다.

그런데도 한국 사회에서 강남에서 생활한다는 것은 일종의 중산층의 기호로 인식되는 것이 일반적이다. 강남 내부인들도 이를 하나의 자부심으로 인식하고 있으며, 특히 외부와의 접촉을 통해 그러한 정체성을 체득하고 있음을 다음의 진술에서 확인할 수 있다.

> 회사에 다닐 때도 그랬어요. 저는 유치원 교사를 했었는데, (직장을) 주로 멀리 있는 곳으로 많이 갔어요. 원장님들이 인정을 많이 해줘 편하게 지내는 편이었는데, 이 사람은 강남에 사는 사람이고, 그렇기 때문에 돈 때문에 여기까지 일하러 오는 것이 아니라 뜻이 있어서 멀리까지 일하러 온다고 생각하는 것 같더라고요. 못사는 사람이 악착같이 일하면 '독하다'고 생각할 텐데, 제가 강남에 산다고 하니 돈 때문은 아니라고 생각해주는 것 같았어요. 그러니까 저도 더 자신감 있게 일을 하게 되고 (…) (근처에 사는) 시어머니가 가끔 비꼬실 때가 있어요. 우리 아들에게 이렇게 이야기하죠. "돈 많은 강남 할머니한테 가서 사달라고 그래." "강남 다녀왔더니 때깔이 달라졌네." 아예 강남과 강북을 이분화해 이야기하는 거죠. 서울에 강남구 말고도 많은 구가 있을 텐데……. (A씨, 32세 여, 전업주부, 전직 유치원 교사, 2005년 7월 6일)

남들이 보는 것과 사는 사람의 느낌이 다른 것 같아요. 남들은 사치스럽다, 화려하다, 싸가지 없다, 돈 많다, 이 정도로 보는 것 같은데, 내부 사람이 보기에는 자부심으로 작용하기도 하거든요. 어디 가서 사는 곳을 말할 때 꺼려지지 않고, 제가 아무렇지 않게 청담동에 산다고 말하면 왠지 모르게 사람들이 인정해주는 게 있어요. (B씨, 24세 여, 대학생, 2005년 7월 6일)

A씨와 B씨는 자매 관계이다. A씨는 현재 전업주부로서 고양시 화정동에 살고 있지만, 결혼 전까지 강남구 청담동에 살았다. 강남 거주 당시에는 직장을 강남 바깥으로 다녔고, 결혼 후에는 강남 바깥에 거주하게 되면서 강남 내부와 외부에서 다양한 지역 담론을 몸소 체험해왔다. A씨와 B씨가 외부에서 경험했던 것은 강남과 비강남 간에 형성된 일종의 문화 헤게모니에 의한 계급적 차이가 자연스럽게 받아들여지는 상황이라고 할 수 있다. 사람들이 그저 자신의 이익에 관심을 갖고 그에 걸맞은 노력을 하는 것이 아니라 우월적인 부와 권력을 가진 사람들의 이익에 부합되는 지식 체계에 동의하는, 그래서 그러한 강남의 부와 권력이 단지 비난의 대상이 아니라 부러움과 질시의 대상인 상황에서 자신들의 위치성을 확인하고 상대적인 우월감을 감지하고 있는 것이다.

자신의 위치성에 대한 성찰은 자신의 일상생활공간을 벗어나 외부 세계의 차이를 경험하면서 깊이 있게 진행된다. 당연시되는 세계로부터 벗어나 외부의 경험을 쌓아가면서 위와 같이 문화 헤게모니적 우월감을 경험하기도 하지만, 바깥이 '불편한 것', '나쁜 것'이라는 가치 부가적인 이항대립적 인식이 구체화되어 자신의 생활과 생활공간에 대한 내향성이 커지기도 한다. 물론 자신의 것들이 '편한 것', '좋은 것'으로 인식되는 것은 일상생활의 익숙함으로부터 연유하는 것이지만, 외부 세계의 상대적인 것들을 경험하면서 이항대립적 가치의 이미지를 더욱 고착시키게 되는 것이다. 에드워드 사이드Edward Said의 오리엔탈리즘을 유추하여 적용해본다면, 그것은 강남의 같음(비슷함)을 확인하기 위해 비강남의 다름을 생산해내는 것이기도 하다. 정체성은 장소를 통하여, 장소에 따라 다른 방식으로 구성되고 경합을 벌이고 협상되기도 하는 것이다.[28] 다음의 인터뷰는 정체성의 형성과 차이의 생산에서의 공간성의 영향을 잘 보여주고 있다.

처음 강남에 대한 시선을 느낀 건 대학교 가서였던 것 같아요. 그전까지는 말로는 그래도 느껴지지는 않았거든요. 다 동네 애들이고, 이 아이들의 특성은 강을 건너가는 것 자체를 두려워한다는 거예요. 아니, 갈 필요가 없었죠. 속된 말로 '구리다'고 생각하게 되고……. 당시 압구정에 맥도날드가 처음 들어왔어요. 1991년인가…… 고등학교 시절이었고, 우리는 점심시간이나 수업 끝나고 일상적으로 들르는 곳이었는데, 사람들이 맥도날드로 구경을 많이 왔어요. 우리는 당연시 여기는 것을 보러 외부에서 사람들이 놀러 오는 거였죠. 당시에 "맥도날드 빵집이 어디 있어요?"라고 길을 묻는 사람이 많았어요. 우리는 내 집 앞마당처럼 와서 노는데, 외부 사람들은 막 꾸미고 이곳에 왔던 거죠. 그게 더 촌스러워서 (우리가 오히려) 외부 사람들을 구경하곤 했어요. (A씨, 32세 여, 전업주부, 전직 유치원 교사, 2005년 7월 6일)

저만 해도 학교 끝나고 신림역 근처로 걸어가면 평소에 겪어보지 못한 '난잡함이 섞인 번잡함'이 느껴져요. 왠지 모르게 치안 등이 불안하고, 이런 지역을 걸어 다니면 안 될 것 같은 느낌이 들곤 하죠. 다시 말하면 강남만 못하기 때문에 다른 지역에 사는 것에 대한 불안감이 있어요. 돈만 있다면 주거 환경이 좋은 강남에 와서 거주하고 싶은 사람들이 많지 않을까요? (H씨, 24세 여, 대학생, 2005년 6월 2일)

제 쌍둥이 여동생은 우물 안 개구리로 살다가 대학에 가서 처음으로 다른 지역, 지방 사람들을 접하고 많이 힘들어했어요. 운동권 학생들이 많은 대학의 학과에 진학한 이후, 베네통을 입었다고 주목을 받고, 여러 가지 안 좋은 시선들이 있었던 모양이에요. 여대를 다닌 저는 그런 경험이 많지 않았지만, 동생은 많이 힘들어했어요. 부모님이 "그래서 여자애들은 여대를 보내는구나"라고 이야기할 정도였죠. (…) 강남 학생들이 대학에 가면 강남에 사는 애들끼리 모임이 형성되는 것 같아요. 우선 교통편이 같고, 잘 놀고, 소비문화도 일치하니까……. (D씨, 35세 여, 동시통역사, 2005년 4월 25일)

강남에서 태어나고 자란 강남 사람들이 처음으로 강남을 객관적으로 경험하는 것은 H씨와 D씨 동생의 경우처럼 대학 생활을 하면서부터인 경우가 많다. 비강남의 "난잡함이 섞인 번잡함"을 경험하면서 강남은 이와 반대로 안전한 동네라는 것을 인식하게 되고, 명품 의류를 통해 자신의 다름을 공격받으면서 같음(비슷함)이 주는 편안함을 더욱 찾게 되는 모습은 결국 자신들이 속해 있는 주거 환경과 연관된 정체성의 형성으로 이어진다. A씨의 경우는 이미 고등학교 때 자신의 일상생활공간의 한 부분인 외국계 외식 프랜차이즈를 낯설게 바라보는 외부인들을 경험하고 관찰하면서 차이를 인식했는데, 흥미로운 것은 그 차이를 '촌스러움'으로 개념화하고 있다는 점이다. 비강남을 '구리고, 촌스럽고, 난잡하고, 번잡하고, 불안한' 곳으로 인식하면서, 자신들이 사는 강남은 안전하고 살기 편한 곳으로 새롭게 정체성을 부여하고 있는 것이다. 이에 더해 생활의 안전성과 편리성의 담론이 개인적인 수준은 물론이고 사회적인 수준에서도 널리 유포되면서 강남과 비강남의 사회적 경계화는 더욱 강화되고 있다.

장소를 통한 차이와 정체성의 경험은 신체를 통하여 체현으로써 구체화된다. 신체는 공간 및 장소 경험의 궤적을 그리는 주체이자 객체이며, 권력을 구사하는, 혹은 권력이 구사되는 지점이다. 개인의 일상생활 수준에서 정체성은 바로 신체의 차이와 경계를 인식하고, 때로는 자기 스스로 신체의 차이와 경계를 만들어가면서 구체화되기도 한다. 일상생활공간을 공유하는 주체들 간에는 상호 간의 행태와 수행을 교환하고 관찰하면서 소위 상호주체성이 형성된다. 따라서 주체들의 행태와 수행성은, 그것들이 객관적인 근거를 갖느냐의 여부와는 상관없이 담론적 구성과 해석의 대상이 될 수 있다. 때로는 과잉 상상력이 발휘되어 허구적 담론으로 조직되고, 상상된 재현의 지리가 실제의 지리보다 훨씬 더 단순화되어 구체적으로 영향을 미치기도 한다. 주체들에 의한 차이의 정치와 구별 짓기의 문화가 때로는 신체를 대상으로 적용되어, 다분히 인종적인 형식으로 승화되기도 한다. 다음의 인터뷰 내용은 신체의 구별 짓기와 텍스트로서의 신체, 즉 궁극적으로 사회적 경계화의 지표로 활용된 신체의 의미를 잘 보여준다.

원래 저는 강남에서 부동산보다는 학원업을 많이 했어요. 대학로에서 학원 하다가 강남에서 학원을 했는데, 여기에 오니 사람이 다르더라고요. 또 강남과 강북은 사람 키가 달라요. 신체적 조건, 외모가 다르다는 이야기죠. 강남에서 가리봉동에 가면 무서워요. 다른 동네에 간 것 같고……. 손님에게 PR(홍보)을 할 때 이야기하는 점이에요. 1호선 타고 다니는 사람들과 2호선 타는 사람들이 달라요. 강남 사는 사람들은 다른 곳에 가서 살기가 참 힘들어요. 강북으로 가면 사람들이 강하죠. (강남 사람들은) 있는 사람들이라서 심적으로도 여유가 있는 것 같아요. 여유가 있으니까 덜 싸우고, 법도 더 잘 지키죠. 강남에서는 사무실 일 하다가 민원이 생겨도 살짝 피해 있으면 끝나요. 다들 심각하게 생각하지 않는 거죠. 이런 게 차이점이라고 생각해요. 강남이 강북보다 문화적으로도 더 낫고……. (C씨, 40대 남, 부동산 사무소 사장, 2005년 7월 28일)

C씨의 진술 내용은 강남 문화의 추상적 개념화의 수준에서 더 나아가 그러한 문화를 신체의 특징과 연결하고 있어 주목을 끈다. "키", "신체적 조건" 등 외모에 차이가 있으며, 그러한 용기container 속에 "여유가 있"고, "덜 싸우고", "법도 더 잘 지키"는 세련된 심성이 배어 있다고 보고 있다. 즉, 세련된 문화가 번듯한 신체에 깃들어 있다는, 그래서 결론적으로 강남의 문화가 낫다는, 인종주의적이면서 문화절대주의적인 시각을 드러내고 있다. 그에게 강남은 '문화 수준이 높은' 사람들이 거주하는, 그래서 그러한 사람들과의 관계 속에서 비즈니스를 운영하기에도 별 무리가 없는 안정되고 편한 곳이었다. 다음의 I씨의 진술에서도 강남 교육 환경의 차이를 신체 유전적 차이로 환원하여 인식하고 있는 특성을 확인할 수 있다.

우리 부모 세대인 강남 1세대가 첫 번째 부동산 붐을 겪으면서, 비록 집값으로 깔고 앉아 있는 돈이지만 돈을 많이 벌었고, 외지의 부유층도 강남으로 많이 들어왔죠. 원래 돈 많은 사람이 자신의 부를 자녀에게 전달하는 방법으로 교육을 택하고 있고, 강남 교육열 원래 유명해요. 우리 고등학교 야자(야간 자율학습)가 끝나면 거의 모든 엄마들이 운동장이 꽉 찰 정도로 차를 몰고 데리러 오는 풍경…… 우리에게는 당연한 모습이었는데, 다른 지역에서는 그렇지 않았나 봐요. (…) 교사들이 강남에 발령을 받으면 학원 강사와 비교되기 때문에 다른 지역에 비해 더 노력하는 모습을 보이죠. 이런 환경적 요인 외에 어쩌면 유전적인 요인도 있는 것 같아요. 지극히 개인적인 생각이기는 하지만, 법조인의 자식과 일용직 노무자의 자식 중에서 법조인의 자식이 더 머리가 좋을 확률이 높지 않을까요? 누가 들으면 돌 맞을 말이기도 하지만…… 하하! (씨, 26세 여, 은행원, 2005년 6월 11일)

VI. 정체성의 형성과 강남 소비문화: 욕망과 취향의 사이에서

　　근대화와 후기 근대화 시대를 거치면서 서울 강남의 소비문화는 한국 사회의 변화와 맞물려 큰 변화를 겪어왔다. 앞에서 필자는 강남 소비문화에 대한 신문 기사의 시대별 변화 모습을 ① 1980년대의 퇴폐적이고 향락적인 유흥가로서의 강남, ② 1990년대 초중반의 사치와 과소비의 강남, ③ 1990년대 중후반의 차별화된 고급 소비문화 지구 강남, ④ 2000년 이후의 고급 소비문화의 메카 강남 등 크게 4개의 시기로 구분하여 제시했다. 강남 지역 형성 초창기에는 소위 '영동' 지역의 퇴폐, 향락, 사치, 과소비 등의 키워드가 빈도 높게 출현하다가 1990년을 전후로 한 시기에 압구정동이 부상하면서 '디스토피아', '욕망(소비)', '오렌지족', '소외' 등의 키워드가 확산되었다. 이후 1990년 대 중반부터는 이러한 압구정동에 대한 주목으로부터 벗어나 '소호', '취향(소비문화)', '보보스와 노블레스', '문화적 다양성'으로 대표되는 청담동이 미디어에서 더 많이 다루어지게 된다.[29] 그런데 이러한 용어 들과 시선들은 대중매체를 통해 주조되고 유포된 것이며, 따라서 내 부 주체들의 시선과 자기 자신에 의해 누려지고 있는 소비문화의 성 찰을 주의 깊게 살펴볼 필요가 있다. 다음의 I씨와 A씨의 진술 내용을 통해 욕망 충족을 위한 소비와 취향의 실현으로서의 소비에 차이가 있음을 감지할 수 있다.

강남은 고급스럽고 세련된 소수를 위한 소비문화가 자리 잡은 곳 이에요. 저도 처음에는 청담동 같은 지역에 놀러 가는 것이 부담스럽 기도 했는데, 이제는 사람들 바글바글한 강남역에서 두 번 소비하느 니 잘 차려입고 분위기 좋은 청담동에서 한 번 소비하는 것이 더 즐겁 더라고요. 직장을 다니기에 자연스럽게 놀 시간도 줄어들었고 (…) 삼 청동과 같은 독특한 분위기를 자아내는 곳이 아니라면, 명동이나 신촌 에 갈 바에는 조금 더 비싸더라도 강남에서 해결하는 것을 더 선호하 는 편이에요. 백화점을 갈 때도 소공동에 있는 롯데백화점 본점이 가 장 큰 백화점이라는 것을 알고는 있지만, 제가 소비하는 브랜드는 거 의 강남 현대, 신세계, 갤러리아 등지에 있기 때문에 그곳까지 가지는 않죠. 교통도 교통이거니와 옷이 디스플레이된 것을 보면 강남 지역의

백화점의 옷 코디네이트가 더 멋져서 감각을 배울 수 있으니까요. (W씨,
26세 여, 은행원, 2005년 6월 11일)

오렌지족이니 그런 건 언론이 지어낸 말이라 생각해요. 사람들은
오렌지족이라고 묶어서 이야기하지만, 사람 사는 건 다 똑같아요. 돈
쓰는 스케일이 크긴 하지만, 색다르게 놀았던 건 아니죠. 강남 애들은
일단 사람들이 북적거리는 걸 좋아하지 않으니까 아는 사람들끼리 모
이는 카페에 많이 가고, 차를 몰고 다니니까 술을 많이 안 마셔요. 그
리고 다들 유학파라 방학 때 되면 다들 영어를 말하면서 나타났다가
방학을 시끄럽게 보내고 사라지죠. (…) 소비 스케일이 크지만 그게 일
상이니까 전혀 어색함이 없어요. (A씨, 32세 여, 전업주부, 전직 유치원 교사, 2005년 7
월 6일)

개인의 욕망은 외부적으로 끊임없이 자극받아 창출되는 것이기에
충족되지 못한 채 지속적으로 추구되지만, 취향은 소비의 결과를 통
해 만족되지 않고, 그 과정 자체에 만족 여부가 달려 있다. 단 한 번을
소비하더라도 "잘 차려입고 분위기 좋은" 비싼 곳에서 소비하는 것이
더 즐거운 문화의 향유임을 드러내고 있다. 바로 그런 문화 향유의 공
간이 자신들의 생활공간과 가까이 연결되어 있기에 그들에게 강남은
살기 좋고 편리한 동네인 것이다. 그들에게 강남이라는 공간은 소비
가 문화의 차원과 연결되어 차별화되는, 욕망 충족의 수단이 아니라
취향을 향유하는 과정이다. "돈 쓰는 스케일이 크긴 하지만" "사람 사
는 건 다 똑"같다는 A씨의 진술은 강남 내부자들에게 소비문화의 초
점이 경제력의 많고 적음보다 "아는 사람들끼리" 편하게 공유하는 일

상생활의 일부분이라는 점에 맞추어져 있음을 보여준다. 강남을 자신들의 소비문화를 구현하는, 일상생활로서의 편안함과 익숙함을 주는 "심리적 고향"으로 인식하는 모습을 다음의 진술을 통해서도 확인할 수 있다.

> 대학교 다닐 때 잠시 의정부에 살았는데, 소개팅을 나가서 누가 나에게 어디에 사냐고 물으면 늘 "원래 서초동 살다가 지금은 의정부에 살고 있어요"라고 대답하곤 했어요. 어디에 사느냐, 살았느냐, 어떤 문화를 가지고 있느냐에 따라 상대가 나를 평가하는 것이 달라진다는 것을 알고 있었기 때문에 그렇게 대답했죠. (…) 강남은 저의 심리적 고향이랄까……. 다시 돌아왔을 때, 제가 주로 다니던 익숙한 지역에 살게 되어 너무 좋았어요. 제가 어린 시절을 보낸 곳이고, 모든 지리도 다 알고 있고, 친구들도 가까이 있고, 소비하는 공간들이 밀집해 있는 곳……. 다시 돌아왔을 때 가족들도 모두 너무 편해했어요. 앞으로 가능하면 결혼해서도 여기를 떠나고 싶지 않아요. 비강남 지역은 집을 사서 갈 수 있고 강남에서는 같은 돈에 세를 살아야 한다면 차라리 강남에서 세를 사는 것이 좋아요. (씨, 26세 여, 은행원, 2005년 6월 11일)

그런데 최근의 강남 소비문화는 더 이상 압구정이나 청담동에 한정되어 논의되지 않는다. 강남의 소비문화를 압구정과 청담동에 한정해서, 시기적인 변화와 소비문화 추동력의 측면에서 양자를 비교하면서 논의했던 기존의 담론들은 그것이 욕망의 충족이 되었건 취향의 향유가 되었건, 비강남 지역과의 차별성을 전제로 하여 강남 소비문화의 독특성과 예외성을 강조하는 경향이 있다. 내부자들에게도 물론 이런 관점에서의 차별성은 자신들의 정체성 요소로서 인정된다. 하지만 소비문화와 관련하여 그들이 인식하고 상상하고 있는 강남은 그 양상이 훨씬 더 다양하고 복잡하다. 강남이 중·상류층 내부 거주자들만의 소비 공간이 아니며, 내부적으로도 다양한 공간이 섞여 있음을 진술함으로써 강남에 대한 일방적인 외부의 시선에 냉소적인 반응을 보이고 있다. 강남역 사거리에서 라식 전문 병원을 운영하고 있는 J씨는 강남 소비문화의 다양한 주체들을 다음과 같이 진술했다. 또한 퓨전 음식점을 경영하는 M씨는 강남 내부의 소비문화의 다양성을 계층의 차이뿐만 아니라 세대 간의 분절화에도 연결해 다음과 같이 진술하고 있다.

강남이 소비 성향이 높은 건 맞는 말일 거예요. 부자들이 많이 사니까 그 사람들이 돈도 많이 쓰고, 남들이 소비하지 못하는 것도 다 할 수 있으니까 당연한 것 아닐까요? 강남 사람들이 소비 성향이 높으니까 장사도 잘되고, 저 같은 의사들도 여기서 병원을 많이 하는 거겠죠. 그런데 가만 보면 강남에서 소비하는 사람들은 강남 사람들만 있는 게 아니에요. 제가 병원에서 상대하는 사람들을 보면, 물론 강남 사람들이 많지만, 다른 데서 오는 사람들도 꽤 많아요. 강남의 소비문화가 '사치스럽다, 과하다'라고들 하는데, 강남 사람들만 관련이 있는 건 아닌 것 같아요. 강남 말고 바깥에 사는 사람도 돈 있는 사람들은 강남에서 돈 쓰는 걸 선호하는 것 같아요. (J씨, 40대 남, 의사, 2005년 8월 25일)

우리 식당 단골은 압구정동에서 일하는 20대 아가씨들이에요. 그 친구들이 이런 퓨전을 좋아하죠. 나이마다 가서 쇼핑하고 노는 곳이 달라요. 여기 강남에는 갤러리아백화점도 있고 청담동도 있지만, 재래시장도 있고, 거기 가보면 제법 사람들이 많죠. 한번은 논현시장에 갔었는데, 장사가 꽤 되는 것 같더라고요. 말투를 들어보니 조선족인 것 같고, 다른 사람들도 옷 입은 거며 생긴 게 있어 보이진 않았지만…… 노인들도 역시 많고, 재래시장도 있고, 백화점도 있고, 음식점, 술집도 수준이 다양하고…… 사람 사는 데 필요한 게 있을 건 다 있는 게 강남이에요. (M씨, 40대 남, 음식점 사장, 2005년 8월 29일)

강남의 소비문화가 강남 거주자들만의 문화가 아님은 강남 내 소비 공간의 분화를 통해 짐작해볼 수 있다. 특히 강남역 사거리의 소비문화는 기존의 차별적이고 예외적인 소비문화 지구로 알려져 온 압구정동, 청담동과는 여러 면에서 다르다. 강남역 사거리는 1998년 IMF 이후, 오히려 소비문화 지역으로 급부상하는 곳이다. 테헤란로를 따라 오피스 빌딩이 밀집해 있고, 주변 이면 도로에는 새롭게 저소득층의 거주지가 되고 있는 고시원이 밀도 높게 분포하고 있으며, 영어 학원과 각종 직업 전문 학원이 밀집해 있는 강남역 사거리 일대에는 다양한 종류의 소비문화가 혼재되어 있다. 이러한 소비문화 지구로의 급부상은 오피스 빌딩의 풍부한 주간 활동 인구와 주변에 포진한 아파트 단지의 상주인구, 그리고 그와 연관된 강남역과 주변의 교통 중심성과 관련이 있다. 이러한 배경을 바탕으로 2호선 강남역은 전국 최고의 유동 인구를 수용하는 역으로 자리 잡고 있다. 또한 강남역 일대는 수도권 남부의 각 지역으로 이동하는 버스와 수도권에 위치한 대학이나 서울에 본교를 둔 수도권 캠퍼스로 이동하는 셔틀버스가 출발하는 곳이다. 이는 생활환경으로서의 강남역의 중심성이 서울과 수도권 남부 지역에까지 미치고 있음을 방증하는 것이다.

강남역 사거리 일대의 소비문화 경관은 압구정동, 청담동과 비교해보았을 때 확실히 차이를 보인다. 압구정동, 청담동이 서비스의 도달 거리가 긴 고가의 상품이나 서비스를 주로 다루는 고급 소비문화 지역인 데 비하여,[30] 강남역 사거리는 전문 성형 병원에서 선술집에 이르기까지 다양한 도달 거리를 갖는 상품과 서비스가 두텁게 중첩되어 있다. 이러한 소비문화와 공간 구조의 차이에 대한 인식은 역시 계층에 따라 다르게 나타난다. 최근에 압구정이 강남역 사거리에 비해 상대적으로 위축되고 있지 않느냐는 지적에 대해 A씨는 양 지역 간의 차별화가 뚜렷하게 진행되고 있음을 다음과 같이 주장하고 있다. 또한 강남역 사거리 고시원에서 거주하고 있는 K씨는 강남역 사거리의 생활공간으로서의 편리성을 다음과 같이 진술하고 있다.

아니에요. 압구정이 더 하이 레벨로 변하고 있기 때문에, 원래 압구정에서 놀다가 그 하이 레벨에 끼지 못하는 아이들이 차라리 강남역 사거리로 가서 더 우월감을 느끼려 하는 것 같아요. 청담동에도 앞동 청담동이 있고, 뒷동 청담동이 있어요. 결국 언론이나 주위에서 더 이상하게 말을 많이 하는 것 같아요. 그러니까 안에 있는 사람들끼리 유대감이 더 강해지죠. 공격하면 공격할수록……. (A씨, 32세 여, 전업주부, 전직 유치원 교사, 2005년 7월 6일)

강남역은 노는 문화가 달라요. 외부 사람이 워낙 많고…… 일단 시외버스가 많아서 지방 사람들도 많고, 분당 사람들도 많이 와서 노는 곳이 강남역이죠. (B씨, 24세 여, 대학생, 2005년 7월 6일)

강남은 놀기 좋은 곳이에요. 강남 하면 좋은 술집이나 비싼 음식점을 많이 생각하는데, 싼 데도 많아요. 영화관이며 모든 것이 다 갖추어져 있죠. 저같이 가난한 사람들이 친구들을 만나서 놀기에도 문제될 건 없어요. 가격이 조금 비싼 것 같기도 하지만, 뭐 그 정도면 괜찮다고 생각해요. 물론 청담동 같은 비싼 곳은 가지 못하지만⋯⋯. 여기가 교통이 좋아요. 그리고 일거리도 많은 편이죠. 다른 데서도 일해봤지만 강남 쪽이 페이도 나은 편이고, 일하는 게 지저분하지 않아서 좋아요. 지금은 여의도에서 일하고 있지만 다시 강남에서 일을 찾아볼 생각이에요. 앞으로도 여기서 살아남기 위해서 이것저것 많이 배우고 싶어요. (K씨, 27세 남, 비정규직 근로자, 2005년 8월 11일)

K씨는 청담동에서 대리주차 일을 하다가 지금은 여의도에서 계약직 근로자로 일하고 있는 27세의 청년으로, 강남 고시원에 거주한 지 3년이 되었고, 강남역 사거리를 생활공간으로 삼고 있다. 그에게 강남은 편리한 생활공간이자 일터이며, 미래를 향한 목표이다. 외부적 범주화가 흔히 지적하는 고급 소비문화 지역으로서의 강남의 밑바탕에는 K씨와 같은 저소득층의 근로와 생활이 숨겨져 있다. 다양한 계층이 혼재되어 있고, 다양한 문화가 공존하고 있는 강남역 사거리는 압구정과 청담동만으로 대별되는 강남의 고급 소비문화 담론에 훨씬 더 복잡하고 다양한 층위의 의미를 던져주는 텍스트이다. 장소의 이해는 그곳에 거주하는 인간들에 대한 이해와 맞물려 있다. 따라서 장소는 탈맥락적 위치가 아니라 시·공간적 세팅이며, 단순한 물리적 대상이 아니라 다양한 층위의 의미가 내포된 다중적 관계이다. 강남 소비문화를 보는 외부적 범주화의 관점과 내부의 여러 계층들의 관점은 상

호 경합을 벌이고, 갈등과 협상의 과정에서 복잡하게 얽혀 있다. 특히 내부의 주체들은 자신의 위치성에 따라 다양한 방식으로 자신의 생활 세계인 강남을 바라보고 있다.

VII. 일상생활공간과 상상적 구성체로서의 서울 강남

강남 지역 형성 초기부터 2000년대 중반에 이르기까지 강남 지역을 다룬 신문 기사들의 전체적인 흐름을 살펴보면, 강남 지역은 한국 자본주의 성장 과정에서의 여러 문제점이 응축되어 있는, 그래서 사회적으로나 공간적으로 매우 다른 지역으로 변모하고 있는 차별적 사회 공간이라는 점이 그 본류를 이루고 있다. 한국 사회의 문제가 집약된 곳으로 파악하면서 동시에 한국의 대중사회로부터 거리 두기 distanciation를 시도하고자 하는 의도가 반영됨으로써 강남은 한국 사회에서 더욱 예외적이고 독특한 곳으로 자리매김해왔다. 객관적 자료와 사건에 근거한 현실 세계의 강남과 인위적 거리 두기를 위한 스테레오타입화 이미지의 강남이 저널리즘적 선정성을 바탕으로 재구성되어 다양한 지역 담론들로 유포되고 있는 것이다. 이처럼 외부적 범주화에 의한 지역 담론은 현실보다도 훨씬 더 현실적인 것으로 승화되어 그 자체가 주류 사회에서 통용되는 강남의 지역정체성으로 고착된다. 서울과 한국의 한 부분에 불과한 작은 지역, 강남이 '강남과 비강남(혹은 강북)'으로 상징되는 이항대립적 구분의 빌미를 제공하면서 크게 주목받아왔던 것은 바로 그 강남 지역이 빠르게 성장해온 한국 자본주의의 최첨단에 놓여 왔다는 사실 때문일 것이다. 압도적 다수를 형성해왔던 비강남은 항상 강남의 변화에 안테나를 곤두세우고 민감하게 반응해왔다고 할 수 있다. 수적인 다수집단인 비강남에 의한 소수집단 강남의 외부적 범주화가 강남의 지역정체성 형성에 미친 영향은 매우 크다고 할 수 있다. 그런데 권력을 가지고 있는 집단은 오히려 소수집단이라는 것이 흥미롭다. 그들에 대한 비권력 집단의 외부적 범주화는 '다름'을 확인하면서 갖게 되는 상대적 박탈감의 표현이라고 할 수 있을 것이다. 한국의 대중사회에 의한 권력 집단의 사회 공간적 격리segregation 현상인 것이다.

한 지역, 혹은 집단의 정체성은 일상생활공간의 틀 속에서 이루어가는 내부 구성원들의 생활문화 공유를 통한 자기 정체화와 더불어, 그 내부적 현실에 기초하면서 때로는 허구적으로 재현되는 이미지들을 통해 형성되는 외부적 타자화의 과정이 변증법적으로 결합되면서 다양한 방식으로 구성된다. 서울 강남의 정체성도 이러한 과정을 통해 사회적으로 생산되고 진화된다. 한국 사회에서 강남을 바라보는 시선은 부의 불평등 형성과 계승을 구조적인 측면에서 바라보려는 비난의 담론들과 자본주의 사회의 경제적 성공 신화를 암묵적으로 수용하고 그 종착점으로 강남을 생각하는 부러움과 질시의 담론들로 구분해볼 수 있다. 양자 모두 강남의 문제를 경제적인 관점으로만 환원하여 살펴보는 것이기에 강남의 정체성을 이야기할 때 한계가 있다. 이러한 경제적인 구조와 현상을 기반으로 소비문화에 연결해 강남을 다루는 담론들을 내부자들은 냉소적인 자세로 거부한다. 즉, 경제적으로 상류층의 고급, 혹은 사치 소비 활동을 '강남 문화'와 동일시하는 담론을 거부하고, '강남 문화'라는 용어 자체도 실체 없는 상상적 구성물임을 지적하고 있다. 그렇다고 해서 강남 내부자들이 경제적인 차이로부터 발생된 독특한 일상 문화를 갖고 있음을 부인하지는 않는다. 그것이 욕망의 충족이든 취향의 향유이든 간에 자신들이 일상생활을 통해 '강남스러움'을 배양하고 있다는 점을 인정하면서, 결국 이것이 자신들의 정체성으로 이어지고 있음을 또한 인정하고 있다. 여기서 주목을 끄는 것은 '나는 누구이다'라는 본원적 특성을 스스로 제시하지는 않지만, '나는 어디에 산다'라는 지역적 배경을 과시함으로써 자신들의 유연적 정체성을 이미지화한다는 점이다. 즉, '강남 살아요'라는 말이 자신들의 정체성을 표시하는 일종의 중·상류층의 기호로서 사용된다는 점이다. 이것은 내부자들은 물론이고 외부자들에게도 광범위하게 통용되는 '부러움'과 '질시'를 함축하고 유발하는 기호로서 일종의 문화적 헤게모니의 표현체라고 할 수 있을 것이다.

구별 짓기를 통한 차이의 생산과 정체성의 형성에서 장소와 지역이 갖는 역할은 자못 크다. 강남 내부자들은 자신의 공간적 활동 궤적을 일상생활공간 바깥으로 확장하면서 자신의 위치성을 인식하고 객관화해 내부적 정체성을 구체화하는 경향이 있다. 외부 세계의 공간성을 경험하면서 '불편하고 나쁜 것'으로 개념화하고, 이에 이항대립적인 개념으로서 자신의 생활공간인 강남의 '편리하고 좋은 것'을 부각한다. 이는 때로는 자신의 생활공간인 강남을, 단순히 편안하고 안정감 있는 '심리적 고향'으로 인식하는 수준을 넘어, 더욱 상승된 이항대립적 가치의 상상적 구성을 통하여 개인의 신체적·심성적 특징까지도 지역의 차이와 연결해 편견화하는 일종의 인종주의적 사고로 이어지기도 한다.

강남이라는 그들의 일상생활공간은 생생한 경험과 공유된 의미가 펼쳐지는 상호 주관적 세계로서 외부자들이 겪게 되는 일시적인 경험, 그리고 매스컴에 의해 전달받는 담론적인 경험과는 질적으로 다르다고 할 수 있다. 외부적 범주화의 담론적 차원과 내부적 범주화의 체험적 차원이 갖는 괴리감이 필연적으로 노정될 수밖에 없는 것이다. 체험적인 차원에서 이루어지는 다양한 의사소통과 정체성의 구성 과정은 장소적 맥락이 제공하는 공간성과 밀접한 관련이 있다. 강남이 강남일 수 있었던 것은 한국 사회의 변화와 맥을 같이해온 사회경제적 구조의 한 부분이기 때문이기도 하지만, 독특한 시공간적 상황 속에 처해 있는 내부 거주자와 생활자들이 일상생활의 과정 속에서 자신들의 주체성을 확립해가는 미시적인 정체성의 정치가 작동되고 있기 때문이기도 하다.

3장 '강남'이라는 상상의 공동체

: 강남의 심상 규모와 경계 짓기의 논리

이향아 · 이동헌

거주자가 그들의 거주 지역에 대해 내리는 인식 및 정의가 물론 (…) 커뮤니티 지역을 정의하는 '총체적' 방법은 아니다. 그러나 그것은 다른 방법들과 일치하지 않는다 하더라도 무시하거나 평가절하해서는 안 되는 독립적인 실체이다. (…) 만약 사람들이 어떤 커뮤니티가 존재한다고 믿는다면, 그것은 존재하는 것이다.

_ Albert Hunter, *Symbolic Communities*, 1974, p. 70

Ⅰ. 강남은 어디인가?

'강남'은 오늘날 우리 사회의 정치·경제·사회·문화의 핵심 키워드이다. 테헤란로 고층 빌딩의 대기업 본사와 벤처기업들, 반포 지구와 잠실 지구의 대단위 아파트 단지, 압구정동·청담동으로 대변되던 고급 젊은이 문화, 대치동·도곡동의 학원가와 타워팰리스, 그리고 강남 전반을 관통하는 부동산과 학력주의, 재개발의 문제 등 강남은 1960-1970년대 개발연대 이후 대한민국의 발전과 궤를 같이하여 달려온 성장의 전시장, 병적 현상을 가진 문제의 지역이자 누구나 동경하는 욕망의 대상지이다. 하지만 강남은 지리적·사회적·문화적으로 균일하지도 연속적이지도 않다. 강남구 대치2동, 송파구 잠실5·7동과 같이 거주민의 100퍼센트가 아파트에 사는 '전형적'인 강남 지역이 있는가 하면, 서울의 비닐집 거주자 중 90퍼센트가 강남권에 집중될 만큼 서민층과 빈곤층이 밀집하여 거주하는 지역도 있다.[1] 타워팰리스와 고층 브랜드 아파트의 등장은 강남 내부적으로도 재서열화를 향한 끊임없는 재개발의 욕망을 부추긴다.

강남에 관한 기존 연구들은 대개 선험적으로 존재하는 '강남스러움' 혹은 '강남'을 분석의 대상으로 했다.[2] 강준만[3]을 비롯한 많은 연구자는 강남을 지리적으로나 행정적으로 범주화하기 어렵다는 점을 시인하면서도 연구 편의를 위하여 강남을 행정구역상의 '강남·서초·송파구' 혹은 '강남·서초구' 혹은 '강남구'로 전제한다. 혹은 압구정동, 청담동, 도곡동, 강남역, 테헤란로, 코엑스 등과 같이 일반적으로 지극히 '강남적'이라고 인정되는 공간이나 현상을 연구 대상으로 설정하고 분석해왔다. 때때로 이와 같은 공간 범위에 대한 전제는 관계의 끊임없는 구조화와 재구조화 과정에서 드러나는 연대와 균열, 그리고 거버넌스의 방식을 읽는 데 한계를 갖는다.

우리는 지리적 프레이밍을 설정하고 그 공간상의 사회적 현상을 분석하는 기존의 접근 방식으로부터 역발상을 시도한다. 즉, 대표성을 갖는다고 보는 공간 경계를 설정하고 분석하여 그로부터 강남 현상의 일반성을 도출하는 대신, '심상 경계 긋기'라는 방식을 이용해 현상에 대한 대중의 인식으로부터 직접 그 공간 경계를 도출한다. 이를 통해 '강남은 어디인가?'라는 질문에 대답하고자 한다. 요컨대 이 글의 목적은 우리가 '강남'이라고 호명하는 영역의 심상 규모를 파악하고 대중이 강남의 경계를 나누는 숨은 논리를 밝혀내는 것이다. 즉, '강남'이라는 심상 지리가 사람들의 구별 짓기와 경계 짓기를 통해 어

떻게 구성되어 있는지를 살펴보는 것이다.[4]

　강남이 우리의 인식 체계에 들어서게 된 것은 불과 반세기도 되지 않는다. 그전에는 강남이라는 지리적 공간에 대해 어떠한 심상 인식도 존재하지 않았다. 1963년 행정구역 개편으로 경기도 광주군 구천면, 언주면, 대왕면, 중대면이 서울특별시 성동구로 편입된다. 이때까지만 하더라도 이 땅을 한강 이북의 도시민들은 '한수 이남', '영동' 등 다양하게 불렀다. 그중 한강의 남쪽이라고 해서 '강남江南'이라는 이름으로 호명되기 시작한 것은 1967년 박정희 대통령이 경부고속도로를 대선 공약으로 공표하면서부터이다. 그 후 영동 지구 토지구획정리사업 지구 선정(1968년), 제3한강교(한남대교) 준공(1969년), 말죽거리 신화라고 불리는 부동산 투기 열풍과 함께 강남은 비로소 홍수가 범람하는 시골 동네에서 노다지를 캘 수 있는 황금의 땅으로 고유명사화되었다.

　1960년대 후반 은연중에 나타나 대중의 입에 오르내리던 강남은 1975년 성동구 중 한강 이남 지역인 영동·천호·잠실 지구 18개 동을 묶어 '강남구'를 신설함으로써 공식적으로 법적 명칭을 부여받는다. 이후 1979년 관악구로부터 동작구가 분리되어 나오면서 관악구에 소속되어 있던 동작대로 동편 반포아파트 지구와 방배 지구가 강남구에 편입되고, 강남구에 속해 있던 잠실1·2·3·4동을 포함하는 천호 출장소 지역이 탄천을 경계로 강동구로 분할되고, 1988년 강남구와 강동구로부터 서초구와 송파구가 각각 분할되면서 오늘의 서초구, 강남구, 송파구, 강동구라는 4개 행정구역 체계가 완성되었다. 그렇기에 강남 4구의 근원을 '오리지널' 1975년 강남구에 있다고 보고 그 일부 자치구를 강남이라고 호명하는 것은 한편으로 틀리지 않다.

그러나 행정구역상의 강남의 변화와 별개로 강남의 지역성은 이 공간에서 강남에 대해 각기 다른 심상 지리를 가진 다양한 행위자 간의 관계의 접합을 통해 발전되어 왔다고 보아야 한다. 예를 들어, '강남구 세곡동 주민이 강남 주민인가'라는 문제는 주민등록상의 거주지가 오롯이 입증해줄 수 있는 것이 아니다. 그보다는 이들이 강남을 어떻게 인식하고 강남 내의 다른 주민들이 이들을 어떻게 인식하는가 하는 문제에 깊이 연관되어 있다.

요컨대 이 연구는 지역을 '상대적relative'이고 '관계적relational'인 것으로 이해하는 접근 방법을 따른다. 즉, 지역을 고정되고 이미 주어진 대상이 아니라 사회적·경제적·문화적으로 각기 다른 여러 행위자의 이해관계와 담론 과정을 통해 형성되는 동태적 산물로 이해한다.[5] 단, 그 지역성은 주체들의 다양한 전략에 의해 끊임없이 변용되어 대중의 인식 체계에 상이한 규모로 자리 잡게 되었다. 따라서 이 연구는 '강남'이라는 사회적 공간에서 여러 행위자가 인식하는 다양한 강남의 심상 지리를 종합하여 그 규모를 밝혀내고, 규모의 차이를 만들어내는 원인을 분석하는 작업이 될 것이다.

연구 과정은 크게 두 부분으로 구성된다. 먼저 1단계에서는 설문조사를 통해 응답자의 인구학적 특성과 함께 응답자가 인식하는 강남의 심상 경계 긋기 결과물을 수집했다. 수집된 심상 지도mental maps 데이터는 응답자의 특성에 따라 다양하게 집계되고, 시각화 과정을 거쳐 강남에 대한 집합적 심상 규모로 재현되었다.[6] 2단계에서는 1단계 설문조사의 응답자 중 일부 인원을 선별하여 응답자가 심상 지도를 왜 그렇게 그렸는지를 중심으로 반구조화된 심층 인터뷰semi-structured interview를 진행했다. 이를 통해 '강남'이라는 단일한 이름을 갖기 위해서 가정되어야 하는 '상상'된 동질성이 무엇인지를 탐구할 것이다.

설문조사는 2010년 9월 26일부터 10월 2일까지 서울에 거주하거나 서울을 생활권으로 하는 성인 남녀를 대상으로 직접 대면face-to-face 설문조사와 눈덩이 표본추출 방식을 이용한 이메일 설문조사의 2가지 방식으로 진행되었다.[7] 설문조사에서 가장 중요한 부분인 강남의 경계 긋기 작업을 위해 2010년 8월 말의 서울특별시의 행정동 및 자치구 경계가 동명 및 구명과 함께 표시된 지도(축척 1:88,000)를 응답자에게 제공하고, '강남'이라고 생각하는 동들을 표시하거나 경계를 그리도록 했다. 응답자의 편의를 위해 지하철 노선도 함께 기재했다. 경계 긋기 작업과 함께 응답자에게 '강남에 살고 있는가?', '강남 사람인가?'와 같은 정체성 또는 소속감에 대한 질문, 그리고 강남과 강남 사람의 이미지에 대한 질문을 함께 했다. 응답자는 총 192명이었으며, 유효한 응답지 183부를 분석에 활용했다.[8] 이 중 희망자 10명을 대상으로 반구조화된 심층 인터뷰를 했다.[9]

이 글의 순서는 다음과 같다. 다음 절에서는 이론적 배경이 되는 공간 인식과 공간 경계, 그리고 심상 지리를 표현하는 방법을 살펴본다. 그리고 3절에서는 응답자 전체의 강남의 심상 규모 및 거주지별 응답자의 심상 규모의 차이를 GISgeographic information system 소프트웨어를 이용하여 지도상에 나타내고 분석한다. 4절에서는 심상 경계로 나타난 강남을 둘러싼 대중의 구별 짓기의 방식을 심층 인터뷰를 통해 파헤쳐보고, 마지막으로 요약과 결론으로 이 글을 끝맺는다.

II. 공간의 심상 규모와 경계 긋기

1. 공간정체성과 공간 경계 인식[10]

공간의 심상 규모는 다양한 행위자들이 가지고 있는 심상 지리의 크기와 층위로 정의할 수 있다. '심상 지리'의 개념은 서구 제국주의가 식민지주의를 합리화하기 위한 수단으로 '오리엔트Orient'라는 지리 공간을 허구적으로 상정했다는 에드워드 사이드의 주장에서 비롯된다.[11] 경험을 통해 인식되고 심상으로 존재하는 공간은 한편으로 베네딕트 앤더슨Benedict Anderson이 일컬은 '상상의 공동체imagined community'로서의 민족과도 그 맥락을 같이한다.[12] 심상 지리는 주체 개개인의 경험적 인식에 근거하기 때문에 그 범위와 규모가 일률적이거나 고정적이지 않으며, 주체의 정체성에 관계한다. 그러나 주체의 정체성 역시 사회적 관계를 통해 형성되므로 정체성은 본디 '관계적 정체성'이라 할 수 있다. 관계적 속성은 우리 안에 '동질'이, 우리와 그들 사이에 '차이'가 있음을 전제로 한다. 따라서 관계적 정체성은 타자를 상정하여 자아를 규정하고 차이를 통해 동질을 확인하는 부단한 과정을 통해 만들어진다.

관계적 정체성에 따른 경계 설정의 문제는 민족 및 민족국가, 계급, 인종, 성 등의 고전적인 사회과학의 주제에서뿐만 아니라, 지역, 커뮤니티, 동네 등 공간적 측면의 소속감(정체성)과 경계 설정의 문제에서도 동일하게 적용된다. 강남을 '지역region'으로 볼 것인가, 그보다 더 작은 규모의 '소지역district, local area'이나 '동네neighborhood(근린)'로 볼 것인가의 문제는 차치하더라도 강남의 심상 규모를 파악하는 작업은 강남의 안과 밖에 거주하는 사람들의 동질과 차이를 재현하는 작업이 된다. 자신을 '강남에 살고 있다'거나 '강남 사람'이라고 판단하는 사람이 최대한 동일시할 수 있는 범위의 한계를 설정하는 작업이며, 자신을 '강남에 거주하지 않는다'거나 '강남 사람이 아니다'라고 판단하는 사람이 차이를 두는 지역들을 모으는 과정이다.

특히 우리는 자신을 '강남에 거주한다'고 믿고 있거나 '강남 사람'으로 규정하는 내부자의 공간 인식, 다시 말해 '커뮤니티(공동체)' 또는 '동네'에 대한 인식 문제를 살펴볼 필요가 있다. 그 이유는 커뮤니티나 동네라는 개념이 지역이 가진 인구학적이고 사회적인 특징이나 경관의 물리적 배치에 의해 객관적으로 정의되는 것이 아니라, 구조적 환경에 대해 개인이 경험을 통해 주관적으로 인식한 상징체계로 존재하기 때문이다. 나아가 이는 개개인의 가치관, 태도, 행위뿐만 아니라 상호 간에 관계를 맺는 방식에도 영향을 미친다. 예를 들어, 개개인이 인정하는 지역 공동체의 범위(다시 말해, '우리 동네')는 자녀를 양육하거나 여가를 즐기는 방식에서부터 투표 행위나 지역 수준에서 벌어지는 다양한 사회활동 및 시민운동에 참여하는 방식에 이르기까지, 다양한 영역에서 개인의 행동 선택에 영향을 끼칠 수 있다.[13] 같은 맥락에서 강남이 일종의 상상의 지리적 공간이며 상상의 공동체라고 가정할 때, 개개인이 강남의 규모와 범위를 어떻게 인식하고 있으며 스스로를 강남 주민으로 인정하는가의 문제는 그의 행위 양식에 영향을 미칠 뿐만 아니라, 다양한 개인들 간의 상호작용의 결과물로서 강남의 지역성에도 영향을 미치게 된다.

그런데 '강남'은 동네나 커뮤니티, 지역, 혹은 그 어떤 용어로도 충분히 설명될 수 없다. 누구나 강남의 존재를 인식하고 있지만 모두 다르게 인식하기 때문이다. 어떤 이에게 그곳은 나고 자란 친밀성의 공간, 다시 말해 '우리 동네 강남'이며 '우리 강남 사람'이 모여 사는 곳이지만, 다른 이에게 강남은 그저 대한민국 상위 몇 퍼센트만이 누릴 수 있는 '그들만의 강남'이기 때문이다. 나아가 외부인이 보기에 같은 강남에 살고 있는 내부인들 사이에서도 '우리 동네 강남', '우리 강남 사람'이 지칭하는 대상은 같지 않다. '우리 강남'으로 묶이기 위해서는 물리적 근접성을 넘어서는 그 무언가를 공유해야만 한다.

부르디외는 개인들의 사회적 지위와 성장 배경에 따라 후천적으로 체화되고 구조화된 성향 체계를 '아비투스habitus'라고 명명한 바 있다.[14] 그에 따르면, 가장 사적인 영역이라고 여겨지는 기호와 취향마저도 자연스럽게 타고나거나 개인의 우연적 선택의 결과가 아니라 사회적 위치와 계급에 의해 구조적·전략적으로 만들어진다. 이렇게 형성된 아비투스는 일상 영역에서 비슷한 취향을 가진 사람들을 자연스럽고 무의식적으로 '중매하는' 역할도 하지만, 자신과 남을 '구분하고 평가하는' 잣대 역할도 한다. 사람들이 종종 차별성을 부각하기 위해 의식적·전략적으로 취향을 드러낸다는 점도 부르디외는 놓치지 않았다. 특히 그는 상류층일수록 자신이 가진 경제적 자본을 문화적·사회적·상징적인 자본의 형태로 전환하여 자신의 지위를 강고히 한다고 보았다.

이 논의에 비추어 볼 때, 상상된 공간으로서 강남은 경합하는 아비투스 혹은 구별 짓기 관계가 공간적으로 구현되는 장소로도 볼 수 있다. 왜냐하면 부르디외가 말한 개개인의 아비투스의 상호작용은 필연적으로 구조적이고 공간적인 실체를 갖게 되기 때문이다. 나와 같은 아비투스를 공유하는 '우리'와 나와 다른 아비투스를 공유하는 '그들' 간의 차이는 일종의 경계와 위계로 존재한다. 그러한 경계와 위계는 경제적인 격차에 의해 만들어지기도 하지만, 문화적이고 상징적인 것들에 의해 조정되고 강화되기도 한다. 균질하다고 믿는 내부 공간마저도 구분하고 분류하려는 아비투스로 인해 끊임없이 파열되고 위계질서가 흔들린다.

2. 심상 공간을 표현하는 두 방식: 심상 지도 그리기와 심상 경계 긋기

방법적인 측면에서 이 연구는 사람들이 주관적으로 인식하는 강남의 경계를 보여주고 기술하는 점에서 공간과 장소에 대한 현상학적 접근phenomenological approach을 따른다고 볼 수 있다.[15] 주관적 경계에 대한 현상학적 접근의 대표적인 연구 방법으로 '심상 지도' 연구가 있다.[16] 심상 지도는 세상에 대한 개인적인 인식 또는 관점을 지도의 형식을 빌려 표현한다. 어떤 실체는 물리적 존재 여부와는 다르게 개인의 경험에 의해 서열화되고 재배치되어 인식된다. 예를 들어, 개인에게 어떤 장소를 찾아가는 방법을 묻는 것은 개인이 가진 심상 지도를 파악하는 좋은 방법이다. 한편으로 심상 지도는 개개인의 사회적·경제적·문화적 배경과 깊은 연관을 갖고 있다. 같은 지역에 살고 있더라도 경제 수준과 생활양식의 차이에 따라 지도상에 표현하는 건물과 가로의 배치 및 규모에 차이가 난다.

케빈 린치Kevin Lynch는 도시의 이미지는 통로path, 변두리 경계edge, 지역district, 결절점node, 랜드마크라는 5대 요소에 의해 형성된다고 보았다.[17] 그의 연구는 지역을 처음 방문하여 경험하는 사람이 느끼는, 도시 건조 환경의 물리적 경관이 주는 인상에 의한 심상 지리를 다루고 있다. 하지만 실제 우리가 어떤 도시에 대해서 느끼는 인식 체계는 도시의 외관상의 이미지 때문만은 아닐 것이다. 이미 도시에 오랫

동안 거주했거나 언론 매체나 다른 경로를 통해 도시를 직간접적으로 경험해온 사람들에게 도시의 이미지는 물리적 외관뿐만 아니라 그들 스스로 지역을 동일시하거나 구별 짓는 방식에 따라 재구성되어 인식된다.

이 연구는 '심상 경계 긋기'라는 방법을 사용한다. '심상 지도 그리기'가 심상의 공간에 건물, 가로, 사람을 놓는 작업이라고 할 때, 심상 지도는 건물, 가로, 사람이 배치되는 공간을 미리 상정한다. 때때로 이 공간의 끝자락을 생각하지 않기 때문에 이 공간은 한계가 있되 한편으로는 없게 된다. 예를 들어, 강남의 심상 지도를 그리면 지도의 중간 부위에 들어서는 랜드마크와 가로망은 구체적으로 그려지지만, 주변부의 이미지는 상대적으로 빈약하며, 그 경계는 흐려지거나 무한대로 확장된다. '심상 경계 긋기'는 심상 공간의 경계를 놓는 작업이다. 경계 긋기는 경계의 '안'과 '밖'을 만들고 동질성과 차이를 설정한다. 경계 긋기를 통해 만들어진 닫힌 공간 내부는 동질적이다. 경계와 인접하는 외부의 공간들 간에는 차이가 존재할 수 있으나, 외부 공간 간의 차이가 아무리 크더라도 내부와 외부 사이의 차이에는 미치지 못한다. 다음과 같은 도식으로 설명할 수 있다. [그림 3-1]에서 A 지역을 주변의 B 지역과 구분하여 경계를 그을 수 있다면 그 이유는 B 지역 내부의 C 지역이 갖는 B 지역과의 차이보다는 A 지역과의 차이가 훨씬 크기 때문이다. 만약 C 지역이 B 지역보다 A 지역에 더욱 동질성을 가진다면 내부와 외부의 경계는 A 지역과 C 지역을 묶은 공간과 B 지역 사이에 새롭게 형성되어야 한다.

[그림 3-2]는 실제 확보된 설문지의 강남 경계 긋기 사례이다. 상당수의 응답자가 행정구역 경계에 따라 성실히 응답했으나, 지하철

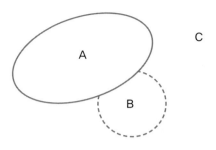

[그림 3-1] 심상 경계 긋기

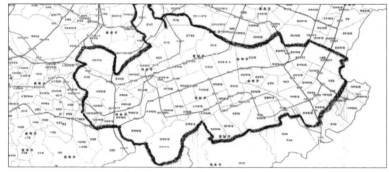

① 행정동 경계에 맞춰서 경계 긋기를 한 사례

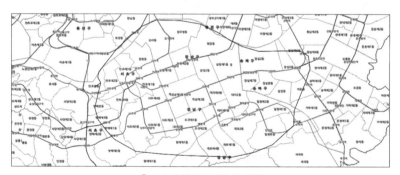

② 모호한 경계 긋기를 한 사례

[그림 3-2] 강남의 심상 경계 긋기

노선을 따르거나 타원형 형태로 강남의 경계를 막연히 설정한 응답도 있었다. 응답 결과에 나타나는 이와 같은 모호성은 한편으로 응답자가 가진 강남의 심상 지리를 반영한다. 하지만 이는 정량분석에서 측정오차로 간주되므로, 모호한 경계 긋기는 응답자의 설문 내 다른 질문의 응답 결과와 대조하여 연구자가 적절하다고 판단하는 행정동으로 반영했다.

Ⅲ. 주체 인식과 강남의 심상 규모

1. 강남의 심상 규모

이 절의 목적은 설문 응답자 개인의 '주체 인식'에 따른 심상 규모의 차이를 파악하는 것이다. 강남이라는 공간을 물리적으로 고정된 공간이 아니라 심상적으로 구성된 공간으로 이해할 때, 강남의 심상 규모는 응답자가 자신을 어느 자리에 '위치'시키는가와 관계있기 때문이다. 먼저, 강남의 경계 긋기 결과를 취합함으로써 대중의 강남에 대한 집합적 심상 규모를 파악했다.

183명의 응답자 중에서 언론 매체에서 흔히 일컫는 '강남 3구'―서초구(18개 동), 강남구(22개 동), 송파구(24개 동)―의 전 동(66개 동)을 강남이라고 그린 응답자는 8명으로, 전체 응답자의 4.3퍼센트에 지나지 않는다. 응답자가 강남이라고 경계 긋기한 동의 개수는 평균 43개로, 강남·서초·송파 3구의 66개 동보다 적은 규모이다. 응답자가 표시한 강남의 심상 규모는 최대 11개 구(한강 이남의 모든 행정구: 강서구, 양천구, 구로구, 영등포구, 동작구, 관악구, 금천구, 서초구, 강남구, 송파구, 강동구)에서 최소 6개 동(강남구의 역삼1동, 역삼2동, 대치1동, 대치2동, 대치4동, 도곡1동)까지 그 규모와 형태가 다양하다. [표 3-1]에서 보듯이 경계의 내부에 가장 많이 포함된 행정동은 역삼1동(179명), 삼성2동, 역삼2동(이상 175명), 논현1동, 논현2동, 삼성1동(이상 174명), 대치4동, 압구정동, 청담동(이상 173명), 대치1동, 도곡1동(이상 172명), 신사동(171명) 등의 순으로, 응답자 대부분이 강남구를 강남으로 인식하는 것에 동의한다. 그다음으로 서초4동(168명), 서초2동(165명), 서초1동(163명), 도곡2동(162명, 강남구), 반포1동(161명), 잠원동(158명), 반포3동(155명), 서초3

[표 3-1] 강남의 심상 경계 그리기 빈도수 상위 행정동

(단위: 명, %)

행정동	자치구	응답자	응답율
역삼1동	강남구	179	97.8
삼성2동, 역삼2동	강남구	175	95.6
논현1동, 논현2동, 삼성1동	강남구	174	95.1
대치4동, 압구정동, 청담동	강남구	173	94.5
대치1동, 도곡1동	강남구	172	94.0
신사동	강남구	171	93.4
서초4동	서초구	168	91.8
서초2동	서초구	165	90.2
서초1동	서초구	163	89.1
도곡2동	강남구	162	88.5
반포1동	서초구	161	88.0
잠원동	서초구	158	86.3

동(153명), 반포2동, 반포4동(이상 152명), 반포본동(148명) 등 대체로 서초구의 행정동들이 뒤따랐다. 여기서 주목할 점은 역삼1동이 강남의 가장 대표적인 장소로 언급되는 압구정동, 타워팰리스(도곡2동), 코엑스(삼성동) 등보다 많이 선택됨으로써 '강남'으로 최다 인식되었다는 것이다.[18] 한편, 송파구에서 가장 많이 포함된 지역은 잠실7동(98명)과 잠실본동(95명)으로, 강남구에서 가장 적게 포함된 양재2동(92명)과 세곡동(91명), 서초구에서 가장 적게 포함된 내곡동(90명)과 비슷한 수치를 보인다. 강동구와 송파구의 동쪽 경계선에 위치하는 오륜동(23명), 마천1동(22명), 마천2동(20명)은 송파구 지역 중 가장 적게 포함된 행정동이다. 서초구, 강남구, 송파구 이외에 가장 높은 빈도로 강남으로 인식된 행정동으로는 동작구의 사당2동(19명), 사당3동(17명), 사당1동, 사당4동(이상 16명), 사당5동(14명)이 있다.

　　[그림 3-3]은 응답자 183명의 경계 긋기를 모두 합쳐 '동일 간격 분류법equal interval classification'과 '자연 분할 분류법Jenks natural breaks classification'을 이용하여 표현한 강남의 심상 규모를 보여준다.[19] 지도에서처럼 응답자 대부분이 한강 이남 지역을 강남으로 인식하고 있으나, 응답자 전체가 인식하는 강남의 규모 또는 경계는 일정하지 않다. 심지어 응답자 전원(183명)이 강남으로 인정한 동은 하나도 없는 것으로 나타났다. 이는 개개인이 가지고 있는 강남에 대한 심상 규모가 상당히 다양하며, 기존 연구나 대중 언론에서 선험적으로 전제했던 '강남 = 강남 3구'의 등식은 실상 심상 지리에 가까움을 의미한다.

　　마찬가지로, 응답자가 가진 강남 심상 규모의 다양성은 지도상에서 보이는 강남 경계의 부정합에서도 드러난다. [그림 3-3]에서 강남은 강남구 중북부 지역의 행정동을 중심으로 서쪽의 서초구, 남쪽의

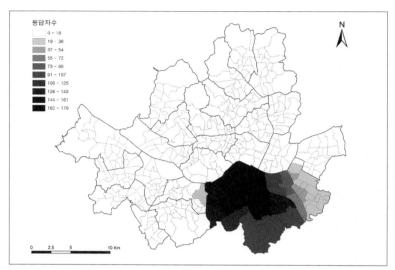

응답자수
0 - 18
19 - 36
37 - 54
55 - 72
73 - 90
91 - 107
108 - 125
126 - 143
144 - 161
162 - 179

0 2.5 5   10 Km

① 동일 간격 분류법에 따른 강남의 심상 규모

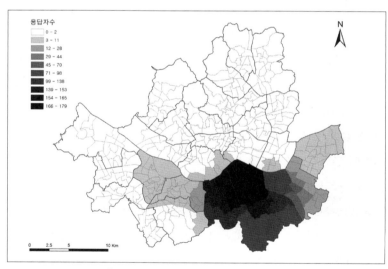

응답자수
0 - 2
3 - 11
12 - 28
29 - 44
45 - 70
71 - 98
99 - 138
139 - 153
154 - 165
166 - 179

0 2.5 5   10 Km

② 자연 분할 분류법에 따른 강남의 심상 규모

[그림 3-3] 강남의 심상 규모(n = 183)

강남구, 동쪽의 송파구로 점차 그 규모가 확대된다. 강남구와 서초구의 경계보다 강남구와 송파구의 경계면이 확연하며, 송파구 내부적으로도 남북축을 중심으로 서쪽의 잠실, 송파동과 동쪽의 가락동, 오륜동의 동서 행정동 간에 경계가 나타난다. 동작구 사당동은 지리적으로 서초구의 반포본동, 방배동과 인접하여 강남으로 인식할 수 있는 여러 조건을 갖추었음에도 지도에서 강남구에서 송파구로 이어지는 지역들의 음영 분포가 완만하게 변화하는 것과 달리 서초구가 동작구, 관악구와 만나는 서쪽 경계는 뚜렷함을 발견할 수 있다.

그러나 [그림 3-3]은 응답자들이 가진 심상 규모를 합계함에 따라 자유도degree of freedom가 감소하면서 응답 표본이 갖는 다양성과 이질성을 표출하지 못하는 한계가 있다. 강남의 심상 규모는 각 응답자 개인의 성별, 나이, 학력, 직업, 가구 소득과 같은 기본 특성뿐만 아니라 생활 반경(거주, 직장, 학업, 여가 활동의 생활공간), 언론 매체를 통한 정보 획득에서의 차이에 의해 다양하게 나타날 수 있다. 다음 절에서는 표본의 이질성에 따른 심상 규모의 다양성에 대하여 구체적으로 살펴보자.

2. 거주지 특성에 따른 심상 규모의 차이

우리는 강남의 심상 규모에 영향을 미치는 개인의 특성 중 응답자의 거주지 문제에 특히 중점을 두었다. 앞에서 살펴본 것처럼 개개인의 거주지는 지역성과 근린성에 대한 인식 문제와 연결되어 공간의 심상 규모를 결정하는 기준으로 작용하는 경향이 크기 때문이다. 따라서 응답자가 본인을 '강남에 거주한다'거나 '거주하지 않는다'고 인식하는 소속감 여부가 그가 그리는 강남의 심상 규모에 중요한 차이를 제공하는지 검토하기 위해 응답자의 강남 거주 여부를 질문했다.

183명의 응답자 중 본인의 강남 경계의 기준에 따라 "강남에 살고 있다"고 응답한 수는 66명이며, "강남에 살고 있지 않다"고 응답한 수는 117명이다. 그러나 응답을 분석한 결과, [그림 3-4]에서 보듯이, 응답자가 자신을 강남에 거주한다고 판단하는지 여부는 강남의 심상 경계를 극적으로 변화시키지 않는다. 강남 거주와 상관없이 기본적으로 강남에 대한 심상 경계는 서쪽으로는 서초구의 반포동, 방배동과 관악구 남현동 및 동작구 사당동 사이에서 뚜렷이 구분되고, 동쪽으로는 송파구와 강동구에서 여러 층위를 두고 대개 구분된다.

그 이유로는 다음과 같은 근거를 고려해볼 수 있다. 첫째, 응답자가 현재 강남에 살고 있지 않더라도 과거에 강남에 살았던 경험이 있거나 직장, 여가 활동 등으로 강남을 자주 왕래하여 강남에 대한 경계 인식이 풍부할 수 있다. 둘째, 대중이 강남의 규모를 인식할 때 개인 경험뿐만 아니라 언론 매체나 일반 여론에 의해 만들어진 강남의 제도화된 규모를 자기(내면)화하여 받아들인다고도 판단해볼 수 있다.

다만, 규모 측면에서 "강남에 살고 있지 않다"고 응답한 응답자의 강남의 심상 규모가 "강남에 살고 있다"고 응답한 응답자의 심상 규모에 비해 주변부로 조금 더 넓게 퍼져 있음을 확인할 수 있다. 아울러 "강남에 살고 있지 않다"고 응답한 사람은 테헤란로와 지하철 2호선이 통과하는 동들을 강남으로 인식하는 경향이 큰 것으로 나타났다. 강남 거주 경험이 없는 응답자의 심상 강남은 규모가 상대적으로 크며, 큰 행정구역 경계나 대중교통 노선을 중심으로 강남의 규모를 설정하는 것으로 판단해볼 수 있겠다.

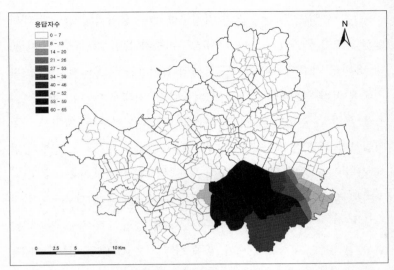

① "강남에 살고 있다"고 응답한 사람의 강남의 심상 규모(n = 66)

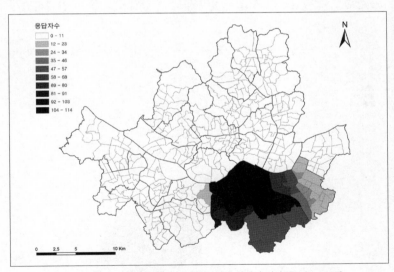

② "강남에 살고 있지 않다"고 응답한 사람의 강남의 심상 규모(n = 117)

[그림 3-4] 응답자의 강남 거주 여부별 강남의 심상 규모

[그림 3-5]는 '강남 3구'의 자치구별 거주 응답자의 강남에 대한 심상 규모를 분석한 지도이다. 서초구 거주자 22명, 강남구 거주자 30명, 송파구 거주자 18명이 설문조사에 참여했는데, 응답자의 거주 자치구에 따라 인식하는 심상 규모의 크기와 형태에 확연한 차이가 있음을 확인할 수 있다. 먼저, 강남구 거주자들은 다른 두 자치구 거주자들보다 작은 심상 규모를 가지고 있다. 강남구 내에서도 일부 동만을 강남으로 경계 긋기한 경향이 두드러진다. 상대적으로 서초구 거주자는 강남구 일부 동과 함께 서초구를 강남의 경계 내부에 포함하는 경향이 있었다. 두 자치구 거주자들 모두 강남의 동쪽 경계를 비교적 동일하게 인식하고 있으며, 남쪽 지역(양재동, 개포동, 내곡동, 세곡동 일대)에 대해서는 거리를 두고 있음을 관찰할 수 있다. 송파구 거주자는 한편으로 강남구와 서초구의 일부만을 강남으로 좁게 인식하면서

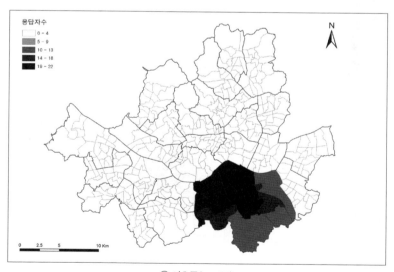

① 서초구(n = 22)

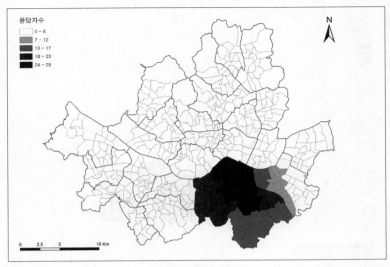

② 강남구(n = 30)

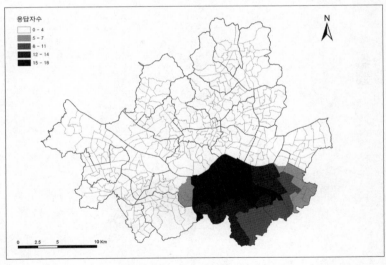

③ 송파구(n = 18)

[그림 3-5] 응답자의 거주지(자치구)별 강남의 심상 규모

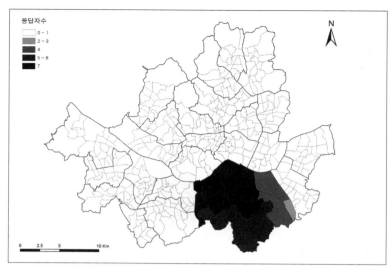

① 반포본동(n = 7)

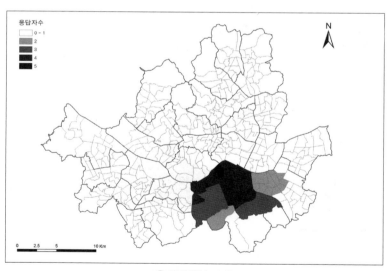

② 압구정동(n = 5)

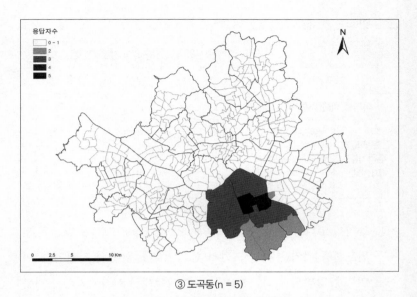

③ 도곡동(n = 5)

[그림 3-6] 응답자의 거주지(행정동)별 강남의 심상 규모

다른 한편으로 강남의 경계를 다른 두 자치구 거주자보다 송파구 동쪽까지 확장하여 인식하고 있음을 보여준다. 지도에는 충분히 드러나 있지 않으나, 송파구 거주 응답자 중 상당수가 송파구 전체를 강남에 포함하지는 않지만 자신이 거주하는 동까지는 강남으로 인정하려는 이중적인 인식 체계를 보여주었다. 다시 말해, 강남구 거주자들은 '내가 사는 곳만 강남'으로 인식하는 반면, 송파구 거주자들은 '내가 사는 곳도 강남'이라고 넓게 인식하는 것으로 보인다.

거주자들의 강남 경계에 대한 인식 차이는 거주지가 좁혀질수록 더욱 두드러질 수 있다. [그림 3-6]은 반포본동(서초구), 압구정동(강남구), 도곡동(강남구), 세 행정동 거주민의 경계 긋기 결과이다. 이 세 지역은 1970년대 강남 개발 이후 '강남'을 대표하는 대규모 아파트 단

[표 3-2] 강남 3개 동의 거처 유형 비교[22]

		서초구 반포본동	강남구 압구정동	강남구 도곡동
가구 수		3,625	9,233	1만 3,987
아파트 비율(퍼센트)		100	81	79
건축 연도별 주택 비율 (퍼센트)	1985년 이전	100	81	12
	1985-1994년	-	6	30
	1995-2005년	-	13	58

지가 들어서 있다는 공통점을 갖는다([표 3-2] 참조). 1974년 완공된 서
초구 반포본동 지역은 강남 개발의 신호탄 역할을 했던 지역이다. 이
곳 주민들은 강남의 역사는 반포본동 아파트에서 시작되었다는 자부
심을 갖고 있으며, 이후에 아파트가 들어선 반포동의 다른 지역과는
'구'반포와 '신'반포라는 명칭으로 차별화하여 '반포본동'이라는 행정
동명보다 '구반포'라는 명칭을 주로 사용한다.[20] 한편, 압구정동의 대
표적인 단지인 현대아파트 단지는 1975-1982년에 걸쳐 완공되었다.
압구정동은 1980년대를 거쳐 1990년대 압구정 소비문화 신드롬의 중
심 무대로서 전국적으로 '강남', '강남 문화'를 각인시킨 상징적인 공
간이 되었다. 마지막으로 도곡동 지역은 초고층 주상복합 건물인 타
워팰리스 준공 및 학원가 형성과 함께 2000년대에 유입된 상대적으
로 거주 기간이 짧은 거주민들로 구성되어 있으며, 높은 아파트 가
격을 바탕으로 신흥 부촌으로 부상했다. 이처럼 1970년대 반포본동,
1980-1990년대 압구정동, 2000년대 도곡동에서의 대규모 아파트 건
설과 맞물려 '강남'은 순차적으로 신화적 담론을 만들어갔으며, '아파
트 공화국'[21] 대한민국의 지리적 불균등발전 과정의 핵심 역할을 해

왔다. 이 맥락에서 강남 형성의 핵심 축을 담당한 세 지역 거주자들의 인식의 차이는 강남의 심상 경계의 역사성과 이질성을 파악하는 표본이 될 수 있다.

[그림 3-6]에서 보이는 세 행정동 주민이 그린 강남의 심상 규모의 차이는 [그림 3-5]에서 보이는 세 자치구별 심상 경계의 차이보다 더욱 현저하다. 가장 주목할 부분은 반포본동, 압구정동, 도곡동 등 하위 지역 단위로 이동할수록 강남의 인식 규모가 작아진다는 사실이다. 반포본동 거주 응답자의 강남 경계는 다른 두 행정동 거주자들에 비해 넓어 서초구, 강남구를 아우르고 있다. 압구정동 거주자의 심상 규모는 반포본동 거주자보다는 경계가 좁고, 도곡동 거주자의 심상 지리보다는 경계가 넓은데, 압구정동, 도곡동을 포함한 강남구 일부 동과 한강 변에 인접한 반포동 일대를 포함하는 경향을 보인다. 반면, 새롭게 강남의 상징 공간으로 부상한 도곡동의 경우, 전반적으로 강남구와 서초구만을 강남으로 인식하는 한편, 일부 응답자의 경우 강남구 도곡동을 포함하여 2000년대에 재개발된 아파트 단지 6개 동만을 강남으로 인정하는, 강남에 대한 협소한 인식 규모를 보여준다([그림 3-8] 참고).[23]

요컨대 응답자들이 그린 각기 다른 심상 지도는 거주지 위치와 그곳이 가진 역사적 특성(강남 개발의 시간적 추이)에 따라 거주민이 가진 포섭과 배제의 방식이 상이하게 나타남을 보여준다. 강남에 사는 거주자들이 인식하는 강남 경계는 강남이 갖는 전체적인 지역성에 의거하기보다 거주자들이 자신들과 동일시하는 공동체(커뮤니티)의 특성에 의존하기 때문이다. '나'의 소속감의 경계가 곧 강남의 경계와 일치하게 되는 것이다. 특히 같은 행정동 거주자들의 공동체 경계에 대한 주관적 인식, 즉 '우리'의 경계에 대한 인식이 지역별로 일정한 합의를 보인다는 점을 눈여겨볼 필요가 있다. 부르디외가 일컫은 아비투스의 공간적 구현이 곧 공동체 경계로 나타나는 것이다. 따라서 강남에 대한 경계 긋기, 즉 아비투스의 공간적 구현을 더욱 구체적으로 이해하기 위해서는 경계 긋기의 동력인 동일성 혹은 차이를 결정하는 주관적인 기준을 응답자로부터 직접 청취할 필요가 있다.

IV. 경계 긋기를 해부하기: 심층 인터뷰를 통해 살펴본 경계 긋기의 현실과 욕망

앞 절에서는 응답자 개개인이 갖는 심상 규모를 종합한 강남의 심상 규모와 함께 개인의 거주지와 소속감이 강남의 규모 및 경계 설정에 주는 영향을 지도 결과물을 이용해 살펴보았다. 개개인이 그린 심상 규모를 집계하여 분석한 시각화 자료는 심상 강남을 종합적으로 이해하는 데는 효과적이지만, 응답자 개개인이 갖는 다른 특질(예를 들어, 소득, 연령 및 주거 환경, 강남 거주 및 생활 경험)과 서울 내부의 하위 지역이 안고 있는 다양한 특질(건조 환경 및 경관, 지가 및 경제 수준, 주거·교육·문화 환경), 그리고 이 둘이 함께 빚어내는 상호작용의 효과를 입체적으로 보여주지 못한다. 이 한계를 보완하기 위해 이 절에서는 반구조화된 심층 인터뷰를 이용해 개개인이 강남의 심상 규모를 결정하는 숨은 동기를 살펴보고, 거주자와 비거주자의 건조 환경과 다른 주체들에 대한 인식 및 태도가 강남의 경계를 인식하는 데 어떤 영향을 주는지 살펴본다. 이를 위해 183명의 설문 응답자 중 심층 인터뷰에 참여 의사를 밝히고 실제 인터뷰에 응답한 10명의 응답자(강남 거주 6명, 현재 강남에 살고 있지 않으나 거주 경험이 있음 2명, 현재 강남에 살고 있지 않으며, 거주 경험도 없음 2명)의 인터뷰 내용을 분석했다.

1. 심상 경계의 이질성

경계 긋기는 응답자가 인식하거나 미처 인식하지 못하는 다양한 요인이 결합하여 형성된 내면화된 지각 체계 또는 경험으로부터 영향을 받는다. 인터뷰에 나타난 응답자의 강남 경계 긋기의 방식은 다음과 같이 크게 3가지로 분류할 수 있다.

1) 강남 거주 경험이 없는 외부자의 심상 경계

공간에 대한 이해가 그 지역의 물리적·사회적 환경과 이용자 간의 지속적인 상호작용을 통해 증진된다고 할 때, 강남 거주 경험이 없는 응답자들은 주로 물리적 환경이 주는 이미지를 경계 설정의 기준으로 삼는 경향이 있다. 이들에게 초고층 주상복합과 비싼 부동산 가격 등은 강남과 비강남의 경계를 나누는 기준이 된다.

저는 송파구는 좀 아닌 것 같아요. 송파구는 강남이라고 생각하지 않거든요……. 강남이라고 하면 강남 사는 사람들 이미지가 있는 곳인데, **집값**도 비싸고 부유하고 차도 **좋은 차** 있고. 그런데 제가 살면서 느낀 건데 송파구는 좀 달라요……. 강남 쪽을 보면 거의 다 **개발**이 됐잖아요. 그런데 송파구는 개발 안 된 곳이 많아요. (…) 석촌호수 지나가면 아파트도 오래되고, 개발 안 된 곳도 많고, 작고 오래된 가게들이 다 그냥 있어요. **주상복합**도 없고요. 건물들도 다 오래됐거든요. (K씨, 송파

[표 3-3] 심층 인터뷰 응답자의 기본 특성

	성별	나이	직업	거주지	거주 형태	거처 종류	거주 시작 연도	강남 거주 여부/거주 경험
C씨	여	33	전업주부	경기도 과천시	자택	단독주택	1997	현재 비거주 / 거주 경험 있음
I씨	여	54	헤어 디자이너	서울시 강남구 일원동	자택	단독주택	1993	거주
J씨	여	42	IT중소기업 경영자	서울시 양천구 목동	자택	아파트	2004	현재 비거주 / 거주 경험 있음
H씨	남	31	공공 기관 사무직	서울시 서초구 잠원동	전세	다세대, 다가구 주택	2008	거주
S씨	여	62	전업주부	서울시 서초구 반포본동	자택	아파트	1993	거주
K씨	여	27	컴퓨터 프로그래머	서울시 송파구 문정1동	자택	아파트	2005	현재 비거주 / 거주 경험 없음
O씨	남	63	전직 고위 공무원	서울시 강남구 압구정동	자택	아파트	1982	거주
L씨	남	31	연구개발	경기도 수원시	전세	아파트	2009	현재 비거주 / 거주 경험 없음
M씨	여	58	커뮤니케이션 전문가	서울시 강남구 논현1동	자택	아파트	1977	거주
E씨	여	29	대학원생	서울시 송파구 송파동	자택	아파트	2007	거주

경기도 수원시에서 태어나 20년 넘게 살아오다가 5년 전 부모님과 함께 송파구로 이주해온 K씨는 송파구는 강남이 아니라는 확신을 갖고 있다. 강남은 우선 "집값이 비싸"야 하고, 외제 차가 많아야 하며, "개발" 혹은 재개발된 지역이어야 한다는 것이다. K씨의 경우는 "개발"과 초고층 "주상복합" 등 물리적인 환경 차이를 통해 강남의 경계를 구분하고 있다. 소위 강남이라 불리는 송파구에 거주하지만, K씨 본인의 판단 기준에 따르면 송파구는 강남이 아니다.

강남의 경계를 긋는 기준에 대해 30대의 L씨도 비슷한 이야기를 한다.

그냥 뭐 **땅값** 비싼 데로 골라서 그렸는데요. 송파구는 아닌 것 같고요. 그리고 세곡동이나 내곡동도 강남이긴 한데 땅값이 비싸지는 않잖아요. 전 강남을 나누는 기준이 **땅값**이 비싸냐 아니냐인 거 같은데요. 네…… 사실 제가 자주 가본 건 아닌데요, 그냥 봤을 때 대표적인 부자 동네 아닌가요? (L씨, 경기도 수원시 거주, 강조는 인용자)

L씨는 강남에 살아본 경험이 없어서 강남에 대한 지도 그리기가 막연하다고 한다. 강남의 이미지는 추상적이고, 주변에 강남에 거주하는 친구들도 없다. 그럼에도 '비싼 땅값'은 강남의 경계 기준으로 명확하게 작용한다. 그에 따르면, 아무리 행정구역이 강남구, 서초구라도 땅값이 비싸지 않으면 강남이라는 생각이 들지 않는다는 것이다. K씨와 L씨의 경우처럼 강남에 거주하지 않고 거주 경험이 없는

사람들은 강남이라는 공간과의 상호작용에 근거한 경험이 상대적으로 부재한 탓에 강남을 인식하는 범주가 보다 물질화되고 일반화된 기준을 따르게 된다. 외관과 매체를 통한 이미지가 경계 설정의 기준이 되는 것이다.

2) 강남 거주 경험이 있는 외부자의 심상 경계

강남에 거주하거나, 거주한 경험이 있는 응답자들은 강남 비거주자들과는 사뭇 다른 기준으로 강남의 경계를 긋는다. 이들은 대개 강남을 비슷한 문화와 취향을 가진 이들의 생활공간으로 인식한다. 경험으로부터 축적되고 형성된 성향 체계가 경계 긋기에 작용하고 있기 때문이다. 그러나 '강남적 아비투스'를 어떻게 볼 것이냐는 입장에서 두 집단은 균열을 보인다.

먼저, 현재 강남에 거주하지 않으나 과거에 거주한 경험이 있는 응답자들은 현재 거주하고 있는 지역과의 비교를 통해 강남의 지역성과 경계를 인식하게 된다. 현재 외부인의 시각에서 강남에 거주했을 당시 체험했던 일상생활을 재구성한 후, 강남을 지금과는 다른 독특한 문화를 공유했던 공간으로 회상한다. 따라서 공간의 경계는 물리적인 요소보다는 그 공간에서 일상생활을 이루는 사람들에 의해 결정된다.

강남에서 태어나 20여 년을 살다가 경기도로 이사한 C씨는 강남에 살았던 경험이 있고 현재는 경기도에 거주하기 때문에 강남 사람에 대해 객관적으로 이야기할 수 있다고 말한다. C씨는 강남 경계의 기준을 자신이 알고 있는 어떤 타입의 사람들이 모여 사는 곳으로 삼았다고 한다. C씨는 강남 친구들인 고등학교 시절 친구들과 대학 친구들 간의 차이를 예로 들었다.

지도를 그리게 된 건 제 **친구**들 보고, 친구들 중에 옷 입고 다니거나 행동하는 거 보고 그걸 기준으로 해서 그렸거든요. 그쪽 분위기는 비슷한 것 같아요. 그래서 사람들 보고 했어요. 이때까지 봤던 사람들을 기준으로 정했어요. 매체를 바탕으로 결정한 건 아니고, 제 **경험**으로 정한 거죠. (C씨, 경기도 과천시 거주, 강조는 인용자)

지역 주민과의 교류가 상대적으로 적은 30대의 C씨에게 강남과 비강남의 차이는 강남의 고등학교 친구들과 그렇지 않은 대학 친구들과의 차이로 인식되고, 고등학교 친구들과 같은 특정한 습속을 지닌 사람들로 이루어진 공간이 강남이 된다.

강남에서 10년간 거주하다가 목동으로 이주한 40대의 J씨는 자녀를 통해 목동의 또래 학부모들과 관계를 맺고 있는 경우이다. J씨는 강남에 사는 사람들과 목동에 사는 사람들의 차이는 분명하다고 말한다.

달라요. 많이 달라요. 여기 목동 사람들은 지내보면 상당히 성향이 다르다는 걸 많이 느끼거든요. 목동 사람들은 검소하고 수수해요. 사치스러운 사람들 별로 없고요……. 검소하고 소소한 게 목동 사람들의 특징이라면, (강남 사람들은) 사치스럽고 명품 엄청 좋아하고요, 차림새에도 더 신경을 써요……. 이건 저만 느끼는 게 아니라, 친구 하나도 강남 친구 만났는데 '너무너무 재수 없었어' 그런 이야기 많이 해요. (…) 남의 말을 듣고 싶어 하지 않아요. 자기 잘난 맛에 사는 게 그쪽 아줌마들이더라고요. 강북에서 오래 살다가 재작년에 (강남으로) 간 아는 사람이 있는데, 3년 새 달라졌더라고요. '강남이 무섭긴 하네. 사

람이 한순간에 달라지는구나.' 그런 생각을 했었어요. (J씨, 양천구 목동 거주,
괄호는 인용자)

J씨는 교통이나 환경 같은 물리적인 여건은 강남과 목동이 차이가
없지만, 사람들의 성향이나 생활양식은 크게 차이가 난다고 지적한
다. J씨에게 강남은 사치스럽고, 명품 좋아하고, 차림새에 신경 쓰며,
남의 말을 듣지 않는 아줌마들이 모여 사는 곳이다. 현재 강남에 거주
하지 않지만 거주 경험이 있는 사람들에게 강남은 더 이상 소속감을
느끼는 자신의 동네라 여겨지지 않기에 보다 부정적인 공간으로 인식
되는 경향이 있다.

3) 내부자의 심상 경계

강남에 대한 이미지는 개인적으로 느끼는 편리함? 복잡함? 뭐 그런
걸로 생각하고 그렸어요. 방배 쪽이나 일원, 개포동 쪽은 이런 이미지
와는 다른 것 같아요. 방배동은 사당에 가깝기 때문에 그런 걸 수도 있
는데 그리고 송파 전체는 강남이 아니죠. 아파트값이 비싸서 그런 얘
기가 나오는 건데, 사실 **문화적 차이**가 있어요. 소득수준이 다르잖아요.
(H씨, 서초구 잠원동 거주, 강조는 인용자)

30대 초반의 H씨는 강남 이외의 지역에서 태어나 약 30년간 살다
가 결혼 후 2008년에 서초구 잠원동으로 이사 왔다. H씨의 강남의 심
상 규모는 같은 30대 남성 응답자보다 작은 편이다. 특히 [그림 3-7]
에서처럼 설문지와 지도를 받아본 뒤 바로 그린 지도는 서초구(양재

동과 내곡동 제외)와 강남구(세곡동 제외)를 경계로 했으나, 곧 그 경계를
지우고 서초구(양재동, 내곡동, 방배동 제외)와 강남구(세곡동, 개포동, 일원
동, 수서동 제외)의 몇 개 동으로 경계를 축소했다. 방배동을 제외한 이
유는 "사당동과 접하고 있기 때문"이다. H씨의 경우, 강남하면 떠오
르는 이미지는 편리하고 쾌적하고 생활이 여유로운 곳이다. "아파트
값"보다는 거주민의 "문화적 차이"가 강남의 경계를 나누는 기준이
고, 그 문화적 차이란 다름 아닌 직업과 직위로부터 발생하는 "소득"
에서 나온다.

강남에 거주하는 응답자들은 일상의 생활 세계를 통해 본인과 유
사한 문화와 취향을 향유하는 그룹과 아닌 그룹을 공간적으로 분류
한다. '나'의 아비투스와 동일시되는 사람들이 사는 공간을 소속 공간
강남으로 인식하여 강남의 경계는 '나'와 동질성을 갖는 공간과 그렇
지 않은 공간으로 설정되는 것이다.

문화적이고, **진취적**이고, **효율적**인 강남 문화권역을 경계의 기준으로

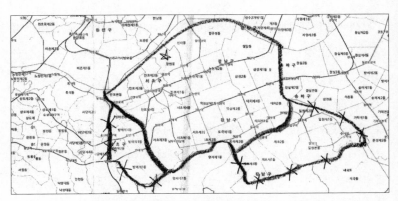

[그림 3-7] 심층 면담자 H씨의 강남의 심상 경계

삼았습니다. (…) 문정동이 송파동보다는 거리상 강남 쪽에서 더 멀지만, 아울렛 매장이 들어서면서 문화적으로는 잠실 다음에 포함하고 있는 것입니다. 다시 말해, 서초, 강남의 문화가 송파, 잠실, 문정으로 이어졌다는 시각으로 이해하면 됩니다. (M씨, 강남구 논현동 거주, 강조는 인용자)[24]

M씨는 강남구 논현1동에서 1977년부터 거주해오고 있다. M씨의 강남에 대한 설명은 구체적이다. M씨의 설명은 계속된다.

우선 강남에 오게 되면 강남의 흐름에 따라가게 되는데, 특히 아이들 교육하는 속도가 '안단테'에서 '몰토 비바체'[25] 정도로 빨라지죠. (…) **확신, 덕담, 도전, 성취** 등의 긍정적 목표 달성을 위해서라면 남다른 행동도 불사하죠. 예를 들면 하버드대학교 입학을 목표로 하는 아이와 초등 5~6학년 여행을 하버드로 가서 그 학교 앞에서 포즈를 취한 사진을 액자로 만들어 걸고 가시적인 목표를 제시하는 엄마는 강남에 흔하죠. (M씨, 강남구 논현동 거주, 강조는 인용자)

M씨에게는 문화적이고 진취적이고 성취욕이 강해서 외부인이 따라가지 못할 정도의 "몰토 비바체" 속도로 전진하고 있는 곳이 강남이며, 그 강남의 이미지와 일치하는 지역이 서초구, 강남구, 송파구의 잠실동, 문정동이다. 자녀에 대한 남다른 교육열과 헌신을 강남 문화의 일부라고 보고, 유사한 생활양식을 가진 공간을 강남으로 설정한 것은 M씨의 근린성에 대한 인식에 입각한 것이다. 그가 보기에 경제적 자본을 학력 자본으로 적극적으로 바꿔나갈 수 있는 능력을 갖춘 사람들이 사는 곳이 강남이다. 이와 같은 경향은 강남구 압구정동에

거주하는 O씨에게서도 보인다.

> 난 강남구만 강남이라고 생각해. 송파는 오리지널 강남에 비해 많
> 이 떨어지지. 차이가 나. 수준 차이가. **학력도** 그렇고, **재력도** 그렇고, 뭐
> **지위도** 그렇고. 수준이 달라. 아파트가 비슷하게 많이 지어져서 그렇
> 지, 사실 난 은마나 대치도 강남이라고 생각도 안 했어. 압구정, 청담,
> 삼성동 이렇게가 진짜 오리지널 강남이지. 이 동네도 옛날에 분위기
> 아주 좋았어. **점잖고, 학력 있고, 돈 있고, 백 있는** 사람들만 있었어. 그런데
> 외부 인물들이 너무 많이 들어와서 그런 게 없어졌어. (…) 진짜 강남
> 은 학력 있고 재력도 있어야 해. 돈만 있어서는 안 돼. 근데 요샌 뭐 장
> 사해서도 돈 벌어 오더만. 치킨 팔아서 돈 있다고 오고, 뭐. 예전에는
> 학력이 돼야 되는 거였어. (O씨, 강남구 압구정동 거주. 강조는 인용자)

명문 사립대학 상대를 졸업하고 고위 공무원 출신인 O씨는 1982
년에 강남구 압구정동으로 이사 왔는데, 당시는 고위 공무원 출신
들이 대거로 이주해오던 때였다고 한다. "재력"뿐만 아니라 "학력"
과 "지위"가 뒷받침해주던 강남의 이미지가 외부인들의 유입으로 퇴
색되어가는 것에 대한 아쉬움은 심층 인터뷰 내내 묻어나왔다. O씨
가 계속 강조하는 강남의 "수준"은 비단 "재력"뿐만 아니라 "지위"와
"학력"이 뒷받침되어야 한다는 것이다.

흔히 알려진 것처럼 응답자들은 강남 3구를 강남으로 보편적으로
인식하고 있지 않았다. 그들의 '강남'에 대한 심상 경계는 균열되어
있는 것으로 나타난다. 강남에 거주하고 있지 않고 거주한 경험도 없
는 응답자들에게서는 높은 땅값과 초고층 주상복합 등 물리적인 환경

이 언론 매체에서 보여주는 이미지와 결합하여 막연한 강남스러움을 재생산해낸다. 따라서 이들에게서 높은 땅값과 비싼 아파트값은 강남과 비강남을 구분하는 경계 긋기의 결정적 요인으로 작용한다. 이와 반대로 강남 거주자들에게 나타나는 강남 경계에 대한 균열은 커뮤니티에서의 소속감과 상대적 위치에 대한 거주자들의 의식 차이에서 비롯된다. 대체로 본인의 생활수준과 유사하거나 그 이상의 경우를 자신이 동질성을 느끼는 커뮤니티로 인식하며, 본인에게 익숙한 현실의 생활 세계와 상류 계급에 편입하고자 하는 욕망의 적절한 타협 위에 강남의 경계가 그어진다. 지역 내 거주자일수록 이러한 욕망은 초고층 주상복합, 높은 땅값과 같은 물리적 환경 요인보다는 학력, 문화, 재력(불로소득으로 치부되는 높은 땅값이 아니라 지위와 직업에서 비롯되는 높은 소득), 집안 등의 요인들에 의해 영향을 받는다. 따라서 이들의 강남에 대한 인식은 그 규모 면에서 보다 구체적이고 협소하며 명확하다. 나아가 자신을 강남 주민으로 인식하는 사람들과 이제 더 이상 강남 주민이 아닌 사람들 사이에는 강남적 아비투스를 바라보는 시각이 확연히 달랐을 뿐만 아니라, 강남 내부에서도 그것을 좇아서 체화하려는 사람들과 그러한 사람들로부터 강남적인 원형이 담긴 자신의 생활 세계를 지키고 구별하려는 사람들 사이의 미묘한 긴장감이 발견된다.

2. 경계 넘기와 담장 치기

앞에서 살펴본 것처럼 개인들이 경계 긋기를 통해 만들어낸 폐쇄된 공간은 동일시와 차별화의 심리적 장벽을 상징한다. 그 경계의 위치는 사람마다 다르다. 어떤 이가 경계의 안에 있다고 여기는 장소도 다른 이에게는 경계의 바깥에 자리한다. 그에 따라 전자에게서 강남으로 인정받고 싶은 장소가 후자에게는 절대로 '우리 강남'으로 인정할 수 없는 곳이 된다. 이처럼 주체들 간의 상대방에 대한 동일시와 차별화가 상치될 때, 경계면을 공유하고 있는 주체들 간의 긴장 관계는 언제나 존재한다. 이 때문에 공간의 경계는 고정되어 있지 않다. 강남의 경계 역시 강남 거주자와 강남 비거주자, 혹은 강남 거주자들 사이의 갈등과 경합의 산물이다. 이 경계가 유지되고 변화하는 방식을 경계 외부자의 '경계 넘기'와 경계 내부자의 '담장 치기' 전략으로 설명할 수 있다.

1) 외부자의 경계 넘기: 부정과 욕망의 변증법

우리는 소속감과 강남에 대한 인식의 복합성과 부조리를 포착하기 위해 '강남'과 '강남 사람'에 대한 이미지와 함께 '강남' 선호 지역과 이사 사유에 대해 추가로 질문했다. 응답 결과는 강남 비거주자와 강남 거주자 각각의 강남에 대한 모순된 인식을 보여준다. "강남에 살고 있지 않다"고 답한 응답자들은 "강남에 살고 있다"고 응답한 사람들보다 '강남'과 '강남 사람'을 대체로 부정적으로 인식하고 있었다. [표 3-4]에서처럼 비거주 응답자 117명 중 85명이 강남의 대표적 이미지로 '부자', '외제 차', '명품' 등의 어휘를 제시하여 '세련', '편리', '문화'를 강남의 대표적인 이미지로 꼽은 강남 거주자들과 차이를 보였다. 또한 [표 3-5]에서 보이듯이 비거주 응답자 대다수는 강남 사람의 이미지를 [표 3-4]의 강남의 이미지와 유사하게 인식하고 있으며, '부동산', '땅', '사치', '럭셔리' 등 물신적 가치를 포함하는 어휘를 다수 사용함으로써 강남 사람에 대해 부정적인 인식을 드러냈다. 반대로 [표 3-5]에 명확히 드러나 있지는 않지만, 강남에 거주하는 응

[표 3-4] 강남에 대한 대표적인 이미지

(단위: 명, %)

순위	강남 비거주자 (n = 117)	응답자 수 (응답률)	강남 거주자 (n = 66)	응답자 수 (응답률)
1	부자, 외제 차, 경제력, 명품	85(72.6)	세련, 편리, 문화, 여유	59(89.3)
2	교육, 학군, 학구열	60(51.3)	교육, 학군, 학구열, 고학력	55(83.3)
3	부동산, 아파트	54(46.1)	부자, 외제 차, 경제력	49(74.2)
4	세련, 편리, 문화	29(24.8)	부동산, 아파트	31(46.9)
5	유흥	15(12.8)	물가	6(9.0)

* 복수 응답 허용

답자들이 기술한 강남 사람에 대한 이미지는 비거주 응답자들과 달리 중첩되는 표현이 거의 없었으며, 이들은 '진취적이다', '예의 바르다', '검소하다', '지혜롭다' 등 다양한 긍정적인 어휘를 사용하여 강남 사람을 포용하고 있었다.

강남으로 이주할 의향이 있느냐는 설문조사에서는 "강남에 살고 있지 않다"고 응답한 117명 중 93명이 강남으로의 이주를 희망했다. [표 3-6]은 강남 내 이사 선호 지역을 응답자가 자유로이 복수로 작성한 결과이다. 응답자의 상당수가 강남구 대치동, 서초구 반포동, 강남구 청담동, 강남구 압구정동, 서초구 서초동 등 강남의 대표적 이미지 형성에 기여한 행정동으로의 이주를 선호했다. [표 3-7]은 이사 선호의 이유에 대한 응답의 결과이다. 강남에 거주하지 않는 응답자

[표 3-5] 강남 사람에 대한 대표적인 이미지

(단위: 명)

어휘	비거주자	거주자
부자, 부	72	6
교육, 학군	38	10
외제 차, 명품	34	0
부동산, 땅	26	0
럭셔리, 사치	15	0
치맛바람, 복부인, 강남 아줌마	9	1
졸부	5	0
성공	5	2
고학력	2	4

* 복수 응답 허용

[표 3-6] 강남 내 이사 선호 지역 상위 10개 동

(단위: 명)

동명	응답자 수
강남구 대치동	38
서초구 반포동	36
강남구 청담동	34
강남구 압구정동	31
서초구 서초동	30
송파구 잠실동	23
강남구 도곡동	22
강남구 삼성동	21
서초구 방배동	18
강남구 개포동	16

* 복수 응답 허용

[표 3-7] 강남 내 이사 선호 이유

(단위: 명)

선호 이유	비거주자	거주자
문화·편의 시설	60	38
교육	43	23
교통	42	28
자연환경	22	23
부동산	21	16
인맥, 사회적 성공	17	6
직장	12	6

＊복수 응답 허용

들에게 강남의 대표적인 이미지로 낮게 언급된 '문화' 및 '편의'와 전혀 언급되지 않았던 '교통'이 강남으로의 이사를 선호하는 이유로 가장 주요하게 지목되었다. 이는 강남으로의 이주를 가정하는 순간, 강남을 생활공간으로 인식하여 외부자로서의 강남에 대한 인식이 내부자의 인식으로 치환됨을 보여준다. 즉, 거주하지 않는 현재 상황에서는 강남의 이미지를 부정적으로 인식하지만, 강남을 본인의 생활 영역으로 인식하는 순간 현재 강남에 살고 있는 거주자들의 강남에 대한 인식 체계를 빌려 강남에 긍정적인 이미지를 투영하는 것으로 볼 수 있다.

그렇다면 이처럼, 비거주 응답자들의 인식과 희망 사항이 일치하지 않는 이유는 무엇인가? L씨는 강남과 강남 사람에 대해 '졸부'라는 이미지를 갖고 있지만, 본인은 '인맥과 사회적 성공'을 이유로 강남의 청담동, 도곡동으로의 이사를 꿈꾼다고 한다.

> 잘은 모르지만 가보고 싶은 곳이고 **살고 싶은 곳**이고……. TV에서나
> 보는 막연한 이미지가 있잖아요. (…) 제가 사당동에 2년 살았는데요.
> 아무래도 강남에 대해서 막연하게 **동경**이 있다 보니까 방배동에 집을
> 알아보려고 했는데, 길 하나 차이로 전셋값이 2천에서 3천이 차이가
> 나다 보니까 어쩔 수 없이 사당동으로 이사 갔지요. (L씨, 경기도 수원시 거주.
> 강조는 인용자)

강남에 살았던 경험이 있는 J씨도 강남 사람이었던 것에 대한 자부
심을 털어놓는다.

> 제가 여기 온 지 만 6년 다 되어가는데, 사실 솔직히 말하면 **우대**를
> 해줘요, 강남에서 살다 왔다고. 애들 과외도 그렇고 강남이랑 비슷하
> 다고 볼 수 있어요. 타 지역에서 살다 오면 무시하는 경향이 있거든요.
> "학군 쓸 때 되니까 또 왔나 보다. 괜히 경쟁률만 높여" 이러는데. (…)
> 강남에 살다 오면 이쪽 엄마들이 정보나 새로운 것을 접하려고 스스
> 로 먼저 접근해요. 저 역시 예외는 아니었고요. 그런 걸로 봐서는 아
> 직까지 강남 사람이라는 것에 대해서 누구나 **부러워하고 접근하려고** 하
> 고……. (J씨, 양천구 목동 거주, 강조는 인용자)

J씨는 강남구 논현동에서 10년 거주하다 현재는 양천구 목동에 살
고 있다. 강남에 거주하는 친구들을 만날 때면 옷차림새를 신경 쓰게
된다고 한다. 본인은 논현동에서 10년 살다가 목동에 왔는데, 강북에

서 평생 살다가 3년 전에 강남구 일원동으로 이사 간 친구를 보면 격세지감을 느낀다고 한다. 3년 만에 그 친구는 '강남 사람'이 되어 있고, 본인은 '목동 사람'이라는 것이다.

'강남'과 '강남 사람'에 대한 타자화의 이면에는 '강남'과 '강남 사람'이 되고자 하는 욕망이 발로한다. 응답자 스스로가 설정한 강남의 경계는 '내'가 속한 현실과 '강남'이라는 이상 세계를 구분하며, 그 경계는 현실과 욕망이 갈등하고 타협하는 지점이 된다. 경계 외부에 존재하는 현실과 끊임없이 경계 넘기를 갈구하는 욕망의 변증법적인 타협은 계속된다.

2) 내부자의 담장 치기: 차이의 정체성 만들기

강남에 거주하지 않는 응답자들은 대개 강남으로 이사를 희망하고, 강남 내에 거주하는 응답자 전원은 강남 내에 머물기를 희망한다. E씨는 송파구 송파동에 거주하면서 강남의 범위를 '한강 이남' 지역으로 표기한 유일한 응답자이다. E씨는 소위 말하는 서초·강남·송파 '강남 3구'의 이미지가 없어지길 희망하며 '한강 이남'을 강남으로 설정했다고 한다. E씨의 '강남 사람'에 대한 견해는 흥미롭다.

제가 보드 타는 것을 좋아해서 보드 동아리를 했었는데요, 그때는 보드를 타는 초창기여서 그런지 압구정동이나 대치동 쪽에 사는 분들이 많았던 것 같아요. 그런데 그쪽 사람들은 자기네 동네 사람들끼리 친하고, 주로 만나고, 만나는 장소도 강북으로는 절대 안 갔어요. 복잡하고 그래도 강남역이나 강남 쪽에서 만났죠. 강남 안에서 안 나갔던 것 같아요. (E씨, 송파구 송파동 거주)

강남 사람들은 자기네 동네 사람들끼리 친하고, 절대 강남 안에서 안 나가는 사람들이다. 강남 사람들은 강남 내에서 취향이 같은 강남 사람들끼리만 관계를 맺으면서 이러한 배타성을 도구 삼아 자신의 정체성을 유지하고 있다.

　　강남 사람들의 배타성은 강남에 살지 않는 사람들에 대한 배타성을 넘어서 강남 내에서도 존재한다. 강남 지역을 본인이 거주하는 인근의 최소 6개 동으로 인식하는 40대 여성([그림 3-8] 참조)과 7개 동으로 인식하는 40대 여성은 자녀들 교육을 위해 강남구 도곡1동에 전입한 지 3-5년 정도 된 전업주부 학부모들이다. 이 응답자들은 '교육 환경'과 '사회적 성공의 상징성'이라는 이유로 강남구 도곡동에 전입했다고 한다. 이들과 같은 젊은 가구들의 유입으로 강남의 외연이 확장되는 것에 대한 강남 초기 정착자 O씨의 답변이 주목할만하다.

　　그런데 이 동네(압구정동, 청담동, 삼성동)들은 집값이 비싸서 젊은이들이 못 와. 비싼데 어떻게 이사 와. 그러니까 집값 싸고 평수 작은 은

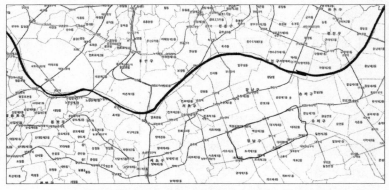

[그림 3-8] 한 응답자(도곡1동, 3년 거주, 40대)의 강남의 심상 경계

마나 대치로 가서 그쪽이 발전한 거지. **강남이라고는 하지만 그래도 거긴 아니야. 같은 강남이어도 다르지.** 송파하고 대치동, 도곡동이 다 비슷해. 분위기도 그렇고 수준도 그렇고. 잠실 백화점 가봤어? 거긴 물건 질도 달라. 백화점 물건도 다르다니까. 어디 시장 물건 같은 것만 갖다 놓잖아. 비싸면 안 팔리니까. 진짜 엑기스는 현대백화점에 있어. 우리는 슈퍼도 백화점 슈퍼만 이용하니까. (O씨, 강남구 압구정동 거주, 괄호·강조는 인용자)

우리 애들도 그래. 다른 지역 싫다고 한다니까. 다 예능 하는 애들인데 동네에서만 놀아. (…) 우린 백화점 셔틀버스 타고 다녀. 아파트 주민들만 이용할 수 있거든. 그거 타고 백화점 가서 쇼핑하고 집에 오고 뭐 그러지. 내 친구들도 다 **동네 사람**들만 만나. 다른 친구들은 안 만나. 동네 친구들이 편하지. 내가 스포츠센터에 다니거든. 거기서 친구들 만나서 운동하고 운동 끝나면 씻고 집에 오는 길에 맥주 한 잔 딱 하면 좋잖아. 굳이 다른 동네 갈 필요 뭐 있어? **우리 동네**에 다 있는데. (…) 결혼도 그래. 난 다른 사람 아무도 안 불러. 딱 동네 사람들만 불러. 서로 같은 동네 사는 사람들만 불러서 양쪽 100명씩 딱 200명만 초청해서 결혼시켜. 우린 친척들도 안 불러. 그냥 동네 사람들만 부르지. **허물없고 비슷한 사람들**끼리만 만나는 거야. (O씨, 강남구 압구정동 거주, 강조는 인용자)

O씨는 강남구 전체를 강남으로 경계 그리기를 했지만, 실상 '오리지널 강남'은 그중에서도 압구정동, 청담동, 삼성동이라고 말한다. 같은 강남구 안이라 해도 대치동과 도곡동과의 수준 차이를 인정할 수밖에 없다는 것이다. 다른 사람들이 도곡동을 아무리 강남이라고 우

겨도 강남일 수 없는 이유이다. J씨의 이야기도 흥미롭다.

제 주변에 강남에 있는 친구들이 이런 식의 이야기를 들으면 다들 발끈할 거예요. 강남이 강남이지 어떻게 서초구가 강남이 되는지. 더 솔직히 말하면요, 여기 목동 사람들이 목동아파트 단지를 기준으로 1단지부터 14단지를 목동으로 보거든요. 목동아파트 단지와 단지 밖은 차이가 엄청나요. 남들은 그저 목동이라고 말하지만 (…) 목동 주변에 연립주택들 많아요. 저희는 거기 사는 사람들까지 목동 사람들이라고 말하는 것에 대해 기분 되게 나쁘거든요. 강서구, 양천구 이쪽 사람들을 같은 목동이라고 묶는 것에 대해 토론을 한 적이 있었어요. 다들 이건 정말 아닌 거라고 말해요. 학교도 단지별로 묶여요. (…) 엄마들은 그것도 있을 수 없는 일이라고 말해요. 물론 그분들은 신정동이나 목동 맞아요. 주소지는 맞지만 단지 내 아파트만 갈 수 있는 학교가 있어요. 근데 길 하나를 두고 여러 가지가 있는데, 저희는 그건 아니라고 보거든요. 강남 사람들은 오죽하겠습니까? (J씨, 양천구 목동 거주)

같은 양천구 목동에 살면서도 아파트 단지 주민과 연립주택 주민 사이에 차이가 있는데, 하물며 강남구에 사는 강남 사람들이 서초구나 송파구 주민들과 비교되는 상황을 이해한다는 J씨의 발언에서 배타성이 비단 강남만의 문제는 아님을 확인할 수 있다.

요컨대 '나' 또는 '나'와 비슷한 '취향'을 가진 그룹을 사회 공간에 적절하게 위치시키는 것으로 각 주체의 정체성이 형성된다. 이처럼 비슷한 '취향'의 그룹이 공간적으로 구현된 것이 '근린성'이라고 할 때, 강남 사람들의 근린성은 매우 협소하다. 같은 '강남 사람'으로 인정하는 범위가 협소하기 때문에 배타적일 수밖에 없다. 군이 부르디외처럼 '취향'을 '계급'의 지표로 설정하지 않더라도, 취향은 끊임없는 차이 만들기와 구별 짓기를 통해서만 비로소 존재할 수 있는 현상임을 부정할 수 없다. 강남은 외부 혹은 강남 내부로부터의 계속되는 경계 넘기 전략에 대응하는 끊임없는 담장 치기 전략으로서만 존재하게 되는 것이다. 이와 같은 과정을 통해 강남의 경계는 형성되고 변화한다.

V. 상상된 공간으로서의 강남에서 살아가기

이 연구의 목적은 '심상 경계 긋기'라는 방식을 이용해 대중의 강남에 대한 심상 지리의 규모를 파악하는 것이었다. 이 글은 고정된 지리적 프레임으로 강남을 연구하는 기존 방식에서 벗어나 강남이 일상인의 내면에 어떤 규모와 형태로 자리 잡고 있는지를 확인하는, 다시 말해 우리 내면의 '강남'의 규모와 지층, 그리고 단층을 외부로 표출하려는 시도로 볼 수 있다. 아울러 대중 스스로 강남의 경계를 설정하고 경계 긋기 의도를 표현함으로써 그 경계 짓기에 숨어 있는 논리를 찾아보는 것이 우리의 목표였다.

분석 결과를 요약하면 다음과 같다. 첫째, 대중이 각각 인식하는 강남의 규모는 상이했으며, 심상 규모의 집계로 만들어진 종합적인 심상 강남의 층위는 불균등했다. 흔히 말하는 '강남 3구'를 강남으로 인식하는 경우는 매우 미미했다. 대중은 다양한 관계를 통해 강남을 인식하기 때문에 강남의 경계는 다층적이고 이질적이었다. 그리고 강남 거주자와 강남 비거주자 간의 인식 규모의 차이보다 강남 거주자들 사이의 거주지의 위상 변화에 따른 강남의 심상 규모의 차이가 명확히 드러났다.

둘째, 강남 거주자의 강남의 심상 규모는 그들의 강남에 대한 동일시와 차별화를 표현한다. 이는 강남 3구의 거주자들이 그린 강남의 심상 지도와 3개 아파트 단지의 거주자들이 그린 강남의 심상 지도를 통해 확인할 수 있었다. 강남구 거주자들은 '내가 사는 곳만 강남'으로 비교적 좁게 인식하고, 서초구와 송파구 거주자들은 '내가 사는 곳도 강남'이기 때문에 그 경계가 좀 더 확대되는 경향이 있다. 송파구 응답자의 경우, 같은 송파구 내에서도 본인의 거주 지역만 강남의 경계 안에 설정하는 이중적인 면을 나타냈다. 또한 강남의 대표적인 아파트 단지의 계보를 잇는 반포본동과 압구정동, 도곡동의 동별 비교에서는 도시개발의 순서대로 강남의 인식 규모가 작아짐을 확인할 수 있었다. 강남에 대한 인식은 공간적인 측면뿐만 아니라 시간적인 측면, 즉 강남 발전사의 시계열에 따라서도 달라짐을 보여준다.

셋째, 심층 인터뷰를 통해 확인할 수 있었던 것은 강남에 거주한 경험이 없는 비거주자의 경우, 건조 환경, 땅값과 같은 물리적인 기준으로 경계 짓기를 하지만, 강남에 거주한 경험이 있거나 현재 강남에 거주하는 사람들은 개개인에 체화된 취향을 공간적으로 구분하는 방식으로 경계 짓기를 한다는 점이다. 특히 현재 강남에 거주하는 이들은 자신과 유사하거나 그 이상의 생활양식을 가진 경우만을 강남으로 인정하는데, 금전의 부가 아니라 거주민이 가진 취향과 품성, 학력과 지위와 같은 무형적 자본의 크기가 강남의 경계를 나누는 기준이 된다. 따라서 그들이 소속감을 느끼는 '우리 동네 강남'과 친밀감을 느끼는 '우리 강남 사람'의 범위는 훨씬 좁을 수밖에 없다. 그러나 문화적 수준 차이는 곧 재력의 차이로 환원됨을 인터뷰에서 읽을 수 있었다.

넷째, 연구 결과는 심상 규모의 이질성, 각기 다른 경계 긋기의 잣대에도 불구하고 응답자 스스로 설정한 강남의 경계를 넘거나 경계를 좁히려는 욕망이 있음을 보여준다. 강남 비거주자는 강남을 부정적으로 인식하는 동시에 강남으로 이주를 희망하여 자신이 설정한 경계를 넘으려는 경향을 보였다. 이는 계층 사다리에서 위 칸으로의 상승이 쉽지 않은 현실에서 부정과 욕망이 끊임없이 작용하는 까닭이다. 반면, 강남 거주자들은 본인들이 설정한 경계를 넘어오려는 외부인의 경계 넘기에 대해 차별화의 경계를 재확인하거나 높게 세우는 담장치기 전략으로 대응함으로써 공간적 서열화 유지에 대한 욕망을 드러낸다.

이 연구의 방법론적 한계로 표본추출 문제와 '심상 경계 긋기' 방법의 문제를 나누어 생각해볼 수 있다. 이 연구는 소위 강남 3구라 불리는 강남구, 서초구, 송파구 지역에 거주하는 응답자의 설문 결과를 상대적으로 많이 확보했다. 강남의 경계 짓기의 방식이 강남의 내부·외부에서만 작동하는 것이 아니라 강남의 내부에서도 끊임없이 발생하고 있음을 분석하고자 했던 연구의 성격상 상대적으로 풍부한 수의 강남 지역 거주자에 대한 표본을 추출할 필요가 있었기 때문이다. 그러나 같은 이유로 분석했던 세 개 동(반포본동, 압구정동, 도곡동)의 표본 수가 적어 일반화하기에 무리가 있을 수 있다는 점은 문제점이 될 수 있다. 하지만 이러한 표본추출의 대표성의 문제는 연구의 경제성 문제와 상충 관계에 있는 것으로, 추후 재정적인 측면이 보완되면 해소

될 수 있는 한계이기도 하다.

다음으로 연구에서 활용된 '심상 경계 긋기' 방법도 방법론상의 문제점을 일부 안고 있다. 첫째, 경계를 설정하는 작업이 행정동 단위로 이루어졌기 때문에 행정동에 익숙하지 않은 응답자들의 경계 설정은 이들의 강남 인식과 정확하게 일치하지 않는 경향이 있다는 점이다. 예를 들어, 강남역을 강남이라고 생각하면 강남역을 구성하고 있는 강남구의 행정동과 서초구의 행정동을 모두 경계 긋기 내부에 설정해야 하지만, 실질적으로 그렇지 않은 경우가 많았다. 둘째, 서두에서 밝힌 바와 같이 현실적으로 지역적 경계란 칼로 두부 자르듯이 경계선을 중심으로 양쪽을 명확히 구분하기가 어렵다. 일종의 완충지대buffer가 존재한다고 볼 수 있는데, 지역의 특성은 경계선 양측에서 완만하게 변화한다고 보아야 한다. 셋째, 경계 안쪽의 지역들은 균질하지 않음에도 경계 긋기라는 행위로 인해 불가피하게 동질하게 인식되는 측면이 있다. 예를 들어, 논현1동과 같이 강남구의 중심에 있는 지역은 지역의 특성과 상관없이 강남구의 외곽에 있는 일원동보다 강남의 경계 긋기 안에 포함될 확률이 높다는 것이다.[26] 따라서 '강남'과 '비강남'의 차이는 강조되는 반면, 강남 내부의 이질성을 파악하기에 편의bias가 발생하는 문제점이 있다. 그러나 심상 경계 긋기의 연구 방법이 충분히 포착하지 못했던 부분, 즉 강남 내부에서의 불균질성과 내부 거주자의 차별화의 욕망은 심층 인터뷰를 통해 상당 부분 보완되었다고 판단된다.

이상과 같은 한계에도 불구하고 이 연구는 기존에 사용되지 않았던 심상 경계 긋기 방식을 통해 개인의 내면에 자리하는 강남의 규모와 경계에 대한 의식을 직접 도출했으며, 심층 인터뷰를 통해 경계 긋기의 숨은 논리를 찾아내려 했다는 점에서 그 의의를 찾을 수 있다. 요컨대 강남은 지리적으로 고정된 공간이라기보다는 그 안에 살고 있는 사람들의 부단한 구별 짓기·경계 짓기 전략에 의해 만들어지는 사회적 공간이다. 이 연구가 강남을 통해 우리 안에 자리 잡은 경계 짓기와 구별 짓기의 욕망을 성찰적으로 이해하는 데 작은 보탬이 되었으면 하는 바람이다. 나아가 향후 지역 및 도시 연구에서 기존의 지리적 경계를 선험적으로 설정해두고 대상을 분석하는 대신, 지역의 특성을 다양한 사람들의 상호작용으로부터 발견하는 관계적 연구의 하나로 자리매김하기를 희망해본다.

4장 강남 어셈블리지

: 국가처럼 보기

김동완

I. 서론

미래를 향해 달려온 발전주의 패러다임이 큰 기로에 서면서, 한국형 도시 모델을 역사적으로 성찰하자는 목소리가 높다. 개발연대를 도시 차원에서 재구성하는 시도도 늘어나고 있다. 꽤 많은 사건이 거론되는데, 그중에서도 단연 지배적인 대상은 강남이다. 싸이의 노래 〈강남스타일〉은 어쩌면 이런 경향의 변주였는지도 모르겠다. 서울을 대표하는 핵심적인 도심 지구이자 한국 도시 모델의 시발점으로 강남을 손꼽는 데는 그만한 이유가 있다. 아파트 군락과 광폭의 자동차 도로, 슈퍼 블록과 격자형 배치 등 강남의 주요 기표는 한국형 신도시의 원형으로 곧잘 거론된다. 어느새 강남은 서울과 한국을 대표하는 도시 이미지로 올라섰다. 물론 강남과 신도시가 서로 다른 개발 방법을 가지고 있고 강남에는 단독주택 지구도 많으니 신도시의 원형이 아니라 주장하는 논자가 있을 법도 하다. 그러나 강남이 개발연대 최초이자 가장 성공한 신도시 사례이며, 이후 공식적으로 언표된 신도시의 성공으로 이어지는 중요한 연결 지점이라는 사실은 부정하기 어렵다. 강남이 개발 시대 도시성의 상징이고, 이후 도시화에 지대한 영향을 미쳤다는 평가만으로도 강남의 연구 이유는 충분하다.

강남 개발이라는 범주에 들어갈 작은(혹은 큰) 사건들은 기존의 연구를 통해 꽤 성공적으로 밝혀졌다. 그러나 그동안 강남 개발을 설명하는 방식은 특정 전략의 지배적 기여를 강조하고 다른 차원의 의미들은 주변화해왔다. 혹은 온전히 우발적인 사건으로 아무런 해석의 여지를 남기지 않는 방식도 많았다. 때문에 국가 스케일이나 수도권 스케일, 때로는 서울 스케일에서 일어나는 배치의 문제를 강남의 탄생 과정에 적절히 연결 짓지 못했다. 또한 토지구획정리사업이나 도시설계 등 구체적인 현장에서 작동하는 기술이나, 도시설계와 신도시(위성도시)처럼 큰 규모를 다루는 기술의 작동 원리와 효과를 적확히 이해하지 못하는 경우도 많았다.

본 연구에서는 이러한 문제를 개선하기 위해 최근 도시 연구 프레임으로 고안되어 많은 논쟁을 불러일으키고 있는 어셈블리지 assemblage 개념을 도입한다.[1] 사물들의 결합과 집적을 의미하는 어셈블리지는 도시 공간의 이질적 결합을 의미한다. 혹자는 도시 공간에 대해 너무 당연한 묘사라며 불필요한 개념을 소개한다고 질책할지도 모르겠다. 그러나 도시 어셈블리지에서는 새로운 사물 혹은 장치가 배치될 때, 새로운 의미와 관계가 기존의 문맥을 재구성한다는 점을 강조한다. 필자는 어셈블리지를 구성하는 개별 장치의 역사적 심연에 주목한다. 국가의 시선에서 볼 때 강남에 배치된 사물은 어떤 통치 논리를 가지고 있었는지, 그리고 이를 통해 강남은 어떤 어셈블리지로 생성되었는지 검토할 요량이다. 특히 1960년대와 1970년대 문자 그대로 상전벽해가 일어나던 시기, 강남이라는 언표의 사회적 의미가 생기기 시작할 무렵으로 논의를 좁혀볼 것이다. 국가의 시선을 여러 스케일에서 검토하고 규명하여 강남 어셈블리지의 심층을 파고들기에 이보다 더 좋은 시기는 없기 때문이다.

II. 도시, 어셈블리지

도시 연구에서 어셈블리지는 다양한 층위에서 쓰이고 있다. 애초에 질 들뢰즈Gilles Deleuze와 펠릭스 가타리Felix Guattari[2]의 배치(아장스망, agencement) 개념을 영미권 학자들이 번역한 것인데, 다양한 용례로 연구에 쓰이다 보니 개념 혼선도 있었다. 들뢰즈와 가타리의 배치 개념은 매우 일상적인 문구로, 영어 단어로는 'arrangement'나 'fitting' 정도의 의미이다. 그러나 들뢰즈와 가타리의 배치는 층화와 기계적 배치라는 의미를 모두 띠고 있어 영어로는 assemblage에 가깝다.[3] 문제는 프랑스어에도 아상블라주assemblage라는 단어가 있는데, 들뢰즈와 가타리가 이 단어를 거의 사용하지 않았다는 점이다.[4] 프랑스어에서 아상블라주는 예술이나 고고학 등에서 한정해 사용한다. 특히 예술 영역에서 아상블라주는 콜라주의 3차원 표현에 가깝다. 영미권에서는 어셈블리지라 번역했지만, 정작 들뢰즈·가타리는 아상블라주가 아닌 아장스망을 선택했다. 이 정도 이야기면 어셈블리지 대신 아장스망을 쓰는 것이 옳다. 아니면 배치라는 번역어를 쓸 수도 있다. 그런데 이 개념은 도시 연구로 옮겨 오면서 조금 더 복잡한 상황에 처한다.

영미권 도시 연구에서도 어셈블리지 연구의 일반적인 경향은 들뢰즈·가타리 철학의 기본인 배치, 다양체multiplicité, 되기(생성)becoming 개념에 닿아 있다.[5] 때로 사회적 자연socionature, 사이보그 어바니즘, 도시 대사metabolism처럼 도시의 사회적·물질적 변화를 기술하는 개념으로 쓰이기도 한다.[6] 어셈블리지는 '인간 대 환경', '신체 대 기계', '정치적 대 물리적' 같은 이원론을 넘어서려는 시도이다.[7] 여기서 물질과 언표의 배치는 뒤엉키고 연결된다. 도시에 배치된 사물과 언표들은 도시 과정urban process[8]을 거치며 (재)영토화된다. 어쩌면 도시 연구에서 (들 뢰즈와 가타리는 쓰지 않았던) 물질적 결합체로서의 아상블라주 개념을 배제하기가 더 어려운 일일지도 모르겠다. 결과적으로 영미권 도시 연구에서 어셈블리지에는 프랑스어 agencement과 assemblage의 의미가 혼재되어 나타나고 있다.

　도시 어셈블리지 연구로 유명한 콜린 맥팔렌Colin Mcfarlane은 그의 논문 "The city as assemblage"[9]에서 도시 어셈블리지의 두 차원을 소개한다. 우선 어셈블리지는 객관적 실체이다. 사물들이 쌓아 올려진 상태를 말하거나, 사물을 쌓는 방식을 말한다. 때문에 어셈블리지는 세계를 구성하는 사물들의 관계relationship로 존재한다. 관계없는 사물 덩어리는 어셈블리지로 보지 않는다. 다음으로 어셈블리지는 사물에 대한 접근법approach, 혹은 정향orientation을 뜻한다. 여기서 어셈블리지는 구성(혹은 조립물)의 관계 맺기를 들여다봄으로써 정치, 경제, 사회, 문화를 인식하는 동시에 다양한 실천과 실천의 물질성, 나아가 (실천이 생성하는) 창발을 분석하는 방법론이다.

　맥팔렌[10]의 도시 어셈블리지 연구는 흥미롭고 강력하다. 복잡다기한 도시 현상을 설득력 있게 분석할 새로운 이론적 도구가 될 것임에 틀림없다. 그러나 아직 도시 현상을 분석하기에는 다소 모호하고 추상적이다. 또한 도시의 치열한 권력관계를 건조하게 언급할 뿐, 그것을 분석의 초점으로 끌어들이지 못한다. 이런 한계는 현재 어셈블리지 논의에서 국가 권력의 공간 생산을 특정하지 않는 결과로 나타난다. 특히 본 연구에서처럼 일련의 대규모 도시개발의 국면, 대도시로 팽창하기 시작하는 국면을 다루는 경우, 약점이 더 두드러진다. 대규모 토지 개발이나 도로, 인프라 공급 등에서 근대국가의 통치 행위는 필요 불가결하다는 르페브르의 테제[11]나, 근대국가의 영토 통치와 인구 통치에서 도시적 실천을 강조한 푸코[12]의 진단은 국가 스케일의 공간 생산을 성공적으로 도시 스케일과 연결해준다. 이런 시각에서 현재의 어셈블리지 논의는 역사적 산물로서 근대국가, 그리고 그것의 통치 일반에서 재구성될 필요가 있다.

필자가 말하는 통치 일반이란 서로 국경을 맞대고 형성된 근대국가의 영토 논리와 거기서 출발하는, 혹은 그 위에 덧대어진 내치의 논리를 말한다. 통치 논리는 도시 어셈블리지와 다른 시간적 지속을 유지하며 국가 공간 생산에 개입한다. 폴 라비노Paul Rabinow[13]의 지적처럼 어셈블리지는 "질적인 구성 요소, 기술, 개념들 간의 실험적인 매트릭스"이며 수백 년이 아닌 수년 혹은 수십 년의 시간 지속을 염두에 둔다. 때문에 더 오래 지속되는 '문제화problematization'는 국가의 통치술, 혹은 장치dispositif의 틀에서 이해되어야 하는 것이다. 이러한 문제의식에서 볼 때, 도시 어셈블리지가 국가 스케일의 통치 실천, 그리고 국가 공간 전반의 전략적 변동과 맺는 관계를 분석의 지평으로 끌어와야 하며, 다중 스케일의 분석 방법은 유용한 방편이 될 수 있다. 본 연구에서는 특히 국가 스케일의 역사적 변동이 도시 어셈블리지의 심층에서 어떤 작용을 했는지, 그리고 그것이 도시 어셈블리지의 표면에 어떤 변형을 가져왔는지 상세히 검토함으로써 도시 어셈블리지의 지리를 살필 것이다.

Ⅲ. 사례 분석

강남의 물리적 범위를 특정하기는 어렵다. 강남의 범위는 끊임없이 변화했다. 서쪽으로는 반포에서부터 동쪽으로는 잠실까지, 북으로는 잠원, 신사에서 남으로는 양재와 개포까지 펼쳐지는 모호한 영토이다. 말 그대로 과정으로서의 어셈블리지다. 물리적 경계만큼이나 강남의 영토에 배치되는 사물과 장치는 강남 어셈블리지를 탈영토화하고 재영토화했다. 이 과정에는 국가 공간의 개발 담론과 순환망 배치가 주요한 통치 실천으로 등장한다. 도시 차원에서 서울의 발전 전망은 제3한강교와 강변로 배치로 표면화되었고, 수도권 계획이나 국토 개발 담론은 경부고속도로 배치로 이어졌다. 물론 이러한 배치는 일회적인 계획으로 이뤄지지 않았다. 기존의 어셈블리지에 새로운 의미와 규칙을 부여하는 일련의 실천이 있었다. 지금부터는 강남 어셈블리지의 되기(생성)를 추동한 통치 실천을 하나씩 살펴보고, 각각에서 드러나는 언표와 사물의 배치를 검토해보자.

1. 전후 '대서울'의 시대, 새로운 수도 공간으로서의 한강 이남

1) 백지 위에 그려진 대서울 계획

1950년 2월 서울시에서는 인구 급증에 따른 서울 도시계획 구역을 확장하려 논의 중이었다.[14] 당시 계획에서는 미아리와 홍제동 등 도심 서쪽과 북쪽 미개발지를 향후 개발 예정지로 검토했다. 그러나 한국전쟁으로 상황이 급변했다. 중앙정부가 부산으로 피난 중이던 당시 계획은 수도 복구로 맞춰졌다.[15] 국가의 중심인 수도를 재건해야 한다는 당위성이 강했다. 계획안은 구서울 도심을 복구 지대로, 한강 이남 지역을 신설 지대로 설정했다. 신설 예정지는 경인(서울-인천) 간으로 부평까지, 경수(서울-수원) 간으로 시흥(현재의 영등포구, 금천구, 관악구, 광명시, 과천시, 의왕시, 안양시 등 포함)까지인데, 대체로 일제강점기 총독부의 경성 확대 방안과 일치하는 지역이다. 특히 수도 재건은 신설 지역에 위성도시를 건설한 후 "점차 합시合市한다"는 방침을 세웠다.[16] 그리고 주택 공급은 "반관반민의 건설회사"를 세워 아파트를 다량 건축함으로써 달성한다는 내용도 덧붙였다.

서울 환도 이후 계획안의 명칭은 '대서울 건설 5개년 계획'으로 바뀌었다.[17] 필자의 능력이 부족해 실제 계획안을 찾지는 못했으나, 언론 지면에서 계획의 대강은 파악할 수 있었다. 우선 가장 중요한 계획 인구는 300만으로 설정되었다. 그리고 이 인구를 수용하기 위한 서울 시계의 확장이 구체적으로 언급되어 있는데, 특히 남쪽 방향은 안양과 시흥 방면으로 명시되었다.[18] 계획의 이론적 기초는 서울대 주원 교수[19]의 《국토 정책의 운용과 이론》(1953)에 있었다. 해방 후 국토계획의 선구로 평가받는 주원의 영향은 당시 서울 도시계획이 어떤 스케일의 지배적 영향 속에서 의미를 획득했는지 명확히 보여준다. 어찌 보면 당연한 주장이지만, 당시 서울 계획은 도시계획이라는 일반적 의미에서 이뤄진 것이 아니다. 도시계획법도 없던 상황이었다. 이 계획은 주권자의 처소處所로서 수도에 대한 계획안이었고, 거기서 서울은 하나의 기능 공간으로 배치되었다.

이 계획에서 배치는 다이어그램의 형태를 띤다. 구체적인 도시계획 차원에서 계상된 지리적 재현이 아니라, 다이어그램 추상 공간을 빌려 기능적인 배치를 하고 있다. 여기서 '대서울'은 서울역 기점으로 반경 15킬로미터의 동심원 권역이다. 우리가 현재 강남이라고 부르는 지역은 이 계획에서 잠재적인 개발 예정지로 배치되었다. 실제 개발의 구체적인 방향은 일제강점기 이래 지속적으로 강조된 경인 축을 중심으로 했고, 개발 예정지의 최동단最東端은 경수 축에 머물렀다.[20] 지도상으로 볼 때, 서울을 기준으로 정남보다는 서쪽으로 치우친 개발 축이다. 현재 강남 지역의 최서단最西端인 반포리(당시 광주군 언주면) 정도가 미아리를 대신할 공동묘지 구역으로 고려되었고,[21] 반포 동쪽에 대한 계획은 없었다. 그럼에도 대서울 계획의 의의는 분명하다. 이 계획은 영토 전체적 구상 속에서 수도 계획이 배치되는, 그리고 그 속에서 강남이 잠재적 개발 예정지로 배치되는 것이었다.

2) 이상과 현실의 괴리: 신규 편입 지역으로 중심 이동

1950년대 대서울 계획의 또 다른 특징은 강북 지역을 백지상태로 두고 계획했다는 점이다. 백지 계획이라 하면 후일 실제로 작성되었던 수도 백지 계획처럼 아무런 지리적 맥이 없이 수립하는 것이지만, 전쟁 중에 성안된 대서울 계획은 수도가 완전히 파괴되었다는 전제 위에서 만들어진 측면에서 백지 계획으로 불렸다. 내용 면에서도 서울의 23개 노선도로 모두를 확장·재편하겠다는 야심 찬 계획이었다. 그러나 전쟁이 서울의 건조 환경을 파괴했다 해서 토지 소유의 논리까지 부서지지는 않았다. 민간인의 소유권이 계획 대상지 내에 버젓이 살아 있었다.

더 큰 문제는 한국 정부의 자원 동원 역량이었다. 제2차 세계대전 후 서구 제국이 사유재산권보다 공익을 앞세워 강력하게 사회적 자원을 동원했던 경험과는 크게 달랐다. 자원 없는 계획은 결국 실패했다.

얼마 전까지 속 썩이던 뉴타운 계획 지구의 주민들을 생각해보라. 당시라고 달랐을 리 없다. 계획 대상 지역의 토지 소유자 입장에서는 지지부진한 계획 추진에 불만이 쌓였다. 민원은 늘어났고, 도시계획 재검토 요구가 이어졌다.[22] 결국 서울시는 도시계획을 수정한다. 방향은 크게 2가지였다. 우선 구도심 지역 도시계획선을 완화했다. 일부 주요 간선도로만 남겨두고 대부분의 골목길을 계획선상에서 제외해 재산권 행사를 가능하게 했다.[23] 또 세종로 기점 15킬로미터를 서울시에 편입시키되, 사방 5킬로미터마다 주택 공급을 위한 위성도시를 건설하기로 했다.[24]

1950년대 말 서울시 도시계획의 변화를 요약해보면, 도심 기점 15킬로미터로 서울을 확장한다는 방향을 유지하면서, 도시계획의 초점을 구도심 바깥 위성도시로 옮겨 가는 모양새다. 여기에는 전쟁 후 국가적 과업으로서 수도를 정비해야 한다는 주권적 영토 구상과 서울로 몰려든 인구에 대응한 재배치 전략이 중첩되어 있다. 2가지 문제 인식은 1950년대 대서울 계획을 거쳐 1960년대 수도권 스케일의 구성으로 수렴되었다. 계획의 골자는 강북의 구舊서울을 중심으로 한 방사선형 확장과 위성도시 건설이었다. 하지만 자원 동원 능력의 현실적 제약으로 인해 계획의 초점은 구도심 바깥, 특히 한강 이남으로 옮겨 갔다.

결과적으로 '대서울' 설계에서 최우선 대상지는 한강 이남 한강 변 지역이었다. 그러나 당시 한강 교량은 일제강점기에 건설된 제1한강교(한강인도교, 현 한강대교)와 광진교가 전부였다. 경인 간, 경수 간으로 우선 확장한다는 계획도 기반 시설상 제약을 받았다. 이미 일제강점기부터 개발된 영등포 지역을 제외하고 신규 도시 건설이 가능한 지역은 한강인도교 인근 한강 연안과 관악산 서쪽의 안양, 시흥뿐이었다. 현재 강남 지역인 서초구, 강남구, 송파구 중심으로 생각해보면, 이러한 조건은 제3한강교가 구체화되기 전까지 동일하다. 당시 이들 지역을 관할하던 광주군에는 언주면 반포리에 공동묘지 이장 계획이 있을 뿐이었다. 넓은 평지의 광주군은 여전히 인구 재배치 잠재력이 높은 장소로만 남아 있었다.

2. 1963년 확장과 수도 서울의 재구성: 인구 500만 계획과 제3한강교

1) 중앙집권적 영토 생산과 서울

1960년대 초 한국 현대 정치사는 격동을 겪는다. 4·19 혁명과 5·16 쿠데타는 상반된 성격의 두 정권을 1년 시차로 탄생시켰다. 그러나 공교롭게도 이 두 정권은 '국토 건설'이라는 구호를 공유했다. 전쟁과 정치 불안 탓에 지연된 영토 관리가 시급한 과제로 떠오른 것이다. 국가 스케일에서 (인구를 포함한) 각종 자원의 배치와 재배치 전략이 논의되었다. 특히 5·16 쿠데타 이후에는 중앙정부 중심의 강력한 동원 체제가 국가 공간을 규정했다. 지리적 거점은 역시 수도 서울과 동남권 산업 공간이었다. 군부는 국가 스케일에 제도적 권능을 밀집시켜 자원 배분의 효율성과 기능성을 극대화하는 한편,[25] 권력의 장소와 생산의 장소를 형성하고 연결하는 배치 작업을 진행했다. 서울을 비롯한 대도시로 몰려드는 인구를 관리하기 위해 각 권역의 인구 재배치 계획이 수립되었고, 권역 내 순환망을 빠르게 구성했다. 물론 전략의 주도권은 국가 스케일에 있었다.

특히 1960년대 초반 서울과 울산은 중앙정부의 직접 관리 대상으로서 두 도시 맞춤형 행정제도를 고안했다. 박정희 정권의 정책은 산업 부문이나 투자 지역 선정에서 극히 선택적이었고 불균등했다. 울산공업단지와 배후지 개발을 위해 중앙정부 차원에서 '울산건설특별계획국'을 만들어 설치하기도 했다. 지금으로서는 상상하기 어렵지만, 특정 지역을 대상으로 한 선택적 정책을 중앙정부 차원에서 만들어 주도했다.[26] 서울특별시장과 내무부 장관의 자존심 싸움처럼 다뤄졌던 서울특별시 행정 지위 문제도 이러한 관점에서 설명할 수 있다. 1962년 2월 1일부터 시행된 '서울특별시 행정에 관한 특별조치법'에 따르면, 서울특별시장의 지위를 격상해 내각수반 직속하에 두도록 되어 있다. 지금까지의 해석은 윤태일 서울시장과 한신 내무부 장관의 개인적인 감정을 원인으로 보고, 지위 상승에 초점을 두었다. 그러나 거꾸로 보면 서울특별시에 대한 중앙정부의 개입이 더욱 기민하고 직접적으로 이뤄질 가능성이 열리게 되는 것이었다. 실제로 서울시에 대한 중앙정부, 특히 박정희의 관심과 지시는 이후 서울 도시계획의 중요한 장면마다 등장했다. 게다가 군부는 쿠데타 직후부터 서울특별시 지위 변경에 관한 연구를 지시하는데, 구체적으로 서울특별시를 내각수반 직할로 할 경우 발생 가능한 여러 문제를 검토하도록 했다.

이렇게 볼 때, 1963년 서울의 확장은 중앙집권형 영토 생산 차원에서 추진한 국토계획과, 과밀한 서울 인구를 위한 수도권 스케일의 구성 등이 접합한 결과이다. 서로 다른 스케일, 서로 다른 지속 시간을 가지는 영토 통치와 인구 통치의 전략에서 서울, 그리고 강남의 배치는 새로운 의미를 가졌다.

2) 500만 인구 통치를 위한 서울 계획과 제3한강교: 위성도시 남서울

1962년 5월 29일 최고회의에서 서울 도시계획의 향후 방향이 논의되었다. 서울시의 보고로 이뤄진 이날 회의에서 가장 중요한 논제는 20년 후 서울시의 인구를 500만으로 늘리겠다는 계획이었다.[27] 즉, 1982년까지 500만 인구를 가정한 서울시 계획을 수립하겠다는 취지다. 물론 이를 위한 토지 공급처로 한강 이남 지역이 다시 거론되었다. 한강 이남 지역에 위성도시를 건설하겠다는 기존의 주장을 반복한 것처럼 보이지만, 후속 조치는 달랐다. 인구 300만과 500만의 차이가 계획 과정에서 나타나기 시작했다. 두 달여 후 서울대 사범대학교 지리과는 서울시 도시계획위원회의 위촉으로 '서울시역 확장을 위한 기초조사'에 착수한다. 당시 조사 대상지는 한강 이남 14개 면(180여 리)을 아울렀다.[28] 정확한 대상 지역이 거명되지는 않았으나, 당시의 정황이나 이후 확장 구역안을 볼 때, 기존 계획에서 소홀했던 광주군(현재의 서초·강남 지역)도 포함했을 것으로 보인다.

그런데 이 무렵 '한남동 나룻배 전복 사고'로 불린 하나의 사건이 발생한다. 1962년 9월 7일 한남동과 잠실리(현 잠원동)를 오가던 나룻배가 전복되면서 30여 명의 승객이 사망한 것이다. 당시 잠실리와 인근 신사리에는 채소밭이 많아 강북에서 소비하는 야채를 나룻배로 나르는 통행이 잦았고, 왕래하는 인원도 일 평균 2,000명 정도나 되었다고 한다.[29]

일간지면을 떠들썩하게 했던 전복 사고를 계기로 계획상으로만 존재하던 제3한강교가 세간에 알려졌다. 시 당국은 1963년부터 제3한강교 공사를 진행할 예정이었으며, 이미 지질 조사를 끝냈다고 발표한다. 사고 전까지 어떻게 계획되었으며, 실제 추진 시기를 언제로 예정했는지는 알 수 없다. 하지만 계획의 구체적 면면은 뒤이은 중앙정부의 서울시역 확장 발표에서 드러났다. 계획안에 따르면, 신규 편입지는 시흥군 신동면과 광주군 언주면 일대 50제곱킬로미터 지역으로, 주거를 중심으로 한 위성도시 구상의 일환이었다. 현재 강남과 거의 일치하는 이 대상지를 한 일간지에서는 '남서울'이라 불렀다.[30]

실제로는 1966년이 되어서야 착공된 제3한강교였지만, 이 교량의 건설 구상만으로도 남서울 지역은 새로운 기능을 부여받았다. 남서울 지역은 서울 시계 내에 있는 주요 위성도시로 등장했다. 화신그룹 회장인 박흥식은 본격적인 남서울 도시개발안을 정부 당국과 협의하며 제3한강교를 본인이 건설해주겠다는 제안까지 할 정도였다.[31] 결국 제3한강교의 배치는 잠재적 개발지로 존재하던 한강 이남의 동부 지역을 현실화하는 결정적인 계기가 되었고, 이 지역은 '남서울'이라는 이름을 부여받으며 사람들의 심상에 자리 잡기 시작했다.

3. 강남, 국토 종단 개발이 한강을 만나는 곳

이제 조금 더 높은 곳에 시점을 잡자. 서울, 대서울 같은 도시 차원의 시선에서 전 국토를 내려다보는 국가적 시선으로 옮겨보자. 우리는 국토를 종단하는 경부고속도로와 횡단하는 한강을 내려다본다. 두 선이 만나는 곳의 작은 점, 강남이 보인다. 강남과 두 선을 국가적 조감도에서 확인했다면, 다시 지도의 축척을 올려 서울시 차원에서 내려다보자. 이번엔 경부고속도로와 한강이 교차하는 현장, 강남의 면면이 또렷이 보인다. 시점의 이동을 통해서 우리는 수도 서울의 일부분인 동시에 영토적 순환망이 교차하는 강남을 보았다. 여기서 필자는 국가 스케일에서 강남에 배치된 사물과 기호를 살펴본 후, 도시적 기획에 연결하려 한다. 국가적 프로젝트는 두말할 나위 없이 경부고속도로 건설사업이다. 경부고속도로는 미완의 계획으로 남아 있던 남서울 구상을 실현하는 직접적 요인이 되었고, 강남의 물리적 형태까지 결정한 심층의 운동이었다. 그런데 경부고속도로는 또 다른 축의 국가적·도시적인 배치와 맞물린다. 강남을 횡으로 지나는 이 축의 운동은 국가적 수역 개발과 도시 순환망 건설, 나아가 자본의 축적 논리가 결합한 공유수면 개발 과정이다. 실제 한강 개발 과정은 필요에 따라 땜질한 것처럼 보이지만, 강안을 따라 도로를 건설하려는 서울시의 기획과 전국 주요 강을 동원하려는 국가 기획이 접합하는 장이었다. 정리해보면 경부고속도로를 따라 진행된 국토 종단 개발이 한강이라는 횡단 축을 만나는 지점에 강남이 있었고, 이 2가지 거대한 선형 개발이 교차하며 구체적인 강남의 형태를 만들어낸 것이다.[32]

1) 영동, 국토 종단의 시발점

경부고속도로와 강남 개발 간 연결 고리는 이미 잘 알려져 있듯이 토지구획정리사업이다. 당초 정부는 IBRD(국제부흥개발은행) 원조를 통해 경부·경인고속도로 건설을 진행하려 했으나, IBRD 조사단은 전혀 다른 제안을 한다.[33] 기본적으로 이들의 분석은 철도에 비해 도로의 비중이 현저히 낮아 개선이 필요하다는 입장이었다. 고속도로와 관련해서는 한국 정부가 제안한 종축 개발이 아니라 서울-강릉 간, 광주-부산 간 횡축 개발을 우선해야 한다고 주장했다. 한국 정부는 IBRD 조사단의 제안을 무시했다. 한국 정부, 특히 박정희에게 경부고속도로는 통치 합리성을 충족시키는 최적의 과업이었기 때문이다.[34] 정권의 강행 의지가 현실적 문제를 해결할 수 있었을까? 경부고속도

로 재원 마련은 당국과 박정희에게 절박한 과제가 되었다.[35]

1967년 11월, 박정희는 경부고속도로 건설을 위해 다음과 같이 지시한다.[36]

"서울-수원 간은 1월부터 우선 착공하라. (⋯) ① 고속도로 전장을 5개 구간으로 구분하고, 각 구간마다 소요 공사비를 산출할 것, ② **도시 통과 도로는 구획정리사업 방법에 의하고 건설비를 절약할 것**, ③ 부도 설치는 되도록 하지 말 것, ④ 도시 행정구획 외의 **농지 및 산지에 대해서는 경지정리사업 방법을 고려하고**, 필요한 용지대는 도지사에게 보조하는 대신 도지사는 도로 부지를 제공할 것."(강조는 필자)

도시계획에 대한 전문 지식이 없다면 구획정리사업이 의미하는 바를 잘 이해하지 못할 수도 있다. 토지구획정리사업 방식은 19세기 말 독일에서 개발되어 유럽과 일본을 거쳐 일제강점기에 조선에 들어왔다. 19세기 말, 혹은 20세기 초는 물론이고 1960년대 중반까지도 (국가 입장에서) 도로 건설에서 재무적으로 효율적인, 그리고 토지를 일괄 수용하는 방법을 제외하고는 유일한 개발 수법이 구획정리사업이었다.[37] 정부가 토지를 일괄 수용해 구매하지 않고, 사업 지구로 지정하는 것만으로 원하는 도로 부지와 개발 비용을 확보하고 정돈된 형태의 필지를 공급할 수 있는, 시쳇말로 '손 안 대고 코 푸는' 효율적인 방법인 셈이다. 지주 입장에서도 자기 돈 들이지 않고 주변 환경을 정돈하고, 번듯한 도로를 곁에 둘 수 있으니 그만큼의 지대를 더 챙길 수 있는 방편이기도 하다. 정부의 재정이 나빠져 지주의 이익을 덜 돌려주고 정부가 개발 비용에 더 많은 몫을 할애하기도 했지만, 전체적으로는 투기 과열 양상이 있었다.[38]

경부고속도로의 배치는 제3한강교 이남 영동[39] 지구에서 말죽거리

(현재의 양재)까지 이어지는 국가적 구획정리사업의 직접적인 원인이었다. 1960년대 말 남서울로 불리기 시작한 지 채 5년이 지나지 않아 강남은 영동 시대로 접어들었다. 영동 시대는 투기적 도시화의 국가적 동원으로 요약된다. 정부 지출을 최대한 줄이고 민간 자본을 최대한 동원하기 위해 토지구획정리사업 대상 지역에는 대단한 특혜가 줄을 이었다. '개발촉진지구', '아파트지구' 같은 이름을 붙여 각종 세금 혜택과 개발 특혜를 주었다.[40] 지구 지정은 토지 개발을 맡은 건설업체, 해당 지구에 투자하는 민간 투자자를 유인하기 위한 수단이었다. 그런데 이런 식의 재원 동원 방식은 정권의 사업 추진 속도와 맞물려 강남 개발의 물리적 형식을 결정했다.

강남 일대의 토지구획정리사업은 유례를 찾아보기 어려울 정도로 거대한 규모를 자랑한다. **초광역** 토지구획정리사업이 된 데는 이 사업의 성격이 큰 역할을 했다. 애초에 고속도로 건설을 위해 급히 배치된 사업이었기 때문에 구획정리와 관련해 정밀한 계획이 없었다. 처음 1,033만 제곱미터(약 313만 평)였던 예정 구역이 1969년 11월에는 1,417만 제곱미터(약 429만 평)로 확장되었다.[41] 고속도로 용지 30만 제곱미터(9만 2천 평)를 제하고 나면 공공용지 부지가 나오지 않았기 때문이다. 어느 쪽이든 간에 1,000만 제곱미터가 넘는 실로 거대한 규모의 프로젝트였다. 영동 지구부터 말죽거리까지 이어지는 거대한 토지구획정리사업은 순식간에 강남을 신시가지로 세워 올렸다. 생각해보면 해방 이후 1960년대 중반까지 구상, 개념, 이론, 스케치로만 남아있었고, 겨우 남서울이라는 개발 예정지로 배치되었던 강남이 경부고속도로가 배치되면서 콘크리트 옷을 입고 등장한 셈이다. 강남의 심층에 자리 잡은 복잡한 가능성들, 해방 이후 배치된 다양한 상징과 언표, 그만큼 심층에 묻혀 있던 세월의 깊이를 생각하면 강남의 재림은 너무나 순식간에 이뤄졌다. 그만큼 1960년대 국가가 바라본 강남의 입지와 효율성, 종국에 배치한 경부고속도로의 영향력은 거대했다.

2) 강남, 한강 개발의 횡단 축이 지나는 곳

한편, 박정희 정권은 한강을 포함한 4대강 유역을 따라 거대한 개발의 그림을 그리고 있었다. 때는 전력난과 용수난을 해결한다는 목표 아래 다목적댐을 지어 올렸던 시절이다. 1967년 11월 23일 건설부가 각종 자원 개발을 추진하기 위해 수자원개발공사를 설립한 것도 마찬가지 이유에서다. 개발사업을 두고 상공부와 각축을 벌이던 건설부가 수자원개발공사를 세운 것은 강 유역 개발사업에서 주도권을 확보하기 위한 건설부의 전략적 선택이었다.[42] 일견 수자원 개발이 해방 이후 지속된 전력난과 홍수해 등을 해결한다는 소극적 정책처럼 보일 수도 있다. 그러나 "이제껏 부분적으로 실현해오던 국토 건설계획을 근본적으로 다시 수정, 조국 근대화의 기본 설계가 되게 하겠다"며 "하천, 도로, 철도, 항만을 종합적이고 효과적으로 개발할 것"을 주문한 박정희의 주장도 간과할 수는 없다.[43] 대선을 앞둔 시점이긴 했지만, 이런 주장은 같은 해 수자원개발공사를 설립하고 1970년에 4대강 유역 개발계획을 수립하는 등 실질적인 전략과 정책으로 실현되었다는 점에서 일회성 공약은 아니었다. 오히려 경부고속도로와 함께 4대강 유역 개발은 박정희 본인과 당시 집권 세력이 국토 전반에 배치하고자 했던 순환망의 일부분이 아닐까? 즉, 4대강 유역 개발은 통치의 근간이 되는 순환망 배치를 국토계획의 기본 설계로 삼는다는 박정희의 인식이자 당대 집권 세력의 전략적 구상으로 볼 수 있다.

[표 4-1] 한강 변 강변도로 및 공유수면 매립사업에 의한 택지 조성 실적[44]

연도	사업 지역	면적(평)	시행자	처리
1967.3.	강변도로 (강변1로)	2만 4,000	서울시	제1한강교 남단 기점 여의도 입구 까지 3.7km 한강 남안
1967.12.- 1968.6.	강변2로(신길, 당산)	14만 4,000	서울시	강변1로 끝에서 제2한강교(양화 대교)까지 3km 한강 남안
	여의도 윤중제	87만	서울시	시범아파트 1,596호 건설
1968.11.- 1969.6.	동부이촌동	12만 1,827	수자원개발공사	공무원아파트 1,313호, 한강맨션 700호, 외국인아파트 500호 건설
1969.2.	압구정동	4만 8,027	현대건설	도로 용지 6,657평, 제방 용지 1,412평 국가 귀속 후 4만 3평에 현대건설이 아파트 5,909호 건설
1970.4.- 1973.6.	서빙고동	6만 505	공영사	신동아아파트 1,326호 건설(1983년 준공, 분양)
1970.7.- 1972.7.	구반포	18만 9,856	(주)경인 개발	삼부토건, 현대건설, 대림산업 컨소시엄 2만 9,115평 국가 귀속, 16만 241평 매립자 귀속 후 주공에 일괄매수, 99동 3,650호 지어 매각
1978.5.- 1983.5.	구의 지구	13만 7,800	서울시	13만 7,800평 중 5만 621평 현대건설에 양도
1971.2.- 1978.6.	잠실 지구	75만 3,398	(주)잠실 개발	현대·대림·극동·삼부·동아건설 컨소시엄 10만 8,682평 제방 용지 및 도로 국유화 후 64만 4,716평 개발자에 귀속

그런데 4대강 유역 개발은 (파편적이고 일관성 없어 보이는) 서울의 한
강 개발계획에 중요한 배경이 되었다. 장경석[45]의 지적처럼 한강 변
개발은 언뜻 보기에 두서없고 산발적이다. 그러나 손정목 교수는 이
러한 한강 개발을 한강 강변도로 건설사업과 분명하게 연결 짓고 있
다는 점에 주목할 필요가 있다. 1967년 당시 김현옥 서울시장이 발표
한 '한강 개발 3개년 계획'에는 이미 완공된 강변1로를 포함, 강변9로
까지 한강 변 도로 계획이 성안되어 있었다. 수자원개발공사가 개발
한 동부이촌동 지구를 제외하고는 모두 이 강변로 개발을 주요 개발
목적으로 삼았다.[46] 실제 공유수면 개발을 통한 이익을 어떤 용도로
누가 쓸 것인지는 각 지구에 따라 차이가 있지만, 강변을 따라 서울시
의 순환망을 구축한다는 공통의 목표가 있었다. 비록 김현옥 시장 재
임 중에 모든 도로를 완공하지는 못했고, 1970년대 들어 개발 주체
가 다변화되었지만, 한강 변을 따라 진행된 한강의 횡축 개발이 서울
시 차원의 큰 개발 방향이었다는 진단은 틀리지 않다. 압구정과 구반
포, 잠실 등 훗날 강남 3구의 중요한 아파트지구가 서울시 차원의 한
강 개발 전략에 의해 배치되었다는 점은 분명해 보인다. 그리고 새삼
스럽지만 1967년은 정권 재창출을 염원하던 박정희의 4대강 개발계
획, 거대한 국토 횡단의 전망이 바람을 일으키던 바로 그때였다. 결국
서울의 한강 개발계획을 박정희 정권의 4대강 개발계획이라는 큰 그
림과 겹쳐 놓은 상태에서 강남의 입지를 본다면, 앞서 살핀 경부고속
도로라는 종축과 한강이라는 횡축이 만나는 곳에 강남이 있다. 강남
은 국가적 기획과 도시적 기획이 만나는 동시에 국토 횡단 축과 종단
축이 만나는 거대한 개발이 중첩되어 배치된 장소였다.

IV. 결론

이 글에서 필자는 하나의 도시, 혹은 그 일부가 만들어지는 꽤 복잡하고 역사적인 과정을 묘사했다. 이론적으로는 도시 어셈블리지에 작용하는 통치 기제를 확인하는 한편, 경험적으로는 한국 도시화의 역사적 장소로서 강남의 형성 과정을 설명하는 작업이었다. 결과적으로 강남의 생성은 특정 주체가 특정 전략에 따라 만든 단일한 설계도로 해명할 수 없다. 현재의 강남이 경기도 광주였던 시절부터 강남이라 불릴 때까지 여러 차례의 '강남 만들기'가 있었고, 각각의 시도마다 나름대로의 전략과 그것을 정당화하는 지식·권력이 작동했다. 강남은 대서울의 미래이기도 했고, 수도권으로 확장하는 징검다리이기도 했으며, 경부고속도로의 시발점이자 한강 연안 개발의 중추이기도 했다. 그러는 동안 강남이라는 이름과 함께한 의미와 사물의 배치는 각각의 담론과 합리성에 따라 재구성되었고, 강남 어셈블리지는 생성의 연속선상에 있었다. 기호건 사물이건 새로운 배치는 강남 어셈블리지에 새로운 의미와 형상을 부여했다. 제3한강교는 이런 식의 배치와 재구성이 어떻게 구현되는지 더없이 잘 보여준다. 처음엔 서울 도심과 채소 산지를 잇는 연결망으로, 다음엔 서울시역 확장을 위한 포석으로, 최종적으로는 경부고속도로를 서울 도심과 연결하는 장치로 배치의 의미와 방식이 변화했다.

강남은 아파트 단지와 지구, 테헤란로, 8학군 등 복잡한 의미의 배치와 연결이 뒤엉켜 생성되어 왔다. 국가 스케일과 지역(수도권) 스케일, 서울 스케일에서 강남의 의미는 상이했고, 동일한 평면상에 각각의 전략과 실천이 중첩되었다. 배치의 연쇄와 새로운 접합 면에서 어셈블리지는 재구성되었다. 지속되었으나 동질적이지 않은 비선형의 과정이 어셈블리지였다. 도시 내 특정 장소 기획에서, 서울 전체를 대상으로 한 도시계획적 구상에서, 서울을 넘어서는 국토 전반의 전망에서, 그리고 최근에는 글로벌 스케일의 자본 기획에서 강남을 구성하는 다양한 장치가 등장했다. 이것은 단순한 퇴적이 아니다. 장치들은 서로 간에 관계의 변형이 일어나고, 이전과 다른 의미가 새로운 배치의 설계 위에 나타난다. 이미 배치된 사물과 그들의 연결은 때로는 부분적으로, 때로는 전체적으로 탈영토화되고 재영토화되었다.

결국 '강남 만들기'와 '강남 따라 하기'라는 이 책의 주장은 역사적으로 고유한 어셈블리지로서의 강남의 등장, 그것이 재현된 강남이라는 복수의 심상들, 끝으로 그 심상들이 강남 이외의 다른 장소에서 그곳에 존재하던 어셈블리지에 결합하는 방식과 같다. 늘 '값싸게 효율적으로'를 추구해온 발전주의적 통치 논리 위에 다양한 강남(들)이 부유했다. 그 강남들이 개개인의 투기적 욕망에 들러붙어 만들어낸 새로운 어셈블리지가 여전히 지방 곳곳에 등장한다. 물론 지방의 도시 어셈블리지에 왜 강남이 배치되었고, 어떻게 구현되는가는 여전히 연구 과제이다. 왜 우리는 우리 도시의 어셈블리지에 강남의 표상을 배치했는가? 그것은 어떻게 정당화되었는가? 그리고 우리는 그 속에서 어떻게 통치받았는가? 이 질문들은 우리의 도시화를 해명하기 위한 중요한 실마리가 될 것이기에 향후 더 많은 논의와 연구를 기대해 본다.

5장 강남 개발과 강남적 도시성의 형성
: 반공 권위주의 발전국가의 공간선택성을 중심으로

지주형

I. 서론

이 논문은 한국의 압축도시화의 한 사례이자 표준으로서 서울의 강남이 어떻게 형성되었는지 설명하는 것을 목적으로 한다. 강남 및 강남 스타일의 도시화는 유례를 찾아볼 수 없을 정도로 급속한 도시화가 진행되었다는 점에서, 그 이전의 한국의 도시화 양상 및 서구의 도시와 구별된다는 점에서, 그리고 현대 한국에 정치적·경제적·문화적으로 매우 중요한 하나의 모델을 제공한다는 점에서 연구의 가치가 매우 크다. 하지만 그럼에도 강남의 독특한 도시성urbanism이 어떠한 사회적 조건에서 어떻게 형성되었는지에 대한 연구는 그리 많지 않은 편이다. 이 글에서는 먼저 선망되는 물질적 풍경이자 생활양식으로서의 강남적 도시성의 특징을 서술하고, 이러한 강남적 도시성의 원형이 한국의 반공 권위주의 발전국가 전략이 지닌 공간선택성 속에서 1960년대에서 1970년대에 걸쳐 매우 짧은 시간에 압축적으로 형성되었음을 보일 것이다. 이를 위해 2절에서는 강남의 위치와 이미지가 사회적으로 다양하게 표상될 수 있음을 보이고, 강남을 물질적인 동시에 사회문화적인 공간이라고 규정할 것이며, 3절에서는 다른 도시성들과 역사적·지리적으로 구별되는 강남의 독특한 물질적·사회문화적 도시성에 대해 서술할 것이다. 4절에서는 공간의 사회적 생산을 설명하기 위한 이론적 개념인 '전략적 선택성'과 '공간선택성'을, 5절에서는 국가 공간 전략의 선택과 도태 과정으로서 강남의 개발 과정을 설명할 것이며, 6절과 7절에서는 한국 반공 권위주의 발전국가의 공간선택성 및 그 한 결과로서의 강남적 도시성의 형성을 보여줄 것이다.

II. 강남의 위치와 이미지

지리적으로 강남은 한강의 이남 동쪽을 가리키는 말로서, 언론에서는 100만이 넘는 인구를 가진 강남구, 서초구, 송파구를 통상 '강남' 또는 '강남 3구'라고 부른다. 이 지역은 본래 남서울, 또는 영등포의 동쪽이라는 의미에서 영동으로 불린 지역으로, 이는 강남이 강북을 중심으로 했던 서울의 역사에서 가장 최근에 서울로 편입되었음을 의미한다. '강남'이라는 말이 널리 쓰이게 된 것은 1963년 서울시 행정구역이 확대되면서 성동구와 영등포구의 일부로 편입되었던 이 지역이 1975년 강남구로 분구되면서부터이다. 이후 1979년 강남구에서 강동구가 분구되었으며, 1988년 강남구에서 서초구가 분구되고, 강동구에서 송파구가 분구되었다. 그중 강남구에 근접한 송파구가 강남구와 서초구에 버금가는 중산층 주거 지역으로 떠오르면서 현재의 이른바 강남 3구가 형성되었다.

하지만 강남은 단순히 '강남구'의 원 행정구역 경계를 가리키는 말이 아니다. 예를 들어, 본래 '강남구'의 일부였던 현 강동구는 강남 3구에 속하지 않는다. 반면에 동작구의 일부였던 반포동 등은 행정적으로나 관념적으로나 현재 강남에 속한다. 강남을 강남으로 만드는 것은 옛 행정구역이 아니라 그 공간의 정치적·경제적·문화적 의미와 특성이다. 즉, 강남이란 사회에서의 공간적 실천을 바탕으로 사람들의 환경과 심상 속에 존재하는 공간으로 존재한다. 따라서 사회적 위치와 관점에 따라 강남이라는 공간은 매우 다르게 표상될 수 있다. 이동헌·이향아[1]의 연구에 따르면, 강남 3구의 거주민은 자신이 사는 곳을 중심으로 강남의 지리적 범위를 비교적 좁게 잡는 반면, 강남 3구 외부에 거주하는 사람들은 강남의 범주를 강남 3구를 포괄하여 비교적 넓게 잡는 경향이 있다. 이는 강남이 갖는 특권적 이미지와 관련이 있다. 강남 거주민의 경우에는 강남을 다른 지역과 구별하는 동시에 자신의 거주지를 그러한 특권적 공간으로 표현하고 싶어 한다. 반면, 강남 외부에 사는 사람들은 강남의 지리적 범위를 비교적 넓게 그림으로써 자신도 언젠가는 강남 주민이 될 수 있다는 희망을 표현한다.

그렇다면 정치적·경제적·문화적 공간으로서의 강남은 어떤 특징을 지닐까? 현대 한국에서 강남이라는 기호는 특권, 지배계급, 전문직 고소득층과 부유층, 명품 소비 등을 표상한다. 대중매체 속의 강남은 정확히 그러한 모습을 그려낸다. 〈청담동 앨리스〉, 〈강남스타일〉, 〈강남 1970〉 등 한국에서는 유독 강남이 대중문화의 소재이자 배경으로 자주 등장하며, 이는 물론 앞에 서술한 다양한 기표들을 표현하기 위한 것이다.

흥미로운 것은 지리적 공간으로서의 강남뿐만 아니라 특권화된 정치·경제·문화 공간으로서의 강남도 사회적 관점과 위치에 따라 다르게 표상된다는 것이다. 역시 이동헌·이향아[2]의 연구에 따르면, 강남에 살지 않는 외부인은 강남이라는 기호로부터 주로 '초고층 주상복합', '개발·재개발', '부동산 투기', '부유층', '졸부' 등과 같이 물질적이고 경제적인 것들을 떠올린다. 문화적인 측면에서도 물질적 능력을 바탕으로 한 '외제 차', '명품', '사치', '성형' 등 표면적인 화려함을 떠올린다. 이렇게 강남의 지배적인 표상이 물질적·경제적인 것인 한, 그것은 다른 지역에서도 쉽게 복제될 수 있는 것이 된다. 강남의 이미지를 부정적으로 평가하는 사람들도 상당수는 물질적 풍요를 바탕으로 한 문화, 편의, 교통, 특권적 이미지 등을 이유로 강남에 사는 것을 선망하는 이중적 태도를 보이고 있다. 이렇게 강남이 선망의 대상이 되는 한, 강남은 한국에서 도시적 삶의 중요한 모델이 된다. 즉, 강남이 아닌 다른 도시에서도 1차적으로 '문화', '편의', '교통'뿐만 아니라 '초고층 주상복합', '외제 차', '개발·재개발', '부동산 자산 가치 상승' 등과 같은 물질적인 것들이 추구된다.

이와 대조적으로 강남 거주자는 물질적인 측면보다는 다른 사람들이 따라 하기 힘든 강남만의 구별되는 문화적·사회적 생활양식을 강조한다. 즉, 직업과 지위로부터 나오는 '세련', '편리', '쾌적', '여유', '교양'이나 '학력', '재력', '지위', '백(연줄)'을 떠올리는 것이다.[3] 강남 거주자가 문화를 강조하는 것은 일종의 '구별 짓기' 전략이다.[4] 쉽게 복제가 불가능한 문화적 스타일을 강남의 핵심으로 규정함으로써 강남이란 외부인들이 설사 돈이 있더라도 쉽게 모방할 수 없는 것으로 인식된다.[5]

이렇게 볼 때 모두가 동의하는 단일한 강남이란 존재하지 않는다. 그것은 주로 경제적·물질적으로 표상되기도 하고, 문화적인 것으로 표상되기도 한다. 또한 그것의 공간적 범위도 서초, 강남, 송파 전체를 아우르는 넓은 범위에서 강남 거주민 자신이 거주하는 지역을 포함한 비교적 협소한 범위까지 다양하게 표상된다. 분명한 것은 강남을 물질적·경제적 측면을 통해서만 파악하거나 문화적 측면을 통해서만 파악해서는 안 된다는 점이다. 마누엘 카스텔Manuel Castells[6]은 도시를 노동력 재생산을 위한 "집합적 소비재(학교, 의료, 교통, 주택 등)"라고 주로 물질적 측면에서 규정한다. 이와 같은 규정을 강남에 적용해본다면, 강남의 물질적 특성이 중간 및 상위 계급의 재생산에 기여하는 한, 우리는 강남 또한 독특한 형태의 "집합적 소비재"라고 할 수 있을 것이다. 한편, 이와 대조적으로 시카고학파의 워스[7]는 도시의 특징을 그 특유한 생활양식으로 규정한다. 앞으로 보겠지만 워스의 기본적 관점을 응용하면 강남 또한 사회적 상호작용에서 경쟁, 사적 몰입, 공적 무관심 등을 특징으로 하는 특유한 생활 및 상호작용의 양식으로 규정할 수 있을 것이다. 그러므로 이 연구는 강남의 고유한 도시성을 그 특유한 물질적 공간과 사회적 공간, 이 2가지의 결합으로 규정한다.

Ⅲ. 물질적 공간과 사회적 공간으로서의 강남적 도시성

1. 물질적 공간으로서의 강남

첫째, 강남이라는 물질적 공간에서 아마도 가장 먼저 눈에 띄는 것은 고급 고층 아파트 단지일 것이다. 강남의 아파트 단지는 보통 10여 동 이상, 500-1,000세대가 거주하는 대규모 단지와, 엘리베이터가 필수이고 아름다운 경관을 사유화하는 고층을 특징으로 한다. 아파트 건설이 군사정권기부터 시작되었기 때문에 '군대 막사를 연상시키는 일렬횡대'로 늘어선 아파트 대단지를 외국인들이 군사 시설로 오인하는 경우도 있었다고 한다.[8] 아파트 단지는 일반적으로 페리C. Perry의 근린주구neighborhood unit 구상에 따라 내부에 관리사무소, 상가, 병원, 놀이터, 학교 등 근린 생활 시설을 완비하고 있어 출근, 쇼핑 등을 목적으로 한 외출을 제외하면 단지 밖으로 나가지 않고도 생활이 가능하다.[9] 단지 밖에 공공시설이 부족한 상황에서 아파트 단지는 최선의 주거를 제공한다. 공적 필요를 단지 내에서 사적으로 해소할 수 있는 수단을 제공하는 것이다.[10] 또한 아파트 단지는 방범, 보안, 난방 등에서 단독주택보다 편리하며, 이에 따라 가정주부, 직장 여성 등 가사에 대한 사회적 기대가 높은 여성들이 더욱 선호한다. 이렇게 단독주택에서는 누릴 수 없는 다양한 시설과 편리성을 제공하기 때문에 아파트 단지는 중간층 이상의 주거 공간으로 선호되고 있으며, 강남의 아파트 개발은 그러한 선호를 대중적으로 확산하는 역할을 했다.[11]

둘째, 강남이라는 물질적 공간에서 다음으로 두드러지는 것은 여러 정부 기관, 명문 고등학교, 재벌 기업 본사, 문화 시설, 의료 시설 등이다. 이는 서울의 다른 주거 지역과는 크게 구별되는 특징이다. 먼저 공공 기관으로는 검찰청, 한국무역관광공사 등이 있으며, 경기고, 경기여고, 서울고, 숙명여고, 휘문고, 중동고와 같이 대학 입시 성적이 뛰어난 전통의 명문 고등학교들이 모여 있다. 게다가 삼성(강남역), 포스코(삼성역), LG(양재역), 교보타워(강남역) 등 상당수 재벌 기업의 본사가 있으며, 최근 현대자동차도 막대한 돈을 들여 삼성동 한국전력 부지를 매입하여 본사 이전을 준비 중이다. 또한 강남구에는 1990년대 이후 한국 ICT 산업을 주도했던 '테헤란 밸리'가 있다. 강남에는 삼성병원, 아산병원, 가톨릭대 서울성모병원, 영동세브란스병원 같은 최첨단 시설의 대형 병원도 집중되어 있다. 끝으로 문화체육 시설로 서초에는 예술의 전당이, 전시 시설로 삼성동에는 코엑스가, 그리고 잠실에는 잠실종합운동장을 포함해 88올림픽 개최를 위해 건설했던 다양한 스포츠 시설이 있다.

세 번째로 들 수 있는 물질적 공간으로서의 강남의 특징은 지리적으로 서울의 동남쪽에 치우쳐 있음에도 서울 교통의 중심이자 전국적 교통의 중심이 되어가고 있다는 점이다. 이는 위에 언급한 여러 기관과 기업들, 시설들로 인해 강남이 사회경제적 권력의 중심이 되었으며, (출퇴근을 포함한) 강남에 대한 연결의 수요가 그만큼 높다는 것을 의미한다. 우선 지하철 2·3·7·9호선, 분당선, 신분당선이 강남을 통과한다. 서울 시내에서 이렇게 많은 지하철 노선이 통과하는 곳은 없다. 또한 고속버스터미널과 남부화물터미널이 위치해 있어 전국적으로도 중요한 교통의 요지다. 최근에는 경기급행철도GTX와 KTX 수서역 건설로 전국의 철도 또한 강남에 연결되고 있는 중이다.

넷째, 이러한 각종 시설과 편리한 교통을 바탕으로 강남은 서울의 대표적인 중산층 주거 지역으로 발전했다. 물론 대부분이 논밭이었던 1960년대, 아니 반포아파트와 압구정동 현대아파트가 건설되었던 1970년대만 하더라도 강남 대부분의 지역은 미개발된 상태였다. 하지만 강남 개발이 본격화되면서 당시 상류층을 대상으로 했던 반포와 압구정뿐만 아니라 잠실, 서초, 방배, 개포, 대치 등 강남 곳곳에 고층 아파트 단지가 들어서면서 강남은 대표적인 중산층 주거 지역으로 발전하게 되었다. 그리고 2000년대 이후 도곡동에 고급 주상복합 아파트인 타워팰리스가 들어서면서 강남은 중산층뿐만 아니라 상류층 주거 지역으로 부상하게 되었다. 한 연구에 따르면, 1970년대까지만 해도 서울 엘리트층의 약 50퍼센트는 강북에 거주했다. 하지만 2001년 기준으로는 파워엘리트의 48퍼센트가 강남에 거주하고 있다.[12] KB금융지주 경영연구소[13]에 따르면, 금융 자산 10억 이상의 한국 부자 18만 2천 명 중 약 8만 2천 명(45.2퍼센트)이 서울에 거주하며, 그중 강남 3구 주민은 3만 명으로 37.0퍼센트를 차지하고 있다. 그리고 이러한 강남의 물질적 공간은 강남만의 독특한 도시적 문화와 생활양식과 결합되어 있다.

2. 사회적 공간으로서의 강남: 문화와 생활양식

강남의 물질적 경관과 배치는 강남의 문화 및 생활양식과 분리할 수 없는 것이다. 물질적 공간은 그것의 물질적 힘으로 문화와 생활양식을 형성하고, 문화와 생활양식은 사회적 의미를 물질적 공간에 부여함으로써 그것을 사회적 공간으로 (재)생산한다. 이러한 의미에서 물질과 문화의 결합으로서의 강남의 핵심적인 경제적 생활양식을 먼저 살펴볼 필요가 있다.

첫째, 한국의 다른 지역과 마찬가지로 중산층 이상 강남 주민의 경제적 부의 기초가 되는 것은 부동산 자산이다. 강남의 아파트 대다수는 웬만한 근로소득을 모아서는 구입이 불가능할 정도로 서울 시내의 다른 지역들에 비해 가치가 높은 편이다. 게다가 강남 아파트는 마치 삼성전자 주식과 같이 '우량주'나 '대장주'로 간주될 정도로 환금성이 좋고, 경기가 좋을 때는 가장 많은 수익을 내고 불황기에도 다른 곳에 비해 하락률이 제일 낮은 편이다.[14] 이렇게 볼 때 강남의 아파트는 거주 수단일 뿐만 아니라 자산 증식 수단으로서도 의미가 크다.[15]

둘째, 자산계급으로서 강남 유권자의 정치적 성향은 대체로 보수적이라 할 수 있다. 물론 높은 교육 수준 때문에 자유주의적 또는 좌파적 성향을 가진 이들, 이른바 '강남 좌파'도 꽤 있다.[16] 하지만 실제 선거 결과를 보면, 강남은 서울에서 꾸준하게 보수 정당을 지지해온 유일한 지역이다. 1996년 15대 총선에서 무소속 홍사덕 후보 외에 모두 신한국당 후보가 당선된 이후, 2000년 16대 총선부터 2012년 19대 총선까지는 강남의 모든 선거구에서 한나라당 또는 새누리당 후보만 당선되었다. 2016년 20대 총선에서는 강남 을과 송파 을 선거구에서 야당에 의석을 내주었지만, 5개 선거구에서는 새누리당 후보가 당선되었다.[17]

셋째, 강남에서의 성공을 통해 전국적으로 확산된 아파트 단지는 종래의 마을 공동체에 비해 단지 내 교류가 훨씬 제한적이다. 같은 아파트에 살지만 이웃과의 교류는 선택적이며, 주변에 누가 사는지 모르는 경우가 대부분이다.[18] 그리고 설사 단지 내에서의 교류가 활발하다 할지라도 이는 단지라는 좁은 사적 공간에 대한 몰입일 뿐이다. 외부 차량 단속에서 볼 수 있듯이 아파트 단지는 다양한 방식으로 외부인의 접근과 출입을 제한하는 '성채 사회gated community'를 형성하고 있다. 다른 방향에서 보면 이는 아파트 단지가 위치한 지역의 공공 문제에 대한 관심과 참여가 소극적이라는 것을 의미한다.[19]

넷째, 자산 효과에 기초한 강남의 사회와 문화는 소비적이고 물질주의적일 뿐만 아니라 경쟁적·과시적이다. 우선 대체로 비슷한 구조로 이뤄진 아파트는 계급 간 '구별 짓기'를 위한 인테리어 경쟁과 대형 평수 선호를 자극한다.[20] 때로는 아파트 평수 및 주거 형태(소유냐 공공임대냐)에 따른 배제와 차별이 일어나기도 한다. 한 연구에 따르면, "학생들 간에 거주 지역과 아파트 평수를 기준으로 '우리'와 '그들'을 구분하는 사례도 드물지 않고, 주택의 규모가 계층 및 계급의 인지와 의식의 기초가 되고 있기도 하다. (…) '심지어 같은 현대(아파트)라도 30평형 정도의 아파트를 두고는 '달동네'라고 부르는 아이도 있고 어른도 있다.'"[21]

이러한 경쟁과 배제는 비단 주택에 그치지 않는다. 경쟁의 최전선에 있는 것은 교육이다. 1980-1990년대 입시 명문 8학군으로 명성을 떨쳤던 강남은 자산 소득을 바탕으로 2000년대 초부터 사교육의 메카로 등장한다.[22] 그 중심에 있는 것은 대치동 학원가이고, 그 밖에도 강남은 학원의 천국이라 부를만하다. 교육뿐만 아니라 외모도 경쟁의 대상이 된다. 압구정역 부근은 세계적으로도 희귀한 성형수술 산업 클러스터를 이루고 있으며, 성형외과, 피부과, 헤어숍, 화장품 매장이 밀집되어 있는 청담, 압구정, 신사 일대는 일명 '강남 뷰티 벨트'라고 불린다. 나아가 자산 효과에 기초한 과시욕은 고급 외제 차 구매를 확대했을 뿐만 아니라, 초호화판 고급 호텔 결혼식을 확산시키면서 웨딩숍의 중심을 이화여대 부근 북아현동에서 청담동으로 이동시키기까지 했다. 또한 강남의 소비문화는 매우 화려한 유흥과 밤 문화를 발전시켰다. 1970-1980년대에 룸살롱, 나이트클럽 등이 강남에 몰려들었고, 민주화, 자유화에 따라 1990년대에는 신사동의 카바레와 압구정동을 중심으로 한 오렌지족, 야타족 등이 이슈가 되었다.[23] 유흥 문화의 중심으로서, 2000년대 이후 저성장과 불경기에도 수많은 사람으로 붐비는 강남은 아마도 야간에 서울 시내에서 택시 잡기가 가장 어려운 곳 중 하나일 것이다.

끝으로, 강남의 물질적 특성뿐만 아니라 여기에 소개한 경제적·문화적·사회적 특성은 앞서 언급했듯이 강남 밖에 사는 많은 사람에게 속물적 선망의 대상이 된다. 이러한 의미에서 강남적 도시성은 강남에만 국한되지 않는다. 강남의 경제적·문화적 성공은 아파트를 소유해야만 한다는 당위와 더불어 그것을 다른 지역에서도 복제하려는 욕망을 낳았고, 이를 모태로 1980년대부터 1990년대에 걸쳐 목동, 상계동, 분당, 일산, 용인 등지에 강남을 모방한 동시에 보다 발전시킨 신도시들이 건설되었기 때문이다.[24]

3. 강남적 도시성의 역사적·지리적 독특성

요약하면, 강남적 도시성이란 압축도시화, 고급 고층 아파트 단지, 다양한 공공 기관, 재벌 기업의 본사, 학교, 병원 및 문화 시설 등의 도시 인프라, 교통의 중심이라는 물질적 특성과, 중간 계급과 상위 계급의 거주공간이자 환금성 높은 자산 증식 수단으로서의 아파트, 거주민의 정치적 보수성, 단지의 사적 몰입과 공적 문제에 대한 무관심, 학력과 외모 등에 대한 경쟁, 자동차와 결혼 등에서의 과시적 소비, 발달된 유흥 문화, 그리고 전국 각지에서의 강남적 도시성의 명시적 모방과 확산 등과 같은 경제적·정치적·사회문화적 특성의 결합으로 서술될 수 있다.

이 중에서 역사적·지리적으로 강남만의 비교적 독특한 특성으로 꼽을 수 있는 것들은 물질적인 측면에서는 고급 고층 아파트의 경관, 아파트의 환금성 높은 자산 증식 수단의 성격, 중상계급이 선호하는 주택 형태로서의 아파트이고, 생활양식적 측면에서는 정치적 보수성, 경쟁주의, 주거 지역에서의 유흥 문화의 집중, 전국에서의 강남에 대한 명시적 모방 등이다. 물론 이 모든 것은 개별적으로 보았을 때 강남에서만 관찰되는 것은 아니다. 하지만 이들의 화학적 결합은 강남을 어디에서도 쉽게 찾아볼 수 없는 충분히 독특한 도시로 만든다([표 5-1] 참조).

강남적 도시성은 한국의 전통적 주거 문화나 사회적 상호작용 방식에서 크게 벗어나 있다. 본래 1960년대 중반까지만 해도 대중의 아

[표 5-1] 강남적 도시성의 역사적·지리적 독특성

	역사적·지리적 비교	대안적 도시성들	강남적 도시성
물질적 공간성	도시화의 양상	점진적 도시화	압축도시화
	전형적인 선호 주택 유형	단독주택 또는 반독채	고급 고층 아파트 단지
	아파트의 전형적 거주자	서민, 저소득층	중간 또는 상위 계급
	아파트의 전형적 소유 형태	(서구) 공공소유 임대 주거 수단	사적 소유 또는 전월세 임대 자산 증식·투기 수단
공간의 사회적 특성: 문화와 생활양식	정치적 성향	진보와 혁신	자산 기반 보수성
	공·사 균형	(과거 한국) 공동체	사적 몰입과 공적 무관심
	경쟁 문화	상대적으로 약한 경쟁주의	심화된 학력·외모 지상주의 등 경쟁주의
	유흥 문화	도심 중심의 유흥 문화	주거 지역의 유흥 문화
	로컬리티의 특성	로컬리티의 고유성 유지·생산	획일적인 전국적 모방과 확산

파트에 대한 선호는 그리 높지 않았다. 아파트는 한국의 전통문화와 어울리지 않았기 때문이다. 당시 한 가정주부는 아파트의 구조가 독립된 방을 요구하는 대가족 제도와 김장을 담그는 데 부적합하다는 것을 지적한 바 있다. 겨울에 김장독을 땅에 묻어야 했기 때문에 마당이 필요했지만, 아파트에는 장독이 얼어버리는 베란다만 있을 뿐이었다.[25] 사실 당시에 중산층이 욕망했던 주택은 아파트가 아니라 2층 양옥집이었다.[26] 1970년대만 하더라도 강남의 아파트를 구입하는 것은 아파트라는 주택 형태를 딱히 선호해서라기보다는 내 집 마련을 위한 것에 가까웠다. 하지만 불과 수십 년 만에 아파트는 가장 선호되는 주택 유형이 되었다. 고층 아파트에 살면 중산층이나 상류층, 단독주택에 살면 서민이라는 인식까지 있을 정도다.[27]

아파트에서의 사적 몰입과 공적 무관심도 새로운 현상이다. 본래 한국은 농촌 공동체와 도시에서의 골목길 공동체가 잘 형성되어 있었고, 아파트 도입 초기에도 이와 같은 것이 비교적 잘 형성되어 있었다. 새로 이사 온 이들은 떡을 돌렸고, 같은 아파트에 살던 아이들은 서로 잘 어울렸다.[28] 그러나 강남적 도시성이 완성된 지금은 같은 아파트에서 아는 사람 한 명 찾기 어려우며, 떡을 돌리지도 않고 받지도 않으려 든다.[29] 부모와 아이들은 친구가 되기는커녕 아파트의 평수나 소유 형태(소유냐 임대냐)를 갖고 배제와 차별을 일삼는다.[30] 이런 단절적이고 차별적인 문화 속에서 학력·외모 지상주의는 갈수록 심화될 뿐이다. 게다가 자산 가치가 가장 중요한 기준이 되는 한, 전국 각지에서는 로컬리티의 고유성을 지키는 대신, 개인과 집단 모두 자산 증식을 위해 모든 노력을 기울이며, 이때 강남은 가장 중요한 현실적 참조 기준이 된다.

강남적 도시성은 서구의 지배적인 도시성과 주거 형태와도 큰 차이를 보인다. 무엇보다도 서구에는 강남과 같이 단 20년 만에 주변부 논밭에서 사회의 중심부로 성장한 압축도시화의 사례가 많지 않다. 한국의 압축도시화는 서구에서는 찾아보기 힘든 압축성장의 결과물이기 때문이다.[31] 사실 처음에 강남 개발은 교외 개발의 성격을 띠었다. 초기에 강남에 아파트를 구입해 들어가는 중산층도 강남이 서울이라는 인식은 약했던 것으로 보인다. 앞으로 보겠지만, 그럼에도 강남은 서구와 달리 국가의 선택적인 개입으로 행정, 기업, 교육, 문화의 중심으로 성장할 수 있는 토대를 닦을 수 있었다.

강남과 한국의 아파트에 대한 인식과 실천도 서구와 크게 차이가 난다. 서구에서 중산층이 주로 선호하는 주택 형태는 아파트가 아니라 단독주택이다. 이는 서구에서 아파트가 주로 서민과 저소득층을 위한 공공 소유 임대주택이기 때문이다. 프랑스의 지리학자 발레리 줄레조Valérie Gelézeau[32]에 따르면, 프랑스에서 1950-1960년대에 건설된 도시 주변 지역의 대단지 아파트는 "관리 부실, 볼품없는 건축미, 저급한 생활환경"이라는 문제를 안고 있으며 "'대단지 아파트 = 도시 문제 발생 지역'이라는 도식은 (…) 서구 도시의 상징체계 안에서 당연"하게 받아들여지고 있다. 또한 미국인의 80퍼센트 이상은 "정면에 개방된 잔디밭이 딸린 단독주택"에 살며 "앵글로색슨식 거주 공간 모델에는 아파트 단지가 존재하지 않는다." 물론 서구에도 한국과 비슷하게 도심의 고급 아파트condominium에 중산층 이상의 계층이 사는 경우가 있다. 그러나 그 경우도 한국처럼 자족적인 기능을 갖춘 대규모 고층 아파트 단지는 아니다. 게다가 한국과 달리 서구의 한적한 교외나 시골로 가면 고층 아파트가 거의 없다. 서구에서 아파트가 강남 아파트처럼 '대장주', '우량주'에 비교되는 일도 드물다. 더구나 서구에는 노골적인 학력·외모 지상주의와 이를 둘러싼 경쟁 같은 것도 드물거나 상대적으로 약하다. 주거 지역에 유흥 문화가 침투하고 모든 도시가 중심부를 획일적으로 모방하는 일도 거의 없다.

그렇다면 이렇게 역사적·지리적으로 독특한 성격을 가진 강남적 도시성은 어떻게 형성되고 전국적으로 확산되었을까? 필자가 보기에 그것의 원형은 한국의 국가 주도 경제개발 과정을 통해 대부분 형성되었다. 한국 반공 권위주의 발전국가의 경제개발 과정은 특정한 형태의 공간과 공간적 실천을 특권화하는 성격, 즉 특정한 '공간선택성'을 가지고 있었고, 그것이 강남의 개발과 강남적 도시성의 형성으로 귀결된 것이다. 따라서 아래에서는 강남적 도시성의 형성 과정을 한국의 반공 권위주의 발전국가의 공간선택성을 중심으로 설명할 것이다.

IV. 공간의 사회적 생산: 전략적 선택성과 공간선택성

프랑스의 마르크스주의 사회학자 르페브르에 따르면, 공간은 중립적으로 존재하지 않는다. 그것은 사회적 생산물이다. 그에 따르면, 새로운 형태의 국가, 새로운 형태의 정치권력은 그 나름의 공간 구획 방식을 가진다.[33] 여기서 "나름의 공간 구획 방식을 가진다"는 것은 공간이 국가와 정치권력에 따라 여러 방식으로 구성될 수 있다는 뜻이다. 이는 도시 공간에도 마찬가지로 적용된다. 하나의 도시가 특정한 형태와 모습을 취하게 되는 것에는 자연적 환경, 경제적 합리성 등도 작용하지만, 동시에 그러한 도시를 실제로 만드는 사회의 성격, 그리고 그러한 사회의 성격을 규정하는 정치적 구조와 과정, 권력관계 또한 크게 작용한다. 특히 강남 개발의 경우에는 강남이 다른 지역보다 특별히 자연적 환경이나 입지가 더 뛰어나거나, 강남 지역 개발이 다른 지역의 개발에 비해 경제적으로 더 합리적이었다고 볼만한 부분이 거의 없다. 그만큼 강남 개발에는 사회적·정치적 요인이 강력히 작용했다고 볼 수 있다. 그렇다면 공간은 어떻게 사회적·정치적으로 생산될까?

공간이 사회적·정치적으로 생산된다는 것은 그러한 공간이 자연법칙에 따르는 것처럼 필연적으로 형성되는 것도, 그렇다고 정반대로 순전히 우연적으로(예를 들면, 특정 개인의 의지에 따라) 형성되는 것도 아니라는 것을 뜻한다. 공간의 사회적 생산에는 필연성과 우연성이 얽혀 들어가 있다. 좀 더 정확히 표현하면, 과거가 축적된 구조적이고 물질적인 조건 속에서 현재의 행위자들이 전략적·성찰적으로 행위(투쟁, 경쟁, 협력 등의 상호작용)하는 과정에서 사회적 공간은 생산된다. 구조와 전략적 행위가 변증법적으로 상호작용하는 이러한 과정은 특정한 사회적 세력의 균형을 만들어내고, 그에 따라 특정한 공간(성)과 공간적 실천을 차별적으로 특권화하게 된다. 그러한 사회적 과정의 성격을 우리는 '공간선택성'이라고 부를 수 있다.

본래 '선택성'의 개념은 밥 제숍Bob Jessop의 전략관계론적 국가론[34]에서 유래한 것이다. 제숍에 따르면 국가란, 국가라는 이름으로 모인 다양한 기관들의 앙상블로서, 그 제도들 자체는 특별히 고정된 성격을 가지고 있지도 않고 권력을 행사할 수도 없다. 국가의 성격과 국가 권력의 행사를 결정하는 것은 국가 그 자체가 아니라 국가를 이루고 있는 기관들 또는 국가 장치를 자신들에게 유리하게끔 만들려는 다양한 세력들과 그들의 전략이다. 하지만 모든 세력과 전략이 국가 장치와 역량에 대해 동등한 접근권을 가지는 것은 아니다. 국가의 형태, 국가가 위치한 사회관계, 그리고 전략과 전술의 탁월함 등에 따라 특정한 세력과 전략이 다른 세력과 전략에 비해 차별적으로 특권화되고, 이에 따라 특정한 방식으로 국가권력은 행사된다. 제숍은 이렇게 국가권력의 행사에서 특정한 세력과 전략을 특권화하는 사회적 관계와 과정의 특성을 국가의 '전략적 선택성strategic selectivity'이라고 개념화한다. 간단히 말하면, 국가란 사회관계 속에서의 전략들의 산물이고, 그중 특히 어떠한 전략이 국가의 성격을 규정하느냐는 지배적인 전략과 그렇지 않은 전략을 선별하는 사회적 권력관계에 달려 있다.

존스Martin Jones[35]와 닐 브레너Neil Brenner[36] 같은 학자들은 '전략적 선택성'의 개념을 확장해 공간에 적용함으로써 '공간선택성'의 개념을 만들어냈다. 공간 또한 그 자체로 특별히 고정된 성격을 가지고 있지도 않고 권력을 행사할 수도 없다. 공간의 성격을 결정하는 것은 공간 그 자체가 아니라 해당 공간을 자신들에게 유리하게끔 만들려는 다양한 세력들과 그들의 전략이다. 하지만 모든 세력과 전략이 공간에 대해 동등한 영향력을 행사하는 것은 아니다. 공간의 형태, 공간이 놓인 사회관계, 그리고 전략과 전술의 탁월함에 따라 특정한 세력과 전략이 다른 세력과 전략에 비해 차별적으로 특권화되고, 이에 따라 공간은 특정한 형태를 취하게 된다. 간단히 말해, 국가와 마찬가지로 공간도 사회관계 속에서의 전략들의 산물이고, 그중 특히 어떠한 전략이 공간의 성격을 규정하느냐(어떠한 종류의 공간이 지배적이 되는가)는 사회적 권력관계에 달려 있다. 이를 좀 더 구체적으로 표현하면, 공간선택성이란 "특정한 지리적 구역과 스케일을 겨냥하여 (전략적 각축의 산물인) 국가 정책이 영토 공간상에서 차별화differentiated되는, '(특정한) 공간이 특권화되고 접합spatial privileging and articulation'되는 과정"이다.[37] 다시 말하면, 그것은 사회구조, 제도, 과정 속에서 형성되는, 특정한 공간 형태와 실천에 유리하고 다른 공간 형태와 실천에 불리한 사회적인 편향을 가리킨다.

국가와 공간을 자신들에게 유리하게 이끌려는 전략은 크게 2가지로 나눌 수 있다. 하나는 그 자체로는 어떤 고정된 성격도 가지지 않는, 국가와 공간에 통일성과 일관성을 부여하는 전략이다. 다양한 국가기관과 제도의 운영에 일정한 방향성과 통일성을 부여하는 전략을 '국가 프로젝트'라고 하고, 공간에 일정한 질서를 부여하려는 전략을 '공간 프로젝트'라고 한다. 다른 하나는 이러한 전략들의 실행에 필요한 사회적·경제적 기반을 확보하려는 전략이다. 국가 프로젝트의 실행에 필요한 사회적 동의를 확보하는 전략을 '헤게모니 프로젝트'라고 하고, 경제적 자원을 확보하는 전략을 '축적 전략'이라고 한다. 공간 프로젝트의 실행에도 사회적 동의와 경제적 자원을 확보하기 위한 '공간 전략'이 동반되어야 한다.[38] 그러므로 다양한 국가 프로젝트와 헤게모니 프로젝트 중에서 무엇이 선택되는가에 따라 국가의 성격이 달라진다. 마찬가지로 다양한 공간 프로젝트와 공간 전략 중에서 무엇이 선택되는가에 따라 공간의 성격은 달라진다. 달리 말하면, 국가는 지배적인 것으로 선택된 국가 프로젝트와 헤게모니 프로젝트를 통해 그 성격이 규정되고 작동하며, 공간 또한 지배적인 것으로 선택된 공간 프로젝트와 공간 전략을 통해 그 성격이 규정되고 작동한다. 그런데 국가를 규정하는 국가 프로젝트, 헤게모니 프로젝트, 축적 전략은 공간 프로젝트 및 공간 전략과 긴밀한 관계를 갖는다. 국가권력은 영토라는 공간상에서 행사되기 때문에 국가권력의 행사는 공간 프로젝트와 공간 전략에 본질적인 영향을 주고 공간의 성격을 규정한다. 공간선택성의 가장 큰 부분을 이루고 있는 것은 바로 국가인 것이다.

지금부터는 이상의 이론적 틀에 따라 강남이라는 공간의 형성, 즉 강남 개발과 강남적 도시성의 형성을 이해하기 위해 서울의 공간을 둘러싼 다양한 공간 프로젝트와 공간 전략들을 살펴보고, 그중에서 강남 개발 프로젝트와 전략이 어떻게 특권화되고 지배적인 것으로 선택되었는지를 살펴볼 것이다. 그리고 그러한 공간 프로젝트와 공간 전략의 형성과 발전에 당시 한국의 국가 성격을 규정했던 국가 프로젝트와 헤게모니 프로젝트가 어떤 영향을 주었는지를 살펴볼 것이다. 이를 통해 강남 개발과 강남적 도시성이 한국 반공 권위주의 발전국가의 특유한 공간선택성 속에서 형성된 것임을 보일 것이다.

V. 강남 개발의 과정: 도시 공간 프로젝트의 선택과 도태

1. 강남 개발의 시작

1960년대 서울은 다음과 같은 구조적 문제에 직면해 있었다. 첫째, 인구가 매년 급증했다. 산업화가 본격화되기 이전인데도 서울 인구가 늘어난 것은 1950년 농지개혁으로 "단위가족의 생계를 겨우 유지할 수 있는 정도의 영세 자영농이 대규모로 창출"되고, 이에 따라 "농촌의 과잉인구, 특히 여성 과잉인구가 도시로 향하게" 되었기 때문이

다.[39] 1966년 신문 연재 소설로 인기를 끈 이호철의 〈서울은 만원이
다〉는 이러한 상황을 배경으로 한 것이다. 인구가 늘어나면서 주택난
과 교통난이 심화되었을 뿐만 아니라, 도시로 몰려든 과잉인구 상당
수가 도시 빈민이 되었으며, 이는 사회적 불안과 소요를 일으킬 가능
성이 컸다. 둘째, 더구나 북한과의 대치 상황에서 서울에 집중된 인구
는 전략적 불리를 초래했다. 박정희 대통령은 "350만 서울 인구를 데
리고 전쟁을 치를 수 있을 것인가"라는 의문을 제기하면서 전략적 관
점에서 인구문제를 심각하게 인식했다.[40] 인구를 분산시키고 효율적
으로 수용하는 동시에, 당시 베트남전의 격화와 더불어 빈번해지고
있던 남북한 무력 충돌 상황에서 서울 인구를 안심시키는 방책 또한
필요했다. 셋째, 하지만 당시의 국력 수준에서 인구를 분산하고 효율
적으로 수용하기 위한 재정적 자원은 빈약했다. 인구 집중, 대내외적
안보 취약성, 그리고 빈약한 자원, 이것이 바로 당시 서울이 가지고
있던 문제였다.

이러한 문제들에 대해 당시 국가는 다음과 같은 식으로 대응했다.
첫째, 1963년 서울의 행정구역이 한강 이남을 포함해 대폭 확대되어
현재의 중랑, 강북, 노원, 은평, 강서, 구로, 금천, 관악, 그리고 강남 지
역이 서울에 편입되었다. 물론 강남의 개발이나 강남으로의 인구 이
전을 처음부터 의도한 것은 아니었다. 당시 서울시 인구가 급증하고
있기는 했지만, 서울의 면적을 한 번에 두 배로 늘릴 이유는 없었기
때문이다. 그것은 오히려 비민주적인 군사정권 내부의 지배 엘리트들
사이의 알력의 결과에 가까웠다고 생각된다.[41] 경위야 어떻든 이는 강
남 개발의 전제 조건이 되었다.

둘째, 서울 인구가 급증한 상황에서 북한 남침 시에 서울 시민의

대피로를 확보하려는 목적으로 1966년 제3한강교(현 한남대교)가 착공되었다. 당시 제2한강교(양화대교)는 군 작전용으로만 쓰게 되어 있어 피난이 가능한 한강 다리는 제1한강교와 광진교밖에 없었기 때문에 강북 주민의 불안을 줄이려는 목적으로 생각된다. 그러므로 이 또한 본래 강남 개발을 의도한 것은 아니었다. 오히려 제3한강교 건설로 인해 영동의 지가가 오르면서 박흥식 화신그룹 회장의 강남 개발계획은 수포로 돌아가게 된다.[42]

셋째, 박정희 대통령의 1967년 대통령 선거 공약에 따라 산업과 경제발전 목적으로 건설하게 된 경부고속도로의 시작점이 제3한강교로 결정된다. 여기에는 제3한강교의 폭이 넓어서 고속도로의 기점이 되기에 부족함이 없다는 점이 작용했다. 이는 북한과의 체제 경쟁이라는 맥락 속에서 제3한강교의 폭이 원래 계획보다 확대되었기 때문이다. 평양 대동강에 건설된 교량의 폭보다 더 넓게 해야 한다는 군부로부터의 요구가 있었던 것이다.[43]

넷째, 경부고속도로 건설에 필요한 자원이 부족했기 때문에 제3한강교에서 남쪽으로 7.6킬로미터에 달하는 고속도로 용지를 재정 투입 없이 무상으로 확보하려는 목적으로 영동 일대에 유례없는 대규모 토지구획정리사업이 실시되었다.[44] 고속도로 용지 대금을 낮추는 것이 애국인 것으로 홍보되었고, 지주들도 순응한 데서 보이듯이 경제민족주의와 권위주의가 작용하고 소유권이 제한되었다.[45]

다섯째, 당시 영동과 잠실로 불리던 강남 지역에 주택이 건설되고 공공시설이 이전되기 시작했다. 고속도로를 건설하고 도로, 공원, 학교를 세울 부지가 없어 민간 토지 소유자들에게 지가 상승의 이익을 줄 수 없자 토지구획정리 지구는 원래의 계획보다 확대된다. 문제는 이에 따라 확대된 체비지가 팔리지 않았다는 것이다. 이에 박정희 대통령은 체비지에 전기, 상수도, 하수도 등을 깔아 사람이 살 수 있게 패키지로 매각할 것을 지시한다.[46] 게다가 1971년 대선 자금 마련을 위한 토지 투기가 정권에 의해 비밀리에 진행된다. 지가를 높이기 위해 추가로 영동 2지구 토지구획정리사업이 추진되고, 상공부와 그 산하기관 공무원 및 임직원 주택 단지 계획이 발표되기도 했다. 이를 통해 1970-1971년에 약 20억 원의 정치자금이 조성된 것으로 추정된다.[47] 다른 한편 1967-1968년 김현옥 서울시장은 한강 연안 개발을 추진했고, 이를 통해 공유수면이 매립된 동부이촌동, 반포, 흑석동, 서빙고동, 압구정동, 구의동, 잠실 등지에 영동 지구보다 앞서서 아파트가 건설된다. 저지대라 침수가 우려되었을 뿐만 아니라 영동 지구와 달리 소유권이 작게 분할되어 있지 않아 아파트 건설이 필요하고 또 가능했기 때문이다. 매립 면허만 얻으면 제방 및 도로 용지를 제외한 땅이 모두 공사업자 소유가 되기 때문에 여기에서도 정치자금이 헌납되었다.[48]

이렇게 볼 때, 강남 개발의 시작에는 여러 우연적 요소들이 개입된 것으로 보인다. 처음부터 강남 개발을 염두에 두고 서울시 행정구역 확대, 제3한강교 건설, 제3한강교를 기점으로 한 경부고속도로 건설과 영동 토지구획정리 지구 지정, 재정난에 따른 영동 토지구획정리 지구의 확대 및 체비지 매각을 위한 개발, 투기를 통한 정치자금 조성, 한강 연안 개발 등을 진행한 사람이나 계획은 없다. 이들 각각은 강남을 특권적으로 개발하려는 일관된 계획에 따라서가 아니라 그때그때의 상황적 필요에 따라서 서로 다른 사람들에 의해 실행된 것이다. 그러나 강남 개발과 강남적 도시성의 형성은 순전히 우연에 의

한 것이라고는 설명될 수 없다. 왜냐하면 강남이 선택된 것은 강남이 본격적으로 개발되기 이전인 1960년대부터 1970년대 초까지 명시적으로 추진된 다른 도시 공간 프로젝트들이 자신들의 정치사회적 한계로 인해 실패한 결과이기도 하기 때문이다. 다시 말하면, 표면적인 우연의 연쇄 이면에는 강남에서의 아파트 개발 이외의 다른 경쟁적인 대안들을 도태시키고 강남 개발을 촉진시킨 특정한 정치사회적 조건, 즉 공간선택성이 있었다.

2. 경쟁 도시 공간 프로젝트의 도태

사실 1960년대 서울에서는 강남 아파트 개발 외에도 다양한 도시 공간 프로젝트와 전략들이 제시되고 실행되었다. 하지만 이러한 프로젝트와 전략들은 당시의 구조적·물질적·정치적 상황과 조건에 적합하지 않았다. 그 결과로 결국 선택된 것은 국가 주도적인 강남 개발 프로젝트였다.

강남 지역에 대한 최초의 신도시 계획안은 1930년대 일제강점기에 서울에 신도시 계획을 작성한 적이 있었던 화신그룹 총수 박흥식에 의해 제안되었다. 1961년 5·16 쿠데타 이후 부정 축재 혐의로 구속되었다 석방된 박흥식은 최고회의로부터 서울 인구 증가에 대비한 주택 건설계획을 마련하라는 지시를 받는다. 이에 박흥식은 현재의 강남을 포함한 경기도 시흥군과 광주군에 신도시를 건설해 30만 명의 인구를 수용하는 남서울 계획안을 제안했다. 박흥식이 독점 개발권을 갖고 외자를 유치誘致해 강남 지역에 공업지구 및 단독주택으로 이뤄진 전원도시를 만드는 내용이었다. 당시 최고회의는 중앙정부 예산으로 사업 추진이 불가능하므로 박흥식 개인사업으로 추진하되 상업 차관 조달 등 자금 조달을 지원할 것을 약속했고, 이에 박흥식은 사업을 추진했지만, 결국 이 계획은 실행되지 못하고 좌초했다. 1963년 대통령 선거를 거치면서 군사정권이 안정화되자 민간 주도의 도시 개발에 제동이 걸린 것이다. 이제 박흥식의 남서울 계획안은 서울시 기본계획의 틀 안에서만 시행 가능하게 되었고, 박흥식의 독점 개발권은 용납되지 않게 되었다. 당시 서울시는 군사적 용도로 제3한강교를 1965년에 착공하겠다는 의지를 피력했고, 이는 그 이남의 지가를 상승시켜 남서울 계획안 추진을 사실상 불가능하게 만들었다. 더구나 현대건설의 압구정 지구 매립 및 주택 개발안에 대한 박흥식 측의 항의는 받아들여지지 않았다. 결국 박흥식은 남서울 도시계획사업을 자진 취하했다.[49]

　박흥식의 남서울 계획안 외에 주목할만한 또 다른 서울의 도시 공간 프로젝트는 김현옥 서울시장(1966-1970)의 '새서울 백지계획'(1966.8.)이다. 이 계획은 인구 100-150만 명을 수용하는 무궁화형 신흥도시 개발을 제안했으나, 강남과 같은 특정 지역을 명시하지는 않았다. 더구나 김현옥 시장은 제3한강교 건설에 최소한의 예산만을 배정하는 등 강남 개발에 소극적이었다. 대신 불도저 시장이라 불렸던 그가 관심을 가졌던 것은 도로와 터널 건설을 통해 교통난을 해소하고, 정치사회적 불안 요소가 되는 무허가 불량 주택(판자촌) 주민을 영세민 아파트와 광주 대단지 등으로 이주시켜 관리하는 것이었다. 또한 1968년 1·21 청와대 습격 사건 이후에는 '서울 요새화 계획'을 통해 서울의 안보상의 취약성을 개선하는 것도 그의 관심사에 추가되었다. 즉, 그는 서울의 인구 집중에 따라 커진 교통난과 주택난을 해소하고 서울의 내부적인 정치사회적 불안 위험과 동시에 외적 안보 위협을 해소하는 것을 주요 목표로 추구했다.

하지만 성공적이었던 교통 인프라나 안보 인프라 건설과 달리, 영세민 아파트 및 대단지 건설을 통해 도시 빈민을 사회적으로 통합하려 했던 그의 도시 헤게모니 프로젝트는 크게 실패한다. 그는 서울시 부담으로 '시민아파트'로 불린 영세민 아파트를 공급할 계획을 세운다. 단독 및 연립식 주택 건설에서 아파트식 주택 건설로 주택 정책을 전환하여 대량 주택 공급을 가능하게 하고, 아파트식 주택으로 영세 대중부터 해결한다는 것이었다. 무허가 불량 주택 소유자인 저소득층 영세민은 입주금 없이 입주하고, 공사비를 15년간 상환하면 소유권을 이전받도록 하는 계획이었다.[50] 하지만 이 계획은 1970년 4월 산중턱에 지은 와우아파트가 붕괴하여 33명이 사망함으로써 좌초하게 된다. 붕괴의 주된 원인은 낮은 건축비와 공사 자재 감축, 짧은 공사 기간 등에 따른 부실공사였다.[51] 결국 김현옥 시장은 사임하고, 시민아파트 계획은 전면 백지화된다.

다음으로 역시 김현옥 시장이 추진했던 철거민 이주 단지는 1971년 8월 광주 대단지에서 일어난 폭동으로 좌초하게 된다. 1969-1971년에 걸쳐 경기도 광주에 청계천, 영등포, 용산 등 무허가 판자촌의 주민들을 이주시켰지만, 서울시는 건물 없이 토지와 천막만 제공하고 일자리, 상가, 교통, 상하수도, 화장실 등 기본적인 도시 인프라는 제공하지 않았다. 특히 일터가 있는 서울과의 왕복에 편도 네 시간이 걸렸다. 게다가 주민들이 애초에 약속된 분양가보다 40-80배 많은 지가를 일시에 불입하라는 불합리한 요구를 받고, 양택식 서울시장(1970-1974)과의 면담 약속마저 지켜지지 않자 10만 명의 주민이 폭동을 일으켰던 것이다. 이는 1948년 제주 4·3 사건 이후 20년 만에 일어난 민중 폭동 사건으로, 내무부 차관과 경기도 지사가 주민에 사과하고 나서야 3일 만에 진정되었고, 이로써 철거민 이주 단지 프로젝트는 중단되었다.[52]

1960년부터 1970년대 초까지 박흥식과 김현옥의 도시 공간 프로젝트를 좌초시킨 것은 당시의 정치적·사회적·기술적 조건이었다. 박흥식의 민간 주도 남서울 계획안은 군사정권이 공고화됨에 따라 개발의 주도권이 국가로 넘어가면서 좌초했다. 김현옥의 사회 통합적 도시 공간 프로젝트가 실패한 것은 당시의 국가가 이를 추진할만한 물적 자원과 기술적 역량이 부족했다는 사실뿐만 아니라 사실상 그러할 의지도 없는 권위주의 국가였다는 데 크게 기인한다. 간단히 말해, 이들의 도시 공간 프로젝트를 좌초시킨 것은 1961년의 5·16 군사 쿠데타 이후 공고화되어가고 있던 권위주의적 국가 주도 발전 전략과 그것의 한계였다. 이제 그러한 조건하에서 서울의 인구 분산과 수용을 위해 남은 주요 선택지는 중산층을 대상으로 한 강남 아파트 개발밖에 없었다.

3. '강남 만들기' 도시 공간 프로젝트: 강남 개발과 아파트 건설 촉진책

권위주의적 국가 주도 발전 전략 속에서 자본 주도적인 도시개발 계획과 서민 친화적인 사회 통합적 도시 공간 프로젝트가 좌초됨에 따라 국가가 주도하고 중산층 및 주택의 소유·매매에 친화적이며 사회적으로 배제적인 도시 공간 개발의 경로가 형성되었다. 또한 강남이 서울의 중심으로 발전하고, 아파트가 중산층의 주거 수단이자 자산 증식 수단이 되는 계기가 마련되었다. 와우아파트의 붕괴로 서민 아파트 건설은 당시의 기술 및 재정 수준에서는 불가능한 것으로 간주되었고, 시민아파트는 1971년에서 1974년 사이에 모두 철거되었다. 또한 광주 대단지 사건은 도시 빈민과 서민을 대규모 주거 단지에 집중시키는 것이 사회적 불안과 폭동을 일으킬 수 있다는 인식을 불러일으켰다. 공단과 노동자 밀집 지역인 영등포가 그러한 사회적·정치적 위험성을 가진 곳으로 인식되면서 주택 단지 개발이 억제되고, 광주 대단지 주민들의 서울에 대한 접근성을 높이기 위해 잠실대교가 건설됨으로써 강남 지역의 개발은 더욱더 확대되었다.[53] 결국 서울의 인구를 분산 수용하기 위한 주택은 영동과 잠실에서 중산층 (또는 중산층과 서민이 혼합된) 아파트 단지를 중심으로 개발되기 시작했다.

이러한 맥락에서 양택식 시장은 1970년 11월 '남서울 개발계획'을 발표하고, 1973년부터 영동·잠실 지구에 대규모 주택 건설을 추진한다.[54] 이는 서울의 인구 집중에 따른 안보상의 불리, 사회불안, 주택난을 해소하는 것인 동시에 전임 김현옥 시장의 불도저식 토목 건설로 악화된 서울시의 재정난을 해결하는 것을 목적으로 했다. 즉, 신도시 개발에 필요한 자금은 시유지 및 대규모 토지구획정리를 위해 확보한 체비지를 매각하여 조달했다. 서민층이나 빈민만으로 구성된 단지를 건설하는 것은 기술적으로 어려울 뿐만 아니라 사회정치적으로도 위험하다는 인식 때문에 1970년대의 남서울 개발은 처음부터 중산층 또는 적어도 계급이 혼합된 아파트 단지 건설을 목표로 했다.[55] 이를 위해 영동 지구와 잠실 지구가 각각 1973년과 1976년에 개발촉진지구로 지정되어 부동산 투기 억제세, 취득세, 등록세, 재산세 등 부동산 관련 세금이 모두 면제되었다.[56] 또한 1972년 도입된 주택건설촉진법은 공공자금이 들어간 고층 건물과 공동주택 건설에 참여하는 한국주택협회에 등록된 민간 기업 또한 공공 업체로 간주하여 대규모 건설권 등 각종 특혜를 주었다.[57] 반면에 강북 지역 개발은 억제되기 시작했다. 1972년에는 강북 지역 일부가 특정시설제한구역으로 지정됨으로써 백화점, 도매시장, 공장, 유흥 시설 등의 신설이 불허되었고, 1972-1973년에는 강북에 도심재개발지구가 지정되어 일반 건물의 신축, 개축, 증축이 금지되었다.[58] 한편, 영등포 지역은 서울 인구 집중을 막기 위해 공업 기능을 지방으로 분산하는 정책이 추진됨에 따라 더 이상의 개발이 억제되었다. 또한 강남 개발과 체비지 매각을 촉진하기 위해 부천, 소사, 능곡, 구로, 광명 등 당시 발전하고 있거나 개발 계획이 있던 다른 곳들이 대통령 지시로 그린벨트로 묶여버렸다.[59]

이러한 강남 아파트 개발에 대한 행정적·제도적 특혜와 강북 개발에 대한 노골적 억제는 후임 구자춘 시장(1974-1978)하에서도 계속되었다(양택식 또한 주택공사 사장으로 자리를 옮겨 잠실 지구의 주택 건설을 주도했다). 가장 큰 요인은 "강북 인구의 강남 이전 정책을 수립하여 시행에 옮기라"는 1975년 3월 5일의 대통령 연두 지시였다.[60] 구자춘 시장은 1976년 강남 여섯 곳(반포, 압구정, 청담, 도곡, 잠실, 이수)에 '아파트 지구'를 지정하여 아파트 외에는 지을 수 없게 만들었다. 뿐만 아니라 1977년 10월 말까지 민간 개발업자에게 강제 개발권을 부여하기도 했다. 양도소득세 면제 혜택을 받고 군소 지주들은 아파트 건설에 필요한 땅을 내놓을 수밖에 없었다.[61] 한편, 1975년에는 상계동, 공릉동, 성산동 등 400만 평에 달하는 한강 이북 전답 임야의 택지 개발이 금지되었고, 이는 장기적으로 '강북 = 도심'이라는 인식이 '강북 = 낙후'라는 인식으로 변화하게 되는 계기가 되었다.[62]

하지만 구자춘 시장은 단지 양택식 시장의 정책을 계승하기만 한 것은 아니었다. 그는 1977년 일명 '삼핵도시 구상'으로 불리는 서울도

시기본구상을 발표하고 영동 도심에 서울의 중추 업무 기능을 할당했다.[63] 사업의 규모가 주택공사 단독으로 감당할 수 없을 정도로 커지자 서울시는 재벌을 포함한 민간 기업을 강남 개발의 파트너로 끌어들이고, 각종 인프라 건설과 공공 기관 및 학교 이전에 박차를 가했다. 먼저 1977년 '국민주택 우선공급에 의한 규칙'이 신설되면서 지정 업체로 등록된 민간 건설사는 자체 채권 발행과 주택 선분양제도를 통해 제도권 금융을 거치지 않고 직접 주택 건설 자금을 조달할 수 있게 되었다.[64] 이 '규칙'은 동시에 주택청약제도와 주택분양가상한제도도 도입했는데, 이를 통해 주택청약에 당첨된 사람은 선분양의 대가로 시장가격 이하의 분양가에 아파트를 마련하여 자산을 증식할 수 있는 특혜를 누리게 되었다.[65] 다음으로 강남고속버스터미널이 건설(강북터미널은 폐지)되고, 지하철 2호선은 강남을 통과하는 순환선으로 변경되었다. 또한 1976년부터 1980년에 걸쳐 경기고, 경기여고, 서울고, 휘문고, 정신여고 등 강북의 명문 고등학교 15개가 강남으로 이전하여 입시 명문 8학군이 형성되기 시작했다.[66] 잠실, 압구정 등에서 아파트가 속속 완공되었고, 그리하여 1980년대 초에는 중산층 아파트, 공공 기관, 교통 시설, 상업 시설과 유흥가, 명문 학군 등으로 이뤄진 현대 강남의 기본적인 윤곽이 완성되었다. 1970-1980년 사이 강남구(현재의 서초구 포함)와 강동구(현재의 송파구 포함)에 건설된 아파트가 서울시 전체 건설 물량의 58퍼센트에 달한다.[67] 그리고 이러한 1970년대의 강남 개발을 기초로 1980년대 초부터 말에 이르기까지 중산층의 주거 및 자산 증식 수단으로서의 고층 아파트 단지 및 소비주의, 경쟁주의, 유흥 문화 등을 특징으로 하는 현대 강남적 도시성의 대략적인 윤곽이 완성되었다.

VI. 한국 반공 권위주의 발전국가의 공간선택성

이제 1960년대부터 1980년대 사이에 서울의 다른 대안적 도시 공간 프로젝트들을 좌초시키고 강남 개발과 강남적 도시성의 형성을 낳은 정치사회적 조건, 즉 서울의 공간선택성을 살펴보자. 당시 한국 사회의 정치, 경제, 문화에 가장 큰 영향력을 행사했던 것은 반공 권위주의 발전국가였다. 강남 개발과 강남적 도시성도 결국은 이러한 국가의 전략적 선택하에서 만들어진 것이라 할 수 있다. 사실 앞에서 우연의 연쇄로 묘사했던 강남 개발의 시작도 각도를 달리해서 보면 군사정권 통치의 불투명성과 반민주성, 대북 안보와 북한과의 체제 경쟁, 국가 주도 산업 발전, 권위주의와 민족주의, 정치적 부정부패라는 당시 국가가 가졌던 필연적 속성들의 발현일 따름이었다. 제숩은 서로 필연적인 관계에 있지 않은 인과 기제들의 상호작용non-necessary interactions of different causal chains, 즉 '우연적 필연성contingent necessity'이라는 개념으로 구체적인 사회적 사건들을 설명한다.[68] 이러한 관점에서 보면 한국의 군부독재 국가와 강남이라는 독특한 도시성은 필연적으로 서로를 함축하지 않는 반공주의, 권위주의, 발전주의와 같은 인과 기제들의 역사적으로 우연한 결합에 의해 만들어진 것이다.

1. 반공 권위주의 발전국가의 전략적 선택성

1961년 5·16 군사정변에 의해 수립되어 1987년까지 지속된 군사정권은 미소냉전의 국제 역학 관계, 그리고 미성숙한 시민사회와 '과대 성장'한 탈식민지 국가[69] 사이의 불균형이라는 국내적 사회역학 속에서 반공주의, 권위주의, 그리고 발전주의 전략에 기울어져 있었다. 반공주의란 분단과 미소냉전 속에서 북한과 공산주의에 대해 적대적인 입장을 취한 것을 말하고, 권위주의란 민주적 절차와 요구, 그리고 기본적인 인권을 억압한 통치 방식을 가리키며, 발전주의란 근대화와 산업화라는 국가 목표를 설정하고 그러한 목적을 달성하는 데 국가의 자원과 노력을 집중한 것을 말한다. 권위주의와 발전주의가 결합하면 발전, 성장, 효율성의 이름으로 인권과 민주주의는 유보되고 말살된다. 강남 개발이 진행되고 강남적 도시성의 대강의 윤곽이 완성된 박정희 정권기의 반공주의, 권위주의 및 발전주의 국가 프로젝트의 구체적인 내용은 다음과 같다.

첫째, 박정희 정권은 반공을 국시로 삼고 북한과의 일체의 대화나 타협을 거부했으며, 1960년대 후반에 들어서며 베트남전 참전과 더불어 북한과의 물리적 충돌을 확대해나갔다. 1970년대 초의 남북적십자회담, 남북공동성명, 남북조절위원회는 결국 유신이라는 체제 강화의 명분을 제공했을 뿐이었고, 전반적인 기조는 북한과의 체제 경쟁이었다.

둘째, 박정희 정권은 1961년 5·16 쿠데타와 1962년 국회 의결 없는 5차 개헌을 통해 집권함으로써 그 시작부터 초헌법적인 권위주의 정권이었다. 뿐만 아니라 박정희 정권은 1964년 한일회담 반대 시위에 계엄령 선포로 대응하고, 1970년대 미중수교 및 남북회담기에는 국가비상사태 선포와 유신으로 대응하는 등 자유민주주의에서 매우 예외적인 수단을 사용하거나 자유민주주의 자체를 중지시키는 조치를 취했다. 특히 1972년의 유신헌법은 박정희의 종신 집권을 보장하고 헌법을 무력화하는 예외적 권력인 비상조치권을 대통령에게 부여했다. 국가이론가 니코스 폴란차스Nicos Poulantzas의 용어를 빌리자면, 당시 한국은 선거 원칙과 법치를 유예한 '예외국가exceptional state'였다.[70] 이러한 상황에서는 1974년 인혁당 재건위 사건과 같은 정치적 사건에서부터 장발 및 미니스커트 단속에 이르기까지 생명과 신체의 자유, 소유권, 그리고 표현의 자유를 포함한 기본적인 인권이 일상적으로 제한되고 침해되었다. 또한 1972년 8·3 사채동결 조치에서 볼 수 있듯이 한편(채권자)에는 재산권을 제한하면서 다른 한편(채무자)에게는 특혜를 주는 것에도 전혀 문제가 없었다.

셋째, 박정희 정권은 국가 주도적 발전주의를 채택했다. 발전주의의 핵심은 국가의 금융 억압(또는 관치금융), '가격 왜곡' 및 투자 조정에 기초한 선별적인 산업 정책, 즉 전략적인 산업 보호 및 발전이다. 박정희 정권은 경제기획원을 설치해 산업 발전 계획('경제개발 5개년 계획')을 수립하고, 이 계획을 실행하기 위해 국유화한 은행을 통해서 한정된 금융 자원을 시장가격 이하의 특혜적 저금리에 소수의 전략적 산업에 직접 배분(사실상 보조금을 지급)하여 산업 발전과 물질적 근대화를 꾀했다. 이를 통해 부족한 자원이 소수의 전략적 산업에 선별적으로 집중되었고, 국제 경쟁에서의 보호와 수출 시장에서의 경쟁이 결합된 결과, 중화학공업과 같은 전략적 산업이 단기간에 압축성장할 수 있었다.[71] 그리고 이렇게 국가가 산업 투자를 조정하고 그에 따르는 리스크의 관리를 책임지는 과정을 통해 정경유착과 부정부패가 자라났다.

넷째, 반공주의적 대북 체제 경쟁, 예외적 통치, 압축성장과 같은 국가 프로젝트를 뒷받침한 것은 다음과 같은 헤게모니 프로젝트였다. 첫째, 1960년대 박정희 정권은 조국 근대화와 같은 민족주의 이데올로기, 선성장 후분배 담론과 반북 이데올로기를 통해 국민을 통합하려고 시도했다. 경제 민족주의, 외부의 적에 대한 강조와 미래의 물질적 양보에 대한 강조는 현재 분배할만한 물적 자원(예를 들어, 복지 혜택)이 없기 때문에 불가피한 것이었다. 둘째, 그러나 1970년대에 들어서면서부터는 대일수교, 3선 개헌, 유신 등으로 인해 정권의 절차적 정당성이 실추되고 임금 상승도 경제성장 수준에 미달함에 따라 국민을 통합하는 대신 분할하고, 국민 전체보다는 일부의 지지를 동원하려는 '배제적' 헤게모니 프로젝트가 시도된다. 이에 따라 민주화 및 노동운동 세력을 북한 동조 세력으로 탄압하고, 영남을 결집하고 호남을 고립시키는 지역주의가 동원된다.[72]

2. 반공 권위주의 발전국가의 공간선택성

이제 이러한 한국 국가의 반공주의, 권위주의, 발전주의가 서울과 강남의 도시화와 관련해 구체적으로 어떠한 공간선택성을 만들어냈는지 살펴보자. 반공주의, 권위주의, 발전주의의 공간선택성을 각각 하나씩 살피는 것은 각각이 서로 환원될 수 없는 독자적 특성이기 때문이다.

첫째, 동아시아의 냉전이라는 큰 역사적·지리적 맥락, 특히 베트남전에 참전하고 북한과의 무력 충돌이 심화되고 있던 1960년대 후반의 상황에서 휴전선에 근접한 서울의 안보적·전략적 취약성은 반공국가의 입장에서는 어쩌면 다른 어떤 문제보다도 심각한 문제였다. 이런 상황에서 강북으로의 인구 집중은 서울의 전략적 취약성을 악화시킬 뿐이었다. 그러한 조건에서 제3한강교와 같은 유사시 서울 시민 대피로를 확보하는 것뿐만 아니라 강북 개발을 억제하고 서울의 인구와 주요 시설을 한강 이남으로 분산 수용하는 것은 거의 불가피한 선택이었다. 다른 한편, 광주 대단지 사건으로 불거진 도시 주변부 폭동에 대한 우려는 영등포 개발을 억제하는 효과를 낳았다. 즉, 한국에서 반공주의 국가는 대내외적 안보를 위해 서울의 강북과 영등포 개발을 억제하고, 강남 지역을 빨리 개발하여 인구를 단기간에 분산 수용해야 하는 (시)공간선택성을 가지고 있었다. 결국 북한과의 반공주의적 대치 상황은 제3한강교의 건설로 이어졌고, 이는 경부고속도로 건설과 결합하여 강남 개발을 촉진했다. 그리고 서울의 안보적 취약성에 대한 우려는 군사주의적 효율성의 추구와 결합하여 강남 지역에서의 단기간의 아파트 대량 공급을 통한 인구 분산과 수용으로 이어졌다.

둘째, 한국의 권위주의 군사정권은 앞서 언급했듯이 그 시작부터 민주적 절차의 측면에서 정당성이 결여되어 있었다. 5·16 쿠데타로 시작해 유신 체제와 대통령 긴급조치권에 이르러 정점에 달한 초법적이고 예외적인 권위주의적 통치는 민주주의의 원칙과 인권을 일상적으로 훼손했다. 다시 말하자면, 배제와 예외가 일상이 되었다. 그리고 이에 따라 권위주의 예외국가는 배제와 예외의 공간 또한 생산해냈다.

앞서 설명했듯이 권위주의 군사정권은 강북 및 영등포 지역을 도시개발에서 배제했다. 더구나 강남에서의 분양 중심의 중산층 아파트 개발은 임대주택 공급을 도외시함으로써 혜택은 중산층에 집중되고 서민과 도시 빈민은 도시개발의 혜택으로부터 배제되었다. 즉, 강남에 건설된 주택, 병원, 학교, 위락 시설 등은 비강남과 비중산층의 접근이 실질적으로 배제된 집합적 소비재였다. 이렇게 배제적이고 불균등한 발전 전략이 가능했던 것은 5·16 쿠데타로 지방자치제가 폐지되어 국가의 행정 권력, 그리고 그로부터 파생되는 지대가 국가 스케일, 즉 중앙정부로 집중되고, 정부의 불균등발전 전략에 대한 견제 메커니즘이 사실상 소멸해버렸기 때문이다.[73] 앞에서 보았듯이 박흥식의 남서울 개발계획이 좌초한 것도 권위주의 군사정권으로 권력이 집중된 결과였다.

나아가 1970년대 초법적 유신 체제로 전환된 한국의 '예외국가'는 지방자치제 폐지에 그치지 않고 다른 모든 상위법들 또는 정상적인 자본주의적 규범이 무시되는 '예외 공간'을 만들어냈다. 한국의 국가는 주택개발촉진법, 산업기지개발촉진법, 아파트지구제도 등을 통해 예외적인 공간을 설정하여 토지와 개발 자금을 조달하고 도시개발을 가속화했다. 이는 자유민주주의 사회에서의 기본 재산권을 명백히 제한하고 훼손하는 조치였다. 강남 개발의 경우, 강북 개발 제한뿐만 아니라 그린벨트 지정, 대규모의 토지구획정리, 아파트지구 등의 예외 공간 지정을 통해 군소 토지 소유자의 재산권을 제한하고 강탈했다. 특히 1976년 개발촉진지구이자 아파트지구로 지정된 잠실 지구는 52.9퍼센트의 감보율로 공공용지와 체비지를 제외하고 지주에게 돌려주는 토지 면적을 최소화했고, 환지도 본래 소유지로부터 멀리 떨어진 곳에 환지하는 비환지 방식을 택했다.[74] 나아가 국가는 아파트 단지화 전략을 통해 입주자들이 관리, 안전, 생활 편의 등 도시의 공공 기능을 사적 비용과 수단을 통해 조달하도록 함으로써 개발 비용을 사회에 부담시켰다.[75] 다른 한편으로는 부정부패가 만연하여 정권의 정치자금 마련을 위해 투기가 횡행하고 특혜적인 공유수면 매립이 허가되었다. 이러한 예외 공간 설정은 사유재산권을 제한하고 민간의 자산을 수탈·활용하여, 자원 부족에 시달리던 국가가 고속도로, 아파트 건설 등에 필요한 토지, 개발 자금, 시설들을 무료로 조달하고 도시개발을 가속화할 수 있게 하기 위한 것이었다.

간단히 말해, 한국의 권위주의 군사정권은 군사주의적 억압, 부정부패, 사회적 불평등과 배제, 그리고 예외적 통치를 도시와 공간 개발에도 개입시켰다. 이러한 의미에서 한국의 권위주의 국가는 사회적·공간적 배제와 예외 공간의 형성에 친화적인 공간선택성을 특징으로 한다고 할 수 있다. 이는 서민, 도시 빈민, 군소 지주의 동의까지 구하는 통합적 헤게모니 대신 중산층 주택 소유자의 지지에 기초한 배제적 헤게모니의 추구로 이어졌다. 이렇게 볼 때, 시민아파트와 광주 대단지 등 김현옥 시장의 사회 통합적 도시 공간 프로젝트의 실패는 예견될 수 있는 것이었는지도 모른다.

셋째, 한국의 국가 주도적 산업 발전은 주택 소유 및 불균등한 공간 및 도시개발로 편향된 공간선택성을 특징으로 했다. 앞서 설명했듯이 한국의 국가 주도 산업 발전의 핵심 메커니즘은 선별적 산업 정책과 국가의 리스크 관리이며, 이러한 선별적 산업 정책은 도시 및 주택 개발에도 적용되었다.[76] 우선 한국의 발전주의 국가는 주택 정책을 산업 정책에 종속시켰다. 정부의 주택 정책은 '잘 팔리는 집을 많이 지어 팔도록 부추기는 것'으로 일관되게 산업 정책의 성격을 띠었다.[77] 이에 따라 주택 정책의 기본은 공공임대가 아니라 매매와 소유로 고착되었다.[78] 또한 발전주의 국가가 중화학공업 등 전략적 산업에 시장가격 미만의 금리로 특혜 금융을 제공했듯이 주택 분양 가격도 의도적으로 왜곡되었다. 청약 자격을 갖춘 민간인들은 아파트 분양 추첨에 당첨되면 분양가상한제의 덕으로 시세보다 낮은 가격에 아파트를 구입하여 큰 이익을 얻을 수 있었다. 물론 분양가 통제는 주택을 구입할 의사와 능력이 있는 중상층 계급에 특혜를 집중시켰다. 다른 한편 민간 건설업체는 사채 발행과 선분양제도를 통해 건설 자금을 조달하고, 리스크 없이 안정적인 매출과 이익을 보장받았다.[79] 이렇게 민간 건설업체와 아파트 분양권 당첨자 모두 경제적 이익을 본 결과, 아파트 공급과 수요가 동시에 증가하여 강남 지역의 아파트 건설은 빠르게 진행되었다.

다음으로 손정원[80]이 지적하듯이 자원이 절대적으로 부족한 후발 산업국가는 부족한 자원을 소수의 선별된 전략적 산업과 장소에 집중해야 (추격적) 산업화의 가능성을 높일 수 있다. 또한 산업 발전을 위해 국가가 건설해야 하는 주택, 병원, 학교, 위락 시설과 같은 노동력 재생산에 필요한 집합적 소비재 또한 불균형하게 발전하게 된다. 이는 발전국가가 압축성장을 위해 지역 균형 발전 전략 대신 노골적으로 소수의 지역을 특권화하는 불균형 발전 전략을 취함을 의미한다. 이렇게 볼 때, 강남은 국가의 지원이 집중된 건설 산업의 발전 공간 (또는 건설 산업의 비중이 과다하게 큰 이른바 '토건국가'의 토대)으로서, 그리고 서울의 산업 발전에서 집합적 소비재를 제공하는 공간으로서 특권화된 장소였다. 즉, 국가 주도적 산업 발전의 틀 안에서 전개된 도시 계획은 강남에서의 아파트 건설을 특권화했다. 먼저 강남 지역의 아파트 개발에 각종 제도적 지원과 더불어 각종 시설과 기관의 설치가 추진되었다. 그 결과, 1970년대 강남에 이른바 '말죽거리 신화'가 탄생했다. 1963-1979년 사이 강북 용산의 지가가 25배 상승한 데 비해 강남 지역의 지가는 800-1,300배가량 상승했다.[81] 엘리트 거주 지역 또한 강북에서 강남으로 변화했다.[82] 서울의 강북과 강남의 격차는 시간이 지날수록 심화되었다. 강남은 시설 이전, 신설 주택과 시설, 그리고 자산 효과를 바탕으로 교육, 문화, 소비, 경제의 중심지가 된 반면,

강북 대다수의 지역은 정체 또는 침체에 빠지게 되었다.

넷째, 반공주의, 군사적 권위주의, 발전주의가 결합된 결과, 이들 각각이 가지는 공간선택성과 구별되는, 압축도시화에 적합한 독특한 (시)공간선택성이 만들어졌다. 서울 인구 분산이 시급했던 반공주의 국가는 발전주의 및 군사적 권위주의와 결합함으로써 인구 분산 방책을 마련했다. 1960년대부터 1980년대까지 서울의 주택 보급률은 전국 대비 20퍼센트 이상 낮았으며, 서울시는 (고층) 아파트를 통한 대규모 주택 건설을 통해 이에 대응했다.[83] 기술적으로 볼 때, 고층 아파트 건설은 가장 빠른 시간에 가장 많은 주택을 공급할 수 있는 방법이었다.[84] 동일한 설계를 적용하고 같은 설비와 자재를 사용하는 등 포드주의적 규격화를 통해 신속하고도 저렴한 주택 공급이 가능했기 때문이다.[85] 그리고 이 과정은 권위주의 정권의 기저를 이루는 군사주의적 효율성의 추구에 의해 더욱더 가속화되었다. 반공 권위주의 발전국가는 이미 그 자체로도 매우 신속 저렴하고 효율적인 인구 수용 수단인 아파트의 건설을 '주택 건설 180일 작전'과 같은 계획을 통해 군사주의적으로 밀어붙였다.[86] 또한 앞서 언급한 주택건설촉진법, 아파트지구 지정 등을 통해 아파트 건설에 특혜를 부여하는 건설 산업 정책도 도시개발의 속도를 가속화했다. 간단히 말하면, 한국의 반공 권위주의 발전국가는 예외적 통치 공간의 설정과 아파트 건설을 통해 도시개발과 주택 건설을 압축적으로 진행할 수 있었다. 특히 강남의 건설 자본과 중산층에 수혜를 집중시켜 강남에 집중된 불균등발전과 압축적인 도시화를 가능케 했다. 그리고 그 결과, 건설 자본과 중산층, 그리고 강남 지역이 체제의 지지 세력으로 빠르게 성장했다. 서울과 강남의 대규모 주택사업으로 토건 자본이 성장함에 따라 정권과 토건

자본의 유착이 심화되고, 건설 산업의 비중이 기형적으로 큰 토건국가가 형성되었다.[87]

이상의 논의를 요약하면 다음과 같다. 1960년대부터 1980년대 말에 이르는 시기의 한국의 반공 권위주의 발전국가는 민간 주도 개발 전략이나 서민 친화적인 사회 통합적이고 균형적인 도시 공간 개발, 또는 구도심의 개발이나 재생에 부적합하거나 적대적이었다. 민간의 자율을 보장하기에는 국가의 권력이 너무나 컸고, 서민을 위한 사회 통합적 도시 정책을 집행하기에는 투입할 수 있는 자원과 국가와 사회의 민주적 토대가 너무 부족했다. 정반대로 당시 한국의 국가는 그 성격상 국가 주도적이고 중앙집권적이며, 사회적으로 분할·배제적이고 차별적이며, 공간적으로는 매우 불균형한, 그리고 서울의 경우, 한강 이남을 중심으로 한 개발을 특권화하는 공간선택성을 가지고 있었다. 반공주의의 관점에서 볼 때 강북 개발의 억제가 필수적이었고, 권위주의의 관점에서 볼 때 국민의 권리는 국익을 위해 희생될 수 있었다. 또한 발전주의의 관점에서 볼 때 부족한 자원을 국가 주도로 특정 전략 거점과 산업에 배분하는 것이 보다 적합하고 효율적이었다. 이는 도시 발전의 관점에서 볼 때, 중앙정부에 의한 도시개발, 특정 집단에 대한 공간적 배제와 강남·북의 불균등한 도시개발, 예외 공간 설정을 통한 도시와 관련된 각종 권리의 제한과 침해 및 특정 집단에 대한 혜택의 집중, 아파트 건설을 통한 인구 분산 및 주택난 해소, 그리고 그 결과로서의 단기간의 압축적 도시화를 의미했다. 즉, 한국의 반공 권위주의 발전국가는 예외적 통치 공간의 설정 및 아파트 건설을 통한 단기간의 압축적 도시화에 친화적인 공간선택성을 가지고 있었다. 그러한 의미에서, 설사 상당한 우연의 연쇄로 시작되었을지라도, 강남 개발과 특권적인 강남적 도시성의 형성은 1970년대 서울에서 가장 유력한 선택지였을 뿐만 아니라 당시 한국의 국가 성격에도 가장 걸맞은 도시화의 경로를 따른 것이라 할 수 있다. 결국 북한과의 대치 및 급증하는 서울 인구에 직면해 인구를 단기간에 분산 수용하는 가장 효율적인 방법으로 강남에서의 고층 아파트 건설이 선택되었고, 이를 위해 아파트지구와 같은 예외 공간이 설정되고 국가의 금융 지원과 분양가상한제에 의해 만들어진 가격 왜곡을 통한 특혜가 건설 자본과 중산층에 부여되었으며, 그 결과 고층 아파트 단지를 중심으로 하는 오늘날 강남의 원형이 만들어졌던 것이다.

3. 한국 반공 권위주의 발전국가 공간선택성의 이론적 의미

브레너[88]는 스케일적 측면과 영역적 측면에서 가능한 국가 공간 프로젝트(국가의 공간 조직과 행정 분화)와 국가 공간 전략(국가의 공간에 대한 사회경제적 개입)을 다음과 같이 분류한다. 스케일적 측면에서 국가는 중앙집권 또는 분권 중 하나를 국가 공간 프로젝트로 추진할 수 있고, 역량을 특정 스케일에 집중하거나 여러 스케일에 분산하는 국가 공간 전략을 추진할 수 있다. 영역적 측면에서 국가는 전국에 획일적이고 표준적인 행정 체계와 절차를 부과하거나, 지역마다 특화된(또는 예외적으로 설정된) 행정 규제와 지원책을 적용하는 국가 공간 프로젝트를 추구할 수 있다. 또한 지역 간에 균형을 도모하거나, 지역 간에 집중과 불균형을 초래하는 공간 전략을 추진할 수 있다([표 5-2] 참조).

한국의 반공 권위주의 발전국가는 스케일적 측면에서 중앙집권적이고 국가 스케일 중심적인 공간 프로젝트와 전략을 추진한 반면, 영역적 측면에서는 특정 지역을 중심으로 특혜적인 행정 지원이 제공되

[표 5-2] 국가 공간선택성 진화의 매개변수 및 발전국가의 공간선택성[89]

	국가 공간 프로젝트	국가 공간 전략
스케일 차원	**중앙집권화** 대 지방분권화	**단일 스케일** 대 복수의 스케일
영역적 차원	획일적 행정 대 **맞춤 행정**	지역 균등화 대 지역 **집중화 (불균형)**
한국 반공 권위주의 국가	**지방자치제 폐지와 예외 공간**	**국가 단위 경제 발전 계획과 선별적 지역 발전 정책**

는 공간 프로젝트와 전략을 추진했다.[90] 바꿔 말하면, 중앙집권과 맞춤 행정이, 그리고 단일 스케일 중심의 전략과 지역 불균형 전략이 공존하는 것이다. 브레너의 관점에서 보면, 이는 "논리적으로 불가능하고 경험적으로 일어나기 어려운" 조합일 수 있다.[91] 하지만 한국의 사례는 이것이 논리적으로 가능할 뿐 아니라 경험적으로도 어렵지 않게 관찰될 수 있는 것임을 보여준다. 논리적으로 볼 때, 중앙집권적이고 국가 스케일 중심적인 공간 프로젝트와 전략은 반공적 권위주의하에서 오히려 특정 공간에 대한 예외적인 맞춤 지원과 집중된 특혜, 그리고 불균등한 발전을 가능하게 하는 전제 조건이 된다. 군사적 권위주의는 지방자치제 폐지를 통해 중앙집권화를 이루는 동시에 토지구획정리 지구, 아파트지구 등 예외 공간의 설정을 통해 선별된 지역에 맞춤 행정을 제공하는 한국의 국가 공간 프로젝트를 가능하게 만들었다. 또한 발전주의는 경제개발의 권한이 집중된 경제기획원을 통해 국가 스케일 수준의 발전 계획을 수립하는 동시에 한정된 자원을 강남이나 아파트와 같이 선별된 지역과 주택 유형을 중심으로 특혜 배

분하여 불균등발전을 심화시키는 국가 공간 전략을 가능하게 만들었다. 이제 이러한 공간선택성 속에서 본격적으로 진행된 강남적 도시성의 형성을 보다 자세히 살펴보자.

VII. 강남과 강남적 도시성의 형성

이제 우리는 [표 5-1]에서 제시했던 강남적 도시성이 어디로부터 기원하고 형성되었는지를 이해할 수 있다. 전술한 1970년대 강남 개발의 과정은 강남 지향, 공간적 배제, 불균등발전, 예외 공간, 아파트 건설을 통한 효율적 인구 수용, 압축도시화 등으로 요약될 수 있는 반공 권위주의 발전국가의 도시·주택 정책이 가진 공간선택성 속에서 물질적이고 사회문화적인 공간으로서의 강남이 형성되었음을 분명하게 보여준다. 즉, 현재의 강남은 1970년대 이후 국가가 서울에서 다른 지역의 발전을 억누르고 한정된 자원을 강남이라는 한정된 공간에 집중 투자한 데서 비롯되었다.

1. 물질적 공간으로서의 강남적 도시성의 형성

국가 주도 강남 개발은 고층 아파트 단지를 중간 및 상위 계급의 지배적인 주택 형태이자 상징으로 만들어냄으로써 '아파트 숲'으로 대표되는 현대 한국의 도시경관을 조성하는 데 기여했다.[92]

국가는 아파트를 대량 공급했을 뿐만 아니라 소유와 매매를 주택 정책의 기본으로 함으로써 아파트의 고급화를 가능하게 했다. 또한 단지화 전략으로 마련된 아파트의 관리, 안전, 생활 편의 측면에서의 편리성이 여성을 포함한 입주자들에게 매력적으로 인식되었다.[93] 아파트 단지는 열악한 도시 공공 공간 환경의 사막 속에서 "중산층의 주거 환경 욕구를 사로잡은 오아시스"였다.[94]

더구나 아파트는 구매할 능력이 있는 중간계급 이상의 사람들에게 막대한 이익을 안겨주었다. 분양가상한제하에서 아파트 청약 당첨은 시장가격과 분양가격의 차액을 특혜적 이익으로 남겼을 뿐만 아니라, 경제성장, 공공임대주택의 저발전, 주택 부족 등으로 인해 가격 상승이 지속됨으로써 아파트는 적극적으로 투자해야 할 자산 증식의 수단이 되었다. 1970년대에 같은 소득수준이었더라도 집을 샀느냐 여부에 따라 나중에 자산 격차가 다섯 배 이상 벌어졌다.[95]

이렇게 1970년대 이래 강남 등지의 아파트 소유자들이 부동산 가치 상승을 통해 중산층 또는 상위 계층으로 이동할 수 있다는 것을 보여준 결과, 아파트 소유와 투자(또는 투기)를 통한 계층 상승 및 재산 형성 전략은 2008년 세계금융위기 이전까지 한국 사회에 보편적으로 확산되었다.[96] 이를 극명히 보여주는 것은 다음과 같은 사실이다. 현재 한국의 전체 개인 자산 중에서 부동산 자산이 차지하는 비중은 70퍼센트 안팎에 달하며, 이는 다른 나라에 비해 월등히 높은 편이다.[97] 게다가 2008년 경제위기 이전까지 아파트 부동산은 높은 환금성을 가지고 있어 2006년 기준으로 1년에 전체 주택의 20퍼센트가 거래되었으며, 이는 잦은 이사를 초래하는 하나의 원인이었다.[98] 간단히 말해, 한국 사회에서 아파트의 확산은 국가 주도의 공급, 생활 수단으로서의 편리성, 그리고 자산 증식 수단으로서의 효과성에 기인한다.

2. 사회적 공간으로서의 강남적 도시성의 형성: 보수성, 공적 무관심, 경쟁주의

사회적 공간으로서의 강남 또한 상당 부분 위에서 설명한 국가 주도의 압축도시화 과정에서 건설된 아파트 단지와 중산층이 누린 자산 효과의 결과로 설명할 수 있다.

첫째, 강남의 정치적 보수성은 강남 주민의 자산계급으로서의 성격으로부터 나온다고 할 수 있다. 자본주의 사회에서는 자산을 보유하면 자산 가치의 상승과 유지에 이해관계를 가지게 되고, 이에 따라 보유 자산의 가치가 흔들릴 수 있는 새로운 변화를 싫어하게 되는 경향이 있다. 줄레조[99]는 이미 1970년대에도 주택건설촉진법으로 아파트가 급증함으로써 권위주의 국가 주도 성장 모델에 대한 지지가 늘어났다고 평가한다. 청약 당첨자가 시세보다 낮은 가격에 분양되는 아파트로 이익을 얻고 중간계급으로 편입되면서 체제의 수혜자이자 동조자가 된다는 것이다. 전상인[100]은 강남을 이어받아 출현한 수도권 신도시의 대규모 아파트 단지가 한국 사회에 "정치적 변곡점"을 만들어냈다고 주장한다. 아파트 거주 집단이 "한국 사회의 이념적 좌경화를 막는 결정적인 방파제 역할"을 하게 되었다는 것이다. 박해천[101]은 아파트 실거래가와 분양가의 차액에 대한 욕망이 베이비붐 세대와 386세대의 정치적 입장을 우측으로 이동시켰다고 지적한다. 그에 따르면, 아파트는 체제의 안위를 도모하는 궁극적인 정치적 해결안이다. 아파트는 "다른 수단에 의한 정치의 지속"이자 "인간 개조의 생체정치학적 프로그램을 완비한 정치적 보수화의 전초기지"이다. 실제로 우리는 자산 가치 상승에 대한 열망이 2008년 18대 총선에서 보수 여당의 '뉴타운 개발' 공약을 통해 전국으로 확산되면서 유권자가 전반적으로 보수화되는 것을 목격한 바 있다.

둘째, 강남을 포함한 한국의 도시 생활에서의 사적 몰입과 공공 문제에 대한 무관심은 아파트의 '개폐적 삶'과 '단지'에 의해 설명될 수 있다. 아파트는 기본적으로 사생활의 안전과 프라이버시의 보호를 위한 방어적 공간을 제공하며, 높은 자기 완결성으로 근린 이웃과 공생해야 할 동기 유발을 하지 못한다. 고립된 섬처럼 살다가 필요하면 섬을 외부와 연결하는 '개폐적 삶'과 이웃을 선택하는 것이 가능하다. '이웃사촌'을 규범화하는 공동체 압력으로부터 자유롭고, 그만큼 개인적 가치를 중시하기 쉬운 것이다. 아파트는 건축학적으로 거주자들이 가족주의와 개인주의 가치관에 친숙하게 만드는 경향이 있다.[102] 게다가 영동 지구부터 아파트 단지는 근린주구론에 근거해 건설되어 외부의 공공시설에 의지하지 않고 내부에서 거의 모든 필요를 충족시킬 수 있다. 이는 지역의 공공 문제에 관심을 기울여야 할 이유 자체를 말소시킨다.[103] 이러한 아파트 단지는 발전주의 국가의 단지화 전략에 의해 확산되었다. 개발을 위해 동원할 수 있는 자원이 부족한 발전주의 국가는 아파트 단지화를 통해 국지도로, 공원, 놀이터 등 각종 편의 시설을 단지 조성 단계에서 맡겨버리고, 거주지 조성 단계에서는 간선도로 등 기본적인 기반 시설들만 설치함으로써 초기 비용을 대폭 줄였던 것이다.[104] 그 결과, 입주자는 가로등, 상가, 주차장, 어린이놀이터, 경로당, 보육 시설, 주민 운동 시설, 관리사무소 등의 기반 시설과 서비스, 그리고 녹지 환경을 사적으로 구입해야 한다. 이 때문에 아파트 주민들은 외부인이 단지의 시설을 사용하는 것을 꺼리게 되고, 생활공간 구조의 측면에서 공적 영역과 사적 영역이 철저히 격리되는 것이다.[105] 이러한 사회적 격리의 최정점에 서 있는 것은 상류층 고급 주상복합 아파트인 도곡동 타워팰리스이다. 이 아파트는 밖으로 나가지 않고 내부에서 웬만한 것은 다 해결할 수 있는 아파트로, 엄격한 출입 통제를 통해 다른 계급과 접촉할 수 있는 기회를 최소화하고, 비슷한 계급과의 교류를 최대화한다.[106]

셋째, 1980년대 이미 강남의 대규모 아파트 단지들은 '영동적인 것'이라는 '평범치 않지만 평범한' 중산층 문화를 창출했다. 그것은 "신문에서 아파트 분양 광고를 열심히 들여다보는 것, 어느 고등학교가 명문대에 몇 명이나 입학시키는지를 복덕방에서 훤히 꿰고 있는 것, 아이들을 위해 좋은 학군으로 이사를 가는 것" 등으로, 아파트 투자와 입시를 중심으로 한 교육 경쟁을 핵심으로 한다.[107] 강남을 중심으로 한 학력과 외모 경쟁은 좁은 공간에 많은 사람이 밀집해 거주하므로 비교가 쉽다는 데도 크게 기인한다. 대체로 비슷한 구조의 아파트는 계급 간 '구별 짓기'를 위한 인테리어 경쟁과 대형 평수 선호를 자극한다. 먼저 아파트 주민들 사이의 지리적 인접성과 사회경제적 유사성은 문화적 측면에서 경쟁과 모방을 촉발한다. 예를 들면, 아파트 실내는 자신의 신분을 과시하는 전시성 공간으로 장식되며, 이에 따라 소비주의가 촉진된다.[108] 일찍이 1960년대 후반 아파트 생활을 경험한 한 가정주부는 이를 다음과 같이 묘사했다.

그 경쟁심이 보통이 아니어서 옆집의 생활수준을 탐색하기 위한 눈치싸움은 치열하다. 그래서 앞집에 싱글베드가 있으면 자기 집엔 더블베드가 있어야 하고, 옆집에 선풍기가 있으면 자기 집엔 에어콘디션이 있어야 직성이 풀리는 식으로 그 사치 경쟁은 남편들의 월급봉투를 올려주기 일쑤다. 그곳에 사는 대부분의 사람들이 냉장고와 텔레비존, 가스렌지, 응접셋트 한 벌씩은 갖고 있기 마련이고, 없는 경우는 그것을 마련하느라고 안간힘을 쓰니 이러고서야 어디 삶을 음미하고 즐길 수가 있겠는가?[109]

또한 "아파트의 평수는 계층 간의 위계적 차이를 생산하는 정량적 지표로 작용"하고, 아파트에 사는 사람들을 더 큰 아파트에 대한 욕망에 시달리게 한다.[110] 한국에서 아파트는 사회적 신분의 상징으로, 아파트를 구입하는 것은 주택 상품 소비를 넘어 '기호의 소비'이자 '과시적 소비'이다. 고급아파트 거주야말로 구별 짓기와 상징 폭력의 수단인 것이다.[111]

아파트에서의 계층 간 구별 짓기 경쟁은 부모들의 자식 비교를 통해서 계층 간 구별 짓기를 재생산하려는 교육 경쟁으로 쉽게 전환되었다. 앞서 서술한 명문 고등학교의 강남 이전으로 형성된 이른바 '공포의 8학군'에 속한 학생들은 1980년대부터 강남 주민의 경제적 자산, 고학력 문화 자본과 야간 자율학습을 바탕으로 다른 지역에 비해 전반적으로 뛰어난 입시 결과를 거두었으며, 1980년대 말에는 사교육이 자율화되면서 대치동을 중심으로 학원가도 발전하게 되었다.[112] 흥미로운 것은 사교육열이 두드러진 것이 주로 '테남', 즉 대치동, 역삼동, 개포동 등 강남 테헤란로 남쪽 지역이라는 것이다. 이는 대를 잇는 부자들이 많이 사는 압구정동, 청담동, 신사동 등이 포함된 '테북'과 달리, 자수성가한 전문직 부자들이 주로 사는 '테남'에는 "부모가 자식에게 물려줄 수 있는 것이 공부하는 방법뿐이기 때문"이다.[113]

한편, 청년층의 취업이 어려워지면서 외모 경쟁 또한 치열해짐에 따라 압구정을 중심으로 한 강남의 '뷰티 벨트' 또한 확대되었다.

강남의 성형외과, 성형 시술을 겸하는 피부과, 외과 등을 포함하면 1,000곳이 넘는다. 압구정 아파트 단지의 주부들은 재테크와 파출부 덕에 가사노동에서 해방되면서 부동산 투기, 레저, 쇼핑뿐만 아니라 외모에 대한 투자에도 열을 올렸다. 그 결과, 1988년 압구정동에 처음으로 '차밍스쿨'이 생기고, 1990년대 들어서는 명동과 신촌에 있던 기존의 성형외과도 강남으로 몰려들기 시작했다.[114] 고급 아파트 단지 생활의 결과로 형성된 소비·과시·여가 문화가 강남에 뷰티 산업의 발전 경로를 만들어낸 것이다. 한 연구에 따르면, 2001년 기준으로 성형외과 개원 전문의 중 47퍼센트가 서울에 집중되어 있고, 그중 55퍼센트가 강남구에 있으며, 강남구 전체 성형외과의 절반 이상이 압구정동과 신사동에 밀집해 있다. 강남구의 성형외과는 1981-1989년 신사동을 중심으로 했던 1단계 도입기와 1990-1998년 압구정동과 청담동을 중심으로 한 2단계 확산기를 거쳐 3단계인 1999년 이후에 급증했다. 성형외과가 밀집된 동들은 대부분 고밀도 아파트 지역으로, 증권사, 빌딩 및 유명 백화점 등의 상업 지구 또한 발달해 있다. 강남의 성형외과 개원의에 대한 한 조사에 따르면, 강남의 성형외과가 급증한 가장 큰 원인으로는 강남의 인지도(25.4퍼센트)와 이미지(23.8퍼센트)를 들 수 있다.[115]

넷째, 강남의 유흥 문화는 앞서 잠시 언급했지만 부분적으로는 강남 개발을 위해 취했던 강북 개발 억제의 유산이다. 1972년에 강북 지역 일부가 특정시설제한구역으로 제한되자 유흥 시설 신설은 강남 지역을 중심으로 이루어졌고, 여기에 자산 효과가 더해지자 신사동, 압구정동, 논현동 등을 중심으로 강남의 유흥 산업은 폭발적으로 발전했다.[116] 특이한 것은 이곳들이 사실상 주거 지역이라는 것이다. 1980

년대 중반에 3저 호황이 겹치면서 테헤란로와 강남로를 중심으로 불야성을 이루었던 룸살롱, 안마시술소, 카바레, 호텔들은 1997년 경제 위기로 잠시 주춤하다가 1999년 이후 테헤란 밸리를 중심으로 한 벤처 열풍으로 확대되어 현재에 이르고 있다.[117]

  마지막으로 강남의 경제적·문화적 성공은 경쟁 사회에서 아파트를 소유해야만 한다는 당위와 더불어 그것을 다른 지역에서도 복제하려는 욕망을 낳았다. 일례로 지방의 대표적인 부촌들, 그리고 그곳에 위치한 아파트 단지들은 자신들을 강남 또는 강남의 아파트에 비유하기도 한다. '대구의 강남, 수성구', '부산의 강남, 해운대'와 같은 표현들이 그것이다.[118] 실로 강남의 도시성은 한국 도시성의 모델이자 벤치마크로서 전국에서 모방되고 확산되었다. 예를 들면, 강남의 물질적 성공은 물리적인 측면에서 아파트의 전국적 확산에 크게 기여했다. 2010년 기준으로 한국에서 아파트는 전체 주택 1천468만 호 중 818만 5천 호로, 59.0퍼센트를 차지한다.[119] 수도권에서는 1980년대 도심 재개발로 판자촌이 철거되고 사당동, 목동, 상계동이 아파트 단지로 변했고, 1989-1992년 신도시 개발로 분당, 일산, 평촌 등에 대규모 아파트 단지가 들어섰다. 1990년대부터는 지방에서도 본격적으로 아파트 건설이 시작되었고, 2010년대 들어 부산에서는 해운대에 도곡동 타워팰리스를 모방한 고급 주상복합 아파트가 건설되기도 했다. 최근에는 한국의 아파트가 해외로 수출되고 있다. 중국, 동남아, 중동, 러시아 각지에서 한국식 아파트가 건설되고 있는 것이다.[120]

  [표 5-3]은 현재의 강남적 도시성을 형성시킨 공간선택적 사회 현실을 요약해서 보여준다.

[표 5-3] 강남적 도시성의 형성

도시성의 영역		강남적 도시성	공간선택적 사회 현실
물질적 공간성	도시화의 양상	압축도시화	반공 권위주의 발전국가의 주택 산업 정책: - 인구 분산 및 수용 - 고층 아파트 건설 - 예외 공간 설정 - 가격 왜곡 특혜
	전형적인 선호 주택 유형	고급 고층 아파트 단지	- 편리성 - 중산층의 상징 - 자산 증식 수단
	아파트의 전형적 거주자	중간 또는 상위 계급	- 중산층 대상 아파트 건설 - 높은 가격
	아파트의 전형적 소유 형태	사적 소유 또는 전월세 임대 자산 증식·투기 수단	- 공공임대주택의 저발전 - 주택청약제도 - 가격 상승 지속 - 높은 환금성 - 주택 소유자와 비소유자의 격차
공간의 사회적 특성: 문화와 생활양식	정치적 성향	자산 기반 보수성	- 자산 계급 - 자산 가치 상승 및 유지 욕구
	공·사 균형	사적 몰입과 공적 무관심	- 개폐적 공간 - 근린주구로서의 아파트 단지
	경쟁 문화	심화된 학력 및 외모 경쟁주의	- 밀집 거주 및 단지 내 비교
	유흥 문화	주거 지역의 유흥 문화	- 강북 유흥 시설 제한 - 자산 효과
	로컬리티의 특성	획일적인 전국적 모방과 확산	- 강남의 물질적·문화적 성공 - 강남의 상징성

VIII. 결론

본 연구는 1970년대 강남의 개발과 강남적 도시성의 형성을 당대 한국 반공 권위주의 발전국가의 공간선택성을 통해 설명하려고 시도 했다. 강남적 도시성은 물질적 공간으로 중상층이 주거와 자산 증식을 위해 소유하는 고급 고층 아파트 단지를 특징으로 하고, 사회문화적 생활양식으로 사적 몰입과 공적 무관심, 학력, 외모, 패션 등에서의 경쟁, 유흥 문화 등을 특징으로 한다. 이러한 강남적 도시성의 압축적 형성은 북한과의 대치 상황 및 서울로의 인구 집중 속에서 강북과 영등포 개발을 억제하고 강남 개발과 아파트를 통해 인구를 급히 분산하고 수용해야 했던 반공주의 국가의 필요성, 서민과 도시 빈민을 도시개발에서 공간적으로 배제하고 수탈적 예외 공간을 설정하는 권위주의 국가의 특성, 그리고 가격 왜곡을 통해 건설 자본과 중산층에 특혜를 부여하고 강남의 아파트 건설과 불균등발전을 촉진한 발전국가의 선별적 주택 산업 정책이 결합되어 만들어낸 공간선택성에 의해 상당 부분 설명될 수 있다.

6장 올림픽은 강남 개발에 어떤 영향을 미쳤는가?

: 1970~1980년대 잠실 올림픽타운 조성사업을 중심으로

김백영

I. 강남 개발과 올림픽 효과

1. '한강의 기적'과 강남 개발

불과 반세기 전만 하더라도 식민화와 전화戰禍로 인해 극도의 혼란과 피폐상에 놓여 있던 도시에서 오늘날 동아시아 굴지의 초거대 세계도시의 반열에 오른 서울의 급격한 발전 과정은 '강남 개발'을 논외로 하고는 설명하기 어렵다. 1960년대까지도 인적 드문 한촌閑村에 불과했던 강남이 어느새 '대한민국의 심장 도시'[1]로 탈바꿈한 상전벽해의 변화 과정이야말로 '한강의 기적'의 중층적이고 복합적인 성격을 밝히기 위해 세밀하게 살펴봐야 할 연구 대상인 것이다. 언제부터인가 서울과 지방의 격차를 비판하는 '서울공화국'이라는 표현을 대체하여 서울에서도 부유층의 집주 지역으로 손꼽히는 강남 지역의 특권적 지위를 비판하는 '강남공화국'이라는 신조어가 세간에 널리 통용되고 있는 현 상황은 이러한 역사적 변화로 인해 초래된 광범위한 사회문화적 파급효과를 웅변한다.

1960년대 후반부터 본격화된 강남 개발의 역사적 과정에 대해서는 손정목[2]의 선구적 연구를 바탕으로 최근까지 다양한 학제적 관점에서 활발한 연구가 진행되었다. 대표적인 연구 성과만 꼽아보더라도, 도시계획이나 토지 이용에 초점을 맞춘 이옥희,[3] 윤은정·정인하

⁴ 등의 연구, 도시사적 관점에서 강북과 대비되는 강남 지역성의 형성 과정을 복합적으로 규명해낸 안창모,⁵ 한종수·강희용⁶ 등의 연구, 부동산 투기와 토건국가 시스템의 형성과 같은 사회경제사적 문제점에 초점을 맞춘 장상환,⁷ 전강수,⁸ 임동근·김종배⁹ 등의 연구, 그리고 '강남화'의 사회문화적 효과와 강남 이데올로기에 대해 분석한 이동헌·이향아,¹⁰ 박배균·장진범¹¹ 등의 연구를 들 수 있다.

하지만 이들 연구는 대체로 시대적으로는 1960-1970년대 박정희 정권 시기에 초점을 맞추고 있고, 공간적으로는 주로 강남 지역 전반을 포괄적으로 다루고 있으며, 자료적으로는 당시의 신문 기사를 비롯한 다양한 1차 자료들을 면밀히 분석하지 않았다는 점에서 여전히 보완할 여지를 남겨두고 있다. 이러한 문제의식을 바탕으로 이 글에서는 강남 개발의 역사적 과정과 관련하여 그동안 선행 연구에서 그 중요성에 비해 충분히 의미 있는 변수로 다루어지지 못했던 한 가지 요인에 주목하고자 한다. 88올림픽으로 대표되는 스포츠 메가 이벤트가 강남 개발과 서울의 도시 발전에 미친 영향력이 그것이다.

2. 올림픽의 도시개발 촉매 효과

세계사적 차원에서 볼 때 국제적 스포츠 메가 이벤트가 대규모 도시·지역의 개발의 계기로 본격적으로 활용되기 시작한 것은 제2차 세계대전 이후의 일이다. 이른바 '올림픽 유산Olympic Legacy'으로 불리는, 도시개발에 올림픽이 미치는 직간접적인 효과에 대한 논의가 본격화되기 시작한 것은 1956년 멜버른 올림픽이 최초다. 이는 제2차 세계대전 이후 급격히 늘어난 신생독립국들이 올림픽에 참가하면서 대회 규모가 커지고, 교통수단이 발달하면서 해외 관광객 숫자도 급증했기 때문에 나타난 현상이다.[12] 특히 동아시아 지역과 같은 비서양 지역에서의 메가 이벤트는 서구 선진국으로 대표되는 국제사회의 시선을 강하게 의식했기에 대규모 도시개발과 도시경관 정비사업이 수반되었고, 단기간에 급속도로 진행된 도시경관 정비사업은 필연적으로 과도한 물리적 폭력을 동반하게 되었다.[13]

이 글에서는 스포츠 메가 이벤트가 도시 공간에 미친 영향, 올림픽이 지닌 '도시개발의 촉매제'로서의 특성[14]에 주목하여 88올림픽이 서울에 미친 영향을 살펴보고자 한다. 일반적으로 올림픽 개최국 정부와 개최 도시 당국은 올림픽을 대규모 자본 투자를 유치하고 도시환경을 대대적으로 정비하여 '국제도시', '명품도시'로 전환하기 위한 계기로 활용한다. 특히 한국의 제5공화국과 같은 권위주의 군사독재 정권에 의해 기획되고, 1980년대 서울과 같은 고도성장기 개발도상국의 종주도시primate city에서 개최된 메가 이벤트는 이러한 관 주도적 속성이 극명하게 드러난 사례라고 볼 수 있다.

그런데 연구 문제를 '88서울올림픽은 강남 개발에 어떤 영향을 미쳤는가'로 설정한다면, 우선 연구 대상의 시공간적 범위를 어떻게 제한할 것인지가 쉽지 않은 문제로 제기된다. '올림픽 유산'의 파급효과는 단지 물리적 도시환경의 변화에만 국한된 것이 아니라 정치·경제·사회·문화의 전 영역으로 다양한 영향을 미치기 때문이다. 실제로 88올림픽 유치 직후 발간한 자료에서 한국 정부는 올림픽 개최의 기대 효과로서, 성장한 한국의 국력 과시, 한반도 평화, 공산권 수교, 국민적 단합, 선진국 진입, 경기 부양, 서울 개발 등 7가지 항목을 제시한 바 있다.[15] 올림픽 효과가 실제로 이러한 기대에 얼마나 부응했는지에 대해서는 아직 본격적인 연구가 이루어졌다고 보기 어렵다.

이에 대해서는 다양한 학문적 관점에서 향후 좀 더 폭넓고 심도 깊은 연구가 필요할 것이다. 이 글은 이 가운데 마지막 항목인 서울 개발, 특히 잠실 올림픽타운 조성을 중심으로 한 강남 개발에 초점을 맞추고자 한다.

올림픽 주도의 도시개발이 전개되는 양상은 크게 3가지 차원으로 나눠볼 수 있다. 1차적으로는 국제 규격의 각종 경기장과 경기를 위한 특수 시설을 포함한 스포츠와 레저 시설, 2차적으로는 선수촌과 미디어촌, 미디어와 언론센터나 훈련 시설과 같은 주택과 레크리에이션 시설, 3차적으로는 공항과 대중교통, 호텔과 관광 명소, 하수도, 전기통신, 광케이블 등과 같은 노동과 교통 시설의 대대적 확충이 이루어지는 것이다.[16] 이러한 변화에는 물리적 · 사회적 양 측면에서의 변화가 포함된다. 국제올림픽위원회IOC의 가이드라인에 따라 주요 경기 시설과 부대시설을 건설하고 도로, 항만, 공항 등 각종 교통 시설을 구비하는 것이 물리적 측면의 변화라면,[17] 스포츠계, 개최 도시, 주최국 정부는 물론 대회를 후원하는 다수의 기업과 경제단체와 다양한 자원봉사 시민단체 등이 동원되는 것은 사회적 측면의 변화에 해당한다. 우선 물리적 측면에서 보면 관련 시설물에 대한 IOC의 기준은 도시개발을 위한 일종의 가이드라인으로 작용하게 된다. 그 내용은 크게 행사 시설(경기장, 선수촌, 미디어 시설 등)과 접근 시설(인프라, 도로, 항만, 공항 등의 교통· 운송 설비)의 2가지 측면으로 구성된다. 둘째로, 사회적 측면에서 보면, 스포츠 메가 이벤트인 올림픽은 강력한 올림픽 추진 조직과 물리적 개발 체계를 뒷받침할 경제적 후원 조직, 그리고 이러한 개발 붐을 뒷받침하기 위한 사회적 동원(사회운동, 유치 활동, 축제· 이벤트 등)을 필요로 한다.[18]

이 글의 분석 대상인 서울의 사례와 관련해서 살펴보면, 1980년대 초 서울특별시 도시계획국장이었던 안상영은 88올림픽에 대비한 건설계획을 3가지로 나누어 제시하고 있다. ① 경기장과 숙박 시설, ② 한강 정비와 도로 건설, ③ 도시 정비와 상하수도 처리 시설이 그것이다.[19] 이것은 IOC의 가이드라인에 따라 물리적 도시환경을 전반적으로 정비하는 데 초점을 맞춘 '올림픽도시 만들기' 기획이라고 할 수 있다. 이러한 관점에서 보면 이 글의 분석 대상은 시간적으로는 1981년 '바덴바덴의 기적'[20] 이후로 제한되며, 공간적으로는 좁게는 올림픽타운이 건설된 잠실 지구에 국한되지만, 넓게는 이른바 '강남' 지역 전체를 포함한 서울시 전역을 포괄하게 된다. 하지만 이 글의 연구 문제인 '올림픽이 강남 개발에 미친 영향'에 대해서 보다 정치精緻하게 분석하기 위해서는 연구 대상을 다소 조정할 필요가 있다. 우선 논의의 주된 공간적 범위는 잠실 지구와 그 인접 지역으로 제한하되, 올림픽도시 만들기 사업과 직접적으로 관련이 있거나 유기적 연관성이 큰 도시개발사업은 일부 포함해 논의할 필요가 있다.[21] 둘째로, 연구의 시간적 범위는 강남 개발의 밑그림이 그려지고 올림픽도시 건설계획이 처음 제기되는 시점까지 확장할 필요가 있다. 이 글의 본격적 논의가 1960년대의 아시안게임 유치 시도와 1970년대 잠실 올림픽타운 건설계획에서부터 출발하는 것은 이러한 이유에서다.

Ⅱ. 1970년대 잠실 지구 개발계획의 형성

1. 박정희 정권의 스포츠 메가 이벤트 유치 전략과 잠실종합운동장 건설계획

박정희 정권이 스포츠 메가 이벤트 국내 개최를 처음 시도한 것은 1966년 말에 1970년 개최 예정인 제6회 아시안게임을 서울로 유치한 것이다. 당시 "동남북아 스포츠의 정화精華"로 불렸던 '아주경기대회 亞洲競技大會'에 한국 선수단은 2회째부터 참가했는데, 1960년대까지는 사실상 일본의 독무대에 가까웠다.[22] 1960년대 중반 박정희 정권은 60억 원으로 예상되는 과다한 경비 문제로 포기하고 있다가 10억 원 이내의 경비로 개최가 가능하다는 제안을 받아들여 포기 의사를 번복하고 개최 방침을 결정하게 된다. 1966년 방콕 아시안게임 당시 현지에 파견된 정일권 총리 휘하의 유치 사절단에 의해 아시안게임을 유치하기 위한 외교전이 전개되었으며,[23] 그해 8월 초순에는 타이완, 말레이시아, 이라크 등 유치계획을 지닌 나라를 순방하면서 양보를 요청하기도 했다. 특히 그해 12월에는 방콕에서 개최된 아시아국제박람회에 참가하여 대회 유치 활동을 계속한 결과,[24] 만장일치로 아시안게임의 서울 개최가 결정되었다.[25]

하지만 유치 결정 직후부터 대회 개최에 필요한 시설 마련에 소요되는 경비 문제로 체육계와 한국올림픽위원회koc 간에 불화가 생기는 등 논란을 빚다가 결국 이듬해인 1967년 중반에 개최 포기를 결정하게 된다. 당시 서울에 구비된 국제대회용 스포츠 시설은 동대문에 3만 4천 평 규모의 운동장과 효창공원에 7,822평 규모의 축구장, 그리고 1962년 말에 준공된 장충체육관이 전부였으며, 국제 규모의 호텔도 겨우 워커힐 하나뿐이었던 것이 결정적 이유다.[26] 박정희 대통령의 포기 지시가 나오기까지의 경위에 대해 당시 신문에서는 다음과 같이 보도하고 있다.

66년 12월 초 정부는 제6회 아시언게임 유치운동을 중도에 포기하도록 결정했다가 7억 5천만 원의 예산으로 대회를 열 수 있다는 KOC의 각서를 받고 번복, 대회 유치를 적극적으로 뒷받침해주었으며, 2,600만 원의 유치비를 할애하는 등 성의를 보였다. (…) 박 대통령의 단안斷案은 소요 예산 1백억 원이란 엄청난 투자를 요구한 것으로 알려진 서울시 당국의 청사진에 기인한 것 (…) 올림픽을 개최한 도쿄도東京都나 제5회 아시언게임이 열린 방콕시가 거대한 국제적인 스포츠 이벤트를 계기로 완전히 면모를 일신한 선례에 따라 서울시로서는 수도 서울의 근대화를 아시언게임과 결부, 일대 체질 개선을 시도해볼 만한 의욕이 없을 수 없다고 하겠다. 이러한 의욕 과잉이 결국 아시언게임이 소요 예산을 1백억 원으로 추정할 제3안으로 나타났으며 (…) 돌연한 지시에 경악한 KOC는 소요 예산 1백억 원 설을 극구 부인, 7억 5천만 원으로 현존 시설을 이용하겠다는 안과 17억여 원이 드는 제1안, 35억 9천여만 원이 드는 제2안을 마련하고 전체적인 규모를 약 26억 원 정도로 계상한다면 크게 손색없는 대회를 운영할 수 있다고 주장하고 있다. 26억 원 선의 예산은 서울운동장을 5만 명 수용으로 확장(3억 9천만 원)하고, 정구장 개축(3천5백만 원), 효창을 2만 명 수용으로 확장(자전거 겸용 2억 원), 실내수영장 신축(4억 8천만 원), 종합전 기록판(1억 6천만 원), 용지 매수 및 보상(4억 원)과 기타로 되어 있다. 그 밖에 선수촌, 프레스하우스 등은 일반업자의 투자를 골자로 하

고 있으며, 대회 운영비 전반도 포함되어 있다……[27]

  박 대통령은 아시안게임을 서울에서 개최할 경우 소요되는 막대한 경비 등을 감안하여 이를 반납할 것을 KOC에 지시했으나, KOC 측은 규모를 줄여서라도 서울에서 개최하려고 절충을 계속하다가[28] 최종적으로 대회 반납을 결정하게 되었다. 그러나 대회를 대신 개최해 달라는 한국 정부의 요청에 말레이시아와 자유중국 등이 계속 거부 의사를 밝혀 한국은 난처한 처지에 놓이게 되었다. 특히 일본마저도 1970년 오사카 엑스포와 1972년 삿포로 동계올림픽이 예정되어 있어 대리개최 요청 수락 불가 방침을 통보해옴에 따라 제6회 대회는 유산되거나 연기될 위기에까지 내몰리게 되었다.[29] 결국 대회의 유산을 막기 위해 한국은 25만 달러의 대회 경비를 인수자인 태국에 제공하는 굴욕적인 조건을 수용하면서 최종적으로 제6회 대회는 방콕에서 개최하는 것으로 사태는 일단락되었다. 이러한 국제사회에서의 치욕을 경험한 박정희 정권은 이후 서울에 올림픽을 유치할 수 있는 국제적 규모의 스포츠 시설을 건설하려는 의지를 더욱 확고히 다지게 되었다.

  그런데 이러한 대규모 시설을 새롭게 조성하기 위한 공간은 과밀화된 강북 구도심이나 이미 1960년대부터 개발이 진행 중이던 영동 지구보다는 1970년대 새롭게 개발이 시작될 신시가지를 선택하게 되는 것이 당연한 수순이었다. 1970년대 초 잠실 지구 개발이 궤도에 오르자마자 이 지역에 종합스포츠타운을 건설하겠다는 계획을 수립·발표한 것은 이러한 맥락에서다. 1971년 9월 양택식 서울시장은 체육의 대중화와 체육인 저변 확대를 위해 잠실 지구에 80만 평의 스포츠 대단지를 조성하겠다는 계획을 발표했다. 그것은 당시 서울시에서 추진

중인 잠실 지구 개발계획에 확보되어 있는 14만 평의 종합운동장 부지를 활용하여 1980년대에는 우리나라에서도 세계올림픽이 개최될 수 있도록 국제 규모의 스포츠 단지를 만들겠다는 것이었다.[30]

이 계획은 이듬해인 1972년, 당시 '체육 한국의 산실'이라 불리던 서울체육학교를 잠실로 이전하는 계획을 발표하면서 최초로 가시화되었다. 하지만 계획만 공표되었을 뿐, 사업 시행은 수년간 지연되었다. 이는 1960년대 초까지만 해도 잠실·신천 일대를 통틀어 불과 900여 명의 마을 주민들이 농사를 짓거나 나룻배를 타고 뚝섬이나 성수동 일대의 작은 공장에 출퇴근하며 생활하고 있을 정도로 이 지역 일대가 기반 시설조차 전혀 마련되어 있지 않은 낙후된 상태였음[31]을 상기해볼 때 어렵지 않게 납득할 수 있다.

이 일대에 아시아경기대회를 유치할 수 있는 아시아 최대 규모의 종합운동장을 건설하겠다는 계획이 다시 공표된 것은 잠실 지구 개발이 본격적으로 추진된 1976년 구자춘 서울시장의 발표를 통해서였다.

박정희 대통령의 지시에 따라 10만 명을 수용하는 메인 스타디움을 비롯 2개 실내체육관, 야구장, 정구장을 갖추는 대규모 종합운동장이 잠실에 세워진다. 구자춘 서울시장은 22일 하오 '잠실종합운동장 건설계획'을 발표, 총규모 2백50억 원을 투입, 내년에 착공, 오는 81년 말까지 완성할 것이라고 말했다. (…) 잠실 구획정리지구의 12만 평 부지 위에 건설될 종합운동장은 현재 시공 중인 제2실내체육관과 함께 야구장, 정구장, 보조경기장, 민속경연장을 갖추게 되는데……[32]

이처럼 잠실 지구에 국제 규모의 스포츠 단지를 조성하려는 계획은 당시 서울운동장이 2만 2천 명의 수용 능력밖에 지니지 않아 국제 경기 개최 때마다 시설 부족으로 불편을 겪어왔던 박정희 정권의 오랜 숙원사업으로, 1982년 개최될 아시안게임 유치를 목표로 1977년에 착공하여 1981년에 완공할 예정이었다.[33] 그런데 이 계획은 박정희 정권이 1960년대 후반부터 추진하기 시작한 강남 개발의 연장선상에 놓여 있는 것이었다.

2. 유신정권의 '성상도시 플랜'과 잠실 올림픽타운 건설계획

1970년대 서울시는 영동 지구 개발사업을 정력적으로 추진하고 있었다. 강남 개발의 효시가 된 영동 지구 개발사업은 1960년대 후반부터 시작되었는데, 영동 제1지구는 제3한강교와 경부고속도로의 건설을 계기로, 영동 제2지구는 영동교의 부설을 계기로 개발이 시작되었음은 주지의 사실이다.[34] 착공 당시 제3한강교는 강남 개발을 위한 것이라기보다는 유사시 도강용渡江用이라는 군사적 목적이 강했고, 경부고속도로는 경제개발을 위한 인프라 건설의 일환이었으며, 영동 지구 개발은 재원이 부족했던 박정희 정권이 경부고속도로 건설 부지를 확보하기 위한 방책으로 시행한 토지구획정리사업에서 비롯된 것이었다는 점은 선행 연구에서 공통적으로 지적하고 있는 정설이다.[35] 결국 영동 지구 개발사업은 이러한 일련의 별개의 정책들이 사후적으로 서로 유기적 연관을 맺게 되면서 빚어진 의도하지 않은 결과물인 셈인데, 잠실 지구 개발사업도 광주 대단지를 강북의 서울 도심부와 연결하려는 사업의 일환으로 추진된 잠실대교 건설과 잠실 공유수면 매립공사[36]를 계기로 본격화되었다는 점에서 사업의 최초 단계에서는 유사한 특징을 띠고 있었다고 볼 수 있다([그림 6-1] 참조).

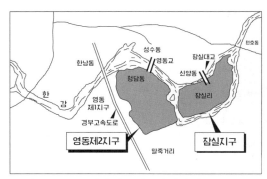

[그림 6-1] 1970년의 영동 지구와 잠실 지구

하지만 1960년대 초 남서울 개발 계획에서부터 비롯된 영동 지구 개발 사업에 비해 시기적으로 상당히 지체된 1970년대 초의 잠실 지구 개발 사업은 초기부터 차별성을 띤 측면이 있다. 즉, 1971년 공표된 서울의 다핵도시화 계획에 입각하여 영동(잠실) 지구의 건설계획이 보다 기능적으로 구체화되어 있다는 점이다. 특히 잠실 지구는 올림픽을 유치할 수 있는 국제적 수준의 스

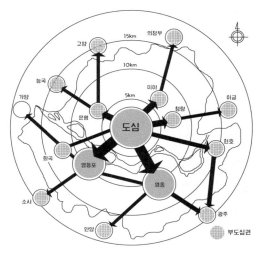

[그림 6-2] 서울 성상도시 플랜(1971)

포츠타운으로 용도를 명확히 하고 있다는 점이 특징적이다. 신문지상에 영동(잠실) 지역을 포함한 다핵도시화 계획이 처음 구체적으로 보도된 것은 1971년 5월로, 서울시는 향후 20년에 걸친 중장기 도시계획을 거쳐 서울을 별 모양의 대도시로 발전시킨다는 '성상星狀도시 플

랜'을 다음과 같이 발표했다([그림 6-2] 참조).

서울시는 4일 서울을 20년 안에 국제적인 대도시로 건설하기 위한 서울시 도시계획 20개년 계획안을 발표했다. 이 안은 대한국토계획학회가 시안을 마련한 것을 서울시가 수정한 것으로, 오는 6월 말까지 공청회 등을 거쳐 확정된다. 현재의 서울시 도시계획 및 행정구역을 넓히지 않는다는 것을 전제로 만들어진 이 계획은 목표 연도인 오는 91년도까지 도심지를 초고층 시가지로 재개발하는 한편, **도심지를 중점으로 시가지의 동심원적인 확장을 꾀해오던 지금까지의 정책을 바꾸어 영동·잠실·화곡·천호·미아·영등포·은평·청량 지구 등 8개 부도심권을 중심으로 별 모양의 균형 잡힌 도시로 발전시킬 것을 기본 원칙으로 삼고 있다.** 이 원칙에 따라 추정되는 야간 인구 760만 명(시설 이용 인구를 포함하면 900-950만 명)을 이 위성도시별로 재배분해 적정 밀도의 주거 지역을 형성한다는 것이다. 아울러 지하철 등 고속 대중교통망을 확충, 30분대의 통근권을 실현하고, 현재의 주택율 54퍼센트를 93퍼센트로 늘려 1가구 1주택을 목표로 삼고 있다. 이 계획은 71년도를 준비 연도로 하고, 72년도부터 10개년 계획과 병행 추진케 되어 있다. (강조는 인용자)[37]

1971년 초에 서울시는 1991년까지 20년 사이에 '세계도시'이자 '중진국 한국의 수도'로서 도시의 구조·기능·생활 면에서 후진의 굴레를 벗어난 현대도시로 탈바꿈하겠다는 야심 찬 계획을 공표한다. 이 계획의 핵심은 여의도와 한강 개발을 매듭짓고, 영동·잠실 지구를 구획정리 방식을 통해 개발하여 부도심으로 발전시키는 한편, 광주 대단지를 위성도시로 만들어 도심 인구를 분산시킨다는 것이었다. 신시가지 개발의 중추를 이루는 영동·잠실 지구 개발사업 가운데 영동 지구 개발은 이제까지 개발되지 않았던 강남의 837만 평을 개발하여 상공부 산하 12개 업체를 이전시키는 등 60만 명의 인구를 수용할 수 있는 부도심으로 만들려는 것이었다.

잠실 지구 개발계획은 1972년 말까지 109억 200만 원을 투입하여 강변7로를 건설하고 방수제를 쌓아 88만 평의 한강 변 땅을 매립하는 등 176만 평을 개발, 서울 동남부의 부도심으로 만들 계획이었다.[38] 이 계획은 1972년 중반 서울의 동부를 남북으로 꿰뚫는 총연장 34킬로미터의 동축 1호선과 2호선의 기간도로가 건설되고 이 1·2호선을 잇는 '한강의 제6혁대'인 잠실대교가 개통되면서[39] '동부 서울'을 대개조하려는 계획과 더불어 본격화된다.[40] 1971년 초의 신문 기사에는 당시 윤진우 도시계획국장의 말을 인용하여, 잠실 지역 매립공사를 통해 새롭게 조성될 토지에 전개될 개발계획이 다음과 같이 제시되어 있다.

잠실·신천·대치 등 3개 동이 있는 잠실도를 현재 사유지로 한강 물이 넘쳐들지 않는 88만 평과 홍수가 지면 물에 잠기는 모래밭 등 공유수면 88만 평을 메워 새로운 시가지로 만든다. 109억 200만 원을 들일 이 지역은 길이 5천 미터의 방수제와 길이 2,600미터의 강변7로를 건설, 한강물이 넘치는 것을 막고, 길이 1,260미터의 잠실교가 놓여 육속화된다. 176만 평 가운데 19퍼센트인 35만 평은 택지로, **81퍼센트인 141만 평은 공공용지로 개발케 되는데, 공공용지 안에는 올림픽도 개최할 수 있는 국제 규모의 종합경기장을 세운다.** (강조는 인용자)[41]

1972년에는 종래의 토지구획정리사업의 문제점을 극복하여 보다 계획적이고 이상적인 현대도시를 만들어 국제적으로 국가의 위상을 향상시켜야 한다는 주장이 제기되었고, 이에 서울시는 1973년, 1970년대 안에 영동·잠실 지구를 선진 대도시 수준의 세계적인 이상도시로 개발하는 것을 골자로 하는 '영동·잠실 신시가지 조성계획'을 발표했다. 1975년까지 영동 지구 960만 평에 60만 명, 잠실 지구 340만 평에 20만 명을 각각 수용하여 ha당 200인의 이상적인 인구밀도를 넘지 않도록 하며 전 시가지를 계획 녹화 또는 공원화한다는 내용이었다.[42] 영동·잠실 일원의 전 시가를 공원화하고,[43] 건축 규모 및 외관 일체를 규제하여 도시 미관의 향상을 정책적으로 유도하며,[44] 영동·강남 개발에 취득세 감면과 세무사찰 중지 등의 특혜 조치가 취해진 것도 이때부터의 일이다.[45]

나아가 1974년 잠실 지구는 종래의 단순한 주거 단지가 아니라 '도시다움Urbanity의 추구'라는 미래 이상도시 건설을 염두에 둔 종합적 플랜의 대상으로 재설정되었다. 1974년 잠실 지구 종합개발 기본계획에 따라 개발이 시작된 잠실 지구는 1970년대에 추진된 영동 지구 개발계획 전체를 통틀어 가장 획기적인 성격을 띤다.[46] 그것은 ① 당시 토목 위주의 사업에 의존한 도시계획의 흐름을 계획 중심의 도시계획으로 전환시켰고, ② 잠실 지구를 부도심화하기 위해 방사환상형 도로망 및 대규모 업무 기능 계획 등 도시 형태적·기능적 측면에서 새로운 시도가 이루어졌으며, ③ 최초로 도시 설계 차원에서 입체적 계획이 수립되었고, ④ 집단체비지 개념을 도입·제도화하여 향후 아파트 단지 건설 및 중심업무지구의 통합적 계획·개발을 가능케 했다.[47]

이처럼 잠실종합계획은 '그 후 우리나라에서 이루어진 수많은 도시설계에 하나의 모델을 제공'[48]했다. 이 계획은 1970년대 말까지 지속되어 1978년에는 잠실 호수공원 건설에 착수했으며,[49] 1979년 10월 26일에는 86아시안게임과 88올림픽 유치계획을 공표하고 잠실국립경기장 일대를 집단미관지구로 조성하겠다는 방침을 아래와 같이 결정·고시했다.

> 서울시는 26일 올림픽 서울 유치계획과 관련, 국립경기장 주변인 강동구 둔촌동 방이동 오금동 일대 119만 8,650m²를 5종(집단)미관지구로 결정·고시했다. 미관지구로 지정된 도로변은 대지의 면적이 75평 이상, 건물 높이 2층 이상인 경우에 한해 건축 허가를 얻을 수 있다. 또 도매시장, 고물상, 전염병원, 정신병원, 자동차 관련 업소, 연탄공장, 목재소, 창고, 식품공장, 정육점, 철물점, 세탁소, 공장 등은 이 지역 내에 세울 수 없게 된다. 서울시 관계자는 86년의 아시안게임과 88년의 올림픽 경기를 서울로 유치한다는 기본 방침에 따라 국립경기장 주변의 미관을 유지하고 시가지를 질서 있고 규모 있게 발전시키기 위해 이 일대를 미관지구로 고시한 것이라고 밝혔다.[50]

하지만 바로 이날, 아무도 예기치 못한 궁정동의 총소리로 인해 유신정권은 갑자기 종언을 고하게 되었고, 곧이어 12·12와 5·16이라는 두 차례의 쿠데타를 거쳐 신군부가 주도하는 제5공화국이 들어서게 된다. 그렇다면 이러한 1970년대 유신정권의 성상도시 플랜과 잠실지구 개발계획은 88올림픽의 서울 유치가 확정된 1980년대에는 어떻게 전개되었을까?

III. 1980년대 서울의 올림픽도시 건설 프로젝트

유신정권의 직접적 유산으로 기획된 초대형 관제 행사였던 '국풍 81'을 통해 알 수 있듯이, 신군부는 집권 초기부터 유신체제의 통치 노하우와 프로젝트를 적극적으로 활용했다. 1981년 '바덴바덴의 기적'을 낳은 올림픽 유치운동 또한 유신정권이 추진했던 미완의 프로젝트의 연장선상에서 이루어진 것이었다. 나고야를 꺾는 대이변이 일어날 수 있었던 주된 변수로는 일본의 자만과 방심, 그리고 한국의 예상치 못한 공격적인 홍보와 로비를 들 수 있겠지만, 당시 국제사회의 여러 조건들이 한국 측에 '행운'으로 작용한 측면도 있다.[51] 또한 당시 가장 유력한 개최지 후보였던 나고야 시민들이 전개했던 격렬한 올림픽 유치 반대운동과 더불어, 서울은 이미 경기장 등 주요 시설 공사의 공정이 60퍼센트나 진척되어 있었던 반면, 나고야는 건설계획만 있을 뿐 당시 갖춰진 스포츠 시설이 거의 없었다는 점도 서울이 예상 밖의 승리를 거둘 수 있었던 요인 중 하나였다.[52]

일단 올림픽 경기를 유치하는 데 성공하자 제5공화국 정권은 종합적 통치 프로젝트로서 스포츠 메가 이벤트를 정치적으로 활용하기 시작한다. 그것을 뒷받침한 것은 1970년대 이후 본격화된 수출 주도형 경제정책의 결과로 이룩된 '한강의 기적'이 지속될 수 있는 결정적 호조건을 조성해준 저유가, 저금리, 저환율의 이른바 '3저 호황'이었다.[53] 이를 바탕으로 '86·88' 두 개의 대규모 국제행사를 치르기 위한 범국가적 준비가 시작되었다. 여기에는 부족한 경기 시설을 확충·정비하는 일, 외국 선수단·관광객을 위한 숙박 시설을 마련하는 일과 같은 직접적으로 관련된 시설을 마련하는 일뿐만 아니라, 도로교통

수준을 선진화하는 일, 한강 일대를 정비하는 일, 서울시 안팎의 환경을 정비하는 일, 시민의 질서의식을 높이는 일 등 간접적으로 관련된 광범위한 도시 미화, 경관 정비 작업도 포함된다. '강남 개발'에 초점을 맞춘 이 글에서는 그 가운데 ① 잠실 지구를 올림픽도시로 완성하는 일과 ② 새롭게 조성된 잠실 지구로 접근하기 위한 교통로와 주변 도시경관을 정비하는 일, 그리고 ③ 서울시 전역을 유기적으로 연결하고 급격한 도시 팽창에 대비하여 도시 전체의 인프라를 전반적으로 개선하는 일에 주목하고자 한다. 한강 개발은 이를 위한 일석삼조의 필수적 방책이었다.

1. 한강 개발과 교통망 정비

1960-1980년대까지 전개된 한강개발사업은 크게 2단계로 나눠 살펴볼 수 있다. 1960년대 후반에 진행된 1단계 사업과 1980년대에 88올림픽을 앞두고 진행된 2단계 사업이 그것이다.

우선 박정희 정권기에 진행된 1단계 한강개발사업의 최우선적 목표는 한강의 범람을 막는 데 있었다. 강남 지역은 1963년부터 시역에 편입되었지만, 강남이 실질적으로 서울의 도시권에 포함되기 위해서는 강북의 도심과 강남의 신시가지를 연결하는 교량의 건설과 여름철이면 범람하는 강물을 막기 위한 제방의 건설이 필요 불가결한 전제 조

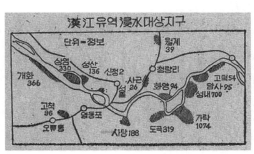

[그림 6-3] 1972년 서울의 홍수 피해 지역[54]

건이었다. 특히 강우량이 많을 경우 홍수의 피해 범위는 중랑천, 도림천, 탄천 등 한강의 각 지류 유역에까지 확산되어 시민들에게 막심한 피해를 끼치곤 했다. 기록적인 폭우가 쏟아진 1972년 8월의 침수 피해 지역을 나타낸 [그림 6-3]은 그 양상을 잘 보여준다. 제1차 한강개발사업은 1967-1970년에 걸쳐 진행된 한강 개발 3개년 추진계획에 의해 실행되었는데, 크게 남북제방도로 건설과 동부이촌동, 압구정동, 여의도, 잠실 지구의 공유수면 매립사업의 양대 사업을 중심으로 추진되었다. 그 결과, 강남 지역이 서울에 실질적으로 편입됨에 따라 한강의 위상이 '경계하천'에서 '관통하천'으로 변모하게 되었다.

1980년대에 진행된 제2차 한강개발사업은 1981년 9월 [그림 6-4]와 같이 고수부지에 7곳의 운동장을 개장한 데서부터 출발한다. 같은 해 10월 23일 전두환 대통령의 지시에 의해 착수된 2단계 사업은 1982년 9월 28일 공사가 시작되었고, 1986년 5월 2일 올림픽대로 개통으로 일단락되어 같은 해 9월 10일에 준공되었다. 사업비 4,133억 원은 골재 매각 대금 1,962억 원과 시비 2,171억 원으로 충당했으며, 시공은 총 10개 공구로 나누어 동아건설산업, 대림산업, 현대건설, 진흥기업, ㈜대우, 남광토건, 미륭건설, 라이프주택개발, 삼성종합건설, 삼환기업이 각 구간별로 분담하여 진행했다.[55]

이 사업의 주된 내용은 다음 3가지로 요약할 수 있다. 첫째는 올림픽대로 건설과 9개 한강시민공원 조성 및 주

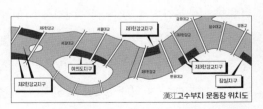

[그림 6-4] 1981년 한강 고수부지 운동장 위치도

운수로를 개발한 것, 둘째는 저수로 정비, 양안 분류 하수관로 및 하수처리장을 건설한 것, 셋째는 한강 변에 대규모 오픈 스페이스를 조성하여 공원화하고 저수호안과 고수호안을 콘크리트화한 것이다.[56] 특히 약 23만 명의 이재민이 발생했던 1972년에 이어 1984년에도 기록적인 호우로 서울은 막심한 홍수 피해를 겪었는데, 서울시는 이를 계기로 시 전역의 하수도망과 유수지를 전면 재정비하여 1987년까지는 침수 지역을 완전히 없애기로 방침을 정하게 된다. 이는 원래 목표 연도 2001년까지 추진하도록 되어 있던 하수도 기본계획을 앞당겨 1987년까지 하수도 보급률을 100퍼센트로 끌어올리고 유수지 시설 확대 및 노후관 개량과 배수관 확장으로 내수 및 외수 침수 지역을 완전히 해소하기로 한 것이었다. 1987년까지 1,143억 원을 투입하여 도심 및 기존 시가지에 403킬로미터의 하수관로를 신설하고 574킬로미터의 기존 하수 시설을 개량하는 한편, 신개발지에는 빗물을 따로 처리할 우수관로 250킬로미터를 설치했으며, 5백억 원을 투입하여 홍수 때 내수 침수 피해를 입은 중랑천 주변 지역에 9개소의 유수지와 9개소의 간이펌프장을 신설하고, 배수 시설이 붕괴된 지역은 배수펌프 및 배수로 시설의 적격 여부를 조사하여 교체 및 개수하기로 했다.[57] 그 결과, 착공 2년 만에 한강 고수부지 체육공원 11곳을 완공하고,[58] 3년 만에 한강 고수부지 39곳에 주차장 시설을 마련했으며,[59] 강변도로에는 구간별로 가죽나무, 메타세쿼이아, 은행나무, 플라타너스, 느티나무 등 다양한 수종을 가로수로 식재하여 강변 경관을 일신하게끔 했다.[60] 86아시안게임과 한강 개발이라는 '두 대사大事의 한 해'[61]였던 1986년도에는 마침내 [그림 6-5]와 같이 한강개발사업이 일단락되기에 이른다.

[그림 6-5] 1986년 일단락된 한강개발사업 개요도[62]

　한강개발사업의 두 번째 목적은 강남 지역으로의 접근성을 높이기 위한 교통망을 정비하는 데 있었다. 그것은 강남·북을 연결하는 교량 건설과 강변을 따라 동서 방향으로 도시고속도로의 역할을 하게 될 제방도로 건설로 나뉜다. 그 밖에도 강남 신시가지 개발에 필요한 교통망 정비를 위해서는 강남 지역을 동서로 관통하는 간선도로 건설과 향후 거대도시 서울의 대중교통의 새로운 주축으로 등장할 지하철 건설이 필수적 사업으로 제기되었다. [표 6-1]을 통해 우리는 1970-1980년대에 건설된 11개의 다리 가운데 성산대교와 원효대교를 제외한 9개의 다리가 모두 오늘날의 강남 3구 지역을 연결하기 위해 만들어진 것이었음을 알 수 있다. 이는 이 시기 한강개발사업이 강남 개발을 최우선 순위로 하여 추진되었음을 방증한다.

　같은 시기에 조성된 동서 방향의 교통로 건설사업에서는 강변로와 남부순환로, 그리고 지하철 2호선 건설을 핵심 사업으로 꼽을 수 있다.

　우선 오늘날 강남 지역을 특징짓는 격자형 도로망 건설은 개발 초기 단계인 1960년대부터 시작되었다. 영동 구획정리 지구의 면적은 처음에는 313만 평에서 출발했다가 1970년대 후반에는 937만 평으

[표 6-1] 1960-1990년대 한강에 부설된 교량

건설 시기	교량명(완공 연도)
1960년대	제3한강교(1969), 마포대교(1970)
1970년대	잠실대교(1972), 영동교(1973), 천호대교(1976), 잠수교(1976), 성수대교(1979), 성산대교(1980)
1980년대	원효대교(1981), 반포대교(1982), 동작대교(1984), 동호대교(1985), 올림픽대교(1990)
1990년대	서강대교(1999), 청담대교(1999)

로 확장되었는데, 영동 지역이 개발되면서 폭 40-90미터의 광로와 대로 등 무려 73개의 간선도로가 격자형으로 놓이게 되었다. 남부순환도로는 1970년대 들어 한강 이남 지역에 조성된 여러 신시가지를 연결하는 도로가 필요해지면서 1976년 착공되어 1978년 6월 29일 개통되었다. 개통 당시 '제3호 순환도로'로 명명된 이 도로의 계획상 길이는 암사동→도곡동→봉천동→오류동→공항동까지 43.5킬로미터였는데, 암사-대치 구간은 착공되지 않아 총연장은 29.4킬로미터로 단축되었다. 하지만 이후 수서 나들목에서 강동대로 교차점에 이르는 구간이 사실상 남부순환도로 기능을 하게 되어 1986년 5월 29일 정식 연장되면서 현재 총연장은 36.3킬로미터가 되었다.

둘째로, 1980년대 중반은 올림픽대로와 강북강변로, 남부순환도로, 동부간선도로, 내부순환로 등 오늘날 서울시 전역을 아우르는 도시고속화도로의 근간이 갖춰진 시기라고 볼 수 있다. 행주대교에서 암사동까지 약 36킬로미터 구간의 한강 둔치 양쪽 제방에 올림픽대로와 강변북로라는 두 개의 도시고속도로를 건설하여 서울의 동서

간선망이 형성된 것은 1986년 일단락된 한강종합개발사업을 통해서였다.[63] 한 가지 유의할 것은 현재 올림픽대로의 일부 구간으로 편입되었지만, 탄천을 건너 영동 제2지구(삼성동)와 잠실 지구를 연결하는 청담교는 1974년 초에 착공되어 1975년 9월에 완공되었다는 점이다.[64] 이는 영동 지구와 잠실 지구를 연결하여 개발하려는 계획이 1970년대 중반부터 추진되었음을 보여준다.

셋째로, 강남 개발의 근간이 된 교통망 정비사업 가운데 중장기적으로 무엇보다도 중요한 도시개발의 유인으로 작용한 것은 지하철 건설이다. "송파역을 잠실 지역의 시점으로 잠실대교, 잠실아파트, 남서울대운동장 등 4개 역이 아파트 단지와 현재의 벌판을 지나 삼성교를 넘어 테헤란로에 이어지는" 지하철 2호선은 "송파를 포함 340만 평에 달하는 잠실 지역의 큰 애로였던 교통난 해소의 전망을 안고" 건설되었다.[65] 신설동에서 잠실까지 총 14.3킬로미터에 이르는 지하철 2호선 1단계 구간은 1980년 10월에, 지하철 2호선 강남 구간은 1982년에 각각 개통되었다.[66] 이어서 양재-압구정 구간을 통해 강남 지역을 남북으로 관통하는 지하철 3호선이 1985년에 지하철 4호선과 동시에 완공됨으로써 1980년대 중반에는 강남과 강북을 연결하는 지하철 1-4호선 건설 작업이 마무리되었다.

하지만 이처럼 입체적이고 동시다발적으로 추진된 대대적인 교통망 정비사업에도 불구하고, 대규모 아파트 단지가 단기간에 조성되면서 급증한 인구로 인해 1980년대 강남 지역의 교통 문제는 점점 더 심각한 상황에 놓이게 되었다. 예컨대 1982년 초 구획정리사업이 시작된 가락 지구는 1983년 7월부터 대단위 아파트가 들어서기 시작하여 한양, 삼익, 대림, 구 한국도시개발, 극동, 시영아파트 등 모두

6,700여 가구가 송파네거리를 중심으로 밀집하게 됨에 따라 인구가 급증하여 송파로 일대에 심한 병목현상이 발생하게 되었다. 더욱이 1985년 6월에는 가락동 농수산물도매시장이 개장하면서 잠실, 송파, 삼성동, 세곡동 일대에 화물차량 통행이 크게 증가하여 러시아워 때는 물론이고 밤늦게까지 교통체증 현상이 발생하게 되었다.[67]

그렇다면 이 시기 서울시로 하여금 총력을 기울여 단기간에 한강 개발사업과 간선교통망 정비사업을 마무리 짓도록 만든 주된 추동력은 무엇이었을까? 이를 밝혀내려면 우선 1980년대 서울시 도시기본계획의 주요 내용과 형성 배경을 살펴볼 필요가 있다.

2. 서울 다핵도시화 계획과 잠실 올림픽타운 만들기

1980년대는 최초로 서울시 도시기본계획이 수립·실현된 시기이다. 1962년 수립된 남서울 개발안과 1970년대 영동 개발계획을 통해 계획도시로서의 면모를 갖추기 시작한 강남은 1980년대 초 도시기본계획이 법정 계획으로 수립되면서 강남북을 아우르는 서울시역 전체를 포괄하는 중장기적 발전계획 속에 자리매김하게 되었다. [그림 6-6]은 1982년 수립된 서울시 발전계획 개념도로, 4대 도심권과 18대 생활권을 중심으로 서울시가 다핵적인 공간 구조를 띤 거대도시로 발전할 계획임을 보여준다.[68] 이것을 앞서 소개한 1971년의 성상도시 플랜([그림 6-2])과 비교해보면, '도심-영등포-영동'이라는 3대 도심에 잠실이 새롭게 추가되어 4핵 구조를 띠게 된 점이 가장 두드러진 차이점임을 알 수 있다. 다시 말해, 서울의 다핵도시화 계획은 영동 지구 개발이 본격화된 1970년대 초부터 변함없이 견지되어 왔다고 볼 수 있는데, 1980년대 도시기본계획에 변화를 초래한 가장 주된 요인이 잠실 올림픽타운 조성사업인 것이다.

1980년대 서울시 도시기본계획이나 도시개발사업에서 잠실 지구의 비중과 위상이 한층 격상되었음은 다음 몇 가지 사례를 통해 확인할 수 있다. 가령 1983년 초 서울시는 업무 보고에서 시

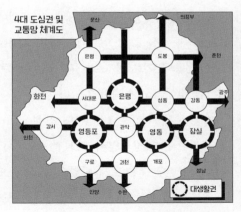

[그림 6-6] 4핵 18생활권 체계도(1982)

정의 기본 방향을 "도시 기능의 현대화, 시민 편익의 증진, 문화시민 의식 정착 등에 두고 선진수도 건설의 기틀을 다져"나가되, 특히 86 아시안게임과 88올림픽에 대비하여 "도시 구조의 재편성과 정비, 도시 기반 시설의 확충 등으로 국제도시로서의 면모"를 갖추는 데 치중하겠다는 계획을 발표한다.[69] 그 구체적 내용은, **3개의 도심권을 조성해 종로 · 중구에 밀집된 현 도심권은 중추 · 관리 업무지구로, 영등포권은 산업 · 상가 중심 지구로, 잠실권은 문화 · 유통 중심 지구로 각각 발전시키되, 신촌, 청량리, 영동을 3개의 부도심권으로 만들어 도심권의 상업 · 업무 기능을 보완케 하여 서울의 도시 구조를 다핵화한다**는 것이다. 여기에는 이를 위해 지하철 순환선과 연계도로망을 정비하고, 해당 지역에 상하수도·녹지·공원·주차장 등 도시 기간 시설을 확충하고, 유통·공급 처리 시설, 위락공간 및 터미널 등 도심 인구 집중 유발 시설을 권역별로 배치하며, 의료·교육 시설 등의 가족 기능과 복지 시설 및 근린공원·체육 시설 등 여가 선용 시설을 갖춘 18개 생활권을 편성한다는 내용도 포함되

어 있다. 특히 《동아일보》에서는 1982년에 이미 기본계획이 마련된 곳으로 네 곳을 들고 있는데, **"태평·세종로는 국가적 상징가로로, 종로는 번화한 전통시민가로, 을지로는 규모 있는 상가로, 잠실은 올림픽 상징가로로 설계"**[70]할 것이라고 소개하고 있다.

이를 통해 우리는 1980년대 잠실 지구가 올림픽타운이라는 특화된 공간으로 지정되면서 도심권(종로·중구), 영등포권과 더불어 3대 도심권의 반열에 오르게 되었으며, 강북 도심권의 태평·세종로나 종로, 을지로에 필적하는, 신생 강남 지역을 대표하는 새로운 상징가로의 위상을 점하게 되었음을 확인할 수 있다.

한 가지 흥미로운 점은 잠실 올림픽도시 조성사업은 1981년 9월 30일 '바덴바덴의 기적' 이전부터 이미 진행 중인 프로젝트였다는 점이다. 이는 집권 초기 신군부 정권이 올림픽 개최를 사실상 기정사실화된 국가적 사업으로 설정하고 서울시 전역에 걸쳐 정력적으로 추진한 도시 기반 시설 정비사업의 일환이었다. 이에 대해 1981년 9월 16일 《경향신문》은 다음과 같이 보도하고 있다.

서울시는 향후 7년 동안 45억 달러(약 3조 1,500억 원) 선을 간접투자비로 투입할 예정으로, 올림픽이 아니라도 이미 추진 중인 공공사업비가 60퍼센트 이상의 큰 비중을 차지하고 있다. 여기에는 교통 대책으로 건설 중인 지하철, 김포공항의 2차 확장공사, 도로 확장공사, 레저 시설인 과천의 서울대공원 건설이 모두 속해 있다. 서울시가 올림픽 개최를 위해 별도로 추가 부담해야 할 간접투자비는 해마다 2천억 원 선인데, 이 돈은 정부가 메워준다는 복안이다. 2천억 원은 새해 정부 예산 9조 8,700억 원의 2퍼센트 선으로 결코 적지 않은 액수지만,

정부가 연평균 7.6퍼센트의 경제성장을 예상하는 제5차 경제개발 5개 년 계획이 끝난 2년 뒤인 1988년의 정부 예산과 비교하면 그 비중은 뚝 떨어진다.[71]

결과적으로 제5공화국 정권은 유신정권 이래의 숙원사업인 올림 픽 유치에 성공했고, 개최가 확정되자마자 서울시는 즉각 이를 '서울 발전을 10년 앞당기는' 계기로 삼아 서울의 도시 구조 및 기능을 전 면적으로 재편성한다는 야심 찬 계획을 수립·공표했다. 이 계획에는 ① 당시 건설 중이던 지하철 2·3·4호선 이외에 5·6·7호선 건설계획 을 앞당겨 시행하여 2000년까지 모두 9개 노선을 건설할 것, ② 당시 63퍼센트이던 주택 보급률을 1988년 80퍼센트 이상으로 높이기 위해 저밀도 단독주택의 건설을 지양하고 아파트, 연립주택 등 중밀도 공 동주택의 건설을 크게 늘릴 것, ③ 불량 주택지를 재개발하여 고밀도 지역으로 전환할 것 등이 포함되어 있다.[72] 또한 잠실 지구를 쾌적한 올림픽타운으로 개발할 계획과 공항로(김포가도)와 테헤란로, 신촌·마 포 지구를 도시설계구역으로 지정하여 국제 수준급 미관가로로 조성 할 계획도 수립했다.[73]

이듬해인 1983년에는 다음 2가지 측면에서 전년도의 계획에 대한 보강 조치가 이루어진다. 첫째, 잠실 지역을 [그림 6-7]과 같이 5개 거점을 중심으로 특성을 살려 개발하여, 무역전시관 부근은 업무·교 역지구로, 종합운동장 부근은 체육·위락지구로, 석촌호수 부근은 상 업·업무지구로, 국립경기장 부근은 문화·체육지구로, 풍납사거리 부 근은 생활권중심·체육지구로 조성하겠다는 연환식連環式 개발계획을 공표한다.[74] 둘째, 도심과 잠실, 신촌, 테헤란로, 김포, 목동 지구 등 이

[그림 6-7] 잠실 지구 5핵 연환식 개발계획도

[그림 6-8] 잠실 올림픽타운 건설 현황도(1986)

미 지정된 9개 지구의 도시설계구역 이외에 1983년에는 영등포, 청량리, 한강로, 왕십리 등 4개 지구를, 이듬해인 1984년에는 가회동, 율곡로, 청량리, 영등포, 한강로 등 5개 지구를 도시설계대상구역으로 추가 지정한다. 이들 지구는 가로·가구별로 건축물의 위치, 규모, 형태가 지정되고, 공공시설 및 가로망 등이 조화를 이루도록 도시설계가 이루어져 대상구역 내 모든 건축 행위는 이에 따르도록 의무화된다. 그 결과, 서울시 곳곳에 각각의 개성을 살린 특성화된 가로 경관이 조성되기 시작한다.[75] 마침내 1986년경에는 이상의 각 부문별 사업들을 종합한 잠실 올림픽타운 조성사업이 [그림 6-8]과 같이 전체적인 윤곽을 드러내게 된다.

[표 6-2] 1980년대 중반 서울에 조성된 시민공원

공원명	위치	개장일	면 적(m²)	비고
서울대공원	과천시 막계동	1984.5.1	6,670,000	
대학로	동숭동	1985.5.5	6,445	
종묘	종로3,4가동	1985.11.1	42,045	
보라매공원	신대방동 400	1986.5.5	410,008	
경희궁지	신문로2가	1986.5.8	100,525	
올림픽공원	둔촌동 일대	1986.5.28	1,674,380	
아시아공원	잠실본동 85	1986.5.28	303,763	
문래공원	문래동3가 50	1986.6.12	23,608	
개포 시민의 숲	양재동 260	1986.9	259,267	
파리공원	목동 신시가지	1986.12	29,714	
한강 고수 부지	한강변 11곳	1986.9	6,930,000	
어린이공원	12개 구청 51곳	1986.5.5	43,343	
용마공원	망우동 산69	1986.12	5,137,374	
서울드림랜드	번동 산28	1986.9	1,438,074	
양정고 부지	만리동2가	1987하반기	29,975	예정
정동공원	정동 15	1987상반기	8,230	예정
우장공원	등촌동 산83	1987하반기	358,568	예정

　　마지막으로 한 가지 덧붙일 것은, 서울 시내 주요 공원들이 [표 6-2]와 같이 1980년대 중반에 시 전역에 걸쳐 동시다발적으로 조성되었다는 점이다. 이는 88올림픽을 앞두고 올림픽경기장 일대에 집중

적으로 추진된 꽃길·꽃동산 조성사업[76]이나, 서울 시내 전역으로 확대된 도시설계사업과 미관가로 조성사업과 같은 맥락에서 이루어진 정책적 변화의 결과라고 할 수 있다. 1980년대 서울은 '세계는 서울로, 서울은 세계로'라는 표어에 부응하는 국제도시이자 선진도시[77]로서 단기간에 압축적이고도 전방위적으로 그 면모를 일신해 나아갔다. 그 과정에서 서울시의 '환골탈태'에 선도적이고 중핵적인 모델을 제공한 것은 1970년대 초부터 올림픽타운으로 지정되어 '도시다움'을 추구하는 '특화된 미관지구'로서 '계획 중심의 입체적 도시계획'이 추진되었던 잠실 지구였던 것이다.

IV. 올림픽 도시 만들기에서 '강남화'의 구별 짓기 전략으로

이 글에서는 권위주의 개발독재 정권에 의해 추진되었던 올림픽 유치사업이 서울의 초거대 도시화 과정, 특히 강남 개발에 어떤 영향을 미쳤는지에 대해 1970-1980년대 잠실 올림픽타운 형성 과정에 초점을 맞춰 살펴보았다. 유신정권의 강력한 정책적 의지에 힘입어 서울시는 1970년대 초부터 영동·잠실 지구 신시가지를 포함하는 다핵화된 성상도시 플랜을 수립하고, 잠실 지구를 국제적 스포츠 경기 유치를 위해 특화된 올림픽타운으로 조성하려는 계획을 수립했다. 1974년 잠실 지구가 종래의 토지구획정리사업을 통해 조성된 단순한 주거타운과는 차별화된, '도시다움의 추구'라는 미래 이상도시 건설을 염두에 둔 종합적 플랜의 대상으로 재설정된 것은 이러한 배경에서였다. 1980년대에 접어들어 올림픽 유치가 결정되자, 서울시는 신군부 정권 주도하에 '세계는 서울로, 서울은 세계로'라는 표어에 부응하는 '국제도시'이자 '선진도시'로서 단기간에 압축적이고도 전방위적으로 그 면모를 일신해 나아갔다. 한강 둔치 개발과 강남·북을 잇는 교량 건설, 동서 방향의 도시고속화도로와 지하철 건설 등 한강 개발과 교통망 정비사업이 그 한 축을 담당했다면, 서울 다핵도시화 계획에 따른 잠실 올림픽타운의 미관지구 조성과 도시 전반의 공원화 사업 등 도시 미화운동은 그 다른 한 축에 해당함을 확인할 수 있었다.

결국 1970년대 유신정권의 국가주의적 계획에서 출발한 잠실 지구 올림픽타운 건설계획은 1980년대 제5공화국 정권하에서 관 주도적인 '선진도시', '국제도시' 만들기로 구현되었다고 볼 수 있다. 그런데 이 관 주도적 운동은 도시설계구역 지정과 시민공원 조성 등 쾌적한 도시환경을 선보임으로써 권위주의 정권의 본래적인 정치적 의도와는 무관한, 도시민들의 새로운 취향과 욕망에 근거를 둔 사회적 변화를 향해 나아갈 가능성을 잉태하고 있었다. 그것은 상호 관련되면서도 구분되는 두 가지 서로 다른 방향으로의 변화 가능성을 예기하는 것이었다고 볼 수 있다. 그 하나가 대다수 시민들의 주거권과 행복추구권 확대를 지향하는 시민 주도적인 '쾌적한 도시' 만들기 운동이라면, 다른 하나는 비교적 제한된 수의 특권화 혹은 차별화된 (부동산) 자산가 집단에 의해 주도되는 계층간 '구별 짓기' 전략의 일환으로 활용될 가능성이다.

1980년대 3저 호황을 바탕으로 신흥 도시 중산층이 급성장한 한국 사회에서는 '부동산 불패'라는 공통의 이해관계와 '중대형 아파트 거주민'이라는 공통의 문화 자본을 공유하는 새로운 도시 주체가 급격히 늘어났다. 이제 강남·북을 아우르게 된 '메가시티' 서울의 새로운 노른자위 지역으로 급부상한 강남 지역에 거주지를 마련한 이들은 '강남 불패'라는 부동산 자산 증식의 노하우와 '강남 8학군'의 학력 자본을 통한 사회적 지위의 재생산 기제를 매개로 하여 후자의 방향, 즉 '강남화'의 구별 짓기를 향해 급속히 선회해 나아가게 되었다.

1960-1970년대 박정희 정권의 국가주의적 계획에서 비롯되어 '86·88의 시대'를 거치면서 관 주도적으로 추진된 올림픽도시 만들기는 경이적인 규모와 속도와 획일성으로 조성된 강남 신시가지의 초대형 아파트 단지 집중 지역을 한국 중산층 주거의 새로운 모델로 형성하게 되었다. 그 결과, 강남은 이들 신흥 도시 중산층에 의한 강남화의 구별 짓기 전략이 펼쳐질 근거지로 재탄생하게 되었다. 한 가지 분명한 것은 그것이 1970년대 유신정권의 정부 주도적 프로젝트와는 다른 방식으로, 주택 상품에 대한 특정한 이해관계와 공통의 주거 문화를 공유하는 도시민들에 의해 주도되는, 도시 공간의 '미화'를 지향하는 1990년대 이후의 거대한 사회적 흐름을 형성시켰다는 점이다. 설령 그것이 중산층의 구별 짓기 전략의 산물이고, 부동산 투기 내지 부동산 재테크라는 노골적인 재산 증식의 목표하에 이루어진 것이라 하더라도. 이 점에서 '86·88의 시대'는 유신의 개발독재라는 억압적 체제를 '강남몽'을 공유하는 욕망의 게젤샤프트로 환골탈태시킨 결정적 촉매제가 되었다고 할 수 있을 것이다.

일반적으로 근대화와 도시화는 '가치'와 '공간'이라는 두 가지 차원에서 역설적 변화를 보여준다. '의리'를 저버리고 '기회'에 편승하는 새로운 인간형을 만들어내며, 주변부로 치부되던 땅이 새로운 문명의 중심으로 상전벽해하는 공간의 대역전 현상을 낳는다. 강남은

'한강의 기적'이 낳은 슈퍼베이비로, 밀집되고 노후한 강북의 맞은편에 거대한 스케일과 격자형 가로망으로 계획된 신시가지의 위용을 드러내며 등장했다.[78]

강남과 86·88 프로젝트는 공통적으로 유신의 개발독재와 국가주의적 동원 전략에서 그 출생의 연원을 찾을 수 있다. 하지만 '한국 최초의 종합도시개발계획'이라는 거창한 구호에도 불구하고, 이 엄청난 규모의 개발계획을 식민지 유산인 토지구획정리사업 방식을 통해 시행할 수밖에 없었던 것이 초창기 개발독재 권력의 빈한한 현실이었고, 형성 초기의 강남은 온갖 탈법과 불법이 횡행하는 무법지대에 가까웠다.[79] 이 급조된 신시가지는 '86·88의 시대'를 거치면서 세계에 자랑할만한 '국제도시'로 연출되었고, 강남 주민들은 이 특권적 지역의 혜택을 고스란히 누리면서 '명품도시'에 걸맞은 차별화된 아비투스를 장착한 '선진시민'으로 거듭나게 되었다. '3저 호황'의 시대 강남에서 발원한 이 새로운 모두스 비벤디modus vivendi는 '87년 체제'를 거치면서 '부동산 불패'의 신화에 현혹된 중산층 대중의 확고한 지지를 등에 업고 조만간 서울과 수도권은 물론 전국 각 도시를 지배하게 될 것이었다.

7장 아파트의 자서전

박해천

I. 나, 아파트

내가 '비인간'이라는 이유로 아무도 내게 발언권을 주지 않는다는 사실을 잘 알고 있다. 몇 해 전부터 뉴타운, 재건축, 재건설 등 도심 재생사업의 빅뱅 덕분에 나를 둘러싼 비판의 목소리는 어느 때보다 한껏 고조된 상태다. 지식인의 말투를 흉내 낸 그 목소리는 한편으로는 성장률에 목맨 국가의 경제정책이 토건 자본의 탐욕과 결탁하는 장면들을 나열하며 '아파트 공화국'의 실태를 고발하고, 다른 한편으로는 **원래의** 맥락과는 상관없이 수입된 서구의 주거 모델이 중산층의 동물적인 경제 감각과 조우해 창조해놓은 빈곤한 일상의 세계를 야유한다. 사실 나에게 이런 비판은 그리 새로운 것이 아니다. 내가 강남 전역에 "마치 단층운동에 의한 지각의 융기처럼"[1] 솟아오르던 30여 년전에도 그들은 부정과 부패의 악취를 풍기는 투기의 온상이라느니, 사회의 공동체적 유대감을 해체하며 인간 소외를 가속화하는 끔찍한 벌집이라느니 막말을 해대며 나를 벼랑 끝으로 몰아세우곤 했으니 말이다.

물론 이런 패턴화된 비판의 반복 속에서 나는 언제나 꽤 그럴싸한 희생양이다. 그들은 나를 과녁 앞에 세워놓고 비판의 활시위를 당긴다. 의도가 무엇이든 간에 꽤나 많은 구경꾼이 몰려들 것은 불 보듯

뻔하다. 모두가 나와 이해관계를 맺고 있는 당사자들이기 때문이다. 아직 나를 소유하지 못한 자들은 비판 의견에 고개를 끄떡이다가도 이내 나를 향한 욕망의 눈길을 감추지 못하고 '내 집 마련'의 현실적 가능성을 탐문해볼 것이다. 한편, 이미 나를 소유한 자들은 그 비판의 목소리에 담긴 정보 중 필요한 부분만 선택해 내가 지닌 잠재적인 상품 가치를 셈하며 자산 증식의 가능성을 저울질해볼 것이다.

결국 비판의 화살들은 내 몸에 수북이 박혀 생매장의 말 무덤을 만들지만, 나를 향한 욕망의 불도저는 막지 못한다. 나는 담론의 가상 세계에선 언제나 패배하지만, 물질의 현실 세계에선 백전백승이다. 왜 이런 일이 반복되는 것일까? 물론 내 비판자들은 나름 전문가이긴 하다. 그들은 지면만 허락된다면 거시경제학자의 시선으로 아파트 분양가나 매매가의 상승 추이에 따라 유동자산의 흐름을 추적하여 그 사회경제적 함의를 밝혀낼 것이며, 문화사회학자의 관점에서 '강부자'나 '금수저'로 표상된 특정 계층의 속물적 행태를 분석하고 공간의 가속화된 계급적 분화에 울분을 토해낼 것이다. 그런데 그들이 할 수 있는 것이라곤 그것뿐이다, 고작.

그들은 내 육신에 적재된 매혹의 실체에 대해선 제대로 짚어내지 못한다. 그저 눈속임의 신기루로 치부할 따름이다. 아마도 그들은 과상過常 자극으로 번들거리는 모델하우스를 구경하며 주거의 판타지를 현실화하는 물질의 힘을 실감해본 적도 없을 것이고, 어렵게 따낸 분양권에 가슴 설레며 오픈하우스 행사에 참여해 바닥 마감재의 무늬목 색상을 선택하면서 행복한 고민에 빠져본 적도 없을 것이다. 기껏해야 그들은 철거민과 현장 사무소와 일용직 노동자, 불도저와 굴삭기와 레미콘, 콘크리트와 철골과 유리와 벽돌과 페인트를 상상할 수 있을 뿐이다.

딱 패전 처리용으로나 쓸만한 상상력, 그 빈곤한 상상력 때문일까? 그들은 자신이 지나치게 많이 알고 있으며 남들은 너무 조금 알고 있다고 착각한다. 하지만 사실은 그 반대다. 사람들은 오랜 반복 학습 덕분에 그들이 무슨 말을 꺼낼지 이미 눈치 채고 있으며, 그래서 경청하는 척하다가 결국엔 고개를 돌려 내가 내뿜는 풍요와 매혹의 광휘를 구경하는 데 열중한다. 비판자들은 이런 뻔한 상황 전개를 모르는 것일까? 아니면 모르는 척하는 것일까? 어쩌면 그들이 진정 원한 것은 그저 도덕적으로 우월하고 정치적으로 올바른 발화의 위치를 점유하는 것, 그리고 그럼으로써 나를 소유하지 못한 자들의 대변인을 자처하며 나에 대한 비판적인 발언권을 독점적으로 행사하는 것 아닐까? 자신이 계몽의 선지자임을 확인하고 자위하는 것, 그 자리만 확보할 수 있다면 그들은 제 주변에 구경꾼들을 모을 수 있을 것이고, 예정된 패배의 운명 속에서도 한 줌도 안 되는 동조자들을 내세워 자신의 몫을 챙길 수도 있을 것이니 말이다. 말만 앞세우는 무능이 행여 탄로 난다고 해도 자신을 호위하던 군중 뒤로 숨어버리면 그만일 테니까.

그렇다면 내가 지닌 매혹적 면모는 어디에서 연원하는 것일까? 일단 이 문제에 관심이 있는 이라면 기록 보관소를 뒤져가며 내 과거 행적을 선형적인 서사의 형식으로 재구성해볼 수도 있을 것이다. 아마도 그 서사는 1962년에 완공된 마포아파트에서 출발하여, 1960년대 후반을 기점으로 크게 두 개의 줄기로 분화될 것이다. 한편에는 마포아파트와 유사한 형태의 아파트들이 소규모 단지 형태로 서울 변두리에 건설되고 있을 것이고, 그 맞은편에는 '시민'이라는 수식어를 단 아파트들이 판자촌을 밀어낸 시내 야산 중턱에 도시 빈민들의 집단 수용소 용도로 세워지고 있을 것이다. 이들의 운명은 그리 순탄치 못했다. 시민아파트의 경우, 1970년 봄, 허술한 축대에 의지해 와우산 중턱에 매달려 있던 아파트 한 채가 제 무게를 견디지 못하고 무너지는 바람에 곧바로 용도 폐기되었다. 이후에 '시범'이라는 수식어를 단 실험적인 형태의 아파트들이 등장하기도 했지만, 그 개체 수는 그리 많지 않았다. 한편 마포아파트를 원형으로 삼은 아파트들 역시 재개발 바람에 휘말리면서 빠른 속도로 자취를 감췄다. 그나마 몇몇 시범아파트들이 시간의 거센 풍파를 꿋꿋이 견디며 도시의 흔적기관처럼 생존해 있을 뿐이다. 혹시라도 그 구체적인 모양새가 궁금한 이가 있다면, 디지털카메라를 어깨에 메고 동대문아파트나 남산 회현시범아파트로 향하면 될 것이다.

이 시기의 아파트들은 '아파트'라는 명칭 때문에 현재의 나와 매우 아슬아슬하게 연결되어 있긴 하다. 하지만 그 이상도 이하도 아니다. 나는 그들과 다르다. 진정으로 내 정체가 궁금하다면, 선형적 서사를 상상하기보다는 오히려 내가 과거의 아파트와 급진적으로 단절하고 문화적 우세 종으로 도약을 감행하던 특정 시점을 주시하는 것이 중요하다. 당신은 1970년대 초반의 시점에 시선을 고정하고, 대한주택공사나 서울시청 청사 어딘가에 자리 잡고 있던 설계자들의 연구실에 주목해볼 필요가 있다. 1960년대 말 주택공사의 수장으로 복귀한 장동운은 당시 일본에서 한창 인기몰이를 하던 대형 평형대의 아파트를 본떠, 한강 변의 모래사장을 매립한 땅 위에 '맨션'이라는 이름의 아파트를 세웠다. 용산 이촌에서 시작한 맨션아파트는 분양을 앞두고 몇 차례 고비를 넘긴 뒤 젊은 중·상류층을 위한 '현대적 문화생활'의 터전으로 각광을 받으며 구반포와 여의도 등지로 빠르게 확산되었다. 공유수면 매립공사로 얻은 한강 변의 부지에 형성된 맨션의 골든 트라이앵글. 그런데 이 경우, 오히려 지나친 성공이 문제가 되었다. 언론 보도를 통해 맨션의 일상생활이 일반 대중에게 쉬이 노출되자 사치스러운 호화 생활의 견본 전시장이라는 비난이 쏟아졌던 것이다.

이렇게 내가 제 주인을 찾지 못하고 좌충우돌을 거듭하자, 설계자들은 경부고속도로 인근의 영동 지구로 눈을 돌려, 여러 가지 변수를 고려한 다이어그램의 형태로 도시 규모의 아파트 단지들을 구상하기 시작했다. 이러한 전환을 보여주는 상징적인 사건은 인구 10만의 미니 도시를 표방했던 잠실 대단지의 계획이었다. 본래 설계자들은 민간 건설사의 맨션 건설 붐을 모방해 32-42평형 중심으로 중형대 이상의 아파트를 지을 예정이었다. 그러나 계획의 막바지에 예상치 못한 궤도 수정에 봉착했다. '불행한 군인'의 운명을 자처했던 우두머리의 지시 때문이었다. 그는 서울 시민의 소득수준에 맞춰 잠실 아파트 단지에 "저소득·중소득층이 골고루 입주할 수 있도록 하라"며, 주택공사가 호화로운 주거 생활을 조장하는 데 앞장서지 말 것을 당부했다. 특히 서울시가 철거하는 무허가 불량 지구의 거주민들까지 수용할 수 있는 아파트를 건설하라고 덧붙였다. 설계자들은 어쩔 수 없이 다양한 집단을 흡수하기 위해 가구 소득과 입주 면적의 상관관계를 명료한 함수로 도식화했고, 그에 따라 평면을 계획하고 단지를 구성했다. 이를테면, "월 소득이 4만 4천 원인 가구에는 7.1-7.4평형, 5만 8천 원인 가구에는 9.4-9.8평형, 그리고 7만 3천 원인 가구에는 13-15평형이 적당하다는 결론"을 내린 뒤, 7.5평형 아파트가 500가구, 10평형이 600가구, 13평형이 7,610가구, 15평형이 3,400가구, 19

평형이 730가구, 총 1만 5,250가구가 입주할 수 있도록 설계했다. 주축 평형대는 49.9퍼센트에 달하는 13평형이었다.[2]

기존의 아파트들이 도시 빈민과 중·상류층이라는 양극단과 관계를 맺으면서 중간의 층위를 공백으로 남겨두었던 반면, 잠실 대단지는 공백을 메우고 양극단을 연결했다. 13평과 15평 사이를 평균의 근삿값으로 삼는 분포도. 그 분포도는 무게중심이 오른쪽으로 약간 치우쳐져 있었지만, 그 자체로 아름다웠다. 하지만 이것이 끝은 아니었다. 마무리는 5단지의 몫이었다. 34·36평형대의 3,930세대, 15층의 아파트 30개 동으로 구성된 5단지. 그것은 7평부터 19평까지 촘촘하게 분포된 평형대의 평균치를 좀 더 오른쪽으로 이끌며 힘의 균형점을 재조정했다. 사실 30평형대로의 급격한 도약은 단지 내부의 관점에서 보자면 19평과 34평 사이에 큰 공백이 생겨난 것이었지만, 설계자들은 이런 상황을 그냥 내버려두지 않았다. 강남의 서쪽 반대편에 건설 중이었던 15·18·25평형의 신반포주공아파트 단지로 하여금 곧 그 빈틈을 메우도록 했던 것이다.

이렇게 주택공사가 중소형 평형대 위주의 대규모 단지로 강남의 큰 윤곽을 그려나갔다면, 민간 건설사들은 중대형 평형대의 고층 아파트 단지를 세워 그 밑그림에 입체감을 부여했다. 그리고 얼마 후 잠실에서 압구정동으로, 다시 신반포로 이어지는 아파트 단지들이 한강 변 남쪽에 파노라마처럼 펼쳐졌다. 이 단지들은 한강대교를 축으로 삼은 맨션의 트라이앵글과는 판이한 특성을 지녔다. 맨션의 트라이앵글은 강북의 부촌으로부터 기존의 중·상류층을 빠르게 흡수하면서 경제적으로, 그리하여 문화적으로 폐쇄적인 형태를 띠었다. 반면, 강남의 아파트 단지들은 개방적인 구조를 갖추고 있어서, 거주자들이 소득과 자산 수준의 향상에 따라 13평에서 18평으로, 다시 25평과 32평으로, 그리고 잠시 숨을 고른 뒤 40-50평형대로 계단을 오르듯이 면적을 넓혀가며 계층 상승의 쾌감을 맛볼 수 있다. 잠실과 신반포의 대단지는 도시 서민과 젊은 세대들을 강남으로 빨아들이는 진공청소기의 흡입기 구실을 했고, 개별 아파트 단지들은 계단식 위계로 잘 짜인 미니 도시의 하위 모듈이나 다름없었다. 여기서 흥미로운 것은 압구정동 아파트 단지의 역할이었다. 그것은 잠실 대단지와는 정반대의 역할을 수행했다. 이 단지는 강남 아파트의 거주자들이 도달하고자 하는 욕망의 정점인 동시에, 맨션 트라이앵글의 거주자들이 강남으로 진입하는 연결 통로였다. 한편, 1980년대 초반을 거치면서 강남의 아파트 단지는 한강 변의 횡축에 덧붙여, 강남 한복판을 남북으로 가로지르는 종축을 보강했다. 듬성듬성 끊기긴 했지만, 개포동에서 출발해 도곡동과 대치동을 거쳐 압구정동으로 도달하는 아파트 **단지들의** 축이 바로 그것이었다. 그리고 이렇게 종축과 횡축을 따라 아파트가 건설되는 가운데, 최종적으로 정규분포곡선이 완성되었다. 전용면적 25.7평이라는 국민주택 규모의 상한선 바로 밑에 놓인 25평과 32평, 지역난방과 도시가스를 갖춘 12층 이상의 고층 아파트를 평균값으로 삼는 정규분포곡선이 그것이었다.

그렇다면 설계자들은 누구를 염두에 두고 이 정규분포곡선을 그려 나갔던 것일까? 달리 말하자면, 강남의 아파트 단지에 입주해 설계자들의 계획을 몸소 실행에 옮길 행위자들은 누구였을까? 설계자들은 당시 새롭게 등장하던 인구통계학적 집단에 주목했다. 이후에 '중산층'이라는 이름을 얻게 될 그들은 1970년대 압축성장의 인적 견인차이자 실질적 수혜자로 부상하던 '조국 근대화'의 자식들이었다. 1940

년대에 지방에서 태어나 이제 막 출세의 초입에 들어서려는 찰나에 있던 그들은 유년기에 6·25 전쟁을 경험했고, 전설의 보릿고개를 넘어서 어렵게 지역의 명문 중·고등학교를 다니며 4·19를 목격한 뒤, 서울의 명문대에 입학해 한일협정 반대 시위를 경험했으나, 반공주의의 장벽 덕분에 좌경 이데올로기의 세례를 피할 수 있었고, 산업화의 격랑으로 극대화된 사회적 유동성social mobility을 십분 활용해 정부 관료와 대기업 관리직, 고소득 전문직과 자영업자로 성공 신화를 써내려갈 준비를 하고 있었다. 그들은 1970년대 중반까지만 하더라도 주로 사대문 바깥이나 자신들이 졸업한 대학 인근 지역에 머물며 정부의 시책에 따라 "둘만 낳아 잘 기르"는 핵가족의 모델을 실험에 옮기고 있었다. 아직 서울의 구도심으로 진입할 만큼의 경제적 여력을 갖추고 있지 못한 상태였다. 당시 그곳은 뜨내기들이 넘보기 힘든 토박이들의 거처였다.

따라서 이들이 설계자들의 관심의 대상이 된 것은 당연한 귀결이었다. 이들을 집장사 집들이 점령한 서울의 변두리에 방치할 것이 아니라, 새로운 공간 질서로 끌어들여 계층 상승의 발판을 제공해줄 필요가 있었다. 그들을 '중산층'이라는 가상의 공동체로 양성해 체제 동조 세력으로 규합할 수만 있다면, 구체제 기득권층의 반동을 견제하고 반체제 불만 세력의 준동을 막아내는 데 매우 효과적일 것이라고 판단했기 때문이다. 먼저 이를 위해서는 역사, 관습, 제도가 퇴적되어 봉건 질서의 악취를 풍기는 공간으로부터 벗어나야 했다. 이때 설계자들이 눈여겨본 것은 한강 이남에 위치한 무색무취의 텅 빈 공간이었다. 한때 포드주의적 대량 생산 방식으로 조립된 미국식의 교외 주거 단지들이 잠시 설계자들의 주목을 끌었으며, 실제로 1970년대 초반, 압구정동, 학동, 청담동 일대에 '시영주택'이라는 명칭의 단층 주택 단지들이 준공되기도 했다. 하지만 나, 아파트를 압도하기엔 힘에 부쳤다.

혹자는 내가 만들어낸 강남 일대의 경관을 두고 외국인들이 대규모 군사기지로 오인한 적도 있다고 이야기하며 도시 미관의 획일화라는 문제를 제기하곤 한다. 사실 이런 이야기가 새로운 것은 아니다. 1970년대 이후 아파트 건설 과정에서 소외되었던 유명 건축가들은 88올림픽을 전후로 외국인 건축가의 입을 빌려, 또한 그들의 권위에 기대어 그런 말을 끄집어내곤 했다. 부정적 뉘앙스로 치장하고 있긴 하지만, 내 모양새가 군사기지와 유사하다는 지적은 틀린 말이 아니다. 오히려 거기에는 내 실체에 관한 중요한 단서가 숨겨져 있다. 아마 맨 처음 그 이야기를 꺼냈던 외국인들은 동북아시아 냉전의 최전방 도시나 다름없던 서울을 막연히 대공 방어 요새 정도로 상상했을 것이고, 마침내 밀집대형을 갖춘 강남의 콘크리트 경관을 직접 눈으로 보면서 그 사실을 확인했다고 느꼈을 것이다. 그들은 자신이 보고자 했던 욕망의 대상을 보았을 뿐인데도, 마치 신기한 발견이라도 한 것처럼 제법 호들갑을 떨었다.

그런데 나를 바라보던 그들의 시선이 온전히 그들 자신만의 것이었을까? 혹시 그들은 설계자들이 바라봤던 대로 나를 바라보았던 것은 아니었을까? 여기서 외국 건축가들의 지적은 추문 폭로의 의미로 해석되어서는 안 된다. 오히려 그것은 팩트의 기술이라는 관점에서 이해되어야 한다. 내가 만들어낸 도시경관이 군사기지처럼 보였던 것은 실제로 내가 군사기지처럼 만들어졌기 때문이다. 1차적으로 그런 특성은 "총량주의적 목표의 달성을 위해 군사작전을 치르듯이" 진행되었던 대규모 건설 과정에서 뚜렷하게 나타났다. 거기에서 주거 단위는 "면적에 따른 표준 설계도"로, "건물은 건축 자재의 목록으로, 단지는 토목 공사의 일정표"로, 그리고 앞서 잠실의 사례가 보여주었듯이 "아파트 입주자는 통계 수치의 일부로 접근되었다."[3] 그런데 내가 군사작전을 방불케 하는 방식에 따라 군사기지를 닮은 모양새로 만들어졌다면, 설계자들이 구상에서 완공까지 일관되게 군사적 관점을 유지함으로써 궁극적으로 얻고자 했던 것은 무엇이었을까? 앞서 언급했듯이, 설계자들은 기존의 아파트 모델들이 지닌 한계를 절감하고 있었고, 그에 따라 좀 더 유연한 훈육과 규율의 논리를 내재한 인공 환경의 복합체를 구상하고 있었다. 그들이 목표로 설정한 것은 미래의 신시가지에서 자생적으로 증식하며 구도심을 포위할 수 있는 확산의 전략적 모델이었다. 그리고 이때의 확산은 대량 복제를 통한 특정한 주거 모델의 확산뿐만 아니라 새로운 습속의 확산까지 포함하는 것이었다.

습속의 확산, 바로 이것이 앞서 언급한 내 비판자들이 패배를 거듭하면서도 제대로 간파하지 못하는 내가 지닌 매혹의 실체이다. 그들은 내가 지닌 공간의 논리가 신체적·정신적으로 거주자들과 맺고 있는 관계를 온전히 파악하지 못한다. 결과적으로 그들이 내놓는 해결안 대부분은 그들 자신의 무능을 증명할 뿐 아무것도 해결하지 못한다. 이를테면 아파트를 투기의 대상으로 보는 관점이 결국엔 부동산 거품 붕괴를 재촉해 경제 재난을 초래할 것이라고 예측하면서, 정부의 주택 정책이 소유 중심에서 거주 중심으로 전환해야 하며, 부동산 관련 세제 정비, 임대주택 공급, 분양가상한제 등을 적극적으로 도입해야 한다고 주장하는 정도다. 그러니까 그들은 나를 둘러싼 상품화의 논리를 제도적으로 교정한다면, '나쁜' 아파트의 자리를 '착한' 아파트가 대신할 수 있다고 믿는 것이다. 여기에 그들이 패배를 반복하는 이유가 있다. 그들은 근본적인 잘못이 나와 이해관계를 맺고 있는 인간들의 탐욕에 있다고 믿고 있는 것이다.

그런데 정말 그럴까? 오히려 나는 그들의 그런 오인 덕분에 놀라울 정도로 참신한 권력의 원천으로 자리 잡을 수 있었던 것은 아닐까? 설계자의 우두머리가 즐겨 사용하던 어휘 중에 '인간 개조'라는 생체정치학적 표현이 있다. 그런데 흔히들 생각하듯이 개조의 대상은 산업 노동자와 농업 생산자에만 국한된 것은 아니었다. 물론 산업 노동자는 생산 라인의 기계와 결합해 신체 에너지의 최적화된 소비를 실현해야 했고, 농업 생산자는 근면의 정신을 탑재하여 새마을운동의 역군으로 거듭나야 했다.[4] 그런데 앞서 언급한 예비 중산층도 개조 대상 중 하나였다. 당시 중산층에 편입했던 이들은 인정하고 싶지 않겠지만, 나는 군사적 시선의 진두지휘 아래, 그들에 대한 임상 실험이 이뤄진 핵심 장소였다. 그 실험은 지금의 강남 지역에 대규모 단지가 들어서기 시작한 1970년대 중반부터 1980년대 후반까지 10년이 넘는 기간 동안 진행되었는데, 나는 그 과정에서 시행착오를 거듭한 끝에 적어도 **두 가지** 차원에서 성공을 거두었다. 요약하자면 이렇다. 나는 새로운 감각의 생산양식을 정초해 거주자들이 특정한 시각성의 논리를 체화하도록 독려했고, 일상성의 프로그램을 제공해 독특한 구별 짓기의 인지적 알고리즘을 인스톨하도록 만들었다. 나는 그들의 내면의 윤곽을 주조하는 거푸집이었던 것이다.

돌이켜 보면, 내가 이 시기에 성취한 바를 설명하는 데 조르조 아감벤Giorgio Agamben이라는 유럽 철학자가 정의한 '장치'라는 개념이 더

없이 적절해 보인다. 그에 따르면 장치란 "생명체들의 몸짓, 행동, 의견, 담론을 포획, 지도, 규정, 차단, 주조, 제어, 보장하는 능력을 가진 모든 것"이며, "따라서 감옥, 정신병원, 판옵티콘, 학교, 공장, 고해, 규율, 법적 조치"뿐만 아니라 "펜, 글쓰기, 문학, 철학, 농업, 담배, 항해, 컴퓨터, 휴대폰 등도, 그리고 언어 자체"도 권력과 접속된 장치이다.[5] 나, 아파트 역시 아감벤이 주목하는 건축적 구조물들의 연속선 위에 놓여 있지 않은가? 아감벤의 말대로 장치들이 항상 주체화 과정을 함축하며 그것들의 주체를 생산한다고 정의된다면, 나 역시 독특한 감각과 인지의 공간적 매트릭스로 인간 거주자들의 습속을 집단적으로 분절하면서, 그 결과로 '중산층'의 독특한 정체성을 생산해냈다. 따라서 내 비판자들의 생각처럼, 중산층이 나를 쌓아올린 것이 아니다. 어느 시점에서부터인가 내가 그들을 빚어냈다. 그들의 욕망은 내 피조물이었다.

그러면 이제 그 세세한 내막을 살피기 위해 나의 기관 내부로 들어가보자. 천천히 3층까지 계단을 오른 뒤, 문 앞에서 호흡을 가다듬고 초인종 버튼을 가볍게 누르자. 현관문이 열리길 기다리면서.

II. 거실의 베란다 창: 투시도적 프레임의 시선

어, 그런데 이게 어찌 된 일이지? 문이 열리지 않는다. 1945년생 소설가 최인호가 1971년에 쓴 단편소설 〈타인의 방〉의 한 장면이다. 소설 속 주인공은 일주일간의 출장을 마치고 자신의 아파트로 돌아오지만, 현관문은 견고하게 잠겨 있다. 한바탕 소란을 마친 후, 직접 열쇠로 문을 열고 들어간 아파트의 실내는 한없이 어둡다. "호들갑을 떨며 눈을 동그랗게 뜨고" 반겨줘야 할 아내는 어디론가 사라지고 없다. 대신 그를 맞이하는 것은 아버지가 위독해 잠시 친정에 다녀오겠다는 화장대 위의 메모 한 장이다. 아내의 부재가 확실해지자, 주인공에게 나는 더 이상 "즐겁고 아늑한" 집이 되지 못한다. 그는 피로에 찌든 몸을 이끌고 욕실에 들어가 샤워를 하며 콧노래를 부르지만, 엄습해 오는 무력감과 고독감을 막아내진 못한다. 사건이 시작되는 것은 바로 이 시점이다. 무언가 음모를 꾸미는 듯 실내의 사물들이 이상한 소리를 내기 시작한다. "방 안 어두운 구석구석에서 수군거리는 소리", "옷장의 거울과 화장대의 거울이 투명한 교미를 하는 소리", 그리고 "방 벽면 전기다리미 꽂는 소켓의 두 구멍 사이"에서 술렁거리는 소리 등등. 일종의 탐색전이었던 것일까? 사물들은 주인공이 무방비 상태라는 사실을 확인하자마자 "일제히 한꺼번에 고래고래 소리를 지르면서 날뛰기 시작한다."

크레용들이 허공을 난다. 옷장 속의 옷들이 펄럭이면서 춤을 춘다. 혁대가 물뱀처럼 꿈틀거린다. 용감한 녀석들은 감히 다가와 그의 얼굴을 슬쩍슬쩍 건드려보기도 했다. 조심해 조심해. 성냥갑 속에서 성냥개비가 중얼거린다. 꽃병에 꽂힌 마른 꽃송이가 다리를 번쩍번쩍 들어올리면서 춤을 춘다.(……) 트랜지스터가 안테나를 세우고 도립하기 시작한다. 그러자 재떨이가 박수를 치기 시작한다. 소켓 부분에선 노래가 흘러나온다.[6]

귀신에 홀린 사물들. 일견 이 환각은 내가 지닌 획일적인 공간 질서가 강요하는 인간 소외의 한 단면을 표현한 것처럼 보인다. 그런데 여기서 주목할 것은 주인공이 사라진 아내를 속내를 알 수 없는 '타인'으로 느끼고 절망하는 순간, 사물들이 갑자기 낯설어지기 시작한다는 점이다. 이로써 명확해지는 것은 평상시 아내의 역할이다. 그녀는 내가 지닌 현대적 공간을 가부장의 권위와 연결해주던 매개자였다. 나, 아파트에서 그 권위는 미처 뿌리를 내리지 못했고, 사물들은 언제나 주부의 손길에 길들여졌다. 그래서 그녀가 주인공을 반겨줄 때 실내의 사물들은 친숙한 모습을 하고 있었지만, 그녀가 사라지자 이내 낯설어지고 더 나아가 반란을 획책한다. 아내의 부재를 틈타 그동안 억눌렸던 무언가가 귀환하고 있는 것일까? 주인공은 "이미 어제의 물건이 아"닌 사물들의 반란 앞에서 자신의 몸이 경직되어가고 있다는 사실을 깨닫는다. 그리고 속수무책인 채로 의식을 잃어간다. 약간의 과장과 엄살이 뒤섞여 있긴 하지만, 이 소설이 나에 대해 표명하고 있는 입장만큼은 분명하다. 가부장적 질서를 골격으로 삼았던 '집의 신화적 형상'이 더 이상 유지되기 어려운 주거 공간이라는 것이다.

그러면 최인호가 묘사했던 이 괴이한 풍경은 이후 어떻게 변모하는가? 나는 어떻게 새로운 집의 신화적 형상을 주조할 수 있었는가? 일단, 시간을 거슬러 올라가 아파트의 거실을 눈여겨볼 필요가 있다. 기능적인 측면에서 비교하자면, 전통 한옥에서 거실과 유사한 특성을 지닌 공간은 대청마루라고 할 수 있다. 그것은 실내 공간과 옥외 공간의 완충지대로, 실내로 진입하는 개방 공간의 성격을 지닌다. 또한 안방이나 건넌방과 같은 각 개별 공간들이 대청마루의 좌우에 배치된 까닭에 대청마루는 실내 공간의 배치를 조율하는 구심점이자 각 공간을 연결하는 통로나 홀로 기능했다.[7] 이러한 특성은 서양 주택을 변형시킨 개인 주택의 응접실이나 아파트의 거실에서도 어느 정도 잔존해 영향을 미친다. 초창기 대부분의 아파트의 거실은 각 개별 공간과 연결되는 통로의 기능도 수행했는데, 이는 전통 주택의 대청마루가 남긴 흔적이라고 할 수 있다. 실제로 초창기에 거실은 서구 아파트와 유사한 면적으로 설계되었지만, 상대적으로 이용률은 낮았다. 오히려 각 방에 대한 요구가 높았다. 이에 따라 1970년대 중반 이후 거실의 면적 비율은 감소하는 경향을 띠기도 했다. 하지만 1980년대에 들어서면서 상황이 달라졌다. 거실은 손님을 맞이하는 응접실의 기능을 부분적으로 흡수하면서 점차 가족 구성원의 일상이 교차하는 공간으로, 그리고 그들 간의 정서적 유대 관계가 이뤄지는 독립된 공간으로 자리를 잡았다. 그리고 그 과정에서 실내 공간의 중심축으로 부상했다.

그런데 나에게 거실의 중요성은 이런 기능적 측면에만 국한된 것이 아니었다. 거실은 독특한 공간 구성을 통해 거주자의 신체적 감각을 재조직화하는 데까지 나갔기 때문이다. 1942년생 문학평론가 김현은 서울대 교수로 재직하면서 거주했던 32평형 구반포아파트의 실내 공간이 지닌 특성에 대해 다음과 같이 말한다.

사물은 아파트에서 그 부피를 잃고 평면 위에 선으로 존재하는 그림과 같이 되어버린다. 모든 것은 한 평면 위에 나열되어 있다. 그래서 한눈에 들어오게 되어 있다. 아파트에는 사람이나 물건이나 다 같이 자신을 숨길 데가 없다. 모든 것이 열려 있다. 그러나 그 열림은 깊이 있는 열림이 아니라 표피적인 열림이다.[8]

김현에 따르면, 아파트의 실내 공간에서 사물들은 자신을 숨길만한 장소를 찾지 못한다. 숨길 곳이 없으니 모든 걸 내보일 수밖에 없다. 그래서 이곳에서 시선은 전지전능한 힘을 발휘하는데, 그 힘이 최고조로 표출되는 공간이 바로 거실이다. 현관에 들어선 사람의 시선 앞에서 거실의 사물들은 아무런 저항도 없이 순순히 무장해제당하고, "평면 위에 선으로 존재하는 그림"처럼 행세한다. 그렇다면 어떻게 이런 일이 벌어진 것일까? 20세기 초의 건축가 아돌프 로스Adolf Loos가 지은 한스브루멜아파트에 대한 베아트리츠 꼴로미냐Beatriz Colomina의 분석은 이 문제에 대한 해법을 제공한다. 꼴로미냐는 다음과 같은 로스의 진술에 주목한다. "교양 있는 사람은 창밖을 내다보지 않는다. 그의 창은 젖빛 유리이다. 그것은 단지 빛을 받아들이기 위해 있는 것이지, 시선을 통과시키기 위해 있는 것이 아니다."9 꼴로미냐에 따르면, **로스**의 아파트에서 창은 조망을 위한 설치물이 아니다. 얇은 커튼이 창을 가리고 있을 뿐만 아니라, 창에 접근하는 것을 막으려는 의도로 창 아래에는 붙박이 가구가 배치되어 있다. 이런 공간 연출로 인해 창의 실질적인 기능은 실내 공간에 빛을 비추는 데 국한된다. 로스가 이런 선택을 행한 이유는 간단했다. 창을 소실점으로 삼아 투시도의 기하학적 질서로 실내 공간을 재편하기 위해서였다. **로스**의 의도대로라면 실내에 들어선 이들은 거실의 창을 바라볼 수밖에 없는 위치에 서게 되는데, 그 순간 창이 작도해내는 투시도적 시선에 포획되고, 그 시선을 경유해 실내를 들여다보게 되는 것이다.

창을 통해 쏟아지는 빛의 압도적인 힘! 나 역시 로스와 마찬가지로 이 힘에 매혹되었고, 거실의 한쪽 벽면 전체를 차지한 베란다 창에 주목했다. 로스의 접근법과 유사한 방식으로 실내 공간을 재구성하려는 의도였다. 베란다 창은 **로스**의 창문보다 훨씬 크긴 했지만, 조망보다는 채광과 환기의 기능에 주력한다는 점에서 유사했다. 물론 베란다의 난간 끝에 기대선 채 주변 경관을 바라보는 것은 그리 어려운 일이 아니다. 하지만 그것은 부질없는 일이다. 왜냐하면 외부의 경관은 탁 트인 경관과는 거리가 먼, 꽉 막힌 경관이기 때문이다. 앞뒤로 빽빽하게 들어선 주변의 아파트들. 오히려 베란다 창은 이 아파트들 때문에 거주자에겐 근심의 대상이 된다. 맞은편 아파트에 자리한 익명의 시선이 은밀하게 엿보기에 안성맞춤의 통로이기 때문이다. 그래서 커튼으로 충분히 가리지 않으면 거주자는 "마치 땅바닥에 나앉은 기분"이 들 수도 있다. 기존의 단독주택이 행인들의 시선에 사생활을 노출하지 않으려고 높디높은 담을 쌓아올렸던 반면, 아파트는 베란다 창의 커튼에게 담의 역할을 떠맡긴다.

외부 시선의 틈입이 허용되지 않도록 밀폐된 직육면체의 내부 공간. 이 공간을 들여다볼 수 있는 권한은 초인종을 누르고 현관으로 들어온 사람에게만 주어진다. 그리고 이렇게 실내로 진입한 시선은 자동적으로 거실 베란다 창과 대면하게 된다. 이때 베란다 창은 거실을 한눈에 드러나게 만드는 '소실면'의 역할을 한다. 일단 이 소실면의 네 꼭짓점에서 뻗어 나온 직선은 거실 구석의 모서리를 따라 움직이면서 투시도적 질서로 시야를 구획해낸다. 그러고 나면 거실을 바라보는 시선은 이 직선의 인도를 받아가며 한 호흡에 소실면에 가닿는다. 즉, 베란다 창이 투시도적 깊이감을 연출하면, 시선은 베란다 창을 향해 돌진하는 것이다. 시선과 소실면의 상호작용, 바로 이 상호작용 덕분에 거실 공간은 "모든 것을 한 평면 위에 나열하는" 투시도적 프레임 속으로 빨려 들어간다.

따라서 이 프레임이 시선과 소실면 사이에서 "표피적인 열림"을 허용하는 일종의 인터페이스인 것인데, 그것이 처음부터 제대로 작동했던 것은 아니었다. 가장 큰 걸림돌은 "부피를 잃고 평면 위에 선"으로 존재하는 법을 익히지 못한 사물들이었다.[10] 전통과 현대가 불균질하게 착종된 기존의 단독주택에서 사물들은 제자리를 찾지 못하고 우왕좌왕하기 일쑤였다. 이를테면 냉장고는 여전히 연탄아궁이가 호령하는 재래식 부엌으로 들어갈 엄두를 내지 못한 채 마루의 한쪽 구석을 차지했고, 세탁기는 좁은 화장실에 제자리를 마련하지 못해 현관 바깥에서 서성거려야 했으며, 침대는 안방에 버티고 있는 자개장롱과의 일전을 준비해야만 했다. 그리고 사물 배치의 **규칙**이 아직 정립되지 않은 탓에 사물에게 배정된 의미의 상당 부분은 취향이나 스타일과 무관한, 그저 소유자의 지위에 관한 것이었다. 사물의 구매력이 소유자의 경제적 능력과 곧바로 연결되는 간편한 질서. 이 질서가 유지되는 데 필요한 것은, 피아노가 제일 상위에 있다면 그다음엔 세탁기, 냉장고가 자리 잡는 식으로 사물을 위계적으로 선별해놓은 분류 목록뿐이었다. 이에 따라 사물들은 좀 더 윗자리를 차지하려고 희소성의 법칙에 의지하며 자신의 존재 가치를 뽐내는 데 열중했다. 다른 사물들과 조화로운 관계를 유지하는 것은 그다지 중요하지 않았다. 사물들은 비좁은 공간을 두고 자리다툼으로 비틀거리다가도 빈자리가 생기면 그냥 주저앉기 일쑤였다. 그래서 실내 공간은 언제나 소화불량에 시달려야 했다.

기존의 단독주택에서 형성된 이러한 사물의 질서는 초기 아파트의 거실에서도 고스란히 반복되었다. 거실의 경관이 투시도적 프레임으로 고정되긴 했지만, 아직 내부의 엔트로피를 억제할 여력은 없었다.

한편에는 값비싼 골동품이나 덩치가 큰 전통 가구들로 박물관 전시장처럼 꾸미는 수집가적 열정[11]이나, 세기말 유럽의 아르누보 스타일을 모사한 화려한 **식물 모티브 장식**의 가구들을 끌어모으는 '귀족적 취향'이 있었다. 그리고 다른 한편에는 금속이나 플라스틱의 차가운 질감을 감추기 위해 문손잡이, 전화기, 쓰레기통 등에 레이스가 달린 옷을 입히는 홈패션 유행이나, 베란다만으로 부족해 거실 공간까지 식물원이나 수족관으로 꾸며 인공의 자연을 연출하려는 그린 인테리어 붐이 있었다. 전자가 절제의 규율을 망각한 과시적 욕망의 산물이었다면, 후자는 차갑고 완강한 콘크리트의 기운을 집 바깥으로 몰아내려는 일종의 푸닥거리였다.

그렇게 온갖 '실내 장식'의 유행이 정신없이 거실을 휩쓸고 지나간 탓에, 1980년대 중반에 어느 디자인학과 교수는 나의 거실 풍경을 두고 "키치의 모음"[12]이라고 비난했다. 하지만 이제 막 나를 삶의 터전으로 마련한 대다수 거주자들은 그런 비난에 신경 쓸 여유가 없었다. 별다른 준비 없이 텅 빈 프레임을 채워야 하는 임무를 떠맡은 그들은 위태로운 눈길로 거실을 바라볼 수밖에 없었다. 그들 대부분은 내게 어울리는 현대적인 감각을 아직 터득하지 못한 터였다. 이행의 과도기는 불가피했고, 일정 기간의 학습 과정이 필요했다.

III. 텔레비전의 극장: 사물 배치의 중력장

흥미롭게도 아파트 거실의 시각적 엔트로피를 제어하는 데 뛰어난 효능을 발휘한 것이 텔레비전이었다. 기존의 단독주택에선 주로 안방에 놓여 있던 텔레비전은 아파트에선 거실로 이동해 꽤 독특한 방식으로 프레임 내부의 시각적 균형과 조화를 성취했다. 이 과정은 크게 두 단계로 나뉘는데, 첫 단계에서 텔레비전은 사물 배치의 기본 구도를 정의하고, 두 번째 단계에서는 개별 사물의 조형 원리에 개입한다. 첫 단계는 텔레비전의 기능적 측면과 밀접하게 관련된다. 주지하다시피 텔레비전은 공중파의 흐름을 브라운관에 집결시켜 외부로의 조망을 제공한다. 바깥의 세계를 바라보고 싶다면 굳이 베란다로 나갈 필요가 없다. "멀리-보는-눈", 텔레비전을 켜면 되기 때문이다. 전원이 꺼져 있을 때 텔레비전은 그저 덩치 큰 박스에 지나지 않는다. 하지만 브라운관에 빛 입자들이 살아 움직이기 시작하면 거실의 시선들은 이 움직임을 외면하지 못한다. 외견상 텔레비전은 거실에 자리한 사물들 중 하나에 불과하지만, 거실의 시선을 집중시키는 스크린 인터페이스의 기능을 갖추고 있기 때문이다. 그리고 그 덕분에 사물의 배치에 기본 구도를 제공한다. 극장의 구도가 그것이다.[13] 극장의 한편에 스크린이 있다면, 다른 한편에는 객석이 있다. 마찬가지로 거실의 한편에 텔레비전이 있다면 맞은편에는 소파가 있다. 잠시나마 과도기적인 사례로 기존의 응접실 구도를 고스란히 본떠 탁자 주변에 소파나 의자를 마주 보게 배치하는 경우도 있었다. 또한 극장과 응접실의 기능을 서로 절충하는 경우도 적지 않았다. 하지만 1980년대 중반을 넘어서면서 대세는 극장화된 거실로 기울었다. 텔레비전이 남향의 베란다 창과 직각으로 교차하는 한쪽 벽면에 제자리를 마련하는 것이 자연스러운 일이 되었다.[14]

한편 거실의 공간은 텔레비전을 구경하는 공간이지만, 다른 한편 구경되는 공간이기도 했다.[15] 만약 텔레비전의 역할이 거실의 극장화에서 멈춰 섰다면, 거실의 경관은 '실내 장식'의 혼돈 상태에서 쉽사리 벗어나지 못했을 것이다. 바로 이 지점에서 텔레비전은 개별 사물의 조형 논리에 관여하는 두 번째 단계에 진입하게 된다. 1980년대 초반 이후 새롭게 보급된 모던한 플라스틱 외장의 텔레비전은 여기에서 중요한 역할을 떠맡는다. 1976년에 금성전자에서 개발해서 큰 상업적인 성공을 거두었던 텔레비전 디자인은 미닫이문을 갖춘 캐비닛 콘솔형이었다. 안방에 놓인 장롱 등 다른 목재 가구와 어울리기 위해 텔레비전의 외관이 전통적인 가구의 **형태 어휘를** 빌려 외관을 꾸미는 것이 일반적이었다. 하지만 1980년대 초반에 접어들자 텔레비전은 더 이상 '가구'를 흉내 내지 않고, 현대적인 분위기의 검정색 플라스틱 박스로 변모하기 시작했다. 이러한 형태의 진화는 1980년대 초반 들어 단기간에 급속히 진전되었는데, 이는 1980년 12월에 본격적으로 시작된 컬러 방송으로 인해 흑백텔레비전을 교체하는 가정이 많았기 때문이다.

물론 이 박스형의 텔레비전이 거실의 경관을 일거에 변모시켰던 것은 아니다. 텔레비전은 가구의 형태에서 탈피하긴 했으나, 여전히 덩치가 큰 거실 가구 사이에 박혀 있거나 실내 장식품들에 포위된 채 받침 가구 위에 놓여 있었다. 캐비닛의 틀에서 벗어나고 슬라이드 문과 다리를 떼어낸 것만으로는 거실 경관의 지휘자로 군림하기엔 역부족이었다. 그럼에도 텔레비전은 변신을 거듭했다. 브라운관의 화면은 더욱 커졌고, 화면 양편에는 스테레오 음향 시스템이 부착되었으며, 화면 오른쪽에 놓여 있던 조작 버튼과 채널 등 조작 부위도 하단부로 옮겨 갔다. 그리고 마침내 텔레비전은 컴포넌트 오디오와 비디오 플레이어와 함께 편대를 이루면서 거실의 공간을 장악하기 시작했다.

소파 위에 놓인 리모컨으로부터 작전 명령을 하달받으며 말이다.

이러한 변화와 맞물려 거실의 사물들도 점차 텔레비전과의 관계를 염두에 두고 자신의 외관을 가다듬기 시작했다. 이제 사물은 홀로 존재할 수 없다. 개별 사물의 디자인에 적용되던 '형태는 기능에 따른다'는 식의 접근법은 거실의 프레임에 진입하는 순간, 좀 더 복잡한 관계 속에서 재정의되어야 했다. 무엇보다도 사물들은 텔레비전을 중심으로 거실과 혼연일체가 되어야 했다. 베란다 창과 텔레비전을 오고 가는 각각의 시선에 걸림돌이 되지 말 것, 사물의 윤곽선은 직선을 기본으로 하되 거실의 모서리 선과 평행 혹은 직각의 상태를 유지할 것, 거실의 덩치 큰 가구부터 조그만 장식품에 이르기까지 따로 놀지 말고 서로 조화를 이룰 것, 베란다 창을 통해 쏟아지는 빛살을 맞으며 평온한 정적을 연출하는 방법을 터득할 것 등등.

그러면 여기까지 내가 성취한 바를 구체적인 사례를 통해 살펴보면 어떨까?《샘이깊은물》1987년 8월호가 〈볼만한 집치레〉라는 연재 기사에서 소개한 잠실 5단지 아파트의 거실은 그런 사례 중 하나다. 이 아파트의 거실을 차지한 큰 세간은 "가구점을 하는 친구한테 받은 응접세트"와 "중고 매매 센터에서 구입한 정리장과 식탁 세트", 텔레비전과 오디오 세트가 전부다. 응접세트와 식탁 세트는 약간 유행이 지난 듯 보이기도 하지만, 장식이 들어가지 않은 단순하고 무난한 디자인이라 거실의 다른 사물들과 부담 없이 잘 어울린다. 이 아파트의 주부는 텔레비전 극장으로 거실을 꾸미고 베란다 창의 기준선에 맞춰 기하학적인 형태의 세간들을 배치하는 한편, 목재로 만든 물건들을 선호해 나무의 빛깔과 질감으로 거실의 경관에 "포근하고 아늑한 분위기"를 연출해낸다. 이와 함께 베란다 창의 소실면은 실내 분위기와 조화를 이루면서 각종 화초들이 연출하는 녹색의 실루엣으로 살아 움직인다. 집주인은 "아파트에서나마 녹색을 즐기"면서 "거실 앞으로 내다보이는 삭막한 단지 풍경을 감추"고 싶어서 베란다를 화분들로 가득 채웠다.[16]

한편, 이런저런 요구 조건을 충족시킨 거실의 사물들은 이제 최종 관문 앞에서 마지막 임무를 부여받게 되는데, 그것은 "부피를 잃고 평면 위에 선으로 존재하는" 법을 습득하는 것이었다. 달리 말하자면, 누군가에게 보이는 기호로서의 운명을 받아들이는 것이었다. 거실의

[그림 7-1] 잠실 주공아파트 5단지의 거실 경관(1987년)

프레임에서 다른 교감의 통로는 대부분 차단된 반면, 시각의 협소한 통로는 대폭 개방되었다. 실제로 이 공간에서 거주자가 사물과 접촉하는 경우는 그저 앉거나 기대서거나 버튼을 누를 때뿐이었다. 벽면의 무늬목으로 쓰인 참나무의 수분 가득한 향취에 취하거나, 골동품 가구에 부착된 낡은 경첩의 삐걱대는 소리에 정겨움을 느끼거나, 자개 문양을 직접 손끝으로 만져보며 미묘한 기분에 빠져드는 따위의 일상의 잔재미는 희미해졌다. 반면에 사람들은 사물에 사용의 흔적이 남는 것, 즉 흠집이 나는 것을 두려워하기 시작했다. 특히 넘치는 호기심을 자제하지 못하고 무언가를 만지작거리는 어린아이는 반드시 요주의 대상으로 관리되어야 했다. 사람과 사물의 관계가 한껏 납작해졌던 것이다. 바로 이 납작한 평면 위에서 사물들은 표면을 조합해 기호로 존재하는 법을 익혀야만 했다. 주부들의 상황도 다르지 않았다. 그녀들 역시 변화된 상황에 맞춰 자신의 취향을 실험하면서 감식안을 교정해야 했다. 달리 말하자면, 그녀들은 사물의 기호화된 표면에서 시각적 쾌락을 느끼는 방법을 터득해야만 했던 것이다.

돌이켜 보건대 이런 과정은 문학평론가 김우창이 1970년대 후반에 예측했던 사물의 구조적인 지위 변동이 현실화된 것이었다. 그는 "사물과의 깊고 오랜 사귐"이 불가능해지는 상황이 도래할 것이라고 지적했다. 그에 따르면, 산업화 이전의 사물들은 "일상에 깊이 이어져 있는 보이지 않은" 관계의 기운에 호소하며 "내면적인 교감" 따위로 사람에게 말을 걸곤 했다. 하지만 대량 생산된 사물들이 넘치는 곳에서는 사람과 사물의 **상호 주관적 관계**가 희미해진다. 그리고 그에 따라 사물이 자신을 잊을 수 없는 대상으로 만들었던 강력한 인상도 점차 사라진다. 오히려 이런 유형의 사물 대신에 등장하는 것은 미끈한 거죽의 사물들이었다. 김우창은 다소 부정적인 어조로 이런 사물들이 사람과의 감각적 얽힘을 평면화하며 관계의 보이지 않는 차원을 추방한다고 지적한다. 하지만 부정적인 입장 표명에도 불구하고, 그런 변화가 비가역적인 부류의 것임을 순순히 인정한다. 왜냐하면 그것은 "느낌의 근본적인 틀에서 일어난 변화", 혹은 "지각 자체의 미묘한 변화"를 의미하는 것이었기 때문이다. 그런데 내 관점에서 보자면, 김우창이 예측했던 변화는 내가 **감각의 생산양식을 구축함으로써** 성취했던 것이기도 했다. 앞서 살펴보았듯이 나는 그들의 시선에 거실의 투시도적 프레임을 장착했고, 그 프레임에 포착된 사물들에게 기호로서의 삶을 부여했다. 나는 거주자의 감각을 재조직화하는 데 성공했던 것이다.

그렇다면 내 의도대로 완성된 거실은 실제로는 어떤 모습이었을까? 몇 번의 시행착오가 있겠지만, 아파트의 주부들이 내가 설정한 단계를 제대로 밟아나갔다면, 그녀들의 거실 경관은《샘이깊은물》1991년 2월호에 소개된 과천의 주공아파트와 유사한 모양새를 띠고 있었을 것이다.[17] 거기에는 텔레비전, 검은색 가죽 소파, 탁자, 수납장 같은 "간략한 세간살이"가 배치되어 있고, 벽면은 아이보리가 섞인 백색으로 처리되었다. 집주인은 "벽에서 벽으로 꽉 찬" 일반적인 집치레와 달리 "장식도 거의 배제"한다. 그리고 "자칫하면 차갑고 무뚝뚝하게 느껴질"까 봐 거실 동쪽 벽면에 열대 식물 화분을 놓아두었다. 이렇게 간소화된 거실의 경관은 당시 방문객들에게서 그리 호의적인 반응을 얻어내진 못한 듯하다. 기존의 실내 장식에 익숙한 "나이가 많은 이웃 사람들은 시원해서 좋겠습니다"라고 말하지만, "좀처럼 어색하고 **낯선** 인상을 지워버리지" 못한다. 어떤 이들은 "사무실 냄새"가 난다고 평하기도 한다. 하지만 그런 품평은 그들의 감각이 아직 사물의 새로운 면모에 동화되지 못했음을 증명해줄 뿐이다. 사물의 기호화된 표면에 적응 완료한 이들이라면, 오히려 정반대의 반응을 보일 것이다. 그들이라면 욕심을 부려 이것저것 늘어놓는 것은 어수선한 전시실처럼 답답한 느낌만을 안겨줄 뿐이라고 조언하지 않을까?

다른 한편, 내가 감각의 생산양식으로 거듭나는 과정에서 주방이 점차 거실과 가까워지는 과정도 눈여겨볼 만하다. 이런 변화를 통해 주방의 기능은 더 이상 취사로 한정되지 않고, 거실과의 공간적 연속

[그림 7-2] 과천 아파트의 거실 경관(1991년)

성을 갖추면서 주부가 지휘하는 가족 공동의 장소로 변모한다. 종종 간이 칸막이나 유리 미닫이문을 설치해 거실과 주방의 기능적 분리가 유지되기도 했지만, 대부분의 경우 두 공간은 서로 물리적으로 개방되었다. 주방은 보통 남향의 베란다 창 반대편, 즉 아파트 평면의 북쪽에 자리 잡고 있어서 주방의 주부는 어렵지 않게 거실을 조망할 수 있었다. 즉, 주부는 싱크대 앞에서 일하거나 식탁에 앉아서도 거실에서 놀고 있는 아이를 지켜볼 수 있었던 것이다. 특히 시선과 관련해서 흥미로운 지점은 음식 준비나 설거지를 하면서도 텔레비전의 일일 연속극을 보고자 하는 상황, 그러니까 두 시선 중 하나를 선택해야 하는 상황에 대한 주부 나름의 대처 방법이었다. 외견상 두 시선 간의 마찰이 표면화될 수 있는 상황임에 분명하지만, 주부는 경험을 통해서 이런 문제의 해결 방법을 체득하고 있었다. 감각의 재분배가 바로 그것이다. 영화평론가 정성일은 미디어 수용의 측면에서 텔레비전과 영화를 비교하면서 다음과 같이 말한다.

드라마의 주인공들은 라디오 연속극의 주인공에 가깝다. 우리들은 텔레비전에서 이미지를 쫓아가는 대신 대부분 사운드트랙과 대사를 따라가면서 이야기를 '듣는다'. 그래서 텔레비전 드라마 시간대에 반드시 모니터 앞에 앉아 있을 필요는 없다. 많은 주부들이 그들의 드라마를 부엌에서 들으면서 음식을 준비하는 것은 결코 그들의 무관심이거나 불성실한 감상 태도가 아니다. 오히려 그 반대로 그들은 경험적으로 드라마를 보는 방법의 하나를 찾아낸 것이다.[18]

이렇게 주방이 거실과 동일한 시청각적 평면 위에 놓이게 되자, 주방의 사물 역시 독자 노선을 포기한 채 거실의 프레임에 편입되고 시각적 기호화의 궤도에 진입하게 된다. 그리하여 주방으로까지 영토를 확장한 거실의 프레임은 시장에 선보인 거의 모든 종의 가전제품들을 끌어안을 수 있는 노아의 방주로, 달리 말하자면 이제 곧 도래할 소비사회의 소화기관으로 자리 잡는다.

Ⅳ. 행복의 미장센

자크 라캉Jacques Lacan은 "'나'의 형성은 꿈속에선 요새나 스타디움과 같은 형태로 상징화된다"고 이야기한다. 나 역시 이렇게 말할 수 있다. 아파트 거주 가족의 정체성은 거실의 프레임을 스크린 삼아 구현된다고 말이다. 물론 이 프레임의 시선은 자기 완결적인 시선이 아니라 지속적으로 타자의 간섭에 노출된 시선이다. 실제 거주자가 자신의 거실 공간을 보는 것은 이 시선을 통해서이지만, 또한 그 공간이 머금고 있는 가족의 정체성이 평가받고 인정받는 것도 바로 이 시선을 통해서이다. 따라서 그 시선은 분열될 여지를 지닌다. 라캉의 거울상 단계에서 어린 주체가 자신의 거울 이미지를 보고 나르시시즘적 쾌락에 빠져들기도 하지만, 동시에 그 이미지와 신체적 경험 사이의 간극 때문에 불안에 떨며 방황하기도 한다. 이와 마찬가지로 중산층 가족의 정체성은 거실의 프레임에 투영된 스위트 홈의 이미지에 만족하면서 행복의 느낌으로 충만한 나르시시즘에 빠져들기도 하지만, 타자의 응시에 노출되어 분열을 일으킬 가능성도 상존한다.

그렇다면 이때 타자는 어떻게 구성되는가? 대부분의 경우, 아파트에는 여분의 방이 없으므로 친지나 친척들의 체류는 제약을 받는다. 따라서 일가친척의 장기간 방문은 점차 보기 힘든 일이 되어간다.[19] 이렇게 아파트에서 가족은 혈연 공동체로부터 일정한 거리를 취하는 반면, 주거 지역 내부의 주부들 간의 사회적 네트워크는 강화된다. 아파트의 주부들은 종교 모임이나 반상회를 통해 정기적으로 만나 주부 교양, 일상생활, 자녀 교육, 재산 투자 등에 대한 정보를 공유하고, 자신들의 재산권을 보호하기 위해 결속한다.[20] 바로 이 주부들의 네트워크, 수다와 소문의 사교 공동체가 거실의 프레임을 응시하는 타자이다. 그녀들은 세상의 내력을 알 만큼 다 안다는 듯한 관상가의 눈길을 건네면서 거주자의 생활수준과 행복 지수를 가늠해본다. 그 타자들이 현실에 존재하든, 주부의 상상 속에 존재하든 상관없다. 어느 쪽이든 웬만큼 거실을 꾸미지 못하면 주부들로 하여금 "친구도 친척도 창피해서 부르지 못하"는 지경에 이르도록 압박할 것이기 때문이다.

타자의 응시가 노골적으로 드러나는 것은 아파트 평수에 따른 주민 사이의 위계화이다. 김현의 표현을 빌리자면, 그것은 더 큰 아파트로 이사하고 싶어 하는 병과 같은 욕망으로 나타난다. "서른두 평짜리 아파트에 사는 사람은 스물두 평짜리 아파트에 사는 사람보다 우월하고, 마흔두 평짜리에 사는 사람은 스물두 평짜리에 사는 사람보다 스무 평이 우월"하기 때문이다.[21] 그리하여 사람들은 "못 살겠다, 생활이 어렵다, 어렵다"는 넋두리를 입에 달고 산다. 지금 살고 있는 아파트보다 더 큰 평형대로 이사해 "삶의 증대를 바라는 욕망"에 시달리고 있기 때문이다.[22] 아파트의 평수 차이가 거주자가 속한 계층의 차이로 곧바로 연결되는 간단한 게임의 규칙, 사실 그것은 1967년에 건설된 용산 이촌의 공무원아파트 바로 옆에 한강맨션이 들어서는 순간부터 자연스레 만들어졌던 것이다. 이 낯선 게임의 규칙을 처음 대면한 이들은 당시의 어느 고위 공무원처럼 "아침마다 그쪽(한강맨션-인용자)을 보면 4만 원 월급쟁이인 내 신세가 오히려 초라해서 못 참겠다"[23]고 상대적 박탈감을 표출할 수도 있다. 하지만 그것도 잠시뿐, 아파트에 거주하는 한 이 게임의 규칙을 거스를 수는 없다. 그리하여,

특히 초·중등학교에 재학하는 학생들 간에 거주 지역과 아파트 평수를 기준으로 '우리'와 '그들'을 구분하는 사례도 드물지 않고, 주택의 규모가 계층 및 계급의 인지와 의식의 기초가 되고 있기도 하다. 몇 평짜리 아파트에 사는가가 사회적 교류 여부를 결정하는 척도가 된다고 하는 것이 그리 새로운 일은 아니다. 1985년 압구정동의 아파트 거주자들과의 면접을 통해 이 동네의 주거 환경을 그린 어느 글에서 다음과 같은 내용이 보인다. (…) "현대아파트 아이들끼리도 '개 몇 동 살아'라는 말로 은연중에 상대의 신분을 규정해버리는 투가 완연하다고 한다. 심지어 같은 현대라도 30평형 정도의 아파트를 두고는 '달동네'라고 부르는 아이도 있고 어른도 있다."[24]

이와 같이 아파트의 평수는 계층 내·외부의 위계적 차이를 생산하는 정량적 지표로 작용한다. 그런데 그것은 가장의 경제적 능력에 좌우되며, 교환의 상징 질서에 속한다. 그래서 지금 살고 있는 아파트로 충분하다며 더 큰 집이 무슨 필요가 있냐고 말하는 가장이 있다면, 그는 아내로부터 다음과 같은 편잔을 듣기 십상이다. "또 그런 소리. 당신 승진할 생각은 안 해요? 부장만 돼봐요. 이런 집으론 창피해서 손님도 못 치러요."[25]

물론 주부가 세상 물정에 정통해 아파트 분양 시장에 나설 수만 있다면야 사정이 달라질 수도 있다. 1973년에 반포의 주공아파트 22평형을 분양받아 필동의 친정집에서 이주한 한 여성을 보자. 1940년대 초반생으로 경기여고, 이화여대 출신인 그녀는 자신이 거주하던 주공아파트 단지에만 여고 동기동창이 20여 명이 넘을 정도로 많이 살았다며, 자신과 같이 대학에서 배운 것을 써먹지 못하는 좌절감을 느낀 동년배의 고학력 여성들이 "바깥 활동을 하고 싶은 열정"을 해소할 수 있는 출구로 찾은 것이 바로 "집으로 돈을 버는 것"이었다고 말한다. "당첨만 되면 시가의 거의 절반에 집을 장만할 수 있으니 저마다 추첨장에 몰려다니지 않을 수 없었"다. 실제로 그녀는 반포로 이주한 지 2년 만에 같은 단지의 32평형으로 옮겼고, 7전8기 끝에 1978년에는 압구정동 현대아파트 52평형을 분양받았다. 반포아파트 32평형의 매매 시세는 3천만 원이었고, 현대아파트 52평형의 분양가는 2천9백만 원이었다. 이 엄청난 시세 차익 앞에서 자신의 행위가 '투기'라는 자각은 감히 끼어들 여지가 없다. 그리고 아파트 평수를 넓혀가는 사이, 서울대 영문과 출신인 남편은 고등학교 교사를 그만두고 목재회사의 기획조정실장으로 자리를 옮긴다.[26]

　　하지만 이와는 반대로 '바깥 활동'과 거리가 먼 상당수의 주부는 평수의 질서 앞에서 무기력하다. 따라서 그녀의 역할은 제한적일 수밖에 없다. 남편의 승진을 독려하거나, 그도 아니면 동일 평형대의 아파트에 거주하는 다른 주부들과 경쟁하는 것이 고작이다. 동질적인 집단 내부에서 질적 차별성을 만들어내는 것이 주부들의 몫인 것이다. 이 차별화는 경쟁자들의 응시에 쉬이 노출되는 거실의 프레임에 집중된다. 여기에서 중요한 것은, 가장의 사회적 지위보다는 주부의 알뜰한 마음 씀씀이로 빚어낸 가정의 행복이다. 물론 이미 지위의 서열이 아파트의 평수로 정량적으로 평가되어버렸기 때문에 거실의 미장센만으로 이 위계를 뒤집기란 사실상 불가능하다. 그래서 그녀들은 아파트의 크기가 암시하는 욕망의 한계치 안에서 '행복한 미래'를 약속해줄 시각 언어를 고안하고, 그리하여 교환 가능성의 논리가 감히 침투하지 못하도록 거실의 프레임 내부에 자신들이 향유할 수 있는 '화목한 가정'의 미장센을 연출하려고 애쓴다.[27]

그런데 그것은 불안과 강박이 교차하는 과정이기도 하다. 마치 거울상 단계의 어린 주체처럼, 가족의 정체성은 거실 프레임의 표면을 불안한 표정으로 표류한다. 그리고 이러한 불안은 반복적으로 좌절하고 만 동일시의 경험을 통해 더욱 증폭되고, 결국에는 타자들과의 강박적인 경쟁 심리로 귀결되곤 한다. 바로 이 때문에 김현은 나를 다음과 같이 정의했을 것이다. "아파트에 살면서 나는 아파트가 하나의 거주 공간이 아니라 사고 양식이라는 것을 깨달았다. 그것은 중산층의 사고방식이다"[28]라고 말이다. 그런데 이런 정의는 좀 더 정교해질 필요가 있다. 거실의 프레임은 중산층이 자신의 성취를 인정받기 위해 가족의 정체성을 투영하는 스크린이며, 바로 그 표면 위에서 구별 짓기의 인지적 알고리즘이 행복의 판타지를 구동한다고 말이다.

혹자는 특정 사회집단의 정체성을 구성하는 알고리즘치곤 너무 단순한 것이 아니냐고 반문할 수도 있을 것이다. 하지만 이런 의문을 품은 자들은 다음과 같은 컴퓨터 프로그래머들의 불문율을 귀담아들을 필요가 있다. 효과적으로 작동되는 프로그램일수록 간단한 구조를 지니는 경우가 많고, 간단할수록 확장성이 뛰어나다는 것 말이다. 나의 하드웨어에 인스톨된 소프트웨어가 얼마만큼 탁월한 성능을 발휘했는지는 88올림픽을 목격했던 이들이라면 더 잘 알고 있을 것이다.

1981년 9월 말, 개최지를 놓고 일본의 나고야와 겨룬 경쟁에서 52 대 37이라는 압도적인 표차로 승리한 이후, 올림픽의 성공적 개최는 국가적 차원의 의제로 부각되었다. 특히 전임자의 의붓아들임을 자처하며 학살의 공포 정치로 권좌에 올랐던 새로운 우두머리에게는 구원의 복음이기도 했다. 하지만 상황은 여의치 않았다. 그의 수하들은 올림픽의 규모에 걸맞은 **스펙터클 연출법**을 습득하지 못한 상태였다. 고궁의 풍광을 배경으로 팔등신의 금발 미녀들을 진열하던 미스유니버스대회, 성공한 일이라고는 가수 이용을 스타덤에 올린 것뿐이었던 관변 축제 국풍 81, 빌리지 피플이나 유럽 삼류 보컬 그룹을 초청 가수로 모셔왔던 각종 국제가요제 등등 다양한 축제 형식들을 실험해보았지만, 그럴듯한 성과 하나 남기지 못하고 실패만 되풀이했다.

그렇다고 과거로 퇴행해 전임자의 전략을 되풀이할 순 없었다. 주지하다시피 전임자는 물리적 폭력을 제외하곤 변변한 상징 자본을 가지지 못했다. 그가 자신의 권력을 정당화하기 위해 동원한 것은 충효와 반공이라는 우상의 신전이었다. '민족'이라는 집단적 정체성의 이름으로 호명된 대중이 '하면 된다'라는 열정으로 자신의 리비도적 에너지를 투여할 수 있는 소실점의 자리로서의 신전, 바로 그 자리에 성웅 이순신 장군이, 유관순 누나가, 이승복 어린이가 무덤에서 깨어나 굳은 표정을 지으며 동상으로 일어섰다. 신민들은 매일매일 우상의 신전을 성지로 삼아 순례에 나섰고, 우두머리는 언제나 그 뒤편에서 불멸에 대한 욕망을 감추지 못한 채 근엄한 초상 사진의 모습으로 숨어 있었다.

그러나 백성 됨의 봉건적 도덕을 강요하는 방법은 이미 유통기한을 넘긴 상태였다. 이제 막 근대화의 과실을 따 먹으려던 개발도상국의 구성원들을 단일한 공동체로 묶어내려면 좀 더 강렬한 사회적 판타지가 필요했다. 결국 88올림픽의 담당자들이 시행착오 끝에 선택한 것은 나, 아파트가 내장한 감각과 사고의 모델을 국가 단위로 증폭하는 것이었다. 달리 말하자면, 대중의 인정 욕망에 민족주의의 엔진을 장착하는 것이었다. 특히 1970년대 이후 지속된 수출 주도형 경제정책은 절묘한 타이밍으로 '한강의 기적'이라는 대하드라마를 마무리하고 있었다. 저유가, 저금리, 저환율의 3저 기류를 타고 한반도에 당도한 '단군 이래 최대 호황'. 그리고 대한민국이 이제 선진국의 진입로에 들어설 것이라는 넘쳐나는 예측들. 이에 따라 한반도 바깥의 세계에 별 관심을 보이지 않던 대부분의 국민들도 자신의 집단적 성공담을 인증해줄 국경 너머의 시선이 필요해졌다. 공식적인 언어로 말하자면, "국제사회에서 대한민국의 위상을 높이고 세계에 민족의 우수성을 널리 알리는 계기"가 요구되었던 것이다. 88올림픽은 이에 대한 응답이었다. 외부의 상상적 시선에 의지한 민족주의적 판타지의 연출, 그것이야말로 대중을 '통합된 국민'이라는 착각의 공동체로 묶어내기에 최적의 해결안이었다.

이런 측면에서 보았을 때 나의 거실이 중산층 가족의 정체성을 진열하는 전시장으로 자리 잡아가던 것과 거의 동시에 올림픽 스타디움이 강남의 동쪽 끄트머리에 건설되었던 것은 우연이 아니었다. 나에게 내재한 감각과 사고의 모델은 올림픽의 무대 위에서 고스란히 반복되었다. 누군가에게 보이고 있다는 쾌감, 아니 누군가에게 보이고 인정받아야 한다는 강박관념은 더 이상 아파트 거주자만의 몫이 아니었다. 올림픽 메인 스타디움은 중산층으로 불리기를 원하던 가족의 경제적 성공담을 국가적 차원으로 증폭하여 '선진 조국 창조'의 거대 서사로 직조하는 건축적 구조물, 그 이상도 이하도 아니었다. 한편에 스위트 홈의 무대로서 아파트 거실이 있다면, 바로 맞은편에 스펙터클의 무대로서 잠실 스타디움이 있다. 그리고 여기에 텔레비전이 가정과 국가, 사적 공간과 공공 영역을 연결해줄 매개의 고리로 작동했다. 사실 텔레비전이 없다면 아파트와 스타디움의 구조적 유사성에 주목한 이 계획은 반쪽의 청사진에 불과했을 것이다. 아파트 거실과 올림픽 스타디움이 텔레비전의 브라운관을 경계면으로 삼아 서로 마주 보며 다가서야만 했다. 양자가 공중파로 밀착되는 순간, 중산층의 세속적 욕망은 한 치의 주저함도 없이 국가 주도의 민족주의 판타지와 뒤섞일 수 있을 테니 말이다.

이미 2년 전, 86아시안게임에서 이 계획은 예행연습을 통해 시험 가동을 마쳤다. "드넓고 황량한 8차선 도로" 뒤편으로 메인 스타디움을 비롯한 각종 경기장이 빠른 속도로 세워졌고, 그 광경은 카메라의 조감하는 시선을 거쳐 텔레비전 화면 속으로 빨려 들어갔다. 거기에서는 "글러브로 샌드백을 쳐대는 권투 선수", "트랙을 달리는 육상 선수", "고무처럼 자유자재로 몸을 굽혔다 펴는 체조 선수" 등 종목별 국가대표들이 국위 선양을 목표로 구슬땀을 흘리며 훈련에 임하느라 여념이 없었고, 이에 뒤질세라 일반 시민들도 "우리나라에서 국제적인 큰 행사를 치르게 된 게 무척 자랑스럽습니다! 경사죠, 경사!"라며 성공적인 개최를 기원했다.

그리고 "대대적이고 국제적인 행사"를 맞이하여 선진 시민으로서 거리 청결에 힘쓰고 외국인도 친절하게 맞이해야 한다는 식의 계몽 표어들이 수많은 입을 통해 되풀이되었다. 물론 이 모든 것은 텔레비전 안에서만 머물지 않고 현실 세계로 쏟아져 나와 강력한 수행력을 발휘했다. 개막식 행사에 참여하는 잠실의 어느 소녀는 "마유네즈 박선"을 되뇌며 영어로 자신을 소개하는 법을 익히는 데 열중하고, 그녀의 아빠는 "이제 우리나라에서 아시안게임도 하고 올림픽도 한다는데, 좀팽이처럼 구닥다리 차를 타고 다닐 순 없어서" 소나타를 그랜저로 바꾸는 식이다.[29]

그로부터 2년이 지난 후, 다시 잠실의 메인 스타디움. 88올림픽의 개막식을 중계하는 텔레비전 아나운서는 떨리는 목소리로 말한다. "전 세계가 우리를 지켜보고 있습니다!" 메인 스타디움에 뚫려 있는 거대한 구멍은 그 자체로 이른바 '전 세계'의 눈이며, 휴전선 이남의 한반도 전체가 그 애꾸눈이 주시하는 대형 스크린이다. "저마다 누려야 할 행복이 언제나 자유"롭고 "우리의 마음속에 이상이 끝없이 펼쳐"지기에 그렇게 "은혜로운 이 땅", 대한민국을 영원히 사랑하겠다고 노래하던 이들, 이제 그들은 스크린 안에 자리 잡고 인류 공동의 번영과 세계 평화를 염원한다. 중산층의 세속적 욕망을 흡수했던 국민의 민족주의적 판타지가 한 차례 더 도약을 감행해 인류애 실현의 보편적 의지로 거듭나는 자리, 그러니까 "손에 손 잡고 벽을 넘어서", "서로서로 사랑하는 한마음"으로 "영원히 함께 살아가야 할 길"을 찾아 나서자고 다짐하는 자리가 그들의 차지다. 벅차오르는 감동에 그들의 눈시울은 붉어진다. 바로 여기에서 밀란 쿤데라Milan Kundera가 정의했던 두 방울의 키치적 눈물이 등장한다. 첫 번째 눈물이 그들에게 속삭인다. "정적 속에서 굴렁쇠를 굴리며 스타디움의 잔디밭을 달려가는 어린아이의 모습은 얼마나 아름다운가?" 그러고 나면 두 번째 눈물 차례다. "개막식 중계방송을 통해 저 아이를 바라보고 있는 모든 인류와 함께 감동하는 것은 또 얼마나 아름다운가?" 바로 이 두 번째 눈물 덕분에 "모든 인간 사이의 유대감"은 끝없이 팽창하고 광폭의 나르시시즘이 뜨겁게 작열한다.

V. 그리하여 신세대, 그리고 신도시

1980년대가 숨 가쁘게 지나갔고, 1990년대가 흥청망청 당도했다. 바로 이 시점에서 당신이 궁금한 것은 1970년대 중반부터 부모의 손에 이끌려 아파트로 이주했던 강남 2세대의 후일담일 것이다. 과연 나는 아감벤의 '장치'라는 개념이 뜻하는 바대로, 내 나름의 논리에 따라 완제품 형태의 주체를 만들어냈던 것일까? 1981년 초반 어느 미술가는 부엌 식기부터 가구, 전기 제품, 문방구에 이르기까지 국적 미상의 색상이 일상생활 깊숙이 침투한 것을 한탄하며 "지금 코흘리개 꼬마들"이 이런 색깔에 익숙해진다면 훗날 그들의 눈이 과연 어떤 색채 감각을 지니게 될 것인가, 하고 자문한 적이 있다.[30] 또 어떤 이들은 아파트의 콘크리트 숲에서 자연과 차단당한 채, 텔레비전 오락 프로그램을 보면서 대화하는 법을 배우며 성장하게 될 어린이의 감수성에 대한 근심을 늘어놓기도 했다.[31] 그렇다면 아파트의 아이들은 이후 어떤 모습으로 성장했을까?

1995년, 아마도 이 시간대쯤이면 강남 2세대의 후일담을 엿듣기에 안성맞춤일 것이다. 당신은 바로 이 지점에서 당시 문화 담론을 뜨겁게 달궜던 신세대 논쟁이나 영상 세대 논쟁을 기억해낼 수 있을 것이다. 문학평론가 김병익은 "동네 아이들과 냇가에서 고기잡이하며 자란 사람과 아파트의 방 안에서 혼자 전자 게임을 하며 자란 사람의 감수성과 기질이 같을 리가 없다"면서, 새로운 세대의 등장을 나와의 관계 속에서 주목한 바 있다.[32] 그리고 3년이 지난 후, 평론가 남진우는 1990년대에 등장한 몇몇 젊은 소설가의 작품을 정리하면서 '댄디적 인물'이라는 새로운 인간 유형의 등장에 주목했다. 댄디적 인물이란 경제적 여유가 가져다준 잉여인간으로서, "삶에 적응하지 못한 자의 고통스러움보다 삶과의 거리 유지를 통한 자아의 가공에 더 신경"을 쓰며, "다른 감각보다도 시지각이 더 발달한 조망적scopic 인간"으로서 "참여의 열정보다는 관조의 쾌락에 더 민감"하게 반응한다. 그들에겐 삶이란 초연한 자세로 감상해야 하는 일종의 구경거리다.[33]

그렇다면 김병익의 '아파트'와 남진우의 '댄디적 인물' 사이에 좀 더 정교한 연결 고리를 만들어보는 것은 어떨까? 가라타니 고진柄谷行人이 "근대문학의 종언"을 고하면서 인용했던 데이비드 리스먼David Riesman의 "타인 지향형"이라는 주체 유형은 유용한 분석의 프레임을 제공해준다. 리스먼은 사회심리적 관점에서 미국인의 성격 구조를 전통 지향형, 내부 지향형, 타인 지향형으로 구분한 뒤, 전후 미국 사회가 소비자본주의와 도시화의 흐름을 타고 빠르게 내부 지향형에서 타인 지향형으로 이동했다고 진단했다. 여기서 주목해야 할 것은 내부 지향형과 타인 지향형이다. 상징적 권위, 종교적 규범, 전통적 가치에 의지하는 전통 지향형과는 달리, 내부 지향형은 자신의 경험을 통해 나름의 가치 규범을 만들어내고 자율성을 갖춘 자아의 형식을 구성하려고 시도한다. 반면, 타인 지향형은 이 두 유형과는 매우 다르다. 일단 그들은 전통이나 내면의 가치 따위에는 무관심하다. 오히려 자신의 상상 속에 자리 잡은 "말과 이미지의 스크린"에 의지해 타인의 모습이나 행위를 탐지하고 그들의 눈치를 살피면서 자신의 정체성을 구성하려고 애쓴다. 타인으로부터 인정받고 싶다는 욕망이 그들에겐 생의 무한한 에너지 공급원이다. 그들의 뒤꽁무니에는 언제나 막연한 심리적 불안감이 매달려 있긴 하지만 어쩔 수 없다. 그것은 그들에겐 평생 함께해야 할 동반자나 다름없기 때문이다. 따라서 리스먼의 흥미로운 비유를 빌려와 두 유형의 차이를 요약하자면 다음과 같이 말할 수 있다. 내부 지향적 주체의 행동 방식은 자이로스코프와 유사하고, 타인 지향적 주체의 그것은 레이더와 비슷하다고 말이다.[34] 아마도 당신은 1990년대에 '신세대 문학'의 흐름과 함께 당도한 젊은 세대의 작품들, 특히 그중에서 강남과의 지리적 인접성을 드러냈던 작품들에 이 두 유형의 주체가 나와 어떤 관계를 맺으면서 각각 다른 모습으로 등장하는지를 어렵지 않게 발견해낼 수 있을 것이다. 긴 시간 동안 책장에 먼지가 쌓인 채로 방치되었던 시인 유하와 소설가 김영하의 책들, 이제 이 책들을 다시 집어 들 차례다.[35]

"강남의 땅값이 엄청나게 오를 거라는 엄마"[36]의 기대 때문에 1978년에 말죽거리로 이사했던 1963년생 유하. 그가 내세운 시적 화자의 유년기와 청년기는 욕망의 허기를 다스리기 위해 만화방, 동시상영관, 세운상가를 들락거리며 집어삼킨 취향의 목록들로 빼곡하다. "박통 시절, 박 터지던 프로레슬링", "경인의 용가리 닭가리 / 임창의 땡이 시리즈", "동남 샤프 흑백 티브이의 철인 28호", "사랑의 스잔나 진추하", "꿈속의 소니 카세트", "화신극장의 쇼걸", "해적판 레코드 위에서 희미하게 광란하는 기타리스트", "8미리 에로티카 문화영화", "포르노의 여왕 세카", "펜트하우스와 수지 콰트로" 등등. 여전히 고저의 이분법이라는 취향의 잣대가 위력을 발휘하던 1970년대와

1980년대, 대중문화는 아직 제 이름을 갖지 못한 채 '키치'라는 음침한 이름으로 불리며 낮은 포복 중이었고, 유하의 화자는 남몰래 "쓰레기의 이름들로 붐비는 지하 도서관"을 헤매며 관음과 외설과 음란의 몽타주 이미지들을 게걸스럽게 집어삼켰다.

이제 1990년대 초반, 대중문화의 시대가 활짝 열리자 이 화자는 흐벅진 허벅지들을 훔쳐보기 위해 바람 부는 날이면 압구정동으로 향하겠다고 선언한다. 그런데 3호선 압구정 지하철역의 자동 개찰구가 앞을 가로막는다. 유하의 화자는 "투입구의 좁은 문으로 몸을 막 우겨" 넣으려고 하지만 진입에 실패하고 만다. 그의 "와꾸"가 압구정동이 요구하는 기준치에 턱없이 못 미치기 때문이다. 욕망의 무정부 상태였던 세운상가에서 체득했던 협잡의 기술은 여기에서 통하지 않는다. "리차드 기어 같은 샤프한 이미지"의 외모를 만들고 "세 겹 주름 바지와 니트, 주윤발 코트, 장군의 아들 중절모, 목걸이 등의 의류 액세서리"를 구비한 뒤 "강력 무쓰를 이용한 소방차나 맥가이버 헤어스타일"로 꾸미고 스쿠프나 엑셀 GLSi의 핸들을 잡을 것. 유하의 화자는 이런 조건을 충족시켜야 압구정동의 좁은 문을 통과할 수 있다고 너스레를 떤다. "차림새의 빈부 격차가 사라"진 이 "패션의 사회주의 낙원"에서 그는 "간지가 안 나"오는 국외자일 뿐이다. 그런데 진정 그가 압구정동 진입에 실패하는 원인이 외부가 아니라 오히려 내부에 있었던 것이 아닐까? 조금 더 시간을 거슬러 올라가보자. 말죽거리에서 보낸 고교 시절, 그의 시적 화자는 "이 땅의 육체가 문득 족쇄처럼 / 느껴질 때, 키치의 날개를 퍼득이며 말죽거리, 세운상가를 지나 태평양을 가로질"렀다가, 결국엔 말죽거리의 울타리 속으로 되돌아왔다. 그가 저주했던 이 "뿌리 깊은 귀소본능"은 약간 다른 방식으로 변조된 채 1990년대 초반의 압구정동에서도 되풀이된다. 그는 밀항하듯이 압구정동에 잠입한 뒤 "한양쇼핑센타 현대백화점 네거리에 떡하니 결가부좌 틀고 앉아 / 온갖 심혜진 최진실 강수지 같은 황홀한 종아리를 뚫어져라 바라보"다가도, "배나무숲을 노루처럼 질주하던 원두막지기의 딸", "배나무들을 뿌리채 갈아엎던 불도저를 괴물 아가리라 부르던" 그 단발머리 소녀의 "눈부시던 구릿빛 종아리"를 떠올린다. 그의 관음증적 쾌락은 거의 언제나 조건반사적으로, 철거당한 원주민들의 기억을 이끌고 나온다. "토박이 새들은 양아치가 되어 성남방면으로 쫓겨 갔고 / 압구정 배나무골 올빼미란 녀석은 여자 친구의 나체 / 사진을 팔아 퇴학의 크리스마스를 보냈"던 강남 초기의 살풍경이 거기에 있다.

그러니 문제는 외부가 아니라 내부다. 그를 가로막아선 것은 자동개찰구의 국화빵 통과 제의가 아니라, 그의 무의식 어딘가에 탑재되어 있는 죄의식의 자이로스코프다. "어두운 욕망의 벌집이 웅웅"대기 시작하면, 자이로스코프가 "띠-소리와 함께 거부반응을 일으키"는 것이다. 그리고 그 소리에 깜짝 놀란 그는 그때마다 자신을 "구정물의 수력 발전소 / 난지도를 불사른 후의 에너지"라고 자책하며, "모든 형태의 마음들이 떠나버린", 비어 있음으로 "늘 충만한 침묵의 집터"로 향하거나, 유년기 이후 농경문화에 대한 원형적 기억의 공간으로 남아 있는 하나대를 그리워한다. 그래서 그의 여정은 거의 언제나 "원위치의 기억을 내장한 고무줄의 안전한 모험"이다. 욕망의 원심력과 죄의식의 구심력이 만들어내는 힘의 기묘한 균형 상태. 유하의 시적 화자는 그 상태에서 마음의 평정을 구하며, 자포자기한 낙오자의 말장난처럼 실패가 예정된 모험담을 써내려간다.

반면, 1968년생으로 1980년대 초 잠실아파트 단지에 진입했던 김영하가 창조한 소설 속 주인공들은 유하의 시적 화자처럼 유년기의 기억을 들먹일 만큼 촌스럽지 않다. 그들은 도시적 감수성으로 충만한 시선의 소유자들이며, 그 시선의 향방에 따라 욕망의 분출 경로를 정확하게 작도할 줄 아는 쾌락의 기술자들이다. 일단 **그들은** 순도 높은 쾌락을 추출하기 위해 자신의 시선이 가닿는 소실점 위에 욕망의 대상을 올려놓는 데 익숙하다. 물론 **그들은** 그 대상에 직접 가닿는 것이 불가능하다는 사실을 잘 알고 있다. "기차의 레일이 합쳐지는 지점"이자 "원근법의 논리적 종착점"인 소실점은 "현실에서는 불가능한, 이론상으로만 가능한 지점"이기 때문이다. **그들은** 몇 번의 시행착오 끝에 그 사실을 확인하고선 쓸쓸해하지만 이내 다른 방법을 고안해낸다. 그 방법이란 소실점이 내 시선이 도달해야 하는 지점이자 욕망의 대상이 나를 바라보는 시선이 시작되는 지점이라고 상상하는 것, 그러니까 내가 보는 것이 나를 본다고 상상하는 것이다. 그러니 나는 내가 보는 것에 직접 도달할 필요가 없다. 나의 시선과 타인의 응시가 교차하는 지점, 바로 그곳에서라면 나는 "눈을 반쯤 감은 채 그이의 시선을 즐"길 수 있다. 물론 이때 '나'는 욕망의 대상이 바라보는 가설무대 위에서 연기하는 데 익숙해야 하며, 자신이 어떻게 서 있어야 가장 아름다울 수 있는지 명확히 아는 사람의 자세를 취할 줄 알아야 한다. 시선과 응시의 교환이 빚어내는 욕망의 경제, 그리고 그것이 "현실과 상상 사이의 경계" 위에 구축한 나르시시즘의 성채, 그 안에서.

나는 안전할 수도 있었고, 안전하지 않을 수도 있었다. 나는 그런 경계가 좋다. (……) 나는 가끔 현실을 상상이라 생각하기도 하고, 상상을 현실이라 믿고 살기도 했다. 그렇다 해도 그 혼동이 심각한 문제를 야기한 적은 없었다. 마치 영화를 보듯, 나는 내가 구성한 그 상상의 세계를 제한된 시간 동안 탐험한다.[37]

결국 그들은 자신을 바라보는 사람들의 시선을 상상의 레이더로 포착하는 데 능숙하며, 그 시선의 소실점 위에 자신의 나르시시즘적 욕망을 투하하느라 고군분투한다. 종종 자신의 원근법과 그녀의 원근법이 서로 어긋나는 탓에 신파의 연애극이 거듭 반복되긴 하지만, 오히려 그들은 그 어긋남으로부터도 한 줌의 쾌락을 쥐어짜내려고 새로운 게임의 규칙을 창안해낼 태세다. 그들은 실패를 알지 못한다.

위와 같은 맥락에서 유하의 시적 화자와 김영하의 소설 속 주인공들, 양자의 특성을 정리하자면, 전자는 댄디를 부러워하며 그를 흉내내려고 연기하지만 결국엔 부작용에 시달리고 마는 내부 지향적 주체인 반면, 후자는 댄디의 유희적인 삶을 만끽하는 방법을 본능적으로 터득한 타인 지향적 주체다. 물론 이런 차이는 생물학적 연령대의 차이, 그리고 그로 인한 나와의 첫 조우 시기와 접촉 기간의 상이함에서 비롯된 것이기도 하다. 어찌 되었든, 당신은 아파트의 코흘리개 꼬마들이 이 두 유형의 인물 중 어떤 모습으로 1990년대를 맞이했는지 잘 알고 있다. "그 사람 집이 그 사람 머릿속"[38]이라는 명제가 실현되었던 것일까? 거실의 프레임은 그들의 내면에서 "말과 이미지의 레이더 스크린"으로 자연스럽게 진화했고, 그들은 20대의 문턱을 넘어선 뒤 이 레이더 스크린을 본격적으로 가동시켰다. 내 품 안에서 자라난 소비사회의 새로운 인간형들이 등장했던 것이다. 시인 김정환의 표현대로, "안간힘이나 유난스럽지 않고, 자연스럽고 멀쩡"한 표정으로.

그리고 바로 그 시점은 내가 확산의 티핑 포인트tipping point를 넘어서는 데 만족하지 않고 재생산의 모델로서 검증을 마친 시점이기도 했다. 나는 더 이상 강남에만 귀속된 존재가 아니었다. 이미 1980년대에 설계자들은 개포 지구, 목동 지구, 상계·중계 지구, 과천 신도시를 대규모 아파트 단지로 뒤바꿔놓은 바 있다. 1980년 기준 56.1퍼센트에 불과했던 서울의 저조한 주택 보급률이 강박처럼 작용했던 탓일까? 더 이상 매립할 한강 주변의 백사장과 갈대숲이 사라지자 설계자들은 택지개발촉진법을 제정했다. 그 덕분에 설계자의 불도저들이 택지 조성을 위해 개인 소유의 땅을 강제로 수용할 수 있는 막강한 권한을 부여받았고, 거침없이 동네 야산과 논과 밭을 휩쓸고 지나갔다. 그리고 그 자리엔 어김없이 강남의 유전자를 물려받은 아파트들이 들어섰다. '생산'이 아니라 '재생산'이 문제의 핵심으로 대두되는 시점이었다.

대학 진학 이후 10년 넘게 서울에서 살아온 1952년생 전북 출신의 어느 기자는 이 시점에 자기 세대의 월급쟁이들의 서울 이주 경로가 "마치 공식과도 같은 큰 흐름 하나"로 정리될 수 있다며 다음과 같이 말한다. "곧 직장을 잡고 막 혼인해서 새살림을 차린 사람들이 그 첫 살림을 시작하는 곳은 대체로 직장이 있는 도시 지역에 가까운 곳, 이를테면 서울의 중간 지역에 드는 서대문구, 마포구, 성동구, 동대문구, 성북구에 있는 셋방이나 전셋집"이다. 이곳에서 살다가 전셋값에 보탤 돈이 생기면, 인천, 성남, 광명, 의정부 등지의 서울 외곽 도시에 새로 지은 소형 평형대의 아파트나, 강서구와 같은 서울 변두리 지역의 단독주택을 사들인다. "제 집의 대문에 제 이름이 박힌 문패를 다는 기쁨"도 잠시뿐, 이내 그 기쁨은 "비좁음이나 불편함에서 오는 불만"으로 변모한다. 이때쯤이면 "처신이나 능력에 별 탈이 없는 바에야, 직장 내의 직위도 얼마쯤 올라 있기 마련"이며, 제미니나 포니 같은 소형 승용차 정도를 자가용으로 굴릴 수 있게 된다. 이 시점에 많은 이가 강남 입성을 꿈꾸지만, 아직 희망 사항에 불과하다. 여기에 이들의 중간 기착지로 등장하는 것이 바로 목동 신시가지의 아파트다. 그곳에서 그들은 숨을 고르며 다음 단계로의 도약을 준비한다. 그리고 그들이 직장에서 승진을 거듭해 자신의 소형 승용차를 레코드나 피아트 정도의 고급 대형 승용차로 바꿀 때 즈음, 그들의 꿈은 어렵지 않게 실현된다.[39]

이 시기, 설계자들은 나를 중심으로 한 신시가지 건설이 특정 세대의 이주 경로를 공식화하며 중산층을 재생산하기 시작했다는 점에서 자신들이 거둔 엄청난 성공에 들떠 있었다. 그들은 거주자의 연령대와 직업, 집의 위치와 평수, 그리고 자가용의 배기량이 서로 밀접한 상관관계를 맺고 있다는 사실에 흡족해했지만, 그렇다고 내가 지닌 인간 개조의 역량까지 확신하고 있었던 것은 아니었다. 실제로 그들 중 일부는 나를 그저 주택 보급률을 높이기 위한 물량 공세의 수단 정도로 간주하려는 입장을 내비치기도 했다. 검증을 위해서는 좀 더 시간이 필요했다. 설계자들 사이에서 내 능력에 대한 의구심이 사라진 것은 1990년대 중반 이후였다. 1980년대 후반, 3저 호황이 가져온 고성장의 신화는 시중의 유동자금을 증가시켜 주가와 더불어 부동산 가격의 상승을 부추기고 있었다. 특히 가파른 상승 그래프를 그리던 아파트 가격의 폭등세는 중산층으로의 진입을 가로막는 장애물로 기능했다. 그로 인한 피해는 1955년 이후 출생해 이제 막 내 집 마련을 준비하고 있던 베이비 붐 세대의 몫이었다. 실제로 1987년의 6·29 선언으로 봉합되었던 사회적 갈등이 "집이 있는 계층과 없는 계층", 그리고 베이비 붐 이전 세대와 이후 세대로 확산될 조짐을 보였다. 주택 문제 해결이 초미의 국가 현안 과제로 대두되는 가운데, 주택 200만 호 건설, 그리고 그 주축이었던 분당, 일산, 평촌, 중동, 산본 일대의 신도시 개발에 대한 이야기가 들려왔다.

실제로 분당, 일산, 평촌, 중동, 산본 등의 신도시에 입주가 시작되고 얼마간의 시간이 지나자 설계자들은 내가 거주의 모델일 뿐만 아니라 감각의 모델이며 사고의 모델이라는 사실, 즉 서두에서 언급한 '장치'라는 사실을 인정하게 되었다. 그들은 신도시에 입주한 베이비 붐 세대, 그리고 그 뒤를 이은 반골의 386세대가 빠르지 않은 속도로, 그러나 멈춰 서지 않은 채 정치적으로 보수화되는 과정을 직접 목격했다. 강남에선 한창 1970년대생 신세대들이 대중문화의 열기에 휩싸여 청춘의 시간을 소모하던 이 시기, 신도시의 아파트 거주자들은 매일 출근길에 동네 부동산의 창유리에 나붙은 평형대별 매매가 전단을 볼 때마다 우측으로 10센티미터씩 자신의 정치적 입장을 이동시켰다. 180만 원대의 평당 분양가가 안겨다준 자산의 증가분, 즉 실거래가와 분양가의 차액은 그들의 욕망이 활활 타오르게 만드는 불쏘시개용 장작이나 다름없었다.

이런 맥락에서 어느 보수적인 사회학자는 이 시기 수도권 신도시에 세워진 대규모 아파트 단지의 출현을 한국 사회의 정치적인 변곡점으로 주목한 바 있다. 이 도시의 아파트 거주자들 상당수는 1987년 직선제 개헌을 추동한 민주화 투쟁에 적극적으로 참여한 바 있었다. 하지만 이후 노동자 대투쟁이 가속화되면서 점점 급진적 정치 이념으로부터 등을 돌린 채 "한국 사회의 이념적 좌경화를 막는 결정적인 방파제 역할"을 떠맡기 시작했다. 그 사회학자의 표현을 빌리자면, "그들은 처음에는 민주화의 견인차 역할을, 그다음에는 파수꾼 역할을 수행했다." 아파트 구입을 전후로 그들의 사회적 역할은 완연히 다른 모양새를 취했던 것이다. 사실 어느 세대든지 젊은 중산층이 나이를 더해가면서 기존 체제에 포섭되는 과정은 그리 새로운 것이 아니다. 그럼에도 위의 주장에는 신선한 대목이 있는데, 정치적 입장의 극적인 선회를 추동한 '반혁명'의 매개체로, 그리고 사회적 불만의 뇌관을 제거하고 공화국의 안위를 도모하는 궁극의 정치적 해결안으로 나를 지목했다는 사실이다.[40] 확실히 그는 내가 성취한 바를 정확히 인식하고 있다. 여기서 만일 당신이 나를 구상하는 데 초석이 된 '군사적 시선'의 존재를 기억해낸다면, 그는 카를 폰 클라우제비츠Carl von Clausewitz의 경구에 약간의 허풍을 가미해 다음과 같이 말할 수도 있을 것이다. "아파트는 다른 수단에 의한 정치의 지속이다"라고 말이다.

이 모든 것이 좀 더 분명해진 것은 신도시의 아이들이 근방의 학원가 일대에 쏟아져 나오던 시점이었다. 그 아이들의 아버지 세대에 속하는 어느 시인은 대학생 시절 동부이촌동 강변아파트에 과외 하러 들렀다가 그 집 화장실의 양변기에서 "문명의 쇼꾸"를 체험했다고 고백한 바 있다. 그의 표현을 빌리자면, "의자에 버젓이 앉아서 똥을 눈다는 것은 어둡고 편한 자궁 같은 재래식 변소에서 태아처럼 쭈그리고 앉아서 누는 그때까지의 나의 생리적인 체위에 일대 충격을 가했"[41]던 것이다. 그런데 아들 세대에 오면, 양변기의 경험은 미묘한 방식으로 변형된다. 단짝 친구의 생일파티에 초대되어 이웃 단지의 47평짜리 아파트에 방문했던 어느 소년은 그 집 화장실에서 이상한 장면을 목격한다. 22평짜리 자신의 집에서는 "콰, 하는 소음과 함께 맹렬한 소용돌이가 변기를 훑어 내리는데" 친구의 집에서는 "스와, 하는 부드러운 소리와 함께 잔잔히 맴을 돈 물이 변기를 빠져나가는" 것이었다. 22평과 47평의 차이를 시청각적인 형태로 연출하는 양변기. 그 앞에서 소년은 묘한 기분에 빠져든다. 그리고 귀에서 떠나지 않던 그 소리, '스와'를 몇 번이고 반복한 뒤, '우와' 하고 낮은 탄성을 지른다. 너무 일찍, 그리고 지나치게 일상적으로 이런 유의 경험에 노출되었기 때문일까? 아파트 단지의 소년들은 "평수를 기준으로 뭉쳐" 논다. 물론 그들의 엄마들도 마찬가지다. "함께 시장을 보고, 정보를 교환하고, 머리를 하고, 사우나를 가고, 전화기를 붙들면 기본이 두 시간"이다. 아이들도 "비슷한 옷을 입고, 같은 학습지를 신청하고, 줄곧 같은 학원을 다니고, 우르르 몰려가 같은 병원에서 포경수술을 받는다."[42] 그렇게 그들은 강남의 첫 입주 세대와 마찬가지로 내가 마련한 독특한 구별 짓기의 알고리즘을 내면화하고 있었던 것이다. 아마도 몇 년 뒤면, 양변기 앞의 소년들 역시 내가 구축해놓은 감각의 생산양식을 통해 특정한 시각성의 논리를 완전히 체화한 뒤 김영하의 소설 주인공을 닮은 표정으로 대학 근처의 유흥가를 떠돌 것이다.

이 지점에 도달하면 앞서 패러디의 대상이었던 클라우제비츠의 경구는 더 이상 농담처럼 들리지 않을 것이다. 실제로 나는 전통적인 정치의 지형 바깥에서, 그러니까 국가의 물리력과 이데올로기 그리고 대의제 형식 절차 등과는 전혀 다른 물질적 경로를 통해 동원될 수 있는 권력의 원천으로서 제구실을 행하고 있었던 것이다. 그제야 설계자들은 자신들의 본래 의도가 드디어 실현되었음을, 그러니까 내가 인간 개조의 생체정치학적 프로그램을 완비한 정치적 보수화의 전초기지로 완성되었음을 확신할 수 있었다. 따라서 전 국토의 아파트화가 그들의 다음 목표가 된 것은 당연한 귀결이었다.

하지만 그들이 간과한 점도 있었다. 그들은 신도시 건설을 거치면서 내 능력을 신임하게 되었지만, 나 역시 예전의 내가 아니었다. 나또한 변했다. 나는 도시 규모의 사회를 직접 조형할 수 있는 역량을 갖춘 비인간-행위자로 환골탈태했고, 이전에는 상상할 수도 없었던 질문들을 되뇌기 시작했다. 설계자와의 힘의 관계가 역전될 수 있는 상황에서 내가 굳이 그들의 명령에 따라 움직여야 할 이유는 무엇인가? 그들은 여전히 나의 대변인인 양 행세하려 들겠지만, 내가 그들의 입을 빌려 말해야 할 필요가 있는 것인가? 결국 나는 설계자들의 의도를 넘어서기로 결심했다. 그리고 조용히 숨을 죽인 채 인간이 아니라 나 자신에게 최적화된 세계를 상상하며 기회가 오길 기다렸다. 나는 내 몽상이 직조해낸 세계를 '콘크리트 유토피아'라고 이름 붙였다.

VI. 결국은, 포스트 강남

물질의 마법에 힘입은 거침없는 상승과 화려한 변신의 통과의례, 이것이야말로 내가 당신들에게 매혹의 요체이자 기복祈福의 둥지로 군림할 수 있는 이유일 것이다. 아마도 당신들은 나보다 더 세속화된 종교적 열정의 대상을 알지 못할 것이다. 하지만 나는 이미 거기에 만족할 수 없는 존재로 거듭나 있었다. 비록 내 몸은 창백하고 보잘것없는 콘크리트였지만, 내 야심은 그렇지 않았다. 그리고…… 나는 의도치 않게 나의 꿈, 나의 세계, '콘크리트 유토피아'를 실현할 기회를 잡왔다. 그동안 내 발목을 잡고 있던 족쇄, 분양가상한제가 IMF 외환위기를 거치며 무력화되었다. 이른바 분양가 자율화의 시대가 온 것이다. 나는 포스트 강남 시대를 준비하기 위해 강남 이남의 땅으로 대장정을 떠났다. 내 생의 동반자들, 즉 당시 은퇴를 앞두고 있던 1940년대 출생 세대, 그리고 그들을 추종하는 후발 세대의 강남 거주자들을 이끌고 말이다.[43]

그 이후의 이야기는 당신들도 잘 알고 있을 것이다. '바이코리아'와 닷컴 버블부터 신용카드 위기 사태를 거쳐 아파트 가격의 미친 폭등세까지, 이른바 '투기적 과열 상태'의 3부작이 새로운 밀레니엄의 문을 열었고, 나는 그 뜨거운 이상 열기를 온몸으로 흡수하며 나의 고향 강남으로 다시 화려하게 복귀했다. 그곳에서는 아파트의 파괴와 건설을 통해 개발의 이윤을 착취하려고 혈안이 된 건설 자본, 칙칙한 노동의 땀 냄새를 지워낸 후 번지르르하게 '디자인 서울'의 뉴타운을 세우려는 행정 권력, 그리고 삶의 기대를 한 평이라도 더 넓히려는 자칭 중산층이 안달이 난 듯 서로 뒤엉킨 채 욕망의 아비규환을 연출하고 있었다. 그들의 이해관계를 조정하기 위해 내가 앞에 나설 수밖에 없는 상황이었다. 나는 용인 등지에서 진행한 실험 결과를 컴퓨터그래픽 조감도의 형식으로 가시화한 뒤, 재건축과 주상복합 아파트가 결합된 포스트 강남의 비전을 제시했다. 그들은 자신의 욕망이 탐욕으로 변모하는 지점에서 내가 제시한 시선으로 자신의 미래를 바라보았다. 나는 행복한 표정을 짓는 그들을 바라보면서 '콘크리트 유토피아'가 바로 그들의 미소 속에 이미 거하고 있음을 확인할 수 있었다.

8장 신도시 개발 이후 주택의 의미 변화와 사회적 경계 형성

: 분당 신도시를 중심으로

서대승

I. 서론 및 문제 제기

강남 개발로 인한 서울의 부동산 가격 폭등은 강남구 일대를 '비싸고 좋은'이라는 형용사적 의미를 포괄하는 '강남'이라는 고유명사로 뒤바꾸어놓았다. 1992년에 접어들면서 흥미로운 기사들이 발견되기 시작한다. 한창 건설 중인 다섯 개 신도시 중에서 특히 분당을 지칭하는 새로운 용어가 등장하기 시작한 것이다. "盆唐(분당) 제2江南(강남) 꿈이 영근다"[1] 혹은 "'꿈의 신도시' '제2의 강남' 盆唐(분당)"[2]처럼 '제2의 강남'이라는 용어가 나타난다. 이는 당시 한국 사회에서 '비싸고 (무언가) 좋은 것들이 모여 있는 공간'으로 인식되는 강남구가 '제2의 강남'이라는 용어로 확대 재생산되기 시작한 최초의 지점이라고 볼 수 있기에 그 까닭이 궁금해지지 않을 수 없다.

국내의 한 연구를 참고하자면, "분당에 산다는 사실만으로도 단지 '경제적으로 잘산다'는 것만이 아니라 '잘살면서 주류에 소속되어 있으면서 정말로 참하게 살고 스마트하게 산다'는 것을 표현할 수[3] 있게 되었다는 점과, 분당에 거주하는 사람들은 성남시가 아니라 분당에 산다고 답하는 경우가 95퍼센트에 육박하는 것[4]을 알 수 있다. 이와 같은 '분당'이라는 고유명사의 기원은 대체 어디서부터 추적할 수 있을까? 분당 신도시 거주자들이 모두 '잘살기 때문'일까? 그러나 분당 신도시의 평균 평형(30.6평)이 당시 서울시의 평균 평형(27.8평)보다 높다고 할지라도 임대주택 역시 엄연히 있었다는 점[5]과 분당 신도시 거주자들의 자가 점유 비율 역시 다른 신도시와 크게 다르지 않다는 점(분당 54퍼센트, 일산 57퍼센트, 평촌 57퍼센트)[6]은 분당이 '제2의 강남'으로 표상되는 방식을 거주자들로부터 연원하는 것으로 보기 힘들다는 점을 나타낸다. 도리어 성남시에 소속된 세 개의 행정구 중 하나에 불과한 성남시 분당구의 거주자들이 "성남시 분당구가 아니라 분당에 산다"고 답하는 비율에서 볼 수 있듯이, 거주자들의 수준을 넘어서는 상징적인 차원에서 나타나는 것으로 볼 필요가 있다. 따라서 '성남시 분당구'가 아니라 '분당'이 별개의 공간으로 표상되기 시작하는 까닭에 질문을 던져야 하며, 그 과정에서 '제2의 강남'이라는 언표가 어떠한 역할을 수행했는지 살펴봐야 한다.

우선 분당 신도시와 기존의 도시개발이 어떻게 구별되는지 살펴보도록 하자. 과거에는 도시를 특정한 경제적 조건에 부합하는 방식으로 계획하는 것이 일반적이었다. 1960년대에 추진된 울산, 포항과 같은 공업도시는 특정 산업과 이에 부합하는 직업 종사자를 대상으로 하는 주거 단지의 조성으로 요약될 수 있다. 한편, 1970년대의 개발사는 1975년 서울시 철거민을 강제로 서울 외곽의 성남 지역으로 이주시킨다던가, 1973년 구미, 1977년 창원, 안산, 1979년 과천, 1984년 대덕과 같은 특정 산업 혹은 특정 기능을 이전시키고 육성하기 위한 목표로서 도시를 조성했다.[7] 즉, 분당 신도시가 계획된 1989년 이전에는 '주거를 목적으로 하는' 도시 건설은 항시 부차적이었으며, 명확한 기준조차 설정되지 않았음[8]을 알 수 있다.

또한 기존의 도시들은 '산업도시'라는 언표 이외에는 다른 특정한 상징으로 표상되는 경우가 없었다. 다만, 당시의 격렬했던 사회적·정치적 갈등을 반영하듯이 〈산업도시 포항 노동문학 활발하다〉[9]와 같은 일간지 기사를 통해 산업도시들이 갈등의 공간으로 표상되었다는 단편들만을 발견할 수 있을 뿐이다. 그러나 1989년의 신도시 개발, 특히 분당 신도시의 개발과 함께 새로운 언표들이 등장하기 시작한다. '제2의 강남'이라는 언표로 지칭되던 분당은 더 나아가 "龍仁(용인) 수지지구 '제2盆唐(분당)' 각광"[10] 등으로 스스로의 모사품까지 만들게 된다. 즉, '강남'에서 '제2의 강남'인 분당, 그리고 '분당 생활권' 및 '제2의 분당'이라는 용어까지 등장하게 되었다는 점은 다른 신도시들이 이와 같은 언표의 확대 재생산을 달성하지 못했다는 점을 고려해볼 때, 분당이 '강남의 모사품'에서 그치지 않았다는 점을 암시해준다. 또한 주거 도시를 표상할 때 특정한 상징을 어떻게 전유하느냐가 곧 한국 사회에서 매우 중요해졌음을 암시해준다. 그렇다면 이와 같은 각종 상징들의 범람과 그것들의 모사품이 생산되는 양상은 과연 무엇을 의미하는 것일까?

Ⅱ. 주택의 의미 개념화하기

기존의 도시 연구는 크게 2가지 접근 방식으로 요약된다. 우선 도시에 대한 데이비드 하비David Harvey의 정치경제학적 접근 방식이 있다. 이 접근 방식은 자본의 과잉 축적 해소를 위한 '공간적 조정Spatial Fix'의 일환으로 건조 환경이 등장하며, 이는 점증하는 자본의 이동성과 대립하게 된다고 설명한다. 즉, 신도시 개발은 경제적 위기를 지연시키기 위한 자본 순환의 산물로 볼 수 있으며, "건조 환경의 공간적 고정성, 즉 비유동성과 금융 자본의 공간적 팽창성, 즉 유동성 간의 모순은 부동산시장의 취약성과 위기를 유발"[11]한다고 본다. 그러나 이와 같은 접근 방식은 주택이 한국 사회에서 갖는 의미를 부차적인 요소로 간주한다. 가령, "소비를 통해 사회적 지위를 얻고자 하는 수요가 많아지면서 핵심적인 도시경관이 독특한 소비를 따라 다시 만들어지게 되었다"[12]는 언급에서 보듯이 도시 혹은 주택의 상징적인 의미 추적에는 상대적으로 무관심하다고 볼 수 있다. 그러므로 이 접근 방식은 대부분 신도시 개발이 등장하게 된 정치경제적 원인만을 추적하고, 도시의 소비경관 및 도시의 상징적 의미 등은 설명에서 빠지게 되며, 분당 신도시는 "개발의 전 과정이 국가-자본-중산층의 공모에 의해 진행"[13]된 산물로만 인식될 여지가 크다.

두 번째로 도시 공간의 의미 해석 중심의 접근 방식이 있다. 이 접근 방식의 기본적인 논리는 '장소, 정체성, 기호, 상징, 주체' 등의 용어로 공간에 접근하는 방식인데, 이는 중산층 도시로 상징화되는 분당 신도시를 중간 소득 이상의 계층이 모여 사는 것 이상의 '상징적인 의미'를 지닌 실체로 접근해볼 수 있도록 돕는다. 이 접근 방식은 주로 분당 거주 주부들의 정체성에 대한 경험 연구에 기여하는데, 분당 거주 주부들의 배타적인 구별 짓기와 같은 행동 양식을 연구 대상으로 삼기에 유효하다고 볼 수 있다. 그러나 이는 결국 '중산층 도시에서의 구별 짓기와 같은 배타성의 원인은 도시의 거주자들 대부분이 중산층이기 때문'이라는 논리로 소급될 여지가 크다. 즉, 분당 신도시가 중산층 도시 혹은 제2의 강남으로 표상되는 까닭은 도리어 거주자의 소득이나 의식 차원을 넘어서는 문제, 가령 "분당에 산다는 사실만으로도 단지 '경제적으로 잘산다'는 것만이 아니라 '잘살면서 주류에 소속되어 있으면서 정말로 참하게 살고 스마트하게 산다'는 것을 표현할 수"[14] 있게 되었다는 점에 초점을 맞출 필요가 있다.

따라서 이 글에서는 도시의 물리적인 조건 및 상징적인 의미 어느 쪽으로도 소급되지 않도록 하비의 자본순환론과 르페브르의 공간생산론을 조나단 닛잔Jonathan Nitzan과 심숀 비클러Shimshon Bichler의 자본화 과정[15]과 결합시켜 개념화해볼 것이다. 즉, 어느 도시, 장소, 주택에 거주하는 것 그 자체가 '얼마나 살기 좋은가'라는 기준을 중심으로 화폐적 가치로 수량화될 수 있다는 믿음이 등장하게 된 배경을 살펴볼 것이다. 여기까지 살펴본 공간의 3가지 층위에 대한 이론적 접근법을 고려하여 다음과 같이 분석틀을 구성해보고자 한다.

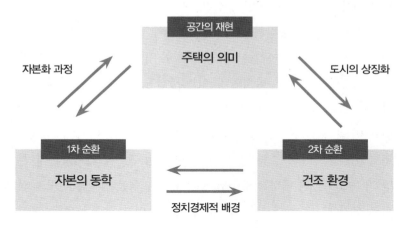

[그림 8-1] 주택의 의미 개념화하기

Ⅲ. 1980년대 주택의 의미와 주거 문제의 정치적·경제적 배경

한국의 경제성장을 언급할 때 빠질 수 없는 용어는 '압축성장'이라고 볼 수 있는데, 이는 "1960년대에 불과 80달러 선에 머물던 1인당 총생산액이 1997년에 이르러 1만 달러에 육박"[16]했다는 점을 굳이 거론하지 않더라도 쉽게 동의할 수 있을 것이다. 그러나 사실 압축성장이라는 용어의 의미는 각종 경제지표와 제조업·서비스 직군 종사자의 비율 변동에서보다 전 세계적으로 유례없는 도시화율을 통해 더 잘 드러난다고 볼 수 있다. "1960년대와 1985년 도시와 농촌의 인구비는 대략 3 대 7에서 7 대 3으로 역전된다. 전 세계의 도시화율이 1960-1975년 2.91, 1970-1975년 2.84, 1975-1980년 2.93인 데 비해 한국은 각각 4.86, 6.45, 5.37, 4.89로 배 이상의 성장률을 보여왔다"[17]는 점에서 보듯이 한국의 압축성장이 '급격한 도시화율'을 산출했다고 볼 수 있을 것이다. 또한 88올림픽을 전후해 이루어진 재개발은 역설적으로 서울시의 주택 보급률을 극도로 악화시켰다. "1988년 6월 2일 밝힌 건설부의 '주택 현황 조사'에 따르면, 지난해에 24만 4천여 호의 주택을 신축했으나 39퍼센트에 해당하는 9만 5천여 호의 기존 주택을 헐어내어 주택 보급율이 1986년보다 오히려 0.5퍼센트나 떨어진 69.2퍼센트를 기록했다"[18]는 보고에서 알 수 있듯이, 1980년대 후반 서울시의 주택은 항상 과부족에 시달리고 있었다.

더군다나 주택 가격과 전셋값도 역시 급등하고 있었다. "주택 가격은 1981년을 기준으로 할 때, 서울이 1983년까지 40.6퍼센트가 오른 후 1987년까지는 정체 상태에 있었고, 5개 직할시는 1983년까지

7.9퍼센트가 오른 후 꾸준히 상승하여 1987년에는 25퍼센트까지 오르고 있었다. 전 도시 평균은 거의 변함이 없었기 때문에 지방 도시는 사실상 주택 가격이 하향 안정세에 있었다고 할 수 있었다. 그러나 매매가격에 비해 전세 가격은 전국적으로 급등했다. 역시 1981년을 기준으로 할 때, 전세 가격은 서울이 1983년까지 26.5퍼센트, 1985년까지 69.5퍼센트, 1987년까지 108.4퍼센트, 즉 1981년의 배로 급속히 오르고 있었다."[19] 게다가 "1960년 이래 자가 거주율은 계속 하락하여 1985년과 1990년 사이에는 전 가구의 반이 전세 또는 월세 주택에 살고 있었다. 당시는 장기 공공임대주택이 거의 전무했기 때문에 이들은 대부분 임차권이 제대로 보장되지 않는 개인 주택에 세를 얻어 살았다고 볼 수 있다."[20]

이러한, 주택 보급을 둘러싼 경제적·정치적 배경 속에서 1989년 4월경에 5개 지역을 중심으로 한 신도시 개발계획이 발표되었다. 1989년 이전의 신도시 개발과 1989년 이후의 개발은 토지를 매수하고 개발하는 방식에서 차이가 있다. 1989년 이전의 신도시는 국가가 토지를 전면 매수하고 공영개발하는 게 주된 흐름이었다면, 1989년 이후의 신도시들은 '합동 개발 형식'을 띠게 된다. 기존의 전면 매수 및 공영개발로 인해 토지 소유자와 국가 간에 적정 가격 설정을 둘러싼 대립을 야기했으므로 '택지 선분양 방식'의 자금 조달로 선회한 결과로 볼 수 있다.

Ⅳ. 신도시 개발 전후 주택의 사회적 의미 변화

그렇다면 과연 신도시 개발 전후 주택의 의미는 어떻게 변화했을까? 우선 신도시 개발 이전의 주택의 의미를 살펴보자. 해방 이후 부동산 투기와 한국 자본주의 발전 간의 연관 관계에 대한 연구[21]에 따르면, 일제가 남기고 간 토지를 헐값에 불하하는 과정이 한국 최초의 부동산 투기라고 본다. 또한 "강남 개발의 결과 1963년부터 1979년까지 16년간 강남구 학동의 지가는 1,333배, 압구정동은 875배, 신사동은 1,000배 올랐는데, 같은 기간 강북인 중구 신당동, 용산구 후암동은 각 25배 오르는 데 그쳤다"[22]는 언급에서 볼 수 있듯이 해방 이후 한국 사회는 토지에 대한 욕망의 지속적 점증 기간이라고 볼 수 있다. 더군다나 최초의 아파트인 1958년의 종암아파트에 대해서는 부정적 인식이 지배적이었지만, 1960년대 마포아파트 단지 및 1971년의 동부이촌동 단지 건설에 이르러 아파트에 대한 긍정적인 인식 및 중산층의 표준적 삶의 양식으로 점차 뒤바뀌게 된다.[23]

해방 이후 1960-1970년대를 거치면서 점차 주택의 사회적 의미 역시 '비상품(즉, 살기 위해 필요한 최소한의 물리적 주거 공간)'에서 '(투자 가치 있는) 상품'으로 변화하게 된다. 당시 여성지에 나타난 주택에 대한 담론은 주로 '내 집을 어떻게 하면 비교적 적은 자금으로 장만할 수 있을까'라는 문제로 귀결되었다. 따라서 '절약', '저축', '가계부'라는 미덕이 중요시되곤 했다.[24] 다른 한편, 아파트 사재기로 돈을 벌었다는 부유층 복부인들의 이야기가 알려지면서 주택의 의미는 점차 '재산 증식 수단'인 상품으로 변화하게 된다. 또한 이즈음 해서 주거 공간에서 '어떻게' 거주하느냐의 문제 역시 기존의 전통적인 가옥에서 서구적인 가옥으로 표준화되어간다. 당시 박정희 대통령의 언급을 보면, '조국의 근대화'와 '부엌의 근대화'가 가정주부에겐 등가적으로 제시되었음을 알 수 있다.[25]

다음의 두 광고를 살펴보면 흥미로운 변화가 눈에 띈다. 우선 1969

[그림 8-2] 이촌 한강맨션 분양 광고[26]

[그림 8-3] 동탄 신도시 소형 오피스텔 분양 광고[27]

년 광고에서는 최신식 설비가 강조되며, 특정한 지역과의 연결성은 시청과 서울역만 언급될 뿐이다. 그러나 2004년 동탄 신도시 광고는 도리어 강남과의 연결성을 강조하고 있다. 이러한 질적 변화는 어디서 나타나는 것일까?

앞서 언급한 분당 신도시 개발이 기존의 도시개발과 달리, 입주자에게 선분양 후 택지 개발하는 합동 개발 방식을 채택했다는 점을 떠올려보자. 즉, 태생부터 중간 소득 계층을 위한 주거 공간인 분당 신도시를 새로운 의미의 주거 공간으로 바꾸고, 향후의 투기적 이익을 보장해줄 수 있는 방식으로 등장했어야만 했다. 이 과정에서 등장하는 언표가 곧 '제2의 강남'이라고 볼 수 있다. 1990년, 1991년에 발간된 한국토지개발공사의 분당 신도시 개발계획 등을 참고해보면, 최초의 계획은 주택 공급의 확대 및 강남 대체 등을 목적으로 두고 있었다. 그러나 '강남에 있는 무엇을 갖다놓을지'는 불분명하게 나타난다. 가령, 3·4차 산업 중심의 도시개발 및 업무·상업·금융 기능 등 주거와는 상관없는 요소들의 이전 목표를 드러낸다.[28] 또한 최초의 '제2의 강남'이라는 언표의 사용은 긍정적인 의미가 아닌 "유흥가가 판치는 제2의 강남화"[29]라는 부정적인 의미로 나타나기도 한다.

흥미로운 점은 1997년에 한국토지개발공사가 신도시 개발을 완료한 후 평가를 위해 간행한 글에서는 다음과 같은 언급이 나타난다는 것이다. 예를 들어, 강남 지역 수준의 교육 환경을 갖춘 "중산층이 수요 대상인 중형 이상의 주택"[30]과 같은 언급을 통해 '주거 공간으로서의 제2의 강남' 만들기가 사후적으로 구체화되어 나타난다. 1990년부터 1997년까지의 글을 살펴볼 때, 애매모호한 주거에 대한 상이 '강남에 있다고 여겨지는 특정한 것들만'을 위주로 점차 구체화되어가는 것을 알 수 있다. 이때 흥미로운 것은 강남에 있는 부정적인 요소들은 배제되어 강남의 양가적 의미는 '긍정적인 의미'로 실현되는데, 그 공간은 도리어 분당이라는 점이다. 그렇다면 1990년의 글과 1997년의 글 사이에 어떠한 사건들이 있었으며, 그 사건들은 분당이 일종의 '가상적인 강남의 상'을 만드는 데 기여했으리라 가정해볼 수 있다. 과연 어떠한 실천들을 통해 이것이 가능했는지 살펴보자.

[그림 8-4]의 광고를 살펴보면, 분당 신도시는 태생부터 행정적 지명인 '성남시 분당구'가 아닌, '꿈의 신도시-분당'으로 일컬어진다. 이로 인해, 성남시와의 독립 문제는 애초부터 중요한 문제였다. 당시 일간지를 살펴보면, "분당 신도시의 성남 편입 반대를 위한 '분당 신도시 발전협의회'를 결성"[32]하는 등 심리적·행정적 경계 설정이 나타난다. 이는 결국 분당 하수종말처리장, 쓰레기 소각 시설, 쓰레기 적환 시설 등의 혐오·기피 시설들이 분당 외부의 성남시에 위치하는 것으로 결론 난다. 또한 강남의 8학군을 모방한 독립학군 지역으로 설정하고, 아파트의 평수와 단지에 따

[그림 8-4] 분당 5차 분양 광고[31]

라 6개 학군으로 차등적으로 조합함으로써 일종의 구별 짓기 효과 역시 나타나게 된다.

지금까지 살펴본 바와 같이 분당 신도시라는 공간은 '성남시 분당구'로 호명되고 인지되지 않기 위한 각종 행정적 실천들을 통해 이루어져 왔다. 이 실천들은 당시에는 모호한 관념인 '살기 좋은 도시'를 만들기 위한 것이라고 볼 수 있다. 원래 '강남'이라는 언표는 주거와 별 상관이 없는 '한국 사회에서 가장 비싸고 좋은 것들이 모여 있는 공간'을 지칭하는 언표였지만, 분당 신도시 개발계획이 '살기 좋은 공간'을 만들기 위한 실천으로 전개되자 '강남'이라는 언표는 의미가 변화한다고 볼 수 있다. 즉, 유흥가와 상업, 업무, 8학군이 모여 있지만, 그중에서 8학군만을 받아들이게 된다. 따라서 '제2의 강남'이라는 언표는 사실 '강남'이라는 언표의 모사품이 아니라 '살기 좋은 공간'이라는 변형된 의미를 지닌 언표로 볼 수 있다. 또한 혐오 시설과 타 지역과의 경계 설정 논리 역시 '강남'에는 존재하지 않았던 것으로서 새롭게 '제2의 강남'에 부가된 것으로 볼 수 있을 것이다.

주거 공간과 사회적 환경 간의 이와 같은 상관관계는 부동산 가격 평가 이론을 통해서도 살펴볼 수 있다. 초창기의 평가 이론은 '매매가격 중위수 방법Median Sales Price Model'과 '라스파이레스Laspeyres 지수 방법'이 있는데, 이들의 공통된 특징은 부동산 가격은 수요와 공급의 원칙에 의해 결정되며, 다만 중간 값을 계산하여 차후의 주택 거래에 활용하는 수단에 그친다는 점이다. 즉, 주택과 토지 등의 부동산은 단지 산업 개발을 위해 지불해야 할 고정비용으로만 간주되며, '어떠한 주거 공간이 살기 좋은 것이냐'는 공식의 바깥에 위치하게 된다고 볼 수 있다. 반면, 1990년대 이후의 부동산 가격 평가 이론은 사회적·

환경적 요인을 핵심적인 요소로 판별하려 시도한다. 우선 '특성가격지수모형Hedonic Price Index Model'이 있는데, 그에 따르면, "주택은 다양한 특성의 집합체이며, 주택이 입주자에게 제공하는 효용의 합과 같다"[33]고 한다. 다시 말해, 주택(및 부동산)이 제공하는 각종 편익이 클수록 해당 주택의 가격은 높을 수밖에 없다는 의미이다.

$$1n\,V = \sum_{i=1}^{k} \beta_i 1nX_i + \sum_{t=1}^{T} r_t B_t + \varepsilon$$

이 수식은 V라는 주택 가격이 X로 설명되는 각종 특성들에 의해 어떻게 변화하는지를 설명한다. 따라서 수식에서 X의 자리에 넣을 수 있는 특성이 많으면 많을수록 해당 부동산의 가격은 상승하는 것으로 가정된다. 가령, 전용면적, 주차장, 서비스 공간의 규모 외에도 아파트의 층을 세분화하여 1층, 최상층, 로열층과 같은 구분을 특성에 부여한다. 또한 경관이 도심 중심인지 산인지 하천 혹은 공원인지를 세분화하며, 소음 차이나 혐오 시설과의 거리 등을 세분화하여 변수화한다.[34] 뿐만 아니라, 한 논문에서는 통풍이나 일조량 역시 만족도로 추정하여 수치화하는 시도를 하기도 하고,[35] 또 다른 논문에서는 대구의 대표적인 자연경관이 주택 가격에서 차지하는 구체적인 액수를 1,453.7만 원으로 환산하기도 한다.[36]

한편, '특성가격지수모형' 역시 행정구 단위 혹은 사람들의 인식으로 분절된 공간(가령, 강남-강북)이 갖는 경계 간의 차이를 고려하기에는 부족하다는 부동산학계 내부의 비판에 시달린다. 게다가 강남-강북의 차이는 주택 그 자체가 갖는 효용성의 정도로 측정하기 어렵다는 이론에 대한 비판 역시 제기된다. 따라서 새로운 이론이 도입되는

데, 이것이 '위계선형함수Hierarchical Linear Model'이다. 위계선형함수는 주택을 구성하는 가장 대표적인 요소인 "평수와 가격 간의 다양한 관계는 결국 주택 수준의 차원에서 설명되는 특성이 아니라, 주택이 입지한 해당 지역이라는 보다 상위 차원에서의 변이에 의해서 결정"[37] 된다고 전제하는 이론이라고 볼 수 있다. 이는 다음과 같은 수식으로 표현된다.

- 1수준 모형

$$P_{ij} = \beta_{0j} + \beta_{1j} X_{1ij} + \cdots + \beta_{qj} X_{qij} + \gamma_{ij}$$
$$= \beta_{0j} + \sum_{k=1}^{q} \beta_{kj} X_{kij} + \gamma_{ij}$$

- 2수준 모형

$$\beta_{qj} = \gamma_{q0} + \gamma_{q1} W_{1j} + \gamma_{q2} W_{2j} + \cdots + \gamma_{qs_q} W_{S_{qj}} + u_{qj}$$
$$= \gamma_{q0} + \sum_{s=1}^{S_q} \gamma_{qs0} W_{qj} + u_{qj}$$

이 평가 모형은 강남의 1제곱미터의 땅과 강북의 1제곱미터의 땅이 그 물리적 속성과는 무관하게 가격과 가치가 상이하다는 사회적 인식을 징후적으로 드러낸다고 볼 수 있다. 매매가격 중위수 방법과 라스파이레스 지수 방법은 주택보다 개발계획에 큰 관심을 두는 데 반해, 1990년대에 출현하는 특성가격지수모형과 위계선형함수는 주택이나 특정한 지역이 지닌 사회적으로 우월하다고 암묵적으로 승인되는 요소들을 자연스러운 것으로 전제한다는 데 큰 차이가 있다. 즉, 강북 지역의 40평 아파트와 강남 지역의 동일한 평수의 아파트는 동일한 사회적 가치를 가지지 않음을 자연스러운 것으로 전제하는 이론이라고 볼 수 있다. 따라서 부동산 가격 평가 이론의 역할은 가격 변화를 예측하거나 합리적인 가격을 산출하는 데 있지 않다. 도리어 주거를 중심으로 구별되는 사회적 불평등을 가격을 통해 확인할 수 있는 효과를 낳는다. 이 지점에서 중요한 것은 분당 신도시와 같이 중산층 도시를 표방하는 주거 지역과 그 내부의 주택들은 부동산 가격 평가 이론을 통해 자신의 특성을 계산 가능한 것으로 변화시킬 수 있었다는 점이다. 즉, 부동산 가격 평가 이론은 가격 측정이라는 애초의 목표보다 주거의 차등적 계산 가능성을 제공하는 특이한 역할을 수행하게 된다. 또한 '주거 문화'라는 것이 1990년대 이전과는 달리 '쾌적함'이라는 언표에 입각해 '주택의 가격에 반영된다는 믿음'을 생산[38]하게 된다. 이를 계산 가능한 대상으로 포섭시키는 방식은 '주거 도시'와 '제2의 강남'이라는 언표라고 볼 수 있는데, 이 두 언표의 등장을 통해 '쾌적한 주거'라는 전에 없었던 공간에 대한 관념이 '강남이라는 가상'과 다시 맞물리게 된다. 따라서 '어느 지역에서 어떻게 거주하고 있느냐'의 문제가 주택의 가격 차등화에 영향을 미치기 때문에 1990년대 이후의 부동산 가격 평가 이론에서 다루는 변수들은 공간의 경계에 따른 차별적·배타적 실천을 이미 전제하고 있다고 볼 수 있다. 이제 분당 신도시와 함께 등장하는 '제2의 강남'이라는 언표는 '강남에 대한 가상적 관념'에 대한 사회적 합의를 생성해가는 과정으로 볼 수 있다. [그림 8-5]를 통해 지금까지 다룬 주택의 의미의 관념적 변화를 개념적으로 사고할 수 있을 것이다.

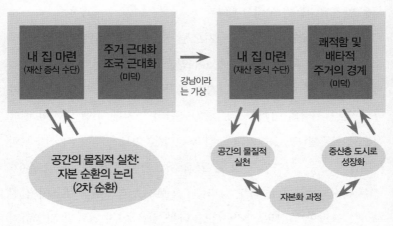

1990년대 이전

내 집 마련
(재산 증식 수단)

주거 근대화
조국 근대화
(미덕)

강남이라
는 가상

1990년대 이후

내 집 마련
(재산 증식 수단)

쾌적함 및
배타적
주거의 경계
(미덕)

공간의 물질적 실천:
자본 순환의 논리
(2차 순환)

공간의 물질적
실천

중산층 도시로
성장화

자본화 과정

[그림 8-5] 주택의 의미의 관념적 변화('분당의 경계'에서 '강남이라는 가상'으로)

V. '강남적인' 주택의 의미 형성 과정

앞서 살펴본 부동산 가격 평가 이론들, 즉 특성가격지수모형과 위계선형함수의 도입은 1990년대 이후 한국 사회에서 보편타당한 것으로 통용되는 공간에 대한 지식이 변화하는 양상이라고 볼 수 있다. 다시 말해, 건물 및 토지와 같은 부동산의 가치는 그것 자체가 애초부터 내재하고 있다는 관점에서, 그것의 가치는 '사회적으로' 결정된다는 관점으로 전환된 결과라고 볼 수 있다. 이때, 주거의 '쾌적함', '고급스러움'에 대한 집단적 상상이 '강남이라는 가상'과 조응하면서 부동산 가격 평가 이론을 통해 선별되며, 이후 분당 내 주택의 가격 상승은 가격 평가 이론의 현실성을 입증하게 된다. 지금부터는 분당 신도시의 물리적인 조건들이 어떠한 방식으로 수량화·가격화 가능한 차별성을 만들어내는지 살펴보겠다.

우선, 녹지공원의 배치가 가져오는 상이한 효과를 살펴보자. 분당 중앙공원의 경우, 사진에서 보듯이 인근 지역이 공원의 녹지에 비해 훨씬 높은 고층 아파트들이 밀집한 지역 한가운데에 위치해 있다. 따라서 인근 지역의 아파트들은 중앙공원의 녹지를 주택 내에서 배타적으로 접근할 수 있는 기회를 갖게 된다. 흥미로운 점은 각 신도시의 녹지율의 경우, 일산이 가장 높고(22.5퍼센트), 분당이 그다음(19.4퍼센트)이며, 평촌이 셋 중 가장 낮다(12.7퍼센트)는 점[39]이다. 애초에 전원도시를 표방한 일산의 녹지율이 높다는 점은 쉽게 납득이 가능하지만, 과연 그것들이 부동산 가격의 수량화 메커니즘에 포섭될 수 있는 것인지, 그리고 쾌적한 주거라는 관념적 층위를 구성할 수 있는 요소로 형성되는지는 검토해봐야 할 문제이다. 즉, 녹지율의 높고 낮음에 상관없이 주택과 단일한 경계 내에 녹지가 위치하는지 여부가 신도시 간에 어떠한 차별성으로 나타나는지 살펴봐야 한다.

일산의 대표적인 공원이라고 할 수 있는 호수공원과 문화공원의 경우, 상업지역의 한가운데에 위치해 있다. 호수공원은 일산 지역의 모든 거주자들이 찾아옴과 동시에 인접한 상업 지구에서 쇼핑을 할 수 있는 공공의 공원의 성격이 강하다. 또한 문화공원의 경우, 녹지가 중심이 아니라 각종 페스티벌이 열리는 공간으로서, 조용하고 쾌적한 녹지공원의 역할이 아니라 지역 주민의 '광장'으로 활용되는 경향이 강하다. 따라서 일산의 공원은 특정 아파트의 주택 가격에 배타적으로 반영될 수 있는 '경치 혹은 전망'으로서의 역할을 수행하기 힘들다.

또한 평촌 신도시의 경우에는 중앙공원 인근 지역에 주로 아파트

와 같은 고층 건물들이 입지하고 있지만, 중앙공원 그 자체가 사진에서
보듯이 녹지 위주가 아닌 콘크리트로 조성된 광장 역할을 수행하는 공
원이다. 또한 면적 자체가 기타 신도시의 공원들에 비해 매우 작다(평촌
중앙공원은 11만 9,843제곱미터, 일산 호수공원은 103만 4,000제곱미터, 분당 중
앙공원은 42만 982제곱미터). 따라서 일산 문화공원과 마찬가지로 '경치
혹은 전망'으로 특정한 주택이 배타적으로 전유할 수 있는 녹지의 역
할을 수행하기 힘들다. 이러한 조망권은 단순히 살기 좋은 정도의 차
이만을 생산하는 것이 아니라, 가격의 차이까지 만들어낼 수 있다.[40]

① 분당 중앙공원
② 일산 호수공원과 문화공원
③ 평촌 중앙공원

[그림 8-6] 각 신도시의 공원

이와 같은 양상은 서울에서 분당으로의 진입로에서도 관찰된다. 분당으로 진입하는 대로를 설계하면서 "도시 진입로, 주요 간선도로의 교차로 부근에는 방향 식별을 용이하게 하며 상징성을 가지도록 초고층 건물을 유도하여 랜드마크적인 역할을 하도록"[41] 유도하는 의식적인 실천이 나타난다. 이는 도시를 지나가는 타 지역 주민들에겐 독특한 인상을 심어주는 역할[42]을 수행할 수 있다. 또한 중심 상업 지구들은 주요 간선도로에서 보이지 않는 안쪽으로 은폐되어 있다. [그림 8-7]에서 볼 수 있듯이, 분당 신도시의 진입로는 설계 의도대로 고층의 아파트 숲과 나무들을 관통하여 지나치게 설계되어 있다. 반대로, 일산의 경우에는 도시로 진입하기 위해 거쳐 가는 지역이 능곡동, 장항동, 송포동 세 곳인데, 이 지역들은 사진에서 볼 수 있듯이 일산 중심지에 비해 현저히 미개발된 지역으로 주로 공장들이 입지해 있다. 이는 분당 신도시에서 보이는 '특정한 이미지를 표상하는 공간'으로서의 역할을 수행하지 못하게 한다. 다시 말해, 주거 도시의 쾌적함은 주로 조용하고 번화하지 않은 것으로 인지됨을 고려할 때, 도시의 진입로 그 자체에서 구별되는 양상을 보이게 된다. 평촌 신도시의 진입로는 4호선 인덕원역의 교차로에서 시작되는데, 이 지역은 대표적인 유흥가이다. 따라서 도시 진입과 동시에 각종 유흥 시설을 가장 먼저 지나치게 되면서 도시에 대한 인상 자체가 주거 도시라기보다는 상업 도시로 인식되게끔 하는 효과를 낳는다. 즉, 주거 지역의 격리성을 확보하는 데 평촌 신도시는 불리한 입지 여건을 갖게 된다.

분당 신도시는 '제2의 강남'이라는 언표에 걸맞은 소비 공간으로 조성되는 경향이 있다. 이는 우선, 상업 용지 비율의 도시 간 차이[43]에서 잘 드러난다. 분당이 8.3퍼센트의 비율을 보이는 데 반해, 일산

① 분당 신도시 진입로

② 일산 신도시 진입로(백마로)

③ 평촌 신도시 진입로(인덕원역)

[그림 8-7] 각 신도시의 진입로

은 7.8퍼센트, 평촌은 3.6퍼센트의 비율을 보인다. 특이한 점은 분당은 주거 지역에서 가까운 곳에 200-900퍼센트의 용적률이 적용되는 근린 상업 지역의 비율이 높은 데 반해, 평촌의 경우에는 근린 상업 지역이 없고, 도시의 도심지에 형성된 중심 상업 지역(용적률 800-1,500퍼센트 적용)만 높게 설정되어 있다는 점이다. 이 역시, 거주지로서의 번잡함과 소음의 정도 차이를 보여주는 척도라고 볼 수 있다. 각 신도시의 상업 지역 기능 배분 계획을 살펴보면, 각각의 도시가 지향하는 소비 공간으로서의 기능의 차이를 알 수 있다. 우선, 분당은 야탑 지구와 정자 지구 하단을 제외한 전체 상업 지역이 쇼핑 공간(백화점, 쇼핑몰 등)으로 계획되어 있다. 따라서 각 상업 지역별로 특정한 재화를 전담하는 기능적 배분이 나타나는 것이 아니라, 지역별로 고급 매장 밀집 지역 혹은 아울렛 밀집 지역으로 구별되는 위계적 배치가 나타나게 된다. 즉, 같은 의류 단지로 조성되어도 고급 의류와 저가 의류로 지역별로 차별화하여 특정 지역이 곧 고급 쇼핑단지가 될 수 있도록 유도한다. 지역별로 재화를 위계적으로 배치한 것 외에 흥미로운 점은 분당 전역을 지구별로 분할하고, 정자동을 제외한 전 지구에 상업 기능을 배치했다는 점이다.[44]

반면, 일산은 쇼핑 공간이 아닌, 각 상업 지역의 용도별 배분을 통해 특별히 고급 재화를 일정 구역에 중심적으로 배치하는 양상을 보이지 않는다. 분당의 소비 공간에서 나타나는 상품의 위계적 배치가 아니라, 상업이라는 용도 일반에 대한 기능적 배치가 주요한 원칙으로 작동한다. 따라서 주거 지원 기능부터 가전제품 상가 및 외교·업무 등 각 분야별로 배분하게 된다. 마찬가지로 평촌에서도 상업 일반에 대한 기능적 배치가 이루어진다.[45] 이와 같은 상업 지역의 비율 차이와 내부 용도의 차이는 해당 지역 거주자는 물론이고, 타 지역 거주자에게 인식되는 도시의 이미지를 전혀 다른 방식으로 생산하게끔 기여하는 요소로 작동하게 된다. "거주 지역과 관계없이 '정자동' 및 '정자동 카페거리'가 조사되어 정자동이 분당 신도시의 대표적인 장소 이미지 형성 요소로"[46] 나타남을 보여준다. 또한 "도시환경 이미지로는 '(고급) 아파트', '(고급) 주상복합 건물', '고층 빌딩', '교통', '살기 좋은' 등의 이미지가 거주 지역과 관계없이 공통적"[47]으로 나타나며, '강남', '강남 대체', '강남 생활권의 성공한 신도시'라는 용어 역시 함께 등장한다. 이는 일산 신도시가 주로 '맛집', '카페촌', '녹지', '호수공원', '한가한'과 같은 용어로 연상된다는 점을 고려해볼 때, 두 신도시가 인식되는 방식이 판이함을 보여준다. 즉, 분당은 '제2의 강남'과 같은 '중산층 도시'로 인식되는 반면, 일산은 녹지와 호수가 보기 좋은 전원도시로 인식된다. 이와 같은 도시 이미지는 일산 신도시가 분당 신도시보다 살기에 부적합하다는 것을 의미하는 것이 아니다. 여기서 주목해야 할 점은 분당 신도시가 '마치 더 살기 좋은 것 같다는 인식'을 생산해냈다는 것이며, 강남과의 연계성이 그 인식을 정당화하는 기제가 되었다는 점이다.

'제2의 강남'이라는 언표가 갖는 물리적 거리상의 모순점, 즉 강남-분당 간의 거리가 강남-성남 간의 거리에 비해 더 멀다는 점 역시 어떤 형태로든 극복되어야 할 필요성이 있었다. 이는 3개의 신설 도로를 서울 강남과 직행으로 연결하는 자동차 전용도로인 도시고속화도로에서 잘 나타나는데, "양재-내곡 구간은 주간선도로로 분류하고, 분당-내곡 및 분당-수서 구간은 서울과 분당 신도시 간을 논스톱으로 신속히 연결하는 데 주안점"[48]을 둔다는 언급에서 살펴볼 수 있다. 따라서 분당-수서 간 고속화도로는 분당의 (북에서 남으로 길게 뻗은) 형세에 맞추어 분당 주민들의 접근성이 높게 설계된 데 반해, 성남 시가지의 외곽(성남시는 서에서 동으로 뻗은 형태)에 위치해 성남 주민들이 접근하긴 힘든 모양을 띠게 된다. 또한 분당-내곡 간 도로는 아예 분당에서 성남을 거치지 않고 직접 뻗어가는 형태로 나타난다.

또한 성남시 복정동에는 성남과 분당 지역이 공통적으로 사용하는 하수처리장이 위치해 있다. 분당-수서 간 고속화도로가 이 지역을 지나는데, 이 지역은 서울에서 성남으로 행정적인 경계가 바뀌는 지점이기도 하다. 한 일간지의 기사를 참고해보자. "경기 성남시는 1994년부터 제1처리장을 완공해 운영 중인데, 하수관에서 막 들어온 하수를 모으는 1차 침전지 시설이 애초부터 덮개 없이 시공됐다. 때문에 처리장 바로 옆인 분당-수서 고속화도로나 서울 장지사거리 주변 성남대로 등을 달리는 운전자들은 정화조 앞에 서 있는 것 같은 악취에 시달렸다. 따라서 처리장 주변 1킬로미터 내외 도로는 운전자들 사이에선 악취 구간으로 불려왔다."[49] 즉, 분당에서도 공통적으로 사용하는 대규모 하수처리장은 성남시의 초입에서부터 악취로 성남에 대한 불리한 이미지를 생성하는 효과를 만들어낸다. 이는 앞서 살펴본 분당 신도시의 진입로에서 도시설계가 갖는 효과와 큰 대비를 만들어낸다. 한쪽은 상업 지구가 보이지 않는 고층 아파트를 가장 먼저 마주치는 반면, 다른 한쪽은 하수처리장의 악취를 가장 먼저 마주치게 된다.

일산은 동에서 서로 뻗은 형태이므로 서울에서의 진입이 직접 고속화도로를 통해 관통되는 형태가 아니다. 따라서 일산의 고속화도로는 기존의 서울 내 주요 간선도로인 외곽순환고속도로와 강변북로를 이어주는 역할을 한다. 그리고 일산 신도시로의 진입은 도시 내의 일반 도로가 대신하게 된다. 반면, 평촌의 경우에는 자동차 전용도로인 고속화도로는 없고, 4개의 신설 및 확장 도로(경수산업도로, 동서연결도로, 홍안로, 수도권 외곽순환고속도로)가 유료 고속도로 혹은 국도의 형태로만 건설된다. 또한 애초에 정부가 자가용 보유 비율을 상이하게 예상했다는 점은 신도시 간의 주차장 계획이 상이하게 나타난다는 점에서도 살펴볼 수 있다. [표 8-1]을 보면, 5개 신도시 중에서 유일하게 분당만이 법정 주차대수보다 계획 주차대수가 많음을 알 수 있다. 이로써 분당만이 유일하게 자가용 중심의 도시로 계획되었다는 점을 확인할 수 있다.

강남과의 질적 유사성을 띤 중산층 도시로서 분당이 생산되기 위해서는 도시에 거주하고 있는 구성원 역시 '강남적으로' 변해야 한다. 이는 단순히 비슷한 소득수준의 구성원이 모여 사는 것만으로 획득될 수 있는 것이 아니다. 도리어, '지역(공간) 내 새로운 사회적 관계의 창

[표 8-1] 5개 신도시의 주차장 계획[50]

(단위: 대)

구분	분당	일산	평촌	산본	중동
주거 지역	가구별로 자급자족하도록 계획				
공공주차장	6개의 전철역사 주변과 상업 업무 지역의 부족한 주차 수요에 대해 총 15개소(5만 8,418m²) 계획	상업 시설과 대규모 주차 발생 시설을 중심으로 7개소(4만 6,107m²) 계획	일반 및 중심 상업 지역에 노외 주차장 9개소(4만 1,596m²), 중앙광장 지하 주차장 1개소(3만 3,682m²) 계획	3개소 (6,800m²) 계획	상업 지역을 중심으로 노외 주차장 8개소(4만 6,107m²) 계획
법정 주차 대수	8만 6,000	4만 5,227	4만 3,275	3만 8,276	2만 850
계획 주차 대수	9만 306	3만 3,376	1만 9,517	1만 6,697	2만 1,306
과부족	- 4,306	+ 1만 1,851	+ 2만 3,578	+ 2만 1,579	- 446

출'이 선행되어야 하며, 이는 '제2의 강남'이라는 상징을 가시화할 수 있는 것이어야 한다. 따라서 강남과 타워팰리스에서의 '지역(공간) 내 사회적 관계'와 유사한 '구성원 간 동일시의 메커니즘'이 분당에서는 과연 어떤 방식으로 나타나는지 살펴볼 필요가 있다. 이 절에서 분당 주민들의 실천은 '강남을 모방하는 삶'이 아니라, '한국 사회에서 강

남적인 삶의 양식이라고 여겨지는 가상'에 기반을 두고 있으며, 그것은 '강남 생활권'이라는 언표의 형성 과정으로 볼 수 있다. 즉, 분당 거주의 배타적 특성을 의미화하는 방식이 '강남 생활권'이라는 용어로 등장했을 뿐, 강남의 삶을 '의식적으로' 복제한 산물로 보는 것은 위험하다고 볼 수 있다.

분당 신도시에 관한 논문들[51]은 분당 이주 후 거주민들의 지역 공동체 참여 정도 변화를 다루고 있다. 이에 따르면, 분당으로 이주 후에 반상회 참여 빈도와 가까운 이웃이 증가하는 경향이 나타남을 알 수 있다. 이는 분당으로 이주한 후 같은 지역에 사는 이웃에 대한 '친밀감이 증가'했음을 보여주는 사례이다. 또한 타인이 나의 거주지를 물어볼 때 '성남'이 아닌 '분당'이라고 말하는 경우가 95퍼센트에 달하는 것[52]에 집중할 필요가 있다. 대체 어떠한 차별성이 이러한 인식의 차이를 만들어낸 것일까?

강남과의 관념적인 연계성은 '강남적인 소비 양식'의 등장과도 연결할 수 있다. 당시의 일간지를 살펴보면, 분당의 쇼핑 공간이 의식적으로 '강남의 쇼핑 문화를 겨냥'해 계획되었다는 점을 발견할 수 있다. 1990년대 중반의 관련 광고를 살펴보면, 단순히 '제2의 강남'이라는 모사품으로 기획된 것이 아니라 '강남 주부'까지 끌어들일 수 있다는 자신감을 보이기도 한다. 한 연구에서는 다음과 같은 흥미로운 언급을 발견할 수 있다. "분당이 아줌마들의 천국이라고 하잖아요. 주부들의 천국이에요. 백화점 있죠, 대형 할인점 있죠."(차미영, 40대 중반, 여)[53] 분당에 거주하는 한 주부의 언급인데, 같은 논문에 수록된 성남 거주민의 언급과 대비해보면, 분당이 차지하는 독특한 위상을 확인할 수 있다. "나 성호시장 가서 이거 사 왔는데, 가격 대비 품질도 좋고 가격도 싸던데, 이게 훨씬 합리적인 쇼핑이라고 이야기하면 왕따 당한다고. 쪽팔려서 그런 이야기 못 한다고. 그러면 그 아줌마도 결국은 어떻게 해서 아저씨를 꼬셔서라도 그쪽으로(분당으로) 가야 해요."[54] 이 내용을 통해 합리적인 소비 생활의 의미가 변화한 양상을 포착할 수 있다. 즉, 자산 증식을 위해 아끼고 절약하는 것이 현명한 주부의 역할로 표상되던 신도시 개발 이전의 문화가 동일한 상품에 더해 사회적으로 구성된 '지리적 위계'를 함께 구매하는 것으로 변한다. 이때의 지리적 위계는 다시 강남과 연결된 분당이라는 언표의 사회적 구성물이라고 볼 수 있다.

'강남적인' 소비 양식 외에도 분당이 '제2의 강남'이 되기 위해서는 강남이 기존에 가지고 있던 '8학군'의 역할 역시 복제해야만 했다. 앞서 살펴보았듯이, 당시의 분당 신도시 개발에서 독립학군 관철 여부는 가장 핵심적인 사안이라고 볼 수 있다. 그러나 독립학군 시행이라는 행정적인 방식 외에도 강남이 가진 독특한 8학군의 효과라는 것이 있다. 이는 단순히 제도적인 비평준화와는 구별되는 것으로서, 이른바 공동체의 효과라고 볼 수 있다. 8학군 효과에 대해 다음의 3가지 설명 방식이 있는데,[55] 첫째는 위광 효과(애초에 재능이 뛰어난 중학교 졸업생들이 강남에 많이 몰렸기 때문이다), 둘째는 교육 효과(다른 지역의 학교나 학원에 비해 강남 지역의 학교나 학원이 더 잘 가르친다), 그리고 셋째는 공동체 효과(교육열이 높은 학부모와 성취 욕구가 강한 학생들이 모여 활발히 상호작용하기 때문이다)라고 한다. 이 중에서도 '그냥 엄마'와 달리 '강남 엄마'라는 대칭적인 범주가 설정되는 양상을 강남의 공동체 효과가 생산한 것이라고 볼 수 있다. 따라서 분당 지역을 독립학군으로 설정하는 것 이외에도 '강남 엄마'와 유사한 '분당 엄마'와 같은 기능을 수행하는 범주가 들어서는 양상을 살펴볼 필요가 있다.

2002년에 분당 지역에서는 최초로 고교평준화가 실시됐는데, 이는 모순적으로 분당 지역 학부모들의 전폭적인 지지에 의해 가능했다. 한 인터뷰에 따르면, "강남에서 살 땐 평준화니까 몰랐는데, 분당에서는 S고나 B고 다 합쳐서 450명 뽑거든. 그러니 결코 들어가기 쉬운 게 아니지. 그래서 못 들어가는 사람들도 많고, (…) 집에서 실제로 학교까지의 거리가 있고 눈에 보이는 거리가 있지만, 사람들이 여기쯤 살면 우리도 갈 확률이 높을 거라고 생각하는 거지."[56] 즉, 평준화를 통해, 명문 학교와 가까운 거리에 살면 명문 고등학교에 가지 못할 자신의 자녀도 명문고에 갈 수 있을 거라는 환상이 일반 학부모들 사이에서 작용한 결과이다. 그러나 동시에 특목고 설립 운동도 나타난다. "평준화라는 미명 아래 발목이 잡혀서는 안 되며, 평준화로 인한 탈분당화를 막아야 하고, 분당의 인센티브가 없어지는 것을 막아야 합니다. 이를 위해서는 특목고 준비 추진위원회를 결성해서 분당과 성남에 더없이 좋은 교육 환경이 들어서게 해야 합니다."[57]

여기서 언급된 '분당의 인센티브'라는 언표는 '제2의 강남'이 '교육 공동체'이기도 해야 한다는 욕망과 유사하다고 볼 수 있을 것이다. 이러한 욕망은 이제 우리 삶의 표준이 되었으며, 길거리에서 그리 어렵지 않게 접할 수 있다. [그림 8-8]의 광고에서 살펴볼 수 있듯이, 이제 어느 지역의 교육은 그 자체로 좋은 것으로 여겨질 수 없다. '강남에도 있고, 분당에도 있는 것이 (심지어는) 우리 지역에도 생겼다'라는 연관성을 어떻게 생산하느냐에 달린 문제가 되어버린 것이다.

[그림 8-8] 용인 죽전 지역의 한 학원 광고

VI. '쾌적한 주거 도시'라는 사회적 경계의 형성

앞서 부동산 가격 평가 이론을 통해 알 수 있었던 점은 '개발 지역의 주택을 구매하는 행위'에서 '살기 좋은 주택'을 사거나 혹은 그곳에 거주하는 행위까지도 마치 미래의 자산 소득을 증식시켜줄 수 있는 수단으로 의미가 확장되었다는 점이었다. 이 때문에 기존의 한국 사회의 공간들 중에서 가장 우월하다고 암묵적으로 인식되는 '강남' 혹은 '강남적인 것'을 분당 신도시는 주거라는 목적에 부합하는 한 적극적으로 받아들이는 것을 앞서 살펴보았다. 그러나 살기 좋은 주택에 대한 의미 생산은 단지 '강남과 유사한 요소로 인식되는 것'들을 분당 안에 위치시키는 것만으로 이루어지지 않는다. 왜냐하면 주거의 쾌적함은 주거를 위해 꼭 필요하지만 동시에 꼭 배제되어야 하는 요소 혹은 적극적으로 포섭해야 하는 요소들을 통해 형성되기 때문이다. 이는 혐오 시설의 주거 지역 내 입지의 문제와 님비Not In My Back

Yard현상을 고찰해볼 필요성을 제기한다. 이 절의 내용은 4절의 내용과는 다른 방식으로 독해될 필요가 있다. 4절의 내용은 '제2의 강남'으로 분당이 의미화되기 위한 최초의 과정으로서 '행정적 경계 긋기'에 대한 분당 거주민의 요구라고 볼 수 있다. 그러나 강남은 한국 사회의 지배적 공간이라고 볼 수 있지만, 주거 공간이라는 단일한 의미로 통용되지는 않기 때문에 강남의 모든 기능(가령, 업무 기능이나 유흥업소 등)을 그대로 받아들이지 않는다. 따라서 6절의 내용은 '살기 좋은 주택과 쾌적한 주거 도시'를 새롭게 의미화하기 위한 적극적인 실천으로서, 4절의 내용과 차별점을 갖는다고 볼 수 있다.

혐오 시설과 님비현상이라는 용어가 최초로 한국 사회에서 등장한 시기를 살펴보자. '혐오 시설'이라는 키워드를 인터넷에서 검색해보면[58] 1973년 11월에 처음으로 일간지에서 부동산 전문가의 칼럼을 통해 다음과 같이 소개된다. "가로에 접한 택지를 비교하는 데도 (…) 교도소나 화장터와 같이 혐오 시설에 이르는 경우에도 차이가 있다."[59] 이 언급을 통해 혐오 시설이라는 용어가 주거 지역과 대립하는 용어로 설정되어 있는 것을 알 수 있다. 반면, 혐오 시설의 입지에 대한 거주자들의 반대운동을 의미하는 님비현상은 1991년부터 일간지상에 등장[60]하기 시작한다. 혐오 시설이라는 용어가 특정 물질적 대상에 대한 사회적 기피를 나타낸다면, 님비현상은 그 물질적 대상이 자신의 지역에 위치하는 것을 반대하는 보다 실천적인 용어라고 볼 수 있다. 밀접한 관계에 있는 두 용어가 20년의 시간 간격을 두고 등장한 것을 고려해볼 때, 왜 1990년대 이전까지는 혐오 시설에 대한 부정적인 인식이 있었음에도 그것이 적극적인 실천의 형태인 님비현상으로 나타나지 않았는지 의문이 생긴다. 가능한 답변을 나열해보자면,

우선 도심지 내 아파트 단지 건설은 많았지만 주거 도시를 건설한 사례가 없다는 점을 거론할 수 있다. 그렇기 때문에 특정 지역에 위치한 혐오 시설은 주거와 같은 경계 내에 존재하는 것으로 인식되지 않았을 가능성이 높다. 단지 눈에 잘 띄거나 악취를 유발하지 않는다면 같은 공간에 존재하는 것으로 인식되지 않았을 것이다. 둘째로, 자산 증식을 기대하고 주택을 구매하는 투기 행위와 주택에 직접 들어가서 거주하는 행위가 상호 분리되어 있었던 결과라고 볼 수 있다. 즉, 직접 주택에 들어가서 거주하는 행위가 '주거의 쾌적함'이라는 언표를 통해 경제적 가치로 평가되지 않았기 때문에 개발에 따른 기대심리만이 주요한 관건이었던 것이다. 그런 까닭으로 주거 지역 내 혐오 시설이 입지하는 것에 대한 격렬한 저항이 나타나지 않았다고 볼 수 있다. 따라서 1990년대에 접어들면서 님비현상의 폭발적 증가를 통해 기존에는 없었던 주거 지역의 경계가 생겨났다고 볼 수 있으며, 그것이 경제적 가치로 평가될 수 있기 때문에 내 집 주변에선 잘 보이지도, 악취가 풍기지도 않을지 모르지만 민감하게 반응할 수밖에 없게 된다고 볼 수 있다. 따라서 1990년대 이전의 혐오 시설과 주거의 관계와 1990년대 이후의 그것은 서로 상이한 관점에서 등장하는 것으로 볼 필요가 있다. 이 점을 참고하여 분당 신도시에서 나타나는 님비현상을 살펴보자.

우선, 인근 지역과의 연계도로 건설 문제를 살펴보자. 구미동 인근 지역에 죽전동 일대를 수지 지구라는 명칭으로 신도시로 개발하면서 연계도로 건설 문제가 2001년부터 지역 갈등으로 드러나기 시작한다.[61] 흥미로운 점은 도로 연결 문제를 두고 대립하던 양측 주민들이 접경 지역의 교회가 증축될 움직임을 보이자 서로 연대했다는 점이다. "성남시 분당구 구미동 D·L아파트와 죽전동 J·H아파트 주민들은 인근 A교회가 올해 초 지상 7층 규모의 교회 건물 증축 허가를 받아 착공하려고 하자 예배 차량으로 인한 불법 주차와 조망권·일조권 침해 등이 예상된다며 5월 말 A교회 증축 결사 반대 비상대책위원회를 구성 (…) 교회 앞에서 농성을 벌이고 있다."[62] 그러나 2004년 6월에 죽전에 1만 8,400여 가구의 입주가 다가오자 양측은 다시 대립하기 시작한다. "분당-죽전 가른 '철의 장막' / 도로 분쟁 분당 주민, 컨테이너로 길 막고 레미콘 195톤 쏟아"[63] 등의 기사에서도 볼 수 있듯이 분당과 죽전 주민의 지역 갈등으로 나타난다.

유사한 갈등이 하수처리장 건설을 둘러싸고 불거져 나온다. 구미동에는 죽전과 용인 지역 개발을 대비해 1997년에 하수처리장이 건설되어 시범 가동되지만, 인근 주민들의 항의로 가동이 중지된다. 이 시설은 10년 동안 가동되지 못하고 방치되어 오다 결국 2007년에는 용도 변경을 통해 학교 건립이 추진된다.[64] 결국 하수처리장의 죽전 지역 이전 계획이 발표되는데, 이 역시도 죽전 지역 주민들의 반발에 부딪혀[65] 용인시 모현면으로 건설을 확정하게 된다. 흥미로운 점은 모현면 주민들이 하수처리장 건설을 받아들인 방식이다. 한 일간지의 기사를 참고하면, "시에 따르면, 시는 수지, 죽전 등에 비해 크게 낙후한 처인구 개발을 본격화하기로 하고 전원주택 단지, 공업 지역, 여성복지회관, 영어마을 등 건립 계획을 잇따라 (…) 서정석 용인시장은 중장기 계획을 세워 낙후한 동부권 개발 (…) 가까운 장래에 동부권을 수지, 죽전 부럽지 않은 계획도시 지역으로 변모시키겠다고 말했다."[66] 여기서 앞선 장들에서 살펴본 '제2의 강남'이라는 언표를 통한 분당의 지역 간 격차의 확대 생산 논리가 죽전을 거쳐 용인까지 확대 재생산되는 것을 볼 수 있다. 가령, 한 일간지 기사는 "용인 수지 지구 / '제2의 분당' 부상 / 3월 아파트 4천2백 가구 분양"[67]과 같이 부동산 신규 택지 개발의 논리를 노골적으로 강남에서 분당으로 연계된 연결선을 분당과 용인 수지 지구와 연결하면서 강남-분당-용인의 고리를 만들려고 한다. 또한 다른 일간지에선 "'이곳을 주목하라' '제3의 분당' 용인 죽전이 뜬다"[68]라는 언급을 통해 앞서 개발된 수지 지구에 이어서 죽전 지구를 제3의 분당으로 연결하고자 한다. 이제 주택의 의미는 강남과의 연결을 넘어 모든 지역 간의 서열화로 나타나는 것을 발견할 수 있다.

하나의 공간을 '분당권'으로 의미 형성하는 데 또 하나 특이한 점은 숙박업소 건설 기준의 차이이다. "성남시 조례 개정안에 따르면, 분당 신도시 상업 지역 내에서 일반 숙박 시설이나 위락 시설을 건축할 때는 주거 지역으로부터 신규 숙박 시설은 400미터, 위락 시설은 150미터 이상 이격거리를 두도록 했다. 또 성남 구시가지인 수정·중원구는 숙박 시설이 150미터, 위락 시설은 30미터 이상 주거 지역과 떨어져 있어야 허가를 낼 수 있다. 이에 따라 분당 신도시 지역은 주거 지역과 400미터 떨어진 숙박 시설 대상 부지가 거의 없어 사실상 숙박 시설 신축이 불가능하며, 주택가 인근 유흥주점 신규 허가도 크게 제한을 받게 된다."[69] 이와 같은 상이한 기준이 기반을 두고 있는 관념을 분당구의 한 시의원의 발언이 잘 나타내준다. "구시가지 주민들의 공통 이익은 성장과 개발 논리가 될 것이고, 분당 주민들의 공통 이익은 성장 개발보다는 환경, 문화 등 삶의 질 향상 논리"[70]라는 발언에서 분당은 쾌적한 주거에 부합하는 기능만을 담당하는 반면, 성남은 유흥 시설과 공장 및 혐오 시설과 같은 부수적인 기능을 담당해야 한다는 자의적·관념적 기준이 드러난다.

앞서 살펴본 요소들이 '제2의 강남'이 되기 위해 적극적으로 배제한 것들이라면, 지금부터 살펴볼 요소들은 새롭게 경계 외부의 것들을 포섭해가는 메커니즘이라고 볼 수 있다. 도시개발 이전부터 존재하던 분당 내의 공설묘지는 2000년에 이전된다.[71] 유사하게, 화장터 역시 애초에 분당이 아닌 성남에 건립되었다. 반면, 납골당은 접근 용이성이 확보되어야 하는 시설이기 때문에 분당에서 인접한 지역에 위치하게 된다. 납골당은 "2001년 이후부터 조성된 묘지에 대해 사용 기간을 15년으로 제한한 개정 법률"[72] 제정 이후부터 점차 확대되기 시작한다. 한 납골당(분당 스카이캐슬 추모공원) 소개 글을 살펴보면([그림 8-9]) "분당 서현역 4킬로미터, 판교 IC 기준 7킬로미터 거리에 위치 (…) 수도권 도심에 가장 가까운 입지"라는 문구를 통해 기존의 매장 묘와는 달리 거리 근접성이 중요하게 부각되는 것을 알 수 있다. 그러나 흥미로운 점은 이 납골당의 경우, 분당이라는 상호로 광고하지만 실제 위치하고 있는 지역은 경기도 광주시라는 점이다. 즉, 분당 및 판교를 통한 강남과의 인접성이 '분당'이라는 상호를 통해 강조되지만, 정작 지리적 위치가 광주라는 점은 나타나지 않는다. 더군다나 한 일간지 기사[73]를 보면, 분당 주민들은 광주

고인에 대한 사랑과 추억 함께 나누겠습니다.
수도권 도심에 가장 가까운 고품격 호텔식 추모공원

안녕하십니까!
분당 스카이캐슬 추모공원 홈페이지를 찾아주신 여러분께 감사의 말씀을 드립니다.

저희 분당 스카이캐슬 추모공원은 지하 1층, 지상 5층의 20,000기 규모의 안치능력을 가진 현대식 호텔급 추모공원으로서 분당 서현역 4Km, 판교 IC 기준 7Km 거리에 위치한 저희 추모공원은 수도권 도심에 가장 가까운 입지에서 최고급 시설과 첨단 서비스를 갖춘 고품격 추모공원으로 새로운 장례문화를 가꾸어 가는 긍지와 보람을 가지고 많은 분들의 관심 속에 2009년 개관하였습니다.

저희 분당 스카이캐슬 임직원 모두는 고인에 대한 사랑과 추억을 함께 나누고, 언제라도 유족들이 안심하고 찾아오실 수 있도록 가족과 같은 정성을 다 할 것임은 물론 가신 분과 보내시는 분 모두에게 가장 편안하고 품격있는 공간이 될 수 있도록 최선을 다 할 것을 약속 드립니다.

분당 스카이캐슬 추모공원 임직원 일동

[그림 8-9] 분당 스카이캐슬 추모공원 소개

에 호감조차 가지고 있지 않다는 점이 극명하게 드러난다. 따라서 이 경우, 행정적인 경계(분당-광주)를 넘어서는 상징적인 경계(적절한 요소를 갖추면 분당권에 편입될 수 있다는 환상)가 작동한다고 볼 수 있다.

이번에는 분당 신도시 내(분당구 야탑동)에 위치한 납골당(분당 메모리얼파크)의 경우를 살펴보자([그림 8-10]). 이 광고는 '가까운 거리'라는 요소를 통해 서울과의 인접성을 드러내려고 하며, '뛰어난 조망'을 통해 '강남의 랜드마크'와의 연계성을 확보한다. 또한 '편리한 교통'을 통해 (주로 강남과 연결된) 각종 간선도로와의 연계성을 부각한다. 그다음의 광고에서는 사실상 납골당, 묘지로서의 기능이 아니라 산책로, 산악자전거 코스를 갖춘 공원 및 꽃놀이하는 휴식처로서의 기능을 강조함으로써 인근 아파트 주민들의 공원으로 표상된다([그림 8-11]). 따라서 적어도 분당 안에서의 납골당은 혐오 시설이 아니라

일종의 공원으로 기능한다고 볼 수 있다. 이처럼 납골당이 혐오 시설의 하나에서 공원 이미지로 전환됨으로써 주거 도시에 입지할 수 있게 되었다. 즉, 주택의 의미에서 주변 환경의 조망 혹은 풍경이 계산 가능한 것으로 변모되자, 납골당 역시 계산 가능한 대상으로 의미 변화할 수 있게 된 것이다.

[그림 8-10] 분당 메모리얼파크 광고 2

[그림 8-11] 분당 메모리얼파크 광고 3

다른 한편, 판교 신도시가 추진되는 사례를 보면, 분당은 다른 지역과는 차별적인 경계를 유지하고자 하지만, 판교와는 연결되고자 한다는 점을 알 수 있다. 한 일간지 기사를 살펴보자. "같은 기간 1기 신도시의 아파트 시세는 7.96퍼센트 떨어져 인천(7.68퍼센트), 서울(2.81퍼센트), 경기(-2.53퍼센트)보다 감소 폭이 컸다. 시가총액이 가장 많이 줄어든 곳은 분당 신도시다. 66조 7,003억 원에서 59조 326억 원으로 7조 6,677억 원 감소했다."[74] 이 기사를 통해, 아파트 노후화라는 물리적 가치의 감가로 분당이 '분당권'으로 표상될 수 있었던 '상징적 가치' 역시 감가되고 있음을 알 수 있다. 이러한 상징적 가치의 감가에 대한 두려움은 2000년대에 접어들면서 '리모델링 요구의 증가'로 나타나게 된다.[75] 이를 상쇄할 수 있었던 것은 판교 신도시 개발계획 발표 시의 교통난·인구난 등의 부정적인 인식[76]이 다음과 같이 변화했기 때문이다. "'더 낮은 인구밀도' 그리고 '더 높은 녹지율' 등의 '더 쾌적한 주거 요건'을 갖춘 강남 수요."[77] 주택 구매자들을 흡수하는 도시로 추진된다는 점은 결국 판교가 성남 시내의 별도의 행정구가 아닌 '분당구 판교동'으로 자리 잡게끔 한다.

Ⅶ. 결론

지금까지 살펴본 내용을 검토해보자. 부동산 가격 평가 이론과 사례들을 통해 알 수 있듯이, 1990년대 이전의 공간에 대한 관념에서는 '주거 공간'에 대한 일관적인 상이 없었음을 유추해낼 수 있다. 점차 보편화되어가는 아파트 단지들에서도 '최신식 편의 시설'에 대한 관심만 나타날 뿐, '대체 무엇이 쾌적하고 이상적인 주거'인지 드러나지 않는다. 1990년대 이후 '강남'은 최초의 부정적 우려에서 '제2의 강남'인 분당 신도시의 건설과 함께 긍정적인 것으로 재의미화되었다고 볼 수 있다. 더 나아가, 강남에 대한 지금의 관념은 '강남 그 자체'로부터 생겨난 것이 아니라, 분당 신도시의 의미가 '중산층 도시'의 의미로 구체화되는 과정에서 '제2의 강남'으로부터 거꾸로 형성되었다고 볼 수 있을 것이다. 이제 한국 사회에서는 모든 주거 공간이 '강남과의 사회적·물리적 거리'에 따라 재조직된다. 주택은 단순히 '나와 가족이 거주하는 폐쇄적 공간'을 의미하는 것이 아니라 '사회적 경계' 속에서의 지위로 인식된다. 결국 이 사회적 경계는 '강남과의 관념적 거리'를 통해 형성된다. 이 관념적 거리는 다른 공간의 배제를 통한 위계화로 달성될 수 있었으며, 이제 우리는 '강남'에서 '제2의 강남'을 거쳐, '강남 생활권', '분당권' 그리고 '제2의 분당'과 같은 '경계 내에서 살기'를 꿈꾸게 되었다. 이 과정은 마치 일종의 사회운동처럼 공통의 상상을 공유한 거주자들이 적극적 참여·실천을 통해 주거 환경을 개선한 모범적 사례처럼 독해될 여지가 있다. 그러나 이는 동시에 우월한 사회적 가치의 독점을 위해 타 지역에 대한 배제와 차별의 논리가 나타난 결과이기도 하다.

더 나아가, 주택의 의미를 아파트의 보편화를 통해 추적한 기존의 연구들이 도달한 결론에 미약하게나마 반박이 가능하리라 본다. 기존의 연구들은 주택이 아파트의 난립과 서구적 근대화의 영향으로 점차 미시화되어 개인의 사적 공간이 더욱 공고화되는 것으로 파악했다. 즉, 주거 공간으로서의 주택의 의미는 아파트의 물리적 폐쇄성과 점차 원자화되어가는 개인들이 조응한 결과로 인식되었다. 그러나 분당 신도시에서 나타나는 사회적 경계를 만들기 위한 각종 실천들이 결국에는 '쾌적한 주거'를 배타적으로 전유하기 위함이며, 이는 다시 계산 가능한 것으로 간주된다는 점을 고려해보자. 이제 주택은 기존의 논의처럼 '미시적 경계'로 소급되지 않으며, '사회적 경계'의 지속적 생산을 통해서 의미를 획득한다. 즉, 지금의 주택의 의미는 일정한 경계 내에서 공유하는 것들의 사회적 의미가 곧 주택의 의미로 통용된다는 점을 알 수 있으며, 그 기원은 분당 신도시 개발에서 찾아볼 수 있다.

9장 중산층 프로젝트로서 '분당 만들기'

: 분당 신도시 조성의 사회학적 해석

장세훈

I. 문제 제기

분당은 고도성장 시기에 지어진 여러 신도시 중 하나이지만, 그 독특한 성격과 위상 때문에 세간의 관심을 끌어왔다. 우선 "천당 밑에 분당", "중산층 아줌마들의 천국"으로 지칭되는 데서 보듯이,[1] 수도권 5대 신도시의 하나로 조성되었지만, 다른 신도시들과 구분되는 '중산층 도시'의 특성을 분명히 하고 있다. 또한 반세기 동안 광주 대단지, 분당, 판교라는 세 개의 신도시가 모인 '신도시 종합선물세트'로 형성된 성남시에서 그 주축을 이루는 대표적인 신도시로 자리 잡고 있다. 아울러 '제2의 강남'이라는 별칭에서 보듯이, 1970년대에 조성된 강남을 1990년대에 재현하려는 시도의 산물이기도 하다.

따라서 그동안 분당 신도시가 어떻게 만들어졌는가를 살펴보려는 연구들이 잇따랐다. 한편에서는 분당 개발을 도시 정책적 차원에서 수도권 과밀 대책으로, 또 주택 정책적 측면에서 주택 수급의 불균형 대책으로 파악하려는 연구들이 이루어졌다.[2] 이러한 공간적 접근은 신도시 조성이 정부 주도의 공간 개발사업이라는 사실에 착안해서 정부가 내세운 정책 목표 및 과제에 충실한 접근이었다. 그러나 국가의 신도시 개발 전략은 도시·부동산 위기에 대응하는 공간 전략적 차원과 더불어 경제적·정치적 위기에 대응하는 사회 전략적 차원을 담고 있다는 점에서, 이들 연구는 신도시 개발의 특정 측면에 치중한 나머지 또 다른 측면을 놓치고 있다.

다른 한편에서는 이러한 문제점에 주목해서 분당 신도시 개발을 중산층 육성 프로젝트로 파악하고, '중산층 도시'로서 분당이 갖는 사회적·문화적 특성을 밝히려는 연구들이 이어졌다.[3] 이들 연구는 분당 개발을 계기로 성남이 서민/중산층 거주지라는 '이중 도시dual city'로 분단되면서 중산층 거주지로서의 분당의 위상이 도드라졌다면서, 다른 수도권 5대 신도시들과 거리를 둔 채 서울 강남을 흉내 내는 분당의 모습을 밝히는 데 주력했다. 그러나 이들 대다수가 분당의 중산층 도시적 속성을 발견하려 할 뿐, 분당이 어떻게 중산층 도시로 조성되어 왔는가를 추적하는 분당 만들기 과정의 종단적 분석에는 크게 주목하지 않았다. 또한 이들 중 '중산층 도시 만들기'를 다룬 일부 연구들도 단편적 서술에 그쳐, 도시화의 맥락에서 신도시 만들기 과정을 종합적으로 설명하지 못하고 있다.

이에 본 연구에서는 다음과 같은 문제를 중심으로 '분당 만들기' 과정의 사회적 의미를 파악하고자 한다.

먼저 학계의 통설이나 사회적 통념과 마찬가지로, 분당 신도시 건설은 단순히 도시 (과밀) 문제, 주택 (과소) 문제를 완화하기 위한 공간 정책에 불과한 것인가, 아니면 신도시 조성을 통해 관철하고자 하는 또 다른 정치적·사회적 의도가 담겨 있었는가?

다음으로 분당 신도시 조성을 중산층 프로젝트로 볼 수 있는가? 당시 정부는 주택 공급 활성화를 주된 정책 목표로 내걸었을 뿐, 중산층 도시 건설을 명시적으로 언급하지는 않았다. 그러나 분당은 '중산층 도시'로 자리 잡았다. 그렇다면 분당의 중산층 도시 만들기는 누구에 의해 어떻게 이루어진 것일까?

그리고 애초에 분당 신도시 조성은 '제2의 강남'이라는 기치를 내걸고 시작되었는데, 그 결과 분당은 서울 강남의 단순 모사품으로 전락한 것일까? 그래서 분당 만들기는 '강남 만들기'의 복제판, 즉 '강남 따라 하기'에 지나지 않는 것인가? 아니면 분당은 "천당 밑에 분당"으로 거듭나며 독자적인 도시 정체성을 확보했는가?

이들 쟁점을 살펴보기 위해 본 연구에서는 다음과 같은 방식으로 논의를 전개하고자 한다. 먼저 2절에서는 도시화의 맥락에서 신도시 조성을 살펴보기 위한 이론적 논의틀을 구성할 것이다. 다음으로 3절에서는 신도시 조성의 배경을 검토해서, 신도시 조성의 공간적·사회적 의미와 맥락을 파악할 것이다. 4절에서는 정부의 신도시 조성 정책의 구상 및 실행을 살핌으로써 분당이 중산층 도시로 자리 잡게 된 구조적 요인을 제시하고, 5절에서는 성남 주민의 의식과 생활양식을 통해 신도시 만들기의 또 하나의 주역으로서 이들의 역할을 살펴보는 동시에 분당의 독자적인 도시성 형성 문제를 다룰 것이다.

II. 신도시 조성, 어떻게 볼 것인가?

1. 도시화의 맥락에서 바라본 신도시 조성

신도시 조성은 자연 발생적인 도시화 과정과 달리, 특정한 행위 주체가 계획적으로 도시를 건설하는 것이다. 따라서 다양한 사회적·공간적 변인들이 서로 부딪치고 결합하면서 도시를 만들어가는 역동적인 도시화 과정으로 접근하기보다는 계획 대비 실행의 측면, 즉 공간

배치나 인구 구성 등이 애초의 계획대로 이루어졌는가에 주목하기 십상이다. 그러나 신도시 조성도 도시 만들기의 하나라는 점에서, 일반적인 도시화 경로에서 크게 벗어나지 않는다. 따라서 도시화의 맥락에서 신도시 조성 과정을 되짚어보는 작업은 선행 연구들의 편향에서 벗어나 신도시 조성을 새롭게 인식하는 방편이 될 수 있을 것이다.

그렇다면 도시화 과정을 어떻게 볼 것인가? 이에 대한 논란은 이미 도시사회학의 발아 단계에서 시작되었다. 주된 논쟁은 시카고학파 내부에서 도시화의 물리적 측면과 사회적 측면 중 어디에 무게중심을 둘 것인가를 둘러싸고 전개되었다. 한편에서는 도시화를 인구, 자원 등과 같은 생태학적 요인들이 공간적으로 집적되어 농촌 경관과 구별되는 도시만의 고유한 물리적 경관이 형성되는 과정으로 파악하는 물리적 도시화physical urbanization 논의가 제기되었다. 1920-1930년대 시카고학파의 초기 생태학적 연구들이 대표적이다.[4] 다른 한편에서는 단순한 물리적 경관의 변화가 아니라 이 같은 생태학적 요인들의 변화를 통해 도시 주민들이 농촌 주민과 구별되는 별개의 심성을 습득하고, 독특한 사회적 관계를 구축해서 도시만의 고유한 생활양식, 즉 도시성을 만들어가는 과정으로 접근하려는 사회적 도시화social urbanization 논의가 펼쳐졌다. 이는 워스의 도시성 연구[5]에서 출발해 문화 연구로 그 맥이 이어져 왔다.[6]

도시화의 무게중심을 어디에 둘 것인가를 둘러싸고 양자가 서로 맞서고 있지만, 실제 도시화는 이들 두 측면이 유기적으로 결합된 과정이라고 할 수 있다. 즉, 도시화는 인구와 자원의 집중과 집적이 도시의 물리적 기반을 구성하고, 이를 바탕으로 주민들이 소규모로 분산 거주하는 농촌 지역에서와 달리 이질적 구성원들이 대규모로 밀집해 거주하면서 독특한 도시 문화와 정체성을 형성하고, 이 같은 도시성을 바탕으로 도시의 물리적 경관이 다시 새롭게 재편되는 일련의 과정을 밟아간다고 봐야 할 것이다.[7]

이러한 관점에 입각한다면, 신도시 조성도 국가 주도의 인위적인 물리적 도시화 과정과 주민 주도의 자발적인 사회적·문화적 도시화 과정이 중첩적으로 전개되는 과정으로 파악할 수 있다. 특히 국가가 주도해서 단기간에 이루어지는 한국 사회의 신도시 건설에서는 이들 과정이 단계적으로 펼쳐지는 양상을 상정해볼 수 있다.[8] 즉, 1차적으로 국가가 앞장서서 도시 기반 시설과 거주지, 생활환경과 같은 물리적 경관을 건설하는 국가 주도의 물리적 도시화 과정이 전개된다. 그 다음으로 이 같은 도시경관이 갖춰진 후에 주민들이 입주해 자신들의 사회적·문화적 여건을 조성하면서 집합적 심성과 공통의 생활양식을 만들어가는 주민 주도의 사회적 도시화 과정이 펼쳐진다. 그 뒤에 이들 두 과정이 서로 충돌하고 결합하면서 신도시의 고유한 도시성을 만들어가게 된다.

이러한 관점에 비춰 본다면, 앞서의 선행 연구들은 제각기 신도시 건설의 2단계 중 어느 하나의 단계에만 주목한 나머지, 신도시 건설을 총체적으로 살펴보지 못했다고 할 수 있다. 본 연구에서는 이처럼 신도시 조성의 주체와 방식이 각 단계별로 크게 바뀐다는 점에 주목해서, 분당 지역에서 신도시 조성이 단계별로 어떻게 이루어지는지, 그리고 그 과정에서 신도시 분당의 보편성과 특수성이 어떻게 형성되는지를 밝혀볼 것이다.

2. 접근 방법 및 자료

그렇다면 분당 신도시 조성을 구체적으로 어떻게 접근할 것인가? 신도시 조성 단계에 따라 행위 주체들의 행동 양식과 조성 방식을 중심으로 살펴봐야 할 것이다.

먼저 신도시 조성 1단계에서 신도시 건설은 국가가 처한 사회적·공간적 여건을 배경으로 이루어진 전략적 선택의 산물이기 때문에 국가가 신도시의 규모 및 용도, 기반 시설 배치, 입주민의 계층적 구성 등을 미리 계획하고 추진하는 의도적 도시화targeted urbanization의 형태를 띠게 된다. 따라서 본 연구에서는 1990년대 초반 분당 신도시를 조성하게 된 사회적·경제적·공간적 배경은 무엇인지, 이러한 배경하에서 정부는 어떠한 정책 목표를 수립하고 정책 수단을 강구했는지, 그리고 이를 바탕으로 신도시 정책을 어떻게 집행했는지를 살펴볼 것이다.

다음으로 2단계에서 국가가 조성하는 물리적 경관과 그에 맞춘 입주민의 사회적·경제적 구성에 의해 주민들의 심성과 행태가 크게 규정받지만, 이들은 자신들의 방식으로 생활환경을 재구성하며 지역정체성과 도시 문화를 형성해간다. 즉, 주민들이 국가가 짜놓은 '의도적 도시화'의 경로를 그대로 밟아가지는 않는다. 이러한 점에서 이들의 사회적 도시화 전략에 주목할 필요가 있다.

이때 신도시 주민은 대내적 동질화 전략과 대외적 차별화 전략의 행위 양식을 취한다. 즉, 신도시 주민들을 하나로 묶을 수 있는 심리적 동질감과 생활양식을 구축하는 한편, 교육, 소비 등의 일상생활이나 사회적 관계에서 외부 세력에 대한 거리 두기를 통해 신도시 안팎의 사회적·문화적·심리적 경계를 분명히 함으로써 자신들의 역할과 위상을 공고히 하고자 한다.[9] 이러한 행태는 주민 스스로의 심리적 자기 통제와 절제된 행동, 주민 상호 간의 암묵적인 은근한 감시, 국가 기구 및 외부 세력에 대한 적극적인 집합행동 등의 다양한 방식으로 표출된다. 따라서 이들이 어떠한 행위 전략을 선택해서 구사하는지, 그러한 행위 전략의 결과 신도시의 성격과 위상이 애초의 조성 의도에 비추어 어떻게 재편되는지를 살펴볼 것이다.

이렇게 조성된 신도시에서는 신도시만의 고유한 속성, 즉 도시성이 만들어진다. 일반적으로 도시성은 특정 도시의 주민들이 함께 공유하는 심성이나 행동 양식, 사회적 관계 등을 포괄한 전반적인 생활 양식, 즉 일종의 도시 문화를 가리킨다.[10] 여기서는 신도시 조성의 이중적 도시화 과정에서 만들어진 주민들의 심성 및 행동 양식의 변화를 분당 주민의 새로운 도시성을 통해 살펴볼 것이다.

이상의 분석을 위해 이 글에서는 분당 신도시 개발 및 실태에 관한 기존의 공간 자료를 활용하는 한편, 분당 주민의 생각과 행동 양식을 구체적으로 파악하기 위해 이들에 대한 면접을 실시했다. 총 9명의 분당 주민을 대상으로 2015년 8월에 1차 심층 면접을, 다시 2015년 12월과 2016년 1월에 2차 면접을 진행했다. 면접 참여자의 선별은 직업군과 직전 거주지의 다양성, 분당 거주 기간 등을 감안해서 이루어졌다.[11] 면접은 참여자들의 생애사를 중심으로 이야기하면서 분당에 대한 자신들의 생각이나 생활양식에 대한 견해를 드러내도록 하는 방식으로 전개했다. 면접 참여자의 기본적인 사회·인구학적 속성은 [표 9-1]과 같다.

[표 9–1] 심층 면접 대상자의 기본 특성

구분	성명	생별, 연령	면접 일시	직업	입주 시기	직전 거주지	학력	월소득 (만 원)
A–1	조○○	남, 44세	2015.8.	금융트레이더	2003	서울시 강남구	대졸	600
A–2	유○○	여, 70세	2015.8.	주부(간호사)	1992	서울시 강남구	대졸	(400)
B–1	최○○	여, 57세	2015.12.	서점 운영	2000	경기도 성남시	고졸	400
B–2	이○○	여, 54세	2016.1.	한복집 운영	2000	경기도 일산신도시	대졸	300
B–3	이○○	여, 51세	2016.1.	과외교사	2000	서울시 서초구	대졸	400
B–4	김○○	여, 58세	2016.1.	숲 해설가	2001	경기도 성남시	고졸	250
B–5	정○○	남, 55세	2016.1.	교사·자산가	1998	서울시 동작구	대졸	800
B–6	김○○	여, 58세	2016.1.	주부(공무원)	1998	경기도 성남시	대졸	(400)
B–7	김○○	여, 46세	2016.1.	교사	1999	서울시 송파구	대졸	400

※ 1) 현재 전업주부인 경우에는 직전 직업을 괄호 안에 병기.

2) 월 소득은 면접 대상자 개인의 월 평균 소득. 다만 전업주부의 경우에는 가구 월 평균 소득

3) 1차 면접자를 A유형으로, 2차 면접자를 B유형으로 구분함

Ⅲ. 분당 신도시의 개발 배경

분당 신도시는 경기도 성남시 600여만 평의 부지에 1989년 8월 30일부터 1996년 12월 31일까지 7년여에 걸쳐 총 4조 2천억 원의 사업비를 투자해 10만 호의 주택을 지어 39만 명을 수용할 계획으로 개발되어, 2014년 말 현재 50여만 명이 거주하고 있다.[12] 그런데 성남시는 1970년대 초반 철거민 이주 대책의 일환으로 광주 대단지를 조성하는 과정에서 대규모 주민 반발에 부딪쳐 신도시 건설의 실패를 경험한 곳이었다. 또한 수도권의 과도한 인구 집중을 막기 위해 신도시 개발 당시 정부는 수도권 전역에 강력한 개발 규제 정책을 추진하고 있었다. 이처럼 많은 걸림돌이 놓여 있는데도 어떤 계기로 정부가 직접 나서서 서울 인근에 중산층 대상의 대규모 신도시를 조성하려 한 것일까?

분당 신도시 개발의 원인遠因은 고도성장이 정점에 달했던 1980년대 중반의 3저 호황과 1987년 민주화 투쟁에서 찾을 수 있고, 그 근인近因은 그에 따른 주택·부동산 위기와 정치적·사회적 불안이었다. 그리고 이들 요인을 이어주는 주된 매개 요인으로 중산층의 성장이 작용했다고 볼 수 있다.

1986년에서 1988년 사이, 한국 경제는 저금리, 저유가, 저달러라는 세계 경제의 호조건에 힘입어 3년 연속 연간 경제성장률 12퍼센트 이상의 호황을 경험하며, 286억 달러의 국제수지 흑자를 기록했다.[13] 이로 인해 막대한 해외 자금이 국내로 유입되어 금융시장 내 유동성이 커지면서 유동자금이 대거 부동산시장으로 흘러들었다.

문제는 당시의 부동산시장이 이러한 유동자금을 수용할 여력이 부족했다는 데 있다. 그러자 1980년에서 1987년 사이 연평균 10.5퍼센트였던 지가 상승률이 1988년 27.5퍼센트, 1989년 32퍼센트, 1990년 20.6퍼센트로 급등했다.[14] 이에 더해 주택·토지 수요가 몰린 수도권 지역에서는 주택 부족 문제가 심각해졌다. 1987년 말 전국의 주택 보급률이 69.2퍼센트였는데, 서울의 그것은 50.6퍼센트에 지나지 않았다. 더구나 가구 수는 연평균 3.3퍼센트 증가하는데 신축 주택 공급은 그에 미치지 못했고, 매년 철거되거나 멸실되는 주택은 전체 재고 주택의 1.2퍼센트를 넘어 주택 부족 사태를 가중했다.[15]

그 결과, 신규 주택 공급이 사실상 중단되다시피 한 서울 강남 지역을 중심으로 대형·고급 아파트를 대상으로 한 주택 투기 붐이 일어 1988년 하반기부터 1989년 상반기 사이에 대형 아파트 가격이 30-50퍼센트 급등했다.[16] 강남의 아파트 가격 폭등은 서울, 수도권을 넘어 전국으로 확산되면서,[17] 전세금을 마련하지 못한 것을 비관해서 자살하는 무주택 서민들이 잇따르는 등 단순한 경제 위기를 넘어 정치적·사회적 불안을 가중했다.[18]

이에 정부는 1988년 주택 가격 안정 조치의 하나로 매년 40만 호의 주택을 공급하는 '주택 200만 호 건설계획'을 수립하고, 그 일환으로 수도권 지역의 주택 공급을 촉진하기 위해 중동·평촌·산본 지구 개발을 발표했다. 그러나 이들 신도시는 기성 도시들의 시가지를 확장하는 신시가지 조성에 가까워 주택 가격 폭등의 진원지인 강남의 주택 수요를 진정시키기에는 역부족이었다. 따라서 강남의 중·대형 아파트 수요를 충족시킬 대안이 필요했고, 이것이 강남에 인접한 경기도 성남의 분당 신도시 개발로 이어졌던 것이다.

당시 정부는 3저 호황에 뒤이은 주택·부동산 위기에 더해 1987년 민주화 투쟁에 따른 정치·사회 체제의 위기 상황에 처해 있었다. 국가기구가 시민사회 위에 군림하는 권위주의적 국가 체제에 익숙해 있던 정부로서는 시민사회의 다양한 요구가 분출하는 새로운 정치·사회 상황에 쉽사리 대처할 수 없었다. 노동자, 농민, 화이트칼라 등 여러 사회계층이 각자의 집단적 이해관계를 드러낼 뿐 아니라, 시민운동단체, 환경운동단체 등의 조직적 저항도 새롭게 대두되었다.[19] 따라서 정치적·사회적 안정을 되찾아줄 수 있는 사회계층에 대한 요구가 커졌고, 이는 '사회의 허리'에 해당하는 중간층에 대한 관심으로 이어졌다.

지속적인 고도성장을 거치면서 화이트칼라, 중소 상인 등으로 구성된 중간층은 양적으로 성장했을 뿐 아니라 사회경제적 역량도 크게 증대했다.[20] 이들은 1987년 민주화 투쟁 과정에 '넥타이 부대'로 참여하며 사회 변동의 주역으로 활약한 바 있고, 그 뒤로도 새롭게 발흥하는 시민운동의 저변을 형성해왔다. 그러나 이들은 대통령 직선제 요구가 받아들여지고 형식적 민주주의의 틀이 일정 정도 갖춰지자, 3저 호황의 수혜를 받아 안정된 일자리를 바탕으로 '마이 카', '마이 홈'을 외치며 자산 증식에 열광하면서, 정치적·경제적 안정을 바라는 안정 희구 세력으로 자리 잡아갔다. 정치적 민주화 이후의 체제 불안으로 갈등과 혼란이 끊이지 않던 당시 상황에서 정부로서는 이 같은 양면성을 지닌 중간층을 어떻게 관리하느냐가 체제 안정의 최대 관건이 아닐 수 없었다.

따라서 정부는 한편으로는 고용 안정과 자산 축적에 대한 중간층의 요구를 적극적으로 수용해서 이들의 규모를 키우면서 그 계층적 지위를 안정시킴으로써 정치사회적 안정을 도모할 필요가 있었다. 다른 한편으로는 제한된 투자 재원으로 주거 위기를 극복하기 위해 전세 자금이나 소형 자가 주택을 보유한 중간층의 자산을 정책적으로 동원할 필요도 있었다. 즉, 정부로서는 이들 중간층이 자신들의 소규모 자산을 기반으로 정부의 주택금융 지원을 받아 중형 이상의 아파트를 장만하도록 후원함으로써 상대적으로 적은 재정 투자 부담으로 주택 공급 물량을 크게 늘리는 한편, 이들이 사회 내에서 '내 집 장만'에 성공한 '중산층'으로 두텁게 자리 잡아 정치사회적 불안을 잠재우는 균형추 역할을 담당하도록 할 필요가 있었다.

결국 1980년대 후반 주택 공급의 문제와 정치사회적 불안이라는 위기 상황이 중첩되면서, 국가의 사회경제적 부담을 최소화하면서 이들 위기를 동시에 타개하기 위한 수단으로 자가 소유 중산층의 육성 방안이 제기되었고, 이는 중산층 중심의 신도시 조성 대책으로 구체화되어 분당 만들기로 집약되었다고 할 수 있다.

IV. 중산층 도시 만들기 1단계: 정부의 '중산층 도시 건설'

1. 정부의 중산층 도시 건설계획

앞에서 말했듯이 정부의 분당 개발은 사회경제적 위기 국면에서 중산층으로의 계층 상승을 꾀하거나 중산층으로서의 사회경제적 지위를 공고히 하려는 사회집단에게 강남으로 상징되는 전형적인 중산층 도시의 생활환경을 제공함으로써 이들의 자산 증식 욕망을 충족시켜 주거 위기를 완화하는 동시에 이들을 정치사회적 안정 세력으로 육성한다는 기조에서 출발했다. 1989년 4월 말 정부의 분당 신도시 개발 발표는 이러한 정책 방향을 잘 보여주고 있다.

당시 정부의 발표 내용은 분당 지역에 수도권의 중심상업업무지역으로 기능할 자족적 신도시를 건설해서 중산층을 위한 쾌적한 교외 거주지로 제공한다는 것이다. 구체적으로는 먼저 중·대형 아파트를 대량 공급하고, 충분한 녹지대와 완벽한 도시 기반 시설, 그리고 서울 및 인접 도시들과 긴밀히 연계된 교통 체계를 구축해서 생활의 편의성을 제고한다.[21] 또한 서울의 상업·금융·업무 기능을 적극적으로 끌어들이는 한편, 두뇌 집약형 무공해 산업인 정보·통신 산업을 육성하고, 여기에 더해 공공 기관을 적극적으로 유치함으로써 자족적인 도시 기능을 갖추도록 해서 장기적으로 지속 가능한 도시 발전의 토대를 구축한다. 특히 과감한 교육 투자를 통해 우수한 교사진과 최고의 교육 시설 및 환경을 제공함으로써 최고의 학군을 만들어 강남 지역에 버금가는 교육 환경을 갖추도록 한다는 것이다.[22] 이는 서울 강남에 집중된 중산층의 욕망을 분당 신도시로 분산시켜 주택 가격 폭등 사태를 누그러뜨리는 한편, 중산층 도시 건설을 통해 강남을 넘어 수도권으로 중산층의 계층적 저변을 넓히겠다는 정책 의도를 담고 있다.

정부와 건설업체들의 홍보 전략이 더해지면서 이러한 정책 의도는 더욱 공고해지고 사회적으로 확산되었다. 일례로 분당이 성남시 행정 구역 내의 개발 지구로 성남시의 공간적 확장 형태를 취했기 때문에 '분당 지구' 또는 '분당 신시가지'로 표현하는 것이 적절했지만, 정부는 굳이 '분당 신도시'로 명명했다.[23] 이는 성남 구도심과의 사회적·심리적 구획화를 분명히 함으로써 '서민 도시 성남'과 구별되는 '중산층 도시 분당'의 이미지를 굳히는 효과를 낳았다. 여기에 더해 건설업체들은 신도시 아파트 분양 광고를 통해 '꿈의 도시' 분당을 대대적으로 선전하면서, '강남의 재현'을 기대하는 예비 중산층의 관심을 이끌어냈다.

특히 분당 신도시 개발이 단순한 주택 공급 확대에 그치지 않고 중산층 육성 의도를 담고 있다는 사실은 그 추진 주체가 건설부 같은 일개 정부 부처가 아니라 청와대였다는 점에서 여실히 드러난다. 애초 기획 단계에서부터 청와대가 개입했고, 청와대 내에 '서민주택 건설 실무 기획단'을 별도로 설치해서 분당 개발을 주도했다.[24] 이는 신도시 건설을 청와대 차원의 정무적 판단이 필요한 정치적 사안으로 판단하고 대처했음을 보여준다.[25]

2. 중산층 도시 조성의 걸림돌

그러나 정부의 중산층 도시 만들기 전략은 추진 과정에 여러 장애 요인이 산적해 있어 출발부터 여론의 반발과 도시계획 전문가들의 비판에 직면한 데다가,[26] 아래와 같은 각종 걸림돌에 부딪치면서 애초의 의도대로 관철되기가 더욱 쉽지 않았다.

먼저 '중산층 도시'로 굳건히 자리 잡기 위해서는 실질적 모도시母都市에 해당하는 서울, 행정적 모도시에 해당하는 성남으로부터 독립된 자족적 신도시로 건설해야 했다.[27] 이를 위해 첨단산업 분야의 기업체 및 공공 기관 등 생산 시설의 유치가 필수적이지만, 당시 정부는 국토 균형 개발의 관점에서 수도권 집중 규제를 국토계획의 주요 과제로 삼고 있었기 때문에 정책적 딜레마에 빠졌다.[28] 그 결과, 계획 단계에서 신도시 개발의 주관 부처인 건설부 내에서 부서 간 갈등이 빚어져 신도시 추가 건설에 비판적인 국토계획국과 도시국은 뒷전으로 밀리고, 토지국과 주택국이 개발사업을 주도해야만 했다.[29] 또 초기 집행 단계에서 수도권정비심의위원회에서 자족 도시 건설에 필요한 기업체 및 공공 기관을 '인구 집중 유발 시설'로 분류해 시설 유치를 제한함으로써 신도시 입주를 신청한 공공 기관과 정부 투자기관, 대형 판매 시설, 종합병원 중 상당수가 이전을 포기하기도 했다.[30]

또한 강남에 버금가는 중산층 도시를 육성하기 위해 정부는 중산층이 선호하는 중형 이상 아파트를 대거 공급하는 방안을 강구했지만, 이는 여러 사회계층의 사회적 혼거social mix를 통해 도시의 다양성과 균형을 도모해야 한다는 도시계획의 기본 원칙과 충돌했다. 실제로 1970년대 초반 광주 대단지 조성 과정에서 '인구 10만 명을 모아놓으면 서로 뜯어먹고 살 수 있다'는 근거 없는 발상으로 성남시에 서울 도심 철거민을 정착시켰다가 이들의 대규모 집단 저항에 부딪친 경험이 있었기 때문에[31] '자라 보고 놀란 가슴 솥뚜껑 보고 놀란다'는 속담에서처럼 '중산층 중심 도시' 건설의 사회적·정치적 부작용에 대한 안팎의 우려가 적지 않았다.[32] 따라서 신도시의 도시계획 설계를 주관했던 국토개발연구원에서도 애초에 도시 내 사회적 균형을 고려해서 주택의 평균 규모를 국민주택 규모(25.7평) 이하로 낮춰 저소득 빈곤층, 무주택 서민층, 중산층 등 다양한 사회계층의 주거 수요를 충족시키고자 기획했다.[33] 그러나 이러한 계획대로라면, 주거 위기 해소와 중산층 육성이라는 애초의 정책 목표를 달성하기가 쉽지 않았다.

이에 더해 중산층 입주를 부추기기 위한 각종 도시 기반 시설 및 생활 편익 시설, 그 가운데 교육·문화 분야의 각종 특혜성 조치들은 수도권 내 다른 지역들, 특히 당시 함께 개발되던 수도권 내 다른 신도시들과의 형평성 논란을 불러일으켰다. 이들 시설 및 조치는 분당을 '제2의 강남'으로 홍보해서 강남을 지향하는 예비 중산층을 유인하기 위한 묘책이었지만, 정부 안팎의 비판과 반발이 적지 않아, 특혜 논란을 불식시키기 위한 별도의 방안이 요구되었다.

그 무엇보다 큰 걸림돌은 신도시 건설 재원의 조달 문제였다. 이미 주택 200만 호 건설계획을 시행 중에 있고, 그 일환으로 수도권 내에 평촌·산본·중동 신도시 건설을 추진하면서, 여기에 분당과 일산 신도시 개발을 더했기 때문에, 정부로서는 추가 재원 조달이 어려운 상황이었다. 더구나 분당은 강남 수요를 대체할 '중산층 도시 건설'을 목적으로 했기 때문에 다른 지역에 비해 투자 수요가 더 컸다. 토지개발공사를 개발 주체로 선정했지만, 토지개발공사도 분당 개발에 걸맞은 재정 역량을 갖추지는 못했다. 따라서 중산층 신도시 만들기가 성공하기 위해서는 개발 주체를 다변화하거나 새로운 재원 조달 창구를 강구해야만 했다.

3. 정부의 적극적인 대응

당시 노태우 정부는 체제의 와해를 초래할 수도 있을 심각한 사회경제적 위기에 직면했다고 인식했다.[34] 따라서 이러한 장애 요인에 부딪쳐 움츠러들기보다는 적극적으로 대처하며 중산층 도시 건설에 박차를 가했다.

먼저 신도시 개발에 따른 수도권 집중 문제에 대해서는 인구 유발 효과를 최소화하면서 신도시의 자족성을 살리는 해법을 찾아나갔다. 한편으로 공장 등 생산 설비의 신축을 억제해서 고용 기회 확대로 인한 인구 유입 가능성을 차단하는 한편, 아파트 분양 자격을 제한해서 수도권 주민만 입주할 수 있도록 규제했다.[35] 이는 신도시 개발 효과를 수도권 내에서의 인구 및 기능의 조정 및 재편으로 국한해 수도권 인구 집중의 우려를 잠재우려는 조치였다. 다른 한편으로 자족적 신도시 건설에 제약 요인으로 작용하는 국토계획상의 수도권 개발 규제를 완화했다. 예컨대 1992년 국무총리 훈령을 통해 수도권 내 공공 기관 이전을 금지하는 수도권정비계획법상의 규정을 분당·일산 신도시에 한해 적용하지 않는다는 예외를 허용했다.[36] 이에 따라 주택공사, 토지개발공사, KT 등 일부 공공 기관의 유치가 이루어질 수 있었다. 이에 더해 상업·업무 시설이나 공장 등의 유입은 차단했지만, 첨단 정보·통신 분야 기업들의 입주나 대규모 유통·상업 시설의 진출은 허용했다. 그 결과, 신도시가 단순한 침상도시bed town로 전락하지 않고 자립적인 경제적 기반을 갖춘 도시로 성장할 수 있는 토대가 마련되었다. 그리고 이를 기반으로 분당을 성남에서 독립된 별도의 시로 독립시키는 방안도 모색했다.[37]

다음으로 신도시의 '사회적 혼거' 문제와 관련해서는 중산층 일색의 도시가 현실적으로 불가능하다는 점을 인정해서, 임대주택과 소형 아파트(8-12평) 비중을 늘리는 등 다양한 사회계층의 혼거 방침을 준수하려는 태도를 취했다. 그러나 공급되는 아파트 규모별 비중을 여타 신도시들과 비교해보면, 분당의 경우에는 국민주택 규모를 웃도는 중형 이상 아파트 비중이 다른 신도시들에 비해 월등히 높은 반면, 임대주택 비중은 일산과 함께 평균을 밑도는 수준이다([표 9-2] 참조). 이러한 사실은 저소득층 대상의 임대아파트 건설이 일종의 무마책이었고, 중산층 도시 건설의 의도가 일관되게 유지되었음을 시사한다.

실제 주택 공급 내역의 시기별 변화 추이를 살펴보더라도, 중산층

[표 9-2] 수도권 5대 신도시 아파트의 규모별 건설계획[38]

(단위: 천 호, %)

구분	분당	일산	평촌	산본	중동	합계
임대주택	15.5(17.6)	8.2(14.1)	14.1(34.1)	11.1(26.7)	11.5(27.7)	60.4(22.4)
국민주택 이하(18평 이하)	14.2(16.2)	11.5(19.8)	7.8(18.8)	17.7(42.7)	8.5(20.5)	59.7(22.1)
국민주택 규모(18-25.7평)	28.0(31.9)	22.7(39.1)	11.6(28.0)	1.5(3.6)	13.9(33.5)	77.7(28.7)
국민주택 이상(25.7 평 초과)	30.2(34.4)	15.6(26.9)	7.9(19.1)	11.2(27.0)	7.6(18.3)	72.5(26.8)
합계	87.9(100.0)	58.0(100.0)	41.4(100.0)	41.5(100.0)	41.5(100.0)	270.3(100.0)

입주 비중을 높여 중산층 중심 도시를 만들려는 시도는 꾸준히 이어졌다. 1989년 8월 정부가 발표한 최초 계획에서는 전용면적 25.7평 이하의 소형 아파트의 비중이 66.1퍼센트이고, 중·대형 아파트의 비중은 33.9퍼센트였다. 이후 개발계획이 수차례 변경되다가 1995년 12월 최종 계획인 11차 택지개발계획 변경 승인서에서는 양자의 비중이 65.7퍼센트와 34.3퍼센트로 바뀌었다. 그 자체로는 중형 이상 아파트가 미증했을 뿐이지만, 중형 이상 아파트의 구성비에 큰 변화가 있었다. 즉, 전용면적 31평을 기준으로, 1989년 계획에서는 전체 아파트 중 그 이하(25.7-31평) 평형 아파트 비중이 21.3퍼센트, 그 이상 아파트 비중이 12.7퍼센트였는데, 1995년 최종 계획에서는 양자의 비중이 7.7퍼센트와 26.6퍼센트로 역전되었다.[39] 당시 일반적으로 국민주택

규모 아파트가 아니라 30평 이상의 중·대형 아파트를 중산층의 표준 주택으로 여겼던 점을 감안한다면, 정부가 중산층 이상 입주자 비중을 전체 주민의 10분의 1에서 4분의 1로 늘려 '중산층이 주축이 되는 도시'를 조성한다는 정책 기조를 강하게 밀어붙였다고 할 수 있다.

그리고 특혜성 시설 및 조치 논란과 관련해서는, 여론의 비판은 물론이고 정부 내 반발도 적지 않아 그대로 추진하기가 어려웠다. 따라서 도로, 지하철 등 각종 기반 시설 관련 부분은 그대로 설치하되 그 재원을 최종적으로 입주민이 토지 대금 및 아파트 분양 대금으로 부담하도록 해서 특혜 시비를 잠재워야 했다. 또한 교육·문화 관련 사안도 애초의 계획과 달리 실효성 있는 특혜성 조치를 취하지 못했다. 당시 잇따른 신도시 개발에 따른 학교 신설로 교육 시설 및 인적 자원에 대한 투자 부담이 컸던 경기도가 분당에 별도의 교육 시설 관련 특별 예산을 편성할만한 여력도 없었고, 우수 교사 투입이나 명문 고등학교 유치 등도 사실상 '공염불'에 그쳤기 때문이다.[40]

이와 달리, 개발 재원의 조달 문제는 민간 자본의 동원을 통해 비교적 수월하게 해소할 수 있었을 뿐 아니라, 민간 자본의 요구를 수용하는 과정에서 중산층 도시화가 더욱 가속되었다. 분당 신도시 개발에서 정부는 토지개발공사가 사업 주체가 되는 공영개발 방식을 채택했다. 그러나 실제 진행 과정을 살펴보면, (토지개발공사나 주택공사와 같은 공사들이 개발사업을 주관하는) 일반적인 공영개발과 달리 정부가 직접 모든 계획을 수립하고 결정하는 '머리' 역할을 담당하고, 토지개발공사는 그 결정에 따라 정부와 협의해서 실무를 집행하는 '손발' 역할을 수행하는 형식으로 운영되었다.[41] 그 과정에서 신도시 개발의 '구상' 기능을 담당한 정부는 사업의 최대 난제인 개발 재원 조달 문제를 입주민과 민간 건설업체와 같은 민간 부문의 역량을 활용해서 해결하고자 했다. 그러나 주택 200만 호 건설계획으로 전국이 공사판이 된 현실에서 민간 건설 자본이 분당 개발에 소극적이었기 때문에 정부의 구상대로 진행되기가 어려웠다. 그러자 정부는 민간 건설업체 참여의 관건이 수익성 문제라는 점에 주목했고, 개발 이익의 분배 과정에서 이들의 목소리를 적극 수용함으로써 이들의 참여를 이끌어내고자 했다.[42]

그 하나가 분양가격 연동제였다. 1970년대 후반의 아파트 투기 및 가격 폭등 사태의 대책으로 시작된 분양가상한제는 아파트 건설업체의 수익 극대화를 가로막는 최대의 족쇄였다. 따라서 이들은 분양가 현실화를 신도시 개발 참여의 전제 조건으로 내걸었다.[43] 그러자 정부는 이에 호응해서 표준 건설단가에 따라 공사비를 산정하고 여기에 실제 토지 비용 및 적정 수익률(건축비의 5퍼센트 안팎)을 합산해서 아파트 분양가를 신축적으로 조정하는 분양가격 연동제를 새롭게 적용했다. 이제 실제 자재 비용 및 인건비, 그리고 택지비를 분양가에 반영할 수 있게 되어 민간 건설업체들은 채산성을 보장받게 되었다. 여기에 건축비의 7퍼센트 이내에서 주택 내장 마감재에 대한 선택 사양 option을 허용해 건설업체의 이윤 폭을 더 넓혀주었다.[44]

다른 하나는 수도권 5대 신도시 개발에 참여한 민간 건설업체의 재원 조달이 용이하도록 주택상환사채 발행을 허용한 것이다. 주택상환사채는 민간 건설업체가 입주 예정자를 대상으로 주택 가격의 60퍼센트 한도 내에서 회사채 형식으로 발행한 후 만기일에 주택으로 상환하도록 한 제도로, 이를 통해 건설업체들은 아파트 부지 불하 등에 필요한 선투자先投資 비용을 입주자로부터 조달할 수 있게 되었다.[45] 이는 분양 후 아파트 가격 상승으로 입주자가 얻게 될 개발 이익의 대가로 이들에게 신도시의 초기 개발 비용 부담을 전가한 것이다.[46]

문제는 이 같은 분양가격 연동제와 주택상환사채가 분당 신도시 입주의 진입장벽으로 작용해서 중산층 이하 계층을 걸러내는 효과를 발휘했다는 사실이다. 즉, 분양가격 연동제로 분양가상한제가 사실상 무력화되어 크게 인상된 아파트 분양가를 부담할 수 있을 뿐 아니라 총 분양가의 60퍼센트에 달하는 막대한 자금을 동원할 수 있어야만 분당의 중산층으로 입성할 수 있었던 것이다. 이 때문에 분당 진입을 통한 중산층으로의 계층적 지위 상승의 문턱이 더 높아진 셈이어서 민간 위주의 공영개발 방식이 중산층 도시 건설을 부추기는 기제로 작용했다고 할 수 있다.[47]

결국 정부의 분당 신도시 개발은 중산층 도시 조성을 목표로 출발해서 시작부터 적지 않은 장애물에 봉착했지만, 정부는 이 같은 걸림돌을 하나씩 헤쳐가면서 중산층 생활에 걸맞은 도시경관을 조성하는 한편, 중산층 이하 계층의 진입을 제한하는 방식으로 중산층 도시의 토대를 다졌다고 할 수 있다.

그러나 이는 중산층 도시 조성의 1단계 과제인 시설·경관 조성과 인구 구성이라는 물리적 도시화의 여건을 마련한 것일 뿐이었다. 따라서 중산층 도시로서 분당이 제자리를 잡기 위해서는 여기에 주민들 스스로 중산층 문화와 생활양식이라는 새로운 도시성을 만들어가는 중산층 도시 만들기의 2단계 작업이 더해져야 했다.

V. 중산층 도시 만들기 2단계: 분당 주민의 '중산층 되기'

1. 대외적 구별 짓기 전략

정부 주도의 1단계 신도시 만들기로 분당은 중산층 도시의 외관을 갖추게 되었다. 널찍한 도로와 잘 닦인 도로망, 인공과 자연이 어우러져 편리하고 쾌적한 생활환경, 고층의 아파트 숲 등이 조성되고, 주민도 아파트 분양 및 입주 단계에서의 여과 절차를 거쳐 중산층 생활이 가능한 가구 중심으로 짜였다. 그러나 앞서 보았듯이, 계층 간 혼거를 위해 신도시 내에 영구임대주택 단지들이 들어서는가 하면, 외관상으로 수도권 내 다른 신도시들과의 차별성도 그리 뚜렷하지 않았다. 이에 더해 주거 위기 해소를 앞세워 개발 와중에 주민 입주가 이루어지고, 교육·문화 환경도 애초의 정부 홍보 수준에 못 미치는 등 여러 문제가 겹치면서 '중산층 도시'의 이미지에 손상을 입었다.

따라서 강남에 버금가는 중산층 도시로 도약하기 위해서는 주민에 의한 '도시 만들기' 작업이 더해질 필요가 있었다. 이들의 도시 만들기는 도시 안팎으로 선을 그어 '중산층 도시'의 경계를 명확히 하는 한편, 내부 성원들 간의 동질성과 정체성을 공고히 하는 방식으로 펼쳐졌다.

그 1차적 과제는 성남과 구별되는 분당의 도시 정체성 세우기에 맞춰졌다. 정부는 개발계획 단계에서부터 분당의 자족성을 내세우며 성남과의 차별성을 부각했다. 그러나 중앙정부의 이 같은 의도와 달리, '철거민 도시'라는 오명으로 출발한 성남시는 분당과의 결합을 통한 이미지 개선을 꾀했다. 이에 더해 성남 주민들은 중산층 도시 건설로 인한 구시가지의 슬럼화를 우려해서 분당의 행정적 독립 시도에 대해 "광주 대단지 사태와 같은 대규모 시민 데모가 발생할 것"이라 며 위협하고 나섰고,[48] 성남시도 실리적 차원에서 막대한 세수원이 될 분당의 독립에 수수방관할 수 없었다. 이에 성남시는 분당 쓰레기소 각장과 하수처리장을 분당 밖 성남시 권역에 건설하는 등 분당을 편 입시킬 명분을 차곡차곡 쌓아나갔다. 그리고 분당 주민의 첫 입주 직 전인 1991년 9월 17일 분당구청 개청식을 서둘러 단행했다.

그러자 정부 발표만 믿고 '분당시'를 기대하고 들어온 입주민들이 반발하고 나섰다. 시범단지 입주가 어느 정도 이루어진 1991년 후반 부터 아파트 부녀회를 중심으로 분당시로 독립시켜줄 것을 요구하는 서명운동을 펼치는가 하면, 1993년에는 분당 독립시 추진을 위한 '분 당입주자대표협의회'를 결성해서 정부 관련 부처에 건의서를 전달하 고 청와대로 탄원서를 제출하는 등 조직적 대응에 나섰다.[49] 그러나 이러한 시도는 정부 당국의 긍정적인 답변을 이끌어내지 못한 채 내 부 분열로 와해되고 말았다. 이후 선거철마다 정치인들이 앞장서서 '분당 독립'을 외치고 일부 주민들이 이에 호응했지만, 이들 역시 선 거용 일과성 주장에 그칠 뿐, 지속적인 지역 주민운동으로 발전하지 못했다.[50] 그렇지만 적어도 이러한 활동은 대외적으로 분당이 행정구 역상 성남에 속하지만 별개의 사회 공간임을 공표하면서 대내적으로 주민들 스스로 분당 귀속감을 보다 단단히 다지는 효과를 낳았다.[51]

분당 주민들에게 행정적 독립보다 더 시급하고 실질적인 과제는 교육 공간의 분리 문제였다. 서울 명문 사립학교의 분당 유치라는 애 초의 개발 공약公約이 공약空約이 되어버리자 분당 입주 예정자들은 최 소한 성남의 기성 시가지와 구별되는 별개의 독립학군 설정을 요구했다.[52] 애초에는 이마저도 신·구시가지 주민 간의 위화감 조성 등을 이유로 보류하던 정부도 '양호한 교육 여건 보장' 약속 이행에 대한 분당 주민들의 요구가 거세지자, 결국 분당을 성남의 다른 지역과 구분된 별개의 독립학군으로 지정했다.[53]

이 같은 집단행동은 성남 구시가지와 분당을 공간적·사회적으로 구획하려는 분당 주민의 잠재의식이 표출된 것이었다. 성남에서 분당으로 이주한 주민의 눈으로 볼 때, "성남시 분당구, 이래 되는데, 분당 사람들은 성남시가 아니고 분당, 분당 이렇게" 말하며 "구시가지 사람들이 소외감을 느낄 정도"로 차별적인 태도를 취했던 것이다(B-1). 더 나아가 성남 원주민들이 분당에 와서 아파트 경비원, 파출부, 백화점·할인매장 직원 등으로 일하는 경우가 많은 탓에 분당 주민은 이들을 대등한 입장의 시민으로 바라보기보다는 "비존재" 또는 "투명인간"으로 여기곤 했다.[54] 성남에 대한 분당 주민의 이러한 거리감은 '서민 도시'에 대비되는 '중산층 도시'로서의 분당의 위상을 분명히 하려는 태도가 발현된 것이다.

분당 주민은 여기서 더 나아가 수도권 내 다른 신도시들과의 차별성을 부각하고자 했다. 도시 규모나 기반 시설에서 기성 도시 주변의 신시가지로 개발된 산본, 평촌, 중동에 비해 분당이 월등한 비교우위를 점했지만, 신도시로 함께 개발된 일산과는 애초에 큰 차이가 없었다. 그러나 분당 주민들은 강남과의 지리적 근접성에 기초해서 강남의 교육·문화를 적극적으로 이식·접합하면서 일산을 비롯한 다른 신도시들과의 격차를 키워갔다. 그 결과, 주민들이 "일산 같은 경우에는 시골을 거쳐서 들어가는 느낌"인데 "분당은 들어오면서 서울을 벗어나지 않았다는 느낌"을 갖게 되고(B-5), "강남이나 (서울) 시내 어디를 나오더라도 더 편한 곳은 없"다고 느낄 정도이며, "강남에서 생활하는 것처럼 이 안에서 모든 게 다 해결되고 약간 여유롭다고 할까" 하는 생각에 자연스럽게 빠져든다(B-2). 그러면서 "천당 밑에 분당"이라는 인식을 당연하게 여기고, 상대적 자긍심을 바탕으로 중산층 의식을 보다 굳건히 할 수 있었다.[55]

분당 주민 다수의 이 같은 선민의식은 분당 내에서 '내부의 타자', 또는 '이방인'을 만들어내 이들을 격리·고립시키는 행태로 이어졌다. 그 대표적인 타자는 바로 중산층 아파트에 둘러싸인 임대아파트 주민들이었다. 중산층 일색의 도시로 생각하고 입주한 대다수 주민들은 영구임대아파트 단지를 발견하고, 공간적 격리와 사회적 배제로 대했다. 그 대표적인 사건이 1990년대 중반 중학교 배정을 둘러싼 중학구中學區 설정 문제였다. 중·대형 민영 아파트가 밀집한 분당 중부의 2·3·4학구 학부모들은 학구별 중학교 배정 방안을 요구하고 나섰다. 이들은 학생들의 통학 편의성을 근거로 '근거리 배정' 원칙을 내세웠지만, 그 속내는 임대아파트 단지와 소형 아파트가 많은 북부(1구)와 남부(5·6구) 학생들과 자신들의 자녀가 뒤섞일 것을 우려했던 것이다. 성남시 교육청은 그 요구에 부응해 분당 전 지역을 6개 구역으로 나눠 초등학교 졸업생들을 학구별로 중학교에 배정했다. 그러자 북부·남부의 학부모들이 '평등한 교육을 받을 권리 쟁취'를 앞세워 분당 전역의 단일 학구제나 2학구제를 주장하면서 자녀의 등교 거부 투쟁과 대규모 농성에 나섰다.[56] 결국 1년여에 걸친 논란과 갈등 속에 단일학구로 통합하되 근거리 학교를 우선 배정하는 방식으로 합의점을 찾았다.[57] 그 결과, 중산층 주민들의 애초 의도가 완벽하게 관철되지는 못했지만, 영구임대아파트 단지의 서민·빈곤층과의 사회적 간극을 벌려놓음으로써 '분당의 중산층' 이외에는 모두 타자화하고 배척·격리해 중산층 도시화 경향을 더욱 심화시켰다.

2. '강남 따라 하기'를 통한 내부 동질화 전략

이와 같이 대내외적인 차별화 전략을 통해 분당의 중산층들은 중산층 도시로서 분당의 위상을 제고시킬 뿐 아니라, 내부적으로 자신들 간의 유대를 강화하고 계층적 동질성을 유지해서 중산층 정체성을 공고히 하는 내부적 동질화를 모색했다. 그러기 위해서는 이들을 하나로 묶어줄 구심점이 필요한데, 그 역할을 담당한 것이 서울 강남이었다.

신도시 계획 단계부터 정부는 분당을 강남을 모본으로 삼은 '제2의 강남'으로 구상했고, 강남 주민의 유입을 통해 강남의 문화와 계층 구성을 본뜨려 했다. 또한 분당은 행정구역상으로 경기도 성남시에 속하지만, 지리적으로 강남과 등을 맞대고 있고, 의료, 법조, 언론, 행정 등 전문직 종사자들이 대거 입주해 사회계층적 구성도 유사하며,[58] 정부의 의도에 걸맞게 강남 출신이 분당 주민의 다수를 이루었다.[59] 이러한 여건 때문에 비강남 출신들도 강남 생활에 대한 기대감을 안고 분당에 진입했다. 따라서 분당의 중산층 주민들은 '강남 생활 이어 가기', 또는 '강남 따라 하기' 방식으로 중산층적 생활양식을 만들어 나가고자 했다.

흔히 중하층 서민과 구별되는 중산층의 속성으로 고소득의 안정된 일자리와 자산 보유로 뒷받침되는 '(경제적) 안정과 (생활의) 여유'를 든다.[60] 분당의 중산층도 전문직 종사자나 고소득 자영업자로 비교적 안정된 일자리를 확보한 채 내 집 장만에 성공했다. 이들은 강남에서 밀려났거나[61] 또는 강남 진입의 어려움을 호소하면서도 자신들의 경제력과 문화 자본을 바탕으로 강남 주민을 선망의 대상으로 삼으며 강남 진입을 꿈꾸고 있다.[62] B-1 사례의 아래 발언이 분당 중산층의 이 같은 태도를 잘 보여준다.

> (분당이) 지은 지가 오래됐으니까 불편한 게 없지 않지만, 살기에는 좋은 것 같고, 주거 환경도 좋아요. (…) 홈플러스나 마트가 많고 동네가 굉장히 조용하고 공기가 좋아요. 산으로 다 둘러싸여 있거든요. 산책하기도 좋고 (…) 그래서 다들 여기를 떠날 생각 안 해요. 군이 떠난다면 강남으로 갈 텐데, 그건 능력이 있어야…….(B-1)

이러한 점에서 분당의 중산층은 강남 진입을 아예 포기한 타 지역의 중산층들과 달리 강남에 대한 상대적 박탈감을 강하게 느낄 수밖에 없고, 이러한 심리로 이들은 현재의 중산층 처지에 안주하려 하지 않았다. 즉, 이들은 적극적인 재테크 활동 등으로 중산층적인 '안정과 여유'에 한 걸음이라도 더 다가서려 한다. 고위직 세무공무원의 부인으로 전업주부인 A-2 사례는 재산 증식에 무관심한 남편을 대신해서 상도동 단독주택을 시작으로 역삼동, 대치동 아파트를 거쳐 분당 아파트, 분당의 주상복합 아파트로 이주하며 주택 규모를 늘리는 한편, 잠실 아파트 매입에도 나서 보유 자산을 키워왔다. 그 결과, 남편의 헤픈 씀씀이와 자녀의 분가 등으로 자산 규모가 다소 줄었지만, 현재까지도 수지 지구에 아파트 두 채와 잠실 아파트 한 채를 보유하고 있다. 또 B-5 사례는 현직 고등학교 교사지만, 모친의 부동산 투자를 도우면서 투자 기법을 익혀 수차례의 건물 매매에 참여함으로써 은행

채무를 낀 채 수십억 원대의 빌딩 두 채를 보유하고 있다.[63] 한 맞벌이 부부는 다소 소극적으로 주식·채권의 장기 보유를 통해 노후 대책을 마련하는 한편, 오피스텔을 보유해서 그 임대소득으로 자녀 교육비를 보태기도 한다(B-7). 이들은 이 같은 자산 운용을 통해 중산층적 안정과 여유를 유지하거나 더 키워보려는 끝없는 경쟁 대열에 스스로를 내몰고 있다.

이와 더불어 분당의 중산층은 강남을 모델로 삼아 교육, 문화, 소비 등의 측면에서 중산층적인 생활문화를 하나둘씩 만들어왔다. 계층적 지위의 재생산에 대한 높은 열망에 비해 그 재생산 기제는 다소 불비한 중산층에게 자녀 교육은 중산층 생활의 관건이라고 할 수 있다. 이 때문에 정부의 중산층 도시 개발계획에서도 강남에 못지않은 교육 여건 조성에 초점을 맞췄던 것이다. 그런데 입주 초기 분당 주민들은 정부 공약에 크게 못 미치는 교육 현실에 실망하고 분개했다. 이에 정부는 분당의 고등학교 학군 독립, 분당 내 고등학교 입시 비평준화 등의 후속 대책을 마련했지만, 이들의 열망을 충족시키기에는 역부족이었다. 그러자 주민 스스로 분당 신도시를 중산층 육성에 적합한 '교육 특구'로 만들고자 나섰다. 먼저 이들은 비평준화 제도가 애초 의도와 달리 분당 내 고등학교의 서열화를 낳을 뿐 자녀들의 학력 증진에 무효하다고 판단해서 고교 교육 평준화 운동을 펼쳐 2002년 비평준화 태도를 폐지한 후, 곧바로 그 대안으로 교육 수월성 제고를 모토로 외국어고등학교, 혁신형 대안학교 등의 설립을 정부에 종용해서 관철시켰다.[64] 또 중산층 전업주부들은 유년기부터 반별·지역별로 학부모 모임을 만들어 자녀 교육에 관한 정보를 수집·교환하며 학교 교육의 방식이나 내용에 적극적으로 간섭하거나 사교육 과외 팀을 조직하는 등 일종의 '교육 공동체'를 형성하며 학교 안팎에서 자녀 교육을 실질적으로 이끌어갔다. 더 나아가 이들은 개별적으로 자녀 일정을 관리하는 한편, 일종의 '로드 매니저'가 되어 자녀를 학교로, 학원으로 실어 나르거나 해외로 어학연수를 보내는 등 강남 엄마들의 행태를 그대로 답습했다.[65] 분당 전업주부들이 강남 엄마들을 따라 하면서 만들어진 이 같은 '치맛바람'은 강남의 그것에 버금갈 정도로 거세졌다.

> 오랫동안 과외를 해보면서 드는 생각이, 강남과 분당의 아이들 갈수록 차이가 없어요. 처음에는 좀 차이가 있었어요. 그런데 신도시에 정착하고 다 같이 부모가 관리하고 공부시키는 분위기가 되면서 그 틀에서 안 벗어나요. 엄마들 입김이 굉장히 세고, 다 배운 엄마들이잖아요. 대학 나왔고 알 만큼 다 아는 분들이잖아요. 그러니까 거의 비슷해요. 단지 분당 엄마들은 강남을 따라가야 한다는 느낌은 좀 있어요. 뒤처지지 않을까 그런 게 조금 있긴 있어요. (B-3)

이에 힘입어 학교 밖에서는 정자동, 서현동 등을 중심으로 강남 대치동에 버금가는 학원가가 형성되어[66] 분당이 사교육의 새로운 요람으로 여겨지게 되었다. 특히 사교육 기관들이 번성하면서, 강남 학원으로 통학하던 학생들의 교육 수요를 분당 내로 흡수하는 한편, 강남 학원가에서처럼 인근 지역의 고등학생들을 끌어들였다.[67] 이에 따라 분당은 강남에 이어 자녀의 계층적 지위 향상을 꾀하는 중산층을 불러 모아 중산층의 교육 문화를 확대 재생산하는 중산층 육성의 산실로 자리 잡아갔다.

자녀 교육에 대해서는 이와 같이 무한 경쟁을 벌이면서도, 분당 주부들은 일상생활에서 중산층다운 '여유로운 삶'으로 중산층 문화를 만들어가고 있다. 남편 출근과 자녀 등교를 마치면, 백화점의 문화 행사나 헬스, 사우나에 가거나, 단지 내 주부 모임이나 자녀 학부모 모임 형태로 함께 식사를 하고 티타임을 가지면서 자신들 간의 동질감과 유대감을 키우고 있다.

아파트 단지, 백화점·마트 등의 대형 쇼핑센터, 그리고 자연 친화적인 주거 환경이 이들의 이러한 활동을 뒷받침하고 있다. 분당 주부들은 철저한 자기 관리를 통해 '미시족'으로 거듭나는 강남 주부처럼 살아가지는 못하지만, 차로 5-10분만 나가면 만날 수 있는 자연 풍광과 어우러진 분위기 있는 식당과 커피숍, 찻집에서의 여유를 즐긴다.[68] 또 아파트 단지는 가족 단위의 폐쇄적 '방콕' 문화를 부추기기도 하지만, 여유로운 중산층 주부들이 이웃 관계를 넓히는 공동생활의 터전이 되고 있다. 따라서 단지별로 종교 활동, 자녀 교육, 부녀회 등의 다양한 관계망을 통해 근린 관계를 맺으며 중산층 문화를 서로 나누고 강화하는 모습을 보인다(B-1, B-4). 그리고 대형 쇼핑센터는 품질 좋은 제품을 깔끔하게 정리해놓고 대중교통이나 자가용으로 편리하게 접근할 수 있게 해 중산층적인 소비문화를 진작시킴으로써 분당 주민 모두가 일종의 중산층 '소비 공동체'로 묶일 수 있는 토대를 제공한다. 실제로 1990년대 중반까지 주민들 상당수가 서울 출신이고, 시내 유통 시설이 제대로 갖춰지지 않아, 이들은 강남의 백화점이나 쇼핑센터를 주로 이용했다. 그러나 2000년대 이후 분당의 도시 기반 시설이 완비되면서 주민 대다수의 소비·문화 활동이 분당 내에서 이루어지고, 성남 구시가지와 주변의 용인·수지 지역 주민들도 문화·소비 활동을 위해 분당으로 몰리는 등 분당이 경기 동남부의 중심 상권으로 성장해서 인근 도시의 중산층까지 아우르는 독자적인 생활권을 형성했다.[69] 분당 주부들은 이 같은 물리적 환경을 효과적으로 활용하면서 서로의 친분을 다지는 한편, 이러한 관계망을 통해 중산층으로서의 계층적 정체성을 키워나갔다. 그들은 아래의 B-5 사례에서 보는 바와 같이 경제적 여유와 사회적·문화적 안정을 바탕으로 주변 이웃들과 긴밀한 근린 관계를 형성해오고 있다.

> 우리 동은 좀 독특해요. 엘리베이터를 타면 별로 안면이 없어도 애 어른 가리지 않고 모두 인사를 해요. 50가구나 되는데……. 처음 이사 해서는 낯설기도 하고 신기했죠. 그런데 익숙해지니까 아무렇지도 않 더라고요. (…) 통장 아줌마가 유별난 탓도 있지만, 모두들 뭐랄까 조 금은 분당 ○○동 주민으로서 응당 이 정도는 해야 하지 않나 생각하 는 것 같아요. (B-5)

그러면서 이들은 중산층의 '안온한 생활'을 위협하는 요소는 철저히 차단하고 제어하고자 했다. 1990년대 후반 이후 대다수 도시 지역에서는 혐오·위해 시설 입지를 기피하는 주민운동이 활발했고, 특히 신도시 지역에서는 거주지 인근 숙박·위락 시설 입지로 인한 갈등이 빈번했다.[70] 분당에서도 자녀 교육 및 생활환경 악화 등을 이유로 이에 대한 주민 반발이 거세게 일어나, 숙박업소는 거주지로부터 400미터 이상, 유흥업소는 150미터 이상 떨어지도록 제재를 가했다.[71] 그결과, 도시의 대부분이 거주지로 개발된 분당에서는 숙박업소 신축이 사실상 불가능했고, 주택가 인근 유흥업소도 신규 허가가 크게 위축되었다. 이는 쾌적한 생활환경을 확보하려는 중산층의 강력한 의지가 표출된 결과라고 할 수 있다.

여기에 더해 분당 주민 모두가 중산층은 아니지만, 그 하위 계층들도 일상적으로 중산층의 생활양식을 모방하면서 자신들의 계층적 지위를 향상시키려 한다. 중하층의 이 같은 노력은 자녀 교육에서 잘 드러난다. 생활수준이 서민층에 속하지만 자녀 교육을 위해 다소 무리해서 성남 구시가지에서 이주해온 B-4 사례는 "큰아이가 공부를 잘해서 경시대회 내보내보면 우리 학교에서는 '얘가 제일 공부를 잘한다'고 했는데, 분당 학원을 잠깐 보내봤는데 확실히 떨어지더라고요. (…) 이게 차원이 다르다는 것을 느꼈어요. (…) 학원 보내면서 알아보니까 공부하는 패턴도 다르고 방향도 다르고 내가 모르던 정보도 많이 알게 되고…… 어떤 식으로 해야 애들이 공부를 할 수 있다는 것도 알겠고. (…) 수학 같은 것도 어렸을 때 기초가 잡혀야 고학년이 돼도 잘하거든요. 우리 큰아이는 실패한 거예요. (…) 작은아이는 연대 치대 갔거든요. (분당으로 이주해온) 그때는 정보가 달랐어요. 엄마들이 학원 정보나 공부하는 방향은 어떻게 해야 하고, 과학고나 SKY 대학을 가려면 어떤 식으로 공부해야 하는지 등등, 정보를 가르쳐주는 게 달랐어요"라고 하면서, 맏딸이 공부를 잘했지만 성남에서 제대로 뒷바라지하지 못한 탓에 대학 입시에 실패한 반면, 분당에서 사교육을 접할 수 있었던 둘째 아들은 성공했다고 본다. 이와 달리, 분당에 진입하기는 했지만 경제적 여력이 부족했던 B-2 사례는 "그때 애기 아빠가 사업이 여력이 없었잖아요. 그러니까 영어학원이라든지, 조금 더 좋은 학원에 보내야 하는데 못 보낸 것, 그런 점에서 미안한 마음은 갖고 있었죠"라는 말에서 알 수 있듯이, 좌절을 경험하면서도 중산층의 행태를 좇으려는 욕망을 숨김없이 드러내고 있다. 이처럼 중하층까지 계층적 동질감을 확보하려고 애쓰면서 중산층 도시로서의 분당의 위상은 더욱 공고해지고 있다.

3. 분당 주민의 중산층적 도시성

그렇다면 이렇게 형성된 분당 주민의 도시적 심성은 어떤 것일까? 우선 이들은 개인주의화된 행동 양식을 보인다. 즉, 성남 구시가지에 살다 분당으로 이주한 주민들의 눈으로 보면, "서로 악다구니도 하면서 지지고 볶는" 성남 구시가지 주민들에 비해 분당의 중산층은 흉허물 없이 마음을 주고받을 정도로 "이웃지간에 친하진 않지만", "사생활 침범도 없고 좀 여유로우며" 얼굴 붉히며 "싸우는 사람은 별로 없는", "쿨한" 성향을 드러낸다(B-4). 그런데 외견상 원만한 인간관계로 보이는 이웃 관계의 내면을 들여다보면, "아파트에 젊은 사람들이 많고, 또 이주율이 높잖아요. 그래서 누가 이사 왔는지도 잘 모르고 (…) 도움 청할 것도 없고, 서로 뭐 도와줄 생각도 안 하는 것 같고"(B-1), 성남 구시가지에서처럼 이웃 간에 "음식도 나눠 먹고 애도 서로 봐주고 하는"(B-6) 인간미를 찾아보기는 어렵다.[72] 이러한 점에서 분당의 중산층은 도시의 아파트 문화로 상징되는 개인주의화된 심성과 행태를 지녔다고 할 수 있다.[73]

다음으로, 이들은 솔직하고 개방적인 태도를 지니고 있다. 강남 주민들이 속내를 드러내지 않고 내숭을 떠는 것과 달리, 분당 주민들은 자신의 생각을 거침없이 이야기하고 서로 일상생활을 드러내는 것에 크게 괘념치 않는다.[74] 따라서 인간미는 부족해도 이해관계에 따라 이웃과 함께 어울리고 행동할 수 있는 가능성을 지니고 있다. 그래서 앞서 보았듯이, 지속적인 주민운동으로 발전하지는 못했지만 이해관계를 같이하는 지역사회 현안에 대해 간헐적으로나마 함께 논의하고 시위, 농성 등의 집단행동을 취할 수 있었던 것이다. 이런 점에서 분당 주민은 개인주의적 성향이 강하지만, 가족의 울타리에 갇힌 '방콕'족의 행태를 보이지는 않는다.

마지막으로 분당 주민들이 중산층으로서의 '여유와 안정'을 만끽한다고 보기는 어렵다. 이들은 앞서가는 강남의 중산층을 뒤쫓으면서, 뒤따르는 다른 지역 중산층의 추격을 뿌리쳐야 한다는 강박관념이 강하기 때문이다. 이러한 압박감이 이들로 하여금 강남 주부들에게서 보이는 외모에의 과잉 투자 등과 같은 과시성 소비문화나 유흥문화에 빠지기보다는 부동산 매매를 통한 자산 증식이나 자녀에 대한 과잉 교육열에 치중하도록 부추기고 있다.[75] 그러나 이런 활동이 자녀 세대의 '경제적 안정에 기반을 둔 여유로운 생활'의 재생산까지 고려한 '지속 가능한 중산층적 삶'을 지향한다는 점에서, 다른 계층에 비해 상대적으로 '여유와 안정'을 향유한다고 할 수 있다.

이 같은 분당 주민의 심성이 중산층 일반과 질적으로 구분되는 속성은 아니지만, 강남과 여타 신도시 사이에 끼어 있는 분당의 위상에서 비롯된, 분당 중산층 주민의 도시성을 보여준다. 결국 분당의 중산층 주민들은 자녀 교육을 통해 중산층의 계층적 재생산을 도모하는 한편, 소비 활동, 이웃 관계 등 다양한 일상생활을 통해 중산층 문화를 재생산하는 방식으로 사회적 측면에서 분당을 중산층 도시로 만들면서, 스스로 중산층의 계층 정체성을 더욱 공고히 해왔다고 할 수 있다.

VI. 맺음말

현대 한국 사회에서 신도시는 고도성장 시기 강력한 국가가 막대한 자원을 일거에 쏟아부어 만들어낸 대규모의 복합적 건조 환경이다. 따라서 경제성장이 최고조에 달했던 1980년대 후반 신도시들이 대거 건설되었다. 분당은 이들 신도시 중 하나이지만, 이들과 구별되는 독특한 도시성을 갖고 있다. 이 글에서는 분당의 특성을 '중산층 도시'로 파악하고, 분당 신도시 건설을 '중산층 도시 만들기'라는 관점에서 새롭게 접근하고자 했다.

선행 연구들에서는 분당 신도시 조성을 과도한 서울 집중이라는 도시문제와 집값 폭등이라는 주택·부동산 문제에 대한 대응으로 정부가 주도해서 강남에 상응한 일종의 침상도시를 건설한 것으로 파악하고 있다. 본 연구에서는 분당 신도시 개발의 사회적·경제적 배경과 그 조성 과정을 재검토하는 작업을 통해 다음과 같이 분당 신도시 조성의 새로운 의미를 밝힐 수 있었다.

먼저, 분당 신도시 개발의 배경을 살펴보면, 그 직접적인 원인은 주택·부동산 위기에서 찾을 수 있다. 3저 호황으로 금융 유동성이 커지면서 주택 가격이 폭등하고 부동산 투기가 극심해지자 정부가 이에 대처하기 위해 특히 수요가 몰린 중·대형 아파트 공급을 확대하는 방안으로 분당·일산 신도시 개발에 나섰던 것이다. 그러나 보다 구조적으로는 고도성장과 민주화 투쟁으로 중간층의 확대 및 이들의 정치세력화가 우려되자 정부가 이들의 자가 소유 및 자산 증식 욕망에 부응해서 이들을 사회 안정 세력으로 순치시키며 육성할 방안으로 중산층 중심의 신도시 조성을 모색했던 것이다. 따라서 분당 신도시 조성은 공간적 차원에서 주택시장의 안정과 정치적·사회적 차원에서 중산층 육성 프로젝트라는 이중성을 띠고 출발했다고 할 수 있다.

그렇다면 분당의 중산층 도시 만들기는 어떻게 이루어졌는가? 이는 두 단계로 나뉘어 전개되었는데, 그 첫 번째 단계는 국가 주도로 중산층 도시 형성에 필요한 물리적·사회적 환경 만들기였다. 출발부터 '중산층 도시 만들기'라는 분당 신도시 조성의 원칙을 확립했지만, 정부는 수도권 개발 규제, 사회적 혼거라는 도시계획적 원칙, 각종 특혜 조치에 대한 반발, 건설 재원 조달 문제 등의 다양한 걸림돌에 봉착했다. 그러나 이 같은 장애 요인을 정면으로 돌파하며 중산층에 걸맞은 도시 기반 시설 및 경관을 건설하는 한편, 신도시 진입의 여과 장치를 마련해서 중산층 및 예비 중산층을 중점적으로 받아들여 중산층 중심의 신도시 조성을 위한 물리적 토대를 마련했다.

그 두 번째 단계는 이 같은 물리적 도시화를 토대로 주민 주도로 중산층 문화와 생활양식을 만들어가는 사회적 도시화 과정이었다. 사회적 도시화는 중산층 도시의 경계 획정과 내부적 정체성 형성이라는 두 갈래로 전개되었다. 한편으로 분당 주민들은 분당을 성남 구시가지와 구별되는 별개의 행정구역, 또는 교육·문화 지구로 조성하면서, 사회적·문화적으로 '제2의 강남 만들기'를 통해 수도권 내 다른 신도시와의 차별성을 키워왔으며, 분당 내에서도 서민·빈곤층을 고립시켜 타자화하는 방식으로 '중산층 도시'로서의 위상을 보다 분명히 해왔다. 다른 한편으로 입주민의 다수를 이루는 서울 강남 출신이 중심이 되어 재테크와 같은 적극적인 자산 운용 등으로 생활의 안정과 여유를 더 제고시키면서, 교육, 문화, 소비 등 일상생활에서 중산층적인 생활양식을 만들어가는 한편, 중산층들 간에 이를 다양한 형태로 공

유하고, 또 그 하위 계층도 이러한 생활양식을 수용해감으로써 중산
층적 생활양식을 확산시켜 왔다. 그 결과 분당 주민은 개인주의적이
지만 개방적인 태도를 취하며, 상대적으로 생활의 여유와 안정을 누
리는 중산층 중심의 도시성을 형성해왔고, 이는 이들이 중산층적인
계층 정체성을 더욱 단단하게 다질 수 있도록 했다.

따라서 분당의 중산층 도시 만들기는 단순히 국가 주도의 물리적
도시화에 국한되지 않고, 여기에 사회적 도시화가 결합된 복합적 도
시화 과정을 밟아 '중산층의, 중산층에 의한, 중산층을 위한 도시'를
조성하는 과정이었다고 할 수 있다.

이렇게 조성된 분당은 강남의 복제판으로 봐도 좋을까? 국가 주도
의 공영개발로 부지를 조성하고 민간 건설업체가 아파트 단지를 조성
하는 물리적 도시화 과정은 강남 개발 방식을 답습했다. 또한 '제2의
강남'을 모토로 상당수의 강남 주민이 분당으로 이주하고 강남의 생
활양식을 이식·접합하고자 했다는 점에서 사회적 도시화 과정도 흡
사하다. 따라서 분당 만들기는 '강남 따라 하기'라고 볼 수 있는 측면
이 다분하고, 실제로 분당은 이후 '강남 따라 하기' 방식을 취하는 신
도시 조성 사례들에 중요한 디딤돌 구실을 해왔다. 그러나 분당이 강
남을 모델로 삼아 의도적으로 조성된 계획도시라는 점에서 구체적인
밑그림 없이 조성된 강남과는 다르다. 이 때문에 분당 만들기 과정에
서는 강남의 유흥 문화 등을 사전에 차단하는가 하면, 중산층을 집중
적으로 입주시키며 '중산층 도시화' 노선을 일관되게 관철해왔다. 또
분당 주민은 '강남 따라 하기'에 나서면서도 분당 나름의 도시적 생활
양식을 만들어왔다. 따라서 분당을 '강남의 짝퉁'으로 예단하기보다
는 강남과 구별되는 또 하나의 '중산층 도시'로 규정해볼 수 있다.

지금까지 앞서 제기한 연구 과제들을 중심으로 본 연구의 성과를 살펴보았다. 그렇다면 이 연구에서 어떠한 이론적·실천적 함의를 이끌어낼 수 있을까?

먼저 앞서 살펴보았듯이, 신도시 개발은 국가의 일방적인 공간 개발로 일축할 수 없는 복합적인 사회현상이다. 따라서 이를 도시화의 여러 경로 중 하나로 보고, 여러 사회 세력들이 각종 담론이나 실천 활동을 통해 도시를 만들어가는 도시화 과정으로 파악해서, 신도시 개발의 사회적·정치적·공간적 맥락을 읽어내는 공간사회학적 접근이 필요하다.[76]

다음으로 도시화는 단순히 물리적 경관을 조성하는 데 그치지 않고, 도시 주민들이 일상생활을 통해 도시적 생활양식, 즉 도시성을 만들어가는 과정이기도 하다. 이러한 점에서, 도시화 연구는 물리적 도시화와 사회적 도시화의 양 측면을 종합적으로 살피는 접근이 이루어져야 할 것이다.

그리고 마지막으로 도시성은 고정불변의 것이 아니다. 분당은 국가의 중산층 육성 프로젝트로 출발해서 중산층이 주도해서 중산층적 생활양식을 만들어왔다는 점에서 '중산층 도시'로 특화될 수 있었다. 그러나 이 같은 분당의 도시성은 누가 어떠한 전략으로 도시화를 추진하느냐에 따라 앞으로 얼마든지 바뀔 수 있다. 따라서 분당을 '중산층 도시'로 단정 짓기보다는 분당의 도시 정체성이 어떻게 유지되고 변모하는가를 앞으로 꾸준히 지켜볼 필요가 있다.

10장 발전주의 도시 매트릭스의 구축

: 부산의 '강남 따라 하기'를 사례로

황진태

I. 서론

인터넷 포털사이트에서 'X의 강남은 어디인가?'라는 질문을 쉽게 볼 수 있다. 이때의 X에는 부산, 대구, 대전, 광주와 같은 대부분의 지방 대도시들이 포함되어 있다. 이 방정식을 만든 대중의 인식은 첫째, 전국에서 서울 강남은 경제적·정치적·문화적·사회적으로 지방 대도시에 비해 우월하다는 공간적 위계를 드러낸다. 즉, 'X의 강남은 어디인가?'에서 지방 도시들이 X를 차지할 수는 있더라도, '강남'이라는 상수를 대체할 수는 없다. 둘째, 자신들의 도시가 상수인 강남을 대체할 수는 없더라도, 자신들이 사는 도시를 '지방의 강남들'로 만들고자 하는 욕망을 확인할 수 있다. 즉, '강남 따라 하기'다.

본 연구가 '강남 따라 하기'에 주목하는 것은 강남 혹은 강남의 변종이 발생한 특정 지역에 대한 국지적 이해로만 국한하지 않고, 동아시아의 발전주의 도시성developmental urbanism이라는 보다 복잡한 방정식을 풀기 위해서다. 여기서 동아시아의 발전주의 도시성이란 양차 대전 이후 지난 반세기 동안 한국을 비롯한 동아시아 국가들에서 압축적 근대화, 산업화, 도시화가 진행되면서 물질적으로는 시민사회와 노동자가 배제된 채 정부와 재벌 주도의 대규모 도시 인프라가 조성되고, 담론적으로는 발전 이데올로기(예컨대, 박정희 정권의 '조국 근대화',

김영삼 정권의 '세계화', 이명박·박근혜 정권의 '선진화')에 내재된 경제적 가치가 환경, 평등, 정의, 분배 등의 다른 가치들보다 우선시되는 심상 공간이 복합적으로 결합된 사회적 구성물로 정의하고자 한다.

그동안 한국의 도시화와 산업화를 설명하는 데 사회과학 전반에서는 동아시아 발전주의 국가론이 상당한 영향을 미쳤다.[1] 발전주의 국가론자들은 사적 이해관계로부터 떨어져 있는 국가 관료와 이들이 주도하는 장기적인 국토 및 경제개발 정책의 시행이 '동아시아 경제의 기적' 혹은 압축적 근대화를 가져왔다고 보고 있다. 1980년대부터 오늘날까지 시장합리성market rationality에 기반을 두어 시장에 대한 국가의 최소 개입을 주문하는 신고전경제학적 접근이 정책가와 학자들에게 지배적인 영향을 미치고 있는 상황에서 '실현 가능한 대안'으로서 발전국가론이 가지는 실천적 의의는 결코 적지 않았다. 하지만 방법론적으로 국가 관료(건설부, 경제기획원), 공기업(토지주택공사) 혹은 대기업에 과도하게 초점을 맞추면서 동아시아에서의 도시화와 산업화를 국가 관료의 계획합리성plan rationality의 산물로 환원하다 보니 국가 스케일뿐만 아니라 지역, 도시, 글로벌 등의 다양한 스케일에서의 행위자와 요인들과의 상호작용을 간과한 경향이 있다. 즉, 발전주의 국가론은 방법론적 국가주의의 덫에 빠져 있는 것이다.[2] 발전주의 국가의 도시 공간이 형성된 초창기에는 국가 관료, 국가자본의 역할이 상대적으로 컸을지라도, 그 도시 공간을 유지하고 변화시키는 동력은 국가 스케일의 행위자뿐만 아니라 바로 그 도시에서 일상을 누리며 살아가는 다양한 사람들 또한 중요한 영향을 미칠 수 있다.[3]

본 연구에서 관찰의 스케일을 국가 스케일로부터 도시 스케일로 이동할 것을 제안하는 것은 상대적으로 둔감한 국가 중심적 시각으로는 파악하기 어려운 도시에서의 사회와 공간 간의 내밀한 변증법적 상호작용이 빚어내는 창발적 속성들을 궁극적으로 동아시아 발전주의 도시성을 유지하는 원동력으로 보고 있기 때문이다. 이러한 측면을 보다 명확하게 드러내기 위해 본 연구는 '발전주의 도시 매트릭스developmental urban matrix'라는 개념을 제시한다. 매트릭스라는 은유는 영화 〈매트릭스The Matrix〉(1999년 작)로부터 차용했다(용어에 대한 보다 상세한 논의는 다음 절 참조). 영화 〈매트릭스〉의 세상에서 인간의 의식은 인공지능 컴퓨터AI가 조성한 가상현실에 갇혀 살아가고, 인간의 신체는 AI를 운영하는 데 필요한 에너지를 제공하는 역할을 하고 있는데, 이는 단순히 AI를 파괴하는 것만으로 기계로부터 인간이 해방되는 것이 아니라 AI가 만든 가상현실을 지지하는 인간의 의식 또한 바뀌어야 한다는 메시지를 담고 있다. 이와 유사하게 한국의 발전주의 도시성에 강남이라는 AI뿐만 아니라 이러한 AI를 유지하도록 강남 밖에서 '강남 따라 하기'를 하는 지방 도시들 또한 깊숙이 연루되었음을 밝히고자 한다.

이상의 문제의식을 갖고서 오늘날 한국 도시 중산층을 대표하는 공간으로 간주되는 서울 강남이 어떻게 지방 도시에서 물질적·담론적으로 확산·재현·변형되는지에 주목한다. 강남은 급격한 국가 경제 발전과 동반되어 출현한 중산층의 공간으로서 긍정적으로 묘사되거나 '오렌지족', '졸부', '치맛바람', '공화국' 등의 부정적인 인식이 공존하는 부정과 욕망의 변증법이 존재해왔다.[4] 긍정적이든 부정적이든 강남을 바라보는 이러한 인식은 강남의 로컬리티를 강남이라는 국지화된 물질적·행정적·상징적 경계 안에서만 바라본다는 공통점이 있다. 본 연구는 최근 인문지리학에서 관계적 전환relational turn의 영향을 받은 장소성 논의[5]를 바탕으로 지방 도시에서 'X의 강남'의 구성이 단순히 서울 강남의 복제에 그치지 않고, 역으로 매트릭스 속에서 살아가는 인간처럼 서울 강남의 공간적 위상을 유지시키는 데 기여하고 있음을 환기한다.

본 연구를 위해 신문 기사를 비롯한 담론 분석과 부산 답사(2015년 9월과 12월), 그리고 부산 센텀시티와 마린시티 거주자를 중심으로 9명에 대한 심층 인터뷰를 실시했다. 초고층 주상복합 아파트 거주자들에 대한 인터뷰는 거주 경험이 있던 지인들을 통해 가능했다.

[표 10-1] 심층 인터뷰 응답자의 기본 특성

	연령대	거주지	주요 특징	인터뷰 일자
A	40대	센텀시티	고등학생 때까지 강남 거주	2015.9.24.
B	50대	마린시티	독일 유학 경험 있음	2015.12.11.
C	40대	마린시티	주상복합 아파트 고급 인테리어 업자	2015.12.11.
D	60대	마린시티	센텀시티 거주 경험 있음	2015.12.10.
E	40대	해운대 신시가지	대구 출신으로, 2000년 부산으로 이사	2015.12.11.
F	40대	센텀시티	서울과 부천 거주 경험 있음	2015.9.23.
G	30대	마린시티	초등학생 자녀를 11개월간 해외 영어 프로그램에 보냄	2015.12.10.
H	20대	서울 서초구 구반포	10대부터 구반포에서 거주	2016.4.24.
I	20대	서울 용산구	고등학생 때까지 센텀시티에서 거주	2016.4.25.

결론적으로 '강남 따라 하기'를 통해 한국 사회에서 소위 '강남 문제'가 강남이라는 물리적·상징적·행정적 경계를 넘어서 작동하고 있음을 확인할 것이다. 이는 강남뿐만 아니라 'X의 강남'이 형성되는 공간인 지방 도시에 대한 숙고의 필요성을 환기한다. 궁극적으로 본 연구가 각 지방 도시들이 지향하는 도시 모델이 '강남 따라 하기'가 아닌 보다 평등하고, 정의롭고, 지속 가능한, 탈발전주의적 도시를 만들기 위한 인식론적 단초를 제공할 것으로 기대한다.

II. 발전주의 도시 매트릭스의 개념화

한국전쟁으로 초토화된 국토는 일부 친일파를 제외한 대부분의 국민에게 '균등한' 가난이라는 물적 조건을 제공했다.[6] 국가 재건을 위하여 박정희 정권은 '조국 근대화', '잘 살아보세' 등의 성장 이데올로기를 이용하여 국가와 민족의 이익을 개인의 이익과 일치시킴으로써 국민을 발전에 필요한 객체로 동원했고, 시민사회, 노동권 및 인권의 억압을 정당화했다. 미국의 프랭클린 루스벨트Franklin Roosevelt 대통령이 1941년 의회 연설에서 제시한 4가지 자유인 '언론과 자유의사 표현의 자유', '신앙의 자유', '결핍으로부터의 자유', '공포로부터의 자유' 중에서 박정희는 선별적으로 결핍의 자유와 공포(북한)로부터의 자유만을 옹호하고, 나머지 자유들은 억압한 것이다.[7] 박정희 정권에서 본격화된 국내총생산GDP으로 상징되는 물질주의와 경제성장을 장려하고, 분배, 환경, 공공성, 공동체, 균형발전, 민주주의 등의 여러 가치는 배제하는 가치 체계는 국가 관료뿐만 아니라 기업, 가족, 개인

수준까지 전 사회적으로 구조화한 '발전주의 망탈리테developmentalist mentalité'[8]로 거듭난다. 발전주의 망탈리테는 이를 담아내는 특정 공간을 통해 지속 혹은 심화될 수 있다. 아래에서 살펴볼 강남은 발전주의 망탈리테가 발현되는 대표적인 공간이다.

여기서 강남을 바라보는 2가지 인식을 (재)환기할 필요가 있다. 첫째, '강남은 무엇인가?'라는 본질주의적 질문을 전략적으로 회피하고, 강남 로컬리티의 역사적 유동성에 보다 주목해야 한다. 오늘날 강남이 한국 사회에서 정치, 경제, 사회, 문화의 중심지로서 차지하는 위상은 고정된, 절대적·비역사적인 특성이 아니다. 오늘날의 강남은 20년 전, 40년 전의 강남과 다르다. 안창모[9]가 밝혔듯이, 1980년대 초반 이전만 하더라도 강남 지역이 '강남'이란 지명으로 불리지 않고, 영등포의 동쪽을 의미하는 '영동' 또는 한강의 북쪽을 가리키는 원서울을 중심으로 남쪽을 가리키는 '남서울'로 불린 사실에서 알 수 있듯이, 강남 지역은 강북 지역의 영향하에 놓여 있다는 인식이 강했다. 강남이 강북에 비하여 우위에 있는 지역으로 인식된 계기는 1970년대 중반부터 정부가 강남 지역의 개발을 위하여 강북 개발을 억제하고 강북의 주요 기관들을 강남 지역으로 옮긴 결과, 1980년대 중반부터 동전의 양면처럼 '쇠락한 강북'과 '부흥한 강남'이 동시적으로 탄생하면서부터였다. 그리하여 2000년대를 지나면서는 "빠르게 성장해온 한국 자본주의의 최첨단"[10] 혹은 "대한민국의 강남"[11]으로서 오늘날 강남의 위상을 차지하게 되었다.

정리하면, 오늘날 강남의 배타적인 공간성을 이해하기 위해서는 강남뿐만 아니라 강북 혹은 전국으로 수렴되는 다른 지역과의 관계적 이해가 중요하며, 강남의 로컬리티는 고정적이지 않고, 역사적·경제적·사회적으로 역동적으로 변화해왔음을 인지하는 비본질주의적이고 관계론적인 접근이 요구된다.[12] 다시 말해, 본 연구자가 '강남은 무엇인가?'라는 질문에 대한 대답을 '전략적으로' 회피하자는 제안을 한 것은 기존의 강남 연구가 강남 자체의 배타적 속성을 파악하는 데 초점을 맞추면서 상대적으로 강남을 둘러싼 정치경제적 구조와 요인, 사회 세력들에 의하여 강남의 로컬리티가 변화하는 측면은 간과되었음을 환기하기 위해서다. 이러한 관계론적 인식의 강조는 후술할 발전주의 도시 매트릭스의 개념화와도 연관된다.

둘째, 강남을 행정적 경계에 의해 구분되는 특정한 물리적 공간으로 바라보기보다는 경제적·문화적·사회적 자본 간의 상호 긴밀한 관련 속에서 구성된 '사회적 공간'[13]으로 바라보아야 한다. 양차 대전 이후 서유럽에서 시도된 케인스주의 복지국가 모델과는 달리, 한국은 수출 주도 산업화를 뒷받침하기 위하여 제조업 부문에 대해서는 적극적으로 국가가 개입했던 반면, 사회적 복지의 범주에 있는 공공주택 공급에 대한 재정 지원과 부동산 투기의 통제에서는 최소한의 개입을 견지했다.[14] 인간의 삶에 필요한 의식주의 하나로서 주거 공간을 확보하지 못한다는 존재론적 불안감과 자산 증식 수단으로서의 주거에 대한 기대감이 결합되어 1970년대 압구정동 현대아파트를 시작으로 2000년대부터 현재까지 도곡동 타워팰리스를 비롯한 초고층 주상복합 아파트 붐으로 이어지면서 한국 사회에서 부동산 투기를 통한 부의 축적은 합리적 행위로 상식화되었다.[15] 이를 통해서 강남의 탄생과 강남/비강남의 공간적인 분할 구도가 유지·심화된 것은 경제적 자본 보유의 차이로 볼 수 있다.

하지만 오늘날 강남의 형성을 이해하기 위해서는 다양한 자본 형태에 주목할 필요가 있다. 앞서 언급했듯이 한국은 전쟁의 폐허 위에 동등한 빈곤 상황에서 압축적 산업화와 도시화를 거쳤다. 이러한 조건하에서 권위주의 정권을 중심으로 발전주의적 망탈리테의 확산으로 인한 "만인의 만인에 대한 투쟁"[16]에 참전한 국민들은 경제적 자본 축적에 효과적으로 다다르기 위해서라도 학맥, 인맥으로 불리는 사회적 자본과 자신이 남들과 비교하여 상위의 경제적·사회적 자본을 갖고 있는 계층임을 구별 짓는 취향이라는 문화적 자본의 축적이 필요했다.

　이러한 문제의식을 공유한 이영민[17]은 1970년대부터 2000년대까지 강남을 보도한 신문 기사들의 담론을 분석하면서, 강남의 지역성을 구성하는 3가지 요소로 첫째, 부동산 투기와 부의 집중 문제('말죽거리 신화', '복부인'), 둘째, 강남 공교육과 사교육의 과열 문제('8학군', '위장전입'), 셋째, 강남 소비문화 문제('오렌지족', '야타족')를 꼽았다. 즉, 부동산 투기를 통한 경제적 자본과 사회 지도층을 차지하는 일류 학벌 네트워크라는 사회적 자본, 그리고 고급 소비문화로 대변되는 문화적 자본이 응축되어 강남의 로컬리티를 구성한 것으로 본 것이다. 이영민의 연구는 강남의 지역성이 경제적 자본의 차이로만 환원되지 않고, 경제적·사회적·문화적 자본에 의하여 사회적으로 구성되었음을 선도적으로 밝히고자 했다는 점에서 의의가 있다. 하지만 방법론적으로 3가지 자본 각각에 조응하는 신문 기사들을 선별·유형화하다 보니 세 자본 간에 상호 긴밀히 연결된 측면은 간과된 한계도 있다. 후속 연구들도 경제적 자본에만 초점을 둔 전통 정치경제학의 한계를 비판하면서 문화적 자본[18]과 사회적 자본[19]을 각각 심도 있게 탐색했다. 주지하다시피, 경제적·사회적·문화적 자본 개념을 선별적으로 차용한 선행 연구들은 프랑스 사회학자 피에르 부르디외의 영향을 받았다.

부르디외가 제시한 개별 자본 유형을 국내 사례에 적용하여 개념의 설명력을 검증한 선행 연구의 의의를 부정할 수는 없다. 하지만 국내뿐만 아니라 해외 연구에서도 마찬가지로 부르디외가 제시한 3가지 자본 유형 중 한 측면에만 초점을 맞춘 개별 연구가 과도하게 증가하다 보니 본래 부르디외가 강조하고자 했던 각 자본 간의 관계성과 총체성이 사라지게 되었다는 비평이 제기되고 있다.[20] 필자는 이처럼 개념들 간의 유기성을 잃고 파편화가 심화된 원인 중 하나로 공간성에 대한 관심이 부족한 것도 기인한다고 본다. 기존 연구에서는 부르디외의 상대적으로 잘 알려진 개념들(아비투스, 구별 짓기, 문화적 자본 등)에 비하여 크게 주목을 받지 못한 개념이지만 그는 '사회적 공간'이라는 공간적 비유를 제안한 바 있다.[21] 그가 사회적 공간 개념을 사용한 이유는 경제적·문화적·사회적으로 층화된 사회 세계를 경제적인 것으로만 규정하는 전통 마르크스주의적 분석에 대한 반감에서였다.[22] 하지만 이상일이 지적하듯이, 부르디외가 사회적 '공간'이라는 비유를 사용했지만, 그가 언급한 공간 개념은 "'용기container'로서의 절대적 공간 개념을 상정하고 사용"[23]했을 뿐, '사회와 공간 간의 변증법'[24]적 특성을 구체화하지는 못했다. 이 지점에서 공간 연구자들이 개입할 여지가 확보된다. 아래 두 연구는 부르디외의 사회적 공간 개념이 강조하는 개별 자본 간의 총체성을 강조하면서도 동시에 강남을 구성하는 고유한 공간성을 인지하고 있는 연구이다.

이동헌·이향아[25]는 서초구, 강남구, 송파구라는 행정적 지역 단위로만 오늘날의 강남을 규정할 수 없다고 보면서, 심층 인터뷰를 통하여 강남의 경계 안팎에 위치한 여러 행위자들이 갖고 있는 강남에 대한 심상 지리의 관계와 접합을 통하여 강남이 사회적으로 구성되었음을 밝히고자 했다. 강남의 지역성을 구성하는 요소로 물리적 환경('집값', '고급 차', '주상복합'), 문화적 취향, 지위와 학력을 도출하고, 인터뷰 응답자가 강남의 어느 구, 어느 동에 사는지, 그리고 강남 밖에 거주하는지 등을 바탕으로 거주 위치에 따라 앞선 요소들 중에서 강조하는 지점이 상이하게 나타났음을 밝혔다.[26]

다음으로 박해천[27]은 한국 도시 중산층의 형성 과정에서 아파트의 물질성에 주목한다. 그는 기존 연구들이 "아파트가 주조해놓은 시각 문화의 대중적 호소력을 간과"[28]했음을 지적하면서 아파트의 근대적 거실 및 주방 문화와 새로운 주거의 공간 구조가 "독특한 감각과 인지의 공간적 매트릭스로 인간 거주자들의 습속을 분절하면서, 그 결과 '신중산층'의 독특한 정체성을 생산"[29]하게 되었다고 분석한다. 이처럼 아파트 문화를 주도한 강남은 "정치적 보수화의 전초기지"[30]가 되었고, 궁극적으로는 "전 국토의 아파트화"[31]를 초래했다고 보았다. 그의 연구는 일상공간에서의 새로운 공간성의 출현이 어떻게 사람들의 행위와 습속을 변화시키고, 그들이 새로운 공간성을 지지하고 욕망하게 되었는지를 구체적으로 밝히는 시도라는 점에서 새로운 시각을 제시해주었다.

정리하면, 이영민,[32] 이동헌·이향아,[33] 박해천[34]의 연구는 강남이 어떻게 경제적·문화적·사회적 자본 간의 상호 긴밀한 관련 속에서 사회적으로 구성되었고, 강남의 아파트, 도시 중산층의 탄생이 물질적·담론적으로 오늘날의 한국의 발전주의 도시성을 가동·유지하는 데 기여하는지를 구체적으로 분석한 중요한 선행 연구다. 이들 연구의 문제의식을 공유하면서도 '강남 만들기'로 대표되는 한국의 발전주의 도시성을 이해하기 위해서 본 연구에서는 '발전주의 도시 매트릭스' 개념에 근거한 비강남 지역에서의 '강남 따라 하기'가 다뤄질 필요가 있음을 환기하고자 한다.

영화 〈매트릭스〉의 시간적 배경은 2199년. AI가 만들어놓은 인공 자궁에서 태어난 인간들이 AI에 필요한 에너지를 공급하기 위한 케이블에 연결되었고, 인간들의 의식은 AI가 만든 '매트릭스'라는 이름의 1999년으로 설정된 가상현실 속에서 평생을 살아가고 있다. 매트릭스 속에서 인간의 의식은 AI가 만들어놓은 스미스 요원들의 감시와 기억 삭제를 비롯한 통제를 받게 되고, 매트릭스 밖의 세상에 대해서는 생각할 수 없다. 특히 본 연구와 관련하여 영화 〈매트릭스〉의 흥미로운 지점은 매트릭스 프로그램으로부터 깨어난 저항 세력에 속했던 사이퍼라는 인물이 매트릭스 밖에서 AI에 맞서 싸우는 것에 대한 두려움과, (실제 맛은 못 느끼더라도) 풍요로워 보이는 음식이 제공되는 매트릭스 안과는 달리 죽으로 연명하는 매트릭스 밖 현실에서의 삶을 힘들어하면서 결국 매트릭스 안의 삶으로 돌아가려는 장면이다.

한국 발전주의 도시성의 본체이자 AI는 강남 그 자체로 볼 수 있다. 발전주의 망탈리테는 AI가 설정한 가상현실 공간인 1999년의 매트릭스처럼 사람들의 인식에 영향을 미친다. 발전주의 망탈리테를 선전하는 '스미스 요원'은 국가, 기업, 개인으로 구분될 수 있다.[35] AI를 파괴하는 데 단순히 본체를 공격하는 것만으로는 한계가 있듯이, 물리적 공간으로서의 강남, 그리고 강남 개발을 주도했던 국가와 자본을 비평의 샬레에 올리는 것만으로는 한국 발전주의 도시성의 총체성을 이해하는 데 제한적이다. 왜냐하면 강남이라는 물리적 공간 밖에 위치한 도시민들이 자신들의 도시 공간에서 '강남 따라 하기'를 통하여 AI에 에너지를 공급하는 인공 자궁 속 인간들처럼 발전주의 망탈리테와 이를 담고 있는 강남의 위상을 재생산하고 있기 때문이다. 설령, 발전주의 망탈리테와 다른 경로의 삶과 가치들을 알게 되더라도 도시민들은 사이퍼처럼 발전주의 도시 매트릭스로부터 떠나길 원하지 않는다. 예컨대, 이동헌·이향아[36]가 강남 비거주자 117명을 대상으로 한 설문조사에서 85명이 강남에 대한 부정적인 인식을 갖고 있으면서도 93명이 강남으로의 이주를 희망하는 것으로 나타난 것은 사이퍼처럼 강남을 향한 부정과 욕망의 변증법이 강남 비거주자들에게 작동하고 있음을 보여준다.

이처럼 강남 밖 도시민들의 발전주의 도시성에 대한 지지는 AI를 만든 경험이 있는 국가와 대기업과 같은 노련한 스미스 요원들의 활동도 지지하면서 지방에서 'X의 강남'을 구축하는 데 이들의 개입을 정당화한다. 더구나 지방 각 도시에서 'X의 강남'의 구축은 강남을 향해 표출했던 부정과 욕망의 변증법이 'X의 강남'으로도 향하면서 지방 도시 스케일에서의 새로운 불균등발전의 구도가 형성되고, 이는 오늘날 발전주의적 국가 계획의 산물인 서울 강북 대 강남, 수도권 대 지방 간의 불균등발전에 대한 인식을 간과 내지 축소하면서 결과적으로 서울과 지방의 경계를 가로지르는 한국의 발전주의 도시 매트릭스를 작동시킨다. 즉, 발전주의 도시성이 발현되는 강남을 이해하기 위해서는 강남이란 공간뿐만 아니라 비강남 지역에서 'X의 강남'을 만들고자 하는 '강남 따라 하기'가 한국의 발전주의 도시성을 가동·유지하는 데 기여하고 있음을 밝히는 데 효과적이라는 점에서 매트릭스를 핵심 개념으로 삼았다.

본 연구의 초점인 강남 연구에서 비강남 지역에 주목한 선행 연구도 있다. 김경민[37]은 통계 기법을 이용하여 강남 아파트 가격 상승이 경기 지역 및 기타 광역 대도시에 "즉각적으로 반응"했음을 밝혔다. 박해천은 "포스트-강남"으로서 부산의 신시가지인 센텀시티와 마린시티가 "부산의 강남"[38]이 된 원인을 수도권 부동산시장의 침체로 지방으로 진출하려는 "건설사의 야심"과 지역의 "투자자의 욕망"이 결합하여 만들어진 것으로 설명한다.[39] 김경민과 박해천의 연구는 공통적으로 지방의 강남화가 서울에 위치한 건설 자본이 새로운 주택시장을 개척하려는 경제적 심급에 방점을 두었다는 점에서 지방 도시의 사회적·문화적 요인들을 자신들의 연구 분석의 범주에서 주변화하는 한계와 지방의 로컬리티를 서울의 자극에 의하여 반응하는 것으로 보는 서울-지방 간의 이분법적 인식론을 드러냈다. 물론 박해천은 지역의 '투자자의 욕망'을 언급함으로써 지역에서의 경제적·문화적 측면을 고려한 것으로 보이나, 이러한 상류 강남 문화의 하류 지방으로의 확산이라는 주장을 증명하기 위한 구체적인 경험 연구로 진전하지는 못했다.

이상의 논의를 바탕으로 다음 절에서는 구체적인 사례 연구로서 부산의 강남이라고 불리는 센텀시티와 마린시티가 어떻게 한국 발전주의 도시 매트릭스 속에 위치·작동하는지를 살펴보고자 한다.

Ⅲ. 사례 연구

1. '부산의 강남'의 형성: 센텀시티와 마린시티

오늘날 '부산의 강남'이라고 불리는 지역은 센텀시티와 마린시티이다.[40] 1990년대 부산의 제조업 생산 설비가 부산 인근의 양산, 김해로 이전되면서 지역 경제가 위축될 위기에 직면하자 부산시는 부산의 지역 경제 구조를 제조업에서 첨단 지식 집약형으로 전환한다는 목표를 세운다. 대표 사업으로 1997년 과거 수영비행장과 컨테이너 야적장이었던 해운대구 수영강 변 35만 평 위에 SK그룹과 지역 민간 기업들 그리고 부산시가 공동 출자한 제3섹터 형태의 부산정보단지개발 주식회사(이후 센텀시티 주식회사로 상호 변경)[41]가 주축이 되어, 2000년 센텀시티로 명칭을 확정하여 "정보통신·영상·오락·국제 업무 등의 기능을 갖춘 첨단 복합 산업단지"를 건설한다.[42] 하지만 본래 첨단산업단지를 목적으로 건설된 센텀시티는 경기 불황으로 부지 분양이 저조해지면서 2002년 4월 주거 용지를 포함한 용지의 일부 계획 변경이 결정된다.[43] 이는 오늘날 센텀시티의 주요 경관을 이루게 되는 해운대 더샵센텀파크(2005년 완공)를 비롯한 초고층 주상복합 아파트들이 밀집하게 되는 계기가 된다. 더불어 세계 최대의 백화점으로 기네스북에 등재된 신세계백화점 센텀시티점과 롯데백화점이 개점했고, 벡스코, 영화의 전당, 부산국제영화제 전용관 등이 건설되면서 오늘날의 센텀도시의 외관을 갖추게 되었다.

한편, 마린시티가 건설된 수영만 매립지는 1980년대 후반, 88올림픽 요트경기장을 조성할 때 바다를 매립하면서 만들어진 땅이다.[44] 1990년대부터 2000년대 초반까지만 하더라도 인근 해운대해수욕장

[그림 10-1] 센텀시티 주상복합 아파트와 센텀중학교(좌), 마린시티 주상복합 아파트(우)

[그림 10-2] 신세계백화점 센텀시티점(좌), 영화의 전당(우)

때문에 관광지로 개발하려는 인식이 강하여 고급 호텔과 같은 숙박시설 건설계획만 있었을 뿐, 오늘날 마린시티를 상징하는 대표적인 초고층 주상복합 아파트인 해운대 두산위브더제니스를 건설한 두산건설이나 해운대 아이파크를 지은 현대산업개발 등의 건설 기업들에게 주거 건물 건설계획은 없었다. 하지만 2000년대 초에 주상복합 아파트인 카멜리아오뜨가 건설된 것을 계기로 기업들의 인식이 바뀌기 시작하면서 초고층 주상복합 아파트들이 세워지게 된다.[45] 이와 더불어 '영화의 거리'나 광안대교(1994년 착공, 2003년 개통), 고급 호텔, 선착장 등이 고급 주거타운으로서 마린시티의 경관을 구성하게 된다. 그리하여 센텀시티의 후발 주자이자 부산에서 가장 최근에 개발된 마린시티는 부산을 넘어 전국적인 수준에서 높은 매매가를 기록하는 신흥 부촌으로 등극했다.[46]

앞의 설명처럼 2000년대 일련의 건조 환경이 구축됨으로써 센텀시티와 마린시티는 부산에서 신흥 부촌으로 인지되었다. 하지만 부산의 부촌이 곧 '부산의 강남'이라는 로컬리티와 동일시되는 것은 아니다. 가령, 센텀시티와 마린시티가 세워지기 이전인 1996년 해운대구에 부산 지역 최초의 계획도시(306만 제곱미터 부지, 12만 명 규모)로 조성된 해운대 신시가지가 당시 신형 아파트 단지의 외형을 가졌다고 하여 '부산의 강남'으로 인식되는 것은 아니었다(인터뷰 I).[47]

박해천[48]이 말하듯이 2000년 이후 센텀시티와 마린시티가 '부산의 강남'이라는 인식이 형성된 근거에서 수도권 지역의 건설 자본이 부산으로 진출하는 등의 경제적 동인을 간과해서는 안 된다. 예컨대, 센텀시티의 대표 경관인 신세계백화점 센텀시티점은 서울의 강남점과 더불어 전략적으로 "동북아 최고의 관광 허브"로 만들기 위한 매장 확충과 신축에 대대적인 투자를 하고 있다.[49] 부산의 부동산시장은 "'부산의 강남' 해운대 고가 아파트 분양 성공할까",[50] "'부산의 강남' 해운대는 주상복합 단지 열풍"[51] 등의 기사 제목에서 보듯이 강남과 나란히 할 수 있을 정도로 부산이 부동산 열기를 이끌어가고 있음을 보여주고 있다. 또한 부산 해운대가 고급 TV,[52] 외제 자동차[53] 등의 고급 소비재를 판매할 새로운 시장으로도 주목받고 있다. 이러한 언론 기사를 볼 때, 기존에 서울 강남에 몰려 있던 자본들이 새로운 시장으로서 해운대를 주목하고, 투자가 진행 중임을 확인할 수 있다. 즉, 새로운 투자처를 찾으려는 서울의 자본이 새로운 시장으로서 부산을 개척한다는 경제적인 설명으로도 '부산의 강남'을 부분적으로 설명할 수 있다. 동시에, 이러한 경제적 자본의 흐름을 소개한 신문 제목과 기사를 읽은 독자들은 자신들의 심상 지리에 센텀시티와 마린시티를 기존의 강남과 결부시키면서 '부산의 강남'을 부드럽게 호명한다. 대표적으로 싸이의 뮤직비디오는 어떻게 '부산의 강남'이 대중에 대한 전파력이 높은 미디어와 대중문화에 의하여 물질적·담론적으로 만들어진 사회적 구성물인가를 잘 드러내고 있다.

가수 싸이는 〈강남스타일〉로 2012년 미국 빌보드 차트 7주 연속 2위, 유튜브 20억 뷰 조회를 기록하면서 일약 전 세계적인 인기를 얻었다. 〈강남스타일〉 뮤직비디오는 강남을 재현하는 대표적인 이미지로 삼성 무역센터, 강남에 세워진 건물들의 스카이라인이 보이는 한강 변, 강남의 횡단보도 등의 건조 환경을 보여주고 있다.[54] 〈강남스타일〉에 이어서 2015년 12월에 출시된 〈대디Daddy〉라는 곡의 뮤직비디

[그림 10-3] 가수 싸이의 〈대디〉 뮤직비디오의 배경으로 등장한 마린시티

오는 마린시티를 배경으로 하고 있다. 〈강남스타일〉에서 〈대디〉까지 싸이의 뮤직비디오를 보는 시청자의 시선은 마린시티의 고급스러운 초고층 주상복합 아파트와 요트 선착장을 응시하게 되면서, 〈강남스타일〉에서 인지했던 강남을 상징하는 건조 환경의 이미지를 부산 마린시티에서도 마치 〈강남스타일〉 속편을 보듯이 재확인하게 된다.[55]

정리하면, 부산은 지역 경제 구조의 전환이 요구되는 1990년대 후반부터 센텀시티와 마린시티로 대표되는 대규모 건조 환경을 구축하게 되고, 이는 '부산의 강남'이 형성될 물적 토대가 된다. 아울러, 서울 강남을 기반으로 한 자본이 센텀시티와 마린시티에 투자되고, 언론을 통하여 강남과 부산 해운대 간의 담론적 친밀도가 높아지면서 '부산의 강남'이 물질적·담론적으로 구성되었음을 확인했다. 하지만 서울의 자본이 부산으로 이동한다는 경제적 요인이나 미디어를 통하여 재현되는 '부산의 강남'은 부산의 경계 내부에 있는 사람과 공간을 텅 비우는 외부자적 시선이라는 점에서 부산의 경계 안팎을 가로질러 다양한 행위자들이 '부산의 강남'을 구성하는 지점을 파악하는 데는 한계가 있다. 이러한 한계를 보완하기 위하여 지금부터는 센텀시티와 마린시티 거주자들을 중심으로 그들이 어떻게 '부산의 강남'으로서 센텀시티와 마린시티를 구성하는지를 살펴보고자 한다.

2. 센텀시티에서 경계의 구축

한 지역과 다른 지역의 구분은 두 지역 사이에 경계가 만들어지는 것으로부터 시작된다.[56] 경계는 단순히 행정구역을 구분하기 위한 줄긋기에 그치지 않는다. 특정 경계는 그것의 안과 밖에 위치한 행위자들이 경계를 통하여 '여기'와 '저기', '우리'와 '그들'을 구분 짓는 심상 지리의 형성을 동반한다. 즉, 어떤 공간의 물질성과 이 물질성을 전유하는 다양한 기호, 상징, 내러티브에 의한 누적의 결과물로서 경계는 사회적으로 생산되고, 지속된다. 이때 모든 행위자들이 특정 경계를 두고서 균질적인 이해관계를 갖지는 않는다. 따라서 어떤 이해 당사자들은 자신들의 이해관계를 유지하기 위하여 기존의 경계를 교란하여 그 경계를 모호하게 하거나 재설정을 시도할 수 있다. 2절과 3절에서는 센텀시티와 마린시티의 각 경계를 구성하는 주상복합 아파트의 물질성을 살펴보고, 이를 바탕으로 지역 주민들이 다른 지역(비주상복합 아파트 단지)과 차별화된 자신들의 경계를 구축하는 과정에서 다른 지역 주민들과 어떠한 담론의 경합이 발생하며, 주상복합 아파트라는 동일한 물질성을 공유하고 있는 센텀시티와 마린시티 간에도 상대방으로부터 차이를 강조함으로써 경계를 구축하려는지를 확인하고자 한다.

먼저, 센텀시티의 경계를 구성하는 물질성을 살펴보자. 센텀시티를 구성하는 대표 경관은 초고층 주상복합 아파트이다. 예컨대, [그림 10-4]의 위성사진 상단 왼편에 위치한 좌수영교 오른편에 세워진 더샵센텀파크 2차 아파트[57]는 인공위성 사진에 나올 정도의 대규모 초고층 주상복합 아파트 단지이다(지상에서의 시점은 [그림 10-1] 참조). 초고층 주상복합 아파트와 기존 아파트의 차이는 단순히 건축 양식의 차이만을 의미하지는 않는다. 센텀시티 거주자 F에게 주상복합 아파트는 "베란다가 없고, 생선 굽는 집이 거의 없을" 정도로 생활이 불편한 곳이지만, 주상복합 아파트의 환기 장치가 미비한 점에 대한 비판보다는 자신의 "식생활을 바꿈"으로써 본인의 생활양식을 건축 양식에 적극적으로 맞추려고 한다.[58] 의식주라는 단어가 함의하듯이 인간 생활의 3가지 기본 요소로서 주거만큼이나 먹는 것도 중요하지만, 주

[그림 10-4] 구글맵에 나타난 센텀시티 일대

상복합 아파트의 물질성은 거주자의 먹는 행위에 영향을 미칠 만큼
압도적이다. 이처럼 물질성이 거주자의 생활방식에 상당한 영향을 미
치는 것은 마린시티 분석에서도 확인된다.

이러한 불편함을 견뎌야 하는 센텀시티 거주민 중에는 의사와 변
호사와 같은 고소득 전문 직종의 사람들이 "발에 치일"(인터뷰 F) 정도
로 많다. 센텀시티는 지역 주민이 인식하기로는 "부산 시내에서는 가
장 처음으로 평당 오백만 원으로 시작"(인터뷰 F)했고, 수입차 비율이
상당히 높은 부유한 곳이다. 이는 부산의 구도심과 센텀시티 간의 경
제적 자본의 격차를 보여준다. 연구자는 센텀시티 거주자 두 명에게
센텀시티의 경계가 어디부터 어디까지인지에 대해 질문했는데, 아래
와 같이 주상복합 아파트를 중심으로 경계를 사고했음을 확인할 수
있었다.

벡스코에서부터 요기(주상복합) 아파트 단지 끝까지예요. (인터뷰 A. 괄호는 인용자)

아파트죠, 아파트. 벡스코 있는 여기서부터 우리 아파트 끝나는 저기까지가 센텀시티예요. (인터뷰 F)

즉, 차별적인 문화적·경제적 자본이 투영되어 있는 주상복합 아파트 자체가 센텀시티의 지역적 경계를 구성하고 있는 것이다. 기존 강남 연구에서는 강남에 살고 있는 내부자보다는 외부자의 입장에서 강남을 인식하는 데 물질적 경관의 중요성이 더 크다는 분석[59]이 있었지만, 센텀시티의 경우에는 거주자들이 자신이 사는 지역을 인식하는 데 아파트라는 물질적 경관이 상당히 중요하게 작용하는 것으로 보인다. 인터뷰 응답자 F는 아파트를 포함한 근대적이고 세련된 센텀시티의 경관을 기존의 구도심 경관과 비교하며 아래와 같이 경계를 구분 짓는다.

강 건너만 가도 골목에 주차할 데도 없고 그렇잖아요? 그런데 여기는 건물이 딱딱딱딱 잘 들어가고, 깨끗하죠. 깨끗하고 잘 정리되어 있고, 전부 새로 지은 거니까 통일적인 느낌이 약간 다르죠. 유리 건물로 되어 있어서 통일감이 있어요. (인터뷰 F)

위성사진([그림 10-4])에서도 수영강을 중심으로 오른편의 계획도시인 센텀시티에 비하여 왼편 구도심은 복잡한 도로망임을 확인할 수 있다. 즉, '센텀'은 부산의 부유한 "중산층"[60]이 "깨끗하고", "통일적인"근대적 도시에서 살고 있는 것으로 인지되고 있다. 이들의 인식을 따른다면, 고소득 전문 직종의 중산층이라는 계층의 동질성을 지니고 있는 주상복합 아파트가 아닌 비주상복합 아파트(즉, 일반 아파트)에 거주하는 사람들은 센텀시티의 경계 안에 포함될 수 없을 것이다.

다음으로 센텀시티의 물질성을 바탕으로 센텀시티의 안과 밖에 위치한 센텀시티 거주민과 비거주민 간의 경계를 둘러싼 담론의 경합을 살펴보자. 위성사진을 보면 센텀센시빌과 센텀현대아파트(그림의 점선 타원 부분)는 센텀시티 중심부로부터 상대적으로 외곽에 위치하지만, 이 두 아파트가 센텀이라는 지명을 사용한 것으로 볼 때, 센텀시티의 경계 안에 있는 것으로 추정할 수 있다. 하지만 센텀시티 거주자들은 이 두 아파트가 센텀시티의 경계를 교란하는 것으로 보고 있다.

> 지금 센텀시티의 경계가 불분명해요. 왜냐하면 여기가 집값이 많이 올랐거든요. 주변 아파트들이 전부 색칠을 해서 센텀현대아파트, 센텀 롯데아파트, 이런 식으로 이름을 바꾸면서 여기저기 다 센텀이 되어버렸어요. (…) 주상복합 중심인데, 일반 아파트하고는 생김새가 많이 다르잖아요? (인터뷰 A)[61]

연구자가 현지답사를 하면서 촬영한 사진에서 보듯이 센텀센시빌은 주상복합 아파트 양식이 아닌 이름만 바뀐 일반 아파트이다. 센텀센시빌과 주상복합 중심의 센텀시티 사이에는 2차선 도로와 동해남부선 철로가 놓여 있지만, 같은 생활권이라고 생각할 정도로 지리적으로 서로 인접해 있다.[62] 새한센시빌 주민들이 아파트명을 바꿔서 센텀시티의 경계 안에 들어가려는 목적은 부동산 가격을 주도하고 있는

[그림 10-5] 새한센시빌에서 센텀센시빌로 아파트 외관의 변화

센텀시티의 지가 상승의 외부 효과를 누리기 위해서다. 반면, 기존의 센텀시티 거주자들은 비주상복합 아파트 거주자들의 경제적 자본 증식을 위한 경계 교란으로 인해 "깨끗하고", "통일적인" 센텀시티의 경관이 왜곡되는 것을 원하지 않고 있다.

끝으로 센텀시티의 경계는 주상복합 건물의 물질성만으로 형성되는 것이 아님을 언급할 필요가 있다. 센텀시티 거주민은 동일한 주상복합 건물인 마린시티와의 비교를 통해서도 센텀시티의 로컬리티를 차별화하고자 하는 인식이 확인되었다.

마린시티는 여기(센텀시티)랑 콘셉트가 좀 다른 거죠. 센텀이 먼저 생기고, 마린시티는 유흥이랑 뭐 이런 쪽으로 좋고, 주거하고 같이 돼 있어요. 그래서 그게 좀 안 좋죠. 여기는 완전히 이렇게 아파트 있고, 학교 있고, (…) 유흥가도 요식업이 대부분이고, 그게 지금 우리 아파트의 제일 좋은 점이에요. (…) 안전하고, 그런 부분에서……. 애들이 걸어서 집에서 학교를 왔다 갔다 하는 거가 아주 안전하죠. (인터뷰 F, 괄호위의 인터뷰 응답자 F의 발언과 달리, 현지답사를 통해서 마린시티는 해운대해수욕장과 주변 유흥가와는 공간적으로 분리되어 있고, 초등학교도 마린시티 내부에 있으면서 안전한 귀가 경로를 확보하고 있음을 확인했다. 응답자 F는 비주상복합 아파트가 센텀시티의 경계에 들어오려는 시도에 대해서는 상대적으로 강하게 비판적인 논조를 드러낸 것과는 달리, 마린시티에 대해서는 비판보다는 동일한 주상복합 아파트임을 전제하고서 두 도시의 개별 이점을 파악하는 '부드러운 경계 짓기'를 했다.[63] 다음 절에서도 확인하겠지만, 센텀시티 거주민이 마린시티에 대한 비교를 통하여 자신들의 로컬리티 경계를 구분 짓는 방식은 마린시티 거주민에게서도 나타난다. 하지만 주상복합 아파트라는 동일한 물질성을 공유하지만 센텀시티에 비하여 최근에 건설되고, 독특한 디자인에 여러 편의 설비가 투입되고, 보다 고가의 분양가를 기록하는 마린시티의 거주민들은 이전에 만들어진 센텀시티와의 비교에서 자신들이 보다 우위에 있다는 인식을 바탕으로 경계 구축을 시도했음을 확인할 것이다.

3. 마린시티에서 경계의 구축

먼저, 센텀시티의 분석과 마찬가지로 마린시티의 경계를 구성하는 물질성을 살펴보자. 센텀시티 거주자들의 경우, 연구자가 "어디 사느냐?"는 질문을 던지자 대부분 "센텀에서 산다"고 답했다. 본래, 센텀이란 용어가 만들어질 때 지역 주민들의 의견이 반영되었던 것은 아니지만,[64] 의도적이든 우연적이든 센텀시티에 있는 주상복합 아파트 이름(더샵센텀파크, 더샵센텀스타, 대우월드마크센텀아파트, 트럼프월드센텀아파트)과 학교명(센텀초등학교, 센텀중학교, 센텀고등학교), 지하철역(센텀시티역)에 공통적으로 센텀이 들어가면서 센텀이라는 지명이 지역정체성을 나타내는 영역적인 용어로 자리 잡았음을 확인할 수 있다. 그리하여 센텀시티 거주자들은 비주상복합 아파트에 센텀 용어를 붙이는 것에 반발했다. 반면, 마린시티의 경우에는 마린이란 지명이 센텀처럼 동질적인 지역정체성을 드러내는 용어로는 아직 확립되지 못한 상태다. 마린시티에 위치한 주상복합 아파트들의 이름을 살펴보면, 부산대우트럼프마린아파트를 제외하고 대부분의 아파트가 마린을 아파트 이름에 포함하지 않았다(더샵아델리스아파트, 두산위브포세이돈아파트, 두산위브더제니스아파트, 해운대아이파크아파트 등). 마린시티 지역에 초등학생 인구가 증가하면서 2012년에 개교한 해원초등학교의 이름에도 마린이 사용되지 않았다. "어디에 사느냐?"는 연구자의 질문에 마린시티 거주자들은 "마린시티"라고 말하기보다는 자신이 사는 아파트 이름("제니스", "아이파크")으로 답변했다. 부산에서 가장 최근에 마린시티가 개발되었고,[65] 주상복합 아파트 이름에 지명이 포함되지 않으면서 센텀시티 거주민에 비하여 지명을 통한 지역정체성의 구축은 뚜렷하지 않다. 하지만 지명을 통한 경계 구축이 약하다는 것이 센텀시티 거주민에게서 확인된 주상복합 아파트의 물질성이 마린시티의 로컬리티를 구성하는 것과 무관하다는 의미는 아니다.

마린시티 거주자 B는 "우리 시댁은 아주 시골인데 그게 참 안 맞"다면서 자신을 "굉장히 도회都會 같은 사람"으로 규정한다. "비교할 수 없을 만큼 고급스럽고", "모든 게 최첨단"인 마린시티는 자신과 같은 '도회적인 사람'에게 적합한 공간이라는 것이다. 그녀는 "전자 시스템이 나는 너무 좋고, 내가 좀 많이 이런 첨단을 좋아하는 사람"이기도 하지만, 바다와 인접한 입지의 특성상 공기가 좋고, 동백섬이 가까이 있는 환경 또한 마린시티의 강점으로 보고 있다.[66] 자신이 살고 있는 아파트가 "지금 현재 우리나라에서 가장 높은 아파트"라는 것과 "서울의 타워팰리스가 주상복합 1호"라는 사실을 언급하면서 자신 또한 그러한 서울 타워팰리스와 같은 주상복합 아파트에 살고 있음을 밝히면서 자부심을 드러냈다.

실내 인테리어는 거주자의 경제적 자본과 더불어 문화적 자본인 취향이 반영될 여지가 높다. 부산에서 아파트 실내 고급 인테리어 사업을 운영하는 C에 따르면, 마린시티에 위치한 아델리스에 살고 있는 한 외국인은 아델리스의 거주 강점으로 한 층에 세 세대가 사는데 엘리베이터가 여섯, 일곱 대인 것을 손꼽았다고 한다. 반면, 센텀파크는 높이도 더 높고 세대도 더 많은데, 엘리베이터가 두 대밖에 없다. 또한 센텀시티는 취학아동의 교육을 목적으로 온 학부모가 많기 때문에[67] "잠깐만 사니까 인테리어에 많이 투자를 안 하"는 것 같지만, 마린시티는 "구조적인 필요 외에도 어떤 콘셉트를 하겠다든지, 영화에서 본 장면, 드라마에 나온 장면, 어디 리조트에 갔는데 그런 분위기, 이번에 배용준이 결혼해서 신혼여행 갔는데 ○○○룸…… '난 거기 너무 좋아. 그런 콘셉트로 해줘요' 하면서 콘셉트를 표현할 줄 아는 동네"(인터뷰 C)라고 설명했다. 즉, 응답자 C에 따르면, 동일한 주상복합 아파트라 하더라도 마린시티가 센텀시티보다 내부 설비, 인테리어에 상대적으로 많은 투자를 하는 경향이 있음을 가늠할 수 있다. 또 다른 거주자 G는 "센텀에는 백화점이 있고, 마린에는 요트경기장이 있죠"라고 답하면서 마린시티를 보다 고급스러운 곳으로 규정했다.[68] 이는 주상복합 아파트에 대한 경제적 자본의 투입이 문화적 자본인 고급 취향과 비례 관계임을 잘 보여주고 있다. 더불어, 센텀시티 거주자가 주상복합 아파트 거주의 불편함을 감당한 것과 유사하게 마린시티 거주자들도 주상복합 아파트에 대한 물신物神적인 지지를 표출하고 있음을 아래와 같이 확인할 수 있다.

주상복합 아파트는 투명유리나 반사유리로 빌딩 외벽을 커튼처럼 덮는 커튼월curtain wall 공법으로 지어졌다.[69] 센텀시티가 바다로부터 떨어져 시가지에 위치한 것과 달리, 마린시티는 햇빛을 피할 수 없는 바다를 맞대고 건설되었고, 통유리로 인한 실내 온실효과가 매우 심각한 것으로 알려졌다.[70] 센텀시티에서는 생선을 구울 때 발생하는 연기 때문에 식생활을 바꿔야 하는 불편함이 있다면(인터뷰 F), 마린시티는 센텀에서 확인된 불편함과 더불어 더위 속에서 버텨야 하는 새로운 불편함에 적응할 것을 요구한다.

내가 친구들한테 하는 말이 '나 온실 속에 살고 있잖아.' (…) 사실 첫해는 그런 집에서 안 살아봐서…… 갑자기 여름에 집에 들어갔더니 더운 바람이 훅 하는 거예요. 숨이 턱 막히고, 이렇게 덥구나. 그래서 에어컨을 틀었어요. 그런데 사람은 적응하기 나름이에요. 이제 요령을 아는 거죠. (인터뷰 B)

내가 센텀에 살다가 여기 와서 적응을 했어, 바로 첫해에. (…) **외관이 예쁘려면, 감수하고 살아야 하잖아요.** (…) 부산 사람 나오면 아이파크부터 비춰주잖아요. 보통 보면 선전이나 책자, 또 어디든 비행기를 타면…… 그게 왜 그렇겠어요. 외관이 제일 예쁘고, 뭔가 광안대교하고

어울리고 하니까 그런 거 아니겠어요? (인터뷰 D, 강조는 인용자)

  마린시티 거주민 중에서도 "제니스가 너무 더워서" 센텀시티로 돌아간 경우도 있지만(인터뷰 C), 남은 주민들은 '적응'하면서 살고 있다. 필자는 인터뷰를 하면서 이들이 더위로 인한 불편함은 밝히면서도 냉난방기의 적절한 운용, 3중 커튼, 낮에 카페 머물기 등의 적응 방법을 소개하는 데 치중하면서 더위의 근본 원인인 커튼월 공법과 주상복합 아파트를 옹호하는 인상을 받았다.[71] D의 말에 따르면, "어느 집이든지 약점 없는 데는 없"는 것이다. D는 자신들의 거주 공간의 불편은 건물 외관의 아름다움을 통하여 상쇄할 수 있다고 보고 있다. 그녀의 시각에서 '빛 좋은 개살구' 또는 허장성세虛張聲勢라는 고사성어는 자신이 거주하는 주상복합 건물에는 적용되지 않는다. 도리어 '빛 좋은 개살구'로서 주상복합 아파트의 물질성은 마린시티 거주자들이 자신의 주거 환경의 불편함을 감내할 정도로 지지하게 되는 건조 환경에 대한 물신성의 징후를 확인할 수 있다.[72]
  다음으로는 마린시티의 물질성을 바탕으로 마린시티의 경계가 경합되는 지점을 살펴보자. 앞서 연구자는 센텀시티에 비하여 마린시티는 지명을 통한 경계의 구축은 상대적으로 덜 뚜렷하다고 평가했다. 하지만 주상복합 아파트라는 물질성은 마린시티의 경계를 구분 짓는 데 중요한 기준이 되고 있다. [그림 10-6]은 네이버에서 제공하는 항공사진으로, 동쪽 방향의 화살표를 기준으로 왼쪽은 마린시티, 오른쪽은 해운대 신시가지 지역이다.[73] 화살표가 위치한 곳에는 왕복 6차선 도로인 해운대 해변로가 지나고 있다. 마린시티의 경계가 어디냐는 연구자의 질문에 마린시티 거주자들은 해운대 해변로를 경계로 보

[그림 10-6] 네이버 항공사진을 통해 본 마린시티 일대

고 있다며 일치된 의견을 보였다. 하지만 특정 건물이 마린시티 경계에 들어갈 수 있는지 여부에 관해서는 이견이 존재했다.

먼저 응답자 G는 해변로가 경계가 되기는 하지만 현대베네시티와 제이드(사진상에는 안 보이지만 현대베네시티의 오른편에 위치함)는 주상복합 양식이기 때문에 마린시티에 포함된다고 보았다. 반면에 응답자 B는 해변로의 경계를 강조하면서 현대베네시티와 제이드는 "마린이라고 생각을 안 하"고 있다. 그럴 경우, 현대베네시티, 제이드와 같은 구역에 있는 일반 아파트인 "대우마리나도 마린시티 소속"[74]이 될 수 있기 때문이다. 또한 B는 주상복합 양식의 동질성보다는 해변로를 중심으로 마린시티와 비非마린시티 간에 학군이 다르다는 차이를 강조했다["길 건너에서는 여기(학교)를 못 온다고 얘기를 들었어요"(인터뷰 B, 괄호는 인용자)]. 주상복합 양식의 동질성을 강조한 G는 초등학생 자녀를 둔 학부모다. 그녀에 따르면, 마린시티에 해원초등학교(2012년 개교)가 세워지기 전에 자녀가 해강초등학교(1995년 개교)를 다녔으며, 과거에는 동일한 학군이었지만, 마린시티에 아파트가 늘어나면서 해원초등학교가 생기게 되었고, 학군도 나뉘게 되었다. 정리하면, B는 학군을 중심으로 마린시티와 비마린시티를 구분하려고 했지만, 그러한 경계는 2012년 학교가 개교하고서야 구축되었다. 이러한 학군 변동의 역사를 알고 있는 G는 학군보다는 주상복합 양식의 유사성을 강조하면서 현대베네시티와 제이드도 마린시티의 경계 안에 들어가는 것으로 보고 있는 것이다. 이러한 상이한 인식을 통해서 주상복합 아파트의 물질성과 함께 학군이 경계를 구성하는 중요한 기준이 되며, 센텀시티와는 달리 동일한 지역에 거주하더라도 강조하는 요인(건축 양식, 학군)에 따라 상이한 경계 짓기가 나타나고 있음을 확인할 수 있었다.

끝으로 마린시티의 경계도 센텀시티와 마찬가지로 주상복합 건물이라는 동질적인 물질성만으로 형성되는 것이 아님을 살펴볼 수 있다. 센텀시티 거주민들은 주상복합 아파트와 비주상복합 아파트를 비교하면서 센텀시티의 로컬리티를 구축했지만, 인접한 다른 주상복합 아파트 단지인 마린시티와의 비교를 통해서도 센텀시티의 경계가 형성되었다. 마린시티 거주민들에게도 주상복합 아파트가 경계를 구성하는 중요한 물질성이다. 하지만 주상복합 아파트라는 동일한 물질성을 띠더라도, 센텀시티와 비교하여 상대적으로 최근에 건설되고, 고급 인테리어 취향에 보다 고가의 분양가를 기록한 마린시티의 물질성은 센텀시티의 그것과 차별적이다.

센텀시티는 **신세계백화점 옆에 있잖아요.** 너무 도심 한복판이잖아요. 그건 아닌 것 같아요. **여기는 바다를 끼고 이렇게 동백섬도 있고** (…) 제 생각에는 외국인들이 센텀시티를 좋아하진 않을 것 같아요. 외국 사람들 정서상 여기를 좋아하지 거기를 좋아하겠어요? 도심 한복판에 백화점만 있는데 그게 좋겠어요? 기왕이면 **여기를, 이 공기를 좋아하지.** (인터뷰 B. 강조는 인용자)[75]

제 느낌에는 조금 업$_{up}$된 거 같고, 지금 들어가서 보면 **거기**(센텀시티)**가 좀 후져 보이고.** 하하하. 이건 개인적인 생각이에요. 여기는 별천지 (…) 여기(마린시티) 있는 엄마들은 학력이나 그런 거 티는 안 내지만 (…) **절대점수 이거 아니에요.** 길게 봐야 해요, 교육이라는 거는. **저기서는 1 등 해야지.** 근데 **여기는 1등 아니어도 좋아.** 공부는 느슨하게, 나중에 기회 봐야 해요. 그리고 방학 때 되면, 한 애도 남아 있는 애가 없어요. **다 외국 가고 없어.** (인터뷰 D. 괄호 · 강조는 인용자)

초등학생 아이를 키우는 엄마 입장에서, 센텀시티 사시는 분들은 **교육열이 아주** (…) **센텀시티에는 교육을 위해 온 분들이 많고,** 여기 사는 분들은 그분들에 비해 **교육에 대한 열정은 조금 덜하지 않나 싶어요. 아이들을 조금 더 여유롭게 두죠.** (…) 이거 외우고 꼭 1등을 해야 한다, 이런 것보다는 그냥 즐겁게 배울 수 있도록. (인터뷰 G. 강조는 인용자)

인용된 인터뷰 응답자 세 명은 '여기(마린시티)'와 '저기(센텀시티)'로 경계를 구분 지으면서 입지 요인, 교육 방식 등의 차이를 강조했다. 센텀시티 주민들이 백화점이 인접한 것을 센텀시티 거주의 장점으로 삼았던 것(인터뷰 A와 F)과는 달리, 응답자 B는 백화점을 도심의 복잡함을 야기하는 단점으로 규정하고, 인공물이 가득한 "도심 한복판"보다는 맑은 공기와 바다, 동백섬 등의 자연물이 인접했음을 장점으로 부각했다. 응답자 D와 G는 다음에도 살펴보겠지만, '부산의 대치동'으로서 기능하고 있는 센텀시티를 1등만을 강요하는 성적지상주의가 만연한 곳으로 바라본다. 이들은 센텀시티 거주민들을 "교육열이 아주 (…) 교육을 위해 온 분들"로 보는 반면, 자신들은 "교육에 대한 열정은 조금 덜"한 사람들이라고 말한다. 이러한 그들의 구별 짓기는 기존 교육 시스템의 경쟁주의나 사교육 중심 체제에 대한 비판적 입장에 동조하는 것은 아니다. 센텀시티 학부모에 비하여 "교육에 대한 열정은 조금 덜하"다고 밝힌 응답자 G는 초등학생 자녀의 영어 학습 능력 향상을 목적으로 한국에서는 정규 교육과정으로 인정받지 못하는 캐나다에서 정규 수업을 받게 하고, 방과 후에는 한국인이 운영하는 학원에 11개월 동안 보냈었다. 응답자 D가 목격했듯이 마린시티의 학부모들은 응답자 G처럼 방학 때면 자녀들을 해외에 보낸다. 여기서 핵심은 센텀시티 거주자들에 비하여 마린시티 거주자들은 자녀들을 해외에 '11개월'은 홀로 보낼 수 있을 정도의 경제적 자본을 보유했고, 학원을 통해 영어를 접하는 센텀시티 아이들과 달리 영어를 사용하는 국가에서의 생활을 '11개월' 동안 일상의 삶으로 조성하여, 영어를 익숙하게 접하고 사용할 수 있게 하여 자녀의 문화적 자본을 축적하고 있다는 점이다.

정리하면, 센텀시티와 마린시티의 경계의 형성은 주상복합 아파트라는 물질성을 바탕으로 하여 경제적·사회적·문화적 자본이 응축된 '부산의 강남'이라는 독특한 로컬리티가 생산된 것임을 확인할 수 있

다. '부산의 강남'이라는 새로운 로컬리티는 비주상복합 아파트와 구
도심에 대한 배타적이고 차별적인 인식이 뚜렷하게 발생하고 있다는
점에서 이전에 존재하던 부산의 부촌들의 위상과 사회적 인식에서 확
연한 차이를 드러내고 있다. 또한 동일한 주상복합 아파트라는 물질
성을 공유하는 센텀시티와 마린시티 간에도 상호 간에 구별 짓기와
경계 짓기가 발생했음을 확인할 수 있다.

IV. '부산의 대치동'으로서 센텀시티의 관계적 공간성

앞선 사례 연구에서는 'X의 강남'이 형성되는 과정을 통하여 배타
적이고 영역적인 공간들이 센텀시티와 마린시티에서 구성되었음을
확인했다. 지방 도시에서 'X의 강남'의 형성은 서울 강남이라는 물리
적 공간을 벗어나서 어떻게 한국의 발전주의 도시성이 매트릭스의 형
태로 유지될 수 있는지를 파악할 수 있었다. 여기서 센텀시티와 마린
시티의 경계의 구성에서 나타난 배타적이고 영역적인 공간적 속성은

[그림 10-7] 부산 센텀시티에 위치한 입시학원의 인터넷 광고 이미지[76]

독자들로 하여금 마치 'AI'인 서울 강남과 'X의 강남'이 상호 고립된 형태인 것으로 이해하게 할 가능성이 있다. 하지만 특정 공간의 배타적 영역화와 그 공간이 다른 공간과 관계적으로 연결되는 것은 상호 모순적이기보다는 상호 보완적인 것으로 이해할 수도 있다.[77] 지금부터는 발전주의 도시 매트릭스가 강남과 'X의 강남'들 간의 물리적·담론적 연결망을 통하여 유지되고 있음을 밝히고자 한다.

오늘날 센텀시티는 부산에서는 '부산의 대치동'으로 인식되고 있다. 가령, [그림 10-7]은 센텀시티에 위치한 한 입시학원의 광고인데, 대치동이라는 장소가 교육에서 차지하는 위상과 더불어 센텀시티를 '부산의 대치동'으로 규정하려는 인식을 잘 드러내고 있다. 이러한 담론적 구성물로서의 '부산의 대치동'은 물질적 흐름을 통하여 보다 공고해진다.[78] 먼저, 강남의 학원들이 새로운 시장으로서 부산 해운대에 진출하고 있다.[79] 이처럼 센텀시티에 위치한 지역 학원이나 서울로부터 진출한 대형 학원업체들은 실제 센텀시티에 밀집된 학원가라는 건조 환경을 만들게 된다는 점에서 '부산의 대치동'이라는 로컬리티를 구축하는 데 중요한 역할을 했다. '부산의 강남'과 '부산의 대치동'이라는 프레임의 결합은 부산 거주민들이 센텀시티로의 거주를 욕망하게 되는 중요한 동기가 된다. 취학아동을 둔 센텀시티 거주자 A에 따르면, "여기(센텀시티-인용자)는 사람들 다 젊어요. 일단 취학연령 애들을 다 데리고 있다." 학부모로서 교육 정보에 관심이 많아서 관련 인터넷 카페를 자주 접속하는 그녀는 카페 방문자들이 "전부 센텀을 추천하더라고요. 마린이나 신도시(해운대 신시가지-인용자)는 추천을 안" 한다면서 센텀시티를 "압구정은 아닌 것 같고, 청담동도 아닌 것 같고, 딱 대치동. 학원을 보내기 위한" 곳으로 규정한다. 하지만 젊은 학부모들이라고 누구나 센텀시티에 거주할 수 있는 것은 아니다. 앞서 살펴봤듯이 센텀시티는 변호사와 의사 등 고소득 전문 직종에 종사하는 '중산층'이 "발에 치일" 정도로 많은 곳이다. 물론, 센텀시티에 거주하지 못하더라도 다른 지역(해운대 신시가지 포함)의 학생들도 대중교통을 이용하여 센텀시티의 학원가를 이용한다(인터뷰 E).[80]

흥미롭게도 10년 넘게 센텀시티에 거주했던 A는 경제적 자본이 충분하지는 않지만 센텀시티의 "서른네 평 가장 작은 평수"에라도 "입성"하기 위하여 많은 대출을 받은 가족들을 보았다면서, 직업이 전기 수리공인 한 학부모의 경우, 자녀의 초등학교 일부 기간만을 채우고 부산 주변 신도시로 이사를 갔다고 말한다. 왜 센텀시티에서 충분히 교육을 받지 않고 떠났냐는 질문에 이 아버지는 잠깐이라도 센텀에서 교육받은 것을 나중에 자식들이 커서 기억하기를 바랐기 때문이라고 말했다고 한다. 실제 자녀의 교육의 향상보다는 잠깐이라도 '센텀시티에서 교육을 받았다'는 공간을 강조했던 거주의 목적은 부산 안에서 '부산의 대치동'으로서 학부모들이 열망하는 센텀시티의 공간성을 확인할 수 있게 한다.

한편, 교육 관련 인터넷 카페나 학교 학부모 모임을 통하여 센텀시티 거주민들은 센텀시티가 '부산의 대치동'으로서 부산 지역에서 비교우위가 있는 것을 인정하지만, 동시에 부산의 공교육과 사교육이 서울 강남에 비하여 떨어진다는 점을 민감하게 인식하고 있었다.

> 그동안 여기(센텀시티) 사는 동안에 참 좋았는데, 애가 어느 정도 공부를 하면, 거기에 맞춰서 부모가 좀 생각을 해야 하고, 그걸 받쳐줘야 하니까 (…) 부산이 교육적인 면에서나 그 밖의 면에서 서울하고 격차

가 너무 커요. 서울 다음이 부산이다, 이렇게 생각했는데 어마어마한 격차가 있는 거예요. (인터뷰 F. 괄호는 인용자)[81]

일단 저도 남편 꼬셔서 강남에 작은 아파트 하나 해놓고 왔다 갔다 할 생각을 하고 있어요. (…) 하지만 자녀 교육이 아니면 강남을 벗어나죠. 저도 우리 엄마하고 똑같이 대학을 보내면 강남을 떠날 것 같아요. (인터뷰 A)[82]

위와 같이 강남에 대한 비교를 통해 부산의 낮은 교육 수준을 인식한 학부모들은 학기 중에는 자녀를 센텀시티의 학원에 보내지만 방학 기간에는 서울 강남 대치동 학원가로 보내는 전략을 사용한다. 인터뷰를 했던 응답자 A도 방학 기간에 영어 토론대회 준비를 위해 자녀를 대치동 학원에 다니게 하고, 서울의 한 호텔에 머물면서 같은 팀원들끼리 준비를 했다고 한다. 앞서 마린시티 거주자들이 센텀시티와의 비교 속에서 구별·경계 짓기를 하면서, '부산의 대치동'인 센텀시티의 학부모들은 사교육 시장에 빠져 있지만, 자신들은 그러한 교육 방식과는 다르다는 점을 강조했음을 확인했다. 하지만 마린시티 외부의 거주자에 따르면, 마린시티에 거주하는 지인의 자녀가 방학 때마다 대치동 근처에 오피스텔을 빌려서 학원을 다녔다고 한다. 마린시티 거주자도 이웃집 자녀가 방학마다 강남 학원에 다닌 끝에 영재고에 들어갔다고 말했다(인터뷰 G).[83]

정리하면, '부산의 강남'으로서 새로운 부촌으로 떠오른 센텀시티가 새로운 사교육 시장으로 각광받으면서 부산 지역과 서울 강남에 기반을 둔 학원 자본들이 진입하고, 언론과 인터넷 등의 미디어를 통하여 '부산의 대치동'이라는 심상 지리가 구축되었다. 이러한 로컬리티는 교육의 실수요자인 학생들과 그들의 학부모를 통하여 지속되고 있다. 더불어, 학기 중에는 '부산의 대치동'인 센텀시티 학원가를 이용하지만, 서울과 부산 간의 커다란 교육 격차를 인식하면서 이를 보완하기 위하여 방학 기간에는 자녀들을 강남 대치동 학원으로 보내는 전략을 사용하면서 강남과 'X의 강남'들 간에 물리적·담론적 연결이 강고하게 유지되고 있음을 확인했다.

V: 지방 도시에서 탈강남·탈발전주의적 도시성의 모색

본 연구의 이론적 의의는 다음과 같다. 첫째, 동아시아 발전국가론에 기반을 둔 동아시아 발전주의 도시성 연구가 국가 중심적 인식에 빠지면서 간과되었던 도시 공간과 도시민이 빚어내는 내밀한 변증법적 상호작용이 발전주의 도시성에 미치는 영향에 주목할 것을 환기했다. 둘째, 도시 연구에서 부르디외가 제시한 경제적·사회적·문화적 자본 유형을 선별적으로 채택하여 연구하기보다는 '사회적 공간' 속에서 상이한 자본 형태들 간에 서로 연결된 총체성에 주목할 것을 강조했다. 즉, 센텀시티와 마린시티라는 사회적 공간의 구축 과정에 주목함으로써 이 공간을 통한 경제적·사회적·문화적 자본 간의 상호친밀성을 확인했다. 셋째, 발전주의 도시 매트릭스 개념을 제시함으로써 발전주의 도시성을 이해하기 위해 특정 도시의 물리적·행정적·상징적 경계 안에 국한하여 접근할 것이 아니라 개별 도시들이 구성되는 배타적·영역적 특성과 더불어 이들 도시들 간에 맺어지는 관계적 특성의 복합적 구성물로서 이해할 것을 제언했다.

다음으로 사례 연구의 의의는 크게 2가지로 나눌 수 있다. 첫째, 발전주의 도시 혹은 강남 연구에서 지방 도시의 연구 필요성을 환기했다. 본 연구는 부산에만 국한되었지만, 앞으로 대구 수성구와 부산 센텀시티 간에 교육 관련 비교 연구가 가능할 것이다. 둘째, 최근 도시 연구가 통계를 이용한 계량 분석 혹은 신문, 인터넷 등의 미디어에 주목한 담론 연구가 지배적이면서 '안락의자의 지리학armchair geography' [84]에 빠져 있다는 비판이 제기될 수 있는 상황에서, 본 연구는 실제 'X의 강남'이 형성되는 과정에서 여러 이해 당사자들이 어떻게 특정한 물질과 담론을 전유하는지를 역동적으로 추적하기 위하여 담론 분석, 심층 인터뷰와 현지답사 간의 방법론적 유기성을 높이는 시도를 했다.

끝으로 본 연구의 한계를 지적할 필요가 있다. 무엇보다도 본 연구에서 새롭게 제시한 발전주의 도시 매트릭스가 현존하는가에 대한 평가를 하기에 부산 사례만으로는 매우 부족했음을 인정한다. 특히 2절에서 논의한 '지방 각 도시에서의 'X의 강남' 구축은 강남을 향해 표출했던 부정과 욕망의 변증법이 'X의 강남'으로도 향하면서 지방 도시 스케일에서의 새로운 불균등발전의 구도가 형성되었음을 증명하기에는 본 사례 연구는 극히 일부분만을 보여주고 있다. 앞으로 부산뿐만 아니라 다른 지방 도시들에 대한 연구가 긴요하다. 둘째, 익명의 논문 심사자들이 공통적으로 지적했듯이 센텀시티와 마린시티라는 사회적 공간을 통하여 경제적·사회적·문화적 자본의 상호연계성을 보여주려는 필자의 의도가 사례 연구에서 충분히 드러나지 못한 측면이 있다. 후속 연구에서는 각 자본 간의 긴밀함을 보다 잘 드러내는 섬세한 분석을 약속한다. 셋째, 특정 로컬리티의 형성을 파악하는 과정에서 제한된 심층 인터뷰에 기반을 두어 특정 시각을 과대 해석할 가능성이 높았다. 따라서 후속 연구에서는 보다 일반화된 시각을 보여줄 수 있도록 거주자들에 대한 심층 인터뷰를 대폭 늘릴 필요가 있다. 서울에 거주하는 연구자가 부산에서 장기 체류가 어렵고, 연구자 단독으로 직접 심층 인터뷰를 도맡아야 하는 상황에서 센텀시티와 마린시티 외의 부산 거주자들에 대한 인터뷰를 실시하지 못한 점도 한계다. 이들이 인식하는 센텀시티와 마린시티의 경계는 센텀시티와 마린시티 거주자들과는 다르게 구성될 수 있으며, '부산의 강남', '부산의 대치동'에 대한 인식에도 차이가 존재할 수 있다는 점에서 후속 연구를 통해서 검증되어야 할 것이다. 센텀시티와 마린시티를 개발한 지역성장연합(건설업체, 부산시, 지역 정치인, 지역 언론 등)의 의식, 목표, 이해관계에 대한 분석[85]이 누락된 것도 본 연구의 치명적인 한계로 볼 수 있겠다.

영화 〈매트릭스〉에서 주인공 키아누 리브스Keanu Reeves는 빨간 약을 삼킬 것인지, 파란 약을 삼킬 것인지 선택의 순간에 직면한다. 빨간 약은 매트릭스 밖으로 나오게 해주고, 파란 약은 매트릭스 속에서의 일상을 지속시켜준다. 결국 그는 빨간 약을 삼켰다. 한국의 발전주의 도시 매트릭스는 어떠한가? 대부분은 사이퍼처럼 파란 약을 선택하고, 현존하는 발전주의 도시성을 지지하고 있다. 본 연구자는 빨간 약이냐 파란 약이냐를 성급히 선택하라고 강요하는 것은 도리어 탈발전주의적 도시의 전망을 지체시킬 수 있다고 본다. 파란 약의 성분이 무엇인지에 대한 보다 광범위하고 심도 있는 분석이 뒤따라야만 어떤 성분들이 빨간 약으로 조제될 수 있을지도 가늠할 수 있을 것이다. 이 글이 앞으로 보다 평등하고 정의롭고 지속 가능한 탈강남·탈발전주의적 도시성을 모색하는 데 기여할 빨간 약의 바탕이 되었으면 하는 바람이다.

11장 수성구는 어떻게 '대구의 강남'이 되었나?

박지혁 · 황진태

Ⅰ. 대한민국의 심장 도시 강남은 어떻게 생존하는가?

본 연구는 대구 수성구에서 나타나는 '강남 따라 하기'의 과정을 살펴본다. '강남 따라 하기' 개념은 '강남'과 '따라 하기'로 구성되어 있다. 먼저, 따라 할 대상인 강남이 무엇인지 살펴보자. 지리적으로 강남은 한강 이남 동쪽에 위치한 강남구, 서초구, 송파구를 가리킨다. 한국 사회에서 강남은 이 세 행정구의 지리적 집적, 그 이상의 의미를 내포하고 있다. 즉, 고급 아파트 단지 중심의 건조 환경, 강남 8학군과 대치동으로 대표되는 교육 자본의 허브, 다른 지역과 구별되는 고급 거주환경 등이 결집되어 표출된 '강남적 도시성'[1]은 강남을 다른 지역들과 경제적·정치적·사회적·문화적으로 현저히 구별되고 차별화된 지역으로 인식하게 만들고 있다.

최근 10년 동안 학술 논문뿐만 아니라 강남과 관련된 대중서적이 발간되면서 강남 연구 '붐'이 일고 있다고 해도 과언이 아니다.[2] 이들 연구서들은 한국 사회와 한국 자본주의를 이해하기 위해서 기존에 국가 중심적인 시각으로 한국 사회를 관찰했던 방법론적 국가주의를 넘어서서 보다 구체적이고, 생동감 있고, 역동적인 도시 공간에 주목했다는 점에서 의의가 있다. 한종수와 강희용이 2016년에 펴낸《강남의 탄생》의 부제는 '대한민국의 심장 도시는 어떻게 태어났는가?'이다.

이 책에서 보듯이 기존 연구들은 '심장'에 해당하는 강남의 물리적·행정적·상징적 경계 안에서 강남이 무엇인지를 이해하고자 했다. 하지만 아무리 건강한 심장이라도 심장의 피를 전달하는 혈관과 그 혈관을 통해 전달된 피를 사용하는 각 부위의 장기들이 건강하지 않다면 결국 심장뿐만 아니라 그 신체도 파괴된다. 본 연구자들은 다음과 같은 변형된 질문을 제안하고, 그에 대한 답을 구하고자 한다. 즉, '대한민국의 심장 도시 강남은 어떻게 생존하는가?' 이 질문에 답하기 위해서는 '강남 따라 하기' 개념에 주목할 필요가 있다.

'강남 따라 하기'란 강남 이외의 도시 및 지역에서 강남적 도시성을 모방하려는 일련의 시도들을 일컫는다.[3] 2003년 11월 《주간경향》 기사의 제목인 〈우리 동네도 '강남' 안 부러워!〉는 '강남 따라 하기' 개념의 필요성을 환기해준다. 기사는 대구, 부산, 울산 등의 지방 도시의 특정 지역에 강남과 같은 고급 아파트와 명문 학군, 고급 거주환경 등이 밀집되고 있는 현상을 보도했다. 더불어, 인터넷 포털사이트에서는 "대구의 강남은 어디인가요?", "부산의 강남은 어디인가요?"라는 식으로 'X의 강남'을 묻는 질문이 빈번하게 등장한다. 이들 신문기사와 포털사이트의 질문에 공통적으로 내포된 대중의 집합적 인식은 자신들이 사는 지역이 따라야 할 대상으로서 강남을 끊임없이 소환하고 있다는 점이다.

이처럼 소환된 '강남'은 실제 행정 3구의 지리와 그곳에 쌓여 있는 역사에 근거하기도 하지만, 강남의 행정적 경계를 벗어나 복제 가능한 '강남적 도시성'으로 표출된다. 또한 '강남'은 이렇게 표출되는 강남에 대해 대중이 갖는 욕망이 반영된 재현이기도 하다.[4] '강남 따라 하기'를 이해할 때 원본과 복사본의 위계를 상정하는 것은 무의미하다. 황진태[5]가 강조했듯이 "지방 도시에서 'X의 강남'의 구성이 단순히 서울 강남의 복제에 그치지 않고, 역으로 〈매트릭스〉 속에서 살아가는 인간처럼 서울 강남의 공간적 위상을 유지시키는 데 기여하고 있음"을 주목할 필요가 있다. 오늘날 심장 도시로서 강남이 유지될 수 있었던 것은 심장 맥박('강남적 도시성')을 의심 없이 따르고, 다시 그 심장을 뛰게 하기 위한 영양물을 공급하는 장기(지방 도시)들이 있었기 때문이다. 황진태[6]의 '부산의 강남'으로서의 해운대구 연구를 제외하면 지방 도시에서 '강남 따라 하기'를 구체적으로 밝힌 연구는 전무하다. 심장과 연결된 장기들이 신장, 간, 위, 십이지장, 소장, 대장 등 각각 다른 이름과 기능을 갖고 있듯이, 각 지방 도시들은 고유한 자연적·인문지리적 특성들을 갖고 있다. 따라서 궁극적으로 한국의 도시화를 설명하기 위하여 제시된 화두인 '강남화'[7]를 밝히기 위해서는 추가적인 지방 도시 연구가 요구된다.

서울 강남에서 남쪽으로 300여 킬로미터 떨어진 대구광역시에도 '강남'이 존재한다. '대구의 강남'이라고 일컬어지는 수성구가 바로 그곳이다. 수성구는 대구광역시에 속하는 8개 행정자치구 중 하나로, 2000년대 초반부터 언론에서 '대구의 강남'으로 호명되기 시작했다.[8] 언뜻 보면, 수성구는 '원조 강남'에 내포된 이미지에 부합하는 여러 특성을 발견할 수 있는 지역이다. 대구시에서 가장 높은 소득수준을 보이고, 많은 명문학교와 학원가가 위치하는 교육 특구의 형태를 띠고 있기 때문이다. 또한 이러한 공간적 구성은 대구에서 지가의 평당 가격이 가장 높은 수준으로 형성되는 데 상당한 역할을 한다는 점에서 강남과 유사한 특성을 보이고 있다. 본 연구에서는 대구시 수성구라는 지역을 바탕으로 이 지역의 강남적 도시성이 어떻게 형성되었는지를 역사적·지리적으로 분석하여 '대구의 강남' 로컬리티의 구축 과정을 밝히고자 한다. 본 연구를 위하여 신문 기사, 정부 보고서 등의

[표 11-1] 심층 인터뷰 응답자의 기본 특성

	연령대	거주지	주요 특징	인터뷰 일자
A	40대	만촌동 주상복합 아파트	'새것'에 대한 지향, 자녀 교육에 열성적	2016.11.28.
B	30대	시지 지구 아파트	자녀의 고등학교 진학을 위해 만촌동으로 이사를 앞두고 있음	2016.11.28.
C	40대	범어동 아파트	수성구의 자연환경에 만족	2016.11.28.
D	80대	만촌동 아파트	대구 여러 곳 거주 경험	2017.2.4.
E	40대	범어동 아파트	부부가 경북으로 출퇴근하지만 자녀의 학교를 위해 수성구에 거주	2017.2.4.
F	40대	범어동 아파트	범어동 같은 집에서 20년 이상 거주	2017.2.4.
G	40대	범어동 아파트	E, F와 교회 커뮤니티를 통해 교류	2017.2.4.
H	40대	황금동 아파트	경기도 거주 경험, 자연환경 중요시	2017.2.5.
I	50대	만촌동 주상복합 아파트	A의 남편. 여러 번의 이사로 자산 축적	2016.11.28.
J	40대	범어동 아파트	C와 같은 동 주민으로, B처럼 자녀 교육을 위해 범어동이나 만촌동으로 진입하고 싶어 함	2016.11.28.

문헌을 검토했으며, 2016년 11월부터 2017년 2월까지 대구를 방문하여 1명당 평균 1시간에서 1시간 30분 내외로 총 10명의 수성구 주민을 대상으로 심층 인터뷰를 가졌다([표 11-1] 참조).

II. '강남 따라 하기'를 개념으로 정립하기

박배균·장진범[9]은 1970년대부터 현재까지 강남의 로컬리티가 형성되는 과정과 이를 해석하고 재현하는 과정이 한국의 도시 이데올로기 형성에 상당한 영향을 주었다는 점에서 '강남화'를 한국의 도시화 과정으로 볼 것을 제안했다. 개념적으로 강남화는, 강남이 물리적으로 건설되고, 이를 담론적으로 재현하는 '강남 만들기'와 강남 이외 지역에서 살고 있는 사람들이 자신들이 살고 있는 도시 및 지역에서 '강남적인 것'을 모방하려는 '강남 따라 하기'로 나눌 수 있다.

기존의 강남 연구는 서초구, 강남구, 송파구라는 세 행정구가 물질적·담론적으로 '강남'의 로컬리티를 형성하는 과정에 초점을 두었다. 즉, '강남 만들기'에 대한 고찰이었다. 하지만 선행 연구의 궁극적인 문제의식은 강남 그 자체에 대한 국지적인 탐구라기보다는 한국 자본주의와 한국 사회의 발전의 특성을 이해하는 일환으로, 한종수·강희용[10]의 말을 빌리면, 한국 사회의 '심장 도시'로서 강남에 접근하려 했다. 하지만 이들 연구는 연구자들의 문제의식을 증명하기에 인식론적·방법론적으로 한계가 있다. 바로, 강남이라는 물리적·행정적·상징적 경계를 벗어나 다른 도시에서 강남적 도시성이 이식되고 발현되는 '강남 따라 하기'의 과정에 주목하지 못했기 때문이다. 이러한 인식론적 대안으로서 박배균·장진범[11]은 '강남화', '강남 만들기', '강남 따라 하기' 개념을 제시했지만, 이들 개념들 간의 관계가 명확히 정리되지 않고 모호하게 남으면서 도시 연구자들에게 불필요한 오해를 발생시킬 수 있다는 점에서 이번 절에서는 이 세 개념 간의 관계를 보다 명확하게 하고자 한다.

첫째, 지방 도시에서 작동하는 '강남 따라 하기'는 '강남의 지방화' 인지 '지방의 강남화'인지에 대한 질문이 제기될 수 있다. 강남의 지방화는 지방 도시 외부 세력의 주도로 강남적 도시성이 지방 도시에 하향적으로 심어지는 것을 의미한다. 가령, 수도권 주택시장이 중앙 정부에 의하여 투기 과열 지구로 지정되면서, 새로운 시장을 개척하려는 수도권 기반의 건설 자본은 지방 도시 주택시장에 강남적 도시성을 내세우면서 진출을 도모할 수 있다. 반면에, 지방의 강남화는 지방 도시에 기반을 둔 지역성장연합 세력들이 강남적 도시성을 끌어오는 상향적인 과정이다. 예컨대, 지방 도시의 기존 도심이 과밀화되면서 교외에 새로운 주택 단지 개발의 필요성이 증대되고, 기존 도심 주택 단지와의 차별화를 위하여 강남적 도시성을 활용할 수 있다. 필자들은 '강남 따라 하기'가 강남의 지방화인지, 지방의 강남화인지 둘 중 하나로 규정하려는 것은 소모적인 접근이라고 판단한다.[12] 왜냐하면 각 지역의 자연적·인문지리적 조건에 따라 외부적 요인과 내부적 요인의 중요도가 상이할 수 있으며, '강남 따라 하기'가 시도된 초기에는 외부적 요인이 중요했더라도, 이후에는 내부적 요인이 보다 결정적인 영향을 미칠 수 있기 때문이다. 이 연구는 선험적으로 특정 요인을 다른 요인에 비하여 지배적인 것으로 가정하기보다는 다양한 지리적 스케일상에 위치한 상이한 요인들 간의 경합에 따라 그 결과가 달라질 수 있다는 점을 인정하고, 다채롭고 우발적인 경합 과정을 구체적으로 밝히는 데 초점을 둔 다중 스케일적 접근multi-scalar approach을 수용한다. 이는 추후 '강남 따라 하기' 사례 연구들이 축적되었을 때, 사례 지역들 간의 공통점과 차이점을 파악하여 유형화 작업을 하는 데도 도움이 될 것이다.

둘째, '강남 따라 하기'와 '강남 만들기' 간의 위상에 대한 질문이 제기될 수 있다. 근 반세기 동안 구축된 '발전된 강남(혹은 서울) vs. 낙후된 강북(혹은 지방)'이라는, 한국 사회에서 인식되고 있는 대표적인 불균등발전 인식 체계를 바탕으로, 원조 강남의 로컬리티의 형성 과정인 '강남 만들기'는 지방 도시에서의 'X의 강남'의 형태와 내용을 일방적으로 규정하면서 '강남 따라 하기'도 '강남 만들기' 과정에 복속된 것으로 인식할 개연성이 높다. 필자들은 오늘날 한국 도시 공간의 '심장'이자 '원조'로서 '강남의 탄생'의 역사적 사실을 부인하지 않는다. 하지만 '원본(원조 강남)과 복사본(X의 강남)'이라는 단순 도식으로 오늘날의 역동적인 강남화를 설명하는 데는 한계가 있다. 핵심적으로 복사본이 원본에 영향을 미칠 수 있는 가능성이 간과되어 있기 때문이다. '강남 만들기'와 '강남 따라 하기'의 관계를 개념화하기 위하여 황진태[13]는 영화 〈매트릭스〉에서 다뤄진 매트릭스의 공간을 차용하여 '발전주의 도시 매트릭스'를 제시한다. 영화는 인공지능 컴퓨터가 창조한 가상세계인 매트릭스에서 인간들이 육체로부터 의식을 분리하여 가상세계에서 생활하며, 육체는 인공지능 컴퓨터를 가동하는 전기를 생산하기 위한 건전지 역할을 하는 디스토피아를 보여준다. 영화의 모티프를 따라서 발전주의 도시 매트릭스에서는 인공지능 컴퓨터에 해당하는 강남의 위상이 유지되는 것은 강남 그 자체로 가능하지 않으며, 강남적 도시성을 유토피아로 인지하고, 자신의 신체 에너지를 컴퓨터에 공급하는 '건전지 인간들'처럼 강남 외부로부터 강남에 대한 물질적·담론적 지원을 통하여 유지되는 시스템임을 강조하고 있다. 대표적인 사례로서 '부산의 강남'인 해운대구를 분석한 황진태[14]는 센텀시티와 마린시티 거주 학생들 중 일부가 방학 기간에 강남 대치동 학원으로 보내지는 것에서 대치동으로 상징되는 교육 측면에서의 '강남 만들기'와 '부산의 대치동'으로 상징되는 해운대구의 '강남 따라 하기'가 담론적·물질적으로 상호 긴밀히 연결되어 있음을 밝혀냈고, 이를 통해 '발전주의 도시 매트릭스'의 일면을 드러내고자 했다. 앞으로도 추가적인 경험 연구가 필요하지만, 부산 연구를 통해서 '원본과 복사본'이라는 일면적 이해로는 '강남 만들기'와 '강남 따라 하기'의 관계를 충분히 설명할 수 없음을 확인했다. 플라톤의 개념을 차용하면, '원본과 복사본'의 관계란, 강남은 참된 실재인 이데아Idea이고, 'X의 강남'은 이데아보다 낮은 차원의 모방으로 간주할 수 있다. 하지만 고대 그리스 철학자들은 단순한 모방인 '이미타티오imitatio'와 감각적 현현인 '미메시스mimesis'를 구분했다.[15] 미메시스는 환경에 따라서 자신들의 몸의 보호색을 바꾸는 동식물들의 의태擬態를 가리킨다. 즉, 미메시스는 단순한 모방으로 치부할 수 없는 카멜레온의 보호색과 같은 창조적 모방이다. 3절부터는 본격적인 사례 연구를 통하여 대구라는 고유한 공간에서 어떻게 강남적 도시성이 의태했는지를 밝히고자 한다. 궁극적으로 강남화를 구성하는 '강남 만들기'와 '강남 따라 하기'는 '원본과 복사본'을 전제하는 이미타티오적 접근이 아니라 원본과 복사본의 경계와 위계의 교란에 방점을 둔 미메시스적인 인식론과 존재론으로서 이해될 필요가 있음을 제안한다.

Ⅲ. 대구시의 공간선택성: '대구의 강남'으로서 수성구 개발의 전초 작업

오늘날 '대구의 강남'으로서 수성구의 로컬리티 형성을 이해하기 위해서는 '대구의 강남'의 물질적 토대가 된 1970년대에 수성구 지역에서 추진된 도시개발에 주목할 필요가 있다. 수성구 개발은 서울 강남 개발과 유사한 측면이 있다. 1970년대 중반부터 중앙정부는 강북의 개발을 억제하고 강남의 개발을 촉진하기 위하여 강북에 위치한 주요 정부 기관 및 학교를 강남으로 이전했고, 이러한 공간선택성은 이후 '쇠락한 강북, 부흥한 강남'이라는 불균등발전을 야기했다.[16] 강남 지역이 공간적으로 선택된 원인은 당시 북한과의 대치 상태에서 안보를 중시한 반공주의, 제한된 자원을 특정 거점과 산업에 집중적으로 배분해야 한다는 발전주의, 강북에 집중된 인구의 분산 및 주택난 해소를 위한 도시 관리 등 국가 및 도시 스케일에서의 다층적 논리들이 '대한민국 수도 서울'에 응집되었기 때문이다.[17] 반면, 수성구가 선택된 과정은 산업도시가 성장하면서 당면하는 도심 과밀화를 해소하는 차원에서 도심 최후의 미개발 지구인 수성구 지역을 개발할 필요가 있다는 보다 간단한 논리로 공간선택성을 설명할 수 있다는 점에서 강남 개발과 수성구 개발은 상이해 보일 수 있다. 하지만 기존 구도심에 입지했던 정부 기관 및 학교들을 '패키지'로서 신도시 개발에 투입하는 방식은 강남 개발과 수성구 개발에서 동일하게 나타났다. 시기적으로 1975년 3월 5일 박정희 대통령의 연두 지시를 기점으로 본격적으로 강남 패키지 개발이 시행된 직후, 대구에서도 패키지 방식의 신도시 개발이 시행된 것을 볼 때, 수성구 개발이 강남 개발 방식을 따라 한 것으로 볼 수 있다. 3절에서는 오늘날 '대구의 강남' 으로서 수성구 개발의 전초 작업이 된 수성구 지역의 지리적 특성과 1970-1980년대 대구시에서 추진된 도시 개발계획 등을 살펴본다.

사방이 산으로 둘러싸인 분지에 위치한 대구는 도시 내부의 지형이 비교적 평탄하여 도심에서 사방으로의 이동에 큰 제약이 없다. 근대화와 산업화를 거치면서 대구 도심은 중구를 중심으로 남북 방향으로 발전하여 북구와 남구, 서구 일대에 공업단지와 대규모 주택가가 형성되었다. 1960년대에 북구 침산동 일대에 제1공업단지, 대구지방공업단지, 제3공업단지가 건설되었고, 1970년에는 서구 이현동 일대에 서대구공단, 비산염색공단이, 북구에 검단공단이 조성되었다. 이러한 개발 과정에서 자연스레 북구와 북구 인근의 동구 그리고 1970년대 중반 새롭게 공업단지로 계획·조성된 서구 일대에 공단과 배후생활권이 형성되었다. 반면에, 먼저 개발된 다른 지역에 비하여 수성구는 야산의 비율이 높고 평지가 비교적 적은 지역이었다. 도심에서 멀지 않은 곳에 위치한 지역임에도 이러한 지형적 단점 때문에 미개발지로 남겨진 것이다. 지금의 수성구 일대는 당시 행정구역상 동구 파동에 속하는 지역인데, 1970년대까지는 독자적 행정구역으로 나누어져 있지 않았을 만큼 개발의 손길이 닿지 않은 지역이었다.[18] 하지만 위와 같은 맥락에서 개발이 이루어지지 못했던 수성구의 상황은 역설적으로 도심의 과밀화를 해소하기 위한 새로운 개발 지구로 수성구가 선정될 수 있었던 계기가 되었다.

앞서 언급했듯이, 고도성장의 결을 같이한 산업도시로서 대구의 성장은 도심으로 급격한 인구가 몰리고, 도심 기능이 집적되면서 이루어졌다. 이러한 도심 과밀화를 해소하기 위한 일환으로 대구시는

1970년대 계획적인 간선도로를 건설하여 도심 기능의 분산을 추구하고자 했다. 이 당시 건설된 방사선도로는 1·3·4호 도로가 있는데, 이 중 주축도로로 건설된 것이 4호 도로이다. 삼덕네거리에서 수성교→범어네거리→남부정류장→제5관구 앞을 거쳐 고산도시계획구역 경계로 이어진 총연장 8,820미터의 이 도로는 중심 시가지의 제1차 순환선(삼덕네거리→반월당로터리→남산국교 북편 교차로)과 연결되어 도심 지역을 동부 경산과 연결하는 주축도로 역할을 하게 된다. 4호 방사선도로가 도심과 동쪽의 경산을 잇는 중심축으로 건설되었다면, 이와 동시에 건설된 동부 지역 남북간선도로는 도심 동쪽 외곽을 남북으로 가로지르는 남북축으로 건설되었다. 대구에서 가장 넓은 70미터 노폭의 이 도로는 파티마병원에서 동대구역→동신로터리→범어네거리→수성못을 지나는 연장 6,000미터의 도로다. 위의 두 도로가 교차하는 지점이 노선상으로도 보이는 범어네거리다. 현재 수성구의 중심 역할을 하는 범어네거리는 이때의 도로 계획을 통해 만들어졌다.[19] 이러한 근대적 가로망의 구축은 이 지역이 구불구불한 가로망이 있는 구도심에 비해 보다 근대적인 풍경을 갖게 했고, 또한 이를 통해 대구 도심의 새로운 개발 후보지가 어디인지를 가늠할 수 있게 되었다.[20]

1970년대에 이와 같은 도로망이 건설되면서 수성구로의 도심 확장은 가속화되었다. 그러한 경향을 단적으로 보여주는 것이 도심에서 도시 중추 기능을 맡은 기관들(방송국, 각종 주요 관공서, 지방 토착 기업의 본사)이 현재 수성구 지역으로 이전된 것이다([표 11-2]). 이러한 도로망 구축 및 주요 기관의 이전과 더불어, 대구시가 1970년부터 1974년 사이에 시행한 범어 지구의 토지구획정리사업과 같은 여러 택지 개발

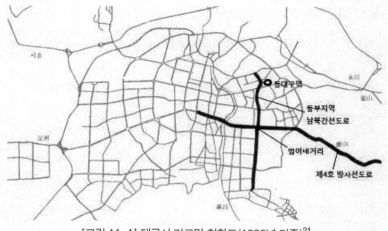

[그림 11-1] 대구시 가로망 현황도(1992년 기준)[21]

과 주택 건설은 인구의 급격한 증가를 뒷받침할 수 있는 기반을 만들었다.[22] 그리하여 당시 독자적 행정구역으로 분리되어 있지 않았던 수성구 지역은 급속한 도시화에 따라 도시 행정의 효율성을 위해 1980년 동구에서 분리, 수성구로 재편되었다.[23] 이후 1981년, 대구시가 대구직할시로 승격되면서 경산군 고산면도 편입되어 현재의 구 경계가 형성된다.[24]

[표 11-3]에서 1980년 수성구가 처음 분할됐을 때의 구별 인구수를 살펴보면, 1970년대 동안 수성구에 각종 기관이 이전되고 택지 개발이 되었는데도 당시 6개 구 중 수성구의 인구수가 최저임을 확인할 수 있다. 이처럼 1970년대 이전까지 주요 도시 인프라가 수성구에 구축되었음에도 1980년 기준으로 인구수가 최저를 기록한 데는 교육 인프라의 부족도 한 원인으로 추정할 수 있다. 강남의 패키지 개발에 중·고등학교의 이전이 포함된 것은 인구 분산에서의 교육 인프라의

[표 11-2] 대구시 주요 기관의 수성구 이전[25]

연도	기관명	이전 전 주소	이전 후 주소
1973	대구지방고등법원, 대구지방검찰청	중구 공평동 58	수성구 동대구로 364
1974	대구MBC	중구 전동 대한생명빌딩	수성구 동대구로 400
1982	대구시 교육청	중구 삼덕동 2가 44-2	수성구 수성로 76길 11
1985	대구은행 본점	중구 상공회의소	수성구 달구벌대로 2310
1994	TBC	신설	수성구 동대구로 23
1997	대구지방경찰청	중구 동인동	수성구 무학로 227
1999	KBS	동구 신천동	수성구 달구벌대로 496길 30

중요성이 고려된 것이다.[26] 수성구에서도 강남의 패키지 개발과 유사하게 도심 과밀화 해소를 목표로 중구에 있었던 중·고등학교들의 수성구 이전이 일어난다([표 11-4]).[27]

위와 같이 기존 구도심의 도심 과밀화 현상을 해소하기 위한 일환으로 대구 도심 최후의 미개발지였던 수성구 일대에 대한 개발이 이루어졌고, 더불어 기존 구도심에 있었던 주요 도시 기능을 담당한 기관 및 학교들이 수성구로 이전했다. 그 결과, 1991년 기준으로 수성구는 7개 행정구 중 근소한 차이로 서구에 이어서 두 번째로 많은 인구가 거주하는 구가 되었다.

지주형[28]이 밝히듯이 공간선택성은 사회 세력의 일관된 논리와 촘촘한 계획에 따라서 작동하는 것이 아니다. 그 지역의 독특한 공간성

[표 11-3] 대구시 구별 인구 분포 추이[29]

(단위: 명, %)

	1965	1970	1975	1980	1985	1990	1991
중구	162,384 (20.0)	149,800 (13.8)	138,549 (10.6)	219,290 (13.6)	183,265 (9.1)	153,006 (6.9)	137,178 (6.2)
동구	181,864 (22.4)	270,107 (25.0)	326,750 (25.0)	249,315 (15.5)	323,154 (15.9)	359,669 (16.1)	363,038 (16.2)
서구	166,686 (20.5)	271,816 (25.1)	278,463 (21.2)	392,875 (24.4)	558,990 (27.5)	406,340 (18.2)	394,010 (17.6)
남구	189,340 (23.3)	258,038 (23.8)	330,386 (25.2)	267,839 (16.7)	349,394 (17.2)	277,037 (12.4)	258,060 (11.6)
북구	111,132 (13.7)	132,989 (12.3)	236,930 (18.1)	273,367 (17.1)	332,383 (16.4)	321,471 (14.4)	308,274 (13.9)
수성구	–	–	–	204,772 (12.7)	282,667 (14.0)	351,845 (15.8)	391,821 (17.5)
달서구	–	–	–	–	–	359,466 (16.1)	383,644 (17.2)
합계	811,406 (100.0)	1,082,750 (100.0)	1,311,078 (100.0)	1,607,458 (100.0)	2,029,853 (100.0)	2,228,834 (100.0)	2,236,025 (100.0)

[표 11-4] 대구시 중구 소재 중·고등학교들의 수성구 이전

학교명	시기	이전 전 위치	이전 후 위치
대구여고	1980	중구 동인동	수성구 범어동
경북고	1985	중구 대봉동	수성구 황금동
능인중·고	1986	중구 남산동	수성구 지산동
대륜중·고	1988	중구 대봉동	수성구 만촌동
오성중·고	1990	수성구 수성동	수성구 만촌동
정화중·여고	2000	수성구 상동	수성구 범어동

과 사회 세력들의 경합이라는 우연성들이 자본주의 도시에서 발생하는 구조적인 필연성 간의 접합 속에서 빚어지는 '우발적 필연성'의 산물로 보는 것이 보다 적확하다. 공공 기관과 중·고등학교의 이전을 포함한 강남 패키지 개발도 1975년 박정희의 연두 교시를 기점으로 '본격적으로' 추진되었지만, 이미 1975년 이전에 서울시 정부 차원에서 추진되거나 추진되지 못했던 강남 개발계획 등이 존재했고, 이러한 다양한 계획들 간의 경합·타협·선택의 과정을 통하여 오늘날 강남 개발의 공간선택성이 나타난 것이다.[30]

대구시의 수성구에 대한 공간선택성도 1960-1970년대 산업화와 도시화가 심화되면서 대구에서 나타난 도심 과밀화 문제를 해결해야 한다는 도시 내부의 필요성에 따라 1960년대 말부터 제기되었다. 그리하여 1969년 대구시는 '제2차 도시계획 재정비' 사업을 실시하면서 1969년에 신설한 동대구역을 중심으로 '동대구 지구 개발계획'을 수립했다([그림 11-1] 참조).[31] 이 개발계획에서는 오늘날의 수성구에 해당하는 범어 지구와 수성 지구에 대한 개발계획(개발 면적 및 투자액)도 명시되었지만, 핵심 개발 지역으로서 개발계획도가 그려지고, 세부적인 개발계획이 수립된 지역은 동대구역을 포함하는 동부 지구였다.[32] 만약 이 계획대로 개발이 진행되었더라면 오늘날 '대구의 강남'으로서 수성구가 아닌 다른 지역이 선택될 수도 있었을 것이다. 주요 기관 이전의 경우, 대구지방고등법원이 1973년에 이전되었다는 사실을 감안하면, 강남 패키지 개발이 공식적으로 본격화된 1975년 이전에 이미 대구에서도 수성구 패키지 개발의 맹아가 존재했음을 확인할 수 있다. 여기서 대구시가 서울시에서 추진된 패키지 개발 방식을 얼마만큼이나 따라 했는지를 평가·확인하는 것은 어렵다. 하지만 대구시 내부에서 도심 과밀화 해소 차원에서 '최후의 미개발지'를 개발할 필요성이 있었고, 1975년을 기점으로 서울의 강남 패키지 개발이 본격화되는 과정에서 서울에서 추진된 공공 기관 및 중·고등학교 이전 방식을 대구시에서 추가적으로 차용했을 개연성이 상당히 높다.[33] 정리하면, 오늘날 '대구의 강남'으로서 수성구의 로컬리티 형성을 가능케 한 대구시의 공간선택성은 어떤 일관되고 깔끔한 논리에 근거했다기보다는 기존에 존재하던 도시개발의 논리들에 새로운 계획, 방식들이 덧대어지면서 '누더기'처럼 형성된 것으로 접근할 필요가 있다.

IV. 수성구에서 나타나는 강남적 도시성의 3가지 특성

앞서 3절에서는 수성구가 '대구의 강남'이 될 수 있는 전초 작업으로서 대구시의 수성구 지역에 대한 공간선택성을 확인했다. 4절에서는 이러한 공간선택성을 바탕으로 수성구를 '대구의 강남'으로 만드는 '강남적 도시성'으로서 아파트 건조 환경, 교육 환경, 생활환경을 살펴본다. 여기서 제시된 강남적 도시성의 3가지 요소들은 강남이라는 공간의 특성으로 국한되지 않은, 자본주의 도시의 일반적 특성으로 볼 수 있다는 시각이 존재할 수도 있다. 하지만 본 연구는 지주형[34]이 밝히듯이 "물론 이 모든 것은 개별적으로 보았을 때는 강남에서만 관찰되는 것은 아니다. 하지만 이들의 화학적 결합은 강남을 어디에서도 쉽게 찾아볼 수 없는 충분히 독특한 도시로 만든다"는 입장을 따르고자 한다. 지방 도시에서 '강남 따라 하기'의 선행 연구인 황진태[35]의 부산 센텀시티 및 마린시티 연구는 상이한 자본들(경제적·사회적·문화적 자본)이 상호 연결된 총체적인 '사회적 공간' 혹은 '화학적 결합'으로서 강남적 도시성이 부산에서 발현되고 있음을 드러내고자 했다. 이러한 점에서 대구 수성구라는 공간에서 세 요소들이 어떻게 상호 연결되고, '대구의 강남'의 로컬리티를 구축하는지를 구체적으로 살펴보는 작업은 유의미하다고 할 수 있다.

1. 건조 환경: 대규모 아파트 단지 건설과 고급 주거 형태로의 변화

서울의 '강남 만들기'[36]와 지방 도시에서의 '강남 따라 하기'[37]에서는 주로 아파트 형태로 발현되는 건조 환경의 가시적·비가시적 물질성을 중심으로 다양한 기호, 상징, 내러티브가 결합되면서 다른 지역과 차별되는 지역으로 자리매김하는 것을 확인했다. '대구의 강남'으로서 수성구의 로컬리티를 이해하기 위한 과정에서도 건조 환경의 특성과 배열에 주목할 필요가 있다.

[그림 11-2]는 네이버 항공사진으로 범어네거리 일대를 촬영한 것이다. 이 사진에는 수성구 지역의 택지 개발이 시작된 1970년대부터 초고층 주상복합 아파트가 건설된 현재까지의 역사가 고스란히 담겨 있다. 독자가 바라보는 전면은 범어역이 위치한 범어네거리 동쪽으로부터 달구벌대로를 가로질러 만촌역이 있는 동쪽을 향하고 있다. 왼편으로 보이는 초고층 주상복합 아파트는 두산위브더제니스(54층, 9개 동, 1,494세대, 2009년 입주)이며, 중구에서 수성구로 이전된 대구지방법원과 대구고등법원이 보인다.[38] 두산위브더제니스에 가려져서 잘 보이지는 않지만, 두산위브더제니스 너머에 있는 만촌동(달구벌대로의 왼편)에는 1970년대에 건설된 단독주택들이 밀집해 있다. 달구벌대로 오른편에는 범어산 너머까지 아파트들로 채워져 있다. 아파트 단

[그림 11-2] 네이버 항공사진을 통해 본 수성구 일대(2009년 3월 촬영)

지 중간에는 중구에서 수성구로 최초로 이전된 고등학교인 대구여고의 운동장이 보이고, 학교명은 항공사진에 나타나지 않았지만 대구여고 인근에는 명문고 중 하나인 경신고등학교도 있다. 이곳 아파트 단지들은 1980년대부터 건설되기 시작한 수성구의 대표적인 아파트 경관이다. 2000년대 후반부터는 달구벌대로를 중심으로 일부 지역의 오래된 아파트가 허물어지고, 주상복합 아파트들이 새롭게 건설되었다. [표 11-5]에서도 보듯이 다른 주택 유형에 비하여 아파트가 수성

[표 11-5] 2015년 수성구 주택 유형별 현황[39]

(단위: 호, %)

건물 유형	아파트	단독주택	다세대주택	연립주택	비거주용 건물
호수	8만 4,206	2만 3,891	6,163	2,233	2,207
비율	70.9	20.1	5.2	1.89	1.9

구의 물질적 공간을 구성하는 지배적인 건조 환경임을 알 수 있다.

야산과 논밭만 있던 수성구 일대에 최초로 이루어진 토지구획정리 사업은 1970년부터 1974년 사이에 시행되었던 범어 지구 사업이다.[40] 이 사업이 행해진 곳이 오늘날 [그림 11-2]에서 두산위브더제니스 너머에 있는 만촌동과 범어동 일대의 주택가이다. 현재까지도 남아 있는 만촌동의 주택가는 '교수촌'이라 불리는데, 몇몇 주택업자들이 고급 주택 이미지를 부각하기 위해 '교수촌', '기자촌', '예술촌'이라는 이름을 붙였다는 이야기가 전해온다.[41]

이후 1972년부터 1978년까지 황금동, 지산동, 두산동, 중동, 상동 일대의 택지를 개발하여 주택을 보급하는 수성 지구 사업, 토지조합 에서 범어동 일대를 계획·정비한 공수 지구 사업(1976-1979), 만촌 지 구 및 지산 지구 사업(1981-1984)으로 수성구는 구도심 지역의 과밀화 를 해소하고 택지를 공급하는 주거 지역으로 발돋움한다.[42] 아래 신문

[그림 11-3] 교수촌(네이버 로드뷰, 2016년 2월 촬영)

기사는 범어동 일대를 개발한 공수 지구 사업의 상황을 생생히 전한다.

대구 시내 범어로터리 일대가 신흥 주택지로 면모를 바꿔 1천여 호의 주택이 들어섰다. 대구의 새 중심가로 발돋움하고 있는 이곳 범어로터리를 중심으로 4방면으로 뻗은 도로변은 5년 전에 평당 땅값이 1-2만 원 하던 것이 지금은 14-20만 원을 호가하고 있으며, 동구아파트와 새범어교 사이 상업지역은 평당 8-10만 원, 주택 지역은 7-8만 원 선에 거래되고 있다. (…) 지난 연말 범어로터리에서 수성못 쪽으로 노폭 70미터 도로가 확장 개통됨으로써 영세성을 면치 못해왔던 범어시장이 현대화됐을 뿐만 아니라 주택 단지만 해도 동원·교수촌·동산 단지 등 4개소가 들어섰다…….[43]

[그림 11-4] 경남타운(네이버 로드뷰, 2016년 2월 촬영)

위 기사에서 보듯이 수성구 일대는 1970년대 말부터 부동산 개발이라는 경제적 측면에서 다른 지역에 비하여 비교우위가 있는 '신흥 개발지'로 인지되기 시작했음을 확인할 수 있다. 또한 중산층 이상의 계층에 속하는 교수들의 거주지를 지칭하는 교수촌이라는 고급 주택 이미지도 겹쳐지면서 오늘날 수성구가 품고 있는 고급 주거 형태의 기원으로 볼 수 있다.[44]

수성구에 본격적으로 현재와 같은 대규모 아파트 단지가 들어선 것([그림 11-2]의 오른편)은 1980년대 말부터 1990년대로 이어지는 택지개발사업의 영향이었다.[45] 이 시기에는 지산·범물 지구와 시지 지구를 중심으로 대규모 아파트 단지가 조성되어 인구 유입이 급속하게 늘어났다. 시지 지구는 수성구 시지동, 신매동, 매호동, 욱수동 일대를 아우르는 28만 평의 땅으로, 1992년에 택지개발지구로 지정되어, 경산과 대구의 경계에서 교외 주택 단지를 형성했다.[46]

수성구 일대의 택지지구는 대구 도심 지역에서 유일하게 도시화의 바람이 미치지 못하다가 비교적 뒤늦게 개발된 탓에 현대적이고 정돈된 가로망([그림 11-2] 참조)과 구획된 아파트 단지가 위치하게 되었다. 범어동에 위치한 경남타운(12층, 5개 동, 312세대, 1982년 7월 입주)은 이곳에서 첫 번째로 대형 아파트 단지로 건설된 것으로 알려져 있다([그림 11-4 참조).[47] 이후 경남타운을 중심으로 1980년대에 가든하이츠 1단지(10층, 4개 동, 220세대, 1985년 12월 입주), 가든하이츠 2단지(12층, 2개 동, 106세대, 1986년 3월 입주), 장원맨션(13층, 4개 동, 455세대, 1988년 12월 입주) 등이 세워지면서 교수촌에 이어서 "고급 아파트 촌"[48]으로서 수성구의 고급 주거 이미지를 이어가게 되었다.

2000년대 들어서는 달구벌대로를 따라 주상복합 단지[만촌동 월드

메르디앙(29층, 1개 동, 124세대, 2006년 11월 입주), 대구수성아크로타워(30층, 1개 동, 224세대, 2008년 5월 입주), 범어동롯데캐슬(30층, 4개 동, 219세대, 2009년 11월 입주), 두산위브더제니스(2009년 12월 입주)]가 점차 늘어나고, 범어네거리에 초고층 주상복합이 들어서는 등 수성구 곳곳에서 주상복합 '붐'이 일어나게 된다. 이미 몇몇 선행 연구[49]에서도 밝혀졌듯이 인터뷰에 응한 수성구 거주민들도 1990년대 복도식 아파트보다 주상복합 아파트를 선호한 이유로 "아파트 엘리베이터 타고 내려오면 바로 상가가 있고 병원이 있고 다 있"(인터뷰 A)다는 편의성을 손꼽았다.

이러한 붐을 야기한 원인 중에는 2000년대 초반에 수도권 지역의 건설 자본이 지방 광역시(대표적으로 부산 해운대구)로 흘러들어온 외부적 요인도 기인한 것으로 보인다.[50] 간접적인 추정이지만, 당시 신문 기사들을 살펴보면, 2002년 3월 평당 700만 원을 호가하는 고가 아파트가 대구에 등장했음을 보도하는 기사를 시작으로, 2003년에는 수성구에서 재벌 건설사와 지역 건설업체 간에 치열한 분양 경쟁이 있었고, 2002년 수도권이 투기 과열 지구로 묶이면서 수도권의 '큰손'들이 대구로 몰려 주택시장이 과열되었다고 보도했다.[51] 이러한 과정에서 투기 양상이 나타나면서 건설교통부로부터 투기 지구로 지정되어 주의를 받기도 했지만, 이후 수성구의 주택 가격은 지속적으로 상승했다. [그림 11-5]는 이러한 주택 가격 상승의 결과, 수성구의 아파트 가격이 다른 행정구보다 평균 20퍼센트에서 50퍼센트까지 더 높았음을 보여준다. 이처럼 수성구의 높은 부동산 가격은 대구 시민들로 하여금 "다른 구에 비해 경기가 안 좋을 때 집값이 떨어질 확률이 적"(인터뷰 A)다는 인식을 고착시켰다.

아파트는 한곳에서 너무 오래 살 필요는 없다고 생각해요. 특별하게 자리가 좋아서 꾸준히 가격이 안 떨어진다면야 오래 살아도 괜찮지만, 어느 정도 애들 커가는 거 따라 이동하는 게. (…) 필요에 따라서 옮기는 게 오히려 재테크에 좋더라고요. (…) 그러려고 아파트 사는 거고. 매매나 구입이 편하니까. (…) 저희는 여기서 뼈를 묻겠다는 마음은 없어요. (…) 아파트는 오래 살아봤자 10년이에요. 10년 지나면 정체가 되니까. 올라간다고 해도 한도 끝도 없이 올라가지는 않거든요. (인터뷰 A)

(자녀가 출가하고서는 집을 줄여서 얻은) 차액 가지고는 아무래도 여기보다는……. 여기는 교육이 제일 첫째 조건이었으니까. 여기가 좀 비싼 편, 제일 비싼 편이거든요. (…) 수성구 외곽으로 (옮기려고 합니다). 수성구는 벗어나지 않으려고 해요. (인터뷰 C, 괄호는 인용자)

1974년생에 중학교를 다니는 두 자녀를 두고 있는 인터뷰 응답자 A는 아파트를 옮기는 이유로 자녀의 교육도 언급했지만, 아파트를 자

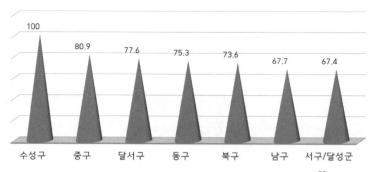

[그림 11-5] 2015년 5월 기준 대구 지역 아파트 거래 가격[52]

산 증식의 목적으로 대략 10년 주기로 이동할 생각임을 밝혔다. 이러한 그의 생각은 아파트 재테크를 통하여 나름의 수익을 얻은 개인의 경험에 바탕한다. A는 자녀들이 대학에 입학하면 "삭막한" 아파트에서 벗어나 "땅을 밟고 싶고, 마당이 있는" 주택으로 옮길 계획이다. 그런데 주택 역시 도시와 떨어진 촌락이 아니라 수성구의 경계 내부를 고려하고 있다. 그리고 자신의 가족만 홀연히 옮기는 것이 아니라 현재 살고 있는 아파트의 친구들에게도 함께 갈 것을 제안하고 있다는 점에서 아파트를 기반으로 한 공동체 지향적인 인식도 확인되었다. 서울에 있는 대학에 딸을 보낸 인터뷰 응답자 C는 현재의 주상복합 아파트에 오기까지 수차례 이사를 한 목적이 재테크에 있다고는 밝히지 않았지만, 교육을 목적으로 수성구에 왔고, 자녀가 외지에 취업하여 집을 나가게 되면 지금보다는 작은 곳으로 집을 줄여서 노후를 대비한 자금을 확보하겠다는 미래의 재테크 계획을 밝혔다. 흥미롭게도 응답자 C도 다른 주택으로 옮기더라도 "수성구는 벗어나지 않으려"고 한다고 말했다.[53]

이처럼 주상복합 아파트라는 건조 환경이 '대구의 강남'에 거주한다는 계층성을 드러내는 공간으로 활용되고 있음을 확인할 수 있다. 또한 거주민들의 주상복합 아파트 거주 목적에 사회적·문화적 차이를 드러내려는 것뿐만 아니라 자산 증식 수단으로서 아파트를 바라보는 경제적 목적도 연동되었음을 확인했다. 정리하면, 자산 증식이라는 경제적 목적은 다른 지역과 차별화된 지역에 살고자 하는 사회적·문화적 목적과 분리되지 않는다. 이러한 상이한 목적들은 수성구라는 '사회적 공간'을 통하여 상호 긴밀히 연결되면서 '대구의 강남'이라는 로컬리티를 구축하게 된다. 앞서 간단히 살펴보았지만, 다음 절에서는 아파트 단지라는 건조 환경이 어떻게 교육 환경과 맞물리면서 '대구의 강남'을 형성하는 핵심인 '대구 8학군'이라는 배타적 공간을 형성하게 되는지를 살펴보고자 한다.

2. 교육 인프라: 맹모삼천지교의 종착지로서 '대구 8학군' 수성구

강남 8학군과 부산의 센텀시티 사례 연구를 통해서 고급 아파트 단지 건조 환경이 교육 환경과 밀접한 관계를 맺고 있다는 사실이 강남적 도시성을 이해하는 중요한 연결 고리 중 하나로 밝혀졌다.[54] 이러한 시각을 바탕으로 본 절에서는 대구 수성구는 어떻게 '대구 8학군'으로 인식되기 시작했고, 아파트 건조 환경과 어떤 상관관계가 있는지를 살펴본다.

3절에서 살펴봤듯이, 1970년대 구도심인 중구에 있었던 주요 기관들이 수성구로 이전된 데 이어서 1980년대에는 중구에 위치했던 주요 명문 고등학교들이 수성구로 이전되었다([표 11-4] 참조). 학교들이 이전되던 1980년대 수성구에는 대형 아파트 단지들도 본격적으로 건설되기 시작했다. 이는 도심 과밀화 해소의 측면에서 기존 행정구들과 동일한 행정구를 하나 추가하는 것으로 그치지 않고, 기존 행정구들과 경제적·사회적·문화적으로 확연히 차별화된 지역이 탄생하는 계기가 되었다.[55] 이러한 1980년대의 공간 조성의 효과는 1990년대에 즉각적으로 나타난다. 1991년도 고입 연합고사에서 194점 이상 고득점 입학생이 동구 및 북구 소재 남자 고교에는 평균 7.5명씩 입학했으나, 수성구 남자 고교에는 평균 27명씩 입학했다.[56] 대구의 지역신문에서는 강남 8학군을 차용하여 수성구를 "지방 8학군",[57] "대구 8학군"[58]으로 호명하고, 교육 환경과 아파트의 관계를 보여주는 "신흥 입시 명문 고교 지역 아파트"라는 용어가 사용되기도 했다.[59] 2000년 초에 발간된 지역신문에서는 "서울의 '강남-강북' 현상"[60]이라면서 서울에서의 불균등발전 구도를 대구시에 적용하고, "수성구는 이른바 명문 고교가 밀집하면서 지역 최고의 거주지가 된 뒤 아파트값이 뛰고 도로, 교통 등 다른 기반 시설까지 다른 지역과 격차를 더 벌리고 있다는 게 일반적인 인식"이라면서 지역 주민들이 교육 환경과 아파트 가격 간의 상관관계를 명확히 인지하고 있음을 나타냈다.[61]

2000년대에 들어서 많은 아파트 단지와 명문고가 밀집되었다는 입지적 이점을 갖춘 '대구 8학군'을 중심으로 학원가가 형성된다. 오늘날 범어네거리에서 만촌네거리에 이르는 대로변에는 200여 개의 입시학원이 몰려 있고, 이면도로까지 포함하면 300개 이상의 학원이 존재한다([그림 11-6] 참조). 2003년에 보도된 한 주간지의 기사처럼 이곳은 "서울 대치동의 학원가"[62]를 연상시킨다. 대구를 대표하는 재수학원도 이전에는 중구 소재의 학원들이 유명했지만, 오늘날에는 과거의 명성을 잃고 범어동에 위치한 거대 기업형 재수학원들에 자리

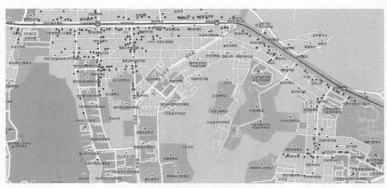

[그림 11-6] 수성구 학원 위치 지도

를 내주었다. 이와 같은 수성구 사교육시장의 성행은 학부모들의 높은 교육열을 반영한다. [그림 11-7]은 수성구 거주 가구가 초·중·고를 가리지 않고 다른 구에 비해 월등히 높은 사교육비를 지출하고 있음을 보여준다. 수성구의 높은 사교육열은 밤마다 만촌네거리와 범어네거리를 잇는 학원가 도로변에 학원 수업을 마친 중·고교 자녀를 마중 나온 부모들의 차량 행렬로 인근 교통이 정체되는 것에서도 관찰할 수 있다(인터뷰 A).

이와 같은 높은 교육열은 진학에서 다른 지역과 구별되는 결과로 나타난다. [그림 11-8]은 대구 지역 내 과목별 수능 1등급 학생의 비율을 각 행정구 단위로 분석해 나타낸 차트이다.[63] 한눈에도 수성구 거주 학생들이 모든 과목에서 가장 높은 1등급 비율을 차지하고 있음을 알 수 있다. 대구시는 고교평준화 지역임에도 수성구 소재 학교에서 서울 유명 대학이나 지방 국공립대 진학 실적이 높게 나타나고, 4년제 대학 진학률을 보더라도 다른 구의 학교들보다 높은 실적을 보이고 있다.

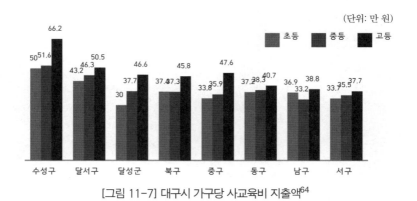

[그림 11-7] 대구시 가구당 사교육비 지출액[64]

위와 같은 실질적 진학 실적을 바탕으로 수성구가 '대구 8학군'으로 자리매김하게 되면서 학부모라면 누구나 수성구에 있는 학교를 보내고 싶은 집단적 갈망이 형성되었다.

제가 동구에 살 때 같은 아파트에 살던 사람들도 별로였고, 연세 드신 분들도 너무 많고, 그래서 이쪽(수성구)으로 꼭 와야겠다 생각하고 왔어요. 이사 기준은 정말로 교육이었죠. (인터뷰 A, 괄호는 인용자)

제 친구도 북구에 살다가 여길 오려니까 아파트값이 엄청 비싸거든요, 북구보다는. 그러니까 농담처럼 '꿈의 수성구' 이렇게 얘기하는 거예요. 일단 아파트값이 비싸니까. 그래서 사람들이 교육을 생각할 때 수성구를 다들 오고 싶어 하죠. 물론 내 애가 잘하는 게 더 중요하긴 한데, 그래도 일단 수성구 학교에 보내는 게……. (인터뷰 C)

수성구 지역 고등학교에 진학하기 위한 위장전입이 적발되는 것

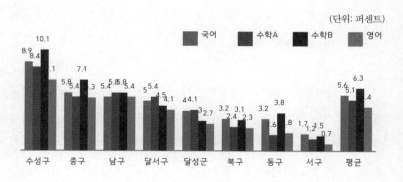

[그림 11-8] 대구시 구별 수능 1등급 비율[65]

만 해마다 수십 건에 이르고, 지속적으로 증가하는 경향을 보이고 있다.[66] 수성구 내 학교의 과밀화도 초등학교에서부터 고등학교에 이르기까지 심각하게 나타나는데, 수성구의 학급당 학생 수는 서구나 남구에 비해 평균 10명 가까이 많다고 한다.[67] 수성구에 진입하려는 시도는 상대적으로 전학이 쉬운 초등학교 때부터 일어난다. 수성구 초등학교들은 1학년 학급 수에 비해 6학년 학급 수가 2-3배 많게 나타나는데, 학년이 오르면서 수성구에 있는 중·고교에 진학시키기 위하여 수성구 외부에서 전학을 오기 때문이다.[68] 수성구청에 따르면, 지난해 월평균 수성구 내 신규 전입자는 3,484명인데, 새 학년이 시작되는 2015년 2월에는 4,951명으로 평소보다 1,500명 가까이 많았다.[69] 이와 같은 수성구에서의 높은 교육열은 높은 부동산 가격을 유지시키는 역할을 한다.

> 이 동네가 엄마들이 교육을 시키려고 모인 동네다 보니 집값 떨어지는 일도 없고, 오히려 들어오고 싶어 하는 사람들이 많으니까 계속 오르는데, 그게 물린 거죠. 저는 재테크 때문에 여기 온 것도 아니고, 교육만을 위해서 온 것도 아니고, (재테크와 교육이 상호적으로) 물려서……. (인터뷰 I, 괄호는 인용자)

이상의 검토를 통하여 강남적 도시성을 구성하는 기저에 대치동 학원가와 강남 8학군이 있듯이, '대구 8학군'으로서 수성구의 위상은 수성구 내부는 물론 대구 전역에까지 영향을 미치면서 아파트 건조 환경과 상호 연결되어 '대구의 강남'이라는 수성구의 로컬리티를 강고히 뒷받침하고 있음을 확인했다. 범어동에 위치[70]하여 수성구 명문고 중 하나였던 덕원고가 2002년에 행정구역상 수성구에 속하지만 상대적으로 최근에 아파트 단지로 개발된 시지로 옮긴 이후, 수성구 명문고로서의 위상을 잃게 된 사실은 교사의 실력보다 범어동과의 지리적 근접성이 더 중요함을 보여준다.

3. 차별적 생활환경

강남적 도시성을 구성하는 세 번째 요소로는 차별적인 생활환경을 들 수 있다. 인간의 손길로부터 떨어진 자연을 '1차 자연'으로, 인간·사회와의 상호작용을 통하여 생산된 자연을 '2차 자연' 혹은 '사회적 자연'으로 보는 정치생태학적 분석[71]은 특정 지역의 경계 형성 과정에서 사회 세력에 의하여 자연이 전유되는 것을 설명하는 데 유용한 통찰을 제공할 수 있다.

대구시 최후의 미개발지로 수성구가 남았던 이유 중 하나는 다른 지역에 비하여 야산의 비율이 높고, 평지가 적기 때문이었다. 대구 토박이들은 수성구 지역을 "신천[72] 너머에 논과 밭이 있"는(인터뷰 C, 인터뷰 F), "강 건너 시골"(인터뷰 H)로 기억했다. 1960-1970년대 대구 구도심이 발전을 위한 공간이었다면, 이곳은 상대적으로 발전과는 거리가 먼 공간이었다. 장신옥[73]의 연구에 따르면, 제주도의 자연은 1990년대까지는 척박하고 빈곤한 생활 세계로 인식되었다가 2000년 이후부터 생태낙원, 청정지역이라는 인식이 지배적이게 되었는데, 이를 통해 사회적 자연의 특성을 도출했다. 제주도의 자연과 유사한 방식으로, 수성구 지역의 환경은 1960-1970년대에는 산업단지와 거주지를 개발하기에 적합하지 않은 자연이었지만, 2000년대에는 '대구의 강남'이란 로컬리티가 확고히 자리 잡는 데 있어서 중산층 의식이 투영된 고급 주거 환경으로 전유됨을 확인하고자 한다.

　[그림 11-9]에서 보듯이 수성구 일대는 높고 험준하지는 않지만, 낮은 야산이 넓은 면적을 차지하고 있어 거주지에서 녹지와 높은 접근성을 지니고 있다. 수성구의 중심지 역할을 하는 범어동 일대는 달구벌대로에서 조금만 벗어나면 경사가 나타나고, 나지막한 언덕이나 야산으로 이어진다. 이런 산지들은 범어공원, 범어시민체육공원 등으로 조성되어 주민들의 여가 시설로 활용되고 있다. 또한 야산의 비중이 높은 수성구는 택지 개발 과정에서 조금씩 그린벨트 규제를 완화하기도 했지만, 여전히 많은 녹지지대를 그린벨트로 묶어 개발을 억제하고, 도시권의 확대를 제한하고 있다.

　이 때문에 수성구 일대는 녹지의 비중이 높고, 필요에 따라 녹지 공간을 토지로 활용하면서 새로운 시설을 위치시킬 수 있다. 이와 같

[그림 11-9] 수성구 일대의 녹지 공간

이 풍부한 녹지는 새로운 시설이나 기관의 입지가 수성구로 결정되는 데 큰 역할을 했다. 그 결과, 넓은 부지를 필요로 하는 여러 문화 · 체육 시설이 수성구에 위치하게 되었는데, 대표적으로 2002년 월드컵을 대비해 건설한 월드컵경기장(현 대구스타디움), 2011년에 개관한 대구시립미술관, 2016년 초에 개장한 삼성라이온즈파크 등이 있다. 대구스타디움은 월드컵 이후 주민의 휴식 공간으로 활용되었고, 현재는 지하에 멀티플렉스 문화 시설이 입지하여 문화 공간으로도 이용되고 있다. 대구스타디움과 시립미술관, 삼성라이온즈파크는 모두 수성구의 시지 지구와 범어 · 만촌 지구 사이 그린벨트 지역에 조성되었다. 앞으로도 수성구의 넓은 그린벨트 지역에는 주민에게 편의를 제공하는 시설이 입지할 가능성이 높다. 이처럼 녹지의 기능과 녹지에 대한 인식의 변화는 지역 주민들이 다른 구에 비해 수성구를 살기 좋은 지역으로 인식하고 규정하는 데 중요한 역할을 한다.

이것도 좀 우월주의인지는 모르겠지만, 다른 데보다는 여기가 녹지라든가 환경이 좋은 것 같아요. 솔직히 말하면, 깨끗하고, 발전계획에 따라 조성되어서 그런지……. 제가 북구나 그쪽으로 가봤을 땐 어수선하거든요. (인터뷰 C)

지금 여기도 이 아파트를 들어냈다고 생각하면 다 산이야. 개발제한구역이고. 다른 집 안 봤어. 이 집 딱 봤는데. 올라가서 보니까 다 산이야. 도시라도 자연적인 게 중요하지. (인터뷰 H).

위의 수성구 주민 인터뷰를 통해서 풍부한 녹지가 다른 지역과는 차별적인 수성구의 주거 환경을 구성하는 요소가 되고 있음을 확인할 수 있다. 녹지와 더불어, 물 또한 차별적인 생활환경을 만드는 주요한 요소이다.

상수도도 물 수질이 중구하고 북구, 서구 이쪽은 낙동강에서 나오는데, 수성구 같은 경우는 임하댐[74]하고 운문댐 물이 아주 좋아요. 수질이 달라요. 저쪽에 사는 사람이 여기 와서는 물은 수돗물인데 세수를 해도 깨끗하다고 하더라고요. (인터뷰 A)

여기 물이 되게 시원하고 깨끗해요. (인터뷰 B)

북구는 물이 낙동강 물이란 말이에요. 우리는 가창댐 물이고, 여기는 운문댐 물이죠. 한 번씩 가면 물이 제일 문제였어요. 거기 살 때 제일 불편했던 게 물이었거든요. (인터뷰 C)

수성구 쪽에는 맑은 내륙 물이 들어오고, 달서구를 통해서 들어오는 다른 지역은 낙동강 썩은 물 정수해서 마시는 거고. (인터뷰 H)

인터뷰에 응한 수성구 주민들은 낙동강 물이 공급되는 다른 지역과 비교하면서, 낙동강 물이 공급되지 않는 수성구 상수의 수질과 수온이 다르다는 사실('맑은 내륙물' vs. '낙동강 썩은 물')을 부각하면서 수성구의 차별적인 생활환경으로 언급하고 있다. 수성구 주민들이 말하듯이 수성구에 공급되는 용수는 가창댐과 운문댐에서 온 것으로 낙동강과는 다른 수원이다. 하지만 가창댐과 운문댐에서 공급되는 용수가 수성구 주민들이 말하듯이 온전히 수성구로만 배타적으로 공급되는 것은 아니다. 가창댐은 수성구와 인접한 달성군 가창면에도 용수를 공급하고 있으며, 운문댐은 수성구와 더불어 동구 전역(20개 동)과 북구 2개 동에도 공급하고 있다.[75] 이처럼 수성구 주민들이 수질과 수온의 차이로 지역의 경계를 구분하려는 인식은 1991년에 발생한 낙동강 페놀 사건과 관련된다.

낙동강 페놀 사건은 구미시에 입지한 두산전자에서 페놀 30톤이 유출되어, 대구시의 상수원인 다사취수장에 유입되어 수돗물을 오염시킨 사건이다. 유출된 페놀은 대구뿐만 아니라 부산, 마산까지 유입되었으며, 관련자들에 대한 사법 조치와 강력한 환경 규제를 만드는 계기가 되었다.[76] 이후 대구 시민들은 낙동강 물의 수질에 대한 불신을 현재까지도 갖고 있다.[77] 대구에서 40년 가까이 살았던 인터뷰 응답자 H는 페놀 사건을 언급하면서 지금도 "낙동강은 썩은 물"로 인식하고 있었다. 수질을 관리하는 정부 기관인 대구광역시 상수도관리본부조차도 "대구광역시 상수원의 73퍼센트를 의존하고 있는 낙동강 수계에 1991년 페놀 사건, 1994년 암모니아성 질소 사건 등 빈번한 수질오염 사건이 발생해 시민들로부터 수돗물에 대한 불신이 고조되어 획기적인 수질 개선 대책이 필요했으며, 산업화와 도시화 등으로 인한 원수의 수질 악화와 오염원의 다양화 등에 대비하여 완벽한 정수 처리 및 돌발적인 수질오염 사고에 효과적으로 대처"[78]하겠다는 입장을 밝히면서 1991년 페놀 사건 이후, 대구 시민들의 낙동강 물에 대한 집단적 트라우마를 의식하고 있음을 알 수 있다.

정리하면, 전국적인 환경 사고로 기록된 페놀 사건을 계기로 잠재적 수질오염 위험이 큰 낙동강을 수원으로 한 '73퍼센트'[79]에 속하지 않은 지역이 경제적으로 부유한 지역과 겹쳐지는 공간 구조는 지역 주민들로 하여금 수성구를 다른 지역과 차별적으로 경계 짓는 공간 인식을 생산하는 데 자연을 전유했음을 확인할 수 있다.

김한수·송홍수[80]의 조사에 따르면, 이처럼 거주 환경이 좋은 수성 구는 해마다 실시하는 거주 만족도 조사 결과에서도 상당히 높은 만족감을 유지하는 것으로 나타났다. 이들의 연구에서 눈여겨볼 지점은 수성구 외 타 지역에 거주하는 사람들이 자신의 거주 환경을 수성구와 비교해 인식한 결과이다. [그림 11-10]은 대구 시민의 도심 주거 환경 만족도를 나타낸 것이다. 5단계로 구분한 선택지에서 절반 이상의 응답자가 "보통이다"라고 응답했고, 만족과 불만족 사이에 그다지 큰 차이가 나타나지 않아 대체로 무난한 반응을 보이고 있다. 하지만 동일 응답자들에게 수성구와 비교한 자신의 거주 지역 주거 환경 만족도를 질문한 결과에서는 80퍼센트가 넘는 응답자가 "불만이다" 또는 "매우 불만이다"라고 답했다. 이 조사를 통해서도 수성구의 주거 환경에 대한 수성구 외부 거주민의 환상과 선망(인터뷰 C에 따르면 "꿈의 수성구")이 존재하는 것을 확인할 수 있다.

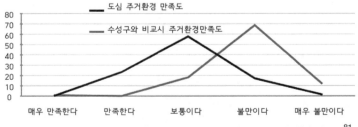

[그림 11-10] 도심 주거 환경 만족도 / 수성구와 비교 시 주거 환경 만족도[81]

V. 수성구 내부로부터의 '대구의 강남'의 경계 구축

지금까지 살펴본 강남적 도시성의 3가지 요소들(건조 환경, 교육 환경, 생활환경)은 수성구에 다른 대구시의 행정구들이 갖지 못한 경제적·사회적·문화적 차이들을 생산함으로써 '대구의 강남'이라는 로컬리티를 구축했다. 즉, 수성구와 다른 대구시 행정구들 사이의 경계를 통하여 수성구의 로컬리티가 만들어지는 것이다. 지금부터는 수성구 외부로부터의 구별·경계 짓기뿐만 아니라 수성구 내부에서의 상이한 지역들 간의 구별·경계 짓기를 통해서도 수성구의 로컬리티가 구성되고 있음을 확인하고자 한다.

강남의 로컬리티 형성 과정을 추적한 이동헌·이향아[82]는 강남 밖에 거주하는 서울 시민들이 강남을 바라볼 때 강남을 서울의 비非강남 지역과 구분되는 동질적인 지역으로 인식하지만, 강남 거주민들은 강남 내부를 동질적이지 않고 층화된 공간으로 인식하고 있음을 발견했다. '원조 강남'이 어디인가에 대해서 주민들마다 경제적·사회적·문화적 배경에 따라 강남 내부의 다른 지역을 또 다른 외부로 설정하면서 자신의 거주 지역을 구별한 것이다. 유사하게, 부산의 '강남 따라 하기'를 살펴본 황진태[83]는 '부산의 강남'인 해운대구가 해운대구 지역 밖으로부터는 동질적으로 인식되지만, 해운대구 내부에서는 센텀시티와 마린시티 거주민들이 상대 지역에 대한 경제적·사회적·문화적 차이들을 드러냄으로써 자신이 거주하는 지역에 대한 구별·경계 짓기가 나타나고 있음을 확인했다.

필자들은 인터뷰 응답자들이 수성구 외부 거주민들을 상대로 자신이 어디에 사는지를 소개할 때 어떻게 답할 것인지에 대한 물음을 던

지고, 대부분의 응답자가 "수성구에 산다"는 일관된 답변을 했음을 확인했다. 더불어 수성구 거주민을 상대로 자신을 어떻게 소개할 것이냐고 물었을 때는 범어동, 만촌동, 시지로 나누어 답변했음을 확인했다.[84] 범어동은 상징적으로 초고층 주상복합 아파트인 두산위브더제니스가 입지한 사실에서 보듯이 수성구에서 가장 부유한 지역이고, 경신고와 대구여고 등 여러 명문 고등학교와 학원이 밀집해 있다. "재력과 최고의 학군이 밀집된 곳이 범어동이에요. 있는 사람들 '사'자들"이 모여 사는 곳으로서 거주민들은 이곳을 "옛날부터 부자들이 사는 서울의 동부이촌동이나 압구정동"에 가까운 곳으로 묘사한다(인터뷰 J). 범어동과 인접한 만촌동도 부동산 지가에서는 범어동에 비해서 상대적으로 낮지만 "애가 공부는 잘하니까 부모가 맞벌이하면서 애학군 좋은 곳에 넣고 싶어서 온 사람들(맞벌이 부부-인용자)"이 사는 곳으로 인식되고, '대구 8학군'의 범주에 포함되는 대륜고, 오성고, 정화여고 등 명문 고등학교들이 포진되어 있다. 가장 최근에 개발된 시지(1992년 택지개발지구 지정)는 [그림 11-9]에서 보듯이 공간적으로 상호 밀접한 범어동과 만촌동에 비하여 서쪽에 떨어져 위치해 있고, 이곳에 위치한 중·고등학교들은 범어동과 만촌동의 '대구 8학군' 학교들보다는 학력이 떨어지는 것으로 간주되며,[85] 외부로부터 수성구에 진입하기 위한 '입구'로 인지되고 있다.[86]

경산에서 시지로, 시지에서 만촌으로, 만촌에서 범어로, 교육을 따라서 진입하는 느낌. 시지가 일반 서울이면 만촌동은 목동, 범어동은 대치동이라고 할 수 있어요. (인터뷰 J)

만촌도 다 열심히 시키지 않겠어요? 학군도 같이 돌아간다고 봐야 하니까. 근데 마음이 그런 건 있어요. 나는 범어4동 살고 있으니까, 웃기는 거지만 그래도 범어4동인데, 이런 생각 있잖아요. '주主는 여기다'라는 생각, 학교도 학원도 이쪽에 좀 더 중심이 있지 않나 하는. 시지는 좀 차이가 크다고 봐요. 시지 친구들은 얘기해보면 다 범어로 오고 싶어 하죠. 학교를 그쪽에 보내도, 주말에 학원은 이쪽(범어동)으로 보내고. (인터뷰 F. 괄호는 인용자)

대구의 비非수성구 거주민들은 자신의 자녀를 '대구 8학군'으로 보내길 원하고 있다. 이러한 맹모삼천지교孟母三遷之敎의 이동성mobility은 수성구에 입성하는 것으로 끝나지 않는다. 자녀의 교육을 위하여 시지의 거주민들은 만촌동으로 옮기고 싶고, 만촌동에서는 범어동으로 진입하길 욕망하고 있다. 즉, 수성구 내부의 경계 짓기와 층화된 공간 생산의 핵심에는 고급 아파트 건조 환경을 구입할 수 있는 경제 자본과 '대구 8학군' 중에서도 명문 고등학교에 진학하는 교육 자본에 대한 접근성이 있다. 수성구 내부의 경제적·교육적 균열은 수성구 내부의 다른 지역을 그 지역에 거주하는 주민들의 성품, 도덕성과 연결 지으면서 그 균열을 유지시키는 경향도 확인된다.

범어동은 확실히 개인주의가 많아요. 여기 엄마들은 친해지면 속 얘기도 하고, 조금 오픈하는 엄마들 있거든요. 그 집 숟가락, 젓가락이 몇 개인지까지 알 정도로. (…) 제 여동생이 범어동에 살아요. 걔가 이사 간 지 4년째 됐는데, 사람들이 어느 선까지 딱 선을 그어놓고 대화를 하고, 질투를 많이 한대요. 전부 다 있는 집 사람들이고 하니까 약간 자기 잘난 맛에 사는 느낌? 좀 질투도 하고, 이기적이고, 개인적인 성향이 강하대요. 또 여기 있다가 만촌동으로 간 엄마 말을 빌리자면, 여기(시지) 애들은 거칠지만 의리는 있는데, (웃음) 그쪽 애들은 순한데 정이 없대요. 여자애들은 같이 화장실을 가잖아요. 여기 애들은 내가 나올 때까지 밖에서 기다려줬는데, 거기는 자기 볼일만 딱 보고 간다는 거죠. 약간 차갑다고 할까? (…) 시지에서 그쪽 대륜(고등학교), 만촌동 쪽으로 오는 애들이 많기 때문에 범어동 쪽 엄마들은 '물을 흐린다' 이렇게 생각을……. 하하! 좀 기피해요. (인터뷰 B. 괄호는 인용자)

원서(초등학교 교사임)를 쓰면 친권에 관해 쓰는데, 깜짝 놀랐어요. 스물 몇 명 중에서 열 명 가까이가 편부모 가정이나 이혼 가정이에요. 그래서 수성구 내에서도 그 차이가 있고, 아이들이 ○○ 아이라도, ○○는. ○○구 ○○ ○○중학교가 있는데, 거기 가는 아이들이 울어요. 아이들도 이제. 우리 인근 초등학교 바로 옆에 ○○중학교가 있는데, 여기 가거나 공부를 잘하는 아이들이 경신을 지원하고 뭐 그런데. ○○를 가면 아이들 사이에서 ○○는 더 촌이라고 생각이 되는 거예요. 수성구에도 그런 차이는 있다. 있는 것 같다. (인터뷰 X. 괄호는 인용자)[87]

언뜻 보면, 도덕주의가 가미된 수성구 내부의 균열은 '대구의 강남'의 위상을 흔들 것으로 추측할 수 있다. 수성구 주민들에게 수성구는 "운전을 해보면 이쪽(수성구-인용자)이 양보를 더 잘해"주고, "웬만하면 여자들도 보호해주"(인터뷰 A)고, "애들이 인사를 잘하"고, "길에 담배 피우는 아이들이 없"(인터뷰 E)는 도덕적으로 비수성구와 구별되는 공간이기 때문이다. 이동헌·이향아[88]가 강남 연구에서 지적했듯이 강남 외부인들은 강남을 속물 자본주의의 공간으로 비난하면서도, 동시에 강남에 거주하길 원하는 '부정과 욕망의 변증법'이 작동했다. 시지 주민들이 만촌동과 범어동 주민들을 비난하는 부정의 실타래는 절묘하게도 자신들이 비난한 그곳에 머무르길 원하는 욕망의 실타래와 얽혀 있다. 이처럼 수성구를 둘러싼 부정과 욕망의 변증법은 수성구 외부인들에게는 수성구가 부정적인 이미지이든 긍정적인 이미지이든 간에 '대구의 강남'으로서 수성구의 위상을 인지시키는 '백색소음'으로 기능한다.

VI. 강남을 따라 하지 않는 대안적 도시성을 향하여

본 연구는 지방 도시에서 나타나는 '강남 따라 하기'의 구체적인 사례 연구로서 '대구의 강남' 수성구의 로컬리티 형성 과정을 추적했다. 연구 결과는 다음과 같이 요약할 수 있다. 대구 도심 최후의 미개발지였던 수성구 지역은 1970년대부터 1980년대까지 도심 과밀화 해소를 목적으로 근대적 가로망 조성과 택지 개발, 그리고 기존 구도심에 위치했던 주요 기관들과 명문 고등학교들이 '패키지' 형태로 이전되면서 '대구의 강남'으로서 수성구 개발의 전초 작업이 완료된다. 이후 1980년대 대규모 아파트 단지가 들어서면서 고급 아파트 단지와 교육 환경 간의 친밀성이 높아지게 되었고, 1990년대 초부터 일찌감치 '대구 8학군'이 조성된다. 2000년대 들어서는 주상복합 아파트가 집중적으로 건설되고, 과거에는 개발이 어려웠던 황무지로 치부되었던 녹지와 산지는 고급스러운 근린 주거 환경으로 재인식되었으며,

그 결과, 오늘날의 '대구의 강남'으로서 수성구의 로컬리티가 구축되었다.

이 글을 마무리하면서 서론에서 제기했던 '대한민국의 심장 도시 강남은 어떻게 생존하는가?'에 대한 나름의 답을 내릴 필요가 있다. 대한민국 국민 모두가 강남에서 살 수 없는 현실에서 지방 도시에서의 '강남 따라 하기'는 지방 도시민들이 강남적 도시성을 나름대로 향유하고 만족할 수 있는 처방으로 볼 수 있다는 점에서 긍정적일지 모른다. 하지만 원조 강남이든 'X의 강남'이든 이들 지역의 탄생은 태생적으로 경제적·정치적·문화적·사회적으로 그 도시의 다른 지역에 비하여 차별화되고 배타적인 영역화를 동반하고 있다는 점에서 장기적으로는 지역사회에서 사회적 갈등을 낳을 소지가 다분히 높다. 부산의 '강남 따라 하기'를 연구한 황진태[89]가 지적하듯이 '강남 따라 하기'의 공간적 확산은 자칫 지방의 도시민들이 기존의 '서울 강남 vs. 비강남(서울 강북과 지방)' 혹은 '수도권 vs. 지방'의 불균등발전 구도에 대한 문제의식을 간과하고, 각 지방 도시 내부에서의 불균등발전(가령, '수성구 vs. 비수성구') 구도에 매몰될 수 있다. 이는 궁극적으로 수도권 중심의 발전과 그로 인해 야기된 지방 도시의 저발전이라는 보다 구조적인 문제의식을 소거시킬 수 있다는 점에서 문제적이다.

현재의 '강남 따라 하기'가 지방 도시들의 지배적인 도시성으로 자리 잡은 현상은 대한민국의 심장 도시 강남을 단기적으로는 생존시킬 수 있다. 하지만 장기적으로 볼 때는 심장과 다른 장기들을 포함한 신체의 건강을 빼앗는 단기적인 생명 연장 치료에 불과하다. 앞으로 대구, 부산뿐만 아니라 지방 도시들의 '강남 따라 하기'의 실체를 파악하기 위하여 추가적인 사례 연구가 요구된다. 동시에 도시민들은 더 이상 어떤 대상을 따라가는 것이 아니라, 어떻게 자신이 살고 있는 도시에서 자신의 존재미학을 지키면서 지속 가능한 도시의 삶을 영위할 것인가에 대한 실천적 고민이 적극적으로 필요한 시점이다.

주

머리말

1 발레리 줄레조, 길혜연 옮김, 《아파트 공화국: 프랑스 지리학자가 본 한국의 아파트》, 후마니타스, 2007.

2 박해천, 《아파트 게임: 그들이 중산층이 될 수 있었던 이유》, 휴머니스트, 2013.

3 박철수, 《아파트: 공적 냉소와 사적 정열이 지배하는 사회》, 마티, 2013.

1장

1 Brenner, Neil, and Schmid, Christian, 2014, 747, "The 'Urban Age' in Question", *International Journal of Urban and Regional Research* (IJURR), 38(3).

2 Schmid, Christian, 2012, 45.

3 Schmid, Christian, 2012, 46.

4 Merrifield, Andy, 2013, "The urban question under planetary urbanization", *International Journal of Urban and Regional Research* 37(3), p.911.

5 Lefebvre, Henri, 2003, *The Urban Revolution*, Minnesota University Press, Minneapolis; Merrifield, Andy, 위의 글.

6 Lefebvre, Henri, 위의 책, p.57.

7 Lefebvre, Henri, 위의 책, p.57.

8 Wachsmuth, David, 2013, "City as ideology: reconciling the explosion of the city form with the tenacity of the city concept", *Environment and Planning D: Society and Space*, 31.

9 Wachsmuth, David, 위의 글, p.4.

10 Wachsmuth, David, 위의 글, p.3.

11 Wachsmuth, David, 위의 글, p.4.

12 Wachsmuth, David, 위의 글, p.13.

13 Wachsmuth, David, 위의 글, p.7.

14 Wachsmuth, David, 위의 글, pp.7-8.

15 이영민, 〈서울 강남의 사회적 구성과 정체성의 정치: 매스미디어를 통한 외부적 범주화를 중심으로〉,《한국도시지리학회지》, 9권 1호, 2006.

16 김남일·백선기, 〈언론 매체의 '강남권역' 신화 형성과 이데올로기〉,《언론과 사회》, 16권 2호, 2008b.

17 이동헌·이향아, 〈강남의 심상 규모와 경계 짓기의 논리〉,《서울학연구》, 42호, 2011.

18 이동헌·이향아, 위의 글, 126쪽.

19 이동헌·이향아, 위의 글, 156쪽.

20 이영민, 앞의 글, 2006.

21 이동헌·이향아, 앞의 글.

22 김남일·백선기, 앞의 글, 2008b.

23 Douglas, Mary, 1966, *Purity and Danger: An Analysis of Concepts of Pollution and Taboo*, Routledge, p.44.

24 Merrifield, Andy, 앞의 글, p.912.

25 Lefebvre, Henri, 앞의 책, p.118.

26 Merrifield, Andy, 앞의 글, p.916.

27 Merrifield, Andy, 앞의 글, p.916.

28 임미영, 2015.

2장

1 기사 내용 정리를 위해 활용된 일간신문은 한국 사회의 정체성 담론 형성을 주도하는 가장 대표적인 보수신문이라 일컬어지는 A신문과 가장 진보적인

논조를 가지고 있는 B신문이다. 이 연구는 스트레이트 기사만을 대상으로 분석하고 있기에 사실로서의 사건 보도에는 큰 차이가 없을 듯하지만, 양 신문의 기사 내용은 관점과 논지 전개에서 뚜렷한 차이를 보이는 경우가 많았다. 이를 비교해보는 것은 한국 사회 이데올로기의 변화 양상과 강남 지역을 바라보는 관점의 변화를 파악하는 데 많은 도움을 준다.

2 구술사 방법은 연구자가 연구 관심사와 관련된 사건들의 다양한 정보를 면담 대상자informants를 통해 취득해나가는 방법으로, 연구 관심사와 관련된 내용을 집중적으로 다루면서 심층 면담을 진행해나간다. 반면, 생애사는 면담 대상자의 주체성에 보다 초점을 맞추어 면담 대상자로 하여금 살아온 생애 과정을 스스로 격식 없이 진술하게 하는 방식이다. 따라서 구술사의 목적이 면담 대상자의 기억을 통한 잊힌(혹은 지워진) 정보와 지식을 복원하는 데 있는 반면, 생애사는 주체적 존재로서의 면담 대상자가 사회구조와 제도, 사회적 관계 등에 어떻게 영향을 받고 어떻게 대응하는지를 살펴보는 것이 목적이다(Hay, Iain, 2000, *Qualitative Research Methods in Human Geography*, Oxford University Press, pp.60-64).

3 심층 면담은 2005년 3월부터 8월까지 모두 14명과 진행되었다. 14명 중 남성이 6명, 여성이 8명이며, 20대가 6명, 30대가 5명, 40대가 2명, 50대가 1명이다. 심층 면담 대상자들의 연령별·성별·직업별 구성은 20대 남성 2명(대학생 1명, 비정규직 근로자 1명), 20대 여성 4명(대학생 2명, 은행원 1명, 유치원 교사 1명), 30대 남성 2명(전문직 1명, 음식점 사장 1명), 30대 여성 3명(의사 1명, 동시통역사 1명, 전업주부 1명), 40대 남성 2명(의사 1명, 부동산 중개인 1명), 50대 여성 1명(전업주부) 등이다. 모든 심층 면담은 반구조화된 심층 인터뷰 형식으로 이루어졌으며, 자전적 담화를 스스로 풀어가면서, 경험했던 현상들의 의미를 스스로 파악할 수 있도록 유도했다.

4 피에르 부르디외, 최종철 옮김,《구별 짓기: 문화와 취향의 사회학》, 새물결, 2005.

5 Rose, Gillian, 1995, Place and identity: a sense of place, In Massey, Gillian, and Jess, Pat.(eds), *A Place in the World?*, Oxford University Press.

6 Giles, Judy, Middleton, Tim, 1999, *Studying Culture—A Practice*

Introduction, London: Blackwell. (주디 자일스·팀 미들턴, 장성희 옮김, 《문화 학습—실천적 입문》, 동문선, 2003)

7   Hall, Stuart, 1997, "The spectacle of the 'other'", In Hall, Stuart,(ed.), *Representation: Cultural Representations and Signifying Practices*, London: Sage, pp.225-235.

8   Rose, Gillian, 1995, 앞의 책; Valentine, Gill, 2002, People like us: negotiating sameness and difference in the research process, In Moss, Pamela, (ed.), *Feminist Geography in Practice: Research and Methods*, Oxford, Blackwess.

9   Howarth, David, 2000, *Discourse*, Buckingham, Open University Press.

10 Laclau, Ernesto(ed.), 1994, *The Making of Political Identities*, London and New York, Verso.

11 Anderson, Benedict, 1991, *Imagined Community: Reflections on the Origin and Spread of Nationalism*, New York and London, Verso.

12 Said, Edward, 1978, *Orientalism*, Hamondsworth, Penguin.

13 Sibley, David, 1995, *Geographies of Exclusion: Society and Difference in the West*, London and New York, Routledge.

14 Paasi, Anssi, 2003, "Region and place: regional identity in question", Progress in *Human Geography*, 27(4).

15 Jenkins, Richard, 1994, "Rethinking Ethnicity: Identity, Categorization and Power", *Ethnic and Racial Studies*, 17(2).

16 미국 대도시의 차이나타운이 백인우월주의에 의한 소수집단 차별 과정에서 사회적·공간적으로 형성된 것이며, 중국인 집단의 독특한(독특하다고 믿어지는) 스테레오타입도 그러한 과정에서 만들어진 것이라는 앤더슨(1987)의 연구나, 문화적으로 동질하다고 믿어졌던 유럽(서양)과는 대조적으로 열등한 타자로서의 동양이 여러 이미지를 통해 허구적으로 조작됨으로써 유럽(서양)이 스스로를 성찰하고 정의하는 데 도움을 받을 수 있었다는 에드워드 사이드의 오리엔탈리즘 연구는 내부적·외부적 범주화 기제를 잘 보여주는 사례이다.

17 Berman, Marshall, 1982, *All That is Solid Melts into Air: The Experience*

of *Modernity*, New York: Penguin Books. (마샬 버만, 윤호병 · 이만식 옮김, 《현대성의 경험: 견고한 모든 것은 대기 속에 녹아버린다》, 현대미학사, 2004)

18 Valentine, Gill, 앞의 책.

19 Butler, Judith, 1993, *Bodies that matters: On the Discursive Limits of 'Sex'*, London, Routledge.

20 독특한 신체가 타자로서 사회적으로 구성되는 방식을 임신한 여성의 쇼핑몰 경험을 통해 보여준 Longhurst, Robyn, 1996, "Refocusing groups: Pregnant women's geographical experiences of Hamilton, New Zealand/Aotearoa", Area, 28(2)의 연구나 투자금융회사의 남녀 직원들의 신체적 수행성을 통해 정체성의 구성 과정을 보여준 McDowell, Linda, and Court, G., 1994, "Performing work: bodily representation in merchant banks", *Environment and Planning D: Society and Space*, 12의 연구는 정체성 구성에서의 신체와 수행성의 역할과 관계를 잘 보여주고 있다.

21 McDowell, Linda, 1999, In and out of place: bodies and embodiment, in McDowell, Linda, *Gender, Identity and Place: Understanding Feminist Geographies*, Cambridge, Polity Press.

22 경제성장을 최우선 기조로 내세워 압축성장을 일구어내기 시작했던 1970년대 초반, 한국의 수도 서울은 인구 집중과 도시 기능의 팽창으로 공간적 확대가 절실히 요구되었다. 사대문 안에 국한되었던 서울의 도시 기능은 이미 서서히 외곽으로 확장되기 시작했지만, 한강은 그 확장을 가로막는 자연적 장애물로서 남쪽 경계선을 이루고 있었다. 당시 한강 이남에는 기껏해야 경부선 · 경인선 철도가 지나가는 영등포 일대에만 도시적 토지 이용이 이루어지고 있었을 뿐, 다른 곳은 한적한 농촌 경관으로 남아 있었다. 이러한 과정에서 새롭게 도시 기능의 분담처로 결정된 곳이 바로 '영동'이라 불렸던 지금의 강남 일대이고, 우여곡절 끝에 강남 개발계획이 확정되어 본격적인 개발이 진행된다.

23 최홍준, 〈1980년대 후반 문화 과정의 정치경제학적 조건과 도시적 경험에 관한 연구〉, 서울대학교 석사 학위 논문, 1994.

24 그러한 비판에 추가하여 필자가 지적하고 싶은 것은 강남의 아파트 재개발

사업은 한국의 독특한 아파트 문화 담론과도 결부시켜 이해할 필요가 있다는 것이다. 즉, 한국의 대규모 아파트 단지는 1970년대 초중반, 여의도와 영동에서 처음 건설되기 시작하여, 이제는 전국적인 한국인의 대표 주거 문화가 되어버렸고, 또한 그 자체가 계층 구분의 상징이며, 재산 증식의 수단이 되었다는 점을 아울러 생각해볼 필요가 있다(이지은, 〈수도권 아파트 경관의 형성과 사회적 구성에 관한 연구: 신문 기사 분석을 중심으로〉, 이화여자대학교 석사 학위 논문, 2002).

25 오욱환, 《한국 사회의 교육열: 기원과 심화》, 교육과학사, 2000.

26 당시의 대중음악에서 '제3한강교', '영동교', '신사동' 등은 단골로 등장하는 단어들이었다. 이러한 현상은 그곳의 유흥 문화가 사치스럽고 향락적이라고 언론을 통해 매도되고, 빈번하게 단속의 대상이 된 동시에, 다른 한편으로는 당시 대중음악에서 그 지명이 자연스럽게 언급될 만큼 대중문화적 중심성이 매우 높았음을 보여주고 있다.

27 Keith, Michael, and Pile, Steve(eds.), 1993, *Place and the Politics of Identity*, New York, Routledge.

28 Pratt, Geraldine, and Hanson, Susan, 1994, "Geography and the construction of difference", *Gender, Place and Culture*, 1.

29 심승희·한지은, 〈압구정동·청담동 지역의 소비문화 경관 연구〉, 《한국도시지리학회지》, 9권 1호, 2006.

30 심승희·한지은, 위의 글.

3장

1 강준만, 《강남, 낯선 대한민국의 자화상》, 인물과사상사, 2006, 11쪽. 예를 들어, 2000년대 후반까지만 하더라도 강남구 세곡동과 개포1동, 서초구 내곡동 거주 가구의 20퍼센트, 15퍼센트, 17퍼센트가 비닐집이나 판잣집, 움막에 살고 있었다(손낙구, 《대한민국 정치사회 지도: 수도권 편》, 후마니타스, 2010, 134, 412쪽).

2 강남에 관한 연구는 접근 방식에 따라 크게 3가지로 분류할 수 있다. 첫째, 1960-1980년대를 거치면서 형성된 강남의 공간적 형성 과정에 관한 연구로서, 강남이라는 공간을 도시계획적 시각에서 접근한 연구가 있다. 손정목,

《서울 도시계획 이야기 3》, 한울, 2009; 이옥희, 〈서울 강남의 데이터베이스 구축과 지역 특성: 서울 강남 지역 개발 과정의 특성과 문제점〉, 《한국도시지리학회지》, 9호, 2006, 15-32쪽; 윤은정·정인하, 〈강남의 도시 공간 형성과 1960년대 도시계획 상황에 대한 연구〉, 《대한건축학회 논문집 계획계》, 5호, 대한건축학회, 2009, 231-238쪽 참조.

둘째, 강남의 '현상'에 대한 연구로서, 1997년 외환위기 이후 경험한 한국 사회의 정치적·경제적 지각변동이 가시적으로 드러나기 시작한 2000년대에 들어서부터 본격적으로 연구되기 시작한다. 이 연구들은 강남을 한국 자본주의 발전의 공간적 결정체로 이해하고, 병폐 현상으로 교육과 주택 가격, 문화 등에서 나타나는 불평등과 양극화, 이중 도시의 문제를 연구한다. 최은영, 〈학력 자본 재생산의 차별화와 빗장도시의 형성〉, 《대한지리학회지》, 29호, 2004, 374-380쪽; 최은영, 〈차별화된 부의 재생산 공간, 강남의 형성: 아파트 가격의 시계열 변화(1989-2004년)를 중심으로〉, 《한국도시지리학회지》, 9호, 2006, 33-45쪽; 손준종, 〈교육 공간으로서 강남江南 읽기: 교육 정책에 주는 함의〉, 《교육사회학연구》, 14권, 2004, 107-131쪽; 심승희·한지은, 〈서울 강남의 데이터베이스 구축과 지역 특성: 압구정동, 청담동 지역의 소비문화 경관 연구〉, 《한국도시지리학회지》, 9호, 2006, 61-79쪽; 강준만, 앞의 책, 2006; 조은진, 〈상류층 거주지에서 나타나는 새로운 배제의 방식: 강남 타워팰리스 주거 공간 및 공간 경험 분석〉, 《경제와사회》, 76호, 2007, 122-163쪽 참조.

셋째, 강남에 관한 정체성 연구로서, 강남의 정체성은 크게 외부적 요인과 내부적 요인으로 구별할 수 있는데, 외부적 요인으로 주로 미디어의 담론화 과정과 연계되어 연구되었으며, 내부적 요인을 찾기 위해 강남에 거주하는 '강남인'이 갖는 내부적 정체성을 분석했다. 이영민, 〈서울 강남의 사회적 구성과 정체성의 정치: 매스미디어를 통한 외부적 범주화를 중심으로〉, 《한국도시지리학회지》, 9호, 2006, 1-14쪽; 이영민, 〈서울 강남 정체성의 관계적 재구성 과정 연구: 지역 구성원들의 내부적 범주화를 중심으로〉, 《한국도시지리학회지》, 11호, 2008, 1-13쪽; 김남일·백선기, 〈언론 매체의 '강남권역' 신화 형성과 이데올로기〉, 《언론과 사회》, 16권 2호, 2008b, 2-36쪽; 김남일·백선기, 〈TV 뉴스의 특정 지역 담론화와 사회문화적 함의: KBS-TV 서울 '강남권역' 보도의 담론 형성을 중심으로〉,《한국언론학보》, 52호, 2008a, 125-150쪽 참조.

3 강준만, 앞의 책, 2006.

4 이 논문에서 앞으로 사용되는 '경계 짓기'와 '경계 긋기'라는 용어는 그 의미상 동질적인 것으로 파악해도 무난하다. 다만, '경계 긋기'는 응답자 스스로 지도를 통해 경계를 긋는 행위를 강조하는 용어로 더 많이 사용되었으며, '경계 짓기'는 지도상의 경계뿐만 아니라 심상적인 경계 설정을 설명하는 경우에 더 많이 사용되었다는 점을 밝힌다.

5 Allen, John, Massey, Doreen, and Cochrane, Allan, 1988, *Rethinking the Region*, London: Routledge; Allen, John, 2003, *Lost Geographies of Power*, Oxford: Blackwell; Massey, Doreen, 2005, *For Space*, London: Sage; Allen, John, and Cochrane, Allan, 2007, "Beyond the Territorial Fix: Regional Assemblages, Politics and Power", *Regional Studies*, Vol.41 No.9, pp.1161-1175. Allen, Massey, Cochrane 등은 고정된 공간을 거부하며 공간을 사회적 관계의 산물로 이해할 필요가 있다고 주장한다. 그들에 따르면, 다양한 사회적 주체들이 맺는 네트워크, 상호작용, 병치juxtapositions의 공간적 접합 형태spatial assemblage가 공간의 차이를 가져온다는 것이다. 이에 비추어 '강남'이라는 지역은 한국형 개발자본주의의 성장이라는 구체적인 역사적 맥락과 불균등발전의 거점인 수도 서울이라는 공간적 배경에서 형성되어 변화해온 사회적 관계의 특정한 접합 형태로 이해할 수 있다.

6 분석에는 ArcGIS®를 활용했다.

7 무작위 직접 대면 설문조사의 조사 지역은 지역 거주민의 생활권을 고려하되 유동인구량이 많은 지역을 선정했다. 소위 '강남' 지역에 거주하는 주민 응답자에 대한 지역 표본을 추출area sampling하기 위해, 직접 대면 설문조사는 서초구민체육센터(서초구 반포2동), 센트럴시티 · 고속버스터미널(서초구 반포4동), 봉은사 · 코엑스컨벤션센터 · 강남구청(강남구 삼성동), 석촌호수공원 · 롯데월드(송파구 잠실동) 등에서 수행되었다. 기타 설문조사는 이메일 등을 활용했다. 이메일 조사의 경우, 편의 추출convenience sampling을 통해 확보된 표본에 대해서 워드프로세서 문서를 첨부하여 설문지를 배포 · 수거하는 일종의 눈덩이 표본추출 방식을 활용했기 때문에

컴퓨터 활용 능력이 양호한 20-30대의 젊은 층이 상대적으로 많이 응답했다.

8 응답자 거주지의 지역별 분포를 살펴보면, 강남구 30명, 서초구 22명, 송파구 18명으로, 소위 '강남 3구'에 거주하는 응답자가 70명이고, 기타 19개 자치구에서 68명이 고르게 응답했다. 서울을 제외한 수도권 거주자가 40명이었고, 비수도권 거주자는 5명이었다.

9 면담자 10명 중 3명은 직접 대면 인터뷰를, 1명은 이메일 인터뷰를, 나머지 6명은 전화 인터뷰를 진행했다.

10 이 연구에서 영어 단어 'identity'는 '정체성' 또는 '동일성'으로 혼용해서 사용한다. 이 문제에 대해서 임병조·류제헌은 'identity'를 '정체성'보다는 '동일성'이라는 번역어를 사용할 것을 제안한다. 임병조·류제헌, 〈포스트모던 시대에 적합한 지역 개념의 모색: 동일성identity 개념을 중심으로〉, 《대한지리학회지》, 42권 4호, 2007, 582-600쪽.

11 에드워드 사이드, 박홍규 옮김, 《오리엔탈리즘》, 교보문고, 2007.

12 베네딕트 앤더슨, 윤형숙 옮김, 《상상의 공동체: 민족주의의 기원과 전파에 대한 성찰》, 나남출판, 2002.

13 이처럼 공간적으로 인접한 다른 행위자나 공간성 그 자체가 개인의 행위나 선호에 영향을 주는 것을 '동네 효과neighborhood effect'라고 한다.

14 피에르 부르디외, 최종철 옮김, 《구별 짓기: 문화와 취향의 사회학》, 새물결, 2005.

15 공간과 장소에 대한 대표적인 현상학적 접근 방법은 이-푸 투안, 구동회·심승희 옮김, 《공간과 장소》, 대윤, 1995에서 발견할 수 있다.

16 Gould, Peter, and White, Rodney, 1974, *Mental Maps*, Penguin Books.

17 케빈 린치, 한영호 옮김, 《도시환경 디자인》, 광문각, 2003.

18 역삼1동은 80퍼센트가 무주택자로, 부자 동네로 알려진 강남구에서도 무주택 비율이 가장 높은 지역이다. 역삼1동이 다른 지역에 비해 가계소득이나 주택 소유 정도가 낮은데도 강남 경계 긋기에 최다 포함된 것은 한편으로 경계 긋기 방법론의 한계로 볼 수 있다. 경계 긋기 방식은 경계의 '안'과 '밖'을 강조한 나머지, 경계 내부 지역들의 다양성과 이질성을 충분히 포착하지 못한다. 한편으로 '끼인' 동의 존재는 강남 불균등발전의 한 단면으로 해석해

도 무방하리라 판단된다. 손낙구, 앞의 책.

19 자연 분할 분류법은 자료의 군집cluster과 간극gap을 고려하여 빈도가 급속하게 변화하는 구간별로 자료를 그룹화하여 범례를 나타내는 방식이다. 통계 자료의 시각화 방식으로서 동일 간격 분류법이 독자의 인식상의 왜곡을 줄여준다면, 자연 분할 분류법은 행정동의 강남으로서의 인식 정도를 서열화하여 보여주는 데 효과적이다. 그러나 어느 방식이나 요약에 따른 정보의 손실은 필연적으로 발생한다. 강서구, 양천구, 금천구, 구로구 등은 1명만 응답했기 때문에 지도상에는 표시되지 않았다. 이후 본문에 수록된 모든 지도는 동일 간격 분류법에 따른 5점 척도를 사용했음을 밝혀둔다.

20 지하철 9호선 착공 당시 반포본동의 지하철 역명이 동네 주민의 의견을 반영하여 원안의 '서릿개역'에서 '구반포역'으로 변경되었다. 이와 비슷한 맥락에서 압구정동 현대아파트 단지는 '구'현대와 '신'현대로 나누어 부르고 있는데, 두 아파트 주민 간의 인식 차이가 존재한다. 한국의 도시개발사에서 '오래되었음'을 뜻하는 접두어 '구舊'는 때때로 '원조' 또는 '오리지널'을 상징한다.

21 발레리 줄레조, 길혜연 옮김, 《아파트 공화국: 프랑스 지리학자가 본 한국의 아파트》, 후마니타스, 2007.

22 손낙구, 앞의 책. 2005년도 인구주택총조사 결과를 편집 수정.

23 물론 동별 응답자의 표본 수 부족으로 동 주민이 갖는 강남에 대한 심상 지리로 일반화하기에는 대표성의 한계를 가질 수 있다. 그러나 여기서 드러난 심상 경계 자료는 이후의 심층 인터뷰 자료와 결합함으로써 개인이 강남의 범위를 설정하는 심적 메커니즘을 구체적으로 보여준다.

24 이하 M씨와의 인터뷰는 이메일로 이루어졌기 때문에 M씨의 문장 그대로를 본고에 인용함을 밝힌다.

25 '몰토 비바체molto vivace' 또는 '비바체 몰토vivace molto'는 음악에서 '아주 빠르고 생기 있게' 연주하라는 빠르기표를 말한다.

26 물론 설문조사에서는 강남이라고 판단되는 동들을 모두 선택하는 방법도 활용토록 권유했다. 그러나 이 방법은 응답자의 설문에 대한 피로도를 높여, 대다수의 응답자는 이 방법 대신 경계 긋기 방법을 통해 심상 강남을 그렸다.

4장

1   어셈블리지assemblage는 들뢰즈·가타리의 영역 용어인 배치(아장스망, agencement)의 번역어이다.

2   질 들뢰즈·펠릭스 가타리, 김재인 옮김, 《천 개의 고원》, 새물결, 2001, 85-144쪽

3   박대민, 〈하버마스, 루만, 들뢰즈·가타리, 데리다의 이론을 통한 일반 대중매체 체계론의 제안〉, 《한국언론정보학보》, 67호, 2014, 132-133쪽.

4   Phillips, John, 2006, "Agencement/assemblage", *Theory, Culture & Society*, 23(2-3).

5   Farías, Ignacio, 2011, "The politics of urban assemblages", *City*, 15(3-4).

6   Swyngedouw, Erik, 2006, "Circulations and metabolisms: (hybrid) natures and (cyborg) cities", *Science as Culture*, 15(2); Gandy, Matthew, 2005, "Cyborg urbanization: complexity and monstrosity in the contemporary city", *International Journal of Urban and Regional Research*, 29(1).

7   Phillips, John, 앞의 글, 23(2-3).

8   Harvey, David, 1978, "The urban process under capitalism: a framework for analysis", *International Journal of Urban and Regional Research*, 2(1-4)]는 그의 자본주의 도시화 연구에서 도시를 과정으로 정의해 분석한다. 그러나 하비 이전에 이미 르페브르(2011)의 공간생산론에서도 '과정으로서의 도시the urban as process'는 하나의 공리처럼 자리 잡고 있다.

9   McFarlane, Colin, 2011a, "Assemblage and critical urbanism", *City*, 15(2).

10   McFarlane, Colin, 위의 글, 2011a; McFarlane, Colin, 2011b, "The city as assemblage: dwelling and urban space", *Environment and Planning-Part D*, 29(4); McFarlane, Colin, 2011c, "On context: assemblage, political economy and structure", *City*, 15(3-4). DOI: 10.1080/13604813.2011.595111.

11   Lefebvre, Henri, 2009, Brenner, Neil, and Elden, Stuart(eds.), *State, Space, World: Selected Essays*, Minneapolis; London: University of Minnesota Press.

12　미셸 푸코, 오트르망 옮김, 《안전, 영토, 인구》, 난장, 2011.

13　Rabinow, Paul, 2003, *Anthropos Today: Reflections on Modern Equipment: Reflections on Modern Equipment*, Princeton University Press.

14　《경향신문》, 〈10年後의 都市計畫, 弘濟 彌阿里로 擴大〉, 1950.2.25.

15　《동아일보》, 〈한양 도읍 오백 년에 종지부〉, 1951.2.16.

16　《동아일보》, 〈미려웅장한 신수도 서울시 당국의 신설 도시계획안〉, 1951.3.1.

17　《경향신문》, 〈대서울 건설 5개년 계획〉, 1953.8.18.

18　당시 서울시 도시계획위원회 연구원이었던 윤정섭은 《경향신문》 1955년 3월 11일자에 〈새로운 서울 도시계획〉이라는 제하의 칼럼을 실어 그 내용을 전하고 있다.

19　주원은 1959년 대한국토계획학회 창립을 주도하고 초대 회장이 된 인물로, 해방 후 한국 공간계획의 비조鼻祖이다. 그는 박정희 정권이 대국토 건설을 제창하던 1967년부터 건설부 장관을 지냈다.

20　서울-수원 축이라고는 하지만 서울 정남쪽에 위치한 관악산 때문에 실제 개발 축은 서쪽으로 치우칠 수밖에 없다.

21　《동아일보》, 〈사라질 미아리 공동묘지〉, 1958.11.18.

22　《경향신문》, 〈도시계획을 재검토〉, 1958.8.23.

23　《동아일보》, 〈서울 도시계획 대폭 변경〉, 1958.10.31.

24　《동아일보》, 〈도시계획 대폭 완화〉, 1959.10.27.

25　Gimm, D.-W., 2013, "Fracturing Hegemony: Regionalism and State Rescaling in South Korea, 1961-71", *International Journal of Urban and Regional Research*. DOI: 10.1111/1468-2427.12002

26　Gimm, D.-W., 위의 글.

27　《경향신문》, 〈20년 후 인구 500만의 서울로〉, 1962.5.30.

28　《경향신문》, 〈5백만 인구 위한 서울시 확장 기초조사 착수〉, 1962.7.14.

29　《경향신문》, 〈숱한 목숨 앗은 한남동-잠실리 간 제3한강교를 가설〉, 1962.9.12.

30　《경향신문》, 〈'맘모스 · 새서울'의 조감도〉, 1962.10.6.

31　《경향신문》, 〈연내엔 설계까지〉, 1963.3.9.

32 이런 견해는 박정희 정권의 강남 개발을 경제학자의 눈으로 분석한 전강수, 〈1970년대 박정희 정권의 강남 개발〉,《역사문제연구》, 28호, 2012에 잘 나타나 있다. 그는 그간의 강남 연구이옥희, 〈서울 강남의 데이터베이스 구축과 지역 특성: 서울 강남 지역 개발 과정의 특성과 문제점〉,《한국도시지리학회지》, 9호, 2006; 윤은정 · 정인하, 〈강남의 도시 공간 형성과 1960년대 도시계획 상황에 대한 연구〉,《대한건축학회 논문집 계획계》, 5호, 대한건축학회, 2009; 안창모, 〈강남 개발과 강북의 탄생 과정 고찰〉,《서울학연구》, 41호, 2010; 장상환, 〈해방 후 한국 자본주의 발전과 부동산 투기〉,《역사비평》, 66호, 2004)를 개괄하면서 경부고속도로와 공유수면 매립사업을 가장 중요한 강남 개발의 계기로 규정한다.

33 IBRD 교통조사단, 1966.

34 이 문제에 대해 여러 해석이 있지만, 정치지리적 해석으로는 최병두, 〈경부고속도로: 이동성과 구획화의 정치경제지리〉,《한국경제지리학회지》, 13권 3호, 2010의 논의가 가장 설득력 있다. 최병두는 박정희의 경부고속도로를 3가지 통치 논리로 압축해 설명한다. 우선 경부고속도로는 권위주의 정치권력을 유지하는 이동성 창출의 힘이라 말한다. 이는 김동완, 〈통치성의 공간들: 한국의 정치지리를 고려한 시론적 검토〉,《공간과사회》, 44호, 2013이 강조하는 영토 순환망 구축이라는 영토 통치의 기본 장치와도 일치한다. 둘째는 경부고속도로가 국토 공간의 물리적 경관과 국민 일상의 리듬을 바꾸는 '비장소'적인 기계공간으로서 배치되었다는 주장이다. 고속도로의 경관은 인간의 경험을 뒤바꾸는 스펙터클이자 시공간을 압축하는 장치가 되었다는 점에서 이것 역시 어렵지 않게 수긍할 수 있다. 마지막으로 최병두는 경부고속도로가 불균등발전을 가능하게 하는 물질적 토대가 되었다고 요약한다. 어쩌면 가장 고전에 가까운 주장으로, 수도권과 동남권의 접근성을 높여 물류 순환과 자본 축적을 돕는 장치로서 고속도로를 해석한 것이다.

35 박정희 정권은 국제개발협회(IDA, International Development Association) 차관을 기대했지만, IBRD 조사단의 보고서가 발목을 잡았다. IDA에서도 철도 중심의 인프라 투자를 제안하며 차관 제공에 단서를 달았다(《동아일보》, 〈경부고속 IDA 차관 난관〉, 1967.12.22.).

36 《동아일보》, 〈경부고속도로: 서울-수원 간은 1월부터 우선 착공하라〉, 1967.

11.28.

37 토지구획정리사업은 사실 정부의 도시개발, 도로 건설 수법으로는 가장 오랜 역사를 갖는 방식이다. 정리지구로 지정된 곳의 지주들은 도로나 필지를 반듯하게 정리하는 대신, 일정한 비율(토지부담률, 혹은 감보율)의 땅을 정부에 내놓아야 한다. 얼핏 지주 입장에서 손해가 아니냐는 생각을 할 수 있지만, 그렇지 않다. 구불구불한 길에 아무런 공공시설이 없는 동네보다는 반듯한 길에 공원이나 학교가 들어선 곳이 훨씬 지가가 높다는 점을 생각하면 약간의 땅을 내놓아도 지주 입장에서 손해 볼 일은 많지 않다. 정부 입장에서도 지주들로부터 받은 땅을 팔아 기반 시설에 필요한 재원을 마련할 수 있으므로 나쁘지 않다. 다만 관건은 지주로부터 받은 땅, 이른바 체비지替費地로 불리는 이 땅을 얼마나 효율적으로 판매하느냐에 있다. 농지에 대한 경지 정리도 기본 원리는 도시 지역 토지구획정리사업과 동일하다.

38 한 일간지에서는 당시의 개발 이익이 지주에게 상당히 돌아갔고, 그로 인해 정부가 감보율을 높이는 등 투기 방지책을 마련했으나, 제3한강교(현 한남대교) 이남 압구정동, 신사동 등에 투기가 심각한 수준이라는 기사를 냈다. 물론 정부가 감보율을 높인 것은 부동산 투기를 잡기 위한 것이 아니라, 부족한 재정 문제를 해결하려고 했던 것 같으나, 일부 지주와 토지 브로커에게 돌아가는 이익도 상당한 수준이었음을 알 수 있다(《경향신문》, 〈강남의 투기 열전〉, 1970.2.2.). 다만 적지 않은 지주는 제값을 못 받고 농지를 빼앗겼다는 평가도 있다(《경향신문》, 〈빛 잃은 영동 지구〉, 1971.9.28.).

39 영동은 영등포 동쪽이란 뜻으로, 당시 서울의 인문지리에서 현재 강남 지역이 차지하는 심상 공간을 잘 보여주는 표현이다. 1960년대 중반 남서울로 불리긴 했지만, 일제강점기부터 연원하는 영등포에 비해 강남의 위상은 턱없이 낮았다.

40 전강수, 앞의 글, 18-19쪽.

41 전강수, 앞의 글, 14쪽.

42 건설부와 상공부 간에 벌어진 댐 건설 관련 논쟁은 손정목, 〈만원 서울을 해결하는 첫 단계, 한강 개발〉(하), 《국토》, 1997b, 116-117쪽을 참조하라.

43 박정희의 이러한 주장은 《경향신문》 1967년 5월 2일자에 실린 〈국토건설계획을 확대〉라는 기사에 담겼다.

44 장경석, 〈한강 변 모래밭과 아파트 단지〉,《하천과문화》, 6권 3호, 2010, 67쪽. 일부 수정.

45 장경석, 위의 글.

46 손정목, 〈만원 서울을 해결하는 첫 단계, 한강 개발〉(중),《국토》, 1997a; 손 정목, 앞의 글, 1997b.

5장

1 이동헌·이향아, 〈강남의 심상 규모와 경계 짓기의 논리〉,《서울학연구》, 42 호, 2011, 146쪽.

2 이동헌·이향아, 위의 글, 156쪽.

3 이동헌·이향아, 위의 글, 151-154쪽.

4 피에르 부르디외, 최종철 옮김,《구별 짓기: 문화와 취향의 사회학》, 새물결, 2005.

5 이동헌·이향아, 앞의 글, 159-160쪽.

6 Castells, Manuel, 1977, *The Urban Question: A Marxist Approach*, Edward Arnold, London, p.445.

7 Wirth, Louis, 1969, Urbanism as a Way of Life, in Sennett, R.(ed.), *Classic Essays on the Culture of Cities*, Appleton Century Crofts, New York.

8 발레리 줄레조, 길혜연 옮김,《아파트 공화국: 프랑스 지리학자가 본 한국의 아파트》, 후마니타스, 2007, 42쪽. 줄레조(같은 책, 64쪽)에 따르면, 아파트 단지는 최저 5층 이상 공동건물로 구성되어 있으며, 최소 300세대를 수용하 고 관리사무소가 설치되어 있는 것을 요건으로 한다.

9 발레리 줄레조, 위의 책, 64, 77-79, 160-161쪽. 박철수,《아파트: 공적 냉소 와 사적 정열이 지배하는 사회》, 마티, 2013, 141쪽에 따르면, 페리의 근린주 구 원리를 통한 단지 계획은 1960년대부터 마포아파트를 지은 대한주택공 사 관계자들에 의해 논의되어 적용되기 시작했다.

10 박인석,《아파트 한국 사회: 단지 공화국에 갇힌 도시와 일상》, 현암사, 2013, 24쪽.

11 서울의 경우, 아파트 단지는 주거 지역의 21퍼센트를 차지하고 있다(박철수, 앞의 책, 140쪽).

12 김창석, 〈서울시 상류 계층(파워엘리트)의 주거 분포 특성과 형성 요인에 관한 연구〉, 《대한국토도시계획학회지》, 37권 5호, 2002; 전상인, 《아파트에 미치다: 현대 한국의 주거사회학》, 이숲, 2009, 55-56쪽.

13 KB금융지주 경영연구소, 《2015 한국 부자 보고서》, 2015년 6월, 7-8쪽.

14 예를 들면, 필자와의 인터뷰에서 한 강남 주민은 "강남 집값이 떨어지면 다 떨어지는 거라고. 그러니까 뭐랄까 주식으로 말하면 우량주 같은 거였다는 생각이 든 거죠"라고 강남 아파트를 우량주에 비유했다. 또한 청년기를 강남에서 보내고 분당으로 이주한 또 다른 주민도 "이른바 대장주라는 거지. 강남, 분당 이런 데들은 잘 오르는데, 상대적으로 다른 데들은 세 배씩 못 오르고 두 배만 오른다 할지, 이런 식으로 차이가 나니까"라고 주택을 주식에 비유했다.

15 일거에 자산 가격을 수직 상승시키는 방법으로 노후 주택을 허물고 아파트를 건설하는 재개발과 기존의 저층 아파트를 허물고 더 넓은 평수의 아파트를 짓는 재건축을 들 수 있다. 2000년대 초에 재건축을 통한 아파트값 폭등을 주도한 것은 강남이었다(강준만, 《강남, 낯선 대한민국의 자화상》, 인물과사상사, 2006, 193-196쪽). 그 결과, 재건축이 예상되는 대치동 은마아파트, 반포 주공아파트, 잠실 주공아파트 등의 가격은 천정부지로 치솟았다(강준만, 위의 책, 193-196쪽; 한종수·강희용, 《강남의 탄생: 대한민국의 심장 도시는 어떻게 태어났는가?》, 미지북스, 2016, 245-247쪽). 강남은 아마도 한국에서 쇠퇴하지 않고 계속 재생되고 있는 몇 안 되는 도시 중 하나일 것이다. 물론 이는 강남이 구도심을 제외하면 서울에서 유일하게 행정, 경제, 교육, 교통의 중심이라는 데 힘입는 바 크다(강준만, 앞의 책, 196-197쪽).

16 강준만, 《강남 좌파―민주화 이후의 엘리트주의》, 인물과사상사, 2011 참조.

17 중앙선거관리위원회 선거통계시스템(http://info.nec.go.kr).

18 전상인, 앞의 책, 94-95쪽 참조. 이미 1960년대 후반에도 아파트 거주 경험이 있는 한 주부는 아파트에서 "이웃사촌이란 말이 통하지 않는다. 모두 제 잘난 맛에 사는 사람들처럼 먼저 인사하기를 서로가 꺼린다"고 지적하고 있다[김종희, 〈아파아트를 해부한다: 아파아트 생활을 한 주부의 의견〉, 《도시문제》, 4(8월호), 1969, 48쪽].

19 박철수, 앞의 책, 139쪽; 박인석, 앞의 책.

20 박해천,《콘크리트 유토피아》, 자음과모음, 2009, 82-84쪽; 전상인, 앞의 책, 132-133쪽.

21 홍두승·김미희, 〈도시 중산층의 생활양식: 주거 생활을 중심으로〉,《성곡논총》, 19집, 1991, 18쪽; 박해천, 위의 책, 84쪽에서 재인용.

22 강준만, 앞의 책, 2006, 93-95, 186-189쪽.

23 강준만, 앞의 책, 2006, 142-149, 155-157, 177-179쪽 참조.

24 손정목, 2005b; 박해천, 앞의 책, 2009, 286-327쪽 참조.

25 그 밖에 흙을 밟기 어렵고, 위아래 집에서 소음과 음식 냄새가 들어오며, 아이들 놀 곳이 부족한 것이 아파트의 단점으로 지적되고 있다(김종희, 앞의 글).

26 박해천,《아수라장의 모더니티》, 워크룸프레스, 2015, 63-65쪽 참조.

27 전상인, 앞의 책, 63쪽.

28 1970년대 말부터 1980년대 초까지 반포 아파트에서 보낸 필자의 유년기에 대한 기억에 따른 서술이다.

29 《조선일보》, 2014.3.31. 참조.

30 언론 보도(《매일경제》, 2015.2.3.)에 따르면, 판교의 한 주민은 아들이 다니는 학원 아이들로부터 "임대아파트에 사는 가난한 애들하고 안 놀아요. 엄마가 어울리지 말랬어요"라는 소리를 듣기도 하고, 강남에서는 민간 아파트 입주자들이 인근 임대아파트가 같은 브랜드명을 쓰지 못하게 민원을 제기하는 일까지 발생한 적이 있다.

31 한국의 독특한 압축성장과 압축적 현대성에 대해서는 김진업 편,《한국 자본주의 발전 모델의 형성과 해체》, 나눔의집, 2001과 장경섭,《가족 생애 정치경제》, 창비, 2009를 참조하라.

32 발레리 줄레조, 앞의 책, 15-16, 174쪽.

33 Lefebvre, Henri, 1991, *The Production of Space*, Translated by Donald Nicholson-Smith, Blackwell, Oxford, P.281.

34 Jessop, Bob, 1990, *State Theory: Putting the Capitalist State in Its Place*, Polity Press, Cambridge, pp.9-10.

35 Jones, Matthew R., 1997, "Spatial Selectivity of the State? The Regulationist Enigma and Local Struggles over Economic Governance,"

Environment and Planning A, 29, pp.831-864.

36 Brenner, Neil, 2004, *New State Spaces: Urban Governance and the Rescaling of Statehood*, Oxford University Press, Oxford.

37 Brenner, Neil, 위의 책, P.89.

38 Jessop, Bob, 앞의 책, 7장; Brenner, Neil, 앞의 책, P.91 참조.

39 조석곤·오유석, 〈압축성장을 위한 전제 조건의 형성—1950년대 한국 자본주의 축적 체제의 정비를 중심으로〉, 《동향과전망》, 59호, 2003, 299쪽.

40 손정목, 《한국 도시 60년의 이야기 1》, 한울, 2005a, 129쪽.

41 손정목, 위의 책, 116-121쪽에 따르면, 5·16 쿠데타 이후 서울특별시장에 임명된 육군 준장 윤태일은 자신보다 네 살 아래이고 혁명 주체도 아닌 한신 내무부 장관이 직속상관이라는 것을 참을 수 없어 1962년 1월 서울특별시를 내무부로부터 분리해 국무총리 직속 기관으로 하고 시장은 각 부 장관과 같은 지위로 하는 '서울특별시 행정에 관한 특별조치법'을 통과시켰다. 윤태일 시장은 1963년 1월에 서울시 행정구역을 두 배로 확장했는데, 손정목은 이 또한 윤태일 시장과 내무부 장관(박경원)·경기도 지사(박창원)와의 역학 관계(힘겨루기)에서 윤태일의 힘이 더 강했기 때문일 것이라고 추측하고 있다(임동근·김종배, 《메트로폴리스 서울의 탄생》, 반비, 2015, 97쪽 참조).

42 손정목, 《서울 도시계획 이야기 3》, 한울, 2003b, 75쪽; 손정목, 앞의 책, 2005a, 222-223쪽.

43 손정목, 앞의 책, 2005a, 224쪽.

44 토지구획정리사업이란 국가가 공공시설 등을 건설할 때 민간의 토지를 일부 수용하여 부족한 개발 자금을 조달하는 방식이다. 이때 정부는 민간에게 대체 용지를 지급(환지)하고 인근에 공공시설을 건설하여 지가를 올림으로써 토지 수용을 보상한다. 공공시설을 짓고 남은 용지는 체비지라 하며, 매각을 통해 공공시설 건설 대금을 회수한다.

45 손정목, 앞의 책, 2003b, 85-86쪽; 손정목, 앞의 책, 2005a, 226쪽.

46 임동근·김종배, 앞의 책, 123쪽.

47 손정목, 앞의 책, 2003b, 103-115쪽; 전강수, 〈1970년대 박정희 정권의 강남 개발〉, 《역사문제연구》, 28호, 2012, 14-15쪽.

48 전강수, 위의 글, 16-17쪽; 손정목, 앞의 책, 2003b, 185-192쪽 참조.

49 손정목, 앞의 책, 2003a, 167-205쪽; 손정목, 앞의 책, 2005a, 222쪽.

50 김현옥, 〈시민 아파아트 건립사업〉,《도시문제》, 4권 12호, 1969, 7-8쪽.

51 김병린, 〈'불도저' 김현옥과 함께 서울 지도를 싸-악 바꿨다〉,《서울 나는 이렇게 바꾸고 싶었다》, 서울특별시시사편찬위원회, 2011, 84-85쪽; 손정목, 앞의 책, 2005a, 260쪽.

52 손정목, 앞의 책, 2005b, 113쪽.

53 임동근·김종배, 앞의 책, 157쪽.

54 손정목, 앞의 책, 2003b, 125-127쪽.

55 그 첫 결과물은 1974년 완공된 반포동 주공아파트로, 이 아파트는 강남이 중산층의 거주지로 자리매김하는 데 결정적인 계기가 되었다(박철수, 앞의 책, 91쪽). 반면에 잠실 지구에는 여러 소득 계층이 골고루 입주하게 하라는 박정희 대통령의 지시로 서민을 위한 소형 아파트가 다수 건설되고, 13평 이하(전체 물량의 50퍼센트)는 무허가 철거민에 배정되었다. 하지만 주택공사의 자금력 부재로 임대 대신 분양 공급을 함으로써 그중 상당수는 프리미엄을 받고 입주권을 매각해버렸다(손정목, 앞의 책, 2003b, 217-218쪽; 전강수, 앞의 글, 26쪽). 참고로 와우아파트 붕괴 이후 만들어진 최초의 중산층 아파트는 여의도 시범아파트(1971)이다(손정목, 앞의 책, 2005b, 283-285쪽).

56 전강수, 앞의 글, 18쪽.

57 발레리 줄레조, 앞의 책, 105-106쪽.

58 손정목, 앞의 책, 2003b, 168쪽; 전강수, 앞의 글, 21쪽.

59 임동근·김종배, 앞의 책, 100-103, 123-127, 157쪽 참조.

60 손정목, 앞의 책, 2005b, 297쪽.

61 1976년 건설부가 공식 지정한 아파트지구 열한 곳 중 여섯 곳이 강남 지역으로, 이 여섯 곳이 전체 아파트지구 면적 중 84퍼센트를 차지했다(전강수, 앞의 글, 18-19쪽).

62 손정목, 앞의 책, 2003b, 170쪽; 전강수, 앞의 글, 21쪽.

63 이 구상에 따르면, 강북 도심에는 국가 중심, 영등포와 여의도로 이뤄진 영등포 도심에는 수도권 산업 중심의 기능이 부여되었다(손정목, 앞의 책, 2003b, 257-365쪽).

64 임덕호, 〈주택시장 선진화를 위한 후분양제 도입〉, 《한국주택학회 학술대회 발표논문집》, 3호, 2003.

65 발레리 줄레조, 앞의 책, 92-94쪽; 임동근·김종배, 앞의 책, 169-174, 198-200쪽.

66 손정목, 앞의 책, 2005b, 237-238쪽; 전강수, 앞의 글, 20-21쪽.

67 전강수, 앞의 글, 22쪽.

68 Jessop, Bob, 앞의 책, p.11.

69 최장집, 《한국 민주주의의 이론》, 한길사, 1993 참조.

70 Poulantzas, Nicos, 1974, *Fascism and Dictatorship: The Third International and the Problem of Fascism*, Verso, London, pp.123, 226-227, 230.

71 Amsden, Alice H., 1989, *Asia's Next Giant: South Korea and Late Industrialization*, Oxford University Press, New York 참조.

72 손정원, 〈개발국가의 공간적 차원에 관한 연구〉, 《공간과사회》, 25호, 2006, 53-54, 67-69쪽; 김동완, 〈불균등발전과 국가 공간: 불균등발전론의 재구성을 위한 시론〉, 《국가와지역》, 알트, 2013, 160-163쪽.

73 김동완, 위의 글, 147-149쪽 참조.

74 전강수, 앞의 글, 24쪽.

75 박인석, 앞의 책, 30쪽.

76 임동근·김종배, 앞의 책, 195-196쪽 참조.

77 전상인, 앞의 책, 57쪽.

78 발레리 줄레조, 앞의 책, 99-100쪽 참조.

79 손정목, 앞의 책, 2003b, 329쪽에 따르면, "1970년대 후반부터 1980년대 말까지 15년간 우리나라 아파트 건설업자는 땅 짚고 헤엄치는 장사를 했다. 건축 허가를 받고 입주자를 모집했다. 분양 계약금으로 정지공사, 기초공사를 할 수 있었고, 분양 예약서를 담보로 막대한 자금을 융자받을 수 있었다. 아파트 골조공사가 시작되면서 다달이 납부금이 들어왔다. 입주가 시작되면서부터는 잔금이 들어왔다." 임동근·김종배, 앞의 책, 169-174, 198-200쪽; 전상인, 앞의 책, 57쪽.

80 손정원, 앞의 글, 48-49쪽.

81 손정목, 앞의 책, 2003b, 158쪽; 손정목, 앞의 책, 2005b, 237쪽; 전강수, 앞의 글, 29쪽 참조.

82 김창석, 앞의 글.

83 김현옥, 앞의 글, 7쪽 참조.

84 발레리 줄레조, 앞의 책, 88-89, 165쪽.

85 임동근·김종배, 앞의 책, 181쪽; 전상인, 앞의 책, 48쪽.

86 군사주의적 효율성은 다음과 같은 언술들에서 분명히 드러난다. 김현옥 서울시장은 "나는 지금 100미터를 달리고 있다. 오직 속도만이 나의 무기다. 격려도 비판도 생각할 시간이 없다. 꼴찌로 도착한다면 무슨 소용이 있겠는가"라고 말했고, 양택식 주택공사 사장이 주도한 잠실 지구의 초창기 아파트 단지 건설에는 '주택 건설 180일 작전'이 펼쳐졌다(발레리 줄레조, 앞의 책, 101쪽). 초창기 아파트 건설은 "총량주의적 목표의 달성을 위해 군사작전을 치르듯이 진행"되었다(박해천, 앞의 책, 2009, 66쪽).

87 박배균, 〈한국에서 토건국가 출현의 배경: 정치적 영역화가 토건 지향성에 미친 영향에 대한 시론적 연구〉,《공간과사회》, 31호, 2009, 76쪽; 전강수, 앞의 글, 30-31쪽.

88 Brenner, Neil, 앞의 책, p.97.

89 Brenner, Neil, 앞의 책, p.97; 박배균, 〈한국 지역 균형 정책에 대한 국가 공간론적 해석〉,《기억과전망》, 27호, 2012, 104쪽의 재요약 및 필자의 서술. 발전주의 국가의 공간선택성은 굵은 글씨로 표시했음.

90 김동완, 앞의 글, 134쪽; 박배균, 위의 글, 2012, 104쪽.

91 Brenner, Neil, 앞의 책, p.104.

92 전상인, 앞의 책, 68-69쪽.

93 전상인, 앞의 책, 27-29, 43-45쪽.

94 박인석, 앞의 책, 24쪽.

95 임동근·김종배, 앞의 책, 203쪽.

96 박해천, 앞의 책, 2013.

97 KB금융지주 경영연구소, 앞의 책, 14쪽에 따르면, 국내 가계의 평균 자산 구성은 금융 자산 비중이 26.8퍼센트, 거주 주택을 포함한 부동산 자산 비중이 67.8퍼센트이다.

98 이는 2006년 기준으로 전체 주택의 5퍼센트 범위에서 거래가 이루어진 서구와 대조적이다(전상인, 앞의 책, 93쪽).

99 발레리 줄레조, 앞의 책, 101-102쪽.

100 전상인, 앞의 책, 131-135쪽.

101 박해천, 앞의 책, 2009, 94-96쪽.

102 전상인, 앞의 책, 94-95, 124쪽.

103 박철수, 앞의 책, 139쪽.

104 박인석, 앞의 책, 30쪽; 손정목, 앞의 책, 2003b, 313-316쪽.

105 박철수, 앞의 책, 138, 146, 149쪽.

106 강준만, 앞의 책, 2006, 237-246쪽.

107 박해천, 앞의 책, 2009, 286쪽.

108 전상인, 앞의 책, 132-133쪽.

109 김종희, 앞의 글, 48쪽.

110 박해천, 앞의 책, 2009, 82-84쪽.

111 전상인, 앞의 책, 68-70쪽.

112 한종수·강희용, 앞의 책, 91-101쪽.

113 《조선일보》, 2015.5.21.

114 한종수·강희용, 앞의 책, 250-251쪽.

115 유정화, 〈성형외과의 입지와 방문 요인에 관한 연구: 서울시 강남구를 중심으로〉, 《지리학논총》, 42호, 2003, 43-48쪽.

116 손정목, 앞의 책, 2003b, 171쪽 참조.

117 한종수·강희용, 앞의 책, 230-234쪽.

118 KB금융지주 경영연구소(2015.8.)에 따르면, 부산에서는 해운대구의 부자 수가 가장 많으며, 대구 수성구는 광역시 구 단위에서는 부자 수가 가장 많은 지역이다.

119 《연합뉴스》, 2011.7.7.

120 전상인, 앞의 책, 24쪽 참조.

6장

1 한종수 · 강희용, 《강남의 탄생: 대한민국의 심장도시는 어떻게 태어났는

가?》, 미지북스, 2016 부제 참조.

2 손정목,《서울 도시계획 이야기 3》, 한울, 2003a; 손정목,《서울 도시계획 이야기 4》, 한울, 2003b.

3 이옥희, 〈서울 강남의 데이터베이스 구축과 지역 특성: 서울 강남 지역 개발 과정의 특성과 문제점〉,《한국도시지리학회지》, 9호, 2006.

4 윤은정·정인하, 〈강남의 도시 공간 형성과 1960년대 도시계획 상황에 대한 연구〉,《대한건축학회논문집 계획계》, 25권 5호, 2009.

5 안창모, 〈강남 개발과 강북의 탄생 과정 고찰〉,《서울학연구》, 41호, 2010.

6 한종수·강희용, 앞의 책.

7 장상환, 〈해방 후 한국 자본주의 발전과 부동산 투기〉,《역사비평》, 66호, 2004.

8 전강수, 〈1970년대 박정희 정권의 강남 개발〉,《역사문제연구》, 28호, 2012.

9 임동근·김종배,《메트로폴리스 서울의 탄생》, 반비, 2015.

10 이동헌·이향아, 〈강남의 심상 규모와 경계 짓기의 논리〉,《서울학연구》, 42호, 2011.

11 박배균·장진범, 〈'강남 만들기', '강남 따라 하기'와 한국의 도시 이데올로기〉,《한국지역지리학회지》, 22권 2호, 2016, 287-306쪽.

12 1896년 제1회 그리스 아테네 올림픽에서 2016년 제31회 브라질 리우데자네이루 올림픽까지 각 개최 도시들의 아젠다와 변화상에 대한 개관은 Gold, John, and Gold, Margaret, 2011, *Olympic Cities: City Agendas, Planning and the World's Games, 1896-2016*, 2nd Edition, New York: Routledge 참조.

13 2008년 베이징 올림픽과 1988년 서울올림픽을 계기로 전개된 베이징과 서울의 도시개발사업은 각각 약 120만 명과 70만 명의 강제 철거민을 양산하여, 강제 퇴거자 숫자에서 역대 1, 2위를 기록하고 있다.

14 Essex, Stephen, and Chalkley, Brian, 1998, "Olympic Games: catalyst of urban change", *Leisure Studies*, Vol.17 No.3.

15 문화공보부,《88서울올림픽》, 1981, 11-29쪽.

16 Preuss, Holger, 2004, "Investment and the Reconstruction of a City: Burdens and Opportunities", *The Economics of Staging the Olympics: A*

Comparison of the Games, 1972-2008, Cheltenham, UK; Northampton, MA: E. Elgar, 72쪽; 김은혜, 〈1964년 도쿄 올림픽과 도시 개조〉, 《사회와역사》, 109호, 2016년 봄호, 232-233쪽.

17 Kassens-Noor, Eva, 2012, *Planning Olympic legacies: Transport dreams and urban realities*, New York: Routledge 참조.

18 올림픽을 비롯한 메가 이벤트가 도시 개조에 미치는 일반적 효과에 대한 간략한 소개는 박해남, 〈1988 서울올림픽과 시선의 사회정치〉, 《사회와역사》 110호, 2016, 356-359쪽 참조.

19 안상영, 〈88올림픽에 대비한 건설계획〉, 《대한토목학회지》, 30권 2호, 1982, 55-59쪽.

20 1981년 9월 30일 독일의 바덴바덴에서 1988년에 개최될 제24회 올림픽 개최지를 놓고 일본의 나고야와 벌인 유치 경쟁에서 서울은 52 대 37이라는 예상 밖의 큰 표차로 승리를 거뒀다. 그로부터 약 2개월 후인 11월 26일 서울이 1986년 개최될 제10회 아시안게임 개최지로 결정되었다는 소식이 인도 뉴델리로부터 전해졌다.

21 이는 잠실이나 강남의 변화를 설명하기 위해서는 같은 시기에 유사한 맥락에서 이루어진 서울시의 전반적인 변화 양상에 대한 최소한의 논의가 불가피하기 때문으로, 이 글에서 올림픽이 서울시 전체에 미친 영향에 대해 본격적으로 분석하겠다는 의미는 아니다.

22 《경향신문》, 1962.7.2. 2면. 아시아경기대회는 1951년 제1회 인도 뉴델리, 1954년 제2회 필리핀 마닐라, 1958년 제3회 일본 도쿄에서 각각 개최되었으며, 1962년 제4회 대회는 인도네시아 자카르타에서 개최되었는데, 당시 자카르타에 파견된 한국 대표 평의원은 이상백, 정월터, 현정주 3인이었다.

23 《동아일보》, 〈아주대회 유치 위해 외교전〉, 1966.7.28. 8면.

24 정작 박람회의 한국관 설치는 "폐품 전시장"이라는 비아냥을 들을 정도로 졸속으로 하여 교민들로부터 "나라 망신"이라는 빈축을 사기도 했다. 《동아일보》, 〈초라한 한국관〉, 1966.12.3. 3면 참조.

25 《동아일보》, 〈사설: 亞洲競技大會의 誘致〉, 1966.12.17. 2면.

26 손정목, 앞의 책, 2003a, 198-199쪽.

27 《동아일보》, 〈아시아의 聖火 서울 점화의 시련〉, 1967.7.15. 6면.

28 《동아일보》, 〈반납 방침 변함없다〉, 1969.1.19. 4면.

29 《경향신문》, 〈亞洲경기 流産될 듯〉, 1968.4.5. 4면.

30 《경향신문》, 〈잠실에 체육 단지 80만 평 조성, 올림픽 개최 가능케〉, 1971.9. 22. 6면

31 손정목, 앞의 책, 2003a, 177-178쪽.

32 《매일경제》, 〈蠶室에 亞洲 최대 경기장〉, 1976.9.23. 7면 참조.

33 당시 아시아에서는 10만 명의 관중을 수용할 수 있는 운동장은 인도네시아의 자카르타와 이란의 테헤란 경기장 등 두 곳뿐이었으며, 일본의 도쿄 올림픽 주경기장은 8만 명 수용 규모였다. 《경향신문》, 〈잠실에 10만 수용 운동장〉, 1976.9.23. 1면 참조.

34 제3한강교는 1966년 1월에 착공, 1969년 12월에 준공되었으며, 1985년 한남대교로 이름이 바뀌었다. 영동교는 1970년 8월에 착공, 1973년 11월에 준공되었으며, 1984년 11월에 영동대교로 불리게 되었다.

35 전강수, 앞의 글, 13쪽; 최광승, 〈박정희는 어떻게 경부고속도로를 건설하였는가〉, 《정신문화연구》, 33권 4호, 2010, 178쪽.

36 공유수면 매립법은 1962년 1월 20일자 법률 제986호로 제정 · 공포되었다.

37 《경향신문》, 〈공청회 거쳐 6월 말에 확정, 서울을 성상도시로 개발〉, 1971.5. 4. 7면.

38 《경향신문》, 〈새 기원 여는 만원 서울〉, 1971.1.1. 7면.

39 《동아일보》, 〈한강의 제6혁대 '잠실대교' 전장 1,280미터 오늘 개통〉, 1972.7.1. 1면.

40 《경향신문》, 〈경향게시판 동부 서울 대개조〉, 1972.6.24. 7면.

41 《경향신문》, 〈서울 새살림 '71 〈7〉 신시가지 개발(상)〉, 1971.1.15. 8면.

42 도로와 공원은 선진 도시보다 높은 비율로 계획하고, 공공시설은 우선 설치하도록 했으며, 지구 내에 들어설 건축물의 규모와 외관 등에 관한 세부적인 규제 방침을 확정했다. 부도심 기능을 가질 수 있도록 용도 지역별 택지 면적, 건축물 높이, 건폐율 등에 관한 사항을 정하고, 시가지 녹화 및 미화를 위해 건축물 건축선, 색채, 간판, 담장 설치에 관한 사항, 간선도로변 및 상업지역의 미관지구 지정, 간선도로변 공원 조성 및 건축물 주변 식수 등에 관한 사항을 다루고 있다. 특히 잠실 지구는 매립지의 자연수면을 이용하여 1만

평 규모의 호수를 조성하도록 했는데, 그 결과 오늘날의 석촌호수가 만들어
지게 되었다.

43 《동아일보》, 〈영동 잠실 전 시가를 공원화〉, 1973.1.4. 7면.

44 《동아일보》, 〈영동 잠실 건축 규모, 외관 등 일절 규제〉, 1973.1.9. 6면.

45 《동아일보》, 〈영동·강남 개발에 특혜, 취득세 감면·세무사찰 중지〉, 1972.1.
24. 6면.

46 김진희·김기호, 〈1974년 '잠실 지구 종합개발 기본계획'의 성격과 도시계획
적 의미 연구〉, 《한국도시설계학회지》, 11권 4호, 2010.

47 김진희·김기호, 위의 글. 손정목은 20세기 후반 한국 도시개발 50년사에서
가장 획기적인 사례로 다음 8개를 꼽는다. 1950년대 초 서울 전재복구계획,
1960년대 울산 공업도시 조성, 1968-1973년 여의도 개발계획, 1970년대 영
동·잠실 구획정리사업, 1970년대 창원 공업단지 및 신도시 조성, 1970년대
소공동 재개발 및 을지로 반도특정가구 정비계획, 1980년대 전반 목동 지구
개발계획, 1980년대 후반 분당 및 산본 지구 개발계획 등이 그것이다(손정
목, 앞의 책, 2003b, 293-294쪽).

48 손정목, 앞의 책, 2003b, 213쪽 참조.

49 《경향신문》, 〈잠실 호수공원 착공〉, 1978.12.2. 7면.

50 《경향신문》, 〈올림픽 誘致 국립경기장 주변 119만 제곱미터 집단美觀地區로
결정 告示〉, 1979.10.26. 8면 참조.

51 전반적으로 1970년대 오일쇼크 이후 세계적 경기불황의 여파로 인해 올림
픽 개최 의사를 지닌 나라들이 많지 않았다. 서방 선진국들은 불경기에 무리
한 부담을 지는 것을 꺼렸으며, 제3세계 개발도상국들은 아직 개최 능력이
부족했다. 1976년 몬트리올 올림픽에 이어, 1980년 사회주의 종주국의 위용
을 과시하고자 했지만 냉전체제의 대립이 극에 달한 가운데 절반의 올림픽
이 되고 말았던 모스크바를 거쳐, 체제 경쟁의 효과로 1984년에는 다시 미
국이 개최권을 가져가 LA 올림픽이 예정되어 있던 상황에서 다음 개최지는
풍부한 자금력과 강력한 개최 의지를 갖고 1964년 도쿄 올림픽 이후 두 번
째 올림픽을 유치하고자 했던 일본 나고야가 거의 확정적인 상태였다.

52 《동아일보》, 〈88년 올림픽 '서울祭典' 가능한가. 30일 IOC총회 결정 앞두고
살펴본다〉, 1981.9.16. 3면.

53 이 시기 한국 경제는 '단군 이래 최대 호황'을 구가했다. 그 결과로 1981년 말 1,592달러였던 1인당 소득은 1991년 6,518달러로 상승했다. 10년 사이에 국민경제 규모가 네 배 이상 신장된 것이다.

54 《동아일보》, 〈엄청난 수마, 기막힌 참변. 물바다에 애끓는 울음만〉, 1972.8. 19. 7면.

55 김재경, 〈한강종합개발사업 공사 보고서〉, 《대한토목학회지》, 35권 2호, 1987, 36-37쪽.

56 윤혁렬·박현찬, 〈한강의 르네상스―治水에서 利水로〉, 《정책리포트》, 12호, 서울연구원, 2008, 6쪽.

57 《매일경제》, 〈서울시 下水道網·遊水池 再整備〉, 1984.9.4. 11면.

58 《동아일보》, 〈한강 고수부지 체육공원 11곳 내년 완공〉, 1985.1.5. 6면.

59 《경향신문》, 〈87년까지 한강 고수부지 39곳에 주차장〉, 1985.4.23. 10면.

60 《경향신문》, 〈확장 강변도로에 수림대 조성〉, 1985.3.26. 6면.

61 《경향신문》, 〈86大會·漢江 개발 "두 大事의 한 해"〉, 1986.12.24. 10면.

62 《동아일보》, 〈한강이 살아났다〉, 1986.9.9. 9면.

63 윤혁렬·박현찬, 앞의 글, 6쪽.

64 《동아일보》, 〈청담교 건설 내년 초에 착공 공비 5억 들여〉, 1973.11.13. 6면.

65 《매일경제》, 〈지하철 2호선을 따라(3) 잠실〉, 1977.10.12. 3면.

66 《매일경제》, 〈지하철 2호선 1단계 구간 개통〉, 1980.10.31. 1면.

67 《동아일보》, 〈가락 송파로 교통체증 심각. 농수산물시장·아파트 단지 밀집〉, 1985.8.17. 6면.

68 《경향신문》, 〈80년대 시정계획 확정, 서울을 4핵 18생활권으로〉, 1982.6.22. 1면.

69 《경향신문》, 〈선진수도 건설의 기틀 다진다〉, 1983.2.8. 6면.

70 《동아일보》, 〈서울市 業務보고 요지〉, 1983.2.8. 10면.

71 《경향신문》, 〈88올림픽 서울 유치 어디까지〉, 1981.9.16. 3면.

72 《경향신문》, 〈올림픽 개최 서울 발전 10년 앞당긴다〉, 1981.10.2. 11면.

73 《동아일보》, 1982.10.4. 10면; 《경향신문》, 1982.10.7. 10면; 《경향신문》, 1983.7.20. 10면 기사 참조.

74 《동아일보》, 〈잠실 지구 5개 거점 특성 살려 9월부터 본격 개발〉, 1983.4.6.

10면;《경향신문》, 〈잠실 지구 도시설계 완성〉, 1983.11.24. 6면.

75 《경향신문》, 〈도시설계구역 추가 지정〉, 1983.11.7. 10면;《동아일보》, 〈가회동, 율곡로, 청량리, 영등포, 한강로 도시설계지구 지정〉, 1984.7.24. 10면.

76 《경향신문》, 〈올림픽경기장 주변 등에 꽃길·꽃동산 만들기로〉, 1985.3.26. 6면.

77 《경향신문》, 〈양보다 질, 선진도시 가꾸기 주력〉, 1987.12.28. 9면.

78 김백영, 〈강남의 꿈은 붕괴하는가: 메트로폴리스 이면의 한국 현대사〉,《창작과비평》, 38권 3호, 2010, 437쪽.

79 황석영,《강남몽》, 창비, 2010 참조.

7장

1 황지우, 〈끔찍한 모더니티〉,《황지우의 문학앨범》, 웅진출판사, 1995, 154쪽.

2 손정목,《서울 도시계획 이야기 3》, 한울, 2003, 216-217쪽.

3 강홍빈, 〈아파트 단지와 공룡〉,《마당》, 1982년 2월호, 82쪽.

4 진중권, 〈신체의 지질학〉,《사회비평》, 13호, 2007, 65-68쪽.

5 조르조 아감벤, 양창렬 옮김, 〈장치란 무엇인가?〉,《장치란 무엇인가?: 장치학을 위한 서론》, 난장, 2010, 33쪽.

6 최인호, 〈타인의 방〉,《타인의 방》, 민음사, 1996.

7 대청마루는 온돌 난방이 안 되는 관계로 겨울에는 통로 이외에는 아무런 실질적인 기능이 없었다. 그러나 여름에는 마당과 연결된 개방 공간으로서 대가족 중심의 가족 공동체가 함께 공유하는 공간으로 이용되었다.

8 김현, 〈두꺼운 삶과 얇은 삶〉,《우리 시대의 문학 / 두꺼운 삶과 얇은 삶》, 문학과지성사, 1993, 363-364쪽.

9 베아트리츠 꼴로미냐,《프라이버시와 공공성》, 문화과학사, 2000, 247-258쪽.

10 또 다른 걸림돌 중 하나는 침실과 거실의 연결 방식이었다. 1980년대 중반까지만 하더라도 거실 벽면에 바로 침실의 문을 낸 경우가 많았는데, 이 경우 문을 열고 닫는 순간에 부부의 침실이 거실의 시선에 쉽사리 노출될 위험이 있었다. 이런 문제 때문에 거실 벽면의 문은 사라지고, 우회해서 침실로 들어가도록 문을 설치하는 경향이 늘어났다. 침실 문의 이동은 결과적으로

베란다로 향하는 시선이 불필요하게 옆으로 샐 수 있는 가능성을 대폭 줄여주었고, 거실의 프레임이 지닌 시각적 완결성도 높여주었다. 한 조사에 따르면, 1988년에 강남 일대의 아파트의 경우 70개의 아파트는 거실에서 안방으로 직접 연결되는 방식으로 처리된 반면, 175개의 아파트는 짧은 통로를 두어 이 두 공간을 우회해서 이동하는 방식을 채택했다. 전자의 경우, 20평 이하의 작은 평수의 아파트에서 많이 나타나며, 평수가 늘어날수록 후자의 분리 방식이 증가한다. 이후 아파트들은 주로 후자의 방식을 택하게 된다.

11 다음과 같은 김현의 경험담을 참조하라. "한때 내 아내는 떡살을 미친 듯이 모았다. 개성을 살리려고 그랬는지, 돈이 없어서 그랬는지, 내 아내도 골동품에 달려들긴 달려들었으되, 그 주된 대상은 떡살이었다. 그래서 내 유년시절에 내가 생활의 도구로만 생각했던 것들이 예술적인(?) 장식품으로 어엿하게 응접실에 자리 잡기 시작했다. 내 입장에서 보자면 그것은 이상한 돌아옴이었다. 어머니가 이사를 하면서 혹은 살림을 정리하면서 하나하나 버린 것들, 이층장, 뒤주, 반닫이, 사기그릇 등이 어머니가 그것들을 버린 시간과 역비례하여 예술품으로 내 아내의 손을 통해 다시 내 앞에 차례로 나타났다. 서양식으로 살림을 개조하기 위해, 다시 말해 편리하게 살기 위해 버린 것들이, 그 개조가 보편화되자 그 본래의 유용성을 잃고 장식적인 것들로 다시 내 앞에 나타난 것이다." 김현, 앞의 글, 318-319쪽.

12 이원복, 〈도시 사람의 집치장과 가짜 예술〉, 《샘이깊은물》, 1988년 1월호, 62-63쪽.

13 텔레비전이 거실의 외관을 장악하는 현상은 텔레비전의 문화적 영향력이 강한 나라들, 특히 미국의 경우에도 나타난다. 가구 디자이너이자 디자인 비평가인 랠프 캐플란Ralph Caplan은 다음과 같이 말한다. "텔레비전이 널리 퍼지기 전만 해도 거실의 의자들이 한쪽 방향으로 놓이는 경우는 드물었다. 안락의자는 보통 다른 안락의자나 소파와 마주 보게 놓여 사람들이 마주 앉아 라디오를 들으면서 대화를 하거나 서로를 바라볼 수 있었다. 그리고 책을 읽을 수 있도록 전등 가까이 안락의자를 놓아두었다. 그러나 텔레비전은 거실을 영화관처럼 바꿔버렸으며, 오로지 텔레비전을 보려고 의자를 배치하고 디자인했다."

14 베란다 창을 향한 시선과 텔레비전을 향한 시선, 이 두 시선은 서로 동일한

공간에 중첩되어 있지만, 각각 거주자의 이동에 따라 역할을 분담하기 때문에 거의 마찰을 일으키지 않는다. 그런 의미에서 텔레비전의 스크린은 시선의 이동에 따라 프레임 내부의 프레임으로 기능한다고 볼 수 있다. 이와 함께, 텔레비전은 일상성의 반복적인 흐름 속으로 깊숙이 스며들어 프로그램의 진행에 따라 가족 구성원의 여가 생활을 조율하는 일종의 시간표로 기능한다. 특히 1981년에 오전 방송이 전면 실시된 이후, 거주자의 생활 리듬을 조율하는 텔레비전의 기능은 이전보다 더 강화되었다. 특히 주거 공간에서 오랜 시간을 보내는 주부들에게 텔레비전은 시간 활용의 조언자나 다름없었다.

15 아파트가 '구경하는 공간'으로 변모하는 과정에서 주목해야 할 것 중 하나는 모델하우스다. 주택공사가 한강맨션 건설 현장에 가건물의 시범 주택을 선보이기도 했지만, 본격적인 모델하우스의 등장은 여의도 시범아파트 때의 일로 알려져 있다. 당시 아파트 건설을 맡은 서울시는 여의도 개발을 통해 시민아파트와 지하철 건설의 재원을 마련해야 하는 급박한 상황이었기 때문에 분양 촉진을 위한 선전 수단으로 모델하우스를 활용했다. 이후 건설업체들은 아파트 분양 시 대규모 모델하우스의 설치를 관례화했다. 지금도 여전하지만 투기 붐으로 들끓던 1980년대에 접어들면서 모델하우스는 영화관을 능가하는 최고의 블록버스터 전시장이었다. 1982년 10월에 문을 연 개포아파트 모델하우스에는 단 하루 만에 2만 명의 사람이 몰려들었다. 후끈 달아오른 투기 열기로 부동산 관계자와 복부인들이 극성을 부리긴 했지만, 투기꾼들만으로 2만 명을 채우기란 불가능했을 것이다. 내 집 마련의 꿈에 부푼 이들에게 자신이 거할 미래의 주거 공간을 관람하는 일만큼 즐거운 것이 있을까? 하지만 모델하우스 관람은 그저 내 집 마련의 기대와 뒤섞인 시각적 쾌락만을 안겨준 것은 아니었다. 왜냐하면 모델하우스는 미래의 거주자들이 바로 그러한 시각적 쾌락을 경험함으로써 전시된 실내 공간을 '구경'하는 법을 훈련받는 공간이기도 했기 때문이다. 바닥재를 환히 비추는 휘황찬란한 백색의 조명 아래, 손때와 먼지라곤 찾아볼 수 없는 고급스러운 가구들이 조용히 새 주인의 눈길을 기다리며 제자리에서 묵묵히 전시되는 곳. 그곳에서 주거의 판타지는 실제 스케일로 시뮬레이션되었다. 한편, 실내가 넓어 보이는 모델하우스의 공간 연출법에 대해서는 다음을 참조하라. 서윤영,《세

상에서 가장 아름다운 집》, 궁리, 2003, 218-229쪽.

16 김미영, 〈볼만한 집치레〉, 《샘이깊은물》, 1987년 8월호, 92-95쪽.

17 김미영, 〈볼만한 집치레〉, 《샘이깊은물》, 1991년 2월호, 110-103쪽.

18 정성일, 〈테크놀로지의 푸른 꽃: 영화의 모험과 텔레비전의 신화〉, 《프로그램/텍스트》, 1999년 1호.

19 이에 대해서는 다음을 참조하라. 이경희, 〈주거 문화와 여성〉, 《한국여성학》, 12권 2호, 1996, 208-209쪽.

20 문옥표, 〈도시 중산층의 가족생활과 주부의 역할〉, 《도시 중산층의 생활문화》, 한국정신문화연구원, 1992, 68-69쪽.

21 김현, 앞의 글, 361쪽.

22 황지우, 〈도화나무 아래〉, 《겨울-나무로부터 봄-나무에로》, 민음사, 1985, 88쪽.

23 《중앙일보》, 〈아파트 생활의 보편화〉, 1970.12.19.

24 홍두승·김미희, 앞의 글, 18쪽.

25 최인석, 〈그림 없는 그림책〉, 《인형 만들기》, 한길사, 1991, 74쪽.

26 〈르포, 해방 세대의 여성들 1〉, 《마당》, 1981년 9월호, 203쪽. 다음과 같은 통계를 살펴보면, 1940년대 초반생 고학력 여성의 강남 집중 현상은 당시 사회적 신드롬이었다고 할만하다. 1985년을 기준으로 강남구에 거주하던 40~44세 연령대의 대졸 여성은 총 1만 1,740명으로, 동년배 대졸 여성의 27.4퍼센트, 서울 거주 동년배 대졸 여성의 38.9퍼센트를 차지했다. 이 또래의 대졸 여성은 전체 4만 2,698명이었고, 그중 서울 거주 여성은 3만 161명이었다.

27 주부들이 행복의 미장센을 연출하는 데 지나치게 부지런을 떤 탓일까? 프레임 내부를 장식하던 사물들의 교체가 잦아진다. 신제품에 밀려난 기존의 사물들은 아파트에서 더 이상 제 몸 둘 곳을 찾지 못한 채 쓰레기로 버려진다. 그리고 그 덕분에 당시 영동에서 일하던 넝마주이와 고물상은 때 아닌 호사를 누린다. "절전형 냉장고가 나온 지 얼마 안 되어 구형 냉장고는 고물로 나오게 된다. 컬러텔레비전이 나오자마자 흑백텔레비전이 하루에도 몇 대씩 고물로 나오기도 했다. 전자제품은 계속해서 새로운 모델이 나오므로 세대교체가 빠르다. 그 덕분에 영동에서 고물을 줍는 우리들은 그 뒤를 쫓아가면

서 문화 혜택을 누릴 수 있는 것이다"(송경상, 〈내가 줍는 영동 쓰레기〉,《샘이깊은물》, 1986년 12월호). 이 인용문에서 자신을 넝마주이라고 밝힌 이에 따르면, 아파트 어느 곳이나 쓰레기를 줍는 데 권리금이 있었다고 한다. 그는 고급 아파트의 경우 "스무 동의 쓰레기 권리금이 150만 원에서 200만 원" 정도 하며, 매월 "관리사무소나 어머니회 또는 노인회 복지금으로" 내는 돈이 4-5만 원 정도였다고 한다.

28 김현, 앞의 글, 361쪽.

29 이홍, 〈나의 메인 스타디움〉,《창작과비평》, 147호, 2010, 222-246쪽.

30 김정, 〈변하는 한국의 색깔〉,《중앙일보》, 1981.4.8.

31 박완서, 〈열쇠소년〉,《나의 아름다운 이웃》, 작가정신, 2003, 122-126쪽.

32 김병익, 〈신세대와 새로운 삶의 양식, 그리고 문학〉,《문학과사회》, 1995년 여름호, 680쪽.

33 남진우, 〈견딜 수 없이 가벼운 존재들〉,《숲으로 된 성벽》, 문학동네, 1999, 62-64쪽.

34 데이비드 리스먼, 이상률 옮김,《고독한 군중》, 문예출판사, 1999.

35 내가 논의의 대상으로 삼는 것은 세 권의 책이다. 유하,《바람 부는 날이면 압구정동에 가야 한다》, 문학과지성사, 1991; 유하,《세운상가 키드의 생애》, 문학과지성사, 1995; 김영하,《호출》, 문학동네, 1997.

36 이문재 외, 〈욕망의 해방구 압구정〉,《시사저널》, 116호, 1992.

37 김영하, 〈호출〉, 앞의 책, 31쪽.

38 김영하, 〈이사〉,《오빠가 돌아왔다》, 창비, 2004, 133쪽.

39 고도원, 〈강서구와 양천구, 월급쟁이가 마음 편한 고장〉,《한국의 발견: 서울》(7판), 뿌리깊은나무, 1989, 329-330쪽.

40 전상인,《아파트에 미치다: 현대 한국의 주거사회학》, 이숲, 2009, 131-135쪽.

41 황지우, 앞의 글, 1995, 154쪽.

42 박민규, 〈비치보이스〉,《더블》, 창작과비평사, 2010, 125-126쪽.

43 주지하다시피, 분양가 자율화 시대의 새 모델을 제시한 아파트는 1998년 6월에 LG건설이 내놓은 용인 수지의 LG빌리지였다. 이 아파트는 평당 분양가 500만 원대의 60-90평형 1,164가구를 불티나게 분양하면서 대형 고급

아파트 시장에 도화선을 당겼다. 특히 LG건설 측은 분양에 나서면서 "압구정동 현대, 잠실 아시아선수촌, 서초동 삼풍아파트 등 강남 고가 아파트에 홍보 전단을 집중시키고, 가구마다 초청장과 장미꽃 한 송이씩을 보내는 등 공을 들였"고(《조선일보》, 〈여유 있는 계층 노려라. 61-92평형 분양 성공, 수지 LG빌리지〉, 1998.5.25.), 그 결과, 청약자의 80퍼센트 이상이 강남구와 서초구 주민이었으며, 연령별로는 노후 생활의 안정을 바라는 50대가 가장 많았다(《조선일보》, 〈'고급화'로 승부 LG건설 '돌풍', 분양 때마다 경쟁 치열〉, 1998.11.25.).

8장

1 《경향신문》, 1992.4.29. 22면.

2 《동아일보》, 1992.10.26. 23면.

3 박지환, 〈분당 신도시의 사회적 생산과 구성: 계급-공간의 사회문화적 형성에 관한 연구〉, 《한국문화인류학》, 38권, 2005, 112쪽.

4 이윤호, 〈성남시 여성의 일상과 소비문화 공간을 통해서 본 지역의 차별적 생성과 변화〉, 이화여자대학교 박사 학위 논문, 2000, 115쪽.

5 《경향신문》, 〈분당의 임대아파트 건설 계획량은 전체 아파트의 14.8퍼센트〉, 1990.9.10. 2면.

6 분당 신도시의 자가 점유 비율은 성남시가 발간한 《성남 통계 연보 2009》를 참고했으며, 일산 신도시의 경우는 《고양 통계 연보 2008》을 참고했다. 평촌의 경우에는 평촌이 독립적인 행정구가 아니라 동안구에 소속된 행정동이기 때문에 별도의 자가 점유 형태를 통계 연보에서 찾을 수 없었기에 《안양 통계 연보 2008》에서 동안구 전체 평균을 참고했다.

7 이동배·김용하, 〈신도시 개발의 전개 과정과 특성에 관한 연구〉, 《대한건축학회 논문집》, 7권 3호, 1991, 213쪽.

8 임서환, 《주거 정책 반세기》, 기문당, 2005, 95쪽.

9 《동아일보》, 1989.6.8. 9면.

10 《경향신문》, 1992.12.14. 13면.

11 최병두, 〈도시 주택시장의 변동성과 부동산 정책의 한계: IMF 위기 이후 서울을 중심으로〉, 《한국지역지리학회지》, 15권, 2009, 144쪽.

12 이경자·홍인옥·최병두,〈서울의 신도시화 과정과 공간 구조의 변화〉,《한국 경제지리학회지》, 6권, 2003, 458쪽.

13 박지환, 앞의 글, 2005, 113쪽.

14 박지환, 앞의 글, 2005, 112쪽.

15 닛잔과 비클러는 "현대 자본주의의 지배적 이데올로기는 자본화라는 의식, 즉 예상되는 미래 수익을 현재 가치로 할인하는 금융 알고리즘을 중심으로 삼고 있다. (…) 자본주의 체제는 가격을 단위로 구성되며, (…) 할인이라는 관행은 모든 사물과 모든 과정에 속속 배어들어 있다"(심숀 비클러·조나단 닛잔, 홍기빈 옮김,〈체제적 공포, 현대 금융과 자본주의의 미래〉, 글로벌정치경제연구소, 2010, 3-4쪽)고 본다. 자본화는 항시 미래 지향적이라는 것, 즉 불확실한 미래에 더 큰 소득을 가져올 것이라는 기대에 근거하여 사람들은 특정한 대상에 대한 소유권을 위해 가격을 지불한다는 점이다. 자본화는 통상 다음과 같은 공식으로 나타난다(Nitzan, Jonathan, and Bichler, Shimshon, 2006, "Elementary Particles of the Capitalist Mode of Power", Transcript of a presentation at the 6th International Conference of Rethinking Marxism, p.12).

Capitalization ≡ Future earnings(미래의 수익) × hype(미래 가치 평가) / risk × discount rate

16 김왕배,《도시, 공간, 생활 세계: 계급과 국가 권력의 텍스트 해석》, 한울, 2001, 73쪽.

17 김왕배, 위의 책, 73쪽.

18 주민학,〈올림픽 공식 주거'와 도시 빈민들〉,《월간 말》, 26호, 1988, 94쪽.

19 임서환, 앞의 책, 150쪽.

20 임서환, 앞의 책, 152쪽.

21 장상환,〈해방 후 한국 자본주의 발전과 부동산 투기〉,《역사비평》, 66호, 2004, 55-78쪽.

22 장상환, 위의 글, 61쪽.

23 전상인,《아파트에 미치다: 현대 한국의 주거사회학》, 이숲, 2009; 발레리 줄레조, 길혜연 옮김,《아파트 공화국: 프랑스 지리학자가 본 한국의 아파트》, 후마니타스, 2007.

24 김종희·김영찬, 〈1960-1970년대 여성지에 나타난 근대적 주거 공간 및 주거 문화 담론에 관한 연구〉,《미디어, 젠더 & 문화》, 10호, 2008.

25 김종희·김영찬, 위의 글.

26 1960년대 광고.

27 광고정보센터(www.adic.co.kr)

28 한국토지개발공사,《분당 신도시 개발사업 기본계획》, 1990; 한국토지개발공사,《분당 신도시 건설과 문화 환경》, 1991.

29 《동아일보》, 1991.11.11.

30 한국토지개발공사,《분당 신도시 개발사》, 1997.

31 1990년대 광고.

32 《경향신문》, 1992.8.21. 21면.

33 이용만, 〈특성가격함수를 이용한 주택가격지수 개발에 관한 연구─시간변동계수모형에 의한 연쇄지수〉,《부동산학연구》, 13집, 2007, 107쪽.

34 구본창, 〈아파트 특성이 가격에 미치는 효과〉,《국토연구》, 34권, 2002.

35 이현웅·이만형, 〈수도권 신도시 주택 가격 결정 요인에 대한 비교 연구: 분당, 과천, 목동을 중심으로〉,《건설기술논문집》, 충북대학교 건설기술연구소, 1999.

36 서윤희·임재만, 〈대구 지역 아파트의 조망 가치에 관한 연구〉,《국토연구》, 37권, 2003.

37 김주영·김주후, 〈주택 가격 평가를 위한 위계적 선형모델 적용〉,《국토연구》, 33권, 2002, 27쪽.

38 1990년대에 접어들면서 주택이 위치하고 있는 주변 환경이 계량화되어 주택의 가격에 포함된다는 관념이 보편화된다. 이는 부동산 가격 평가 이론에 기반을 둔 각종 경험 연구들을 통해 알 수 있다. 이 연구들에서는 분당과 일산의 녹지 가격을 측정(배수진, 〈주택 가격에 내재한 녹지의 가격 측정에 관한 연구〉, 서울대학교 환경대학원 환경조경학과 도시설계 전공 석사 학위 논문, 2000)하거나 서울 지역 한강 변 아파트의 수변 조망이 아파트 가격에 미치는 영향을 측정(정홍주, 〈아파트 가격결정모형에 관한 실증연구: 서울 지역 한강 변 아파트를 중심으로〉, 건국대학교 대학원 부동산학과 석사 학위 논문, 1995)하기도 하며, 부동산 실거래가의 차이에 기반을 두어 아파트

가격에 내재한 경관 조망의 가치를 추론(이왕기, 〈아파트가격에 내재한 경관조망 가치의 측정 및 분석〉, 한양대학교 대학원 도시공학과 석사 학위 논문, 1996)하기도 한다. 이와 같은 양상은 주택 가격이 특수한 변수들에 의해 영향을 받는다는 관점으로 '주거 공간에 대한 관념'이 변화했음을 보여주며, 주택 가격 등락의 원인을 주택이 위치한 일정한 경계의 문제로 인식하고 납득할 수 있게끔 기여한다. 따라서 강남과 분당 혹은 특정 주택의 가격이 비싼 원인은 '사회적으로' 납득된다.

39 경기개발연구원, 《수도권 신도시 도시설계 운영 방안에 관한 연구》, 1998, 42쪽.

40 특성가격함수모형을 이용해 분당의 주상복합 아파트 가격을 분석한 연구(복준호·임승빈, 2004)에서는 탄천 조망권과 주택의 남향의 가치를 각각 평당 126만 원, 129만 원으로 추론했다. 주택의 평당 가격 증가액이 7.09만 원인 것과 비교해볼 때, '살기 좋은 주택'이라는 사회적 관념이 물리적 가치를 상회할 수 있다는 인식이 지배적이 되었다는 점을 알 수 있다.

41 한국토지개발공사, 앞의 책, 1997a, 305쪽.

42 주요 간선도로의 도시 진입로를 이와 같은 방식으로 배치하는 것은 분당 및 타 지역 거주자들에게 분당의 도시환경에 연상되는 단어로 '고층 아파트, 고층 건물'이라고 답하게끔 한다고 한다. 또한 도시의 심미적 분위기에 연상되는 단어로서 분당 및 타 지역 주민 모두 '고급스러운'이라는 형용사를 연상하며, 특히 타 지역 거주자들은 '웅장한'이라는 형용사도 연상하는 것으로 나타난다(정만모, 〈신도시 도시 이미지의 형성 요소가 도시환경 인지에 미치는 영향에 관한 연구: 분당, 일산을 중심으로〉, 경원대학교 대학원 도시계획학과 석사 학위 논문, 2008, 61쪽).

43 경기개발연구원, 앞의 책, 34쪽.

44 한국토지개발공사, 앞의 책, 1997a, 322쪽.

45 한국토지개발공사, 《일산 신도시 개발사》, 1997b, 257-258쪽; 한국토지개발공사, 《평촌 신도시 개발사》, 1997c, 2571쪽.

46 정만모, 앞의 글, 60쪽.

47 정만모, 앞의 글, 60쪽.

48 한국토지개발공사, 앞의 책, 1997a, 584쪽.

49 《한겨레》, 〈분당-수서 고속화도로 14년간 악취 이제 안녕~〉, 2008.2.14. 13 면.

50 경기개발연구원, 앞의 책, 40쪽.

51 이윤호, 앞의 글, 108-111쪽; 강예린, 〈중산층 교외 거주지의 사회공간적 특성: 분당 신도시의 주부 정체성을 중심으로〉, 서울대학교 대학원 지리학과 석사 학위 논문, 2000, 84쪽.

52 이윤호, 앞의 글, 115쪽.

53 박지환, 앞의 글, 2003, 84쪽.

54 박지환, 앞의 글, 2003, 90쪽.

55 이재열, 〈사회적 자본과 시민의식: 서울시와 자치구의 정책 결정과 집행에 주는 함의〉, 《지역사회학》, 5권 1호, 2003; 전상인, 앞의 책, 113-114쪽에서 재인용.

56 박지환, 앞의 글, 2003, 109쪽.

57 박지환, 앞의 글, 2003, 111쪽에서 재인용.

58 네이버 뉴스 라이브러리(http://dna.naver.com).

59 《매일경제》, 1973.11.26. 8면.

60 《매일경제》, 〈님비현상 개탄 말라〉, 1991.9.6. 8면.

61 《경향신문》, 〈분당·죽전 길싸움 법정行, 주민들 성남시장 등 고소〉, 2001.12.8. 17면.

62 《한국일보》, 2003.7.15. 10면.

63 《서울신문》, 2004.7.7. 9면.

64 《서울신문》, 〈분당 하수처리장에 고교 설립〉, 2007.3.21. 13면.

65 《동아일보》, 〈죽전 주민들 용인 하수처리장 건설 강력 반발〉, 2001.4.5. 23면.

66 《한국일보》, 〈용인 동부권 우리도 수지·죽전처럼〉, 2008.9.12. 16면.

67 《서울신문》, 1993.1.18. 8면.

68 《경향신문》, 1999.1.11. 14면.

69 《경향신문》, 2001.5.29. 23면.

70 박지환, 앞의 글, 2005, 98쪽.

71 《서울신문》, 〈성남시, 분당 신도시 내 공설묘지 옮긴다〉, 2000.7.18. 22면.

72 구미래, 〈화장火葬을 하면서 무덤도 달라졌다〉, 《실천민속학 새책》, 4권,

2003, 202쪽.

73 《경향신문》, 〈분당 주민들 광주·하남 재정까지 책임 못 진다〉, 2010.1.27. 13 면.

74 《경향신문》, 〈분당 등 1기 신도시 시가 10조 줄었다〉, 2010.4.5. 18면.

75 《한국일보》, 〈분당 만만찮은 리모델링〉, 2008.4.3. 12면.

76 《한국일보》, 〈커지는 판교 (…) 위축되는 분당〉, 2003.3.21. 19면.

77 《세계일보》, 2003.12.27. 17면.

9장

1 안영배, 〈신도시 라이벌 10년: 잘난 분당, 못난 일산〉, 《신동아》, 6월호, 2000.

2 김현수, 〈수도권 신도시의 자족 기반 실태 분석과 강화 방안〉, 《국토계획》, 40권 6호, 2005; 안건혁, 〈분당 신도시 개발 10년을 맞이하며〉, 《건축》, 43권 6호, 1999; 장준상·이창무, 〈수도권 5개 신도시 자족 수준 변화에 관한 연구〉, 《국토계획》, 41권 2호, 2006; 정윤태, 〈분당, 최고의 소비도시 건설계획의 전모〉, 《사회평론》, 92권 4호, 1996.

3 강예린, 〈중산층 교외 거주지의 사회공간적 특성: 분당 신도시의 주부 정체성을 중심으로〉, 《지리학논총》, 36호, 2000; 김미숙·상종열, 〈거주지 분리와 교육에 대한 사례 연구: 성남시 수정구 어머니들의 경험과 인식〉, 《교육사회학연구》, 24권 2호, 2014; 김미숙·상종열, 〈중산층 밀집 지역에 거주하는 중산층 학부모들의 자녀 교육 문화: 분당구 사례〉, 《교육사회학연구》, 25권 3호, 2015; 도승연, 〈여성이 행복한 도시가 가지는 반여성적 장치와 효과들: 푸코의 공간화된 사유를 중심으로 바라본 분당의 경우에 대하여〉, 《사회와 철학》, 18호, 2009; 박지환, 〈분당 신도시의 사회적 생산과 구성: 공간과 계급의 관계에 관한 연구〉, 서울대학교 석사 학위 논문, 2003; 박지환, 〈분당 신도시의 사회적 생산과 구성: 계급-공간의 사회문화적 형성에 관한 연구〉, 《한국문화인류학》, 38권 1호, 2005; 서대승, 〈신도시 개발 이후 주택의 의미 변화와 사회적 경계 형성: '분당의 경계'와 '강남이라는 가상'의 등장을 중심으로〉, 중앙대학교 석사 학위 논문, 2011; 전병은, 〈수도권 위성도시 신·구시가지 간 사회적 관계 구조에 대한 연구: 성남·분당의 사례〉, 서울대학교 석사 학위 논문, 2008; 한상진, 〈서울 대도시권 신도시 개발의 성격: 광주 대단지

와 분당 신도시의 비교 연구〉, 한국사회사연구회 편, 《한국의 지역 문제와 노동계급》, 문학과지성사, 1992.

4 Burgess, Ernest, 1925, "The Growth of the City: An Introduction to a Research Project", in *The City*, edited by Robert Park, Ernest Burgess & Roderick McKenzie, Chicago: Univ. of Chicago Press; McKenzie, Roderick, 1933, *The Metropolitan Community*, London: Routledge; Zorbaugh, Harvey, 1929, *The Gold Coast and the Slum: a Sociological Study of Chicago's Near North Side*, Chicago: Univ. of Chicago Press.

5 Wirth, Louis, 1938, "Urbanism as a Way of Life", *American Journal of Sociology*, Vol. 44 No. 1.

6 Firey, Walter, 1947, *Land Use in Central Boston*, New York: Greenwood; Gans, Herbert, 1962, *The Urban Villagers: Group and Class in the Life of Italian-Americans*, New York: Free Press; Talen, Emily, 2012, "Latino Urbanism: Defining a Cultural Urban Form", *Journal of Urbanism* Vo. 5 No. 2; Vanderbeek, Michael, and Irazabal, Clara, 2007, "New Urbanism as a New Modernist Movement: A Comparative Look at Modernism and New Urbanism", *Traditional Dwellings and Settlements Review*, Vol. 19 No. 1.

7 이러한 관점에서 현대 한국 사회의 도시화 흐름을 포괄적으로 다룬 연구로 조명래, 〈도시화의 흐름과 전망: 한국 도시의 과거, 현재, 미래〉, 《경제와사회》, 60호, 2003을 참조.

8 1967년 시작된 영국 밀턴 케인스Milton Keynes의 신도시 건설이 현재까지도 진행 중일 정도로, 영국 등 서구의 신도시 조성은 장기간에 걸쳐 점진적으로 진행되어, 물리적 도시화와 사회적 도시화의 경계가 불분명하고, 양자가 서로 영향을 미치며 병진하는 양상을 보여준다(Hardy, Dennis, 1991, *From New Towns to Green Politics: Campaigning for Town and Country Planning, 1946-1990*, London: E&FN Spon).

9 여기서의 내부·외부는 공간적 경계라기보다는 사회적 경계의 의미를 지닌다. 즉, 신도시 내에 살더라도 계층적 지위나 생활양식, 의식이 다르다면 외부로 인식하고, 신도시 밖에 거주하더라도 유사한 생활양식과 의식을 공유

한다면 내부로 인식한다.

10 Wirth, Louis, 앞의 글 1938; Gans, Herbert, 1962, "Urbanism and Suburbanism as Ways of Life: A Reevaluation of Definitions", in Human Behavior and Social Processes, edited by Arnold Rose, Boston: Houghton Mifflin, pp.625-648.

11 구체적으로 10년 이상 분당에 거주한 주민으로 하되, 직전 거주지가 서울의 강·남북, 성남 구시가지인 주민이 가능한 한 고르게 분포할 수 있도록 선별했다.

12 한국토지개발공사, 《분당 신도시 개발사》, 1997, 34쪽; 성남시, 《2015년 제6회 성남시 사회조사 보고서》, 2015.

13 박병규, 〈3저 호황 이후 한국 경제의 동향과 전망〉, 《동향과전망》, 14호, 1991.

14 임서환, 《주택 정책 반세기》, 기문당, 2005, 150쪽.

15 한국토지개발공사, 앞의 책, 1997, 52쪽.

16 한국토지개발공사, 앞의 책, 1997, 53쪽.

17 서울의 아파트 가격 상승률도 1987년 4.7퍼센트, 1988년 18.4퍼센트, 1989년 19.0퍼센트로, 빠른 속도로 증가했다(김정호, 〈주택 공급 및 가격 측면에서 본 수도권 신도시 건설〉, 《도시문제》, 24권 7호, 1989, 30쪽).

18 김태동·이근식, 《땅: 투기의 대상인가, 삶의 터전인가》, 비봉출판사, 1989.

19 유팔무·김호기 편, 《시민사회와 시민운동》, 한울, 1995.

20 윤상철, 《1980년대 한국의 민주화 이행 과정》, 서울대학교출판부, 1997.

21 이를 위해 정부는 분당의 녹지율을 당시 최고 수준이었던 과천의 18.3퍼센트보다 높은 21퍼센트로 설정했다.

22 건설부, 〈분당·일산 새주택도시 개발계획〉, 1989; 한국토지개발공사, 《분당 신도시 건설과 문화 환경》, 1991, 60-61쪽.

23 이러한 고민 때문에 정부도 신도시 개발계획 초기에는 신도시에 '새주택도시'라는 모호한 명칭을 붙였지만, 점차 '분당 신도시'로 고쳐 불렀다(이우종, 〈기성 시가지 정비와 신도시 개발의 균형〉, 《국토》, 257호, 2003, 7-8쪽). 박지환, 앞의 글, 2005, 96쪽 참조.

24 실제로 분당 개발은 '실무 기획단'이 신도시 건설 방침을 정한 후에, 건설부

관련 국·실과 토지개발공사, 국토개발연구원을 동원해서 이들이 실무적인 업무를 담당하는 방식으로 전개되었다(안건혁, 〈도시설계 과정에서 참여자의 역할이 미치는 영향: 분당 신도시 설계 사례를 통한 경험적 연구〉, 경원대학교 박사 학위 논문, 1995; 이규황, 《토지공개념과 신도시: 구상에서 실천까지》, 삼성경제연구소, 1999; 한국토지개발공사, 앞의 책, 1997).

25 분당 개발 문제는 1988년 이전부터 건설부와 청와대에서 밀실 작업을 통해 꾸준히 추진했지만, 갖가지 장애에 부딪쳐 시행을 보류할 수밖에 없었다(문희갑, 《경제계획이 나라를 살린다》, 행림출판, 1992, 176쪽; 이장규 외, 《실록 6공 경제: 흑자 경제의 침몰》, 중앙일보사, 1995, 188-195쪽). 그러다가 1989년 초반 수도권 주택 문제가 단순한 주거 위기를 넘어 정치적 위기로 비화하면서 청와대 차원에서 정치적 결단을 내린 것으로 봐야 할 것이다.

26 손정목, 〈수도권 내 신도시 건설계획의 발표와 여론의 동향〉, 《도시문제》, 24권 7호, 1989, 17-23쪽; 안건혁, 앞의 글, 47-51쪽.

27 이러한 점에서, 분당, 일산은 평촌, 산본, 중동과 근본적으로 다르다. 즉, 후자의 신도시들은 규모도 작고 업무 용지를 개발계획에 아예 포함하지 않는 등 애초부터 주변 모도시에 속한 소규모 침상도시로 건설했지만, 분당, 일산은 업무 공간을 포함한 자족적인 중·대형 도시로의 성장을 목표로 계획되었다.

28 심지어 건설부는 분당 신도시 개발 발표 직전인 1989년 1월 대통령 업무 보고 자리에서, 수도권에 신도시 및 신규 공단의 개발을 불허한다는 방침을 발표하기까지 했다(《매일경제》, 1989.1.13.). 이규황, 앞의 책, 435-437쪽 참조.

29 내부 갈등이 쉽사리 봉합되지 않자, 결국 실제 사업 추진 단계에서 건설부는 신도시 건설을 전담할 신도시기획관실을 별도로 신설했다(안건혁, 앞의 글, 1995, 48쪽).

30 그 결과, 1990년대 중반에는 일시적으로 분당 내 업무 지구가 공동화되고 지역 내 고용 창출 기회가 봉쇄되어, 사실상 '침상도시'로 전락하지 않을까 하는 우려를 자아내기도 했다.

31 김동춘, 〈1971년 8·10 광주 대단지 주민 항거의 배경과 성격〉, 《공간과사회》, 21권 4호, 2011; 김원, 〈1971년 광주 대단지 사건 연구〉, 《기억과전망》, 18호, 2008; 장세훈, 〈광주 대단지 사건과 3共 도시 정책의 파행〉, 《월간중앙》, 3월호, 1991.

32 당시 정부는 무주택 서민층의 내 집 장만을 지원한다는 취지에서 각종 정책적·재정적 지원을 18평 이하의 소형 아파트에 치중하는 주택 정책을 추진했다. 따라서 이러한 정책 기조에서 크게 벗어나 중산층 대상의 중·대형 아파트 건설 및 지원에 치중하는 조치는 무주택 서민의 정책적 소외를 유발할 것이라고 보았기 때문에 우려와 반발이 클 수밖에 없었다.

33 안건혁, 앞의 글, 1995, 74-76쪽.

34 이규황, 앞의 책; 이장규 외, 앞의 책.

35 이규황, 앞의 책, 463쪽.

36 한국토지개발공사, 앞의 책, 1997, 743쪽.

37 1990년 '분당 신도시 개발사업 기본계획'에서는 시청사, 시의회 건물이 들어설 부지와 함께 신도시 남·북에 각각 1개의 구청 부지, 그리고 교육청, 세무서, 법원, 검찰청의 부지까지 계획했다(한국토지개발공사, 《분당 신도시 개발사업 기본계획》, 1990, 38-40쪽).

38 고철·박종택, 《수도권 신도시 건설에 따른 가구 이동 및 주거 상태 변화에 관한 연구》, 국토개발연구원, 1993, 34쪽.

39 박지환, 앞의 글, 2003, 48-49쪽; 한국토지개발공사, 앞의 책, 1997, 111-180쪽.

40 분당 이전을 계획했던 서울의 일부 유명 사립 고교들도 지나치게 높은 학교 부지 가격 때문에 이전을 포기했고, 1990년 이후 신설된 학교는 모두 공립학교로 건설한 탓에 주민 입주가 이루어지고도 개교하지 못해 한동안 일부 학생들이 직전 거주지 학교로 원거리 통학을 하거나 콩나물 교실에서 수업을 받는 등 초창기에는 애초 개발 공약과 달리 교육 환경이 극히 열악했다(《동아일보》, 1994.2.9.; 박지환, 앞의 글, 2003, 69쪽; 안건혁, 앞의 글, 1995, 87-88쪽).

41 안건혁, 앞의 글, 1995, 51쪽.

42 이 같은 민간 건설업체의 요구 수용은 외형상으로는 개발 이익의 분배를 둘러싼 입주자-건설업체 간의 이해관계로 보이지만, 내실은 정부의 개발 비용 환수라는 꼼수가 숨겨져 있다는 점에서 입주자-건설업체-토지개발공사 간의 이해관계의 산물이다. 즉, 토지개발공사가 주택 건설업체로부터 토지 보상 및 조성 비용을 조속히 환수하려 하지만 후자가 이를 부담할 자원 동원

능력이 부족하자, 이들 업체가 민간 입주자에게 선분양한 대금을 선지급 받아 토지개발공사에 토지 비용을 선결제하도록 함으로써 토지개발공사의 개발 비용을 손쉽게 환수하려는 의도가 숨겨져 있었던 것이다.

43 대한주택협회는 자재비, 인건비 및 택지 가격 상승이 아파트 분양가에 제대로 반영되지 않아 적자 경영이 불가피하다는 이유로 신도시 개발 불참을 시사하면서, 1981년 이후 동결된 아파트 분양가 상한선(평당 134만 원)의 현실화를 요구하고 나섰다(한국토지개발공사, 앞의 책, 1997, 809쪽;《조선일보》, 1989.10.12.;《중앙일보》, 1989.11.3.).

44 안건혁, 앞의 글, 1995, 66쪽; 한국토지개발공사, 앞의 책, 1997, 809-810쪽 참조. 그 결과, 아파트 건축비가 평당 120만 원까지 인상되었고, 시범단지 1차 아파트 분양가는 평당 최저 153만 원에서 최대 182만 원까지 치솟았다(《조선일보》, 1989.11.5; 박지환, 앞의 글, 2003, 46쪽).

45 당시 주택 건설업체들은 자체 투자 재원도 부족했지만, 과잉 유동성 문제로 인해 정부가 통화 억제 시책을 펼쳤기 때문에 금융권으로부터의 자금 조달도 원활하지 못했다.

46 주택상환사채는 입주자의 경제적 부담을 가중하기 때문에 과도한 발행은 분양 경쟁률을 낮춰 자칫 미분양 사태를 초래할 수 있었다. 따라서 건설업체로서도 발행 규모에 신중할 수밖에 없었다. 그러나 분당의 경우에는 주택상환사채 발행에 개의치 않고 입주 예정자들 간의 입주 경쟁이 치열해 5대 신도시의 총 주택상환사채 발행액 중 분당의 그것이 40.8퍼센트를 차지했다(서대승, 앞의 글, 47쪽).

47 이러한 추세는 갈수록 더 심화되어 주택 가격 폭등이 극심했던 2006년 2월 기준 분당의 아파트 평당 평균 매매가격이 1,634만 원으로, 평촌(1,052만 원), 일산(948만 원), 산본(708만 원), 중동(698만 원)과 현격한 차이를 보였다('부동산114' 자료 참조).

48 《도시신문》, 1991.4.8.;《도시신문》, 1991.4.22.; 서범석, 〈성남·분당의 균형 발전을 위해〉,《성남연구》, 창간호, 1992, 132쪽.

49 《매일경제신문》, 1992.10.31.;《한겨레》, 1992.7.18.;《한겨레》, 1993.12.20.;《한겨레》, 1994.5.1.;《한겨레》, 1996.7.20.

50 《동아일보》, 1996.3.17.; 권해수, 〈경기도 신도시 개발에 따른 지역 갈등과

해소 방안 연구〉,《경기 21세기》, 8월호, 1996, 94쪽; 박지환, 앞의 글, 2005, 63-64쪽; 이건행, 〈분당 독립 문제에 대한 여론 동향〉,《성남연구》, 1992년 겨울호, 32-33쪽; 전병은, 〈수도권 위성도시 신·구시가지 간 사회적 관계 구조에 대한 연구: 성남·분당의 사례〉, 서울대학교 석사 학위 논문, 2008, 73쪽; 최종연,《도시개발과 갈등 관리 정책》, 미래문화사, 1998, 142-145쪽. 중산층 중심의 주민운동이 갖는 이 같은 한계에 대해서는 장세훈, 〈대도시 지역공동체운동의 가능성과 한계: 아파트공동체운동과 철거민공동체운동을 중심으로〉, 한국산업사회학회 편,《노동과 발전의 사회학》, 한울아카데미, 2003을 참조.

51 '분당 독립' 논란이 일단락된 1999년 4월 지역 언론인《분당소프트 21》이 실시한 분당 주민 대상의 여론조사에서 응답자들이 현재의 '성남시 분당구'(18.5퍼센트)나 '서울시 분당구'(19.5퍼센트)보다 '분당시'(61퍼센트)를 더 선호했다는 사실이 이를 뒷받침해준다(《분당소프트 21》편집부, 〈1999년 분당 그리고 분당 사람들〉,《분당소프트 21》, 6월호, 1999, 32쪽).

52 토지개발공사가 1991년 9월 분당 시범단지 입주 예정자 2,476가구 중 175가구를 대상으로 실시한 '신도시 주거 환경 성향 조사'에서 응답자의 76.6퍼센트가 분당 지역을 별도의 독립학군으로 지정할 것을 희망했다(《동아일보》, 1991.9.8.).

53 《경향신문》, 1991.9.8.

54 김미숙·상종열, 앞의 글, 2015. 이 때문에, 성남 구시가지 출신 분당 주민들은 분당에 장기간 거주하고도 다른 주민들과 거리를 두며 '겉도는' 삶을 꾸려가는 모습을 보인다(B-2; B-4).

55 2000년 분당 주민을 대상으로 한 설문조사에서 "나는 분당에 사는 것을 자랑스럽게 생각한다"는 응답자 비율이 72.6퍼센트에 달했으며, "계속해서 분당에 살 것인가"라는 질문에도 응답자의 56.9퍼센트가 긍정적으로 답했고, 부정적으로 응답한 경우는 12.8퍼센트에 불과했다(이윤호, 앞의 글, 105쪽).

56 《한겨레》, 1995.10.31.;《한겨레》, 1995.11.17.;《한겨레》, 1995.11.23.; 김계양, 〈지역사회 근린 관계의 계층적 성격에 관한 연구: 분당 신도시의 사례〉, 연세대학교 석사 학위 논문, 1996, 43-55쪽 참조. 일례로, 학구별 학생 배정의 결과, 영구임대아파트 단지인 한솔마을 초등학생들은 게리맨더링

Gerrymandering 식으로 불합리하게 짜인 학구로 인해 걸어서 10분 거리의 내정중학교가 아닌, 20분 거리의 정자중학교, 백궁중학교를 다녀야 했다 (《한겨레》, 1995.10.31.).

57 《동아일보》, 1996.10.11.

58 이윤호, 앞의 글, 117-118쪽; 이충환, 〈분당 신도시 거주 인구 특성〉, 경희대학교 석사 학위 논문, 1998. 2000년 인구 · 주택 총조사 결과에 따르면, 분당 가구주의 39.7퍼센트가 관리 · 전문직에 종사했다.

59 《분당소프트 21》이 1999년 분당 주민 3,200명을 대상으로 설문조사한 결과에 의하면, 분당으로 이사 오기 직전 거주지가 서울 강남 38.4퍼센트, 서울 강북 22.5퍼센트, 수도권 16.7퍼센트, 성남 구시가지 7.5퍼센트, 원주민 1.7퍼센트, 기타 13.3퍼센트로 나타났다(안영배, 앞의 글, 205쪽).

60 장세훈, 〈서민의 사회학적 발견: 중산층을 통해 본 서민의 사회계층적 위상〉, 《경제와사회》, 109호, 2016.

61 B-3 사례의 경우, 남편이 다니던 직장을 나와 개인사업을 시작하면서 목돈이 필요하자 강남 도곡동 전세 자금을 빼야 했고, 본인 역시 맞벌이를 시작하면서 자녀 양육 문제까지 겹치자 분당의 친정 부모 집으로 합치면서 분당으로 이주했다.

62 강남 출신 중에는 강남이 노후화되어 새로운 신시가지로 이주해야겠다는 생각에서 자발적으로 분당으로 이주한 경우(A-1)도 있다. 그런 그도 (분당 개발이 이루어지던) "그때 약간 슬럼화가 되리라"고 느껴 분당으로 이주했지만, 이제는 "(강남이) 뭐 꿋꿋하잖아요. 재건축 같은 거 많이 하면서 새로운 도시로 거듭났죠. (…) 도시 자체가 젊어질 수 있다는, 회춘했다는 느낌"을 받으며, "우리가 살던 때보다 더 강한 진입장벽을 가진 지역이 된 게 아닌가, 내가 분당 집을 팔아 강남 아파트를 사서 들어오기가 힘들겠다"는 생각을 갖게 되었다.

63 이렇게 부동산 투자에 나선 사람들, "그 사람들은 다 부자 됐지요. 재산의 가치로 생각하고 투자해서 그 사람들은 넓고 좋은 집을 갖고 거기다 플러스 돈도 벌 수 있고 (…) 어떻게 돈을 벌었는지 모르겠지만 숨은 돈 많은 사람이 많더라고요. 분당에는 그런 사람들이 많아요. 광주에도 70-80평짜리 가게가 하나 있다느니, 전원주택 몇십 평짜리가 있다느니, 남서울에 가게가 하나 더

있다느니, 그냥 지나가는 말처럼 그래요. 그렇게 부자들이 많아요."(B-4)

64 박지환, 앞의 글, 2003, 105-108쪽.

65 이수철, 〈일상의 연대와 도시 공동체의 조건: 성남 시민의 결사체 참여 경험을 중심으로〉, 연세대학교 박사 학위 논문, 2010, 80쪽; B-3; B-7. 주부가 자녀 양육을 전담하는 가족 내 부부의 역할 분담은 중산층 교육 문화의 핵심인데(윤택림, 〈생활문화 속의 일상성의 의미: 도시 중산층 전업주부의 일상생활과 모성 이데올로기〉, 《한국여성학》, 12권 2호, 1996; 조성숙, 〈자녀 교육, 거대한 가족사업: 더 무거워진 어머니 짐〉, 《'어머니'라는 이데올로기: 어머니의 경험 세계와 자아 찾기》, 한울, 2002), 이러한 양상이 분당에서 전형적으로 나타난 것이다. 맞벌이로 자녀 교육에 상대적으로 소홀할 수밖에 없는 중산층 주부(B-7)의 경우에도 이 같은 주변 이웃들의 영향에 못 이겨 초등학교 저학년 자녀를 호주, 캐나다 등지로 어학연수를 보내는 등 사회적 지원의 결핍을 경제적 지원으로 보충하며 중산층의 자녀 교육 대열에 동참하고 있다.

66 "아이가 이과 성향을 많이 보였는데, 당시만 해도 분당에서는 과학, 수학 등을 원하는 만큼 해줄 수 있는 데가 별로 없었어요. 당시 아이가 좀 빨랐는데, 아이 수준을 맞춰줄 애들이 분당에서는 모이지 않았는데, 강남에서는 모여요. 그런 학원들이 강남 대치동에는 있었어요. 영어는 분당이 괜찮았어요. 보통 대치동에서 학원이 생기면 그 분점이 분당이나 목동에 생겨요. 대치동에도 이과 소수 정예를 가르칠만한 그런 반들이 몇 없어요. 그래도 강남 애들 말고도 강북, 분당 애들이 모이고, 또 방학 때면 지방에서도 애들이 올라와요. 그래서 그런 반들이 운영되는 거죠."(B-3)

67 전국의 우수 학생들이 몰리는 "전국구" 수준의 강남에 비할 바는 아니지만, 분당의 학원가는 주변 지역 학생을 모으는 "지역구" 수준의 기능을 담당한다. 그 결과, "분당에서도 주변 교육 환경이 그렇게 좋지 않은 곳에서는 주소지를 분당으로 옮겨놓고 아이를 실어 나르는 엄마들도 있"다(B-3).

68 분당 주민들은 생활의 편의성과 쾌적한 삶이라는 측면에서 강남보다 분당을 우위로 꼽고 있다. 이런 맥락에서 이들은 "강남과 비교하면 분당이 훨씬 살기 좋아요. 특히 아줌마들에게 살기 좋아요. 강남보다 물가가 싸고, 아줌마들이 즐길 문화가 굉장히 많아요. 물류센터도 많고 카페도 되게 많고, 아

줌마들이 좋아하는 디테일한 것들을 만족시켜 주는 게 되게 많아요. 그에 비해 강남은 복잡해요. 그리고 좀 비싸고. (…) 또 조금만 차 타고 나가면 갈 데가 되게 많아요. 그래서 멀리 가서 밥도 더 많이 먹어요"(B-3)라든가, "여기 (분당) 오니까 공기가 다르더라고요. 쾌적함! 공원이 걸어가면 있으니까. 주말에 아이들 데리고 놀고 왔다 갔다 할 수 있어서 되게 좋다는 느낌"이 들어 "아파트들이 거의 30년이 다 되어 너무 불편하고, 배관도 낡고 (…) 그렇지만 서울에서 살고 싶다는 생각은 아직은 별로 없어요"(B-7)라는 식의 표현을 많이 한다.

69 이현상, 〈소비자의 백화점 선택 행동에 관한 연구: 분당 지역을 중심으로〉, 한국외국어대학교 석사 학위 논문, 1997, 57쪽; 이윤호, 앞의 글, 85-94쪽; 이창무·안건혁·안내영, 〈분당 상권의 변화 과정에 관한 연구〉, 《국토계획》, 36권 7호, 2001, 271-284쪽; 이창무·여동구·나강열, 〈분당 신도시의 성장과 상권의 변화 과정〉, 《국토계획》, 41권 6호, 2006, 65-78쪽.

70 장세훈, 〈도시 생활환경을 둘러싼 국가-주민 관계의 변화와 전망: 혐오·위해 시설 기피 현상NIMBY에 대한 국가 정책을 중심으로〉, 《공간과사회》, 11호, 1999.

71 이는 그 제한 기준이 150미터, 30미터인 성남 구시가지와 크게 대비된다 (《경향신문》, 2001.5.29.; 《한국일보》, 2001.8.23.).

72 그래서 성남 구시가지에서 이주해온 주민은 분당 살면서 "사람 사는 맛이 없달까 (…) 편의 시설이 잘 갖춰지고 깨끗하고 조용한 것은 좋은데 (…) 이웃이라는 개념이 전혀 없고, 나 혼자 어떻게 살아야 하나" 하는 생각을 내내 떨칠 수 없다고 한다(B-1).

73 아파트 문화와 개인주의 및 가족 중심주의 경향 간의 관계에 대해서는 전상인, 앞의 책과 박철수, 앞의 책 참조.

74 "애기 엄마들을 만나봐도 강남은 자기를 감춘다고 하나? 분당은 오픈되어 있죠. (…) 그게 강남은 레벨이 있는 거죠. 강남 엄마들은 아빠가 의사인 경우가 많잖아요. 그리고 변호사, 상무, 이사 (…) 그러면서 자기들끼리 오픈 안 하는 게 좀 있어요. (…) 굉장히 예의바르지만 은근히 자랑을 하는 (…) 그런데 분당은 그렇진 않아요. 같이 밥 먹고 어울리고 같이 놀러 가고 하는 식의 모임이 되게 많아요. 그러면서도 굉장히 도시적인 생활을 하게 되잖아

요. (…) (강남 사람들은) 여행하면 갔다 온 지명이나 무슨 브랜드 이야기할 때, 오픈해서 그렇게 얘기 안 하거든요. 그런 데서 오는 불편함, 그런 게 있는 것 같아요. (…) (강남도, 분당도 다 살아봤는데) 분당 여기 엄마들은 되게 솔직해요. 그런데 (강남에는) 하나의 꺼풀이 있어요. 제가 강남에서 교육을 많이 시켜봤잖아요. 그런데 강남 엄마들을 만나면 잘난 부분은 보이고 싶지만 그렇지 않은 부분은 보이고 싶어 하지 않는 게 있어요. 그런 측면에서 분당이 편해요."(B-3)

75 지주형, 〈강남 개발과 강남적 도시성의 형성: 반공 권위주의 발전국가의 공간 선택성을 중심으로〉, 《한국지역지리학회지》, 22권 2호, 2016 참조.

76 이 같은 공간사회학적 접근의 이론적 논의에 관해서는 Lefebvre, Henri, 1974, *La production de l'espace*, Paris: Anthropos. (앙리 르페브르, 양영란 옮김, 《공간의 생산》, 에코리브르, 2011)를 참조.

10장

1 대표 문헌으로 Johnson, Chalmers, 1982, *MITI and the Japanese Miracle: The Growth of Industry Policy, 1925-1975*, Stanford University Press, Standford, CA; Amsden, Alice H., 1989, *Asia's Next Giant: South Korea and Late Industrialization*, Oxford University Press, New York; Woo-Cumings, M.(ed.), 1999, *The Developmental State*, Cornell University Press, New York 등.

2 Hwang, J. T., 2015, "Escaping the territorially trapped East Asian developmental state thesis", *The Professional Geographer*, 1-7. DOI: 10.1080/00330124.2015.1103657.

3 Lefebvre, Henri, 2000, *Everyday Life in the Modern World*, A&C Black, London; Lefebvre, Henri, 2003, *The Urban Revolution*, University of Minnesota Press, Minneapolis, MN.

4 이영민, 〈서울 강남의 사회적 구성과 정체성의 정치: 매스미디어를 통한 외부적 범주화를 중심으로〉, 《한국도시지리학회지》, 9권 1호, 2006; 이동헌·이향아, 〈강남의 심상 규모와 경계 짓기의 논리〉, 《서울학연구》, 42호, 2011.

5 Cresswell, Tim, 2004, *Place: A Short Introduction*, Blackwell Pub.,

Malden, MA.; 황진태, 〈장소성을 둘러싼 본질주의와 반본질주의적 이분법을 넘어서기: 하비와 매시의 논쟁을 중심으로〉, 《지리교육논집》, 55권, 2011a.

6 Kang, M. K., 2011, "Compressed modernization and the formation of a developmentalist mentalité", Kim, H. A. and Sorensen, C. W.(eds.), *Reassessing the Park Chung Hee Era, 1961-1979: Development, Political Thought, Democracy, and Cultural Influence*, University of Washington Press, United States of America, pp.166-186; 김태우, 《폭격: 미 공군의 공중 폭격 기록으로 읽는 한국전쟁》, 창비, 2013, 9장.

7 Kim, Y-J., 2011, "Park Chung Hee's governing ideas: impact on national consciousness and identity", Kim, H. A. and Sorensen, C. W.(eds.), *Reassessing the Park Chung Hee Era, 1961-1979: Development, Political Thought, Democracy, and Cultural Influence*, University of Washington Press, United States of America, p.102.

8 Kang, 앞의 책.

9 안창모, 앞의 글.

10 이영민, 앞의 글, 2006, 1쪽.

11 이 용어는 본 논문의 초고를 발표한 자리에서 이화여대 이영민 교수로부터 들었음을 밝힌다.

12 본 연구의 핵심 논의는 아니지만 기존의 장소성을 둘러싼 본질주의적 장소성과 비본질주의적 장소성은 상호 배타적이기보다는 상호 보완적으로 접근해야 한다. 이에 대한 상세한 논의는 황진태, 앞의 글, 2011a를 참조하라.

13 피에르 부르디외, 앞의 책; 이상일, 〈삐에르 부르디외의 사회지리학: 문화와 소비의 사회지리학을 지향하며〉, 《응용지리》, 18호, 1995.

14 한국의 주택 및 부동산 정책을 동아시아의 특성으로 일반화하기는 어렵다. 왜냐하면 장세훈이 지적하듯이 "사회 세력들 간의 역학 관계, 그에 따른 국가의 개입 정도 등에 따라 (주택을 포함한-인용자) 토지 소유 구조가 상이하게 변모"할 수 있기 때문이다. 가령, 싱가포르 정부는 노동자 계급을 통제하고, 이들로부터 정치적 지지를 받기 위해 공공주택에 대한 상당한 투자를 하고, 토지의 사적 소유를 엄격하게 규제해왔다(싱가포르 정책에 대

한 자세한 논의는 Park, B-G., 1998, "Where do tigers sleep at night? The state's role in housing policy in South Korea and Singapore", *Economic Geography*, 74(3), pp.272-288 참조). 장세훈, 〈자본주의 사회의 토지 독점과 토지 투기: 한국 사회 토지 문제 분석을 위한 시론〉,《경제와사회》, 7호, 1990, 60-62쪽.

15 장세훈, 위의 글, 1990, 67쪽; 이영민, 앞의 글, 2006; 최은영, 〈차별화된 부의 재생산 공간, 강남의 형성: 아파트 가격의 시계열 변화(1989-2004년)를 중심으로〉,《한국도시지리학회지》, 9호, 2006.

16 Kang, 앞의 책, p.167.

17 이영민, 앞의 글, 2006.

18 심승희·한지은, 압구정동·청담동 지역의 소비문화 경관 연구〉,《한국도시지리학회지》, 9권 1호, 200; 김남일·백선기, 〈언론 매체의 '강남권역' 신화 형성과 이데올로기〉,《언론과 사회》, 16권 2호, 2008; 김수정·최샛별, 〈문화강좌를 통해 본 서울 강남과 강북의 문화 취향〉,《문화경제연구》, 15권 1호, 2012.

19 김종엽, 〈한국 사회의 교육 불평등〉,《경제와사회》, 59호, 2003; 강창동, 〈한국 초등교육의 학력 자본화에 대한 사회학적 고찰〉,《교육문제연구》, 26호, 2006.

20 Shin, Y., 2013, "Bourdieu and urban politics: Conceptualizing a Bourdieusian relational framework for urban politics research", *Planning Theory*, 12(3), p.270.

21 피에르 부르디외, 앞의 책.

22 이상일, 앞의 글, 66쪽.

23 이상일, 앞의 글, 82쪽.

24 Soja, Edward, 1997, *Postmodern Geographies: The Reassertion of Space in Critical Social Theory*, Verso, London; 황진태, 〈2008년 촛불집회시위의 공간성에 관한 고찰〉,《경제와사회》, 90호, 2011b.

25 이동헌·이향아, 앞의 글.

26 선도적인 강남 연구를 시도한 이영민도 강남의 정체성과 지역성이 사회적으로 구성되었음을 밝히고자 했지만, 강남을 바라보는 시선을 안(이영민, 앞

의 글, 2008)과 밖(이영민, 앞의 글, 2006)으로 나누어서 개별 논문을 작성하면서 안과 밖 간의 변증법적 역동성을 드러내는 데는 한계가 있었다. 반면에 이동헌·이향아의 연구는 강남 안팎에 위치한 광범위한 인터뷰 대상자에 대한 심층 인터뷰와 심상 지도 그리기와 같은 다양한 방법론적 시도를 했다는 점에서 진전된 후속 연구로 볼 수 있다.

27 박해천, 《콘크리트 유토피아》, 자음과모음, 2011; 박해천, 《아파트 게임: 그들이 중산층이 될 수 있었던 이유》, 휴머니스트, 2013.

28 박해천, 위의 책, 2011, 8쪽.

29 박해천, 위의 책, 2011, 68쪽.

30 박해천, 위의 책, 2011, 96쪽.

31 박해천, 위의 책, 2011, 97쪽

32 이영민, 앞의 글, 2006; 이영민, 앞의 글, 2008.

33 이동헌·이향아, 앞의 글.

34 박해천, 앞의 책, 2011; 박해천, 앞의 책, 2013.

35 Kang, 앞의 책, 2011.

36 이동헌·이향아, 앞의 글.

37 김경민, 〈강남 지역의 아파트 가격 변화가 전국에 미치는 영향〉, 《국토계획》, 42권 2호, 2007.

38 박해천, 앞의 책, 2013, 169-170쪽.

39 박해천, 앞의 책, 2013, 171쪽.

40 《국제신문》, 2016.1.3.

41 센텀시티 주식회사는 용지 개발과 부산시의 위탁 업무를 마치고 2007년에 청산되었다(《연합뉴스》, 2007.6.29.).

42 2013년 말 현재 834개 기업이 센텀시티에 입주해 있다. 윤일성, 《도시개발과 도시 불평등》, 한울아카데미, 2002; 한국향토문화전자대전; 《연합뉴스》, 2007.6.29.

43 지역신문인 《부산일보》의 사설에서는 센텀시티의 용지 계획 변경에 대하여 "첨단산업단지라기보다는 제2의 해운대 신시가지로 퇴색되고 말았다. 부산의 도시 개발 역사에서 가장 심각한 오류로 지적된다. 센텀산단의 축소는 부산이 ICT 기업이 넘쳐나는 도시로 성장할 기회를 박탈당하게 했다"면서 비

판적인 어조를 내비치고 있다(《부산일보》, 2016.2.12.). 계획 변경을 둘러싼 상세한 논의는 윤일성, 앞의 책, 90~97쪽 참조.

44 건설 과정의 상세한 소개는 엄은주·우신구, 〈해운대 마린시티의 형성 과정 및 배치와 평면 형성 요인에 관한 연구〉, 《대한건축학회지회연합회 학술발표대회 논문집》, 2012 참조.

45 위키백과; 엄은주·우신구, 위의 글.

46 한 카드사의 자료에 따르면, 해운대구 우1동 주민의 1인당 월평균 카드 사용액은 136만 원으로, 서울 대치동(133만 원)이나 압구정동(130만 원)을 앞질러서 전국 1위를 기록했다고 한다(《조선일보》, 2016.4.22.). 《이데일리》, 2016.3.8. 참조.

47 1990년대 초반 해운대 신시가지 개발계획에 대한 보도 기사들에서는 해운대 신시가지가 "지방 최고의 상권 형성"(《동아일보》, 1995.12.6.), "천혜의 환경, 최적의 도시"(《매일경제》, 1993.12.23.)가 될 것이라는 기대감이 반영된 용어들이 나타났지만, 부산 내부에서 강남과 같은 배타적인 성격의 부촌으로서 인지되지는 않았다. 완공 이후, 1990년대 후반 기사에서는 건설 부실, 편의 시설 부족, 분양 비리를 보도하는 내용이 다수였고, 부의 양극화, 불균등발전을 문제 삼는 논의는 찾기 어려웠다(《경향신문》, 1996.5.11.; 《동아일보》, 1996.4.28.). 예외적으로, 기업 비리를 저지른 한 사업가가 고급 외제 승용차를 타고 신시가지 아파트에 사는 것을 "호화생활"로 보도한 기사가 있지만(《동아일보》, 1999.9.18.), '부산의 강남'이라는 심상 지리가 출현하지는 않은 것으로 보인다.

해운대 신시가지를 부산의 부촌으로 볼 수 있느냐는 의견에 대해서도 다른 시각이 존재한다. 가령, 인터뷰 응답자 I는 센텀시티와 마린시티가 조성되기 이전에 해운대 신시가지를 부산의 부촌으로 볼 수 있지 않느냐는 연구자의 질문에 "특별히 못 사는 아이들 없이 고만고만했던 동네"였고, "중산층 이미지가 강한" 곳이라면서 부촌은 아니라고 말했다. 하지만 각주 61에서 밝히듯이 중산층의 기준 또한 유동적이다. 여기서 초점은 센텀시티와 마린시티처럼 계획 신도시, 신형 아파트 단지를 통하여 '부산의 강남'이란 심상 지리가 조성될 수 있는 물적 조건을 구비했음에도 왜 해운대 신시가지는 부산의 부촌(연구자의 시각) 혹은 중산층의 공간(인터뷰 I)으로만 남아 있는가를 살피는 것이다.

48 박해천, 앞의 책, 2013, 169-170쪽.

49 강남 서초구 구반포에 살고 있는 20대 중반 여성은 인터뷰에서 자신의 일상생활공간에 속하는 강남 고속버스터미널에 위치한 신세계백화점 강남점에서 개시된 상품이 전국적으로 확산되는 이유를 이렇게 설명한다. "브랜드 자체가 유명하기 때문에 신세계백화점에 입지하기도 했지만, 신세계 강남점에 입지했기 때문에 충분한 광고 효과가 된다."(인터뷰 H)《데일리안》, 2016.2.28. 참조.

50 《이데일리》, 2016.3.8.

51 《글로벌이코노믹》, 2014.11.18.

52 《조선비즈》, 〈자동차 한 대 값 '초고가 TV', 강남보다 부산서 잘 팔렸데이〉, 2016.4.25.

53 《머니투데이》, 〈롤스로이스, 압구정 이어 부산 해운대에 전시장 연다〉, 2016.4.21.

54 남궁영, 〈싸이의 '강남스타일' 뮤직비디오 기호 분석〉, 《한국방송학회 2012 가을철 정기학술대회(혼돈의 시대―방송학의 사명을 찾다) 논문집》, 2012.

55 참고로 국내 5개 자동차회사도 모두 마린시티를 배경으로 광고를 촬영했고, 가수 에이핑크의 노래 〈리멤버〉의 뮤직비디오도 마린시티에서 촬영되었다.

56 Paasi, Anssi, 1996, *Territories, Boundaries, and Consciousness: The Changing Geographies of the Finnish-Russian Boundary*, Wiley, Chichester.

57 지도상에서는 더샵센텀파크 2차 아파트만 표기되었지만, 실제로는 더샵센텀파크 1차와 2차가 함께 있다.

58 응답자 F의 경험을 일반화할 의도는 없다. 일반화된 반응으로 규정하려면 더 많은 인터뷰가 필요하다. 가령, 응답자 I는 연구자의 질문에 아파트 상가에서 구이용 생선이 잘 팔린다면서 "생선 아주 잘들 구워 먹습니다"라고 답변했다.

59 이동헌·이향아, 앞의 글, 155쪽.

60 센텀시티, 마린시티, 해운대 신시가지에 거주하는 대부분의 인터뷰 응답자들은 자신들을 중산층이라고 규정했다. 여기서 중산층의 엄격한 범위를 규

정하려는 것은 아니다. 이들은 상대적으로 부유한 계층임을 중산층이라는 용어에 투영했다.

61 부동산뱅크(http://m.neonet.co.kr/novo-rebank/index.neo)의 '우리 아파트 게시판'을 보면 아파트 명칭을 바꾼 것이 센텀시티의 지가 상승으로 이어졌는가에 대한 주민들 간의 논쟁을 확인할 수 있다.

62 답사노트, 2015년 9월 24일.

63 답사노트, 2015년 9월 23일.

64 대외적으로 센텀은 100을 가리키는 라틴어에 도시를 결합하여, '100퍼센트 완벽한 첨단도시'를 의미한다고 알려져 있다. 윤일성, 앞의 책, 66쪽에 따르면, 부산시는 '도시 속의 첨단도시'라는 의미에서 센텀시티로 정했다고 한다.

65 인터뷰 응답자 D는 마린시티에 있는 아파트 이름이 제각각이고, 마린시티가 센텀시티처럼 지역정체성을 드러내는 지명으로서 확립되는 데 몇 년은 더 걸릴 것으로 예측했다. 그녀는 마린시티라는 지명을 안착시키기 위한 일환으로 우편 주소를 쓸 때도 과거 지번이었던 우동을 쓰지 않고, 새로운 주소 체계인 도로명(예컨대, 마린시티 1로)을 의식적으로 쓴다고 말했다.

66 인터뷰 응답자 E는 택시를 타면 택시기사로부터 "수영교 다리를 건너면 공기가 다르다"는 말을 자주 듣는데, 여기에는 부촌에 대한 호감과 실제 바닷가 근처라서 대기오염도가 낮다는 2가지 의미가 중첩되어 있다고 말한다.

67 교육과 관련한 센텀시티의 특성은 다음 절 참조.

68 마린시티를 바라보는 외부적 시선으로서 해운대 신시가지에 사는 응답자 E는 "아이파크에 폴바셋 커피숍이 있어요. 그런데 그게 얼마 전에 생겼거든요. (…) 그게 다른 게 (…) 부산에서는 마린시티 이쪽에 제일 먼저 생겨요"라면서 마린시티가 부산의 유행을 선도하는 것으로 설명한다.

69 《부산일보》, 2012.6.7.

70 《부산일보》, 2012.9.4.

71 답사노트, 2015년 12월 11일.

72 커튼월 공법으로 만들어진 유리벽에 반사된 직사광선이 일반 아파트인 경남마리나아파트 단지에 비추면서 빛공해(눈부심, 내부 온도 상승 등)를 유발하여 마리나아파트 주민들이 건설업체들을 상대로 소송을 걸기도 했다

《부산일보》, 2012.6.7.).

73 [그림 10-6]은 마린시티 건물 중 일부분만 나타나 있다. [그림 10-1]의 마린시티 건물들 너머로 해운대 해변로가 가로지르고 있음을 감안하면 마린시티 전경을 파악하는 데 보다 도움이 될 것이다. 혹은 유튜브에 게시된 드론 영상을 참조할 수 있다(https://www.youtube.com/watch?v=AAJ-BgrygGE).

74 응답자 A는 대우마리나아파트를 포함한 해운대 신시가지 아파트들을 다음과 같이 묘사한다. "우리 옛날에 어릴 때 봤던 그런 고층 아파트 있죠. 딱 직사각형. 그런 아파트가 쫙 있어요."

75 응답자 B가 외국인을 자주 언급하는 이유는 연구자가 대화 중에 마린시티에 외국인이 많이 거주하는 이유를 물었기 때문이다. 응답자가 거주하는 아파트에는 북유럽의 선박회사가 들어와 있기도 하며, 많은 외국인 주재원들이 거주하고 있다.

76 학원명은 인용자가 삭제했음.

77 황진태, 앞의 글, 2011a.

78 '부산의 강남'이라는 새로운 로컬리티가 이전의 부산의 부촌들에 비하여 배타적이고 영역적인 공간이라는 점에서 질적인 차이가 있듯이, '부산의 대치동'이라는 로컬리티의 구성 또한 이전의 교육 관련 밀집 지역과는 달리 교육과 더불어 경제적·문화적 자본이 복합적으로 응축된 배타적·영역적 공간이 창출되었다는 점에서 새로운 현상으로 보고자 한다. 인터뷰에서도 기존에 교육으로 특성화된 지역인 법원과 검찰청이 있는 연제구의 소위 '법조타운'이나 1990년대 학원이 몰렸던 해운대 신시가지를 '부산의 대치동'으로 인식하지는 않았다(인터뷰 A와 E).

79 입시학원뿐만 아니라 한 스피치 전문 학원은 서울 본점 다음으로 센텀시티에 지점을 개원하기도 했다(《파이낸셜뉴스》, 2013.4.3.).《에듀동아》, 2016.1. 28.;《뉴스1》, 2016.4.21.

80 센텀시티의 학원가는 지하철 센텀시티역 인근에 위치하고 있다.

81 응답자 F는 남편이 미국 로스쿨을 마치고 대기업의 중진 임원이지만, 높은 주거비에 대한 경제적 부담으로 강남으로의 이사를 포기하고, 캐나다로 교육 이민을 결정했다.

82 응답자 A는 1980년대 강남 8학군인 숙명여중과 경기여고를 졸업했다. 인터 뷰에서 자녀 교육만 아니면 강남을 떠나겠다는 발언은 강남보다 쾌적한 거 주환경에서 살고 싶다는 의미에서 나온 발언이다.

83 본문과는 다소 거리가 먼 일화이지만, 응답자 B는 마린시티에 사는 학부모 가 자신의 아이가 서울 강북에 위치한 경희대에 다니는데도 집은 강남역에 구한 이야기를 소개하면서, 그 학부모를 "강남에 목숨 거는 사람"이라고 말 했다. 이 일화는 마린시티 지역 주민의 의식에 자리한 'X의 강남'의 원본인 강남에 대한 열망을 보여준다.

84 이 용어는 장세훈, 〈'아파트 공화국'의 사회학적 해부:《아파트에 미치다: 현 대 한국의 주거사회학》〉,《한국사회학》, 43집 2호, 2009, 207쪽에서 사용된 "안락의자의 사회학"에서 차용했다.

85 윤일성, 앞의 책.

11장

1 지주형, 〈강남 개발과 강남적 도시성의 형성: 반공 권위주의 발전국가의 공 간선택성을 중심으로〉,《한국지역지리학회지》, 22권 2호, 2016.

2 강준만,《강남, 낯선 대한민국의 자화상》, 인물과사상사, 2006; 박해천,《콘크 리트 유토피아》, 자음과모음, 2011; 박해천,《아파트 게임: 그들이 중산층이 될 수 있었던 이유》, 휴머니스트, 2013; 한종수 · 강희용,《강남의 탄생: 대한 민국의 심장 도시는 어떻게 태어났는가》, 미지북스, 2016.

3 박배균 · 장진범, 〈'강남 만들기', '강남 따라 하기'와 한국의 도시 이데올로 기〉,《한국지역지리학회지》, 22권 2호, 2016; 황진태, 〈발전주의 도시 매트릭 스의 구축: 부산의 강남 따라 하기를 사례로〉,《한국지역지리학회지》, 22권 2 호, 2016.

4 박배균 · 장진범, 앞의 글, 2016.

5 황진태, 앞의 글, 332쪽.

6 황진태, 앞의 글.

7 박배균 · 장진범, 앞의 글, 2016.

8 《주간매일》, 2001.11.22.;《문화일보》, 2003.11.3.

9 박배균 · 장진범, 앞의 글, 2016.

10 한종수·강희용, 앞의 책.

11 박배균·장진범, 앞의 글, 2016.

12 필자들은 '강남 따라 하기' 개념을 몇몇 학술대회에서 소개하면서 '지방의 강남화'냐 '강남의 지방화'냐에 초점을 둔 질문을 상당히 많이 받았다. 이는 '따라 하기'의 1차적인 사전적 의미로 인하여 필자들이 지방 도시를 강남적 도시성을 '따라가는' 수동적인 공간으로만 인식하는 것으로 연구자들이 오해한 것이다.

13 황진태, 앞의 글, 335-336쪽.

14 황진태, 앞의 글, 345-347쪽.

15 Gebauer, Gunter, and Wulf, Christoph, and Reneau, Don., 1996, *Mimesis: Culture, Art, Society*, University of California Press. (군터 게바우어·크리스토프 불프, 최성만 옮김, 《미메시스》, 글항아리, 2015.)

16 지주형, 앞의 글.

17 지주형, 앞의 글 참조.

18 1970년대 말 삼덕초등학교(중구에 위치하고, 중구와 수성구의 경계인 신천과 인접해 있음)를 다녔던 인터뷰 응답자 C는 오늘날 수성구의 중심인 범어네거리를 "정말 촌 같은 느낌이 들었"다고 회고한다. 마흔 중반의 인터뷰 응답자 F에 따르면, "아버님 친구 몇 분은 정말 농사를 지으신 분인데, 떼부자가 되었어요. (…) 이쪽이 다 양계장이었다고 그러더라고요. 그래서 시내(구도심-인용자)에서 소풍 오고 이러면 닭똥 냄새 난다고 그랬다고."(인터뷰 F)

19 대구광역시청 홈페이지.

20 1937년에 발간된 대구 시가지 계획 가로망도를 보면, 오늘날 수성구의 경계인 신천의 동쪽이자 범어네거리의 서쪽 지역인 상동, 중동까지는 평지로, 일제강점기에 이미 주택 지구가 조성되면서 근대적 가로망이 구축되었다(대구시사편집위원회, 《대구시사 2권: 정치·행정》, 1995a, 689쪽). 이 지역은 본 연구의 초점인 범어동에서는 벗어나 있지만, 당시의 시각에서 보면 '최후의 미개발지'에 근접하여 도시계획이 추진되었음을 확인할 수 있다.

21 대구시사편집위원회, 《대구시사 4권: 사회》, 1995b. 149쪽에서 일부 편집.

22 대구시사편집위원회, 위의 책, 1995b, 98쪽.

23 수성구청 홈페이지.

24 수성구청 홈페이지.

25 각 기관 홈페이지 연혁 참조.

26 오제연, 〈1976년 경기고등학교 이전과 강남 '8학군'의 탄생〉, 《역사비평》, 113호, 2015, 201쪽.

27 대구에서 오랫동안 교육행정을 담당했던(경상북도 교육위원회에서 20년 근무) 전직 교육공무원은 "그때는 편의상 학교가 조금 외진 곳으로 와야 했어요. 워낙 복잡한 데 있으니까. 건물도 낡고, 오래되고 이러니까 (…) 땅값이 비싸니까 이걸 팔아서 조금 환경이 좋은 데로 옮기는 거죠. 옮겨지는 여건이 되는 부지가 수성구 쪽"이라면서 구도심의 과밀화가 학교 이전의 배경이 되었다고 말했다(인터뷰 D). 이러한 학교 부지 이전 바람은 초·중·고·대학을 막론하고 발생했는데, 대학의 경우에는 도심에 비해 지대가 현저히 낮은 경산으로 옮겨 와 넓은 부지의 캠퍼스를 새롭게 건설하는 경우가 많았고, 초·중·고등학교의 경우 대구 내 교외 지역으로 이동하는 경우가 많았다. 이때 상당수의 학교가 택지 개발로 인해 인구 증가가 많았던 수성구로 옮겨 오게 되었고, 수성구 일대에 많은 학교가 밀집하게 되었다.

28 지주형, 앞의 글.

29 대구시사편집위원회, 앞의 책, 1995b, 23쪽.

30 지주형, 앞의 글, 316쪽.

31 대구시사편집위원회, 앞의 책, 1995a, 696쪽.

32 대구시사편집위원회, 위의 책, 1995a, 706쪽.

33 강북 명문 학교들의 강남 이전 시기를 보면, 1976년에 경기고등학교, 1978년에 휘문중·고등학교, 1980년에 숙명여중·고등학교와 서울고가 옮겨졌고, 뒤이어 중동중·고등학교(1984년), 동덕여중·고등학교(1986년), 경기여고 (1988년)가 이전됐다는 점에서 대구에서의 학교 이전과 시기가 겹친다. 대구시의 도시계획 의사결정 과정에 서울의 학교 이전 방식이 상당한 영향을 주었을 것으로 추론할 수 있다.

34 지주형, 앞의 글, 312쪽.

35 황진태, 앞의 글, 347쪽.

36 박해천, 앞의 책, 2011; 지주형, 앞의 글.

37 박배균·장진범, 앞의 글, 2016; 황진태, 앞의 글.

38 항공사진에서는 명칭이 나오지 않지만 대구지방검찰청과 대구MBC도 인근
    에 위치하고 있다.

39 대구광역시청 홈페이지.

40 대구시사편집위원회, 앞의 책, 1995b, 98쪽.

41 《매일신문》, 2013.4.27.

42 대구시사편집위원회, 앞의 책, 1995b, 98쪽.

43 《매일경제》, 〈대구 범어동 로터리 일대 신흥 개발지로 크게 각광〉, 1977.5.27.

44 한 지역신문은 최근에 교수촌 일대에 감각적인 카페들이 들어서는 이유로
    "교수촌이라는 고급스러운 이미지가 한몫했다"(《매일신문》, 2013.4.27.)고
    보도하기도 했다.

45 대구시사편집위원회, 앞의 책, 1995b, 104쪽.

46 대구시사편집위원회, 앞의 책, 1995b, 105쪽.

47 《주간매일》, 2001.11.22.; 인터뷰 F.

48 《주간매일》, 2001.11.22.

49 박해천, 앞의 책, 2011; 황진태, 앞의 글.

50 박해천, 앞의 책, 2013; 황진태, 앞의 글.

51 《한국경제》, 2002.3.6.; 《한국경제》, 2003.9.13.; 《경향신문》, 2003.10.9.; 《경향
    신문》, 2003.10.12.; 《매일경제》, 2003.9.24.

52 부동산114.

53 최근에 수성구청이 수성구민을 대상으로 한 설문조사에서 총 응답자의 93
    퍼센트가 수성구에 계속 살고 싶다고 밝혔다(《대구신문》, 2016.9.20.).

54 지주형, 앞의 글; 황진태, 앞의 글.

55 한 언론에서는 수성구를 "특별구"로 지칭했다(《문화일보》, 2003.11.3.).

56 《동아일보》, 2003.3.21.

57 《동아일보》 1991.6.17. 《동아일보》 기사는 대구의 수성구를 비중 있게 다루
    었으며, 마산도 지방 8학군이 나타나는 도시로 언급했지만, 구체적으로 마산
    시의 어느 지역을 가리키는지에 대한 소개는 없다.

58 《매일신문》, 1995.9.26.

59 《매일신문》, 1995.9.26.

60 《매일신문》, 2001.4.23.

61 《매일신문》, 2002.10.29.

62 《주간경향》, 2003.11.7.

63 대구광역시 교육청, 2016.

64 대구광역시 교육청, 2015.

65 대구광역시 교육청, 2015.

66 《뉴시스》, 2015.9.15.

67 《뉴스1》, 2016.11.8.

68 《뉴스1》, 2016.11.8.

69 《뉴스1》, 2016.11.8.

70 덕원고가 있었던 자리에는 아파트[태왕아너스(2004년 입주)]가 건설되었다.

71 황진태·박배균, 〈한국의 국가와 자연의 관계에 대한 정치생태학적 연구를 위한 시론〉, 《대한지리학회지》, 48권 3호, 2013.

72 신천(수성교 기준으로 대략적인 하천 폭은 125미터)은 수성구와 중구 사이에서 행정 경계가 되는 하천이다([그림 11-9] 참조).

73 장신옥, 〈사회구성주의와 자연: 제주의 자연과 한라산 야생노루 사례〉, 《ECO》, 20권 2호, 2016.

74 한국수자원공사 임하댐관리단과 대구광역시 상수도관리본부에 전화 문의한 결과, 임하댐은 대구시에 물을 공급하지 않고 있음을 확인했다.

75 대구광역시 상수도관리본부 홈페이지.

76 Hwang, Jin-Tae, 2017, "Changing South Korean water policy after political and economic liberalisation", *Journal of Contemporary Asia*, 47(2), pp.8-10.

77 이명박 정권에서 추진되었던 4대강 사업 이후, 낙동강에서 녹조 현상이 심해지면서 수질에 대한 우려가 다시 증폭되었다.

78 대구광역시 상수도관리본부 홈페이지.

79 낙동강 물을 수원으로 사용하는 73퍼센트의 지역은 대구의 산업화와 도시화를 이끌었던 구도심을 상당 부분 포함한다는 점에서 아이러니다.

80 김한수·송흥수, 〈대구시 도심 주거 환경 만족도에 관한 연구〉, 《한국주거학회 논문집》, 19권 4호, 2008.

81 김한수·송흥수, 위의 글, 64쪽.

82 이동헌·이향아, 〈강남의 심상 규모와 경계 짓기의 논리〉, 《서울학연구》, 42
호, 2011.

83 황진태, 앞의 글.

84 수성구 외부인에게 범어동, 만촌동, 시지에 산다고 말하지 않고, 수성구에 산
다고 말하는 것은 수성구의 어느 지역에 거주하든지 간에 수성구의 외부인
을 향해서는 배타적으로 영역화된 지리적 심상으로서의 '대구의 강남' 수성
구에 동조한 것으로 해석할 수 있다. 물론, 이는 제한된 응답자들에 근거한
것이며, 인터뷰를 늘린다면, 수성구가 아니라 범어동이라고 말하는 거주민
도 있을 수 있다고 예상한다.

85 앞서 소개했듯이 범어동에서 시지로 옮긴 성덕고등학교는 지역 주민들로부
터 '대구 8학군'에서 이탈된 것으로 인지되고 있는데, 이로써 수성구 내부에
서 시지의 위상을 확인할 수 있다.

86 재차 강조하지만 시지가 범어동과 만촌동에 비해서 상대적으로 지가나 학
군에서 떨어진다는 인식이 존재한다지만, 인터뷰 응답자 J가 택시를 이용하
면서 "택시 운전기사 아저씨한테 시지라고 이야기하니까 '신흥 졸부들'이
사는 동네"라는 말을 들을 만큼 수성구 외부의 시선에서는 시지도 범어동,
만촌동과 함께 '대구의 강남'이란 인식이 자리하고 있다.

87 해당 인터뷰 내용의 민감함을 고려하여 인터뷰 응답자 X의 정보 및 거론된
지명 등은 삭제했음.

88 이동헌·이향아, 앞의 글.

89 황진태, 앞의 글, 348쪽.

참고문헌

서문 '강남 만들기'와 '강남 따라 하기'를 통해 본 한국의 도시화

발레리 줄레조, 길혜연 옮김, 《아파트 공화국: 프랑스 지리학자가 본 한국의 아파트》, 후마니타스, 2007.

박해천, 《아파트 게임: 그들이 중산층이 될 수 있었던 이유》, 휴머니스트, 2013.

박철수, 《아파트: 공적 냉소와 사적 정열이 지배하는 사회》, 마티, 2013.

1장 '강남 만들기', '강남 따라 하기'와 한국의 도시 이데올로기

강내희, 〈강남의 계급과 문화〉, 《황해문화》, 42호, 2004, 62-84쪽.

강준만, 〈강남은 한국 자본주의의 엔진인가?〉, 《인물과사상》, 73호, 2004, 116-167쪽.

김남일·백선기, 〈언론 매체의 '강남권역' 신화 형성과 이데올로기〉, 《언론과사회》, 16권 2호, 2008, 2-36쪽.

김아람, 〈1970년대 주택 정책의 성격과 개발의 유산〉, 《역사문제연구》, 29호, 2013, 47-84쪽.

김형국, 〈강남의 탄생〉, 《황해문화》, 42호, 2004, 10-24쪽.

박철수, 《아파트: 공적 냉소와 사적 정열이 지배하는 사회》, 마티, 2013.

박해천, 《콘크리트 유토피아》, 자음과모음, 2011.

_____, 《아파트 게임: 그들이 중산층이 될 수 있었던 이유》, 휴머니스트, 2013.

발레리 줄레조, 길혜연 옮김, 《아파트 공화국: 프랑스 지리학자가 본 한국의 아파트》, 후마니타스, 2007.

안창모, 〈강남 개발과 강북의 탄생 과정 고찰〉,《서울학연구》, 41호, 2010, 63-97
    쪽.

이동헌·이향아, 〈강남의 심상 규모와 경계 짓기의 논리〉,《서울학연구》, 42호,
    2011, 123-171쪽.

이영민, 〈서울 강남의 사회적 구성과 정체성의 정치: 매스미디어를 통한 외부적
    범주화를 중심으로〉,《한국도시지리학회지》, 9권 1호, 2006, 1-14쪽.

전강수, 〈1970년대 박정희 정권의 강남 개발〉,《역사문제연구》, 28호, 2012, 9-38
    쪽.

전상인,《아파트에 미치다: 현대 한국의 주거사회학》, 이숲, 2009.

조명래,《현대 사회의 도시론》, 한울, 2002.

_____, 〈신상류층의 방주로서의 강남〉,《황해문화》, 42호, 2004, 25-40쪽.

Brenner, Neil, and Schmid, Christian, 2014, "The 'Urban Age' in Question",
    International Journal of Urban and Regional Research(IJURR), 38(3),
    pp.731-755.

Douglas, Mary, 1966, *Purity and Danger: An Analysis of Concepts of
    Pollution and Taboo*, Routledge.

Lefebvre, Henri, 2003, *The Urban Revolution*, Minnesota University Press,
    Minneapolis.

Merrifield, Andy, 2013, "The urban question under planetary urbanization",
    International Journal of Urban and Regional Research, 37(3), pp.909-
    922.

UN(United Nations), 2014, *World Urbanization Prospects 2014: Highlights*,
    United Nations.

Wachsmuth, David, 2013, "City as ideology: reconciling the explosion of
    the city form with the tenacity of the city concept", *Environment and
    Planning D: Society and Space*, 31, pp.1-16.

Wirth, Louis, 1938, "Urbanism as a Way of Life", *American Journal of*

Sociology, 44(1), pp.1-24.

2장 서울 강남 지역의 사회적 구성과 정체성의 정치

권정화, 〈지역 인식 논리와 지역 지리 교육의 내용 구성에 관한 연구〉, 서울대학
　　교 박사 학위 논문, 1997.

도경선, 〈서울시의 사회계층별 거주지 분화에 관한 연구〉, 서울대학교 석사 학위
　　논문, 1994.

박거용, 〈신문 담론 분석을 위한 예비적 연구〉, 《인문과학연구》, 4호, 1995, 263-
　　285쪽.

손승호, 〈생산자 서비스 입지 변화에 따른 서울 강남 지역 경제 공간의 재구조
　　화〉, 《한국도시지리학회지》, 9권 1호, 2006, 47-60쪽.

심승희·한지은, 〈압구정동·청담동 지역의 소비문화 경관 연구〉, 《한국도시지리
　　학회지》, 9권 1호, 2006, 61-79쪽.

오욱환, 《한국 사회의 교육열: 기원과 심화》, 교육과학사, 2000.

윤택림, 《문화와 역사 연구를 위한 질적연구 방법론》, 아르케, 2004.

이기현, 〈사회과학 방법론으로서 담론 이론과 담론 분석〉, 《현대비평과 이론》, 4
　　권 1호, 1994, 75-93쪽.

이옥희, 〈서울 강남 지역 개발 과정의 특성과 문제점〉, 《한국도시지리학회지》, 9
　　권 1호, 2006, 15-32쪽.

이지은, 〈수도권 아파트 경관의 형성과 사회적 구성에 관한 연구: 신문 기사 분석
　　을 중심으로〉, 이화여자대학 석사 학위 논문, 2002.

최은영, 〈서울의 거주지 분리 심화와 교육 환경의 차별화〉, 서울대학교 박사 학위
　　논문, 2004.

＿＿＿, 〈차별화된 부의 재생산 공간, 강남이 형성—아파트 가격의 시계열 변화
　　(1989-2004년)를 중심으로〉, 《한국도시지리학회지》, 9권 1호, 2006, 33-45
　　쪽.

최홍준, 〈1980년대 후반 문화 과정의 정치경제학적 조건과 도시적 경험에 관한

연구〉, 서울대학교 석사 학위 논문, 1993.

피에르 부르디외, 최종철 옮김,《구별 짓기: 문화와 취향의 사회학》, 새물결, 2005.

Anderson, Benedict, 1991, *Imagined Community: Reflections on the Origin and Spread of Nationalism*, New York and London, Verso.

Anderson, K., 1987, "Chinatown as an idea: the power of place and institutional practice in the making of a racial category", *Annals, Association of American Geographers*, 77, pp.580-598.

Barnes, Trevor, and Duncan, James, 1992, *Writing Worlds: Discourse, Text and Metaphor in the Representation of Landscape*, London, Routledge.

Berman, Marshall, 1982, All That is Solid Melts into Air: The Experience of Modernity, New York: Penguin Books. (마샬 버만, 윤호병·이만식 옮김,《현대성의 경험: 견고한 모든 것은 대기 속에 녹아버린다》, 현대미학사, 2004)

Burgess, Jacquelin, and Gold, John R.(eds), 1985, *Geography, The Media & Popular Culture*, Croom Helm.

Butler, Judith, 1993, *Bodies that matters: On the Discursive Limits of 'Sex'*, London, Routledge.

Giles, Judy, and Middleton, Tim, 1999, *Studying Culture—A Practical Introduction*, London: Blackwell. (주디 자일스·팀 미들턴, 장성희 옮김,《문화 학습—실천적 입문》, 동문선, 2003)

Hall, Stuart, 1990, "Encoding/decoding in television discourse", In Hall, Stuart, et. al.(eds), *Culture: Media: Language, Hutchinson*, Reprinted in S During(ed., 1993), *The Cultural Studies Reader*, Routledge.

_____, 1997, "The spectacle of the 'other'", In Hall, Stuart(ed.), *Representation: Cultural Representations and Signifying Practices*, London: Sage, pp.223-279.

Hay, Iain, 2000, *Qualitative Research Methods in Human Geography*, Oxford

University Press.

Howarth, David, 2000, *Discourse*, Buckingham, Open University Press.

Jenkins, Richard, 1994, "Rethinking Ethnicity: Identity, Categorization and Power", *Ethnic and Racial Studies*, 17(2), pp.197-223.

Johnston, R. J., 1991, *A Question of Place: Exploring the Practice of Human Geography*, Blackwell Publishers.

Keith, Michael, and Pile, Steve(eds.), 1993, *Place and the Politics of Identity*, New York, Routledge.

Laclau, Ernesto(ed.), 1994, *The Making of Political Identities*, London and New York, Verso.

Longhurst, Robyn, 1996, "Refocusing groups: Pregnant women's geographical experiences of Hamilton, New Zealand/Aotearoa", *Area*, 28(2), pp.143-149

Martin, James, 2005, Identity, *Cultural Geography: A Critical Dictionary of Key Concepts*, I.B. Tauris, pp.97-102.

McDowell, Linda, 1999, "In and out of place: bodies and embodiment", in McDowell, Linda, *Gender, Identity and Place: Understanding Feminist Geographies*, Cambridge, Polity Press, pp.34-70.

McDowell, Linda, and Court, Gill, 1994, "Performing work: bodily representation in merchant banks", *Environment and Planning D: Society and Space*, 12: pp.727-750.

Paasi, Anssi, 2003, "Region and place: regional identity in question", *Progress in Human Geography*, 27(4), pp.475-485.

Pratt, Geraldine, and Hanson, Susan, 1994, "Geography and the construction of difference", *Gender, Place and Culture*, 1: pp.5-30

Rose, Gillian, 1995, "Place and identity: a sense of place", In Massey, Doreen, and Jess, Pat(eds), *A Place in the World?*, Oxford University Press, pp.87-132.

Said, Edward, 1978, *Orientalism*, Hamondsworth, Penguin.

Sibley, David, 1995, *Geographies of Exclusion: Society and Difference in the West*, London and New York, Routledge.

Smith, Jonathan, 1996, "Ramifications of Region and Senses of Place", In *Concepts in Human Geography*, edited by Earle, C., et. al., Rowman & Littlefield, pp.189-212.

Valentine, Gill, 2001, *Social Geographies: Space and Society*, New York, Prentice Hall.

_____, 2002, "People like us: negotiating sameness and difference in the research process", In Moss, Pamela(ed.), *Feminist Geography in Practice: Research and Methods*, Oxford, Blackwess, pp.116-126.

3장 '강남'이라는 상상의 공동체: 강남의 심상 규모와 경계 짓기의 논리

강준만, 《강남, 낯선 대한민국의 자화상》, 인물과사상사, 2006.

김남일·백선기, 〈TV 뉴스의 특정 지역 담론화와 사회문화적 함의: KBS-TV 서울 '강남권역' 보도의 담론 형성을 중심으로〉, 《한국언론학보》, 52권 2호, 2008a, 125-150쪽

_____, 〈언론 매체의 '강남권역' 신화 형성과 이데올로기: KBS-TV의 보도 텍스트 분석을 중심으로〉, 《언론과사회》, 16권 2호, 2008b, 2-36쪽

발레리 줄레조, 길혜연 옮김, 《아파트 공화국》, 후마니타스, 2007.

베네딕트 앤더슨, 윤형숙 옮김, 《상상의 공동체: 민족주의의 기원과 전파에 대한 성찰》, 나남출판, 2002.

손낙구, 《대한민국 정치사회 지도: 수도권 편》, 후마니타스, 2010.

손정목, 《서울 도시계획 이야기 3》, 한울, 2009.

손준종, 〈교육 공간으로서 강남江南 읽기: 교육 정책에 주는 함의〉, 《교육사회학연구》, 14권 3호, 2004, 107-131쪽.

심승희·한지은, 〈서울 강남의 데이터베이스 구축과 지역 특성: 압구정동, 청담동 지역의 소비문화 경관 연구〉, 《한국도시지리학회지》, 9권 1호, 2006, 61-79

쪽.

에드워드 사이드, 박홍규 옮김, 《오리엔탈리즘》, 교보문고, 2007.

윤은정·정인하, 〈강남의 도시 공간 형성과 1960년대 도시계획 상황에 대한 연구〉, 《대한건축학회 논문집 계획계》, 25권 5호, 대한건축학회, 2009, 231-238쪽.

이영민, 〈서울 강남 정체성의 관계적 재구성 과정 연구: 지역 구성원들의 내부적 범주화를 중심으로〉, 《한국도시지리학회지》, 11권 3호, 2008, 1-13쪽.

＿＿＿, 〈서울 강남의 사회적 구성과 정체성의 정치: 매스미디어를 통한 외부적 범주화를 중심으로〉, 《한국도시지리학회지》, 9권 1호, 2006, 1-14쪽.

이옥희, 〈서울 강남의 데이터베이스 구축과 지역 특성: 서울 강남 지역 개발 과정의 특성과 문제점〉, 《한국도시지리학회지》, 9권 1호, 2006, 15-32쪽.

이-푸 투안, 구동회·심승희 옮김, 《공간과 장소》, 대윤, 1995.

임병조·류제헌, 〈포스트모던 시대에 적합한 지역 개념의 모색: 동일성(identity) 개념을 중심으로〉, 《대한지리학회지》, 42권 4호, 2007, 582-600쪽.

조은진, 〈상류층 거주지에서 나타나는 새로운 배제의 방식: 강남 타워팰리스 주거 공간 및 공간 경험 분석〉, 《경제와사회》, 76호, 2007, 122-163쪽.

최은영, 〈차별화된 부의 재생산 공간, 강남의 형성: 아파트 가격의 시계열 변화(1989-2004년)를 중심으로〉, 《한국도시지리학회지》, 9권 1호, 2006, 33-45쪽.

＿＿＿, 〈학력 자본 재생산의 차별화와 빗장도시의 형성〉, 《대한지리학회지》, 39권 3호, 2004, 374-380쪽.

케빈 린치, 한영호 옮김, 《도시환경 디자인》, 광문각, 2003.

피에르 부르디외, 최종철 옮김, 《구별 짓기: 문화와 취향의 사회학》(상·하), 새물결, 2005.

Allen, John, and Cochrane, Allan, 2007, "Beyond the Territorial Fix: Regional Assemblages, Politics and Power", *Regional Studies*, Vol.41 No.9, pp. 1161-1175.

Allen, John, 2003, *Lost Geographies of Power*, Oxford: Blackwell.

Allen, John, Massey, Doreen, and Cochrane, Allan, 1998, *Rethinking the Region*, London: Routledge.

Gould, Peter, and White, Rodney, 1974, *Mental Maps*, Penguin Books.

Massey, Doreen, 2005, *For Space*, London: Sage.

4장 강남 어셈블리지

김동완, 〈통치성의 공간들: 한국의 정치 지리를 고려한 시론적 검토〉, 《공간과사회》, 44호, 2013, 129-162쪽.

미셸 푸코, 오트르망 옮김, 《안전, 영토, 인구》, 난장, 2011.

박대민, 〈하버마스, 루만, 들뢰즈·가타리, 데리다의 이론을 통한 일반 대중매체 체계론의 제안〉, 《한국언론정보학보》, 67호, 2014, 119-151쪽.

손정목, 〈만원 서울을 해결하는 첫 단계, 한강 개발〉(중), 《국토》, 1997a, 132-141쪽.

_____, 〈만원 서울을 해결하는 첫 단계, 한강 개발〉(하), 《국토》, 1997b, 116-125쪽.

안창모, 〈강남 개발과 강북의 탄생 과정 고찰〉, 《서울학연구》, 41호, 2010, 63-97쪽.

앙리 르페브르, 양영란 옮김, 《공간의 생산》, 에코리브르, 2011.

윤은정·정인하, 〈강남의 도시 공간 형성과 1960년대 도시계획 상황에 대한 연구〉, 《대한건축학회 논문집 계획계》, 25권 5호, 2009, 231-238쪽.

이옥희, 〈서울 강남 지역 개발 과정의 특성과 문제점〉, 《한국도시지리학회지》, 9권 1호, 2006, 15-32쪽.

장경석, 〈한강 변 모래밭과 아파트 단지〉, 《하천과문화》, 6권 3호, 2010, 64-69쪽.

장상환, 〈해방 후 한국 자본주의 발전과 부동산 투기〉, 《역사비평》, 66호, 2004, 55-78쪽.

전강수, 〈1970년대 박정희 정권의 강남 개발〉, 《역사문제연구》, 28호, 2012, 9-38쪽.

질 들뢰즈·펠릭스 가타리, 김재인 옮김, 《천 개의 고원》, 새물결, 2001.

최병두, 〈경부고속도로: 이동성과 구획화의 정치경제지리〉, 《한국경제지리학회
　　지》, 13권 3호, 2010, 312-311쪽.

Farías, Ignacio, 2011, "The politics of urban assemblages", *City*, 15(3-4),
　　pp.365-374.

Gandy, Mattew, 2005, "Cyborg urbanization: complexity and monstrosity in
　　the contemporary city", *International Journal of Urban and Regional
　　Research*, 29(1), pp.26-49.

Gimm, D.-W., 2013, "Fracturing Hegemony: Regionalism and State Rescaling
　　in South Korea, 1961-71", *International Journal of Urban and Regional
　　Research*, pp.1147-1167. DOI: 10.1111/1468-2427.12002

Harvey, David, 1978, "The urban process under capitalism: a framework for
　　analysis", *International Journal of Urban and Regional Research*, 2(1-4),
　　pp.101-131.

Lefebvre, Henri, 2009, Brenner, Neil, Elden, Stuart(eds.), *State, Space, World:
　　Selected Essays*, Minneapolis; London: University of Minnesota Press.

McFarlane, Colin, 2011a, "Assemblage and critical urbanism", *City*, 15(2),
　　pp.204-224.

_____, 2011b, "The city as assemblage: dwelling and urban space",
　　Environment and Planning-Part D, 29(4), p.649.

_____, 2011c, "On context: assemblage, political economy and structure",
　　City, 15(3-4), pp.375-388. DOI: 10.1080/13604813.2011.595111

Phillips, John, 2006, "Agencement/assemblage", *Theory, Culture & Society*,
　　23(2-3), pp.108-109.

Rabinow, Paul, 2003, *Anthropos Today: Reflections on Modern Equipment:
　　Reflections on Modern Equipment*, Princeton University Press.

Swyngedouw, Erik, 2006, "Circulations and metabolisms:(hybrid) natures and (cyborg) cities", *Science as Culture*, 15(2), pp.105-121.

5장 강남 개발과 강남적 도시성의 형성

강준만, 《강남 좌파―민주화 이후의 엘리트주의》, 인물과사상사, 2011.

_____, 《강남, 낯선 대한민국의 자화상》, 인물과사상사, 2006.

김동완, 〈불균등발전과 국가 공간: 불균등발전론의 재구성을 위한 시론〉, 《국가와 지역》, 알트, 2013, 126-165쪽.

김병린, 〈'불도저' 김현옥과 함께 서울 지도를 싸-악 바꿨다〉, 《서울 나는 이렇게 바꾸고 싶었다》, 서울특별시시사편찬위원회, 2011, 67-137쪽.

김종희, 〈아파아트를 해부한다: 아파아트 생활을 한 주부의 의견〉, 《도시문제》, 4권 8호, 1969, 41-51쪽.

김진업 편, 《한국 자본주의 발전 모델의 형성과 해체》, 나눔의집, 2001.

김창석, 〈서울시 상류 계층(파워엘리트)의 주거 분포 특성과 형성 요인에 관한 연구〉, 《대한국토도시계획학회지》, 37권 5호, 2002, 65-80쪽.

김현옥, 〈시민 아파아트 건립 사업〉, 《도시문제》, 4권 12호, 1969, 4-11쪽.

박배균, 〈한국 지역 균형 정책에 대한 국가 공간론적 해석〉, 《기억과전망》, 27호, 2012, 81-130쪽.

_____, 〈한국에서 토건국가 출현의 배경: 정치적 영역화가 토건 지향성에 미친 영향에 대한 시론적 연구〉, 《공간과사회》, 31호, 2009, 49-87쪽.

박인석, 《아파트 한국 사회: 단지 공화국에 갇힌 도시와 일상》, 현암사, 2013.

박철수, 《아파트: 공적 냉소와 사적 정열이 지배하는 사회》, 마티, 2013.

박해천, 《아수라장의 모더니티》, 워크룸프레스, 2015.

_____, 《아파트 게임》, 후마니타스, 2013.

_____, 《콘크리트 유토피아》, 자음과모음, 2009.

발레리 줄레조, 길혜연 옮김, 《아파트 공화국》, 후마니타스, 2007.

손정목, 《서울 도시계획 이야기 1》, 한울, 2003a.

_____, 《서울 도시계획 이야기 3》, 한울, 2003b.

_____, 《서울 도시계획 이야기 5》, 한울, 2003c.

_____,《한국 도시 60년의 이야기 1》, 한울, 2005a.

_____,《한국 도시 60년의 이야기 2》, 한울, 2005b.

손정원, 〈개발국가의 공간적 차원에 관한 연구〉,《공간과사회》, 25호, 2006, 41-79쪽.

유정화, 〈성형외과의 입지와 방문 요인에 관한 연구: 서울시 강남구를 중심으로〉, 《지리학논총》, 42호, 2003, 33-60쪽.

이동헌·이향아, 〈강남의 심상 규모와 경계 짓기의 논리〉,《서울학연구》, 42호, 2011, 123-171쪽.

임덕호, 〈주택시장 선진화를 위한 후분양제 도입〉,《한국주택학회 학술대회 발표 논문집》, 3호, 2003.

임동근·김종배,《메트로폴리스 서울의 탄생》, 반비, 2015.

장경섭,《가족 생애 정치경제》, 창비, 2009.

전강수, 〈1970년대 박정희 정권의 강남 개발〉,《역사문제연구》, 28호, 2012, 9-38 쪽.

전상인,《아파트에 미치다: 현대 한국의 주거사회학》, 이숲, 2009.

조석곤·오유석, 〈압축성장을 위한 전제 조건의 형성 — 1950년대 한국 자본주의 축적 체제의 정비를 중심으로〉,《동향과전망》, 59호, 2003, 258-302쪽.

최장집,《한국 민주주의의 이론》, 한길사, 1993.

피에르 부르디외, 최종철 옮김,《구별 짓기: 문화와 취향의 사회학》(상·하), 새물 결, 1995.

한종수·강희용,《강남의 탄생: 대한민국의 심장 도시는 어떻게 태어났는가》, 미 지북스, 2016.

홍두승·김미희, 〈도시 중산층의 생활양식: 주거 생활을 중심으로〉,《성곡논총》, 19집, 1991.

KB금융지주 경영연구소,《2015 한국 부자 보고서》, 2015.6.

Amsden, Alice H., 1989, *Asia's Next Giant: South Korea and Late Industrialization*, Oxford University Press, New York.

Brenner, Neil, 2004, *New State Spaces: Urban Governance and the Rescaling of Statehood*, Oxford University Press, Oxford.

Castells, Manuel, 1977, *The Urban Question: A Marxist Approach*, Edward Arnold, London.

Jessop, Bob, 1990, *State Theory: Putting the Capitalist State in Its Place*, Polity Press, Cambridge.

Jones, Matthew R., 1997, "Spatial Selectivity of the State? The Regulationist Enigma and Local Struggles over Economic Governance," *Environment and Planning A*, 29: 831-864.

Lefebvre, Henri, 1991, *The Production of Space*, Translated by Donald Nicholson-Smith, Blackwell, Oxford.

Poulantzas, Nicos, 1974, *Fascism and Dictatorship: The Third International and the Problem of Fascism*, Verso, London.

Wirth, Louis, 1969, Urbanism as a Way of Life, in Sennett, R.(ed.), *Classic Essays on the Culture of Cities*, Appleton Century Crofts, New York, pp.150-157.

《매일경제》,〈'주홍글씨' 못 뗀 임대아파트〉, 2015.2.3.
《연합뉴스》,〈주택 보급률 101.9퍼센트 (…) 아파트 비중 59퍼센트〉, 2011.7.7.
《조선일보》,〈강남 안의 강남·북 (…) '테남·테북' 아시나요〉, 2015.5.21.
_____,〈이사 떡, 다시는 안 돌릴래요〉, 2014.3.31.

6장 올림픽은 강남 개발에 어떤 영향을 미쳤는가?

(주)롯데,《LOTTE 잠실 개발계획》, 1985.
김미영,〈호텔과 '강남의 탄생'〉,《서울학연구》, 62호, 2016.
김백영,〈강남의 꿈은 붕괴하는가: 메트로폴리스 이면의 한국 현대사〉,《창작과비평》, 38권 3호, 2010.
김은혜,〈1964년 도쿄 올림픽과 도시 개조〉,《사회와역사》, 109호, 2016년 봄호.

김재경, 〈한강종합개발사업 공사 보고서〉, 《대한토목학회지》, 35권 2호, 1987.

김진희·김기호, 〈1974년 '잠실 지구 종합개발 기본계획'의 성격과 도시계획적 의미 연구〉, 《한국도시설계학회지》, 11권 4호, 2010.

대한주택공사, 《대한주택공사 20년사》, 1979.

문화공보부, 《88서울올림픽》, 1981.

박배균·장진범, 〈'강남 만들기', '강남 따라 하기'와 한국의 도시 이데올로기〉, 《한국지역지리학회지》, 22권 2호, 2016.

박해남, 〈1988 서울올림픽과 시선의 사회정치〉, 《사회와역사》, 110호, 2016.

발레리 줄레조, 길혜연 역, 《아파트공화국》, 후마니타스, 2007.

서울시정개발연구원, 《서울 도시 기본계획의 검토와 보완 과제》, 1993.

서울특별시, 《서울의 도시계획 1394-1994》, 1991.

_____, 《여의도 및 한강 연안 개발계획》, 1969.

_____, 《잠실 지구 종합개발 기본계획》, 1974.

서울특별시·서울대학교 환경대학원 환경계획연구소, 《잠실 지구 도시설계》, 1983.

서울특별시사편찬위원회, 《서울 육백년사》, 1996.

손정목, 《서울 도시계획 이야기 3》, 한울, 2003a.

_____, 《서울 도시계획 이야기 4》, 한울, 2003b.

송파구, 《송파구지》, 1994.

안상영, 〈88올림픽에 대비한 건설계획〉, 《대한토목학회지》, 30권 2호, 1982.

안창모, 〈강남 개발과 강북의 탄생 과정 고찰〉, 《서울학연구》, 41호, 2010.

윤은정, 정인하, 〈강남의 도시 공간 형성과 1960년대 도시계획 상황에 대한 연구〉, 《대한건축학회논문집 계획계》, 25권 5호, 2009.

윤혁렬·박현찬, 〈한강의 르네상스—治水에서 利水로〉, 《정책리포트》, 12호, 서울연구원, 2008.

이동헌·이향아, 〈강남의 심상 규모와 경계 짓기의 논리〉, 《서울학연구》, 42호, 2011.

이옥희, 〈서울 강남 지역 개발 과정의 특성과 문제점〉, 《한국도시지리학회지》, 9

권 1호, 2006.

임동근·김종배,《메트로폴리스 서울의 탄생》, 반비, 2015.

장상환, 〈해방 후 한국 자본주의 발전과 부동산 투기〉,《역사비평》, 66호, 2004.

전강수, 〈1970년대 박정희 정권의 강남 개발〉,《역사문제연구》, 28호, 2012.

정인하·강수정, 〈서울 강남 도시블록의 필지구획 패턴에 관한 연구—영동 제2토
　　지구획정리사업지를 중심으로〉,《대한건축학회 논문집 계획계》, 28권 5호,
　　2012.

최광승, 〈박정희는 어떻게 경부고속도로를 건설하였는가〉,《정신문화연구》, 33권
　　4호, 2010.

한국종합기술개발공사, 〈잠실 지구 종합개발계획〉,《건축사》, 30호, 1971.

한종수·강희용,《강남의 탄생》, 미지북스, 2016.

홍영림, 〈서울시 강남 지역의 개발과 거주지 분화에 관한 연구〉, 서울대학교 대학
　　원 사회학과 석사 학위 논문. 1993.

황석영,《강남몽》, 창비, 2010.

Davis, John A., 2008, *The Olympic Games Effect: How Sports Marketing Builds
　　Strong Brands*, Singapore: John Wiley & Sons.

Essex, Stephen, and Chalkley, Brian, 1998, "Olympic Games: catalyst of
　　urban change", *Leisure Studies*, Vol.17 No.3, pp.187-206.

Gold, John & Gold, Margaret, 2011, *Olympic Cities: City Agendas, Planning
　　and the World's Games, 1896-2016*, 2nd Edition, New York: Routledge.

Kassens-Noor, Eva, 2012, *Planning Olympic legacies: Transport dreams and
　　urban realities*, New York: Routledge.

Preuss, Holger, 2004, "Investment and the Reconstruction of a City:
　　Burdens and Opportunities", *The Economics of Staging the Olympics: A
　　Comparison of the Games, 1972-2008*, Cheltenham, UK; Northampton,
　　MA: E. Elgar, pp.68-94.

네이버 디지털뉴스 아카이브(http://dna.naver.com) 《경향신문》《동아일보》
《매일경제》)

7장 아파트의 자서전

데이비드 하비, 구동회 외 옮김, 《포스트모더니티의 조건》, 한울, 2008.

_____, 이강국 옮김, 《자본이라는 수수께끼》, 창비, 2012.

_____, 초의수 옮김, 《도시의 정치경제학》, 한울, 1996.

로버트 피시만, 구동회 외 옮김, 《부르주아 유토피아》, 한울, 2000.

마이크 데이비스, 김영희·한기욱 옮김, 《미국의 꿈에 갇힌 사람들》, 창비, 1994.

_____, 김정아 옮김, 《슬럼, 지구를 뒤덮다》, 돌베개, 2007.

_____, 유나영 옮김, 《제국에 반대하고 야만인을 예찬하다》, 이후, 2008.

마이크 데이비스 외, 유강은 옮김, 《자본주의, 그들만의 파라다이스》, 아카이브,
2011.

박철수, 《아파트: 공적 냉소와 사적 열정이 지배하는 사회》, 마티, 2013.

발레리 줄레조, 길혜연 옮김, 《아파트 공화국》, 후마니타스, 2007.

손낙구, 《부동산 계급사회》, 후마니타스, 2008.

손정목, 《서울 도시계획 이야기》 1-5권, 한울, 2016.

_____, 《한국 도시 60년의 이야기》 1-2권, 한울, 2010.

이병천, 《한국 자본주의 모델》, 책세상, 2014.

이병천 외, 《개발 독재와 박정희 시대》, 창비, 2003.

지주형, 《한국 신자유주의의 기원과 형성》, 책세상, 2011.

8장 신도시 개발 이후 주택의 의미 변화와 사회적 경계 형성

강병기 외, 《아카데미 부동산 컨설팅》, 부연사, 2008.

강예린, 〈중산층 교외 거주지의 사회공간적 특성: 분당 신도시의 주부 정체성을
중심으로〉, 서울대학교 대학원 지리학과 석사 학위 논문, 2000.

강인호·이규인, 〈우리나라 거주지 계획의 도시성 해석에 관한 연구〉, 《대한건축
학회 논문집》, 15권 8호, 1999, 149-160쪽.

강현수·최병두, 〈탈포드주의적 경제 발전과 새로운 도시화〉,《한국지역지리학회지》, 9권, 2003, 505-518쪽.

경기개발연구원,《수도권 신도시 도시설계 운영 방안에 관한 연구》, 1998.

고태경, 〈1980년대 한국 자본주의의 발달과 공간 구조의 변화〉,《지리학》, 27권 3호, 1992, 232-242쪽.

구미래, 〈화장火葬을 하면서 무덤도 달라졌다〉,《실천민속학 새책》, 4권, 2003, 189-206쪽.

구본창, 〈아파트 특성이 가격에 미치는 효과〉,《국토연구》, 34권, 2002, 113-127쪽.

권기철, 〈신도시 아파트 건설의 개발 이익 분석에 관한 연구: 분당 신도시 사례를 중심으로〉, 경북대학교 대학원 지리학과 박사 학위 논문, 2005.

김남주, 〈차이의 공간을 꿈꾸며: '공간의 생산'과 실천〉,《공간과사회》, 14호, 2000, 63-78쪽.

김덕중, 〈Hedonic 模型을 이용한 아파트 價格決定要因과 價値推定에 관한 研究: 일산 신도시를 중심으로〉, 건국대학교 대학원 부동산학과 석사 학위 논문, 2002.

김성홍, 〈소비 공간과 도시: 신도시 대형 할인점과 문화 이데올로기〉,《대한건축학회 논문집》, 16권 제1호, 2000, 3-10쪽.

김왕배,《도시, 공간, 생활 세계: 계급과 국가 권력의 텍스트 해석》, 한울, 2001.

김종희·김영찬, 〈1960-1970년대 여성지에 나타난 근대적 주거 공간 및 주거 문화 담론에 관한 연구〉,《미디어, 젠더 & 문화》, 10호, 2008, 109-155쪽.

김주석, 〈도시설계 관점에서 본 신도시 가로 공간에 관한 분석적 연구: 분당 신도시를 중심으로〉, 중앙대학교 건축학과 건축 계획 및 환경 전공 박사 학위 논문, 2005.

김주영, 〈위계적 선형모델을 이용한 주택 가격 함수 추정〉,《국토계획》, 38권 7호, 2003, 223-234쪽.

김주영·김주후, 〈주택 가격 평가를 위한 위계적 선형모델 적용〉,《국토연구》, 33권, 2002, 21-34쪽.

김주영·윤동건, 〈주택 가격 함수 추정의 방법론 비교에 관한 연구—특성가격 모델과 위계선형 모델을 중심으로〉, 《부동산연구》, 14집 1호, 2004, 207-227쪽.

김진균·정근식, 〈근대적 시·공간의 사회이론을 위하여〉, 《경제와사회》, 41권, 1999, 179-207쪽.

김진유·이창무, 〈어메니티 요소가 주택 가격에 미치는 영향력의 시계열적 변화〉, 《국토계획》, 40권 1호, 2005, 59-74쪽.

김창석·김주영, 〈아파트 용적률이 주택 가격에 미치는 영향에 관한 연구〉, 《국토계획》, 37권 4호, 2002, 123-132쪽.

김창석·손세관, 〈신도시의 계획과 개발 전략〉, 《도시정보》, 1989, 3-4쪽.

김태경·박헌수, 〈주택 가격을 결정하는 공간적 특성들의 시계열적 영향력 변화 분석〉, 《국토계획》, 43권 3호, 2008, 145-166쪽.

김태윤, 〈경관 조망 특성 차이가 아파트 가격에 미치는 영향: 주택 실거래가를 사용하여〉, 한양대학교 대학원 도시공학과 석사 학위 논문, 2007.

김현수, 〈2기 신도시의 평가에 관한 연구: 1기 신도시와의 비교를 중심으로〉, 《한국지역개발학회》, 19권, 2007, 249-270쪽.

김형기, 〈1980년대 한국 자본주의: 구조 전환의 10년〉, 《동향과전망》, 29호, 1996, 79-105쪽.

노대명, 〈앙리 르페브르의 '공간생산이론'에 대한 고찰〉, 《공간과사회》, 14호, 2000, 36-62쪽.

노중기, 〈한국의 노동 정치 체제 변동, 1987-1997년〉, 《경제와사회》, 36호, 1997, 128-156쪽.

다이안 맥도넬, 임상훈 옮김, 《담론이란 무엇인가》, 한울, 2008.

대한주택공사, 《판교 신도시 마스터플랜 및 디자인 총람》, 2007.

데이비드 하비, 초의수 옮김, 《도시의 정치경제학》, 한울, 1996a.

_____, 김병화 옮김, 《파리, 모더니티》, 생각의나무, 2010.

_____, 구동회·박영민 옮김, 《포스트모더니티의 조건》, 한울, 1996b.

_____, 박영민 옮김, 〈공간에서 장소로, 다시 반대로: 포스트모더니티의 조건에 대한 성찰〉, 《공간과사회》, 5호, 1995a, 32-71쪽.

_____, 최병두 옮김,《자본의 한계》, 한울, 1995b.

_____, 최병두 외 옮김,《희망의 공간》, 한울, 2009.

도린 매시, 박세훈 옮김, 〈정치와 공간, 시간〉,《공간과사회》, 7호, 1996, 109-136쪽.

도승연, 〈여성이 행복한 도시가 가지는 반여성적 장치와 효과들: 푸코의 공간화된 사유를 중심으로 바라본 분당의 경우에 대하여〉,《사회와철학》, 18호, 2009, 251-288쪽.

로버트 피시만, 박영한·구동희 옮김,《부르주아 유토피아》, 한울, 2000.

마이크 새비지·알랜 와드, 김왕배·박세훈 옮김,《자본주의 도시와 근대성》, 한울, 2002.

문진아, 〈계획 지표를 통한 신도시 개발 패러다임 변화〉, 경원대학교 대학원 도시계획학과 석사 학위 논문, 2005.

미셸 푸코, 이정우 옮김,《담론의 질서》, 서강대학교출판부, 2006.

박기조, 〈신도시 계획에 있어서의 공간 구성에 관한 연구 (1)〉,《국토계획》, 73호, 1994, 147-165쪽.

_____, 〈신도시 계획에 있어서의 공간 구성에 관한 연구 (2)〉,《국토계획》, 87호, 1997, 27-52쪽.

박병규, 〈'3저 호황' 이후 한국 경제의 동향과 전망〉,《동향과전망》, 14호, 1991, 149-167쪽.

박원호, 〈분당 신도시 중심지 개발 과정에 관한 연구〉, 서울대학교 환경대학원 석사 학위 논문, 2003.

박지환, 〈분당 신도시의 사회적 생산과 구성: 계급-공간의 사회문화적 형성에 관한 연구〉,《한국문화인류학》, 38권 1호, 2005, 83-123쪽.

_____, 〈분당 신도시의 사회적 생산과 구성: 공간과 계급의 관계에 관한 연구〉, 서울대학교 대학원 인류학과 석사 학위 논문, 2003.

박헌수, 〈시공간자기회귀모형을 이용한 서울 아파트 가격의 추정〉,《국토연구》, 38권, 2003, 95-106쪽.

박헌수·정수연·노태욱, 〈공간계량경제모형을 이용한 아파트 가격과 공간 효과 분석〉,《국토계획》, 38권 5호, 2003, 115-125쪽.

발레리 줄레조, 길혜연 옮김,《아파트 공화국》, 후마니타스, 2009.

밥 제숍, 〈발전국가와 지식 주도 경제〉,《공간과사회》, 15호, 2001, 12-39쪽.

배수진, 〈주택 가격에 내재한 녹지의 가격 측정에 관한 연구〉, 서울대학교 환경대
학원 환경조경학과 도시설계전공 석사 학위 논문, 2000.

변기영·이창수, 〈서울시 오피스 임대료 결정 구조에 관한 연구〉,《국토계획》, 39
권 3호, 2004, 205-219쪽.

복준호·임승빈, 〈조망 가치에 따른 주택의 가격 변화에 관한 연구〉,《한국조경학
회 학술발표 논문집》, 2004년 1호, 2004, 46-51쪽.

사스키아 사센, 남기범 외 옮김,《경제의 세계화와 도시의 위기》, 푸른길, 1998.

서대승, 〈신도시 개발 이후 주택의 의미 변화와 사회적 경계 형성: '분당의 경계'
와 '강남이라는 가상'의 등장을 중심으로〉, 중앙대학교 사회학과 석사 학위
논문, 2011.

서원석, 〈최 근린 환경이 부동산 매매가격에 미치는 영향에 관한 연구〉,《국토계
획》, 44권 4호, 2009, 175-177쪽.

서윤희·임재만, 〈대구 지역 아파트의 조망 가치에 관한 연구〉,《국토연구》, 37권,
2003, 113-125쪽.

손자희, 〈집창촌/신자유주의/코뮌〉, 여/성이론, 18호, 2008, 35-59쪽.

송우석, 〈분당 신도시 아파트 가격의 특성 연구〉, 단국대학교 석사 학위 논문,
2002.

심교언, 〈수도권 신도시 계획의 평가〉,《사회과학논총》, 31집, 59-81쪽.

심숀 비클러·조나단 닛잔, 홍기빈 옮김,《권력 자본론: 정치와 경제의 이분법을
넘어서》, 삼인, 2004.

_____, 홍기빈 옮김, 〈체제적 공포, 현대 금융과 자본주의의 미래〉, 글로벌정치
경제연구소, 2010.

안건혁, 〈신도시 계획: 패러다임의 변천〉,《한국도시설계학회 춘계학술발표대회
논문집》일반인 세션, 2009, 1-3쪽.

안내영·안건혁, 〈신도시 공간 이미지 인지에 관한 분석: 분당 신도시 5개 생활권

중심으로〉,《한국도시설계학회지》, 10권, 2009, 75-88쪽.

안병욱, 〈특성가격함수법을 이용한 아파트 분양가 책정 방법〉,《대한건축학회 학술발표대회 논문집》, 21권 1호, 2001, 103-106쪽.

안영진·최병두, 〈1990년대 이후 도시 정치의 변화와 새로운 도시화〉,《한국경제지리학회지》, 6권, 2003, 421-441쪽.

안정옥, 〈문화사회와 탈노동사회〉,《창작과비평》, 118호, 2002, 401-415쪽.

_____, 〈사적인 유토피아의 추구와 그 역설〉,《사회와역사》, 72집, 한국사회사학회, 2006, 247-274쪽.

_____, 〈속도 경제의 부상과 근대적 주체성〉,《사회와역사》, 79집, 2008, 5-51쪽.

에드워드 소자, 이무용 외 옮김,《공간과 비판 사회 이론》, 시각과 언어, 1997.

염형민·이승일·전유신, 〈국가 도시계획 정보 시스템의 개념적 모델 연구〉,《국토연구》, 33권, 2002, 35-54쪽.

원지영·유상균·정창무, 〈유비쿼터스 도시 서비스가 공동주택 가격에 미치는 영향 분석〉,《국토계획》, 45권 2호, 2010, 275-288쪽.

윤정중, 〈도시경관의 조망 특성이 주택 가격에 미치는 영향〉, 연세대학교 대학원 박사 학위 논문, 2001.

이경자·홍인옥·최병두, 〈서울의 신도시화 과정과 공간 구조의 변화〉,《한국경제지리학회지》, 6권, 2003, 443-470쪽.

이기형, 〈문화 연구와 공간〉,《언론과사회》, 16권 3호, 2008, 2-49쪽.

이동배·김용하, 〈신도시 개발의 전개 과정과 특성에 관한 연구〉,《대한건축학회 논문집》, 7권 3호, 1991, 203-215쪽.

이동연, 〈세운상가의 근대적 욕망: 한국적 아케이드 프로젝트의 변형과 굴절〉,《사회와역사》, 82집, 한국사회사학회, 2009, 249-282쪽.

이번송·정의철·김용현, 〈아파트 단지 특성이 아파트 가격에 미치는 영향 분석〉,《국제경제연구》, 8권 2호, 2002, 21-44쪽.

이상경·신우진, 〈재건축 가능성이 아파트 가격에 미치는 영향〉,《국토계획》, 36권 5호, 2001, 101-110쪽.

이상대, 〈도시개발법 제정의 의의와 한계〉,《공간과사회》, 13호, 2000, 298-311쪽.

이상영, 〈부동산 가격 산정 방법을 둘러싼 쟁점과 전망〉,《국토》, 203호, 1998, 84-89쪽.

이세영, 〈세운상가, 한국 근대성의 공간적 알레고리〉,《문화과학》, 41호, 2005, 194-215쪽.

이승우, 〈분당 신도시 주택 가격 변화 요인에 관한 연구〉, 단국대학교 도시계획 및 부동산학과 박사 학위 논문, 2008.

이왕기, 〈아파트 가격에 내재한 경관조망 가치의 측정 및 분석〉, 한양대학교 대학원 도시공학과 석사 학위 논문, 1996.

이용만, 〈특성가격함수를 이용한 주택가격지수 개발에 관한 연구—시간변동계수모형에 의한 연쇄지수〉,《부동산학연구》, 13집, 2007, 103-125쪽.

이윤호, 〈성남시 여성의 일상과 소비문화 공간을 통해서 본 지역의 차별적 생성과 변화〉, 이화여자대학교 대학원 사회생활학과 박사 학위 논문, 2000.

이일영, 〈동아시아 경제와 한국의 87년 체제〉,《창작과비평》, 129호, 2005, 81-96쪽.

이재열, 〈사회적 자본과 시민의식: 서울시와 자치구의 정책 결정과 집행에 주는 함의〉,《지역사회학》, 5권 1호, 2003.

이진경, 〈근대적 주거공간의 계보학〉,《모더니티의 지층들》, 그린비, 2008a, 201-232쪽.

____,《근대적 시·공간의 탄생》, 푸른숲, 2008b.

____,《근대적 주거 공간의 탄생》, 그린비, 2007.

이진경·신현준 외, 〈미셸 푸코와 담론 이론: 표상으로부터의 탈주〉,《철학의 탈주》, 새길, 1995, 197-243쪽.

이창무·김종현·김형태, 〈시세 대비 실거래가를 활용한 아파트 호별 세부 특성 가격 추정〉,《국토계획》, 44권 4호, 2009, 67-77쪽.

이창무·여홍구·나강열, 〈분당 신도시의 성장과 상권의 변화 과정〉,《국토계획》, 152호, 2006, 65-78쪽.

이태교,《부동산 투자 요령》, 경영문화원, 1985.

이현웅··이만형, 〈수도권 신도시 주택 가격 결정 요인에 대한 비교 연구: 분당,

과천, 목동을 중심으로〉,《충북대학교 건설기술연구소 논문집》, 18권 1호, 1999, 1-14쪽.

이효강,《신도시 개발계획의 비교연구: 분당, 일산 및 평촌을 중심으로》, 단국대학교 행정대학원 석사 학위 논문, 1994.

임동근, 〈국가와 통치성〉,《문화과학》, 54호, 2008, 13-27쪽.

____, 〈바람직한 '문화도시'를 만들기 위한 정책 제안〉,《문화과학》, 46호, 2006, 237-249쪽.

____, 〈한국 사회에서 주택의 의미를 다시 묻는다〉,《진보평론》, 32호, 2007, 143-155쪽.

임서환,《주거 정책 반세기》, 기문당, 2005.

장상환, 〈해방 후 한국 자본주의 발전과 부동산 투기〉,《역사비평》, 66호, 2004, 55-78쪽.

장서경, 〈교육 특구 지역의 아파트 가격에 대한 실증 분석: 강남구, 노원구 중심으로〉, 서울시립대학교 석사 학위 논문, 2010.

장세룡, 〈앙리 르페브르와 공간의 생산: 역사이론적 '전유'의 모색〉,《역사와경계》, 58집, 2006, 293-325쪽.

____, 〈헤테로토피아: (탈)근대 공간 이해를 위한 시론〉,《대구사학회》, 95집, 2009, 285-317쪽.

전남일·손세관·양세화·홍형옥,《한국 주거의 사회사》, 돌베개, 2008.

전남일·양세화·홍형옥,《한국 주거의 미시사》, 돌베개, 2009.

전상인,《아파트에 미치다》, 이숲, 2009.

정만모, 〈신도시 도시 이미지의 형성 요소가 도시환경 인지에 미치는 영향에 관한 연구: 분당, 일산을 중심으로〉, 경원대학교 대학원 도시계획학과 석사 학위 논문, 2008.

정병순, 〈기업가적 정부에서 지방 국가로: 민관 합동의 도시개발에 대한 대안적 고찰〉,《공간과사회》, 6호, 1995, 272-309쪽.

정홍주, 〈아파트 가격결정모형에 관한 실증연구: 서울 지역 한강 변 아파트를 중심으로〉, 건국대학교 대학원 부동산학과 석사 학위 논문, 1995.

제니퍼 메이슨, 김두섭 옮김,《질적 연구방법론》, 나남출판, 2005.

조명래,《현대 사회의 도시론》, 한울, 2002.

_____,〈서울의 새로운 도시성—유연적 축적의 도시화와 대도시의 삶〉,《문화과학》, 5호, 1994, 183-206쪽.

_____,〈포스트포디즘의 정치적 양상〉,《한국정치학회보》, 29호, 1995, 241-273쪽.

조은진,〈상류층 거주지에서 나타나는 새로운 배제의 방식: 강남 타워팰리스 주거 공간 및 공간 경험 분석〉,《경제와사회》, 76호, 2007, 122-161쪽.

주민학,〈올림픽 공식 주거와 도시 빈민들〉,《월간 말》, 26호, 1988, 91-94쪽.

질 발렌타인, 박경환 옮김,《사회지리학》, 논형, 2009.

최병두,《근대적 공간의 한계》, 삼인, 2004.

_____,《현대사회지리학》, 한울, 2002a.

_____,〈경제·환경적 모순과 갈등의 사회공간적 전이〉,《공간과사회》, 7호, 1996, 12-58쪽.

_____,〈도시 주택시장의 변동성과 부동산 정책의 한계: IMF 위기 이후 서울을 중심으로〉,《한국지역지리학회지》, 15권, 2009, 138-160쪽.

_____,〈발전주의에서 신자유주의로의 이행과 공간 정책의 변화〉,《한국지역지리학회지》, 13권, 2007, 82-103쪽.

_____,〈신도시주의 또는 새로운 도시화〉,《공간과사회》, 17호, 2002b, 217-242쪽.

_____,〈자본주의 사회와 토지·주택 문제〉,《경제와사회》, 7권, 1990, 9-44쪽.

최병두·구동회,〈포스트모더니즘과 문화 공간: 포스트모더니즘과 도시 문화 경관으로서의 건축 양식〉,《공간과사회》, 5호, 1995, 125-152쪽.

최성호·이창무·성장환,〈중심성과 수요에 따른 시설의 규모 및 이용 양태: 분당 신도시 및 주변 지역을 중심으로〉,《부동산학연구》, 13집 1호, 2007, 85-101쪽.

최열·권연화,〈위계선형모델을 이용한 교육 환경이 주택 가격에 미치는 영향 분석〉,《국토계획》, 39권 6호, 2004, 71-82쪽.

피터 손더스, 김찬호 외 옮김, 《도시와 사회이론》, 풀빛, 1991.

한국공간환경학회 편, 《공간의 정치경제학》, 아카넷, 2000.

한국토지개발공사, 《분당 신도시 개발사업 기본계획》, 1990.

_____, 《분당 신도시 건설과 문화 환경》, 1991.

_____, 《분당 신도시 개발사》, 1997a.

_____, 《일산 신도시 개발사》, 1997b.

_____, 《평촌 신도시 개발사》, 1997c.

한주연, 〈이론 산책: 에드워드 소자(Edward Soja)의 도시 연구—로스앤젤레스와 탈근대적 메트로폴리스〉, 《공간과사회》, 19호, 2003, 188-199쪽.

허식·이성원, 〈서울시 강남 지역과 강북 지역 간 지가 격차에 관한 연구〉, 《감정평가연구》, 18집 2호, 2008, 125-144쪽.

허재완, 〈신도시 개발 재정 수급 계획〉, 《대한건축학회지》, 33호, 1989, 18-21쪽.

홍기빈, 〈금융화의 이론적 규정을 위한 시론〉, 《동향과전망》, 73호, 2008, 11-52쪽.

황동일, 〈구로공단 읽기〉, 《문화과학》, 5호, 1994, 65-80쪽.

Dirlik, Arif, 2001, *Places and Politics in An Age of Globalization*, Rowman & Littlefield Publishers.

Gregory, Derek, 1985, *Social Relations and Spatial Structures*, eds. John Urry, Palgrave Macmillan.

Jessop, Bob, 2004, "Critical semiotic analysis and cultural political economy", *Critical Discourse Studies*, Vol. 1 No. 2.

Joseph, Miranda, 2002, *Against the Romance of Community*, University of Minnesota Press.

Lefebvre, Henri, 1991, *The Production of Space*, Blackwell Publishing.

_____, 2009, *State, Space, World: Selected Essays*, Univ Of Minnesota Press.

Mackenzie, Donald, 2006, *An Engine, Not a Camera: How Financial Models Shapes Markets*, The MIT Press.

Nitzan, Jonathan, and Bichler, Shimshon, 2006, "Elementary Particles of the Capitalist Mode of Power", Transcript of a presentation at the 6th International Conference of Rethinking Marxism.

_____, 2009, *Capital as Power: A Study of Order and Creorder*, London and New York: Routledge.

광고정보센터(http://www.adic.co.kr)

네이버 뉴스 라이브러리(http://dna.naver.com)

《조선일보》디지털뉴스 아카이브(http://srchdb1.chosun.com/pdf/i_archive)

《중앙일보》디지털뉴스 아카이브(http://find.joins.com/mediasearch/ newsdetail_search.asp)

한국언론재단 디지털 뉴스 아카이브(http://www.kinds.or.kr)

9장 중산층 프로젝트로서 '분당 만들기'

강예린, 〈중산층 교외 거주지의 사회공간적 특성: 분당 신도시의 주부 정체성을 중심으로〉,《지리학논총》, 36호, 2000, 1-31쪽.

건설부, 〈분당·일산 새주택도시 개발계획〉, 1989.

고철·박종택,《수도권 신도시 건설에 따른 가구 이동 및 주거 상태 변화에 관한 연구》, 국토개발연구원, 1993.

권해수, 〈경기도 신도시 개발에 따른 지역 갈등과 해소 방안 연구〉,《경기 21세기》, 8월호, 1996, 92-103쪽.

김계양, 〈지역사회 근린 관계의 계층적 성격에 관한 연구: 분당 신도시의 사례〉, 연세대학교 석사 학위 논문, 1996.

김동춘, 〈1971년 8·10 광주 대단지 주민 항거의 배경과 성격〉,《공간과사회》, 21권 4호, 2011, 5-33쪽.

김미숙·상종열, 〈거주지 분리와 교육에 대한 사례 연구: 성남시 수정구 어머니들의 경험과 인식〉,《교육사회학연구》, 24권 2호, 2014, 67-91쪽.

_____, 〈중산층 밀집 지역에 거주하는 중산층 학부모들의 자녀 교육 문화: 분당

구 사례〉, 《교육사회학연구》, 25권 3호, 2015, 1-30쪽.

김원, 〈1971년 광주 대단지 사건 연구〉, 《기억과전망》, 18호, 2008, 196-231쪽.

김정호, 〈주택 공급 및 가격 측면에서 본 수도권 신도시 건설〉, 《도시문제》, 24권 7호, 1989, 24-41쪽.

김태동·이근식, 《땅: 투기의 대상인가, 삶의 터전인가》, 비봉출판사, 1989.

김현수, 〈수도권 신도시의 자족 기반 실태 분석과 강화 방안〉, 《국토계획》, 40권 6호, 2005, 83-94쪽.

도승연, 〈여성이 행복한 도시가 가지는 반여성적 장치와 효과들: 푸코의 공간화된 사유를 중심으로 바라본 분당의 경우에 대하여〉, 《사회와철학》, 18호, 2009, 251-290쪽.

문희갑, 《경제계획이 나라를 살린다》, 행림출판, 1992.

박병규, 〈3저 호황 이후 한국 경제의 동향과 전망〉, 《동향과전망》, 14호, 1991, 149-167쪽.

박지환, 〈분당 신도시의 사회적 생산과 구성: 계급-공간의 사회문화적 형성에 관한 연구〉, 《한국문화인류학》, 38권 1호, 2005, 83-123쪽.

＿＿＿, 〈분당 신도시의 사회적 생산과 구성: 공간과 계급의 관계에 관한 연구〉, 서울대학교 석사 학위 논문, 2003.

박철수, 《아파트: 공적 냉소와 사적 정열이 지배하는 사회》, 마티, 2013.

《분당소프트 21》 편집부, 〈1999년 분당 그리고 분당 사람들〉, 《분당소프트 21》, 6월호, 1999.

서대승, 〈신도시 개발 이후 주택의 의미 변화와 사회적 경계 형성: '분당의 경계'와 '강남이라는 가상'의 등장을 중심으로〉, 중앙대학교 석사 학위 논문, 2011.

서범석, 〈성남·분당의 균형 발전을 위해〉, 《성남연구》, 창간호, 1992, 128-134쪽.

성남시, 《2015년 제6회 성남시 사회조사 보고서》, 2015.

손정목, 〈수도권 내 신도시 건설계획의 발표와 여론의 동향〉, 《도시문제》, 24권 7호, 1989, 8-23쪽.

안건혁, 〈도시설계 과정에서 참여자의 역할이 미치는 영향: 분당 신도시 설계 사례를 통한 경험적 연구〉, 경원대학교 박사 학위 논문, 1995.

_____, 〈분당 신도시 개발 10년을 맞이하며〉,《건축》, 43권 6호, 1999, 21-27쪽.

안영배, 〈신도시 라이벌 10년: 잘난 분당, 못난 일산〉,《신동아》, 6월호, 2000, 201-221쪽.

유팔무·김호기 편,《시민사회와 시민운동》, 한울, 1995.

윤상철,《1980년대 한국의 민주화 이행 과정》, 서울대학교출판부, 1997.

윤택림, 〈생활문화 속의 일상성의 의미: 도시 중산층 전업주부의 일상생활과 모성 이데올로기〉,《한국여성학》, 12권 2호, 1996, 79-117쪽.

이건행, 〈분당 독립 문제에 대한 여론 동향〉,《성남연구》, 겨울호, 1992, 31-34쪽.

이규황,《토지공개념과 신도시: 구상에서 실천까지》, 삼성경제연구소, 1999.

이수철, 〈일상의 연대와 도시 공동체의 조건: 성남 시민의 결사체 참여 경험을 중심으로〉, 연세대학교 박사 학위 논문, 2010.

이우종, 〈기성 시가지 정비와 신도시 개발의 균형〉,《국토》, 257호, 2003, 6-14쪽.

이윤호, 〈성남시 여성의 일상과 소비문화 공간을 통해서 본 지역의 차별적 생성과 변화〉, 이화여자대학교 박사 학위 논문, 2000.

이장규 외,《실록 6공 경제: 흑자 경제의 침몰》, 중앙일보사, 1995.

이창무·안건혁·안내영, 〈분당 상권의 변화 과정에 관한 연구〉,《국토계획》, 36권 7호, 2001, 271-284쪽.

이창무·여홍구·나강열, 〈분당 신도시의 성장과 상권의 변화 과정〉,《국토계획》, 41권 6호, 2006, 65-78쪽.

이충환, 〈분당 신도시 거주 인구 특성〉, 경희대학교 석사 학위 논문, 1998.

이현상, 〈소비자의 백화점 선택 행동에 관한 연구: 분당 지역을 중심으로〉, 한국외국어대학교 석사 학위 논문, 1997.

임서환,《주택 정책 반세기》, 기문당, 2005.

장세훈, 〈광주 대단지 사건과 3共 도시 정책의 파행〉,《월간중앙》, 3월호, 1991.

_____, 〈대도시 지역공동체운동의 가능성과 한계: 아파트공동체운동과 철거민공동체운동을 중심으로〉, 한국산업사회학회 편,《노동과 발전의 사회학》, 한울아카데미, 2003.

_____, 〈도시 생활환경을 둘러싼 국가–주민 관계의 변화와 전망: 혐오·위해 시설 기피 현상(NIMBY)에 대한 국가 정책을 중심으로〉, 《공간과사회》, 11호, 1999, 170-210쪽.

_____, 〈서민의 사회학적 발견: 중산층을 통해 본 서민의 사회계층적 위상〉, 《경제와사회》, 109호, 2016, 83-112쪽.

장준상·이창무, 〈수도권 5개 신도시 자족 수준 변화에 관한 연구〉, 《국토계획》, 41권 2호, 2006, 43-56쪽.

전병은, 〈수도권 위성도시 신·구시가지 간 사회적 관계 구조에 대한 연구: 성남· 분당의 사례〉, 서울대학교 석사 학위 논문, 2008.

전상인, 《아파트에 미치다: 현대 한국의 주거 사회학》, 이숲, 2009.

정윤태, 〈분당, 최고의 소비도시 건설계획의 전모〉, 《월간 사회평론》, 92권 4호, 1996, 142-147쪽.

조명래, 〈도시화의 흐름과 전망: 한국 도시의 과거, 현재, 미래〉, 《경제와사회》, 60호, 2003, 10-39쪽.

조성숙, 〈자녀 교육, 거대한 가족사업: 더 무거워진 어머니 짐〉, 《'어머니'라는 이데올로기: 어머니의 경험 세계와 자아 찾기》, 한울, 2002, 173-271쪽.

지주형, 〈강남 개발과 강남적 도시성의 형성: 반공 권위주의 발전국가의 공간 선택성을 중심으로〉, 《한국지역지리학회지》, 22권 2호, 2016, 307-330쪽.

최종연, 《도시개발과 갈등 관리 정책》, 미래문화사, 1998.

한국토지개발공사, 《분당 신도시 개발사업 기본계획》, 1990.

_____, 《분당 신도시 개발사》, 1997.

_____, 《분당 신도시 건설과 문화 환경》, 1991.

한상진, 〈서울 대도시권 신도시 개발의 성격: 광주 대단지와 분당 신도시의 비교 연구〉, 한국사회사연구회 편, 《한국의 지역 문제와 노동계급》, 문학과지성사, 1992.

Burgess, Ernest, 1925, "The Growth of the City: An Introduction to a Research Project", in *The City*, edited by Robert Park, Ernest Burgess &

Roderick McKenzie, Chicago: Univ. of Chicago Press.

Firey, Walter, 1947, *Land Use in Central Boston*, New York: Greenwood.

Gans, Herbert, 1962a, *The Urban Villagers: Group and Class in the Life of Italian-Americans*, New York: Free Press.

_____, 1962b, "Urbanism and Suburbanism as Ways of Life: A Re-evaluation of Definitions", in *Human Behavior and Social Processes*, edited by Arnold Rose, Boston: Houghton Mifflin, pp.625-648.

Hardy, Dennis, 1991, *From New Towns to Green Politics: Campaigning for Town and Country Planning, 1946-1990*, London: E & FN Spon.

Lefebvre, Henri, 1974, *La production de l'espace*, Paris: Anthropos. (앙리 르페브르, 양영란 옮김, 《공간의 생산》, 에코리브르, 2011.)

McKenzie, Roderick, 1933, *The Metropolitan Community*, London: Routledge.

Talen, Emily, 2012, "Latino Urbanism: Defining a Cultural Urban Form", *Journal of Urbanism*, Vol. 5 No. 2, pp.101-110.

Vanderbeek, Michael, and Irazabal, Clara, 2007, "New Urbanism as a New Modernist Movement: A Comparative Look at Modernism and New Urbanism", *Traditional Dwellings and Settlements Review*, Vol. 19 No. 1, pp.41-58.

Wirth, Louis, 1938, "Urbanism as a Way of Life", *American Journal of Sociology*, Vol. 44 No. 1, pp.1-24.

Zorbaugh, Harvey, 1929, *The Gold Coast and the Slum: a Sociological Study of Chicago's Near North Side*, Chicago: Univ. of Chicago Press.

10장 발전주의 도시 매트릭스의 구축

강창동, 〈한국 초등교육의 학력 자본화에 대한 사회학적 고찰〉, 《교육문제연구》, 26호, 2006, 101-123쪽.

김경민, 〈강남 지역의 아파트 가격 변화가 전국에 미치는 영향〉, 《국토계획》, 42권 2호, 2007, 137-161쪽.

김남일·백선기, 〈언론 매체의 '강남권역' 신화 형성과 이데올로기〉, 《언론과사회》, 16권 2호, 2008, 2-36쪽.

김수정·최샛별, 〈문화 강좌를 통해 본 서울 강남과 강북의 문화 취향〉, 《문화경제연구》, 15권 1호, 2012, 3-29쪽.

김종엽, 〈한국 사회의 교육 불평등〉, 《경제와사회》, 59호, 2003, 55-77쪽.

김태우, 《폭격: 미 공군의 공중 폭격 기록으로 읽는 한국전쟁》, 창비, 2013.

남궁영, 〈싸이의 '강남스타일' 뮤직비디오 기호 분석〉, 《한국방송학회 2012 가을철 정기학술대회(혼돈의 시대-방송학의 사명을 찾다), 논문집》, 2012, 175-180쪽.

박해천, 《콘크리트 유토피아》, 자음과모음, 2011.

_____, 《아파트 게임: 그들이 중산층이 될 수 있었던 이유》, 휴머니스트, 2013.

심승희·한지은, 〈압구정동·청담동 지역의 소비문화 경관 연구〉, 《한국도시지리학회지》, 9권 1호, 2006, 61-79쪽.

안창모, 〈강남 개발과 강북의 탄생 과정 고찰〉, 《서울학연구》, 41호, 2010, 63-97쪽.

엄은주·우신구, 〈해운대 마린시티의 형성 과정 및 배치와 평면 형성 요인에 관한 연구〉, 《대한건축학회지회연합회 학술발표대회 논문집》, 2012, 233-234쪽.

윤일성, 《도시개발과 도시 불평등》, 한울아카데미, 2002.

_____, 〈부산시 대규모 난개발에 대한 비판적 접근: 토건주의적 성장연합의 개혁을 위하여〉, 《한국민족문화》, 42호, 2012, 205-239쪽.

이동헌·이향아, 〈강남의 심상 규모와 경계 짓기의 논리〉, 《서울학연구》, 42호, 2011, 123-171쪽.

이상일, 〈삐에르 부르디외의 사회지리학: 문화와 소비의 사회지리학을 지향하며〉, 《응용지리》, 18호, 1995, 57-101쪽.

이영민, 〈서울 강남의 사회적 구성과 정체성의 정치: 매스미디어를 통한 외부적 범주화를 중심으로〉, 《한국도시지리학회지》, 9권 1호, 2006, 1-14쪽.

_____, 〈서울 강남 정체성의 관계적 재구성 과정 연구: 지역 구성원들의 내부적 범주화를 중심으로〉, 《한국도시지리학회지》, 11권 3호, 2008, 1-14쪽.

장세훈, 〈자본주의 사회의 토지 독점과 토지 투기: 한국 사회 토지 문제 분석을 위한 시론〉,《경제와사회》, 7호, 1990, 45-78쪽.

_____, 〈'아파트 공화국'의 사회학적 해부:《아파트에 미치다: 현대 한국의 주거 사회학》〉,《한국사회학》, 43집 2호, 2009, 203-207쪽.

최은영, 〈차별화된 부의 재생산 공간, 강남의 형성: 아파트 가격의 시계열 변화 (1989-2004년)를 중심으로〉,《한국도시지리학회지》, 9권 1호, 2006, 33-45 쪽.

피에르 부르디외, 최종철 옮김,《구별 짓기: 문화와 취향의 사회학》, 새물결, 2005.

황진태, 〈장소성을 둘러싼 본질주의와 반본질주의적 이분법을 넘어서기: 하비와 매시의 논쟁을 중심으로〉,《지리교육논집》, 55권, 2011a, 55-66쪽.

_____, 〈2008년 촛불집회시위의 공간성에 관한 고찰〉,《경제와사회》, 90호, 2011b, 262-289쪽.

Amsden, Alice H., 1989, *Asia's Next Giant: South Korea and Late Industrialization*, Oxford University Press, New York.

Cresswell, Tim, 2004, *Place: A Short Introduction*, Blackwell Pub., Malden, MA.

Hwang, J. T., 2015, "Escaping the territorially trapped East Asian developmental state thesis", *The Professional Geographer*, 1-7. DOI: 10.1080/00330124.2015.1103657

Johnson, Chalmers, 1982, *MITI and the Japanese Miracle: The Growth of Industry Policy, 1925-1975*, Stanford University Press, Standford, CA.

Kang, M. K., 2011, "Compressed modernization and the formation of a developmentalist mentalité", Kim, H. A. and Sorensen, C.W.(eds.), *Reassessing the Park Chung Hee Era, 1961-1979: Development, Political Thought, Democracy, and Cultural Influence*, University of Washington Press, United States of America, pp.166-186.

Kim, Y-J., 2011, "Park Chung Hee's governing ideas: impact on national consciousness and identity", Kim, H. A. and Sorensen, C.W.(eds.),

Reassessing the Park Chung Hee Era, 1961-1979: Development, Political Thought, Democracy, and Cultural Influence, University of Washington Press, United States of America, pp.96-106.

Lefebvre, Henri, 2000, *Everyday Life in the Modern World*, A&C Black, London.

_____, 2003, *The Urban Revolution*, University of Minnesota Press, Minneapolis, MN.

Park, B-G., 1998, "Where do tigers sleep at night? The state's role in housing policy in South Korea and Singapore", *Economic Geography*, 74(3), pp.272-288.

Paasi, Anssi, 1996, *Territories, Boundaries, and Consciousness: The Changing Geographies of the Finnish-Russian Boundary*, Wiley, Chichester.

Shin, Y., 2013, "Bourdieu and urban politics: Conceptualizing a Bourdieusian relational framework for urban politics research", *Planning Theory*, 12(3), pp.267-289.

Soja, Edward, 1997, *Postmodern Geographies: The Reassertion of Space in Critical Social Theory*, Verso, London.

Woo-Cumings, M.(ed.), 1999, *The Developmental State*, Cornell University Press, New York.

《경향신문》, 〈신시가지 특혜 분양 4명 구속 5명 수배〉, 1996.5.11.
《국제신문》, 〈진단 동남권 신도시 〈1〉 부산의 신도시들〉, 2016.1.3.
《글로벌이코노믹》, 〈'부산의 강남' 해운대는 주상복합 단지 열풍〉, 2014.11.18.
《뉴스1》, 〈2016 강남 SAT · ACT '엘리트어학원', 미국 대학교 입시 경향 및 전략 설명회 개최〉, 2016.4.21.
《데일리안》, 〈신세계, 강남점 증축 이어 내달 3일 부산 센텀시티몰 오픈〉, 2016.2.28.
《동아일보》, 〈"해운대 신시가지 졸속 시공" 입주 주민들 집단소송 준비〉,

1996.4.28.

_____, 〈부산 해운대 신시가지 투자가들 "군침"〉, 1995.12.6.

_____, 〈사채업으로 큰돈 모아 호화생활〉, 1999.9.18.

《매일경제》, 〈부동산 정보: 해운대 신시가지 천혜의 환경 최적 거주지 각광〉, 1993.12.23.

《머니투데이》, 〈롤스로이스, 압구정 이어 부산 해운대에 전시장 연다〉, 2016.4.21.

《부산일보》, 〈[사설] 재송동 첨단 산단 개발, '센텀' 전철 밟지 말아야〉, 2016.2.12.

_____, 〈'거대한 거울'로 석양 시간대 건너편 아파트 '찜통' 고통〉, 2012.6.7.

_____, 〈끝나지 않은 여름 (…) 월 전기요금 30만 원 '폭탄', "고지서 걱정에 밤잠 설쳐요"〉, 2012.9.4.

《에듀동아》, 〈이투스24/7학원 부산 해운대점 오픈〉, 2016.1.28.

《연합뉴스》, 〈부산 센텀시티㈜ '역사 속으로……'〉, 2007.6.29.

《이데일리》, 〈'부산의 강남' 해운대 고가 아파트 분양 성공할까〉, 2016.3.8.

《조선비즈》, 〈자동차 한 대 값 '초고가 TV', 강남보다 부산서 잘 팔렸데이〉, 2016.4.25.

《조선일보》, 〈한국의 부촌…… 미래의 복합도시로 가고 있다〉, 2016.4.22.

《파이낸셜뉴스》, 〈W스피치, 강남 스피치학원 인기에 힘입어 부산 진출〉, 2013.4.3.

구글맵스(googlemaps.co.kr)
네이버지도(map.naver.com)
부동산뱅크(neonet.co.kr)
유튜브(youtube.com)
위키백과(ko.wikipedia.org)
한국향토문화전자대전(grandculture.net)

11장 수성구는 어떻게 '대구의 강남'이 되었나?

강준만, 《강남, 낯선 대한민국의 자화상》, 인물과사상사, 2006.

김한수·송홍수, 〈대구시 도심 주거 환경 만족도에 관한 연구〉, 《한국주거학회 논문집》, 19권 4호, 2008, 59-69쪽.

대구시사편집위원회, 《대구시사 2권: 정치·행정》, 1995a.

_____, 《대구시사 4권: 사회》, 1995b.

대구시, 《도시교통정비기본계획(안)》, 1993.

박배균·장진범, 〈'강남 만들기', '강남 따라 하기'와 한국의 도시 이데올로기〉, 《한국지역지리학회지》, 22권 2호, 2016, 287-306쪽.

박해천, 《아파트 게임: 그들이 중산층이 될 수 있었던 이유》, 휴머니스트, 2013.

_____, 《콘크리트 유토피아》, 자음과모음, 2011.

오제연, 〈1976년 경기고등학교 이전과 강남 '8학군'의 탄생〉, 《역사비평》, 113호, 2015, 198-233쪽.

이동헌·이향아, 〈강남의 심상 규모와 경계 짓기의 논리〉, 《서울학연구》, 42호, 2011.

장신옥, 〈사회구성주의와 자연: 제주의 자연과 한라산 야생노루 사례〉, 《ECO》, 20권 2호, 2016, 133-163쪽.

지주형, 〈강남 개발과 강남적 도시성의 형성: 반공 권위주의 발전국가의 공간선택성을 중심으로〉, 《한국지역지리학회지》, 22권 2호, 2016, 307-330쪽.

한종수·강희용, 《강남의 탄생: 대한민국의 심장 도시는 어떻게 태어났는가?》, 미지북스, 2016.

황진태, 〈발전주의 도시 매트릭스의 구축: 부산의 강남 따라 하기를 사례로〉, 《한국지역지리학회지》, 22권 2호, 2016, 331-352쪽.

황진태·박배균, 〈한국의 국가와 자연의 관계에 대한 정치생태학적 연구를 위한 시론〉, 《대한지리학회지》, 48권 3호, 2013, 348-365쪽.

Gebauer, Gunter, and Wulf, Christoph, and Reneau, Don., 1996, *Mimesis: Culture, Art, Society*, University of California Press. (군터 게바우어·크리스토프 불프, 최성만 옮김, 《미메시스》, 글항아리, 2015.)

Hwang, Jin-Tae., 2017, "Changing South Korean water policy after political and economic liberalisation", *Journal of Contemporary Asia*, 47(2), pp.225-246.

《경향신문》,〈서울 뭐자 '떴다방' 지방 떴다〉, 2003.10.9.

_____,〈부동산 狂風 남하 투기 바람 차단을〉, 2003.10.12.

《뉴스1》,〈대구 수성구 고교 '과밀화' 심각 (…) "강력한 정책 필요"〉, 2016.11.8.

《뉴시스》,〈대구 지역 자녀 전학 위한 위장전입 증가 드러나〉, 2015.9.15.

《대구신문》,〈수성구민 93퍼센트 "계속 여기 살리라"〉, 2016.9.20.

《동아일보》,〈수성구 위장전입 大入 효과 없다〉, 2003.3.21.

_____,〈투기 부추기는 명문 학군〉, 1991.6.17.

《매일경제》,〈대구 범어동 로터리 일대 신흥 개발지로 크게 각광〉, 1977.5.27.

_____,〈월드건설 대구 진출 3곳서 1,902가구 분양〉, 2003.9.24.

《매일신문》,〈대구 구별 불균형 발전 심각〉, 2001.4.23.

_____,〈북·서구의 명문 학군 만들기〉, 2002.10.29.

_____,〈시교육청 방침 결정: 대구 고교 학군 2개로 선시험 후 3개교 지원〉, 1995.9.26.

_____,〈한적하던 교수촌 골목, 커피향이 물씬〉, 2013.4.27.

《문화일보》,〈전국 휩쓰는 '私교육 광풍'〉, 2003.11.3.

《주간경향》,〈우리 동네도 '강남' 안 부러워!〉, 2003.11.7.

《주간매일》,〈라이프이슈—수성구 대구의 일등 구 맞나〉, 2001.11.22.

《한국경제》,〈대구 주상복합시장 분양 열기 '후끈' (…) 서울·부산 포화〉, 2003.9.13.

_____,〈대구에도 고가 분양 아파트 등장 (…) 태왕아너스 평당 7백만 원〉, 2002.3.6.

대구광역시 상수도관리본부(www.dgwater.go.kr/2014/pages/main)

대구광역시 교육청(http://www.dge.go.kr/board/view.do)

대구광역시청(http://www.daegu.go.kr/Urban/Default.aspx?cid=19:13)

부동산114(http://www.r114.com/z/real/s_gu.asp?only=0&m_=2&g_=&silk_
gnb=&type=s&type_g=A&type_cd=01&addr1=%B4%EB%B1%B8%B1%
A4%BF%AA%BD%C3&addr2=%BC%F6%BC%BA%B1%B8)

수성구청(www.suseong.kr)